范陽居士 編著

陽宅流運圖解

瑞成書局 印行

陽宅流運圖解　目錄

經典名言

五星配出九星名　　天下任橫行

惟有挨星爲最貴　　漏洩天機秘

天機若然安在內　　家活常富貴

天機若然安在外　　家活漸退敗

明得零神與正神　　指日入青雲

不識零神與正神　　代代絕除根

時師不識挨星學　　只作天心摸

天有三奇地文儀　　天有九星地九宮

五星一訣非眞術　　城門一訣最爲良

識得五星城門訣　　立宅安墳定吉昌

從內生出名爲退　　家內錢財皆廢盡

生入剋入名爲旺　　子孫高官盡富貴

從外生入名爲進　　定知財寶積如山

生入剋入爲進神　　生出剋出爲退神

退神宜退亦同旺　　若還進時主官刑

生剋須憑五行佈　　要識天機玄妙處

二十四山分順逆　　共成四十有八局

識得此篇眞妙術　　又見郭璞再出現

前言(一)

玄空風水

關天關地定雌雄・富貴此中逢

翻天倒地對不同・秘密在玄空

　　玄空風水，是我們中華民族一項優秀文化資產，它的特點是效應快，立竿見影，玄空是數，並不是術。所以可以計算時間，可以預算和掌握，它是把五行演化爲九星去演繹。玄空風水表面深不可測，事實上和我們的日常生活息息相關，小至一事一物，中至天下國家治理之道，大至宇宙星體運行，皆受它的影響，若能把握玄空風水，則萬事都能尋出源頭，進而迎刃而解。

　　影響人類的吉凶禍福有：

（一）宇宙的大磁場。

（二）地球的中磁場。

（三）陽宅的小磁場。

　　至於活在陽世的人類之所以孳生不息，亙古衍流，靠的則是宅居的護蔭，所以宅居不僅僅具居住身家養命，以及窩巢生育的功能，更重要的是無形的運氣，影響著居住其中人們的吉凶、興敗。居家之宅有的是金碧輝煌、莊嚴華表，令人望而生威；有的是茅庵草舍，深澗陋巷不忍卒睹。各有其形，千變萬化，高低寬窄，上至琉璃畫棟，下至茅簷蔀屋，凡是居住其間者，必然有禍福之分。所以宅居是世俗中最實際的需要，人人都要有棲身的處所宅第，久居其間亦會影響人的精神好壞及身體健弱。

　　國運大於個人命運，群體大於個體，陽宅運大於個人命運。如飛機上有數百人，每人情況也不一樣，爲甚麼在那種時候會出現一樣結局？這就是集體和個人關係，談命運就不能以個人命運來論，而以飛機、車、船、陽宅等的命運來論。所以無論個人有上等、命運、姓名、八字等，都不比宅運來得重要。

前 言(二)

（風生水起）風水術，長期以來一直被人們認定是迷信的東西，實際上它是中國古代文化的一種，它是一門科學。當然不否認，古文化中有不少值得相信的東西，古人對許多自然現象、社會現象……等等，做不出科學性的解釋，盲目地歸爲神的旨意，或是有鬼的作祟，這都是不可信的，沒有依據的。

風水術，按說應是中國古代建築學的重要組成部份，它同營造學、園林學一起構成中國古代建築學理論體系的三大支柱。看風水，也就是把地理、氣候等自然條件與人文景觀，綜合起來考慮的一門建築學問，它包含著建築地理學、方位學、地質學、氣象學、環境學、倫理學、哲學、美學、心理學……等等。

天地自然有陰有陽，自然因素、地理狀況不同，也就有不同的陰陽狀態，不同的氣場，從時間和空間角度分析，這都不是孤立的，這裡面包含著陰陽合和復染構造的規律。

我們要批判迷信，同時挖掘出其中有價值的東西，對於其中不科學和毫無依據的說法，完全可以不相信，但對於一些可以借鑑的有用東西，不妨利用起來有益于經營。

此書的編著費時多年，理論與實務相互應證，嘔心瀝血的親自收集、歸納、校堪相關資料，最終匯集成書，編整其中錯漏難免，還望高賢指正！

范陽居士 筆

陽宅方位儀

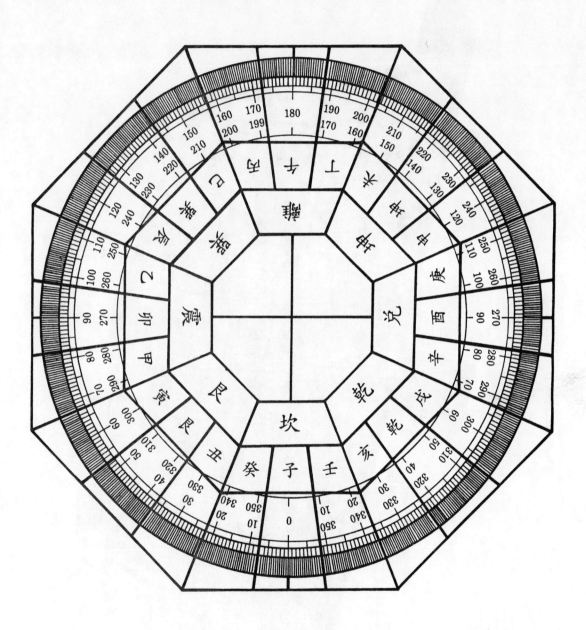

盧宅原來佈置圖

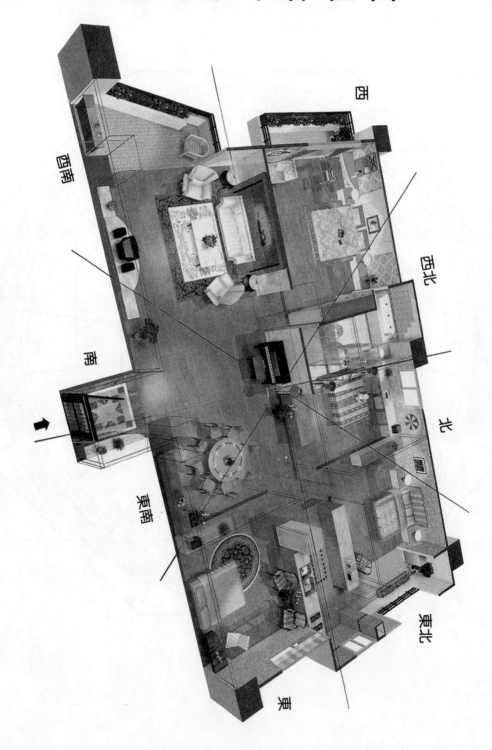

西

西南

西北

南

北

東南

東北

東

論 地 氣 與 地 運

地球乃一大生命，有生機有呼吸，陰陽二氣之消盈虛，即地球之呼吸也。地球每日自轉一周，即有一次微小呼吸，一年三百六十五日半繞太陽一周，即有一次重呼吸；十二年又有一次深呼吸，六十年至一百二十年，則作一次大呼吸。至一萬二千年，則有內核子爆裂之最強呼吸。故一萬二千年爲一大運，六千年爲一中運，一百二十年爲一小運，一年爲一分運。

地球有大運，世界各有小運，近五百年來，地球靈氣，自東移西，故歐美文化進步迅速，自廿一世紀則又從西向東，東方民族，又得新機運而強盛文明，化戾氣爲祥和，則在中華文化之發揚光大矣。

玄空卦運表

180年

下元90年   上元90年

九運乾卦27年(1)2035～2043   一運坤卦18年(1)1876～1881

           (2)2026～2034   (2)1870～1875

           (3)2017～2025   (3)1864～1869

八運震卦21年(1)2008～2016   二運巽卦24年(1)1897～1905

           (2)2002～2007   (2)1888～1896

           (3)1996～2001   (3)1882～1887

七運坎卦21年(1)1990～1995   三運離卦24年(1)1921～1929

           (2)1981～1989   (2)1915～1920

           (3)1975～1980   (3)1906～1914

六運艮卦21年(1)1969～1974   四運兌卦24年(1)1948～1953

           (2)1963～1968   (2)1939～1947

           (3)1954～1962   (3)1930～1938

五 星 與 九 星

（所謂五星）：東方歲星、南方熒惑、西方太白、北方辰星、中央鎮星。水合於辰星、火合於熒惑、金合於太白、木合於歲星、土合於鎮星。

風水學的其中一個非常重要的組成部分爲五行生剋制化，則堪輿也將山體冠上五星之名和特質以定吉凶。山體屬金者圓而足闊，水者頭平而生浪，木者頭圓而身直，火者頭尖而足闊，土者頭平而體秀。總言之，金木水火土五星之形態，金→圓、水→曲、木→直、火→尖、土→方。

（所謂九星）：即北斗七星，貪狼星、巨門星、祿存星、文曲星、廉貞星、武曲星、破軍星，再加上斗柄左右兩旁的左輔星和右弼星。

貪狼星：木圓頭體直。巨門星：土平頂體方。祿存土項圓體方而多耙齒。文曲水狀若水波。廉貞火尖頂巍峨。武曲金圓頂如綿羊俯伏。破軍金頂圓嶙峋。左輔金狀如頭襆（帽巾）。右弼水狀若文曲但有主峰相隨。

五星爲父母，九星爲子息。兩者並重，驗徵爲先。

天星之個別特質

人類本身與宇宙息息相關，身體含有來自宇宙之中的碳、氫、鈣、鐵等原子。宇宙星球間存在一定軌跡和定律，若遵此規則便主吉利康泰，反之逆天而行，必遭咎。

中國古時用七政四餘推算祿命及選日，惟其運算方法甚爲繁複，須精於五星推步法則才能入門。現代研究則須借助天文知識，計算恆星、行星之運轉，天球宮度，經緯歲差修正，眞太陽時之加減，才能瞭解其操作。

天星初步知識，古天文曰：七政者，爲日、月、金、木、水、火、土各星。於地球表面觀察而言，太陽（日）及月亮（月）是視覺上最爲光明，故中國古人稱日爲帝，（月）爲后爲妃。次光明之五星，金、木、水、火、土，爲日之光芒所掩蓋，尤如臣子遇君王之現象，故以臣象之，結合日月爲七政。

羅、計、孛、氣爲火、土、水、木四星之餘氣，像侍衛一樣陪伴臣子，故爲奴，爲四餘。

天象之中，以北極星爲定點，其他各星皆環

繞拱照，而七政爲人臣，四餘爲武將，天王、海王、冥王、三王星如宰相軍師，全都朝向北極星，正如人臣朝拜帝王一般，亦爲北斗七星之象。

七政、三王、四餘各星之特質：

一、太陽：古人以太陽爲主宰，有賴其光熱產生能源及培育生命，但過猛則導致乾旱災禍，是一顆令人又懼又怕之星體。太陽直徑八十六萬四千哩爲氣體狀物，表面物質爲攝氏六千度下的氣體（主要成份爲氫）。接近中央之溫度近攝氏二千萬度。太陽中至少存有七十種元素，放出大量的能量，主要產生自太陽核心之氦合成反應，即質子反應，再經由中層之對流，把核心能量以輻射的方式，轉移到表面的光球，再放射到其他星球去。若太陽對地球的輻射量不穩定，過強則會令地球上之生物燒焦，過弱生物會凍斃。幸而目前太陽尚是一顆比較穩定的恆星，故中國古人以日爲太陽之精，主生養恩德，人君之象。

二、月球：中國以月爲太陰之精，主刑罰、威權，爲后妃之象。月球以約二十七·三日爲繞地球和自轉的週期，永遠以同一面朝向地球，

術數上之納甲法，便是以月球的圓缺而定。月球直徑僅爲二一六〇哩，而且表面重力只及地球之八十一分之一。月球的光芒主要是依靠太陽光的折射，由於不是自己發光，故屬陰性。其對地球之引力，可影響人類的心理、神經、疾病及情緒，亦對生物之生長，風災、地震、雨量等現象有作用。月球繞地球一週約二十七又二分之一日，謂之恆星月。一但月球和地球均圍繞太陽轉動，若以太陽爲基準，則月球繞地球一次轉動所需之時間稱爲（交點月），其時間需二十九又二分之一日爲多。天文學以月球所運行之軌道稱爲白道，而地行黃道，其兩者平面有五度之傾斜。

三、水星：水星爲最接近太陽之行星，在日出前的東方地平上，與日落後的西方地平上可見。且其直徑爲三〇二五哩，自轉一週需一七六日，公轉一週約八十八日。表面朝太陽那邊溫度高達攝氏四百度以上，背太陽面溫度卻低於攝氏負二七〇度。由於在地球上只有短短一個時辰能看到它，故中國稱之爲辰星，

常於五月或十一月通過太陽表面，呈現小黑
點，稱謂水星凌日。古人稱水星爲北方之精，
其色黑，性智，應玄武之位，主歸藏之氣。
水星體積最小，但重量卻大於其他行星。

四、金星：金星與水星位處太陽和地球之間，爲
內行星於晚上無法看見，只可在日出前的東
方天空，或日落後的西方天空能見到。黎明
時見之謂啓明，黃昏之謂長庚，我國稱之太
白。其自轉和其他行星不同，爲逆轉，週期
二百四十三日。結構表面有一層主要由二氧
化碳和氨氣構成之厚雲層，大氣壓力則大過
地球二十倍。其公轉週期爲二百二十四日，
每二百四十三日經過太陽面四次，謂之金星
凌日，約發生於每年六月初和十二月初。

五、火星：火星爲南方火之精，名爲熒惑，其色
赤，其應禮，爲朱雀之位，主舒長之權，其
直徑爲地球之二分之一，自轉週期爲二十四
時三十七分。表面塵沙飛揚、凹凸不平，具
有火山及流道。

六、木星：木星直徑比地球大十一倍，爲九大行
星中最大的一顆。因其公轉週期爲十二年，

故稱爲黃道十二宮。由於地球一年行一宮，故傳統中國曆法稱本星爲歲星或太歲。木星與土星每廿年相會，爲一運，而每次會合於庚申、庚子、庚辰三年，三次會合，共六十年爲一元，上中下三元合一百八十年，配六十甲子之數，爲堪輿學上之重要資料。木星質數爲地球之三百倍，體積爲地球之一千倍。大氣壓力更比地球高一百萬倍，故對地球上之生物及自然環境影響甚大。

七、土星：土星直徑爲地球的九點五倍，自轉週期爲十小時。由氮和氨氣構成，中國古代稱之爲中央土之精，其名鎮星，其色黃，其性德，應勾陳之位，主養成之德。

八、天王星：此星移動緩慢，公轉週期爲八十四點零一年，它早期便出現在恆星圖內，位處雙子星座之中，極爲隱閉。

九、海王星：海王星距太陽二十七億九仟六百多萬公里，公轉週期一六四點八年。因其軌道比預測差二十分，只於一八四五年九月廿三日被發現在黃經三二六度的寶瓶座內。

十、冥王星：海王星被發現後，天王星的軌道仍

有偏差二分，海王星亦不確實在其軌道上，因此於一九三〇年三月十三日冥王星又被發現。其公轉週期爲二四九點九，象徵暗藏之事。

十一、地球：我們居住的地球，每年三六五點二五六日以橢圓形的軌跡繞太陽一週。形狀由於南北極直徑只比赤道直徑少數哩，故接近圓球，中心爲岩漿，溫度高達華氏五千度。

十二、四餘：四餘乃中國曆學家獨創，爲西方天文學所無，其在天象只有氣而無形，故爲隱曜。

星名	別號	符號	性　　　　　　　　質
日	太陽	☉	主宰活動能力，表現慾和權勢。象徵父親、上司，影響心臟、背部和脊柱。
月	太陰	☽	表現個人內心世界、情緒及安全感。象徵母親及妻子，影響胸部和消化系統。
木	歲星	♃	代表人事上之宗教、哲學、法律及教育等事項。象徵仁愛及正義，影響肝臟和腦下垂體。
火	熒惑	♂	代表攻擊、作戰、災難。象徵男性。影響人體的肌肉及泌尿生殖系統、性腺及腎上腺。
土	鎮星	♄	代表限制、堅忍和毅力。一般被視為凶星，帶來挫折、失敗和悲劇。主管人體的牙齒、骨骼及關節。
金	太白	♀	代表愛情、藝術及社交享樂，象徵喉嚨、腎臟、腰部和副甲狀腺。
水	辰星	☿	代表個人思考、溝通及表達能力，也和交通運輸及工具有關，象徵兄弟、姊妹，影響呼吸系統、腦部和神經。
紫氣	氣	☋	為木之餘氣，主瑞祥多福，萬事亨通，性善而無凶。
月孛	孛	☌	為水之餘氣，滅福助凶。多凶少士。不能自主。
羅喉	羅	☊	為火之餘氣，性急而惡，若入廟，逢火星助，福力不輕。失用則主火災，盜賊之禍。
計都	計	☋	為土之餘氣，若與火、土同宮順行、可發福，失用則禍從天降，孤寡少亡。
天王		♅	代表科技、革命及反傳統。象徵沒法預期的奇人奇事。主宰人體的循環系統、性腺、性變態及偏差有關。
海王		♆	人事上代表想像力，神秘和靈感。支配夢和暗示，影響一般神經系統及心神。
冥王		♇	冥王星被發現時正值一九三〇年世界恐慌時期，所以它初認為是凶惡之星。令人有犯罪、殘酷及虐待傾向，但也具做大事的天賦及巨富現象。主理身體上之再生能力及性腺。

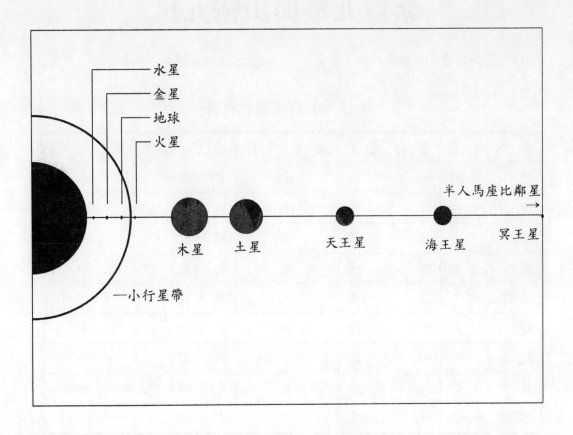

紫白九星與山巒九星

紫白九星～論理氣，論吉凶。（卦氣）　　山巒九星～論巒頭，論山巒。（卦形）

星名同而五行有別

卦　　　名	紫白九星	五　　　　行	山巒九星	五　　　　行
坎　　卦	一　　白	水	貪　狼　一	木
坤　　卦	二　　黑	土	巨　門　二	土
震　　卦	三　　碧	木	祿　存　三	土
巽　　卦	四　　綠	木	文　曲　四	水
無卦（中）	五　　黃	土	廉　貞　五	火
乾　　卦	六　　白	金	武　曲　六	金
兌　　卦	七　　赤	金	破　軍　七	金
艮　　卦	八　　白	土	左　輔　八	金
離　　卦	九　　紫	火	右　弼　九	水

座星與向星兩星交會生吉凶

◎山管人丁（座星），水管財（向星）

1・向星來生座星，即生入，叫生氣。大吉

2・向星座星相同，即比和，叫旺氣。吉

3・向星來剋座星，即剋入，叫殺氣。吉凶各半

4・座星生來向星，即生出，叫洩氣。凶

5・座星剋來向星，即剋出，叫退氣。大凶

九星形態及吉凶

一白	貪狼星：又稱生氣之神，形狀是圓頭有脾，五行屬木，向靠它主遷徙，健康、有生氣。
二黑	巨門星：又稱財富之神，形狀平頂斜邊，五行屬土，向靠它主財富，幸運。
三碧	祿存星：又稱叛逆之神，形狀平頂圓身有耙齒，看像八爪魚，五行屬土，向靠它主力量，令人主觀強，偏激，反叛，如加上破局，會帶給人婚姻及戀愛不幸。特色：凡祿存星都會孕育出文才男士，美麗女性。
四綠	文曲星：又稱遊魂之神，水波紋形，五行屬水，向靠它主出才能超卓，感情豐富之人。有人視之為桃花，不過，當中必須要視乎有沒有破局，如非失時，破局，則視作文才，否則成貪花戀酒、荒淫。
五黃	廉貞星：又稱威武之神，形狀是三角形，五行屬火。向靠它主先旺後衰，旺的時期約十二年，對官運、財運都有顯著成績。急功近利之人喜取向廉貞。然在先旺後衰的過程中，遇破局則易產生災難、意外受傷、小產、離婚、流落他鄉或牢獄之災。
六白	武曲星：又稱明喜之神，五行屬金，有兩種外形。1.兩個半圓組合（武曲正形）。2.一個半圓前有無數半圓形，像羊群背脊（武曲變形）。
七赤	破軍星：又稱肅殺之神，五行屬金，形狀雄偉高大，圓頂，表面有界水或落脈。向靠它主災難、血光之災，但在七運期間破軍乃當運之山，收到它不一定是凶。
八白	左輔星：又稱抱喜之神、五行屬金，形狀與武曲變形相同，一個半圓長山脈成半圓形，如在得元乘旺或五行相生時向靠它，主帶來財富和官運。如破局、則主破產，掉官，同時影響聲譽。
九紫	右弼星：又稱吉慶之神，五行屬水，形狀是水波紋，但與文曲不同，它有一或兩個主峰。向靠它主飲食，兒女成群，滿堂吉慶，長壽多福。

廿八星宿分區表

宮	次	名	義	星數	古度	今度	西洋星座
東宮	1	角	角	2	12度	11.83度	室女座
東宮	2	亢	頸	4	9度	8.87度	室女座
東宮	3	氐	根	4	15度	14.78度	天秤座
東宮	4	房	房	4	5度	4.93度	天蝎座
東宮	5	心	心	3	5度	4.93度	天蝎座
東宮	6	尾	尾	9	18度	17.74度	天蝎座
東宮	7	箕	箕	4	11.25度	11.0度	人馬座
北宮	8	南斗	南斗	6	26度	25.8度	人馬座
北宮	9	牛	牛	6	8度	7.89度	魔羯座
北宮	10	女	女	4	12度	11.82度	寶瓶座
北宮	11	虛	空虛	2	10度	9.86度	寶瓶座
北宮	12	危	屋頂	3	17度	16.76度	寶瓶座
北宮	13	室	室	2	16度	15.77度	飛馬座
北宮	14	避	避	2	9度	8.87度	飛馬座
西宮	15	奎	胯	16	16度	15.77度	仙女座
西宮	16	婁	鐐銬	3	12度	11.83度	白羊座
西宮	17	胃	胃	3	14度	13.8度	白羊座
西宮	18	昴	昴	7	11度	10.8度	金牛座
西宮	19	畢	網	8	16度	15.77度	金牛座
西宮	20	觜	龜	3	2度	1.97度	獵户座
西宮	21	參	三星	10	9度	8.87度	獵户座
南宮	22	井	井	8	33度	32.53度	雙子座
南宮	23	鬼	鬼	4	4度	3.94度	巨蟹座
南宮	24	柳	柳	8	15度	14.78度	長蛇座
南宮	25	星	星	7	7度	6.9度	長蛇座
南宮	26	張	張開的網	6	18度	17.74度	長蛇座
南宮	27	翼	翼	22	18度	17.74度	巨爵座
南宮	28	軫	戰車踏板	4	17度	16.76度	烏鴉座

★古度依365.25等分，今度依360等分。

三元九運九星得失表

九星 九運	一白	二黑	三碧	四綠	五黃	六白	七赤	八白	九紫
一運	旺	生	平	吉	死	生成吉	死	吉	合十吉
二運	退	旺	生	吉	死	吉	生成吉	合十吉	死
三運	衰	退	旺	生	死	吉	合十吉	生成吉	死
四運	吉	死	退	旺	生	合十吉	死	吉	生成吉
五運	吉	死	凶	退	旺	生	死	吉	死
六運	生成吉	死	死	合十吉	退	旺	生	吉	死
七運	吉	生成平	合十吉	平	死	退	旺	生	平
八運	吉	合十平	生成吉	吉	死	吉	退	旺	生
九運	合十吉	死	死	生成吉	損	吉	死	退	旺

九星功能與化解

◎（一白貪狼桃花重）

一白貪狼星飛臨坎宮（北），全家喜氣洋洋，大門在坎，出門頻頻，旅遊次數增多，不時動起吉氣來，可用六帝錢、銅麒麟來生旺吉氣，灶在坎，可用藍色、黑色或白色地毯催旺，亦可擺放古錢在灶底，一白星所到之處亦為桃花位，可在此放置大花瓶催桃花。

◎（二黑病符損耗多）

二黑巨門星飛到坤宮（西南），為病符位，病符星亦吉亦凶，二黑在當運之時為吉星，名曰天醫，有令病人加速康復的力量。現時下元運為凶星，此位成凶位，坤宮屬土，因此屬於土煞，不可動土。大門、房間、廚灶在坤，會令身體多病，大門在坤，可掛六帝錢或開在門腳。房間在坤，可掛銅葫蘆，即洩土氣，又象徵醫病，而且葫蘆收了煞氣之後，煞氣難以再逃逸出來害人。灶在坤，除了掛銅葫蘆之外，亦可掛一串六帝錢來化煞。

◎（三碧蚩尤犯口舌）

三碧蚩尤星飛臨震宮（東），它是好勇鬥狠之星，東方為是非位，大門在東，出入多官非口角，可用六帝古錢及粉紅、紫色等屬火地毯化解。房間、灶在東方，亦同樣用上述方法化煞。此外，做人要多忍讓，少和別人爭執，這樣，才會減少是非，人際關係才會好。

◎（四綠文昌利科名）

四綠文昌星飛臨巽宮（東南），此宮爲文昌位，亦爲歲破位，不可動土，動土會導致命滯兼傷人，在巽宮放書檯讀書、成績會進步，地上可放綠色地毯催旺，牆上可掛八卦鐘催動吉氣。亦可以在巽宮種植水生植物催吉，大門在巽，家人出門機會多……。睡房、廚灶在巽，可以放綠色地毯催吉，亦可以在睡房種土生植物。

◎（五黃兇星在中央）

五黃立極在中央，它亦會依照飛星軌跡逐月飛臨各宮，大即不要開在中央。如果主要間格如客、睡房、廁房、灶等在屋中央，會大受激盪而生災禍及惡病，可用六帝古錢、安忍水、銅板來化煞。

◎（六白武曲驛馬動）

六白武曲飛臨乾宮（西北），可掛八卦鏡，勿在此方動土，及擺放紅色屬火的東西，如果要旺移民運，可放銅馬一對。但六白武曲亦是肅殺之神，六運已過，已非當旺之星，若遭剋制及與凶星同宮，會產生官非、口角、人才外流，如和太歲同宮，不宜動土，否則會惹血光之災。大門和睡房宜放藍色或黑色地毯。廚灶不應在乾宮，不但呼吸系統會產生毛病，而且火燒天門，小心火警。可以放藍色地毯、安忍水來洩六白金氣。

◎（七赤破軍旺氣到）

七赤破軍飛臨兌宮（西），本來破軍星是凶星，但在七運，卻爲當旺之氣，主當運發財，大門在西，可放銅麒麟等物招引吉氣，不宜擺放紅色地毯。房間及灶在西方、可放八卦鏡制煞，或用瑞獸增加吉氣。

◎（八白左輔財運通）

八白左輔星飛臨艮宮（東北），艮宮是財氣位，本來火生土旺，八白屬木，用火氣來生旺八白金星最好，不過十分容易遇其他飛星中的火星，還是少用火爲妙，免大火成災，生氣吉星到門出入之時已動起吉氣，但不宜在門口種植物，全家財運亨通，若用陶瓷屬土瑞獸來助旺吉氣，謀事就更加順遂，財運就更好，房間、廚灶在艮，可用黃色地毯催旺。

◎（紫火星喜慶多）

九紫離火飛臨離宮（南），離宮是喜慶位，利求名、求丁，也主婚嫁喜事，吉凶悔咎生乎動，吉慶之位也是要用風水物品動起，吉氣才有用，例如：動水、鐘、風水輪……等。大門在離，工作順利，運程不俗，而出出入入已動起吉氣來，無須再用火氣來催旺了，小心火氣太重則成災。睡房、廚灶在離，可以利用前述的活動風水物品來催動吉氣。

九星特性趨吉避凶表

數字	風水名	飛星名	五行	吉凶	事　態	化　解	利人仕	不利人仕
1	一白	貪狼星	水	吉	旅行、移民、桃花。	藍色地毯可趨吉	三碧 四綠	九紫
2	二黑	巨門星	土	凶	身體多病	用古錢化解	七赤	一白
3	三碧	蚩尤星	木	凶	官非、口舌、破財。	用紅色地毯化解	九紫	八白 二黑 五黃
4	四綠	文昌星	木	吉	桃花、有喜、出門、利讀書。	水生植物趨吉	九紫	二黑 五黃
5	五黃	廉貞星	火	凶	惡疾病、入院、喪事。	六帝古錢化解	無	基本都不利 一白爲甚
6	六白	武曲星	金	吉	有喜、移民、讀書、成績佳。	基本上不用化解	七赤 一白	三碧 四綠
7	七赤	破軍星	金	吉	發財、有喜、移民、財丁兩旺。	基本上不用化解	七赤 一白	三碧 四綠
8	八白	左輔星	土	吉	有喜、升職、移民、置業。	基本上不用化解	七赤 六白	一白
9	九紫	右弼星	火	吉	有喜、升職、移民、轉業。	基本上不用化解	二黑 五黃 八白	六白 七赤 三碧

下卦與替卦二十四山度數表

座山	周天度數	卦別	座山	周天度數	卦別	座山	周天度數	卦別
壬	337.5-340.5	替卦	乙	97.5-100.5	替卦	坤	217.5-220.5	替卦
壬	340.5-349.5	下卦	乙	100.5-109.5	下封	坤	220.5-229.5	下卦
壬	349.5-352.5	替卦	乙	109.5-112.5	替卦	坤	229.5-232.5	替卦
子	352.5-355.5	替卦	辰	112.5-115.5	替卦	申	232.5-235.5	替卦
子	355.5-4.5	下卦	辰	115.5-124.5	下卦	申	235.5-244.5	下卦
子	4.5-7.5	替卦	辰	124.5-127.5	替卦	申	244.5-247.5	替卦
癸	7.5-10.5	替卦	巽	127.5-130.5	替卦	庚	247.5-250.5	替卦
癸	10.5-19.5	下卦	巽	130.5-139.5	下卦	庚	250.5-259.5	下卦
癸	19.5-22.5	替卦	巽	139.5-142.5	替卦	庚	259.5-262.5	替卦
丑	22.5-25.5	替卦	巳	142.5-145.5	替卦	酉	262.5-265.5	替卦
丑	25.5-34.5	下卦	巳	145.5-154.5	下卦	酉	265.5-274.5	下卦
丑	34.5-37.5	替卦	巳	154.5-157.5	替卦	酉	274.5-277.5	替卦
艮	37.5-40.5	替卦	丙	157.5-160.5	替卦	辛	277.5-280.5	替卦
艮	40.5-49.5	下卦	丙	160.5-169.5	下卦	辛	280.5-289.5	下卦
艮	49.5-52.5	替卦	丙	169.5-172.5	替卦	辛	289.5-292.5	替卦
寅	52.5-55.5	替卦	午	172.5-175.5	替卦	戌	292.5-295.5	替卦
寅	55.5-64.5	下卦	午	175.5-184.5	下卦	戌	295.5-304.5	下卦
寅	64.5-67.5	替卦	午	184.5-187.5	替卦	戌	304.5-307.5	替卦
甲	67.5-70.5	替卦	丁	187.5-190.5	替卦	乾	307.5-310.5	替卦
甲	70.5-79.5	下卦	丁	190.5-199.5	下卦	乾	310.5-319.5	下卦
甲	79.5-82.5	替卦	丁	199.5-202.5	替卦	乾	319.5-322.5	替卦
卯	82.5-85.5	替卦	未	202.5-205.5	替卦	亥	322.5-325.5	替卦
卯	85.5-94.5	下封	未	205.5-214.5	下卦	亥	325.5-334.5	下卦
卯	94.5-97.5	替卦	未	214.5-217.5	替卦	亥	334.5-337.5	替卦

替 卦 3 度	下 卦 9 度	替 卦 3 度

二十四山，每山15度，如午向，中間9度爲正向，用下卦挨星，左右3度爲兼
用替卦挨星，其如二十三向同論。

替卦挨星口訣

艮 宮	坤 宮	巽 宮	乾 宮	兌 宮	震 宮	離 宮	坎 宮
丑-破七 陰逆	未-巨二 陰逆	辰-武六 陰逆	戌-武六 陰逆	庚-弼九 陽順	甲-貪一 陽順	丙-破七 陽順	壬-巨二 陽順
艮-破七 陽順	坤-巨二 陽順	巽-武六 陽順	乾-武六 陽順	酉-破七 陰逆	卯-巨二 陰逆	午-弼九 陰逆	子-貪一 陰逆
寅-弼九 陽順	申-貪一 陽順	巳-武六 陽順	亥-武六 陽順	辛-破七 陰逆	乙-巨二 陰逆	丁-弼九 陰逆	癸-貪一 陰逆

大陽時與鐘錶時

推算公式（地點經度－時區經度）×4分＝時差　鐘錶時＋時差＝平均太陽時

推算示範：香港114.13＝114　　　60/13　　　時區經度 120°

（114　60/13～120°）×4分＝-23.136－23分8秒

城　市	經度	時區經度	時差十一
北　京	116.25°	120°	－14分20秒
香　港	114.13°	120°	－23分08秒
澳　門	113.32°	120°	－25分52秒
台　北	121.30°	120°	＋06分
台　南	120.12°	120°	＋48秒
台　中	120.41°	120°	＋02分44秒
基　隆	121.44°	120°	＋06分56秒
高　雄	120.16°	120°	＋01分04秒
新　加　坡	103.50°	120°	－64分40秒
吉　隆　坡	101.42°	120°	－73分12秒
曼　谷	100.30°	120°	－18分
廣　州	113.20°	120°	－26分40秒
南　京	118.48°	120°	－04分48秒
天　津	117.00°	120°	－12分
上　海	121.50°	120°	＋06分
杭　州	120.20°	120°	＋48秒
瀋　陽	123.50°	120°	＋14分
成　都	104.00°	120°	－64分
重　慶	106.50°	120°	－54分
昆　明	103.00°	120°	－68分
武　漢	114.30°	120°	－22分48秒
長　沙	112.80°	120°	－28分48秒
南　寧	110.20°	120°	－38分12秒
福　州	119.50°	120°	－02分

方位與角度

方　位	角　度
東	337.5°　～　22.5°
東北	22.5°　～　67.5°
北	67.5°　～　112.5°
西北	112.5°　～　157.5°
西	157.5°　～　202.5°
西南	202.5°　～　247.5°
南	247.5°　～　292.5°
東南	292.5°　～　337.5°

天盤、地盤、人盤與二十四山角度表

二十四山	天　盤	地　盤	人　盤
子=北	01→15	352.6→ 7.5	346→360
癸=北東北	16→30	7.6→ 22.5	01→15
丑=東北北	31→45	22.6→ 37.5	16→30
艮=東北	46→60	37.6→ 52.5	31→45
寅=東北東	61→75	52.6→ 67.5	46→60
甲=東東北	76→90	67.6→ 82.5	61→75
卯=東	91→105	82.6→ 97.5	76→90
乙=東東南	106→120	97.6→112.5	91→105
辰=東南東	121→135	112.6→127.5	106→120
巽=東南	136→150	127.6→142.5	121→135
己=東南南	151→165	142.6→157.5	136→150
丙=南東南	161→180	157.6→172.5	151→165
午=南	181→195	172.6→187.5	166→180
丁=南西南	196→210	187.6→282.5	181→195
未=西南南	211→225	202.6→217.5	196→210
坤=西南	226→240	217.6→232.5	211→225
申=西南西	241→255	232.6→247.5	226→240
庚=西西南	256→270	247.6→262.5	241→255
酉=西	271→285	262.6→277.5	256→270
辛=西西北	286→300	277.6→292.5	271→285
戌=西北西	301→315	292.6→307.5	286→300
乾=西北	316→330	307.6→322.5	301→315
亥=西北北	331→345	322.6→337.5	316→330
壬=北西北	346→360	337.6→352.5	331→345

三 煞 流 年 表

申、子、辰、年殺	寅、午、戌、年殺	亥、卯、未、年殺	巳、酉、丑、年殺
南方： 巳→東南南 午→正南 未→西南南	北方： 亥→西北北 子→正北 丑→東北北	西方： 申→西南西 酉→正西 戌→西北西	東方： 寅→東北東 卯→正東 辰→東南東

◎ 三煞：一、劫殺

二、災殺

三、歲殺

◎ 犯者：家人受傷或患病較嚴重。

太歲位・驛馬位・桃花位流年表

	子年	丑年	寅年	卯年	辰年	巳年	午年	未年	申年	酉年	戌年	亥年
太歲位	正北	東北偏北	東北偏東	正東	東南偏東	東南偏南	正南	西南偏南	西南偏西	西南	西北偏西	西北偏北
驛馬位	東北	西北	西南	東南	東北	西北	西南	東南	東北	西北	西南	東南
桃花位	正西	正南	正東	正北	正西	正南	正東	正北	正西	正南	正東	正北

旺水與煞水的界定

　　動水爲旺，死水爲衰，零神旺水，正神煞水。正神方陽宅以坐爲主，陰宅以向爲主。零神方即是正水位，爲最當時得令的聚財位，照神是副水位。煞水位置就是在正神位放水，形成陽侵陰位的不吉作用，必會產生破盡錢財，不論室內外都犯忌。

元　　運	應　期　年	正神（山）	零神（水）	照神（水）
1	18	坎（北）	離（南）	乾（西北）
2	24	坤（西南）	艮（東北）	兌（西）
3	24	震（東）	兌（西）	艮（東北）
4	24	巽（東南）	乾（西北）	離（南）
6	21	乾（西北）	巽（東南）	坎（北）
7	21	兌（西）	震（東）	坤（西南）
8	21	艮（東北）	坤（西南）	震（東）
8	27	離（南）	坎（北）	巽（東南）

零神・正神運卦分類表

元　　運	零神運卦	正神運卦
一　運	九　運　卦	一　　運　　卦
二　運	八　運　卦	二　　運　　卦
三　運	七　運　卦	三　　運　　卦
四　運	六　運　卦	四　　運　　卦
六　運	四　運　卦	六　　運　　卦
七　運	三　運　卦	七　　運　　卦
八　運	二　運　卦	八　　運　　卦
九　運	一　運　卦	九　　運　　卦

一運　飛星方位表

8	4	6	4	9	2	6	2	4
退氣	生氣	死氣	煞氣	生氣	旺氣	旺氣	生氣	死氣
7	9	2	3	5	7	5	7	9
死氣		退氣	煞氣		退氣	關煞		煞氣
3	5	1	8	1	6	1	3	8
生氣	關煞	煞氣	旺氣	死氣	退氣	退氣	死氣	生氣
7	3	5	9	5	7	2	7	9
退氣	煞氣	關煞	死氣	沖關	生氣	死氣	煞氣	退氣
6	8	1	8	1	3	1	3	5
退氣		死氣	煞氣		退氣	生氣		死氣
2	4	9	4	6	2	6	8	4
旺氣	煞氣	生氣	退氣	生氣	煞氣	煞氣	死氣	旺氣
3	8	1	5	1	3	1	6	8
旺氣	死氣	生氣	關煞	退氣	死氣	死氣	退氣	旺氣
2	4	6	4	6	8	9	2	4
死氣		煞氣	死氣		生氣	生氣		煞氣
7	9	5	9	2	7	5	7	3
煞氣	退氣	死氣	煞氣	生氣	旺氣	沖關	退氣	煞氣

二運　飛星方位表

9 死氣	5 沖關	7 生氣	5 關煞	1 退氣	3 死氣	7 退氣	3 煞氣	5 關煞
8 煞氣	1	3 退氣	4 死氣	6	8 生氣	6 退氣	8	1 死氣
4 退氣	6 生氣	2 煞氣	9 煞氣	2 生氣	7 旺氣	2 旺氣	4 煞氣	9 生氣
8 退氣	4 生氣	6 死氣	1 死氣	6 退氣	8 旺氣	3 旺氣	8 死氣	1 生氣
7 死氣	9	2 退氣	9 生氣	2	4 煞氣	2 死氣	4	6 煞氣
3 生氣	5 關煞	1 煞氣	5 沖關	7 退氣	3 煞氣	7 煞氣	9 退氣	5 死氣
4 煞氣	9 生氣	2 旺氣	6 旺氣	2 生氣	4 死氣	2 死氣	7 煞氣	9 退氣
3 煞氣	5	7 退氣	5 關煞	7	9 煞氣	1 生氣	3	5 死氣
8 旺氣	1 死氣	6 退氣	1 退氣	3 死氣	8 生氣	6 煞氣	8 死氣	4 旺氣

三運 飛星方位表

1 死氣	6 退氣	8 旺氣	6 旺氣	2 生氣	4 死氣	8 退氣	4 生氣	6 死氣
9 生氣	2	4 煞氣	5 關煞	7	9 煞氣	7 死氣	9	2 退氣
5 沖關	7 退氣	3 煞氣	1 退氣	3 死氣	8 生氣	3 生氣	5 關煞	1 煞氣
9 死氣	5 沖關	7 生氣	2 死氣	7 煞氣	9 退氣	4 煞氣	9 生氣	2 旺氣
8 煞氣	1	3 退氣	1 生氣	3	5 死氣	3 煞氣	5	7 退氣
4 退氣	6 生氣	2 煞氣	6 煞氣	8 死氣	4 旺氣	8 旺氣	1 死氣	6 退氣
5 關煞	1 退氣	3 死氣	7 退氣	3 煞氣	5 關煞	3 旺氣	8 死氣	1 生氣
4 死氣	6	8 生氣	6 退氣	8	1 死氣	2 死氣	4	6 煞氣
9 煞氣	2 生氣	7 旺氣	2 旺氣	4 煞氣	9 生氣	7 煞氣	9 退氣	5 死氣

四運　飛星方位表

2 死氣	7 煞氣	9 退氣	7 退氣	3 煞氣	5 關煞	9 死氣	5 沖關	7 生氣
1 生氣	3	5 死氣	6 退氣	8	1 死氣	8 煞氣	1	3 退氣
6 煞氣	8 死氣	4 旺氣	2 旺氣	4 煞氣	9 生氣	4 退氣	6 生氣	2 煞氣
1 死氣	6 退氣	8 旺氣	3 旺氣	8 死氣	1 生氣	5 關煞	1 退氣	3 死氣
9 生氣	2	4 煞氣	2 死氣	4	6 煞氣	4 死氣	6	8 生氣
5 沖關	7 退氣	3 煞氣	7 煞氣	9 退氣	5 死氣	9 煞氣	2 生氣	7 旺氣
6 旺氣	2 生氣	4 死氣	8 退氣	4 生氣	6 死氣	4 煞氣	9 生氣	2 旺氣
5 關煞	7	9 煞氣	7 死氣	9	2 退氣	3 煞氣	5	7 退氣
1 退氣	3 死氣	8 生氣	3 生氣	5 關煞	1 煞氣	8 旺氣	1 死氣	6 退氣

五運　飛星方位表

3 旺氣	8 死氣	1 生氣	8 退氣	4 生氣	6 死氣	1 死氣	6 退氣	8 旺氣
2 死氣	4	6 煞氣	7 死氣	9	2 退氣	9 生氣	2	4 煞氣
7 煞氣	9 退氣	5 死氣	3 生氣	5 關煞	1 煞氣	5 沖關	7 退氣	3 煞氣
2 死氣	7 煞氣	9 退氣	4 煞氣	9 生氣	2 旺氣	6 旺氣	2 生氣	4 死氣
1 生氣	3	5 死氣	3 煞氣	5	7 退氣	5 關煞	7	9 煞氣
6 煞氣	8 死氣	4 旺氣	8 旺氣	1 死氣	6 退氣	1 退氣	3 死氣	8 生氣
7 退氣	3 煞氣	5 關煞	9 死氣	5 沖關	7 生氣	5 關煞	1 退氣	3 死氣
6 退氣	8	1 死氣	8 煞氣	1	3 退氣	4 死氣	6	8 生氣
2 旺氣	4 煞氣	9 生氣	4 退氣	6 生氣	2 煞氣	9 煞氣	2 生氣	7 旺氣

六運　飛星方位表

4 煞氣	9 生氣	2 旺氣	9 死氣	5 沖關	7 生氣	2 死氣	7 煞氣	9 退氣
3 煞氣	5	7 退氣	8 煞氣	1	3 退氣	1 生氣	3	5 死氣
8 旺氣	1 死氣	6 退氣	4 退氣	6 生氣	2 煞氣	6 煞氣	8 死氣	4 旺氣
3 旺氣	8 死氣	1 生氣	5 關煞	1 退氣	3 死氣	7 退氣	3 煞氣	5 關煞
2 死氣	4	6 煞氣	4 死氣	6	8 生氣	6 退氣	8	1 死氣
7 煞氣	9 退氣	5 死氣	9 煞氣	2 生氣	7 旺氣	2 旺氣	4 煞氣	9 生氣
8 退氣	4 生氣	6 死氣	1 死氣	6 退氣	8 旺氣	6 旺氣	2 生氣	4 死氣
7 死氣	9	2 退氣	9 生氣	2	4 煞氣	5 關煞	7	9 煞氣
3 生氣	5 關煞	1 煞氣	5 沖關	7 退氣	3 煞氣	1 退氣	3 死氣	8 生氣

七運 飛星方位表

5 關煞	1 退氣	3 死氣	1 死氣	6 退氣	8 旺氣	3 旺氣	8 死氣	1 生氣
4 死氣	6	8 生氣	9 生氣	2	4 煞氣	2 死氣	4	6 煞氣
9 煞氣	2 生氣	7 旺氣	5 沖關	7 退氣	3 煞氣	7 煞氣	9 退氣	5 死氣
4 煞氣	9 生氣	2 旺氣	6 旺氣	2 生氣	4 死氣	8 退氣	4 生氣	6 死氣
3 煞氣	5	7 退氣	5 關煞	7	9 煞氣	7 死氣	9	2 退氣
8 旺氣	1 死氣	6 退氣	1 退氣	3 死氣	8 生氣	3 生氣	5 關煞	1 煞氣
9 死氣	5 沖關	7 生氣	2 死氣	7 煞氣	9 退氣	7 退氣	3 煞氣	5 關煞
8 煞氣	1	3 退氣	1 生氣	3	5 死氣	6 退氣	8	1 死氣
4 退氣	6 生氣	2 煞氣	6 煞氣	8 死氣	4 旺氣	2 旺氣	4 煞氣	9 生氣

八運 飛星方位表

6 旺氣	2 生氣	4 死氣	2 死氣	7 煞氣	9 退氣	4 煞氣	9 生氣	2 旺氣
5 關煞	7	9 煞氣	1 生氣	3	5 死氣	3 煞氣	5	7 退氣
1 退氣	3 死氣	8 生氣	6 煞氣	8 死氣	4 旺氣	8 旺氣	1 死氣	6 退氣
5 關煞	1 退氣	3 死氣	7 退氣	3 煞氣	5 關煞	9 死氣	5 沖關	7 生氣
4 死氣	6	8 生氣	6 退氣	8	1 死氣	8 煞氣	1	3 退氣
9 煞氣	2 生氣	7 旺氣	2 旺氣	4 煞氣	9 生氣	4 退氣	6 生氣	2 煞氣
1 死氣	6 退氣	8 旺氣	3 旺氣	8 死氣	1 生氣	8 退氣	4 生氣	6 死氣
9 生氣	2	4 煞氣	2 死氣	4	6 煞氣	7 死氣	9	2 退氣
5 沖關	7 退氣	3 煞氣	7 煞氣	9 退氣	5 死氣	3 生氣	5 關煞	1 煞氣

九運　飛星方位表

7	3	5	3	8	1	5	1	3
退氣	煞氣	關煞	旺氣	死氣	生氣	關煞	退氣	死氣
6	8	1	2	4	6	4	6	8
退氣		死氣	死氣		煞氣	死氣		生氣
2	4	9	7	9	5	9	2	7
旺氣	煞氣	生氣	煞氣	退氣	死氣	煞氣	生氣	旺氣
6	2	4	8	4	6	1	6	8
旺氣	生氣	死氣	退氣	生氣	死氣	死氣	退氣	旺氣
5	7	9	7	9	2	9	2	4
關煞		煞氣	死氣		退氣	生氣		煞氣
1	3	8	3	5	1	5	7	3
退氣	死氣	生氣	生氣	關煞	煞氣	沖關	退氣	煞氣
2	7	9	4	9	2	9	5	7
死氣	煞氣	退氣	煞氣	生氣	旺氣	死氣	沖關	生氣
1	3	5	3	5	7	8	1	3
生氣		死氣	煞氣		退氣	煞氣		退氣
6	8	4	8	1	6	4	6	2
煞氣	死氣	旺氣	旺氣	死氣	退氣	退氣	生氣	煞氣

二十四山九運圖

巽山乾向・座東南朝西北（一百三十五度→三百一十五度）
巳山亥向・座東南南朝西北北（一百五十度→三百三十度）

一一 九	五六 五	三八 七	二四 一	六八 六	四六 八	一三 二	六八 七	八一 九
二九 八	九二 一	七四 三	三五 九	一三 二	八一 四	九二 一	二四 三	四六 五
六五 四	四七 六	八三 二	七九 五	五七 七	九二 三	五七 六	七九 八	三五 四
四四 三	八九 八	六二 一	三五 四	八一 九	一三 二	四八 五	九三 一	二一 三
五三 二	三五 四	一七 六	二四 三	四六 五	六八 七	三九 四	五七 六	七五 八
九八 七	七一 九	二六 五	七九 八	九二 一	五七 六	八四 九	一二 二	六六 七
五七 六	一三 二	三五 四	八一 七	三五 三	一三 五	七二 八	三六 四	五四 六
四六 五	六八 七	八一 九	九二 六	七九 八	五七 一	六三 七	八一 九	一八 二
九二 一	二四 三	七九 八	四六 二	二四 四	六八 九	二七 三	四五 五	九九 一

二十四山九運圖

坤山艮向・座西南朝東北（二百二十五度→四十五度）
申山寅向・座西南西朝東北東（二百四十度→六十度）

八三 九	三八 五	一一 七	七四 一	三九 六	五二 八	一五 二	五一 七	三三 九
九二 八	七四 一	五六 三	六三 九	八五 二	一七 四	二四 一	九六 三	七八 五
四七 四	二九 六	六五 二	二八 五	四一 七	九六 三	六九 六	四二 八	八七 四
二八 三	六三 八	四一 一	一七 四	六三 九	八五 二	四一 五	八五 一	六三 三
三九 二	一七 四	八五 六	九六 三	二八 五	四一 七	五二 四	三九 六	一七 八
七四 七	五二 九	九六 五	五二 八	七四 一	三九 六	九六 九	七四 二	二八 七
三二 六	八六 二	一四 四	四一 七	九六 三	二八 五	五四 八	一八 四	三六 六
二三 五	四一 七	六八 九	三九 六	五二 八	七四 一	四五 七	六三 九	八一 二
七七 一	九五 三	五九 八	八五 二	一七 四	六三 九	九九 三	二七 五	七二 一

二十四山九運圖

酉山卯向・座西朝東（二百七十度→九十度）
辛山乙向・座西西北朝東東南（二百八十五度→一百零五度）

四七 九	八三 五	六五 七	三一 一	八五 六	一三 八	六二 二	一六 七	八四 九
五六 八	三八 一	一一 三	二二 九	四九 二	六七 四	七三 一	五一 三	三八 五
九二 四	七四 六	二九 二	七六 五	九四 七	五八 三	二七 六	九五 八	四九 四
五一 三	一六 八	三八 一	八四 四	三八 九	一六 二	七三 五	三八 一	一五 三
四九 二	六二 四	八四 六	九五 三	七三 五	五一 七	六二 四	八四 六	一六 八
九五 七	二七 九	七三 五	四九 八	二七 一	六二 六	二七 九	四九 二	九五 七
一六 六	五一 二	三八 四	二五 七	六一 三	四三 五	一八 八	六三 四	八一 六
二七 五	九五 七	七三 九	三四 六	一六 八	八八 一	九九 七	二七 九	四五 二
六二 一	四九 三	八四 八	七九 二	五二 四	九七 九	五四 三	七二 五	三六 一

二十四山九運圖

辰山戌向・座東南東朝西北西（一百二十度→三百度）

八三 九	四七 五	六五 七	九二 一	五七 六	七九 八	三五 二	七九 七	五七 九
七四 八	九二 一	二九 三	八一 九	一三 二	三五 四	四六 一	二四 三	九二 五
三八 四	五六 六	一一 二	四六 五	六八 七	二四 三	八一 六	六八 八	一三 四
二六 三	七一 八	九八 一	五七 四	九二 九	七九 二	六六 五	一二 一	八四 三
一七 二	三五 四	五三 六	六八 三	四六 五	二四 七	七五 四	五七 六	三九 八
六二 七	八九 九	四四 五	一三 八	八一 一	三五 六	二一 九	九三 二	四八 七
七九 六	二四 二	九二 四	六八 七	二四 三	四六 五	九九 八	四五 四	二七 六
八一 五	六八 七	四六 九	五七 六	七九 八	九二 一	一八 七	八一 九	六三 二
三五 一	一三 三	五七 八	一三 二	三五 四	八一 九	五四 三	三六 五	七二 一

二十四山九運圖

庚山甲向・座西西南朝東東北（二百五十五度→七十五度）

二九 九	七四 五	九二 七	五八 一	九四 六	七六 八	四九 二	九五 七	二七 九
一一 八	三八 一	五六 三	六七 九	四九 二	二二 四	三八 一	五一 三	七三 五
六五 四	八三 六	四七 二	一三 五	八五 七	三一 三	八四 六	一六 八	六二 四
七三 三	二七 八	九五 一	六二 四	二七 九	四九 二	九五 五	四九 一	二七 三
八四 二	六二 四	四九 六	五一 三	七三 五	九五 七	一六 四	八四 六	六二 八
三八 七	一六 九	五一 五	一六 八	三八 一	八四 六	五一 九	三八 二	七三 七
八四 六	四九 二	六二 四	九七 七	五二 三	七九 五	三六 八	七二 四	五四 六
七三 五	九五 七	二七 九	八八 六	一六 八	三四 一	四五 七	二七 九	九九 二
三八 一	五一 三	一六 八	四三 二	六一 四	二五 九	八一 三	六三 五	一八 一

二十四山九運圖

艮山坤向‧座東北朝西南（四十五度→二百二十度）

寅山申向‧座東北東朝西南西（六十度→二百四十度）

三八 九	八三 五	一一 七	四七 一	九三 六	二五 八	五一 二	一五 七	三三 九
二九 八	四七 一	六五 三	三六 九	五八 二	七一 四	四二 一	六九 三	八七 五
七四 四	九二 六	五六 二	八二 五	一四 七	六九 三	九六 六	二四 八	七八 四
八二 三	三六 八	一四 一	七一 四	三六 九	五八 二	一四 五	五八 一	三六 三
九三 二	七一 四	五八 六	六九 三	八二 五	一四 七	二五 四	九三 六	七一 八
四七 七	二五 九	六九 五	二五 八	四七 一	九三 六	六九 九	四七 二	八二 七
二三 六	六八 二	四一 四	一四 七	六九 三	八二 五	四五 八	八一 四	六三 六
三二 五	一四 七	八六 九	九三 六	二五 八	四七 一	五四 七	三六 九	一八 二
七七 一	五九 三	九五 八	五八 二	七一 四	三六 九	九九 三	七二 五	二七 一

二十四山九運圖

戌山辰向・座西北西朝東南東（三百度→一百二十度）

三八 九	七四 五	五六 七	二九 一	七五 六	九七 八	五三 二	九七 七	七五 九
四七 八	二九 一	九二 三	一八 九	三一 二	五三 四	六四 一	四二 三	二九 五
八三 四	六五 六	一一 二	六四 五	八六 七	四二 三	一八 六	八六 八	三一 四
六二 三	一七 八	八九 一	七五 四	二九 九	九七 二	六六 五	二一 一	四八 三
七一 二	五三 四	三五 六	八六 三	六四 五	四二 七	五七 四	七五 六	九三 八
二六 七	九八 九	四四 五	三一 八	一八 一	五三 六	一二 九	三九 二	八四 七
九七 六	四二 二	二九 四	八六 七	四二 三	六四 五	九九 八	五四 四	七二 六
一八 五	八六 七	六四 九	七五 六	九七 八	二九 一	八一 七	一八 九	三六 二
五三 一	三一 三	七五 八	三一 二	五三 四	一八 九	四五 三	六三 五	二七 一

二十四山九運圖

甲山庚向・座東東北朝西西南（七十五度→二百五十五度）

九二／九	四七／五	二九／七	八五／一	四九／六	六七／八	九四／二	五九／七	七二／九
一一／八	八三／一	六五／三	七六／九	九四／二	二二／四	八三／一	一五／三	三七／五
五六／四	三八／六	七四／二	三一／五	五八／七	一三／三	四八／六	六一／八	二六／四
三七／三	七二／八	五九／一	二六／四	七二／九	九四／二	五九／五	九四／一	七二／三
四八／二	二六／四	九四／六	一五／三	三七／五	五九／七	六一／四	四八／六	二六／八
八三／七	六一／九	一五／五	六一／八	八三／一	四八／六	一五／九	八三／二	三七／七
四八／六	九四／二	二六／四	七九／七	二五／三	九七／五	六三／八	二七／四	四五／六
三七／五	五九／七	七二／九	八八／六	六一／八	四三／一	五四／七	七二／九	九九／二
八三／一	一五／三	六一／八	三四／二	一六／四	五二／九	一八／三	三六／五	八一／一

二十四山九運圖

未山丑向・座西南南朝東北北（二百一十度→三十度）

六五 九	二九 五	四七 七	九六 一	四一 六	二八 八	八七 二	四二 七	六九 九
五六 八	七四 一	九二 三	一七 九	八五 二	六三 四	七八 一	九六 三	二四 五
一一 四	三八 六	八三 二	五二 五	三九 七	七四 三	三三 六	五一 八	一五 四
九六 三	五二 八	七四 一	三九 四	七四 九	五二 二	二八 五	七四 一	九六 三
八五 二	一七 四	三九 六	四一 三	二八 五	九六 七	一七 四	三九 六	五二 八
四一 七	六三 九	二八 五	八五 八	六三 六	一七 六	六三 九	八五 二	四一 七
五九 六	九五 二	七七 四	六三 七	一七 三	八五 五	七二 八	二七 四	九九 六
六八 五	四一 七	二三 九	七四 六	五二 八	三九 一	八一 七	六三 九	四五 二
一四 一	八六 三	三二 八	二八 二	九六 四	四一 九	三六 三	一八 五	五四 一

二十四山九運圖

卯山酉向·座東朝西（九十度→二百七十度）

乙山辛向·座東東南朝西西北（一百零五度→二百八十五度）

七四 九	三八 五	五六 七	一三 一	五八 六	三一 八	二六 二	六一 七	四八 九
六五 八	八三 一	一一 三	二二 九	九四 二	七六 四	三七 一	一五 三	八三 五
二九 四	四七 六	九二 二	六七 五	四九 七	八五 三	七二 六	五九 八	九四 四
一五 三	六一 八	八三 一	四八 四	八三 九	六一 二	三七 五	八三 一	一五 三
九四 二	二六 四	四八 六	五九 三	三七 五	一五 七	二六 四	四八 六	六一 八
五九 七	七二 九	三七 五	九四 八	七二 一	二六 六	七二 九	九四 二	五九 七
六一 六	一五 二	八三 四	五二 七	一六 三	三四 五	八一 八	三六 四	一八 六
七二 五	五九 七	三七 九	四三 六	六一 八	八八 一	九九 七	七二 九	五四 二
二六 一	九四 三	四八 八	九七 二	二五 四	七九 九	四五 三	二七 五	六三 一

二十四山九運圖

丙山壬向・座南東南朝北西北（一百六十五度→三百四十五度）

四七九	九二五	二九七	七六一	二二六	九四八	六九二	二四七	四二九
三八八	五六一	七四三	八五九	六七二	四九四	五一一	七八三	九六五
八三四	一一六	六五二	三一五	一三七	五八三	一五六	三三八	八七四
九八三	四四八	二六一	八九四	四五九	六七二	九三五	五七一	七五三
一七二	八九四	六二六	七八三	九一五	二三七	八四四	一二六	三九八
五三七	三五九	七一五	三四八	五六六	一二六	四八九	六六二	二一七
三二六	七七二	五九四	二五七	七九三	九七五	五四八	九九四	七二六
四一五	二三七	九五九	一六六	三四八	五二一	六三七	四五九	二七二
八六一	六八三	一四八	六一二	八八四	四三九	一八三	八一五	三六一

二十四山九運圖

壬山丙向・座北西北朝南東南（三百四十五度→一百六十五度）

七四 九	二九 五	九二 七	六七 一	二二 六	四九 八	九六 二	四二 七	二四 九
八三 八	六五 一	四七 三	五八 九	七六 二	九四 四	一五 一	八七 三	六九 五
三八 四	一一 六	五六 二	一三 五	三一 七	八五 三	五一 六	三三 八	七八 四
八九 三	四四 八	六二 一	九八 四	五四 九	七六 二	三九 五	七五 一	五七 三
七一 二	九八 四	二六 六	八七 三	一九 五	三二 七	四八 四	二一 六	九三 八
三五 七	五三 九	一七 五	四三 八	六五 一	二一 六	八四 九	六六 二	一二 七
二三 六	七七 二	九五 四	五二 七	九七 三	七九 五	四五 八	九九 四	二七 六
一四 五	三二 七	五九 九	六一 六	四三 八	二五 一	三六 七	五四 九	七二 二
六八 一	八六 三	四一 八	一六 二	八八 四	三四 九	八一 三	一八 五	六三 一

二十四山九運圖

午山子向·座南朝北（一百八十度→零度）

丁山癸向·座南西南朝北東北（一百九十五度→十五度）

六五 九	一一 五	八三 七	五八 一	一三 六	三一 八	八七 二	三三 七	一五 九
七四 八	五六 一	三八 三	四九 九	六七 二	八五 四	九六 一	七八 三	五一 五
二九 四	九二 六	四七 二	九四 五	二二 七	七六 三	四二 六	二四 八	六九 四
七一 三	三五 八	五三 一	一二 四	五六 九	三四 二	二一 五	六六 一	四八 三
六二 二	八九 四	一七 六	二三 三	九一 五	七八 七	三九 四	一二 六	八四 八
二六 七	四四 九	九八 五	六七 八	四五 一	八九 六	七五 九	五七 二	九三 七
一四 六	六八 二	八六 四	四三 七	八八 三	六一 五	三六 八	八一 四	一八 六
九五 五	二三 七	四一 九	五二 六	三四 八	一六 一	二七 七	四五 九	六三 二
五九 一	七七 三	三二 八	九七 二	七九 四	二五 九	七二 三	九九 五	五四 一

二十四山九運圖

丑山未向・座東北北朝西南南（三十度→二百一十度）

五六 九	九二 五	七四 七	六九 一	一四 六	八二 八	七八 二	二四 七	九六 九
六五 八	四七 一	二九 三	七一 九	五八 二	三六 四	八七 一	六九 三	四二 五
一一 四	八三 六	三八 二	二五 五	九三 七	四七 三	三三 六	一五 八	五一 四
六九 三	二五 八	四七 一	九三 四	四七 九	二五 二	八二 五	四七 一	六九 三
五八 二	七一 四	九三 六	一四 三	八二 五	六九 七	七一 四	九三 六	二五 八
一四 七	三六 九	八二 五	五八 八	三六 一	七一 六	三六 九	五八 二	一四 七
九五 六	五九 二	七七 四	三六 七	七一 三	五八 五	二七 八	七二 四	九九 六
八六 五	一四 七	三二 九	四七 六	二五 八	九三 一	一八 七	三六 九	五四 二
四一 一	六八 三	二三 八	八二 二	六九 四	一四 九	六三 三	八一 五	四五 一

二十四山九運圖

子山午向·座北朝南（零度→一百八十度）
癸山丁向·座北東北朝南西南（十五度→一百九十五度）

五六 九	一一 五	三八 七	八五 一	三一 六	一三 八	七八 二	三三 七	五一 九
四七 八	六五 一	八三 三	九四 九	七六 二	五八 四	六九 一	八七 三	一五 五
九二 四	二九 六	七四 二	四九 五	二二 七	六七 三	二四 六	四二 八	九六 四
一七 三	五三 八	三五 一	二一 四	六五 九	四三 二	一二 五	六六 一	八四 三
二六 二	九八 四	七一 六	三二 三	一九 五	八七 七	九三 四	二一 六	四八 八
六二 七	四四 九	八九 五	七六 八	五四 一	九八 六	五七 九	七五 二	三九 七
四一 六	八六 二	六八 四	三四 七	八八 三	一六 五	六三 八	一八 四	八一 六
五九 五	三二 七	一四 九	二五 六	四三 八	六一 一	七二 七	五四 九	三六 二
九五 一	七七 三	二三 八	七九 二	九七 四	五二 九	二七 三	九九 五	四五 一

二十四山九運圖

乾山巽向‧座西北朝東南（三百一十五度→一百三十五度）

亥山巳向‧座西北北朝東南南（三百三十度→一百五十度）

一一 九	六五 五	八三 七	四二 一	八六 六	六四 八	三一 二	八六 七	一八 九
九二 八	二九 一	四七 三	五三 九	三一 二	一八 四	二九 一	四二 三	六四 五
五六 四	七四 六	三八 二	九七 五	七五 七	二九 三	七五 六	九七 八	五三 四
四四 三	九八 八	二六 一	五三 四	一八 九	三一 二	八四 五	三九 一	一二 三
三五 二	五三 四	七一 六	四二 三	六四 五	八六 七	九三 四	七五 六	五七 八
八九 七	一七 九	六二 五	九七 八	二九 一	七五 六	四八 九	二一 二	六六 七
七五 六	三一 二	五三 四	一八 七	五三 三	三一 五	二七 八	六三 四	四五 六
六四 五	八六 七	一八 九	二九 六	九七 八	七五 一	三六 七	一八 九	八一 二
二九 一	四二 三	九七 八	六四 二	四二 四	八六 九	七二 三	五四 五	九九 一

單星斷事表

九星	方位	斷　　　　　　　　　　　　　　　　事
一白	中	經云：一加二五，傷及壯丁，主傷病。
二黑	西北	失運神經衰弱，胡思亂想，當運旺財。
三碧	西	主血光之災，受人拖累。
四綠	東北	兒童多病或成績退步，鼻敏感。
五黃	南	眼部疾病，血光之災。
六白	北	主聰明才智，發小財。
七赤	西南	主痢疾，提防火災，血光之災。
八白	東	主不利兒童，成績退步。
九紫	東南	讀書聰明，利文職，家有喜慶事。

九星	方位	斷　　　　　　　　　　　　　　　　事
一白	東南	經云：四一同宮，準發科名之顯。
二黑	中	血光之災，慢性病。
三碧	西北	經云：足以金而蹣跚，主足傷，家人容易發生。
四綠	西	容易被金屬所傷，易惹桃花劫。
五黃	東北	主腸胃病，運氣塞滯。
六白	南	子女容易與自己發生爭執，提防呼吸系統毛病。
七赤	北	家人好動，桃花運。
八白	西南	利地產，旺財。
九紫	東	家人頭腦靈活，子女讀書聰明。

單星斷事表

九星	方位	斷　　　　　　　　　　　　　　　　事
一白	東	主家人搬遷或有遠行，脾氣較爲暴躁。
二黑	東南	主是非，健康差，呼吸系統疾病。
三碧	中	因財致禍，腳傷。
四綠	西北	不利女性，驛馬位，家人有遠行或搬遷。
五黃	西	是非官災，容易被金屬所傷。
六白	東北	發小財，利地產或五金行業。
七赤	南	小心火災，家中女性不和。
八白	北	主財運佳，尤利地產，可置業。
九紫	西南	家人愚鈍，子女成績退步。

九星	方位	斷　　　　　　　　　　　　　　　　事
一白	西南	主女性當權，家人易罹腸胃病。
二黑	東	主官災是非，足患，腸胃病。
三碧	東南	運氣反覆，時好時壞。
四綠	中	風濕病，皮膚病。
五黃	西北	頭部疾病，遠行多阻滯，身體多病。
六白	西	提防被金屬所傷。
七赤	東南	財帛可得，但容易破耗。
八白	南	主喜慶，有令人愉快的事情發生。
九紫	北	水火既濟，主喜慶，順利。

單星斷事表

九星	方位	斷　　　　　　　　　　　　　　　　事
一白	北	經云：一白爲官星之應，主宰文章，主讀書。
二黑	西南	二黑又名病符，回宮復位，主身體多病。
三碧	東	經云：蚩尤碧色，好勇鬥狠之神，三碧爲蚩尤星，主官災是非，爭執。
四綠	東南	經云：蓋四綠爲文昌之神，主聰明。
五黃	中	血光之災，瘡瘤。
六白	西北	驛馬動，有遠行，失運主官非或交通意外。
七赤	西	當運主發財，失運主血光之災。
八白	東北	當運，發財，利地產，失運，破財。
九紫	南	當運主財運與事業都會順利，失運主血光之災。

九星	方位	斷　　　　　　　　　　　　　　　　事
一白	南	中爻得配，水火相交，主喜慶，順利。
二黑	北	主家人易罹腸胃病，女性當懂，掌握財政。
三碧	西南	主官災是非，腸胃病，足病。
四綠	東	運氣反覆，情緒起伏。
五黃	東南	主皮膚病，瘡毒。
六白	中	遠行多阻滯，頭部疾病。
七赤	西北	提防被金屬所傷，又主官非爭執，交通意外等。
八白	西	財帛可得，但容易破耗。
九紫	東北	家有令人愉快的事情發生，如喜事，橫財。

單星斷事表

九星	方位	斷　　　　　　　　　　　　　　　　　　事
一白	東北	財運佳，尤利地產，可置業。
二黑	南	家人愚鈍，血光之災。
三碧	北	主脾氣暴躁，家人會搬遷或遠行。
四綠	西南	腸胃病，是非纏繞。
五黃	東	容易腳傷，因財招禍。
六白	東南	不利女性，奔波勞碌。
七赤	中	是非官災，容易被金屬所傷。
八白	西北	發小財，利地產或五金行業。
九紫	西	小心火災，家中女性不和。

九星	方位	斷　　　　　　　　　　　　　　　　　　事
一白	西	家人好動，多異性緣，一白當運為桃花運。
二黑	東北	旺財，尤利地產。
三碧	南	主家人頭腦靈活，聰明。
四綠	北	坎宮為一白星所主，故為一四同宮，主讀書聰明。
五黃	西南	主急性病，血光之災。
六白	東	主足疾，多小人。
七赤	東南	容易被金屬所傷，易惹桃花劫。
八白	中	主腸胃病，運氣蹇滯。
九紫	西北	子女容易與自己發生爭執，提防呼吸系統疾病。

單星斷事表

九星	方位	斷　　　　　　　　　　　　　　　事
一白	西北	主聰明才智，發小財。
二黑	西	肚臍，提防火災，血光之災。
三碧	東北	經云：三八逢而損小口，主不利小童。
四綠	南	讀書聰明，利文職，有喜慶，失運則財帛不聚。
五黃	北	主傷病，提防泌尿系統疾病，女性提防婦科病。
六白	西南	胡思亂想，神經衰弱，當運則發財。
七赤	東	主血光之災，受人拖累，破財，宜放風水輪來化解。
八白	東南	兒童多病或成績退步，鼻敏感。
九紫	中	目疾，血光之災，皮膚病。

雙星斷事

【一‧一】桃花、煙花地、出門、旅遊、犯賊險、江湖
中人，對三碧四綠有利，因爲水生木。

【一‧二】男性腸胃病或內臟有疾。女性有腸胃病或
婦科病。

【一‧三】爭執、吵鬧、勞氣、官非、盜劫、破財。

【一‧四】讀書有成、成名、被讚賞、出門有利、升職
加薪。

【一‧五】視五黃而定、五是變卦、以中宮的向星代之
婦科病、耳疾。

【一‧六】武貴、當軍警會顯貴、事事如意、吉利。

【一‧七】桃花、出門有利。吉利。

【一‧八】土剋水、耳疾、被狗咬傷或被動物抓傷。

【一‧九】水火不容、性病、皮膚病、小產。

【二‧一】女性婦科病、腸胃病。男性腸胃病。

【二‧二】二黑是病符。疾病、入醫院、女性婦科病、
懷孕。男性腸胃病、內臟病。

【二‧三】鬥牛煞、官非、是非、口舌不和。

【二‧四】婆媳不和。

【二‧五】二五交加必損主。孤寡。二主宅母多病，黑
逢五至出鰥夫。

【二‧六】進田莊之喜、買地買樓、但是吝嗇、孤寒。

【二‧七】土生金。七赤是七運的財星旺星。有財化官
復因桃花破財。小心桃花劫。對九紫命有利
。二七合先天火。

【二‧八】合十主吉。有進田置業之喜、利遷移。

【二‧九】火生土。主女人多、桃花重、桃花屋。

【三‧一】爭吵、激氣、官非、破財。

【三‧二】鬥牛煞、爭吵、激氣、官非、破財。

【三‧三】官非、是非、爭執。

【三‧四】三是男、四是女、女來就男、移船就磡、貼
大床、利男性的桃花。

【三‧五】視五黃而定。多主不吉、木剋土象、貧窮、
傷足、生疾。

【三‧六】官非、手腳受損。

【三‧七】破財、官非、七運時七當旺仍有財。

【三‧八】損小口、不利兒童、小童三歲前會有心漏病
、哮喘、甚至跌死、小產、破財、男同性戀。

【三‧九】聰明而吝嗇。

【四‧一】利讀書、出門、遠走他方。

【四‧二】婆媳不和。

【四‧三】少女發瘋、男星飛臨是男姦女之象。

【四‧四】出門、桃花。

【四·五】視五黃而定、遊蕩廢業、手足傷病重重。

【四·六】煩惱事先合後散。

【四·七】桃花當時得令、七運財色兼收。

【四·八】進田莊之喜。女同性戀。

【四·九】合而化金、木火通明、聰明俊秀之象。女同
性戀、不正常桃花。

【五·一】膀胱病。

【五·二】腸病、手腳受傷、黃遇黑時出寡婦。主孤寡
。

【五·三】破財傷身，窮途困病再遭殃。

【五·四】五黃最忌三碧四綠、木剋土、破財、田園廢
盡。大凶。

【五·五】兩重災病星。

【五·六】吉，六白金星化五黃。

【五·七】吉，七赤金星化五黃。土生金、生旺七運吉
星。

【五·八】吉。

【五、九】凶。火生土，生旺災瘟星五黃，主不吉。

【六·一】金生水、桃花旺。

【六·二】腸疾、婦科病。

【六·三】手腳受傷。

【六·四】先合後散、女性多病。

【六·五】視五黃而定、頭痛、口腔多病。

【六‧六】吉，利財。

【六‧七】大凶，六七交劍煞，合作不和、拆夥、籠裡
雞、作反，部屬造反、 官非。男女不和、女
比男惡（七運）。手腳受損、皮膚病、性病
、生痄腮。

【六‧八】吉，進財、利田宅。

【六‧九】火燒天門家生忤逆之兒，生牙瘡、腦病、痄
腮、流牙血。

【七‧一】出門、遠行、桃花。

【七‧二】合先天火、利二黑、五黃、八白命。

【七‧三】大凶，打劫，破財，官非，被刺一刀，盲一
眼。

【七‧四】桃花，出門。

【七‧五】視五黃而定，肺病，口腔病，口舌。

【七‧六】大凶，交劍煞。

【七‧七】七運當旺大吉，財利大旺。

【七‧八】吉。

【七‧九】回祿之災，心臟病。

【八‧一】土剋水，膀胱疾，耳病。

【八‧二】疾病。

【八‧三】木剋土，不利小口（幼兒）離婚、無仔生、
嫁杏無期、姑婆屋、腰痛、自殺、吊頸。

【八‧四】木剋土，離婚、嫁杏無期、姑婆屋、無仔

生、不利小口（幼兒），服毒、吊頸、自殺
、腰痛、膽石。

【八，五】視五黃而定、暗滯、胃病、胸疼痛。

【八·六】吉，財利。

【八·七】吉，財利。

【八·八】吉，財利。

【八·九】火生土，吉，旺丁旺財。

【九·一】桃花、讀書人、性病。

【九·二】婦科病。

【九·三】官非。

【九·四】不正常桃花、女同性戀、合化金。

【九·五】視五黃而定、生旺五黃主長病、殘疾、血病
、火災、性病。

【九·六】腦病。

【九·七】回祿之災。心臟病。

【九·八】吐血。

【九·九】目疾。

三元九運城門訣表

坐山	正城門	副城門	一運	二運	三運	四運	五運	六運	七運	八運	九運
壬	辰	未	X	未	辰	X	未辰	辰	未辰	未	未辰
子	巽	坤	坤巽	巽	坤	坤巽	X	坤	X	巽	X
癸	巳	申	申巳	巳	申	申巳	X	申	X	巳	X
丑	庚	丙	X	丙庚	庚	丙庚	X	庚	丙	X	丙庚
艮	酉	午	午酉	X	午	X	午酉	午	酉	午酉	X
寅	辛	丁	丁辛	X	丁	X	丁辛	丁	辛	丁辛	X
甲	未	戌	戌	未	戌	戌	戌未	戌	戌辛	未	未
卯	坤	乾	坤	乾	坤	坤	X	坤	X	乾	乾
乙	申	亥	申	亥	申	申	X	申	X	亥	亥
辰	壬	庚	壬	庚	壬	庚	X	庚	X	壬	庚
巽	子	酉	酉	子	酉	子	酉子	子	酉子	酉	子
巳	癸	辛	辛	癸	辛	癸	辛癸	癸	辛癸	辛	癸
丙	戌	丑	丑戌	丑	丑戌	戌	丑戌	戌	戌	丑	X
午	乾	艮	X	乾	X	艮	X	艮	艮	乾	艮乾
丁	亥	寅	X	亥	X	寅	X	寅	寅	亥	寅亥
未	甲	壬	壬甲	X	壬	甲	X	甲	X	壬甲	X
坤	卯	子	X	子卯	卯	子	子卯	子	子卯	X	子卯
申	乙	癸	X	癸乙	乙	癸	癸乙	癸	癸乙	X	癸乙
庚	丑	辰	丑	丑	辰丑	X	辰丑	辰	辰	丑	辰
酉	艮	巽	巽	巽	X	巽艮	X	艮	艮	巽	艮
辛	寅	巳	巳	巳	X	巳寅	X	寅	寅	巳	寅
戌	丙	甲	甲	丙	X	甲丙	X	甲	丙	甲	丙
乾	午	卯	午	卯	卯午	X	卯午	卯	午	卯	卯
亥	丁	乙	丁	乙	乙丁	X	乙丁	乙	丁	乙	乙

年月日時刻入中星速查表

年星入中表

二黑	三碧	四綠	五黃	六白	七赤	八白	九紫	一白	上元
五黃	六白	七赤	八白	九紫	一白	二黑	三碧	四綠	中元
八白	九紫	一白	二黑	三碧	四綠	五黃	六白	七赤	下元
壬申	辛未	庚午	己巳	戊辰	丁卯	丙寅	乙丑	甲子	
辛巳	庚辰	己卯	戊寅	丁丑	丙子	乙亥	甲戌	癸酉	
庚寅	己丑	戊子	丁亥	丙戌	乙酉	甲申	癸未	壬午	
己亥	戊戌	丁酉	丙申	乙未	甲午	癸巳	壬辰	辛卯	
戊申	丁未	丙午	乙巳	甲辰	癸卯	壬寅	辛丑	庚子	
丁巳	丙辰	乙卯	甲寅	癸丑	壬子	辛亥	庚戌	己酉	
			癸亥	壬戌	辛酉	庚申	己未	戊午	

月星入中表

十二月	十一月	十月	九月	八月	七月	六月	五月	四月	三月	二月	正月	
六白	七赤	八白	九紫	一白	二黑	三碧	四綠	五黃	六白	七赤	八白	子午卯酉年
三碧	四綠	五黃	六白	七赤	八白	九紫	一白	二黑	三碧	四綠	五黃	辰戌丑未年
九紫	一白	二黑	三碧	四綠	五黃	六白	七赤	八白	九白	一白	二黑	寅申巳亥年

日星入中查表

日．節氣	冬至立春	雨水清明	穀雨忙種	夏至立秋	處暑寒露	霜降大雪
甲子	一白	七赤	四綠	九紫	三碧	六白
乙丑	二黑	八白	五黃	八白	二黑	五黃
丙寅	三碧	九紫	六白	七赤	一白	四綠
丁卯	四綠	一白	七赤	六白	九紫	三碧
戊辰	五黃	二黑	八白	五黃	八白	二黑
己巳	六白	三碧	九紫	四綠	七赤	一白
庚午	七赤	四綠	一白	三碧	六白	九紫
辛未	八白	五黃	二黑	二黑	五黃	八白
壬申	九紫	六白	三碧	一白	四綠	七赤
癸酉	一白	七赤	四綠	九紫	三碧	六白
甲戌	二黑	八白	五黃	八白	二黑	五黃
乙亥	三碧	九紫	六白	七赤	一白	四綠
丙子	四綠	一白	七赤	六白	九紫	三碧
丁丑	五黃	二黑	八白	五黃	八白	二黑
戊寅	六白	三碧	九紫	四綠	七赤	一白
己卯	七赤	四綠	一白	三碧	六白	九紫
庚辰	八白	五黃	二黑	二黑	五黃	八白
辛巳	九紫	六白	三碧	一白	四綠	七赤
壬午	一白	七赤	四綠	九紫	三碧	六白
癸未	二黑	八白	五黃	八白	二黑	五黃
甲申	三碧	九紫	六白	七赤	一白	四綠
乙酉	四綠	一白	七赤	六白	九紫	三碧
丙戌	五黃	二黑	八白	五黃	八白	二黑
丁亥	六白	三碧	九紫	四綠	七赤	一白
戊子	七赤	四綠	一白	三碧	六白	九紫
己丑	八白	五黃	二黑	二黑	五黃	八白
庚寅	九紫	六白	三碧	一白	四綠	七赤
辛卯	一白	七赤	四綠	九紫	三碧	六白
壬辰	二黑	八白	五黃	八白	二黑	五黃
癸巳	三碧	九紫	六白	七赤	一白	四綠

甲午	四綠	一白	七赤	六白	九紫	三碧
乙未	五黃	二黑	八白	五黃	八白	二黑
丙申	六白	三碧	九紫	四綠	七赤	一白
丁酉	七赤	四綠	一白	三碧	六白	九紫
戊戌	八白	五黃	二黑	二黑	五黃	八白
己亥	九紫	六白	三碧	一白	四綠	七赤
庚子	一白	七赤	四綠	九紫	三碧	六白
辛丑	二黑	八白	五黃	八白	二黑	五黃
壬寅	三碧	九紫	六白	七赤	一白	四綠
癸卯	四綠	一白	七赤	六白	九紫	三碧
甲辰	五黃	二黑	八白	五黃	八白	二黑
乙巳	六白	三碧	九紫	四綠	七赤	一白
丙午	七赤	四綠	一白	三碧	六白	九紫
丁未	八白	五黃	二黑	二黑	五黃	八白
戊申	九紫	六白	三碧	一白	四綠	七赤
己酉	一白	七赤	四綠	九紫	三碧	六白
庚戌	二黑	八白	五黃	八白	二黑	五黃
辛亥	三碧	九紫	六白	七赤	一白	四綠
壬子	四綠	一白	七赤	六白	九紫	三碧
癸丑	五黃	二黑	八白	五黃	八白	二黑
甲寅	六白	三碧	九紫	四綠	七赤	一白
乙卯	七赤	四綠	一白	三碧	六白	九紫
丙辰	八白	五黃	二黑	二黑	五黃	八白
丁巳	九紫	六白	三碧	一白	四綠	七赤
戊午	一白	七赤	四綠	九紫	三碧	六白
己未	二黑	八白	五黃	八白	二黑	五黃
庚申	三碧	九紫	六白	七赤	一白	四綠
辛酉	四綠	一白	七赤	六白	九紫	三碧
壬戌	五黃	二黑	八白	五黃	八白	二黑
癸亥	六白	三碧	九紫	四綠	七赤	一白

時星入中表

子午卯酉日	冬至 夏至	子一 子九	丑二 丑八	寅三 寅七	卯四 卯六	辰五 辰五	巳六 巳四	午七 午三	未八 未二	申九 申一	酉一 酉九	戌二 戌八	亥三 亥七
辰戌丑未日	冬至 夏至	子四 子六	丑五 丑五	寅六 寅四	卯七 卯三	辰八 辰二	巳九 巳一	午一 午九	未二 未八	申三 申七	酉四 酉六	戌五 戌五	亥六 亥四
寅申巳亥日	冬至 夏至	子七 子三	丑八 丑二	寅九 寅一	卯一 卯九	辰二 辰八	巳三 巳七	午四 午六	未五 未五	申六 申四	酉七 酉三	戌八 戌二	亥九 亥一

刻星入中速查表

	一刻	二刻	三刻	四刻	五刻	六刻	七刻	八刻
	15分前	30分前	45分前	00分前	15分前	30分前	45分前	00分前
子23-01	九紫	一白	二黑	三碧	四綠	五黃	六白	七赤
丑01-03	九紫	一白	二黑	三碧	四綠	五黃	六白	七赤
寅03-05	九紫	一白	二黑	三碧	四綠	五黃	六白	七赤
卯05-07	九紫	一白	二黑	三碧	四綠	五黃	六白	七赤
辰07-09	九紫	一白	二黑	三碧	四綠	五黃	六白	七赤
巳09-11	九紫	一白	二黑	三碧	四綠	五黃	六白	七赤
午11-13	九紫	一白	二黑	三碧	四綠	五黃	六白	七赤
未13-15	九紫	一白	二黑	三碧	四綠	五黃	六白	七赤
申15-17	九紫	一白	二黑	三碧	四綠	五黃	六白	七赤
酉17-19	九紫	一白	二黑	三碧	四綠	五黃	六白	七赤
戌19-21	八白	八白	八白	八白	八白	八白	八白	八白
亥21-23	九紫	一白	二黑	三碧	四綠	五黃	六白	七赤

1864～2055年運速見表目錄

同治 03年～光緒 01年———（1864年～1875年）

光緒 02年～光緒 13年———（1876年～1887年）

光緒 04年～光緒 25年———（1888年～1899年）

光緒 26年～宣統 03年———（1900年～1911年）

民國 01年～民國 12年———（1912年～1923年）

民國 13年～民國 24年———（1924年～1935年）

民國 25年～民國 36年———（1936年～1947年）

民國 37年～民國 48年———（1948年～1959年）

民國 49年～民國 60年———（1960年～1971年）

民國 61年～民國 72年———（1972年～1983年）

民國 73年～民國 84年———（1984年～1995年）

民國 85年～民國 96年———（1996年～2007年）

民國 97年～民國108年———（2008年～2019年）

民國109年～民國120年———（2020年～2031年）

民國121年～民國132年———（2032年～2043年）

民國133年～民國144年———（2044年～2055年）

年運速見表

民國	西曆	歲次	星宿	生肖	男卦	女卦	年星	天運	地運	元運	主歲	六氣
同治3	1864	甲子	氐	木鼠	坎命陽	艮命陽	一白	1運	1運	上元運	土	少陰熱氣火
4	1865	乙丑	房	木牛	離命陰	乾命陰	九紫	1運	1運	上元運	金	太陰濕氣土
5	1866	丙寅	心	火虎	艮命陽	兌命陽	八白	1運	1運	上元運	水	少陽火氣相火
6	1867	丁卯	尾	火兔	兌命陰	艮命陰	七赤	1運	1運	上元運	木	陽明燥氣金
7	1868	戊辰	箕	土龍	乾命陽	離命陽	六白	1運	1運	上元運	火	太陽寒氣水
8	1869	己巳	斗	土蛇	坤命陰	坎命陰	五黃	1運	1運	上元運	土	厥陰風氣木
9	1870	庚午	牛	金馬	巽命陽	坤命陽	四綠	1運	1運	上元運	金	少陰熱氣火
10	1871	辛未	女	金羊	震命陰	震命陰	三碧	1運	1運	上元運	水	太陰濕氣土
11	1872	壬申	虛	水猴	坤命陽	巽命陽	二黑	1運	1運	上元運	木	少陽火氣相火
12	1873	癸酉	危	水雞	坎命陰	艮命陰	一白	1運	1運	上元運	火	陽明燥氣金
13	1874	甲戌	室	木狗	離命陽	乾命陽	九紫	1運	1運	上元運	土	太陽寒氣水
光緒1	1875	乙亥	壁	木豬	艮命陰	兌命陰	八白	1運	1運	上元運	金	厥陰風氣木

年運速見表

民國	西曆	歲次	星宿	生肖	男卦	女卦	年星	天運	地運	元運	主歲	六氣
光緒2	1876	丙子	奎	火鼠	兌命陽	艮命陽	七赤	1運	1運	上元運	水	少陰熱氣火
3	1877	丁丑	婁	火牛	乾命陰	離命陰	六白	1運	1運	上元運	木	太陰濕氣土
4	1878	戊寅	胃	土虎	坤命陽	坎命陽	五黃	1運	1運	上元運	火	少陽火氣相火
5	1879	己卯	昴	土兔	巽命陰	坤命陰	四綠	1運	1運	上元運	土	陽明燥氣金
6	1880	庚辰	畢	金龍	震命陽	震命陽	三碧	1運	1運	上元運	金	太陽寒氣水
7	1881	辛巳	觜	金蛇	坤命陰	巽命陰	二黑	1運	1運	上元運	水	厥陰風氣木
8	1882	壬午	參	水馬	坎命陽	艮命陽	一白	1運	2運	上元運	木	少陰熱氣火
9	1883	癸未	井	水羊	離命陰	乾命陰	九紫	1運	2運	上元運	火	太陰濕氣土
10	1884	甲申	鬼	木猴	艮命陽	兌命陽	八白	2運	2運	上元運	土	少陽火氣相火
11	1885	乙酉	柳	木雞	兌命陰	艮命陰	七赤	2運	2運	上元運	金	陽明燥氣金
12	1886	丙戌	星	火狗	乾命陽	離命陽	六白	2運	2運	上元運	水	太陽寒氣水
13	1887	丁亥	張	火豬	坤命陰	坎命陰	五黃	2運	2運	上元運	木	厥陰風氣木

年運速見表

民國	西曆	歲次	星宿	生肖	男卦	女卦	年星	天運	地運	元運	主歲	六氣
光緒 14	1888	戊子	翼	土鼠	巽命 陽	坤命 陽	四綠	2運	2運	上元 運	火	少陰熱 氣火
15	1889	己丑	軫	土牛	震命 陰	震命 陰	三碧	2運	2運	上元 運	土	太陰濕 氣土
16	1890	庚寅	角	金虎	坤命 陽	巽命 陽	二黑	2運	2運	上元 運	金	少陽火 氣相火
17	1891	辛卯	亢	金兔	坎命 陰	艮命 陰	一白	2運	2運	上元 運	水	陽明燥 氣金
18	1892	壬辰	氐	水龍	離命 陽	乾命 陽	九紫	2運	2運	上元 運	木	太陽寒 氣水
19	1893	癸巳	房	水蛇	艮命 陰	兌命 陰	八白	2運	2運	上元 運	火	厥陰風 氣木
20	1894	甲午	心	木馬	兌命 陽	艮命 陽	七赤	2運	2運	上元 運	土	少陰熱 氣火
21	1895	乙未	尾	木羊	乾命 陰	離命 陰	六白	2運	2運	上元 運	金	太陰濕 氣土
22	1896	丙申	箕	火猴	坤命 陽	坎命 陽	五黃	2運	2運	上元 運	水	少陽火 氣相火
23	1897	丁酉	斗	火雞	巽命 陰	坤命 陰	四綠	2運	2運	上元 運	木	陽明燥 氣金
24	1898	戊戌	牛	土狗	震命 陽	震命 陽	三碧	2運	2運	上元 運	火	太陽寒 氣水
25	1899	己亥	女	土豬	坤命 陰	巽命 陰	二黑	2運	2運	上元 運	土	厥陰風 氣木

年運速見表

民國	西曆	歲次	星宿	生肖	男卦	女卦	年星	天運	地運	元運	主歲	六氣
光緒26	1900	庚子	虛	金鼠	坎命陽	艮命陽	一白	2運	2運	上元運	金	少陰熱氣火
27	1901	辛丑	危	金牛	離命陰	乾命陰	九紫	2運	2運	上元運	水	太陰濕氣土
28	1902	壬寅	室	水虎	艮命陽	兌命陽	八白	2運	2運	上元運	木	少陽火氣相火
29	1903	癸卯	壁	水兔	兌命陰	艮命陰	七赤	2運	2運	上元運	火	陽明燥氣金
30	1904	甲辰	奎	木龍	乾命陽	離命陽	六白	3運	2運	上元運	土	太陽寒氣水
31	1905	乙巳	婁	木蛇	坤命陰	坎命陰	五黃	3運	2運	上元運	金	厥陰風氣木
32	1906	丙午	胃	火馬	巽命陽	坤命陽	四綠	3運	3運	上元運	水	少陰熱氣火
33	1907	丁未	昴	火羊	震命陰	震命陰	三碧	3運	3運	上元運	木	太陰濕氣土
34	1908	戊申	畢	土猴	坤命陽	巽命陽	二黑	3運	3運	上元運	火	少陽火氣相火
宣統1	1909	己酉	觜	土雞	坎命陰	艮命陰	一白	3運	3運	上元運	土	陽明燥氣金
2	1910	庚戌	參	金狗	離命陽	乾命陽	九紫	3運	3運	上元運	金	太陽寒氣水
3	1911	辛亥	井	金豬	艮命陰	兌命陰	八白	3運	3運	上元運	水	厥陰風氣木

年 運 速 見 表

民國	西曆	歲次	星宿	生肖	男卦	女卦	年星	天運	地運	元運	主歲	六氣
1	1912	壬子	鬼	水鼠	兌命陽	艮命陽	七赤	3運	3運	上元運	木	少陰熱氣火
2	1913	癸丑	柳	水牛	乾命陰	離命陰	六白	3運	3運	上元運	火	太陰濕氣土
3	1914	甲寅	星	木虎	坤命陽	坎命陽	五黃	3運	3運	上元運	土	少陽火氣相火
4	1915	乙卯	張	木兔	巽命陰	坤命陰	四綠	3運	3運	上元運	金	陽明燥氣金
5	1916	丙辰	翼	火龍	震命陽	震命陽	三碧	3運	3運	上元運	水	太陽寒氣水
6	1917	丁巳	軫	火蛇	坤命陰	巽命陰	二黑	3運	3運	上元運	木	厥陰風氣木
7	1918	戊午	角	土馬	坎命陽	艮命陽	一白	3運	3運	上元運	火	少陰熱氣火
8	1919	己未	亢	土羊	離命陰	乾命陰	九紫	3運	3運	上元運	土	太陰濕氣土
9	1920	庚申	氐	金猴	艮命陽	兌命陽	八白	3運	3運	上元運	金	少陽火氣相火
10	1921	辛酉	房	金雞	兌命陰	艮命陰	七赤	3運	3運	上元運	水	陽明燥氣金
11	1922	壬戌	心	水狗	乾命陽	離命陽	六白	3運	3運	上元運	木	太陽寒氣水
12	1923	癸亥	尾	水豬	坤命陰	坎命陰	五黃	3運	3運	上元運	火	厥陰風氣木

年運速見表

民國	西曆	歲次	星宿	生肖	男卦	女卦	年星	天運	地運	元運	主歲	六氣
13	1924	甲子	箕	木鼠	巽命陽	坤命陽	四綠	4運	3運	中元運	土	少陰熱氣火
14	1925	乙丑	斗	木牛	震命陰	震命陰	三碧	4運	3運	中元運	金	太陰濕氣土
15	1926	丙寅	牛	火虎	坤命陽	巽命陽	二黑	4運	3運	中元運	水	少陽火氣相火
16	1927	丁卯	女	火兔	坎命陰	艮命陰	一白	4運	3運	中元運	木	陽明燥氣金
17	1928	戊辰	虛	土龍	離命陽	乾命陽	九紫	4運	3運	中元運	火	太陽寒氣水
18	1929	己巳	危	土蛇	艮命陰	兌命陰	八白	4運	3運	中元運	土	厥陰風氣木
19	1930	庚午	室	金馬	兌命陽	艮命陽	七赤	4運	4運	中元運	金	少陰熱氣火
20	1931	辛未	壁	金羊	乾命陰	離命陰	六白	4運	4運	中元運	水	太陰濕氣土
21	1932	壬申	奎	水猴	坤命陽	坎命陽	五黃	4運	4運	中元運	木	少陽火氣相火
22	1933	癸酉	婁	水雞	巽命陰	坤命陰	四綠	4運	4運	中元運	火	陽明燥氣金
23	1934	甲戌	胃	木狗	震命陽	震命陽	三碧	4運	4運	中元運	土	太陽寒氣水
24	1935	乙亥	昴	木豬	坤命陰	巽命陰	二黑	4運	4運	中元運	金	厥陰風氣木

年運速見表

民國	西曆	歲次	星宿	生肖	男卦	女卦	年星	天運	地運	元運	主歲	六氣
25	1936	丙子	畢	火鼠	坎命陽	艮命陽	一白	4運	4運	中元運	水	少陰熱氣火
26	1937	丁丑	觜	火牛	離命陰	乾命陰	九紫	4運	4運	中元運	木	太陰濕氣土
27	1938	戊寅	參	土虎	艮命陽	兌命陽	八白	4運	4運	中元運	火	少陽火氣相火
28	1939	己卯	井	土兔	兌命陰	艮命陰	七赤	4運	4運	中元運	土	陽明燥氣金
29	1940	庚辰	鬼	金龍	乾命陽	離命陽	六白	4運	4運	中元運	金	太陽寒氣水
30	1941	辛巳	柳	金蛇	坤命陰	坎命陰	五黃	4運	4運	中元運	水	厥陰風氣木
31	1942	壬午	星	水馬	巽命陽	坤命陽	四綠	4運	4運	中元運	木	少陰熱氣火
32	1943	癸未	張	水羊	震命陰	震命陰	三碧	4運	4運	中元運	火	太陰濕氣土
33	1944	甲申	翼	木猴	坤命陽	巽命陽	二黑	5運	4運	中元運	土	少陽火氣相火
34	1945	乙酉	軫	木雞	坎命陰	艮命陰	一白	5運	4運	中元運	金	陽明燥氣金
35	1946	丙戌	角	火狗	離命陽	乾命陽	九紫	5運	4運	中元運	水	太陽寒氣水
36	1947	丁亥	亢	火豬	艮命陰	兌命陰	八白	5運	4運	中元運	木	厥陰風氣木

年運速見表

民國	西曆	歲次	星宿	生肖	男卦	女卦	年星	天運	地運	元運	主歲	六氣
37	1948	戊子	氐	土鼠	兌命陽	艮命陽	七赤	5運	4運	中元運	火	少陰熱氣火
38	1949	己丑	房	土牛	乾命陰	離命陰	六白	5運	4運	中元運	土	太陰濕氣土
39	1950	庚寅	心	金虎	坤命陽	坎命陽	五黃	5運	4運	中元運	金	少陽火氣相火
40	1951	辛卯	尾	金兔	巽命陰	坤命陰	四綠	5運	4運	中元運	水	陽明燥氣金
41	1952	壬辰	箕	水龍	震命陽	震命陽	三碧	5運	4運	中元運	木	太陽寒氣水
42	1953	癸巳	斗	水蛇	坤命陰	巽命陰	二黑	5運	4運	中元運	火	厥陰風氣木
43	1954	甲午	牛	木馬	坎命陽	艮命陽	一白	5運	6運	中元運	土	少陰熱氣火
44	1955	乙未	女	木羊	離命陰	乾命陰	九紫	5運	6運	中元運	金	太陰濕氣土
45	1956	丙申	虛	火猴	艮命陽	兌命陽	八白	5運	6運	中元運	水	少陽火氣相火
46	1957	丁酉	危	火雞	兌命陰	艮命陰	七赤	5運	6運	中元運	木	陽明燥氣金
47	1958	戊戌	室	土狗	乾命陽	離命陽	六白	5運	6運	中元運	火	太陽寒氣水
48	1959	己亥	壁	土豬	坤命陰	坎命陰	五黃	5運	6運	中元運	土	厥陰風氣木

年 運 速 見 表

民國	西曆	歲次	星宿	生肖	男卦	女卦	年星	天運	地運	元運	主歲	六氣
49	1960	庚子	奎	金鼠	巽命陽	坤命陽	四綠	5運	6運	中元運	金	少陰熱氣火
50	1961	辛丑	婁	金牛	震命陰	震命陰	三碧	5運	6運	中元運	水	太陰濕氣土
51	1962	壬寅	胃	水虎	坤命陽	巽命陽	二黑	5運	6運	中元運	木	少陽火氣相火
52	1963	癸卯	昴	水兔	坎命陰	艮命陰	一白	5運	6運	中元運	火	陽明燥氣金
53	1964	甲辰	畢	木龍	離命陽	乾命陽	九紫	6運	6運	中元運	土	太陽寒氣水
54	1965	乙巳	觜	木蛇	艮命陰	兌命陰	八白	6運	6運	中元運	金	厥陰風氣木
55	1966	丙午	參	火馬	兌命陽	艮命陽	七赤	6運	6運	中元運	水	少陰熱氣火
56	1967	丁未	井	火羊	乾命陰	離命陰	六白	6運	6運	中元運	木	太陰濕氣土
57	1968	戊申	鬼	土猴	坤命陽	坎命陽	五黃	6運	6運	中元運	火	少陽火氣相火
58	1969	己酉	柳	土雞	巽命陰	坤命陰	四綠	6運	6運	中元運	土	陽明燥氣金
59	1970	庚戌	星	金狗	震命陽	震命陽	三碧	6運	6運	中元運	金	太陽寒氣水
60	1971	辛亥	張	金豬	坤命陰	巽命陰	二黑	6運	6運	中元運	水	厥陰風氣木

年 運 速 見 表

民國	西曆	歲次	星宿	生肖	男卦	女卦	年星	天運	地運	元運	主歲	六氣
61	1972	壬子	翼	水鼠	坎命陽	艮命陽	一白	6運	6運	中元運	木	少陰熱氣火
62	1973	癸丑	軫	水牛	離命陰	乾命陰	九紫	6運	6運	中元運	火	太陰濕氣土
63	1974	甲寅	角	木虎	艮命陽	兌命陽	八白	6運	6運	中元運	土	少陽火氣相火
64	1975	乙卯	亢	木兔	兌命陰	艮命陰	七赤	6運	7運	中元運	金	陽明燥氣金
65	1976	丙辰	氐	火龍	乾命陽	離命陽	六白	6運	7運	中元運	水	太陽寒氣水
66	1977	丁巳	房	火蛇	坤命陰	坎命陰	五黃	6運	7運	中元運	木	厥陰風氣木
67	1978	戊午	心	土馬	巽命陽	坤命陽	四綠	6運	7運	中元運	火	少陰熱氣火
68	1979	己未	尾	土羊	震命陰	震命陰	三碧	6運	7運	中元運	土	太陰濕氣土
69	1980	庚申	箕	金猴	坤命陽	巽命陽	二黑	6運	7運	中元運	金	少陽火氣相火
70	1981	辛酉	斗	金雞	坎命陰	艮命陰	一白	6運	7運	中元運	水	陽明燥氣金
71	1982	壬戌	牛	水狗	離命陽	乾命陽	九紫	6運	7運	中元運	木	太陽寒氣水
72	1983	癸亥	女	水豬	艮命陰	兌命陰	八白	6運	7運	中元運	火	厥陰風氣木

年運速見表

民國	西曆	歲次	星宿	生肖	男卦	女卦	年星	天運	地運	元運	主歲	六氣
73	1984	甲子	虛	木鼠	兌命陽	艮命陽	七赤	7運	7運	下元運	土	少陰熱氣火
74	1985	乙丑	危	木牛	乾命陰	離命陰	六白	7運	7運	下元運	金	太陰濕氣土
75	1986	丙寅	室	火虎	坤命陽	坎命陽	五黃	7運	7運	下元運	水	少陽火氣相火
76	1987	丁卯	壁	火兔	巽命陰	坤命陰	四綠	7運	7運	下元運	木	陽明燥氣金
77	1988	戊辰	奎	土龍	震命陽	震命陽	三碧	7運	7運	下元運	火	太陽寒氣水
78	1989	己巳	婁	土蛇	坤命陰	巽命陰	二黑	7運	7運	下元運	土	厥陰風氣木
79	1990	庚午	胃	金馬	坎命陽	艮命陽	一白	7運	7運	下元運	金	少陰熱氣火
80	1991	辛未	昴	金羊	離命陰	乾命陰	九紫	7運	7運	下元運	水	太陰濕氣土
81	1992	壬申	畢	水猴	艮命陽	兌命陽	八白	7運	7運	下元運	木	少陽火氣相火
82	1993	癸酉	觜	水雞	兌命陰	艮命陰	七赤	7運	7運	下元運	火	陽明燥氣金
83	1994	甲戌	參	木狗	乾命陽	離命陽	六白	7運	7運	下元運	土	太陽寒氣水
84	1995	乙亥	井	木豬	坤命陰	坎命陰	五黃	7運	7運	下元運	金	厥陰風氣木

年運速見表

民國	西曆	歲次	星宿	生肖	男卦	女卦	年星	天運	地運	元運	主歲	六氣
85	1996	丙子	鬼	火鼠	巽命陽	坤命陽	四綠	7運	8運	下元運	水	少陰熱氣火
86	1997	丁丑	柳	火牛	震命陰	震命陰	三碧	7運	8運	下元運	木	太陰濕氣土
87	1998	戊寅	星	土虎	坤命陽	巽命陽	二黑	7運	8運	下元運	火	少陽火氣相火
88	1999	己卯	張	土兔	坎命陰	艮命陰	一白	7運	8運	下元運	土	陽明燥氣金
89	2000	庚辰	翼	金龍	離命陽	乾命陽	九紫	7運	8運	下元運	金	太陽寒氣水
90	2001	辛巳	軫	金蛇	艮命陰	兌命陰	八白	7運	8運	下元運	水	厥陰風氣木
91	2002	壬午	角	水馬	兌命陽	艮命陽	七赤	7運	8運	下元運	木	少陰熱氣火
92	2003	癸未	亢	水羊	乾命陰	離命陰	六白	7運	8運	下元運	火	太陰濕氣土
93	2004	甲申	氐	木猴	坤命陽	坎命陽	五黃	8運	8運	下元運	土	少陽火氣相火
94	2005	乙酉	房	木雞	巽命陰	坤命陰	四綠	8運	8運	下元運	金	陽明燥氣金
95	2006	丙戌	心	土狗	震命陽	震命陽	三碧	8運	8運	下元運	水	太陽寒氣水
96	2007	丁亥	尾	土豬	坤命陰	巽命陰	二黑	8運	8運	下元運	木	厥陰風氣木

年運速見表

民國	西曆	歲次	星宿	生肖	男卦	女卦	年星	天運	地運	元運	主歲	六氣
97	2008	戊子	箕	土鼠	坎命陽	艮命陽	一白	8運	8運	下元運	火	少陰熱氣火
98	2009	己丑	斗	土牛	離命陰	乾命陰	九紫	8運	8運	下元運	土	太陰濕氣土
99	2010	庚寅	牛	金虎	艮命陽	兌命陽	八白	8運	8運	下元運	金	少陽火氣相火
100	2011	辛卯	女	金兔	兌命陰	艮命陰	七赤	8運	8運	下元運	水	陽明燥氣金
101	2012	壬辰	虛	水龍	乾命陽	離命陽	六白	8運	8運	下元運	木	太陽寒氣水
102	2013	癸巳	危	水蛇	坤命陰	坎命陰	五黃	8運	8運	下元運	火	厥陰風氣木
103	2014	甲午	室	木馬	巽命陽	坤命陽	四綠	8運	8運	下元運	土	少陰熱氣火
104	2015	乙未	壁	木羊	震命陰	震命陰	三碧	8運	8運	下元運	金	太陰濕氣土
105	2016	丙申	奎	火猴	坤命陽	巽命陽	二黑	8運	8運	下元運	水	少陽火氣相火
106	2017	丁酉	婁	火雞	坎命陰	艮命陰	一白	8運	9運	下元運	木	陽明燥氣金
107	2018	戊戌	胃	土狗	離命陽	乾命陽	九紫	8運	9運	下元運	火	太陽寒氣水
108	2019	己亥	昴	土豬	艮命陰	兌命陰	八白	8運	9運	下元運	土	厥陰風氣木

年 運 速 見 表

民國	西曆	歲次	星宿	生肖	男卦	女卦	年星	天運	地運	元運	主歲	六氣
109	2020	庚子	畢	金鼠	兌命陽	艮命陽	七赤	8運	9運	下元運	金	少陰熱氣火
110	2021	辛丑	觜	金牛	乾命陰	離命陰	六白	8運	9運	下元運	水	太陰濕氣土
111	2022	壬寅	參	水虎	坤命陽	坎命陽	五黃	8運	9運	下元運	木	少陽火氣相火
112	2023	癸卯	井	水兔	巽命陰	坤命陰	四綠	8運	9運	下元運	火	陽明燥氣金
113	2024	甲辰	鬼	木龍	震命陽	震命陽	三碧	9運	9運	下元運	土	太陽寒氣水
114	2025	乙巳	柳	木蛇	坤命陰	巽命陰	二黑	9運	9運	下元運	金	厥陰風氣木
115	2026	丙午	星	火馬	坎命陽	艮命陽	一白	9運	9運	下元運	水	少陰熱氣火
116	2027	丁未	張	火羊	離命陰	乾命陰	九紫	9運	9運	下元運	木	太陰濕氣土
117	2028	戊申	翼	土猴	艮命陽	兌命陽	八白	9運	9運	下元運	火	少陽火氣相火
118	2029	己酉	軫	土雞	兌命陰	艮命陽	七赤	9運	9運	下元運	土	陽明燥氣金
119	2030	庚戌	角	金狗	乾命陽	離命陽	六白	9運	9運	下元運	金	太陽寒氣水
120	2031	辛亥	亢	金豬	坤命陰	坎命陰	五黃	9運	9運	下元運	水	厥陰風氣木

年 運 速 見 表

民國	西曆	歲次	星宿	生肖	男卦	女卦	年星	天運	地運	元運	主歲	六氣
121	2032	壬子	氐	水鼠	巽命陽	坤命陽	四綠	9運	9運	下元運	木	少陰熱氣火
122	2033	癸丑	房	水牛	震命陰	震命陰	三碧	9運	9運	下元運	火	太陰濕氣土
123	2034	甲寅	心	木虎	坤命陽	巽命陽	二黑	9運	9運	下元運	土	少陽火氣相火
124	2035	乙卯	尾	木兔	坎命陰	艮命陰	一白	9運	9運	下元運	金	陽明燥氣金
125	2036	丙辰	箕	火龍	離命陽	乾命陽	九紫	9運	9運	下元運	水	太陽寒氣水
126	2037	丁巳	斗	火蛇	艮命陰	兌命陰	八白	9運	9運	下元運	木	厥陰風氣木
127	2038	戊午	牛	土馬	兌命陽	艮命陽	七赤	9運	9運	下元運	火	少陰熱氣火
128	2039	己未	女	土羊	乾命陰	離命陰	六白	9運	9運	下元運	土	太陰濕氣土
129	2040	庚申	虛	金猴	坤命陽	坎命陽	五黃	9運	9運	下元運	金	少陽火氣相火
130	2041	辛酉	危	金雞	巽命陰	坤命陰	四綠	9運	9運	下元運	水	陽明燥氣金
131	2042	壬戌	室	水狗	震命陽	震命陽	三碧	9運	9運	下元運	木	太陽寒氣水
132	2043	癸亥	壁	水豬	坤命陰	巽命陰	二黑	9運	9運	下元運	火	厥陰風氣木

年 運 速 見 表

民國	西曆	歲次	星宿	生肖	男卦	女卦	年星	天運	地運	元運	主歲	六氣
133	2044	甲子	奎	木鼠	坎命陽	艮命陽	一白	1運	1運	上元運	土	少陰熱氣火
134	2045	乙丑	婁	木牛	離命陰	乾命陰	九紫	1運	1運	上元運	金	太陰濕氣土
135	2046	丙寅	胃	火虎	艮命陽	兌命陽	八白	1運	1運	上元運	水	少陽火氣相火
136	2047	丁卯	昴	火兔	兌命陰	艮命陰	七赤	1運	1運	上元運	木	陽明燥氣金
137	2048	戊辰	畢	土龍	乾命陽	離命陽	六白	1運	1運	上元運	火	太陽寒氣水
138	2049	己巳	觜	土蛇	坤命陰	坎命陰	五黃	1運	1運	上元運	土	厥陰風氣木
139	2050	庚午	參	金馬	巽命陽	坤命陽	四綠	1運	1運	上元運	金	少陰熱氣火
140	2051	辛未	井	金羊	震命陰	震命陰	三碧	1運	1運	上元運	水	太陰濕氣土
141	2052	壬申	鬼	水猴	坤命陽	巽命陽	二黑	1運	1運	上元運	木	少陽火氣相火
142	2053	癸酉	柳	水雞	坎命陰	艮命陰	一白	1運	1運	上元運	火	陽明燥氣金
143	2054	甲戌	星	木狗	離命陽	乾命陽	九紫	1運	1運	上元運	土	太陽寒氣水
144	2055	乙亥	張	木豬	艮命陰	兌命陰	八白	1運	1運	上元運	金	厥陰風氣木

台灣地理方位圖

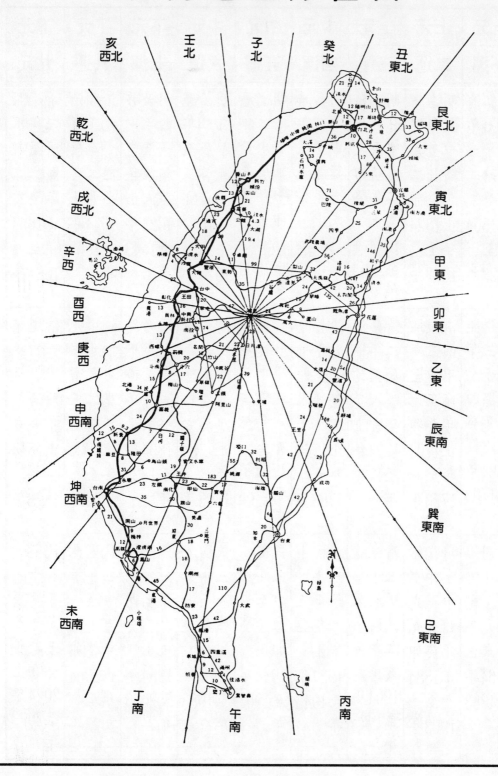

三元九運年代表

上元 一運	上元 二運	上元 三運	中元 四運	中元 五運	中元 六運	下元 七運	下元 八運	下元 九元
明弘治十七年甲子至嘉靖二年癸未止1504年至1523年	明嘉靖三年甲申至嘉靖廿二年癸卯止1524年至1543年	明嘉靖廿三年甲辰至嘉靖四二年癸亥止1544年至1563年	明嘉靖四三年甲子至萬曆一一年癸未止1564年至1583年	明萬曆十二年甲申至萬曆三一年癸卯止1584年至1603年	明萬曆三二年甲辰至天啓三年癸亥止1604年至1623年	明天啓四年甲子至崇禎末年癸未止1624年至1643年	清順治元年甲申至康熙二年癸卯止1644年至1663年	清康熙三年甲辰至康熙二二年癸亥止1664年至1683年
清康熙廿三年甲子至康熙四二年癸未止1684年至1703年	清康熙四三年甲申至雍正元年癸卯止1704年至1723年	清雍正二年甲辰至乾隆八年癸亥止1724年至1743年	清乾隆九年甲子至乾隆廿八年癸未止1744年至1763年	清乾隆廿九年甲申至乾隆四八年癸卯止1764年至1783年	清乾隆四九年甲辰至嘉慶八年癸亥止1784年至1803年	清嘉慶九年甲子至道光三年癸未止1804年至1823年	清道光四年甲申至道光二三年癸卯止1824年至1843年	清道光二四年甲辰至同治二年癸亥止1844年至1863年
清同治三年甲子至光緒九年癸未止1864年至1883年	清光緒十年甲申至光緒廿九年癸卯止1884年至1903年	清光緒三十年甲辰至民國十二年癸亥止1904年至1923年	民國十三年甲子至三二年癸未止1924年至1943年	民國三三年甲申至五二年癸卯止1944年至1963年	民國五三年甲辰至七二年癸亥止1964年至1983年	民國七三年甲子至九二年癸未止1984年至2003年	民國九三年甲申至一百十二年癸卯止2004年至2023年	民國一百十三年甲辰至一百三二年癸亥止2024年至2043年

旺山旺向宅運

民國73年～民國92年旺山旺向宅運

1. 乙山辛向：座東東南朝西西北◎（東四宅）

2. 酉山卯向：座西朝東　　　　　◎（西四宅）

3. 辛山乙向：座西西北朝東東南◎（西四宅）
   　　◎慈濟功德會靜思精舍

4. 戌山辰向：座西北西朝東南東▲（西四宅）

民國93年～民國112年旺山旺向宅運

1. 辰山戌向：座東南東朝西北西▲（東四宅）

2. 巽山乾向：座東南朝西北　　　◎（東四宅）

3. 巳山亥向：座東南南朝西北北◎（東四宅）

4. 戌山辰向：座西北西朝東南東◎（西四宅）

5. 乾山巽向：座西北朝東南　　　◎（西四宅）

6. 亥山巳向：座西北北朝東南南◎（西四宅）

7. 丑山未向：座東北北朝西南南◎（西四宅）

8. 未山丑向：座西南南朝東北北◎（西四宅）

慈濟發祥地～靜思精舍

　　位於久著盛名的台灣省花蓮太魯閣國家公園風景區出口處，至花蓮飛機場之間的新城鄉康樂村21號。主持人釋證嚴法師，1937年（民國二十六年）生於台中縣清水鎮。（丁丑年中元運，天運四運，地運四運，年運九運，本命卦屬乾命）。

　　1964年（民國五十三年秋天）帶幾位弟子在普明寺地藏王菩薩殿後結伴修行。1966年（民國五十五年）四月十四日在普明寺成立慈濟功德會，1969年（民國五十八年）冬天，靜思精舍大殿面積有一百五十平方公尺，四十多坪動土興建，民國五十八年，歲次己酉年中元運，天運六運，地運六運，年運四運，司天六氣屬陽明燥氣金，主歲五運屬土。靜思精舍基地辛山乙向，座西西北朝東南南。靜思精舍後數百公尺是山，青囊海角經曰：「山厚人肥，山清人秀，山寧人往，山雄人勇，山順人孝」。「山瘦人飢，山濁人迷，山走人離，山縮人痴，山逆人虧」。靜思精舍前不遠處正是太平洋。1984年（民國七十三年）至2003年（民國九十二年）這廿年間正值旺運時期，旺山旺向形巒合局主大旺財丁。經曰：「會有旺星到穴，富積千鐘。」主出人，威武，傑出群倫，富貴明達。

　　靜思精舍在1984年（民國七十三年）起，正值下元年七運旺山旺向，又符合風水基本要件，左青龍，右白虎，後旺山有靠山（玄武：山厚，山清，山寧，山雄，山順）。前旺向朱雀正是世界最大的太平洋（明堂有照）清澈深遠，使慈

濟功德會的聲譽遠播海內外，因而造就慈濟世界。

◎1984年（民國七十三年）後所建立大業例證如下：

1. 慈濟醫院：民國七十三年四月二十四日，由林洋港先生與慈濟基金會主任委員印順長老，聯袂為慈濟醫院主持動工大典。

2. 慈濟醫院：民國七十五年八月十七日隆重揭幕落成啟用。

3. 慈濟醫院：民國七十六年十月份第二期醫療大樓破土。

4. 慈濟護理專科學校：民國七十七年七月三十一日開工興建。

5. 慈濟護理專科學校：民國八十三年首度加入大學聯招。

民國73年～民國92年旺山旺向宅運

1. 乙山辛向：座東東南朝西西北◎（東四宅）
2. 酉山卯向：座西朝東　　　　　◎（西四宅）
3. 辛山乙向：座西西北朝東東南◎（西四宅）慈濟功德會，靜思精舍。
4. 戌山辰向：座西北西朝東南東◎（西四宅）

慈濟：靜思精舍後山

慈濟：靜思精舍正殿
辛山乙向：座西西北朝東東南

安居樂業的陽宅 十要訣

第一要：坐向要合運 1.先由城門定衰旺 2.再從飛星看吉凶 3.收山收水看正零

第二要：大門要當旺，陽宅地理三訣是門、灶、房

第三要：主房要聚氣

第四要：陰陽要調和

第五要：灶位要壓衰

第六要：水火要留神

第七要：巒頭要有情

第八要：光暗要適中

第九要：神位要穩靠

第十要：內外要避煞

二十四山九運起星下卦運勢圖解　目錄

【二黑運】（方位（座位（向位（度位

【三碧運】（方位（座位（向位（度位

【六白運】·方位·座位·向位·度位

【九紫運】・方位・座位・向位・度位

卦 位 圖

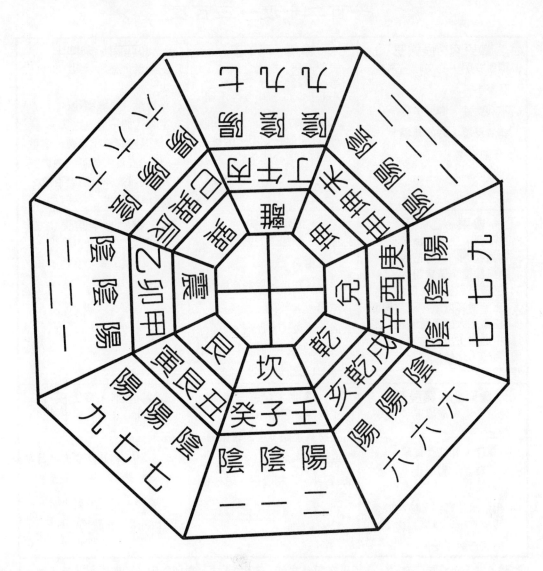

63	27	45
9	5	7
54	72	99
8	1	3
18	36	81
4	6	2

陽 宅 運 勢

辰山戌向

[一白運]　　　　　　　　　　　　　　　　　　　[起星]

座東南東朝西北西

一百二十度→三百度

●東南・辰巽巳	●南・丙午丁	●西南・未坤申
9.讀書聰明，利文職，家有喜慶事。 6.不利女性，奔波勞碌。 3.運氣反覆，時好時壞。 63.手腳受傷。	5.眼部疾病，血光之災。 2.家人愚鈍，血光之災。 7.小心火災，家中女性不和。 27.土生金，七赤是七運的財星旺有財化官複，因桃花破財，小心桃花劫，對九紫命有利，二七合先天火乘殺氣遇凶山水，鳥焚其巢也。	7.主痢疾，提防火災，血光之災。 4.腸胃病、是非纏繞。 5.主急性病，血光之災。 45.遊蕩廢業，手足傷，病重重。五黃到位；煞中之煞主災禍連連，阻礙百般，化解安忍水、六帝錢。
●東・乙卯甲	●宅中央	●西・辛酉庚
8.主不利，兒童成績退步。 5.容易腳傷，因財招禍。 4.運氣反覆，情緒起伏。 54.五黃最忌三碧、四綠木剋土，博弈好飲，破財田園廢盡，大凶五黃到位；煞中之煞主災禍連連，阻礙百般，化解安忍水、六帝錢。	1.經云，一加二五傷及壯丁，主傷病。 7.是非，官災，容易被金屬所傷。 2.血光之災，慢性病。 72.合先天火，利二黑，五黃，八白命。	3.主血光之災，受人拖累。 9.小心火災，家中女性不和。 99.目疾。
●東北・寅艮丑	●北・癸子壬	●西北・亥乾戌
4.兒童多病，成績退步，鼻敏感。 1.財運佳，利地產置業。 8.當運發財，利地產，失運破財。 18.土剋水、耳疾，被狗咬傷或被動物抓傷。咎輕，受剋而奇偶相敵。	6.主聰明才智發小財。 3.主脾氣暴躁，家人會搬遷或遠行。 36.官非，手腳受損，患在長男。	2.失運神經衰弱、胡思亂想，當運旺財。 8.發小財，利地產或五金行業。 1.主聰明，才智，發小財。 81.土剋水、膀胱疾、耳病。

説明：向上有水當元發財，必須形巒配合方可，向星2入中，次運入囚，困難之局，有水可
　　　解，水勢佳美為合，此局地運較短。

83 9	47 5	65 7
74 8	92 1	29 3
38 4	56 6	11 2

[一白運]

陽 宅 運 勢

辰山戌向
座東南東朝西北西
一百二十度→三百度

[下卦]

●東南・辰巽巳	●南・丙午丁	●西南・未坤申
9.讀書聰明，利文職，家有喜慶事。 8.兒童多病，成績退步，鼻敏感。 3.運氣反覆，時好時壞。 83.木剋土，不利幼兒，離婚，無仔生，嫁杏無期，姑婆屋，腰痛，自殺，吊頸，咎輕，受剋而奇偶相敵。	5.眼部疾病，血光之災。 4.讀書聰明，利文職，有喜慶，失運則財帛不聚。 7.小心火災，家中女性不和。 47.桃花當時得令七運財色兼收。文章不顯，嘔血而早夭。	7.主痢疾，提防火災，血光之災。 6.神經衰弱、胡思亂想，當運則發財。 5.主急性病，血光之災。 65.頭痛，口腔多病，五黃到位；煞中之煞主災禍連連，阻礙百般，化解安忍水、六帝錢。
●東・乙卯甲	**●宅中央**	**●西・辛酉庚**
8.主不利，兒童成績退步，主傷病。 7.血光之災，受人拖累破財，宜放風水輪來化解。 4.運氣反覆，情緒起伏。 74.桃花，出門。	1.經云，一加二五傷及壯丁 9.目疾、血光之災、皮膚病 2.血光之災，慢性病。 92.婦科病。	3.主血光之災，受人拖累。 2.肚痛，提防火災，血光之災。 9.小心火災，家中女性不和。 29.火生土，主女人多，桃花重，桃花屋。
●東北・寅艮丑	**●北・癸子壬**	**●西北・亥乾戌**
4.兒童多病，成績退步，鼻敏感。 3.經云，三八逢損小口，主不利小童。 8.當運發財，利地產，失運破財。 38.不利小童，三歲前會有心漏病、哮喘，甚至跌死、小產、破財、男同性戀。	6.主聰明才智發小財。 5.主傷病，提防泌尿疾病，女性提防婦科病。 56.吉六白金星化五黃。五黃到位；煞中之煞主災禍連連，阻礙百般，化解安忍水、六帝錢。	2.失運神經衰弱、胡思亂想，當運旺財。 1.主聰明，才智，發小財。 11.桃花，煙花地，出門旅遊，犯賊險，江湖中人，對三碧、四綠有利，因為水生木。

説明：向上有水當元發財，必須形巒配合方可，向星2入中，次運入囚，困頓之局有水可解，水勢佳美為合，壬方可用城門訣，必須形巒配合方向，此局地運較短。

11	56	38
9	5	7
29	92	74
8	1	3
65	47	83
4	6	2

陽 宅 運 勢

巽山乾向

座東南朝西北

一百三十五度→三百一十五度

[一白運]　　　　　　　　　　　　　　　　　　　[起星]

●東南・辰巽巳	●南・丙午丁	●西南・未坤申
9.讀書聰明，利文職，家有喜慶事。 1.經云，四一同宮準發科名。 11.桃花，煙花地，出門旅遊，犯賊險，江湖中人，對三碧、四綠有利，因為水生木。	5.眼部疾病，血光之災。 6.子女容易與自己發生爭執，提防呼吸系統疾病。 56.吉六白金星化五黃。五黃到位；煞中之煞主災禍連連，阻礙百般，化解安忍水、六帝錢。	7.主痢疾，提防火災，血光之災。 3.主官災，是非，腸胃病，足病。 8.利地產，旺財。 38.不利小童，三歲前會有心漏病、哮喘，甚至跌死、小產、破財、男同性戀。
●東・乙卯甲	●宅中央	●西・辛酉庚
8.主不利，兒童成績退步。 2.主官災，是非，足患，腸胃病。 9.家人頭腦靈活，子女讀書聰明。 29.火生土，主女人多，桃花重，桃花屋。	1.經云，一加二五傷及壯丁，主傷病。 9.目疾，血光之災，皮膚病。 2.血光之災，慢性病。 92.婦科病。	3.主血光之災，受人拖累。 7.當運主發財，失運主血光之災。 4.容易被金屬所傷，易惹桃花劫。 74.桃花，出門。
●東北・寅艮丑	●北・癸子壬	●西北・亥乾戌
4.兒童多病，成績退步，鼻敏感。 6.發小財，利地產或五金行業。 5.主腸胃病，運氣蹇滯。 65.頭痛，口腔多病，五黃到位；煞中之煞主災禍連連，阻礙百般，化解安忍水、六帝錢。	6.主聰明才智發小財。 4.坎宮為一白星所，主故為一四同宮主讀書聰明。 7.家人好動，桃花運。 47.桃花當時得令七運財色兼收。文章不顯，嘔血而早夭。	2.失運神經衰弱、胡思亂想，當運旺財。 8.發小財，利地產或五金行業。 3.經云，足以金而蹣跚，主足傷，家人容易發生。 83.木剋土，不利幼兒，離婚，無仔生，嫁杏無期，姑婆屋，腰痛，自殺，吊頸，咎輕，受剋而奇偶相敵。

説明：雙星到座，水神上山，向星失調，困頓之局，經曰：「家無隔宿之糧。」惟水纏玄武，西方城門合局，亦可參詳佈局，西方74，北方47，四運防刀兵之險。

11 9	56 5	38 7
29 8	92 1	74 3
65 4	47 6	83 2

陽 宅 運 勢

巽山乾向

座東南朝西北

一百三十五度 → 三百一十五度

[一白運]　　　　　　　　　　　　　　　　[下卦]

●東南‧辰巽巳	●南‧丙午丁	●西南‧未坤申
9.讀書聰明，利文職，家有喜慶事。 1.經云，四一同宮準發科名。 11.桃花，煙花地，出門旅遊，犯賊險，江湖中人，對三碧、四綠有利，因為水生木。	5.眼部疾病，血光之災。 6.子女容易與自己發生爭執，提防呼吸系統疾病。 56.吉六白金星化五黃。五黃到位；煞中之煞主災禍連連，阻礙百般，化解安忍水、六帝錢。	7.主痢疾，提防火災，血光之災。 3.主官災，是非，腸胃病，足病。 8.利地產，旺財。 38.不利小童，三歲前會有心漏病、哮喘，甚至跌死、小產、破財、男同性戀。
●東‧乙卯甲	**●宅中央**	**●西‧辛酉庚**
8.主不利，兒童成績退步。 2.主官災，是非，足患，腸胃病。 9.家人頭腦靈活，子女讀書聰明。 29.火生土，主女人多，桃花重，桃花屋。	1.經云，一加二五傷及壯丁，主傷病。 9.目疾，血光之災，皮膚病。 2.血光之災，慢性病。 92.婦科病。	3.主血光之災，受人拖累。 7.當運主發財，失運主血光之災。 4.容易被金屬所傷，易惹桃花劫。 74.桃花，出門。
●東北‧寅艮丑	**●北‧癸子壬**	**●西北‧亥乾戌**
4.兒童多病，成績退步，鼻敏感。 6.發小財，利地產或五金行業。 5.主腸胃病，運氣蹇滯。 65.頭痛，口腔多病，五黃到位；煞中之煞主災禍連連，阻礙百般，化解安忍水、六帝錢。	6.主聰明才智發小財。 4.坎宮為一白星所，主故為一四同宮主讀書聰明。 7.家人好動，桃花運。 47.桃花當時得令七運財色兼收。文章不顯，嘔血而早夭。	2.失運神經衰弱、胡思亂想，當運旺財。 8.發小財，利地產或五金行業。 3.經云，足以金而蹣跚，主足傷，家人容易發生。 83.木剋土，不利幼兒，離婚，無仔生，嫁杏無期，姑婆屋，腰痛，自殺，吊頸，咎輕，受剋而奇偶相敵。

説明：雙星到座，水神上山，向星失調，困頓之局，經曰：「家無隔宿之糧。」惟水纏玄武，西方城門合局，亦可參詳佈局，西方74，北方47，四運防刀兵之險。

19 9	55 5	37 7
28 8	91 1	73 3
64 4	46 6	82 2

陽 宅 運 勢

巳山亥向

[一白運]　　　　　　　　　　　　　　[起星]

座東南南朝西北北

一百五十度→三百三十度

●東南・辰巽巳	●南・丙午丁	●西南・未坤申
9.讀書聰明，利文職，家有喜慶事。 1.經云，四一同宮準發科名。 19.水火不容，性病，皮膚病，小產。	5.眼部疾病，血光之災。 55.兩重災病星五黃到位；煞中之煞主災禍連連，阻礙百般，化解安忍水、六帝錢。	7.主痢疾，提防火災，血光之災。 3.主官災，是非，腸胃病，足病。 37.破財，官非，七運時七當旺仍有財，盜賊相侵，訟凶而病厄，咎重。
●東・乙卯甲	●宅中央	●西・辛酉庚
8.主不利，兒童成績退步。 2.主官災，是非，足患，腸胃病。 28.合十主吉，有進田置業之喜，利遷移。	1.經云，一加二五傷及壯丁，主傷病。 9.目疾，血光之災，皮膚病。 91.桃花，讀書人，性病。	3.主血光之災；受人拖累。 7.當運主發財，失運主血光之災。 73.大凶，打劫，破財，官非，被刺一刀，盲一眼。
●東北・寅艮丑	●北・癸子壬	●西北・亥乾戌
4.兒童多病，成績退步，鼻敏感。 6.發小財，利地產或五金行業。 64.先合後散，女性多病。	6.主聰明才智發小財。 4.坎宮為一白星所，主故為一四同宮主讀書聰明。 46.煩惱事先合後散。肝病，輕或痼疾，重且夭折。	2.失運神經衰弱、胡思亂想，當運旺財。 8.發小財，利地產或五金行業。 82.疾病。

說明：財星入囚，向首為生氣，有水見光者囚不住，可解困頓，此局地運較短，座山19，東方28，山星合局，人口稍安，南宮55防血毒，東北宮64防頭頸。

11 9	56 5	38 7
29 8	92 1	74 3
65 4	47 6	83 2

陽 宅 運 勢

巳山亥向

[一白運]　　　　　　　　　　　　　　　　[下卦]

座東南南朝西北北

一百五十度→三百三十度

●東南・辰巽巳	●南・丙午丁	●西南・未坤申
9.讀書聰明，利文職，家有喜慶事。 1.經云，四一同宮準發科名。 11.桃花，煙花地，出門旅遊，犯賊險，江湖中人，對三碧、四綠有利，因為水生木。	5.眼部疾病，血光之災。 6.子女容易與自己發生爭執，提防呼吸系統疾病。 56.吉六白金星化五黃。五黃到位；煞中之煞主災禍連連，阻礙百般，化解安忍水、六帝錢。	7.主痢疾，提防火災，血光之災。 3.主官災，是非，腸胃病，足病。 8.利地產，旺財。 38.不利小童，三歲前會有心漏病、哮喘，甚至跌死、小產、破財、男同性戀。
●東・乙卯甲	**●宅中央**	**●西・辛酉庚**
8.主不利，兒童成績退步。 2.主官災，是非，足患，腸胃病。 9.家人頭腦靈活，子女讀書聰明。 29.火生土，主女人多，桃花重，桃花屋。	1.經云，一加二五傷及壯丁，主傷病。 9.目疾，血光之災，皮膚病。 2.血光之災，慢性病。 92.婦科病。	3.主血光之災；受人拖累。 7.當運主發財，失運主血光之災。 4.容易被金屬所傷，易惹桃花劫。 74.桃花，出門。
●東北・寅艮丑	**●北・癸子壬**	**●西北・亥乾戌**
4.兒童多病，成績退步，鼻敏感。 6.發小財，利地產或五金行業。 5.主腸胃病，運氣塞滯。 65.頭痛，口腔多病，五黃到位；煞中之煞主災禍連連，阻礙百般，化解安忍水、六帝錢。	6.主聰明才智發小財。 4.坎宮為一白星所，主故為一四同宮主讀書聰明。 7.家人好動，桃花運。 47.桃花當時得令七運財色兼收。文章不顯，嘔血而早夭。	2.失運神經衰弱、胡思亂想，當運旺財。 8.發小財，利地產或五金行業。 3.經云，足以金而蹣跚，主足傷，家人容易發生。 83.木剋土，不利幼兒，離婚，無仔生，嫁杏無期，姑婆屋，腰痛，自殺，吊頸，咎輕，受剋而奇偶相敵。

説明：雙星到座，水神上山，向星失調，困頓之局，經云：「家無隔宿之糧。」惟水纏玄武，辛方城門合局，亦可參詳佈局，西方74，北方47，四運防刀兵之險。

74 9	29 5	92 7
83 8	65 1	47 3
38 4	11 6	56 2

陽 宅 運 勢

壬山丙向

[一白運]　　　　　　　　　　　　　　　　　　　[起星]

座北西北朝南東南

三百四十五度→一百六十五度

●東南，辰巽巳	●南，丙午丁	●西南，未坤申
9.讀書聰明，利文職，家有喜慶事。	5.眼部疾病，血光之災。	7.主痢疾，提防火災，血光之災。
7.容易被金屬所傷，易惹桃花劫。	2.家人愚鈍，血光之災。	9.家人愚鈍，子女成績退步。
4.經云，蓋四綠為文昌之神主聰明。	9.當運主財運與事業順利，失運主血光之災。	2.二黑又名病符，回宮復位主身體多病。
74.桃花，出門。	29.火生土，主女人多，桃花重，桃花屋。	92.婦科病。
●東，乙卯甲	**●宅中央**	**●西，辛酉庚**
8.主不利，兒童成績退步。	1.經云，一加二五傷及壯丁，主傷病。	3.主血光之災，受人拖累。
3.經云，蚩尤碧色好勇鬥狠之神，三碧為蚩尤星主官災是非爭執。	6.遠行多阻滯，頭部疾病。	4.容易被金屬所傷，易惹桃花劫。
83.木剋土，不利幼兒，離婚，無仔生，嫁杏無期，姑婆屋，腰痛，自殺，吊頸，咎輕，受剋而奇偶相敵。	5.血光之災，瘡瘤。	7.當運主發財，失運主血光之災。
	65.頭痛，口腔多病，五黃到位；煞中之煞主災禍連連，阻礙百般，化解安忍水、六帝錢。	47.桃花當時得令七運財色兼收。文章不顯，嘔血而早夭。
●東北寅艮丑	**●北，癸子壬**	**●西北，亥乾戌**
4.兒童多病，成績退步，鼻敏感。	6.主聰明才智發小財。	2.失運神經衰弱、胡思亂想，當運旺財。
3.經云，三八逢損小口，主不利小童。	1.經云，一白官星之應主掌文章讀書聰明。	5.頭部疾病，遠行多阻滯，身體多病。
8.當運發財，利地產，失運破財。	11.桃花，煙花地，出門旅遊，犯賊險，江湖中人，對三碧、四綠有利，因為水生木。	6.驛馬位，有遠行，失運主官非或交通意外。
38.不利小童，三歲前會有心漏病、哮喘，甚至跌死、小產、破財、男同性戀。		56.吉六白金星化五黃。五黃到位；煞中之煞主災禍連連，阻礙百般，化解安忍水、六帝錢。

說明:此局無替可尋，滿盤犯伏吟，失調之局，水神上山，玄武破損主墮胎，破財損丁。

74	29	92
9	5	7
83	65	47
8	1	3
38	11	56
4	6	2

陽 宅 運 勢

壬山丙向

[一白運]　　　　　　　　　　　　　　　[下卦]

座北西北朝南東南

三百四十五度→一百六十五度

●東南，辰巽巳	●南，丙午丁	●西南，未坤申
9.讀書聰明，利文職，家有喜慶事。 7.容易被金屬所傷，易惹桃花劫。 4.經云，蓋四綠為文昌之神主聰明。 74.桃花，出門。	5.眼部疾病，血光之災。 2.家人愚鈍，血光之災。 9.當運主財運與事業順利，失運主血光之災。 29.火生土，主女人多，桃花重，桃花屋。	7.主痢疾，提防火災，血光之災。 9.家人愚鈍，子女成績退步。 2.二黑又名病符，回宮復位主身體多病。 92.婦科病。
●東，乙卯甲	●宅中央	●西，辛酉庚
8.主不利，兒童成績退步。 3.經云，蚩尤碧色好勇鬥狠之神，三碧為蚩尤星，主官災是非爭執。 83.木剋土，不利幼兒，離婚，無仔生，嫁杏無期，姑婆屋，腰痛，自殺，吊頸，咎輕，受剋而奇偶相敵。	1.經云，一加二五傷及壯丁，主傷病。 6.遠行多阻滯，頭部疾病。 5.血光之災，瘡瘤。 65.頭痛，口腔多病，五黃到位；煞中之煞主災禍連連，阻礙百般，化解安忍水、六帝錢。	3.主血光之災；受人拖累。 4.容易被金屬所傷，易惹桃花劫。 7.當運主發財，失運主血光之災。 47.桃花當時得令七運財色兼收。文章不顯，嘔血而早夭。
●東北，寅艮丑	●北，癸子壬	●西北，亥乾戌
4.兒童多病，成績退步，鼻敏感。 3.經云，三八逢損小口，主不利小童。 8.當運發財，利地產，失運破財。 38.不利小童，三歲前會有心漏病、哮喘、甚至跌死、小產、破財、男同性戀。	6.主聰明才智發小財。 1.經云，一白官星之應主掌文章讀書聰明。 11.桃花，煙花地，出門旅遊，犯賊險，江湖中人，對三碧、四綠有利，因為水生木。	2.失運神經衰弱、胡思亂想，當運旺財。 5.頭部疾病，遠行多阻滯，身體多病。 6.驛馬位，有遠行，失運主官非或交通意外。 56.吉六白金星化五黃。五黃到位；煞中之煞主災禍連連，阻礙百般，化解安忍水、六帝錢。

說明:滿盤犯伏吟，水神上山，南29離卦主目疾，坐後低陷無力，破財損丁。

[一白運]

56	11	38
9	5	7
47	65	83
8	1	3
92	29	74
4	6	2

陽 宅 運 勢

子山午向
座北朝南
零度→一百八十度

[起星]

●東南·辰巽巳	●南·丙午丁	●西南·未坤申
9.讀書聰明，利文職，家有喜慶事。 5.主皮膚病，瘡毒。 6.不利女性，奔波勞碌。 56.吉六白金星化五黃。五黃到位；煞中之煞主災禍連連，阻礙百般，化解安忍水、六帝錢。	5.眼部疾病，血光之災。 1.中爻得配水火相交，主喜慶順利。 11.桃花，煙花地，出門旅遊，犯賊險，江湖中人，對三碧、四綠有利，因為水生木。	7.主痢疾，提防火災，血光之災。 3.主官災，是非，腸胃病，足病。 8.利地產，旺財。 38.不利小童，三歲前會有心漏病、哮喘，甚至跌死、小產、破財、男同性戀。
●東·乙卯甲	●宅中央	●西·辛酉庚
8.主不利，兒童成績退步。 4.運氣反覆，情緒起伏。 7.血光之災，受人拖累破財，宜放風水輪來化解。 47.桃花當時得令七運財色兼收。文章不顯，嘔血而早夭。	1.經云，一加二五傷及壯丁，主傷病。 6.遠行多阻滯，頭部疾病。 5.血光之災，瘡瘤。 65.頭痛，口腔多病，五黃到位；煞中之煞主災禍連連，阻礙百般，化解安忍水、六帝錢。	3.主血光之災，受人拖累。 8.財帛可得，但容易破耗。 83.木剋土，不利幼兒，離婚，無仔生，嫁杏無期，姑婆屋，腰痛，自殺，吊頸，咎輕，受剋而奇偶相敵。
●東北·寅艮丑	●北·癸子壬	●西北·亥乾戌
4.兒童多病，成績退步，鼻敏感。 9.家有令人愉快事情發生，如喜事，橫財。 2.旺財，利地財。 92.婦科病。	6.主聰明才智發小財。 2.主家人易罹腸胃病，女性當權掌握財政。 9.水火既濟，主喜慶順利。 29.火生土，主女人多，桃花重，桃花屋。	2.失運神經衰弱、胡思亂想，當運旺財。 7.容易被金屬傷，主官非，爭執，交通意外。 4.不利女性，驛馬位，有遠行或搬遷。 74.桃花，出門。

説明：此局無替可尋，雙星到向，利中男，旺財，東南，南，西南吉星，見水大旺，合南宮打劫，防山星下水。

56 9	11 5	38 7
47 8	65 1	83 3
92 4	29 6	74 2

陽宅運勢

子山午向
座北朝南
零度→一百八十度

[一白運]　　　　　　　　　　　　　　　　　　　　　[下卦]

●東南・辰巽巳	●南・丙午丁	●西南・未坤申
9.讀書聰明，利文職，家有喜慶事。	5.眼部疾病，血光之災。	7.主痢疾，提防火災，血光之災。
5.主皮膚病，瘡毒。	1.中爻得配水火相交，主喜慶順利。	3.主官災，是非，腸胃病，足病。
6.不利女性，奔波勞碌。	11.桃花，煙花地，出門旅遊，犯賊險，江湖中人，對三碧、四綠有利，因為水生木。	8.利地產，旺財。
56.吉六白金星化五黃。五黃到位；煞中之煞主災禍連連，阻礙百般，化解安忍水、六帝錢。		38.不利小童，三歲前會有心漏病、哮喘，甚至跌死、小產、破財、男同性戀。
●東・乙卯甲	**●宅中央**	**●西・辛酉庚**
8.主不利，兒童成績退步。	1.經云，一加二五傷及壯丁，主傷病。	3.主血光之災；受人拖累。
4.運氣反覆，情緒起伏。	6.遠行多阻滯，頭部疾病。	8.財帛可得，但容易破耗。
7.血光之災，受人拖累破財，宜放風水輪來化解。	5.血光之災，瘡瘤。	83.木剋土，不利幼兒，離婚，無仔生，嫁杏無期，姑婆屋，腰痛，自殺，吊頸，咎輕，受剋而奇偶相敵。
47.桃花當時得令七運財色兼收。文章不顯，嘔血而早夭。	65.頭痛，口腔多病，五黃到位；煞中之煞主災禍連連，阻礙百般，化解安忍水、六帝錢。	
●東北・寅艮丑	**●北・癸子壬**	**●西北・亥乾戌**
4.兒童多病，成績退步，鼻敏感。	6.主聰明才智發小財。	2.失運神經衰弱、胡思亂想，當運旺財。
9.家有令人愉快事情發生，如喜事，橫財。	2.主家人易罹腸胃病，女性當權掌握財政。	7.容易被金屬傷，主官非，爭執，交通意外。
2.旺財，利地財。	9.水火既濟，主喜慶順利。	4.不利女性，驛馬位，有遠行或搬遷。
92.婦科病。	29.火生土，主女人多，桃花重，桃花屋。	74.桃花，出門。

説明：雙星到向，利中男，旺財，東南，南，西南吉星，見水大旺。合南宮打劫，防山星下水。

56 9	11 5	38 7
47 8	65 1	83 3
92 4	29 6	74 2

陽 宅 運 勢

癸山丁向

[一白運]　　　　　　　　　　　　　　　　　　[起星]

座北東北朝南西南

十五度→一百九十五度

●東南・辰巽巳	●南・丙午丁	●西南・未坤申
9.讀書聰明，利文職，家有喜慶事。	5.眼部疾病，血光之災。	7.主痢疾，提防火災，血光之災。
5.主皮膚病，瘡毒。	1.中爻得配水火相交，主喜慶順利。	3.主官災，是非，腸胃病，足病。
6.不利女性，奔波勞碌。	11.桃花，煙花地，出門旅遊，犯賊險，江湖中人，對三碧、四綠有利，因為水生木。	8.利地產，旺財。
56.吉六白金星化五黃。五黃到位；煞中之煞主災禍連連，阻礙百般，化解安忍水、六帝錢。		38.不利小童，三歲前會有心漏病、哮喘，甚至跌死、小產、破財、男同性戀。
●東・乙卯甲	●宅中央	●西・辛酉庚
8.主不利，兒童成績退步。	1.經云，一加二五傷及壯丁，主傷病。	3.主血光之災，受人拖累。
4.運氣反覆，情緒起伏。	6.遠行多阻滯，頭部疾病。	8.財帛可得，但容易破耗。
7.血光之災，受人拖累破財，宜放風水輪來化解。	5.血光之災，瘡瘤。	83.木剋土，不利幼兒，離婚，無仔生，嫁杏無期，姑婆屋，腰痛，自殺，吊頸，咎輕，受剋而奇偶相敵。
47.桃花當時得令七運財色兼收。文章不顯，嘔血而早夭。	65.頭痛，口腔多病，五黃到位；煞中之煞主災禍連連，阻礙百般，化解安忍水、六帝錢。	
●東北・寅艮丑	●北・癸子壬	●西北・亥乾戌
4.兒童多病，成績退步，鼻敏感。	6.主聰明才智發小財。	2.失運神經衰弱、胡思亂想，當運旺財。
9.家有令人愉快事情發生，如喜事，橫財。	2.主家人易罹腸胃病，女性當權掌握財政。	7.容易被金屬傷，主官非，爭執，交通意外。
2.旺財，利地財。	9.水火既濟，主喜慶順利。	4.不利女性，驛馬位，有遠行或搬遷。
92.婦科病。	29.火生土，主女人多，桃花重，桃花屋。	74.桃花，出門。

説明：此局無替可尋，雙星到向，利中男旺財。東南，南，西南吉星，見水大旺，合南宮打劫，防山星下水。

56 9	11 5	38 7
47 8	65 1	83 3
92 4	29 6	74 2

陽 宅 運 勢

癸山丁向

[一白運]　　　　　　　　　　　　　　　　　　　　[下卦]

座北東北朝南西南

十五度→一百九十五度

●東南・辰巽巳	●南・丙午丁	●西南・未坤申
9.讀書聰明，利文職，家有喜慶事。 5.主皮膚病，瘡毒。 6.不利女性，奔波勞碌。 56.吉六白金星化五黄。五黄到位；煞中之煞主災禍連連，阻礙百般，化解安忍水、六帝錢。	5.眼部疾病，血光之災。 1.中爻得配水火相交，主喜慶順利。 11.桃花，煙花地，出門旅遊，犯賊險，江湖中人，對三碧、四綠有利，因為水生木。	7.主痢疾，提防火災，血光之災。 3.主官災，是非，腸胃病，足病。 8.利地產，旺財。 38.不利小童，三歲前會有心漏病、哮喘，甚至跌死、小產、破財、男同性戀。
●東・乙卯甲	●宅中央	●西・辛酉庚
8.主不利，兒童成績退步。 4.運氣反覆，情緒起伏。 7.血光之災，受人拖累破財，宜放風水輪來化解。 47.桃花當時得令七運財色兼收。文章不顯，嘔血而早夭。	1.經云，一加二五傷及壯丁，主傷病。 6.遠行多阻滯，頭部疾病。 5.血光之災，瘡瘤。 65.頭痛，口腔多病，五黄到位；煞中之煞主災禍連連，阻礙百般，化解安忍水、六帝錢。	3.主血光之災，受人拖累。 8.財帛可得，但容易破耗。 83.木剋土，不利幼兒，離婚，無仔生，嫁杏無期，姑婆屋，腰痛，自殺，吊頸，咎輕，受剋而奇偶相敵。
●東北・寅艮丑	●北・癸子壬	●西北・亥乾戌
4.兒童多病，成績退步，鼻敏感。 9.家有令人愉快事情發生，如喜事，橫財。 2.旺財，利地財。 92.婦科病。	6.主聰明才智發小財。 2.主家人易罹腸胃病，女性當權掌握財政。 9.水火既濟，主喜慶順利。 29.火生土，主女人多，桃花重，桃花屋。	2.失運神經衰弱、胡思亂想，當運旺財。 7.容易被金屬傷，主官非，爭執，交通意外。 4.不利女性，驛馬位，有遠行或搬遷。 74.桃花，出門。

説明：此局無替可尋，雙星到向，利中男旺財。東南，南，西南吉星，見水大旺，合南宮打
　　　劫，防山星下水。

89	35	17
9	5	7
98	71	53
8	1	3
44	26	62
4	6	2

陽 宅 運 勢

甲山庚向

[一白運]　　　　　　　　　　　　　　　　　　[起星]

座東東北朝西西南

七十五度→二百五十五度

●東南・辰巽巳	●南・丙午丁	●西南・未坤申
9.讀書聰明，利文職，家有喜慶事。	5.眼部疾病，血光之災。	7.主痢疾，提防火災，血光之災。
8.兒童多病，成績退步，鼻敏感。	3.主家人頭腦靈活聰明。	1.主女性當權，家人易罹腸胃病。
89.火生土，吉，旺丁，旺財，輔弼相輝，田園富盛，而子孫繁衍也。	35.多主不吉，木剋土貧窮，傷足，生疾，五黃到位；煞中之煞主災禍連連，阻礙百般，化解安忍水、六帝錢。	17.桃花，出門有利，吉利。
●東・乙卯甲	●宅中央	●西・辛酉庚
8.主不利，兒童成績退步。	1.經云，一加二五傷及壯丁，主傷病。	3.主血光之災，受人拖累。
9.家人頭腦靈活，子女讀書聰明。	7.是非，官災，容易被金屬所傷。	5.是非，官災，容易被金屬所傷。
98.吐血。	71.出門遠行，桃花。	53.破財，傷身，窮途困病再遭殃，五黃到位；煞中之煞主災禍連連，阻礙百般，化解安忍水、六帝錢。
●東北・寅艮丑	●北・癸子壬	●西北・亥乾戌
4.兒童多病，成績退步，鼻敏感。	6.主聰明才智發小財。	2.失運神經衰弱、胡思亂想，當運旺財。
44.出門，桃花。	2.主家人易罹腸胃病，女性當權掌握財政。	6.驛馬位，有遠行，失運主官非或交通意外。
	26.進田莊之喜，買地買樓但是各薔孤寒。	62.腸疾，婦科病。

説明：向星入囚，即向星失令，經云：「家無隔宿之糧。」戌方可用城門訣，必須形局配合方可，座山98，東南方89，東北方44，皆主失令，困頓之局也。

92 9	47 5	29 7
11 8	83 1	65 3
56 4	38 6	74 2

陽 宅 運 勢

甲山庚向

[一白運]　　　　　　　　　　　　　[下卦]

座東東北朝西西南

七十五度→二百五十五度

●東南・辰巽巳	●南・丙午丁	●西南・未坤申
9.讀書聰明，利文職，家有喜慶事。 2.主是非，健康差，呼吸系統疾病。 92.婦科病。	5.眼部疾病，血光之災。 4.讀書聰明，利文職，有喜慶，失運則財帛不聚。 7.小心火災，家中女性不和。 47.桃花當時得令七運財色兼收。文章不顯，嘔血而早夭。	7.主痢疾，提防火災，血光之災。 2.二黑又名病符，回宮復位主身體多病。 9.家人愚鈍，子女成績退步。 29.火生土，主女人多，桃花重，桃花屋。
●東・乙卯甲	●宅中央	●西・辛酉庚
8.主不利，兒童成績退步。 1.主家人搬遷或有遠行，脾氣較為暴躁。 11.桃花，煙花地，出門旅遊，犯賊險，江湖中人，對三碧、四綠有利，因為水生木。	1.經云，一加二五傷及壯丁，主傷病。 8.主腸胃病，運氣蹇滯。 3.因財致禍，腳傷。 83.木剋土，不利幼兒，離婚，無仔生，嫁杏無期，姑婆屋，腰痛，自殺，吊頸，咎輕，受剋而奇偶相敵。	3.主血光之災，受人拖累。 6.容易被金屬所傷。 5.是非，官災，容易被金屬所傷。 65.頭痛，口腔多病，五黃到位；煞中之煞主災禍連連，阻礙百般，化解安忍水、六帝錢。
●東北・寅艮丑	●北・癸子壬	●西北・亥乾戌
4.兒童多病，成績退步，鼻敏感。 5.主腸胃病，運氣蹇滯。 6.發小財，利地產或五金行業。 56.吉六白金星化五黃。五黃到位；煞中之煞主災禍連連，阻礙百般，化解安忍水、六帝錢。	6.主聰明才智發小財。 3.主脾氣暴躁，家人會搬遷或遠行。 8.主財運佳，利地產置業。 38.不利小童，三歲前會有心漏病、哮喘，甚至跌死、小產、破財、男同性戀。	2.失運神經衰弱、胡思亂想，當運旺財。 7.容易被金屬傷，主官非，爭執，交通意外。 4.不利女性，驛馬位，有遠行或搬遷。 74.桃花，出門。

說明：雙星會合座山，向首65零正失位，玄武來龍不合，其凶更甚，南宮47，北宮38，西南宮29，有水主凶，東南方92，必須巒頭合乎法度，有水配合，方可應用。

[一白運]

63 9	27 5	45 7
54 8	72 1	99 3
18 4	36 6	81 2

陽 宅 運 勢

卯山酉向

座東朝西

九十度→二百七十度

[起星]

●東南·辰巽巳	●南·丙午丁	●西南·未坤申
9.讀書聰明，利文職，家有喜慶事。 6.不利女性，奔波勞碌。 3.運氣反覆時好時壞。 63.手腳受傷。	5.眼部疾病，血光之災。 2.家人愚鈍，血光之災。 7.小心火災，家中女性不和。 27.土生金，七赤是七運的財星旺有財化官複，因桃花破財，桃花劫，對九紫命有利，二七合先天火乘殺氣遇凶山水，鳥焚其巢也。	7.主痢疾，提防火災，血光之災。 4.腸胃病，是非纏繞。 5.主急性病，血光之災。 45.遊蕩廢業，手足傷，病重重。五黃到位；煞中之煞主災禍連連，阻礙百般，化解安忍水、六帝錢。
●東·乙卯甲	●宅中央	●西·辛酉庚
8.主不利，兒童成績退步。 5.容易腳傷，因財招禍。 4.運氣反覆，情緒起伏。 54.五黃最忌三碧、四綠木剋土，博弈好飲，破財田園廢盡，大凶五黃到位；煞中之煞主災禍連連，阻礙百般，化解安忍水、六帝錢。	1.經云，一加二五傷及壯丁，主傷病。 7.是非，官災，容易被金屬所傷。 2.血光之災，慢性病。 72.合先天火，利二黑，五黃，八白命。	3.主血光之災，受人拖累。 9.小心火災，家中女性不和。 99.目疾。
●東北·寅艮丑	●北·癸子壬	●西北·亥乾戌
4.兒童多病，成績退步，鼻敏感。 1.財運佳，利地產置業。 8.當運發財，利地產，失運破財。 18.土剋水，耳疾，被狗咬傷或被動物抓傷。咎輕，受剋而奇偶相敵。	6.主聰明才智發小財。 3.主脾氣暴躁，家人會搬遷或遠行。 36.官非，手腳受損，患在長男。	2.失運神經衰弱、胡思亂想，當運旺財。 8.發小財，利地產或五金行業。 1.主聰明，才智，發小財。 81.土剋水，膀胱疾，耳病。

說明：西北方有水為旺，西南方可用城門訣必須巒形合局為佳，向上雙星失令，座山54，主凶，南宮27，北宮36，有水為忌。

74 9	38 5	56 7
65 8	83 1	11 3
29 4	47 6	92 2

陽 宅 運 勢

[一白運]

卯山酉向

座東朝西

[下卦]

九十度→二百七十度

●東南·辰巽巳	●南·丙午丁	●西南·未坤申
9.讀書聰明，利文職，家有喜慶事。	5.眼部疾病，血光之災。	7.主痢疾，提防火災，血光之災。
7.容易被金屬傷，易惹桃花劫。	3.主家人頭腦靈活聰明。	5.主急性病，血光之災。
4.經云，蓋四綠為文昌之神主聰明。	8.主喜慶，有令人愉快事情發生。	6.胡思亂想、神經衰弱，當運則發財。
74.桃花，出門。	38.不利小童，三歲前會有心漏病、哮喘，甚至跌死、小產、破財、男同性戀。	56.吉六白金星化五黃。五黃到位；煞中之煞主災禍連連，阻礙百般，化解安忍水、六帝錢。

●東·乙卯甲	●宅中央	●西·辛酉庚
8.主不利，兒童成績退步。	1.經云，一加二五傷及壯丁，主傷病。	3.主血光之災，受人拖累。
6.主足疾，小人多。	8.主腸胃病，運氣蹇滯。	1.家人好動，多異性緣，一白當運為桃花運，失運破財。
5.容易腳傷，因財招禍。	3.因財致禍，腳傷。	11.桃花，煙花地，出門旅遊，犯賊險，江湖中人，對三碧、四綠有利，因為水生木。
65.頭痛，口腔多病，五黃到位；煞中之煞主災禍連連，阻礙百般，化解安忍水、六帝錢。	83.木剋土，不利幼兒，離婚，無仔生，嫁杏無期，姑婆屋，腰痛，自殺，吊頸，咎輕，受剋而奇偶相敵。	

●東北·寅艮丑	●北·癸子壬	●西北·亥乾戌
4.兒童多病，成績退步，鼻敏感。	6.主聰明才智發小財。	2.失運神經衰弱、胡思亂想，當運旺財。
2.旺財，利地財。	4.坎宮為一白星所，主故為一四同宮主讀書聰明。	9.子女容易與自己爭執，提防呼吸系統疾病。
9.家有令人愉快事情發生，如喜事，橫財。	7.家人好動，桃花運。	92.婦科病。
29.火生土，主女人多，桃花重，桃花屋。	47.桃花當時得令七運財色兼收。文章不顯，嘔血而早夭。	

説明：西北、南、東方合乎打劫運，主吉，雙星到向，有山有水，合乎朱雀，則財丁大旺，東南方、北方，有水者主凶，南方38，有水者慎防小兒損傷。

83 9	47 5	65 7
74 8	92 1	29 3
38 4	56 6	11 2

陽宅運勢

乙山辛向

[一白運] [起星]

座東東南朝西西北

一百零五度→二百八十五度

●東南・辰巽巳	●南・丙午丁	●西南・未坤申
9.讀書聰明，利文職，家有喜慶事。 8.兒童多病，成績退步，鼻敏感。 3.運氣反覆，時好時壞。 83.木剋土，不利幼兒，離婚，無仔生，嫁杏無期，姑婆屋，腰痛，自殺，吊頸，咎輕，受剋而奇偶相敵。	5.眼部疾病，血光之災。 4.讀書聰明，利文職，有喜慶，失運則財帛不聚。 7.小心火災，家中女性不和 47.桃花當時得令七運財色兼收。文章不顯，嘔血而早夭。	7.主痢疾，提防火災，血光之災。 6.神經衰弱、胡思亂想，當運則發財。 5.主急性病，血光之災。 65.頭痛，口腔多病，五黃到位；煞中之煞主災禍連連，阻礙百般，化解安忍水、六帝錢。
●東・乙卯甲	●宅中央	●西・辛酉庚
8.主不利，兒童成績退步。 7.血光之災，受人拖累破財，宜放風水輪來化解。 4.運氣反覆，情緒起伏。 74.桃花，出門。	1.經云，一加二五傷及壯丁，主傷病。 9.目疾，血光之災，皮膚病。 2.血光之災，慢性病。 92.婦科病。	3.主血光之災，受人拖累。 2.肚痛，提防火災，血光之災。 9.小心火災，家中女性不和。 29.火生土，主女人多，桃花重，桃花屋。
●東北・寅艮丑	●北・癸子壬	●西北・亥乾戌
4.兒童多病，成績退步，鼻敏感。 3.經云，三八逢損小口，主不利小童。 8.當運發財，利地產，失運破財。 38.不利小童，三歲前會有心漏病、哮喘、甚至跌死、小產、破財、男同性戀。	6.主聰明才智發小財。 5.主傷病，提防泌尿疾病，女性提防婦科病。 56.吉六白金星化五黃。五黃到位；煞中之煞主災禍連連，阻礙百般，化解安忍水、六帝錢。	2.失運神經衰弱、胡思亂想，當運旺財。 1.主聰明，才智，發小財。 11.桃花，煙花地，出門旅遊，犯賊險，江湖中人，對三碧、四綠有利，因為水生木。

説明：西北方有水為旺，西南方可用城門訣，必須巒形合局為佳，座山74，南方有水為忌，東南宮83，東北宮38防小兒，北宮5黃，煞氣宜避。

74 9	38 5	56 7
65 8	83 1	11 3
29 4	47 6	92 2

陽 宅 運 勢

乙山辛向

[一白運]　　　　　　　　　　　　　　　　　　　[下卦]

座東東南朝西西北

一百零五度→二百八十五度

●東南·辰巽巳	●南·丙午丁	●西南·未坤申
9.讀書聰明，利文職，家有喜慶事。	5.眼部疾病，血光之災。	7.主痢疾，提防火災，血光之災。
7.容易被金屬傷，易惹桃花劫。	3.主家人頭腦靈活聰明。	5.主急性病，血光之災。
4.經云，蓋四綠為文昌之神主聰明。	8.主喜慶，有令人愉快事情發生。	6.胡思亂想、神經衰弱，當運則發財。
74.桃花，出門。	38.不利小童，三歲前會有心漏病、哮喘，甚至跌死、小產、破財、男同性戀。	56.吉六白金星化五黃。五黃到位；煞中之煞主災禍連連，阻礙百般，化解安忍水、六帝錢。
●東·乙卯甲	●宅中央	●西·辛酉庚
8.主不利，兒童成績退步。	1.經云，一加二五傷及壯丁，主傷病。	3.主血光之災，受人拖累。
6.主足疾，小人多。	8.主腸胃病，運氣塞滯。	1.家人好動，多異性緣，一白當運為桃花運，失運破財。
5.容易腳傷，因財招禍。	3.因財致禍，腳傷。	11.桃花，煙花地，出門旅遊，犯賊險，江湖中人，對三碧、四綠有利，因為水生木。
65.頭痛，口腔多病，五黃到位；煞中之煞主災禍連連，阻礙百般，化解安忍水、六帝錢。	83.木剋土，不利幼兒，離婚，無仔生，嫁杏無期，姑婆屋，腰痛，自殺，吊頸，咎輕，受剋而奇偶相敵。	
●東北·寅艮丑	●北·癸子壬	●西北·亥乾戌
4.兒童多病，成績退步，鼻敏感。	6.主聰明才智發小財。	2.失運神經衰弱、胡思亂想，當運旺財。
2.旺財，利地財。	4.坎宮為一白星所，主故為一四同宮主讀書聰明。	9.子女容易與自己爭執，提防呼吸系統疾病。
9.家有令人愉快事情發生，如喜事，橫財。	7.家人好動，桃花運。	92.婦科病。
29.火生土，主女人多，桃花重，桃花屋。	47.桃花當時得令七運財色兼收。文章不顯，嘔血而早夭。	

說明：乾離震方合乎打劫運，主吉，雙星到向，有山有水，合乎朱雀，則才丁大旺，東南方，北方，有水四運者主凶，南方38，有水者慎防小兒損傷。

47	92	29
9	5	7
38	56	74
8	1	3
83	11	65
4	6	2

陽 宅 運 勢

丙山壬向

[一白運]　　　　　　　　　　　　　　　　[起星]

座南東南朝北西北

一百六十五度→三百四十五度

●東南・辰巽巳	●南・丙午丁	●西南・未坤申
9.讀書聰明，利文職，家有喜慶事。 4.經云，蓋四綠為文昌之神主聰明。 7.容易被金屬傷，易惹桃花劫。 47.桃花當時得令七運財色兼收。文章不顯，嘔血而早夭。	5.眼部疾病，血光之災。 9.當運主財運與事業都會順利，失運主血光之災。 2.家人愚鈍，血光之災。 92.婦科病。	7.主痢疾，提防火災，血光之災。 2.二黑又名病符，回宮復位主身體多病。 9.家人愚鈍，子女成績退步。 29.火生土，主女人多，桃花重，桃花屋。
●東・乙卯甲	●宅中央	●西・辛酉庚
8.主不利，兒童成績退步。 3.經云，蚩尤碧色好勇鬥狠之神，三碧為蚩尤星主官災是非爭執。 38.不利小童，三歲前會有心漏病、哮喘，甚至跌死、小產、破財、男同性戀。	1.經云，一加二五傷及壯丁，主傷病。 5.血光之災，瘡瘤。 6.遠行多阻滯，頭部疾病。 56.吉六白金星化五黃。五黃到位；煞中之煞主災禍連連，阻礙百般，化解安忍水、六帝錢。	3.主血光之災，受人拖累。 7.當運主發財，失運主血光之災。 4.容易被金屬所傷，易惹桃花劫。 74.桃花，出門。
●東北・寅艮丑	●北・癸子壬	●西北・亥乾戌
4.兒童多病，成績退步，鼻敏感。 8.當運發財，利地產，失運破財。 3.經云，三八逢損小口，主不利小童。 83.木剋土，不利幼兒，離婚，無仔生，嫁杏無期，姑婆屋，腰痛，自殺，吊頸，咎輕，受剋而奇偶相敵。	6.主聰明才智發小財。 1.經云，一白官星之應主掌文章讀書聰明。 11.桃花，煙花地，出門旅遊，犯賊險，江湖中人，對三碧、四綠有利，因為水生木。	2.失運神經衰弱、胡思亂想，當運旺財。 6.驛馬位，有遠行，失運主官非或交通意外。 5.頭部疾病，遠行多阻滯，身體多病。 65.頭痛，口腔多病，五黃到位；煞中之煞主災禍連連，阻礙百般，化解安忍水、六帝錢。

說明：雙星到座，令星得位，形巒合局者，大旺錢財，經云：「一貴當權，諸凶懾服。」東南宮47，西宮74，四運防刀兵之險。此局合北宮打劫，丑戌兩方可用城門訣。

47	92	29
9	5	7
38	56	74
8	1	3
83	11	65
4	6	2

陽 宅 運 勢

丙山壬向

座南東南朝北西北

一百六十五度→三百四十五度

[一白運]　　　　　　　　　　　　　　　　[下卦]

●東南·辰巽巳	●南·丙午丁	●西南·未坤申
9.讀書聰明，利文職，家有喜慶事。 4.經云，蓋四綠為文昌之神主聰明。 7.容易被金屬傷，易惹桃花劫。 47.桃花當時得令七運財色兼收。文章不顯，嘔血而早夭。	5.眼部疾病，血光之災。 9.當運主財運與事業順利，失運主血光之災。 2.家人愚鈍，血光之災。 92.婦科病。	7.主痢疾，提防火災，血光之災。 2.二黑又名病符，回宮復位主身體多病。 9.家人愚鈍，子女成績退步。 29.火生土，主女人多，桃花重，桃花屋。
●東·乙卯甲	●宅中央	●西·辛酉庚
8.主不利，兒童成績退步。 3.經云，蚩尤碧色好勇鬥狠之神，三碧為蚩尤星主官災是非爭執。 38.不利小童，三歲前會有心漏病、哮喘，甚至跌死、小產、破財、男同性戀。	1.經云，一加二五傷及壯丁，主傷病。 5.血光之災，瘡瘤。 6.遠行多阻滯，頭部疾病。 56.吉六白金星化五黃。五黃到位；煞中之煞主災禍連連，阻礙百般，化解安忍水、六帝錢。	3.主血光之災，受人拖累。 7.當運主發財，失運主血光之災。 4.容易被金屬所傷，易惹桃花劫。 74.桃花，出門。
●東北·寅艮丑	●北·癸子壬	●西北·亥乾戌
4.兒童多病，成績退步，鼻敏感。 8.當運發財，利地產，失運破財。 3.經云，三八逢損小口，主不利小童。 83.木剋土，不利幼兒，離婚，無仔生，嫁杏無期，姑婆屋，腰痛，自殺，吊頸，咎輕，受剋而奇偶相敵。	6.主聰明才智發小財。 1.經云，一白官星之應主掌文章讀書聰明。 11.桃花，煙花地，出門旅遊，犯賊險，江湖中人，對三碧、四綠有利，因為水生木。	2.失運神經衰弱、胡思亂想，當運旺財。 6.驛馬位，有遠行，失運主官非或交通意外。 5.頭部疾病，遠行多阻滯，身體多病。 65.頭痛，口腔多病，五黃到位；煞中之煞主災禍連連，阻礙百般，化解安忍水、六帝錢

説明：雙星到座，令星得位，形巒合局者，大旺錢財，經云：「一貴當權，諸凶懾服。」東南宮47，西宮74，四運防刀兵之險。此局合北宮打劫，丑戌兩方可用城門訣。

65 9	11 5	83 7
74	56 1	38 3
29 4	92 6	47 2

陽 宅 運 勢

午山子向
座南朝北
一百八十度→零度

[一白運]　　　　　　　　　　　　　　　　　　　　　　　[起星]

●東南・辰巽巳	●南・丙午丁	●西南・未坤申
9.讀書聰明，利文職，家有喜慶事。 6.不利女性，奔波勞碌。 5.主皮膚病，瘡毒。 65.頭痛，口腔多病，五黃到位；煞中之煞主災禍連連，阻礙百般，化解安忍水、六帝錢。	5.眼部疾病，血光之災。 1.中爻得配水火相交，主喜慶順利。 11.桃花，煙花地，出門旅遊，犯賊險，江湖中人，對三碧、四綠有利，因為水生木。	7.主痢疾，提防火災，血光之災。 8.利地產，旺財 3.主官災，是非，腸胃病，足病。 83.木剋土，不利幼兒，離婚，無仔生，嫁杏無期，姑婆屋，腰痛，自殺，吊頸，咎輕，受剋而奇偶相敵。
●東・乙卯甲	●宅中央	●西・辛酉庚
8.主不利，兒童成績退步。 7.血光之災，受人拖累破財，宜放風水輪來化解。 4.運氣反覆，情緒起伏。 74.桃花，出門。	1.經云，一加二五傷及壯丁，主傷病。 5.血光之災，瘡瘤。 6.遠行多阻滯，頭部疾病。 56.吉六白金星化五黃。五黃到位；煞中之煞主災禍連連，阻礙百般，化解安忍水、六帝錢。	3.主血光之災，受人拖累。 8.財帛可得，但容易破耗。 38.不利小童，三歲前會有心漏病、哮喘，甚至跌死、小產、破財、男同性戀。
●東北・寅艮丑	●北・癸子壬	●西北・亥乾戌
4.兒童多病，成績退步，鼻敏感。 2.旺財，利地財。 9.家有令人愉快事情發生，如喜事，橫財。 29.火生土，主女人多，桃花重，桃花屋。	6.主聰明才智發小財。 9.水火既濟，主喜慶順利。 2.主家人易罹腸胃病，女性當權掌握財政。 92.婦科病。	2.失運神經衰弱、胡思亂想，當運旺財。 4.不利女性，驛馬位，有遠行或搬遷。 7.容易被金屬傷，主官非，爭執，交通意外。 47.桃花當時得令七運財色兼收。文章不顯，嘔血而早夭。

説明：雙星到座，水神上山，向星失調，困頓之局，經云：「家無隔宿之糧。」惟此局2到北方，形巒合局可用，西北宮47，東北宮29，有水者須防煞氣，東南宮65防血毒，東宮74防手足。

65 9	11 5	83 7
74 8	56 1	38 3
29 4	92 6	47 2

陽 宅 運 勢

午山子向
座南朝北
一百八十度→零度

[一白運]　　　　　　　　　　　　　　　　　　　　　　　[下卦]

●東南・辰巽巳	●南・丙午丁	●西南・未坤申
9.讀書聰明，利文職，家有喜慶事。 6.不利女性，奔波勞碌。 5.主皮膚病，瘡毒。 65.頭痛，口腔多病，五黃到位；煞中之煞主災禍連連，阻礙百般，化解安忍水、六帝錢。	5.眼部疾病，血光之災。 1.中爻得配水火相交，主喜慶順利。 11.桃花，煙花地，出門旅遊，犯賊險，江湖中人，對三碧、四綠有利，因為水生木。	7.主痢疾，提防火災，血光之災。 8.利地產，旺財。 3.主官災，是非，腸胃病，足病。 83.木剋土，不利幼兒，離婚，無仔生，嫁杏無期，姑婆屋，腰痛，自殺，吊頸，咎輕，受剋而奇偶相敵。
●東・乙卯甲	●宅中央	●西・辛酉庚
8.主不利，兒童成績退步。 7.血光之災，受人拖累破財，宜放風水輪來化解。 4.運氣反覆，情緒起伏。 74.桃花，出門。	1.經云，一加二五傷及壯丁，主傷病。 5.血光之災，瘡瘤。 6.遠行多阻滯，頭部疾病。 56.吉六白金星化五黃。五黃到位；煞中之煞主災禍連連，阻礙百般，化解安忍水、六帝錢。	3.主血光之災，受人拖累。 8.財帛可得，但容易破耗。 38.不利小童，三歲前會有心漏病、哮喘，甚至跌死、小產、破財、男同性戀。
●東北・寅艮丑	●北・癸子壬	●西北・亥乾戌
4.兒童多病，成績退步，鼻敏感。 2.旺財，利地財。 9.家有令人愉快事情發生，如喜事，橫財。 29.火生土，主女人多，桃花重，桃花屋。	6.主聰明才智發小財。 9.水火既濟，主喜慶順利。 2.主家人易罹腸胃病，女性當權掌握財政。 92.婦科病。	2.失運神經衰弱、胡思亂想，當運旺財。 4.不利女性，驛馬位，有遠行或搬遷。 7.容易被金屬傷，主官非，爭執，交通意外。 47.桃花當時得令七運財色兼收。文章不顯，嘔血而早夭。

説明：雙星到座，水神上山，向星失調，困頓之局，經云：「家無隔宿之糧。」惟此局2到北方，形巒合局可用，西北宮47，東北宮29，有水者須防煞氣，東南宮65防血毒，東宮74防手足。

65	11	83
9	5	7
74	56	38
8	1	3
29	92	47
4	6	2

陽 宅 運 勢

丁山癸向

[一白運]　　　　　　　　　　　　　　　　　[起星]

座南西南朝北東北

一百九十五度→十五度

●東南·辰巽巳	●南·丙午丁	●西南·未坤申
9.讀書聰明，利文職，家有喜慶事。 6.不利女性，奔波勞碌。 5.主皮膚病，瘡毒。 65.頭痛，口腔多病，五黃到位；煞中之煞主災禍連連，阻礙百般，化解安忍水、六帝錢。	5.眼部疾病，血光之災。 1.中爻得配水火相交，主喜慶順利。 11.桃花，煙花地，出門旅遊，犯賊險，江湖中人，對三碧、四綠有利，因為水生木。	7.主痢疾，提防火災，血光之災。 8.利地產，旺財。 3.主官災，是非，腸胃病，足病。 83.木剋土，不利幼兒，離婚，無仔生，嫁杏無期，姑婆屋，腰痛，自殺，吊頸，咎輕，受剋而奇偶相敵。
●東·乙卯甲	●宅中央	●西·辛酉庚
8.主不利，兒童成績退步。 7.血光之災，受人拖累破財，宜放風水輪來化解。 4.運氣反覆，情緒起伏。 74.桃花，出門。	1.經云，一加二五傷及壯丁，主傷病。 5.血光之災，瘡瘤。 6.遠行多阻滯，頭部疾病。 56.吉六白金星化五黃。五黃到位；煞中之煞主災禍連連，阻礙百般，化解安忍水、六帝錢。	3.主血光之災，受人拖累。 8.財帛可得，但容易破耗。 38.不利小童，三歲前會有心漏病、哮喘，甚至跌死、小產、破財、男同性戀。
●東北·寅艮丑	●北·癸子壬	●西北·亥乾戌
4.兒童多病，成績退步，鼻敏感。 2.旺財，利地財。 9.家有令人愉快事情發生，如喜事，橫財。 29.火生土，主女人多，桃花重，桃花屋。	6.主聰明才智發小財。 9.水火既濟，主喜慶順利。 2.主家人易罹腸胃病，女性當權掌握財政。 92.婦科病。	2.失運神經衰弱、胡思亂想，當運旺財。 4.不利女性，驛馬位，有遠行或搬遷。 7.容易被金屬傷，主官非，爭執，交通意外。 47.桃花當時得令七運財色兼收。文章不顯，嘔血而早夭。

説明：雙星到座，水神上山，向星失調，困頓之局，經云：「家無隔宿之糧。」惟此局2到北宮，形巒合局可用，西北宮47，東北宮29，有水者須防煞氣，東南宮65防血毒，東宮74防手足。

65	11	83
9	5	7
74	56	38
8	1	3
29	92	47
4	6	2

陽 宅 運 勢

丁山癸向

[一白運]　　　　　　　　　　　　　　　　[下卦]

座南西南朝北東北

一百九十五度→十五度

●東南‧辰巽巳
9.讀書聰明，利文職，家有喜慶事。
6.不利女性，奔波勞碌。
5.主皮膚病，瘡毒。
65.頭痛，口腔多病，五黃到位；煞中之煞主災禍連連，阻礙百般，化解安忍水、六帝錢。

●南‧丙午丁
5.眼部疾病，血光之災。
1.中爻得配水火相交，主喜慶順利。
11.桃花，煙花地，出門旅遊，犯賊險，江湖中人，對三碧、四綠有利，因為水生木。

●西南‧未坤申
7.主痢疾，提防火災，血光之災。
8.利地產，旺財。
3.主官災，是非，腸胃病，足病。
83.木剋土，不利幼兒，離婚，無仔生，嫁杏無期，姑婆屋，腰痛，自殺，吊頸，咎輕，受剋而奇偶相敵。

●東‧乙卯甲
8.主不利，兒童成績退步。
7.血光之災，受人拖累破財，宜放風水輪來化解。
4.運氣反覆，情緒起伏。
74.桃花，出門。

●宅中央
1.經云，一加二五傷及壯丁，主傷病。
5.血光之災，瘡瘤。
6.遠行多阻滯，頭部疾病。
56.吉六白金星化五黃。五黃到位；煞中之煞主災禍連連，阻礙百般，化解安忍水、六帝錢。

●西‧辛酉庚
3.主血光之災，受人拖累。
8.財帛可得，但容易破耗。
38.不利小童，三歲前會有心漏病、哮喘，甚至跌死、小產、破財、男同性戀。

●東北‧寅艮丑
4.兒童多病，成績退步，鼻敏感。
2.旺財，利地財。
9.家有令人愉快事情發生，如喜事，橫財。
29.火生土，主女人多，桃花重，桃花屋。

●北‧癸子壬
6.主聰明才智發小財。
9.水火既濟，主喜慶順利。
2.主家人易罹腸胃病，女性當權掌握財政。
92.婦科病。

●西北‧亥乾戌
2.失運神經衰弱、胡思亂想，當運旺財。
4.不利女性，驛馬位，有遠行或搬遷。
7.容易被金屬傷，主官非，爭執，交通意外。
47.桃花當時得令七運財色兼收。文章不顯，嘔血而早夭。

說明：雙星到座，水神上山，向星失調，困頓之局，經云：「家無隔宿之糧。」惟此局2到北宮，形巒合局可用，西北宮47，東北宮29，有水者須防煞氣，東南宮65防血毒，東宮74防手足。

98 9	53 5	71 7
89 8	17 1	35 3
44 4	62 6	26 2

陽 宅 運 勢

庚山甲向

[一白運]　　　　　　　　　　　　　　　[起星]

座西西南朝東東北

二百五十五度→七十五度

●東南，辰巽巳	●南，丙午丁	●西南，未坤申
9.讀書聰明，利文職，家有喜慶事。 8.兒童多病，成績退步，鼻敏感。 98.吐血。	5.眼部疾病，血光之災。 3.主家人頭腦靈活聰明。 53.破財，傷身，窮途困病再遭殃，五黃到位；煞中之煞主災禍連連，阻礙百般，化解安忍水、六帝錢。	7.主痢疾，提防火災，血光之災。 1.主女性當權，家人易罹腸胃病。 71.出門遠行，桃花。
●東，乙卯甲	●宅中央	●西，辛酉庚
8.主不利，兒童成績退步。 9.家人頭腦靈活，子女讀書聰明。 89.火生土，吉，旺丁，旺財，輔弼相輝，田園富盛，而子孫繁衍也。	1.經云，一加二五傷及壯丁，主傷病。 7.是非，官災，容易被金屬所傷。 17.桃花，出門有利，吉利。	3.主血光之災，受人拖累。 5.是非，官災，容易被金屬所傷。 35.多主不吉，木剋土貧窮，傷足，生疾，五黃到位；煞中之煞主災禍連連，阻礙百般，化解安忍水、六帝錢。
●東北，寅艮丑	●北，癸子壬	●西北，亥乾戌
4.兒童多病，成績退步，鼻敏感。 44.出門，桃花。	6.主聰明才智發小財。 2.主家人易罹腸胃病，女性當權掌握財政。 62.腸疾，婦科病。	2.失運神經衰弱、胡思亂想，當運旺財。 6.驛馬位，有遠行，失運主官非或交通意外。 26.進田莊之喜，買地買樓但是各嗇孤寒。

説明：丁星入囚，損丁之事，座山35，主足肝之疾，血毒之症，意外受傷，南宮53同論，西北方犯伏吟，丑方可用城門訣，必須巒頭配合局方可，東北上雙星主風疾，膽病之應。

29	74	92
9	5	7
11	38	56
8	1	3
65	83	47
4	6	2

陽宅運勢

庚山甲向

座西西南朝東東北

二百五十五度→七十五度

[一白運]　　　　　　　　　　　　　　[下卦]

●東南，辰巽巳	●南，丙午丁	●西南，未坤申
9.讀書聰明，利文職，家有喜慶事。 2.主是非，健康差，呼吸系統疾病。 29.火生土，主女人多，桃花重，桃花屋。	5.眼部疾病，血光之災。 7.小心火災，家中女性不和。 4.讀書聰明，利文職，有喜慶，失運則財帛不聚。 74.桃花，出門。	7.主痢疾，提防火災，血光之災。 9.家人愚鈍，子女成績退步。 2.二黑又名病符，回宮復位主身體多病。 92.婦科病。
●東，乙卯甲	●宅中央	●西，辛酉庚
8.主不利，兒童成績退步。 1.主家人搬遷或有遠行，脾氣較為暴躁。 11.桃花，煙花地，出門旅遊，犯賊險，江湖中人，對三碧、四綠有利，因為水生木。	1.經云，一加二五傷及壯丁，主傷病。 3.因財致禍，腳傷。 8.主腸胃病，運氣蹇滯。 38.不利小童，三歲前會有心漏病、哮喘，甚至跌死、小產、破財、男同性戀。	3.主血光之災，受人拖累。 5.是非，官災，容易被金屬所傷。 6.容易被金屬所傷。 56.吉六白金星化五黃。五黃到位；煞中之煞主災禍連連，阻礙百般，化解安忍水、六帝錢。
●東北，寅艮丑	●北，癸子壬	●西北，亥乾戌
4.兒童多病，成績退步，鼻敏感。 6.發小財，利地產或五金行業。 5.主腸胃病，運氣蹇滯。 65.頭痛，口腔多病，五黃到位；煞中之煞主災禍連連，阻礙百般，化解安忍水、六帝錢。	6.主聰明才智發小財。 8.主財運佳，利地產置業。 3.主脾氣暴躁，家人會搬遷或遠行。 83.木剋土，不利幼兒，離婚，無仔生，嫁杏無期，姑婆屋，腰痛，自殺，吊頸，咎輕，受剋而奇偶相敵。	2.失運神經衰弱、胡思亂想，當運旺財。 4.不利女性，驛馬位，有遠行或搬遷。 7.容易被金屬所傷，主官非，爭執，交通意外。 47.桃花當時得令七運財色兼收。文章不顯，嘔血而早夭。

説明：合離宮打劫，丑方可用城門訣，惟必須巒頭配合局方可，雙星到向，形巒合局，大旺錢財，東北宮65，西宮56，主瘡毒，頭項之疾。

36	72	54
9	5	7
45	27	99
8	1	3
81	63	18
4	6	2

[一白運]

陽 宅 運 勢

酉山卯向

座西朝東

二百七十度→九十度

[起星]

●東南，辰巽巳	●南，丙午丁	●西南，未坤申
9.讀書聰明，利文職，家有喜慶事。 3.運氣反覆，時好時壞。 6.不利女性，奔波勞碌。 36.官非，手腳受損，患在長男。	5.眼部疾病，血光之災。 7.小心火災，家中女性不和。 2.家人愚鈍，血光之災。 72.合先天火，利二黑，五黃，八白命。	7.主痢疾，提防火災，血光之災。 5.主急性病，血光之災。 4.腸胃病，是非，纏繞。 54.五黃最忌三碧四綠木剋土，博奕好飲，破財田園廢盡，大凶五黃到位；煞中之煞主災禍連連，阻礙百般，化解安忍水，六帝錢。
●東，乙卯甲	●宅中央	●西，辛酉庚
8.主不利，兒童成績退步。 4.運氣反覆，情緒起伏。 5.容易腳傷，因財招禍。 45.遊蕩廢業，手足傷，病重重五黃到位；煞中之煞主災禍連連，阻礙百般，化解安忍水、六帝錢。	1.經云，一加二五傷及壯丁，主傷病。 2.血光之災，慢性病。 7.是非，官災，容易被金屬所傷。 27.土生金，七赤是七運的財星旺有財化官複，因桃花破財，桃花劫，對九紫命有利，二七合先天火乘殺氣遇凶山水，鳥焚其巢也。	3.主血光之災，受人拖累。 9.小心火災，家中女性不和。 99.目疾。
●東北，寅艮丑	●北，癸子壬	●西北，亥乾戌
4.兒童多病，成績退步，鼻敏感。 8.當運發財，利地產，失運破財。 1.財運佳，利地產置業。 81.土剋水，膀胱疾，耳病	6.主聰明才智發小財。 3.主脾氣暴躁，家人會搬遷或遠行。 63.手腳受傷。	2.失運神經衰弱、胡思亂想，當運旺財。 1.主聰明，才智，發小財。 8.發小財，利地產或五金行業。 18.土剋水，耳疾，被狗咬傷或被動物抓傷。咎輕，受剋而奇偶相敵。

説明:艮方有水，為旺水，必須水城合局，東南方可用城門訣，必須形巒合局，西北方有山，形態優美，可以旺丁，座後雙星，慎防血症，心病，意外受傷，向上45主瘡毒，風疾，淫亂之事。

47	83	65
9	5	7
56	38	11
8	1	3
92	74	29
4	6	2

陽 宅 運 勢

酉山卯向
座西朝東
二百七十度 → 九十度

[一白運]　　　　　　　　　　　　　　　　　　[下卦]

●東南，辰巽巳	●南，丙午丁	●西南，未坤申
9.讀書聰明，利文職，家有喜慶事。 4.經云，蓋四綠為文昌之神主聰明。 7.容易被金屬所傷，易惹桃花劫。 47.桃花當時得令七運財色兼收。文章不顯，嘔血而早夭。	5.眼部疾病，血光之災。 8.主喜慶，有令人愉快事情發生。 3.主家人頭腦靈活聰明。 83.木剋土，不利幼兒，離婚，無仔生，嫁杏無期，姑婆屋，腰痛，自殺，吊頸，咎輕，受剋而奇偶相敵。	7.主痢疾，提防火災，血光之災。 6.胡思亂想，神經衰弱，當運則發財。 5.主急性病，血光之災。 65.頭痛，口腔多病，五黃到位；煞中之煞主災禍連連，阻礙百般，化解安忍水、六帝錢。
●東，乙卯甲	●宅中央	●西，辛酉庚
8.主不利，兒童成績退步。 5.容易腳傷，因財招禍。 6.主足疾，小人多。 56.吉六白金星化五黃。五黃到位；煞中之煞主災禍連連，阻礙百般，化解安忍水、六帝錢。	1.經云，一加二五傷及壯丁，主傷病。 3.因財致禍，腳傷。 8.主腸胃病，運氣塞滯。 38.不利小童，三歲前會有心漏病、哮喘，甚至跌死、小產、破財、男同性戀。	3.主血光之災，受人拖累。 1.家人好動，多異性緣，一白當運為桃花運，失運破財。 11.桃花，煙花地，出門旅遊，犯賊險，江湖中人，對三碧、四綠有利，因為水生木。
●東北，寅艮丑	●北，癸子壬	●西北，亥乾戌
4.兒童多病，成績退步，鼻敏感。 9.家有令人愉快事情發生，如喜事，橫財。 2.旺財，利地財。 92.婦科病。	6.主聰明才智發少財。 7.家人好動，桃花運。 4.坎宮為一白星所，主故為一四同宮主讀書聰明。 74.桃花，出門。	2.失運神經衰弱、胡思亂想，當運旺財。 9.子女容易與自己爭執，提防呼吸系統疾病。 29.火生土，主女人多，桃花重，桃花屋。

説明：令星會合座山，水神上山，困頓之局，經云：「家無隔糧。」向上56，西南宮65主瘡毒，頭項疾，北宮74，東南宮47主刀兵，意外之事，東北宮92主腹病，難產之應。

38	74	56
9	5	7
47	29	92
8	1	3
83	65	11
4	6	2

陽 宅 運 勢

辛山乙向

[一白運]　　　　　　　　　　　　　　　　[起星]

座西西北朝東東南

二百八十五度→一百零五度

●東南，辰巽巳	●南，丙午丁	●西南，未坤申
9.讀書聰明，利文職，家有喜慶事。 3.運氣反覆，時好時壞。 8.兒童多病，成績退步，鼻敏感。 38.不利小童，三歲前會有心漏病、哮喘，甚至跌死、小產、破財、男同性戀。	5.眼部疾病，血光之災。 7.小心火災，家中女性不和。 4.讀書聰明，利文職，有喜慶，失運則財帛不聚。 74.桃花，出門。	7.主痢疾，提防火災，血光之災。 5.主急性病，血光之災。 6.胡思亂想，神經衰弱，當運則發財。 56.吉六白金星化五黃。五黃到位；煞中之煞主災禍連連，阻礙百般，化解安忍水、六帝錢。

●東，乙卯甲	●宅中央	●西，辛酉庚
8.主不利，兒童成績退步。 4.運氣反覆，情緒起伏。 7.血光之災，受人拖累破財，宜放風水輪來化解。 47.桃花當時得令七運財色兼收。文章不顯，嘔血而早夭。	1.經云，一加二五傷及壯丁，主傷病。 2.血光之災，慢性病。 9.目疾，血光之災，皮膚病 29.火生土，主女人多，桃花重，桃花屋。	3.主血光之災，受人拖累。 9.小心火災，家中女性不和。 2.肚痛，提防火災，血光之災。 92.婦科病。

●東北，寅艮丑	●北，癸子壬	●西北，亥乾戌
4.兒童多病，成績退步，鼻敏感。 8.當運發財，利地產，失運破財。 3.經云，三八逢損小口，主不利小童 83.木剋土，不利幼兒，離婚，無仔生，嫁杏無期，姑婆屋，腰痛，自殺，吊頸，咎輕，受剋而奇偶相敵。	6.主聰明才智發小財。 5.主傷病，提防泌尿疾病，女性提防婦科病。 65.頭痛，口腔多病，五黃到位；煞中之煞主災禍連連，阻礙百般，化解安忍水、六帝錢。	2.失運神經衰弱，胡思亂想，當運旺財。 1.主聰明，才智，發小財。 11.桃花，煙花地，出門旅遊，犯賊險，江湖中人，對三碧、四綠有利，因為水生木。

説明:巳方可用城門訣，西北方有水為旺水，必須形巒合局方可，座山92主心病，目疾，向上47主刀兵意外受傷，手足之疾，西南宮56，北宮65主瘡毒，頭項之疾。

47	83	65
9	5	7
56	38	11
8	1	3
92	74	29
4	6	2

陽 宅 運 勢

辛山乙向

[一白運]　　　　　　　　　　　　　　[下卦]

座西西北朝東東南

二百八十五度→一百零五度

●東南，辰巽巳	●南，丙午丁	●西南，未坤申
9.讀書聰明，利文職，家有喜慶事。 4.經云，蓋四綠為文昌之神主聰明。 7.容易被金屬所傷，易惹桃花劫。 47.桃花當時得令七運財色兼收。文章不顯，嘔血而早夭。	5.眼部疾病，血光之災。 8.主喜慶，有令人愉快事情發生。 3.主家人頭腦靈活聰明。 83.木剋土，不利幼兒，離婚，無仔生，嫁杏無期，姑婆屋，腰痛，自殺，吊頸，咎輕，受剋而奇偶相敵。	7.主痢疾，提防火災，血光之災。 6.胡思亂想，神經衰弱，當運則發財。 5.主急性病，血光之災。 65.頭痛，口腔多病，五黃到位；煞中之煞主災禍連連，阻礙百般，化解安忍水、六帝錢。
●東，乙卯甲	●宅中央	●西，辛酉庚
8.主不利，兒童成績退步。 5.容易腳傷，因財招禍。 6.主足疾，小人多。 56.吉六白金星化五黃。五黃到位；煞中之煞主災禍連連，阻礙百般，化解安忍水、六帝錢。	1.經云，一加二五傷及壯丁，主傷病。 3.因財致禍，腳傷。 8.主腸胃病，運氣蹇滯。 38.不利小童，三歲前會有心漏病、哮喘，甚至跌死、小產、破財、男同性戀。	3.主血光之災，受人拖累。 1.家人好動，多異性緣，一白當運為桃花運，失運破財。 11.桃花，煙花地，出門旅遊，犯賊險，江湖中人，對三碧、四綠有利，因為水生木。
●東北，寅艮丑	●北，癸子壬	●西北，亥乾戌
4.兒童多病，成績退步，鼻敏感。 9.家有令人愉快事情發生，如喜事，橫財。 2.旺財，利地財。 92.婦科病。	6.主聰明才智發小財。 7.家人好動，桃花運。 4.坎宮為一白星所，主故為一四同宮主讀書聰明。 74.桃花，出門。	2.失運神經衰弱、胡思亂想，當運旺財。 9.子女容易與自己爭執，提防呼吸系統疾病。 29.火生土，主女人多，桃花重，桃花屋。

説明：令星會合座山，水神上山，困頓之局，經云：「家無隔宿之糧。」向上56，西南宮65主瘡毒，頭項之疾，北宮74，東南宮47，主刀兵意外之事，東北宮92主腹病，難產之應。

36 9	72 5	54 7
45 8	27 1	99 3
81 4	63 6	18 2

陽 宅 運 勢

戌山辰向

座西北西朝東南東

三百度→一百二十度

[一白運]　　　　　　　　　　　　　　　　　　　　　　[起星]

●東南，辰巽巳	●南，丙午丁	●西南，未坤申
9.讀書聰明，利文職，家有喜慶事。 3.運氣反覆，時好時壞。 6.不利女性，奔波勞碌。 36.官非，手腳受損，患在長男。	5.眼部疾病，血光之災。 7.小心火災，家中女性不和。 2.家人愚鈍，血光之災。 72.合先天火，利二黑、五黃、八白命。	7.主痢疾，提防火災，血光之災。 5.主急性病，血光之災。 4.腸胃病，是非，纏繞。 54.五黃最忌三碧四綠木剋土，博弈好飲，破財田園廢盡，大凶五黃到位；煞中之煞主災禍連連，阻礙百般，化解安忍水、六帝錢。
●東，乙卯甲	**●宅中央**	**●西，辛酉庚**
8.主不利，兒童成績退步。 4.運氣反覆，情緒起伏。 5.容易腳傷，因財招禍。 45.遊蕩廢業，手足傷，病重重五黃到位；煞中之煞主災禍連連，阻礙百般，化解安忍水、六帝錢。	1.經云，一加二五傷及壯丁，主傷病。 2.血光之災，慢性病。 7.是非，官災，容易被金屬所傷。 27.土生金，七赤是七運的財星旺有財化官複，因桃花破財，桃花劫，對九紫命有利，二七合先天火乘殺氣遇凶山水，鳥焚其巢也。	3.主血光之災，受人拖累。 9.小心火災，家中女性不和。 99.目疾。
●東北，寅艮丑	**●北，癸子壬**	**●西北，亥乾戌**
4.兒童多病，成績退步，鼻敏感。 8.當運發財，利地產，失運破財。 1.財運佳，利地產置業。 81.土剋水，膀胱疾，耳病。	6.主聰明才智發小財。 3.主脾氣暴躁，家人會搬遷或遠行。 63.手腳受傷。	2.失運神經衰弱，胡思亂想，當運旺財。 1.主聰明，才智，發小財。 8.發小財，利地產或五金行業。 18.土剋水，耳疾，被狗咬傷或被動物抓傷。咎輕，受剋而奇偶相敵。

說明:丑方有水為旺水，必須宮位巒頭佳美為合，甲方可用城門訣，必須東宮水城合局方可，東上45廉貞主事，瘡毒，風疾之應，西宮雙星，主火瘟，心目之疾。

[一白運]

38 9	74 5	56 7
47 8	29 1	92 3
83 4	65 6	11 2

陽 宅 運 勢

戌山辰向
座西北西朝東南東
三百度→一百二十度

[下卦]

●東南，辰巽巳	●南，丙午丁	●西南，未坤申
9.讀書聰明，利文職，家有喜慶事。 3.運氣反覆，時好時壞。 8.兒童多病，成績退步，鼻敏感。 38.不利小童，三歲前會有心漏病、哮喘，甚至跌死、小產、破財、男同性戀。	5.眼部疾病，血光之災。 7.小心火災，家中女性不和。 4.讀書聰明，利文職，有喜慶，失運則財帛不聚。 74.桃花，出門。	7.主痢疾，提防火災，血光之災。 5.主急性病，血光之災。 6.胡思亂想，神經衰弱，當運則發財。 56.吉六白金星化五黃。五黃到位；煞中之煞主災禍連連，阻礙百般，化解安忍水、六帝錢。
●東，乙卯甲	●宅中央	●西，辛酉庚
8.主不利，兒童成績退步。 4.運氣反覆，情緒起伏。 7.血光之災，受人拖累破財，宜放風水輪來化解。 47.桃花當時得令七運財色兼收。文章不顯，嘔血而早夭。	1.經云，一加二五傷及壯丁，主傷病。 2.血光之災，慢性病。 9.目疾，血光之災，皮膚病。 29.火生土，主女人多，桃花重，桃花屋。	3.主血光之災；受人拖累。 9.小心火災，家中女性不和。 2.肚痛，提防火災，血光之災。 92.婦科病。
●東北，寅艮丑	●北，癸子壬	●西北，亥乾戌
4.兒童多病，成績退步，鼻敏感。 8.當運發財，利地產，失運破財。 3.經云，三八逢損小口，主不利小童。 83.木剋土，不利幼兒，離婚，無仔生，嫁杏無期，姑婆屋，腰痛，自殺，吊頸，咎輕，受剋而奇偶相敵。	6.主聰明才智發小財。 5.主傷病，提防泌尿疾病，女性提防婦科病。 65.頭痛，口腔多病，五黃到位；煞中之煞主災禍連連，阻礙百般，化解安忍水、六帝錢。	2.失運神經衰弱，胡思亂想，當運旺財。 1.主聰明，才智，發小財。 11.桃花，煙花地，出門旅遊，犯賊險，江湖中人，對三碧、四綠有利，因為水生木。

説明:令星會合座山，水神上山，困頓之局，經云：「家無隔宿之糧。」惟水纏玄武，令星合局，可旺財丁，甲方可用城門訣，必須震宮水城合局，向上38，東北宮83防損小口，足肝之疾，南宮74，四運主刀兵之禍。

11 9	65 5	83 7
92 8	29 1	47 3
56 4	74 6	38 2

陽 宅 運 勢

[一白運]

乾山巽向

座西北朝東南

三百一十五度 → 一百三十五度

[起星]

●東南，辰巽巳	●南，丙午丁	●西南，未坤申
9.讀書聰明，利文職，家有喜慶事。 1.經云，四一同宮準發科名。 11.桃花，煙花地，出門旅遊，犯賊險，江湖中人，對三碧、四綠有利，因為水生木。	5.眼部疾病，血光之災。 6.子女容易與自己發生爭執，提防呼吸系統疾病。 65.頭痛，口腔多病，五黃到位；煞中之煞主災禍連連，阻礙百般，化解安忍水、六帝錢。	7.主痢疾，提防火災，血光之災。 8.利地產，旺財。 3.主官災，是非，腸胃病，足病。 83.木剋土，不利幼兒，離婚，無仔生，嫁杏無期，姑婆屋，腰痛，自殺，吊頸，咎輕，受剋而奇偶相敵。
●東，乙卯甲	●宅中央	●西，辛酉庚
8.主不利，兒童成績退步。 9.家人頭腦靈活，子女讀書聰明。 2.主官災，是非，足患，腸胃病。 92.婦科病。	1.經云，一加二五傷及壯丁，主傷病。 2.血光之災，慢性病。 9.目疾，血光之災，皮膚病。 29.火生土，主女人多，桃花重，桃花屋。	3.主血光之災，受人拖累。 4.容易被金屬所傷，易惹桃花劫。 7.當運主發財，失運主血光之災。 47.桃花當時得令七運財色兼收。文章不顯，嘔血而早夭。
●東北，寅艮丑	●北，癸子壬	●西北，亥乾戌
4.兒童多病，成績退步，鼻敏感。 5.主腸胃病，運氣蹇滯。 6.發小財，利地產或五金行業。 56.吉六白金星化五黃。五黃到位；煞中之煞主災禍連連，阻礙百般，化解安忍水、六帝錢。	6.主聰明才智發小財。 7.家人好動，桃花運。 4.坎宮為一白星所，主故為一四同宮主讀書聰明。 74.桃花，出門。	2.失運神經衰弱，胡思亂想，當運旺財。 3.經云，足以金而蹣跚，主足傷，家人容易發生。 8.發小財，利地產或五金行業。 38.不利小童，三歲前會有心漏病、哮喘，甚至跌死、小產、破財、男同性戀。

説明：雙星會合，向星全盤合十，經云：「富積千鐘。」西北，南，東合打劫運，主人和順利，西宮47，北宮74，四運主刀兵之禍，南宮65，東北宮56主廉貞之事，山水凶惡主頭項，血毒之疾。

11 9	65 5	83 7
92 8	29 1	47 3
56 4	74 6	38 2

陽 宅 運 勢

乾山巽向

[一白運]

[下卦]

座西北朝東南

三百一十五度→一百三十五度

●東南,辰巽巳	●南,丙午丁	●西南,未坤申
9.讀書聰明,利文職,家有喜慶事。 1.經云,四一同宮準發科名。 11.桃花,煙花地,出門旅遊,犯賊險,江湖中人,對三碧、四綠有利,因為水生木。	5.眼部疾病,血光之災。 6.子女容易與自己發生爭執,提防呼吸系統疾病。 65.頭痛,口腔多病,五黃到位;煞中之煞主災禍連連,阻礙百般,化解安忍水、六帝錢。	7.主痢疾,提防火災,血光之災。 8.利地產,旺財。 3.主官災,是非,腸胃病,足病。 83.木剋土,不利幼兒,離婚,無仔生,嫁杏無期,姑婆屋,腰痛,自殺,吊頸,咎輕,受剋而奇偶相敵。
●東,乙卯甲	●宅中央	●西,辛酉庚
8.主不利,兒童成績退步。 9.家人頭腦靈活,子女讀書聰明。 2.主官災,是非,足患,腸胃病。 92.婦科病。	1.經云,一加二五傷及壯丁,主傷病。 2.血光之災,慢性病。 9.目疾,血光之災,皮膚病。 29.火生土,主女人多,桃花重,桃花屋。	3.主血光之災,受人拖累。 4.容易被金屬所傷,易惹桃花劫。 7.當運主發財,失運主血光之災。 47.桃花當時得令七運財色兼收。文章不顯,嘔血而早夭。
●東北,寅艮丑	●北,癸子壬	●西北,亥乾戌
4.兒童多病,成績退步,鼻敏感。 5.主腸胃病,運氣蹇滯。 6.發小財,利地產或五金行業。 56.吉六白金星化五黃。五黃到位;煞中之煞主災禍連連,阻礙百般,化解安忍水、六帝錢。	6.主聰明才智發小財。 7.家人好動,桃花運。 4.坎宮為一白星所,主故為一四同宮主讀書聰明。 74.桃花,出門。	2.失運神經衰弱、胡思亂想,當運旺財。 3.經云,足以金而蹣跚,主足傷,家人容易發生。 8.發小財,利地產或五金行業。 38.不利小童,三歲前會有心漏病、哮喘、甚至跌死、小產、破財、男同性戀。

說明:雙星會合,向星全盤合十,經云:「富積千鐘。」西北,南,東合打劫運,主人和順利,西宮47,北宮74四運主刀兵之禍,南宮65,東北宮56主廉貞之事,山水凶惡主頭項,血毒之疾。

91 9	55 5	73 7
82 8	19 1	37 3
46 4	64 6	28 2

陽宅運勢

亥山巳向

[一白運]　　　　　　　　　　　　　　　　　　[起星]

座西北北朝東南南

三百三十度→一百五十度

●東南，辰巽巳	●南，丙午丁	●西南，未坤申
9.讀書聰明，利文職，家有喜慶事。 1.經云，四一同宮準發科名。 91.桃花，讀書人，性病。	5.眼部疾病，血光之災。 55.兩重災病星。五黃到位；煞中之煞主災禍連連，阻礙百般，化解安忍水、六帝錢。	7.主痢疾，提防火災，血光之災。 3.主官災，是非，腸胃病，足病。 73.大凶，打劫，破財，官非，被刺一刀，盲一眼。
●東，乙卯甲	●宅中央	●西，辛酉庚
8.主不利，兒童成績退步。 2.主官災，是非，足患，腸胃病。 82.疾病。	1.經云，一加二五傷及壯丁，主傷病。 9.目疾，血光之災，皮膚病。 19.水火不容，性病，皮膚病，小產。	3.主血光之災，受人拖累。 7.當運主發財，失運主血光之災。 37.破財，官非，七運時七當旺仍有財，盜賊相侵，訟凶而病厄，咎重。
●東北，寅艮丑	●北，癸子壬	●西北，亥乾戌
4.兒童多病，成績退步，鼻敏感。 6.發小財，利地產或五金行業。 46.煩惱事先合後散。肝病，輕或痼疾，重且夭折。	6.主聰明才智發小財。 4.坎宮為一白星所，主故為一四同宮主讀書聰明。 64.先合後散，女性多病。	2.失運神經衰弱、胡思亂想，當運旺財。 8.發小財，利地產或五金行業。 28.合十主吉，有進田置業之喜，利遷移。

說明：令星到向，富積千鐘，形巒合局巨富之列，西方37伏吟，須知病癒遭官，西南宮73穿心煞氣，須知官災賊劫之事，南宮55鰥寡孤獨，難產，血毒之事。

11 9	65 5	83 7
92 8	29 1	47 3
56 4	74 6	38 2

陽 宅 運 勢

亥山巳向

座西北北朝東南南

三百三十度→一百五十度

[一白運]　　　　　　　　　　　　　　　　　　　　　　[下卦]

●東南，辰巽巳	●南，丙午丁	●西南，未坤申
9.讀書聰明，利文職，家有喜慶事。 1.經云，四一同宮準發科名。 11.桃花，煙花地，出門旅遊，犯賊險，江湖中人，對三碧、四綠有利，因為水生木。	5.眼部疾病，血光之災。 6.子女容易與自己發生爭執，提防呼吸系統疾病。 65.頭痛，口腔多病，五黃到位；煞中之煞主災禍連連，阻礙百般，化解安忍水、六帝錢。	7.主痢疾，提防火災，血光之災。 8.利地產，旺財。 3.主官災，是非，腸胃病，足病。 83.木剋土，不利幼兒，離婚，無仔生，嫁杏無期，姑婆屋，腰痛，自殺，吊頸，咎輕，受剋而奇偶相敵。
●東，乙卯甲	●宅中央	●西，辛酉庚
8.主不利，兒童成績退步。 9.家人頭腦靈活，子女讀書聰明。 2.主官災，是非，足患，腸胃病。 92.婦科病。	1.經云，一加二五傷及壯丁，主傷病。 2.血光之災，慢性病。 9.目疾，血光之災，皮膚病。 29.火生土，主女人多，桃花重，桃花屋。	3.主血光之災，受人拖累。 4.容易被金屬所傷，易惹桃花劫。 7.當運主發財，失運主血光之災。 47.桃花當時得令七運財色兼收。文章不顯，嘔血而早夭。
●東北，寅艮丑	●北，癸子壬	●西北，亥乾戌
4.兒童多病，成績退步，鼻敏感。 5.主腸胃病，運氣蹇滯。 6.發小財，利地產或五金行業。 56.吉六白金星化五黃。五黃到位；煞中之煞主災禍連連，阻礙百般，化解安忍水、六帝錢。	6.主聰明才智發小財。 7.家人好動，桃花運。 4.坎宮為一白星所，主故為一四同宮主讀書聰明。 74.桃花，出門。	2.失運神經衰弱、胡思亂想，當運旺財。 3.經云，足以金而蹣跚，主足傷，家人容易發生。 8.發小財，利地產或五金行業。 38.不利小童，三歲前會有心漏病、哮喘，甚至跌死、小產、破財、男同性戀。

說明：雙星會合，向星全盤合十，經云：「富積千鐘。」西北，南，東位合打劫運，主人和順利，西宮47，北宮74，四運主刀兵之禍，南宮65，東北宮56主廉貞之事，山水凶惡主頭項，血毒之疾。

78 9	24 5	96 7
87 8	69 1	42 3
33 4	15 6	51 2

陽 宅 運 勢

丑山未向

[一白運]   [起星]

座東北北朝西南南

三十度→二百一十度

●東南・辰巽巳	●南・丙午丁	●西南・未坤申
9.讀書聰明，利文職，家有喜慶事。 7.容易被金屬傷，易惹桃花劫。 8.兒童多病，成績退步，鼻敏感。 78.吉。	5.眼部疾病，血光之災。 2.家人愚鈍，血光之災。 4.讀書聰明，利文職，有喜慶，失運則財帛不聚。 24.婆媳不和。咎當主母。	7.主痢疾，提防火災，血光之災。 9.家人愚鈍，子女成績退步。 6.胡思亂想，神經衰弱，當運則發財。 96.腦病。
●東・乙卯甲	**●宅中央**	**●西・辛酉庚**
8.主不利，兒童成績退步，主傷病。 7.血光之災，受人拖累破財，宜放風水輪來化解。 87.吉，財利。	1.經云，一加二五傷及壯丁。 6.遠行多阻滯，頭部疾病。 9.目疾，血光之災，皮膚病。 69.火燒天門，家生忤逆之兒，生牙瘡，腦病，生痄腮，流牙血，肺疾，衰則血症，盛必火災。	3.主血光之災，受人拖累。 4.容易被金屬所傷，易惹桃花劫。 2.肚痛，提防火災，血光之災。 42.婆媳不和。
●東北・寅艮丑	**●北・癸子壬**	**●西北・亥乾戌**
4.兒童多病，成績退步，鼻敏感。 3.經云，三八逢損小口，主不利小童。 33.官非，是非，爭執。	6.主聰明才智發小財。 1.經云，一白官星之應主掌文章讀書聰明。 5.主傷病，提防泌尿疾病，女性提防婦科病。 15.五是變卦以中宮的向星代之婦科病耳疾。五黃到位，煞中之煞，主災禍連連，阻礙百般，化解安忍水、六帝錢。	2.失運神經衰弱、胡思亂想，當運旺財。 5.頭部疾病，遠行多阻滯，身體多病。 1.主聰明，才智，發小財。 51.膀胱病，五黃到位；煞中之煞主災禍連連，阻礙百般，化解安忍水、六帝錢。

説明：坎方犯伏吟，無水是非官訟，有水則損丁運蹇進退為谷。南，西有水，主體弱，西方巒頭不合，則有欺姑之事，96向首零正失調，有血症之災。

56 9	92 5	74 7
85 8	47 1	29 3
11 4	83 6	38 2

陽宅運勢

[一白運]

丑山未向

[下卦]

座東北北朝西南南

三十度→二百一十度

●東南・辰巽巳	●南・丙午丁	●西南・未坤申
9.讀書聰明，利文職，家有喜慶事。 5.主皮膚病，瘡毒。 6.不利女性，奔波勞碌。 56.吉六白金星化五黃。五黃到位；煞中之煞主災禍連連，阻礙百般，化解安忍水、六帝錢。	5.眼部疾病，血光之災。 9.當運主財運與事業順利，失運主血光之災。 2.家人愚鈍，血光之災。 92.婦科病。	7.主痢疾，提防火災，血光之災。 4.腸胃病，是非，纏續。 74.桃花，出門。
●東・乙卯甲	●宅中央	●西・辛酉庚
8.主不利，兒童成績退步。 5.容易腳傷，因財招禍。 85.暗滯，胃病，胸疼痛，五黃到位；煞中之煞主災禍連連，阻礙百般，化解安忍水、六帝錢。	1.經云，一加二五傷及壯丁，主傷病。 4.風濕病，皮膚病。 7.是非，官災，容易被金屬所傷。 47.桃花當時得令七運財色兼收。文章不顯，嘔血而早夭。	3.主血光之災，受人拖累。 2.肚痛，提防火災，血光之災。 9.小心火災，家中女性不和。 29.火生土，主女人多，桃花重，桃花屋。
●東北・寅艮丑	●北・癸子壬	●西北・亥乾戌
4.兒童多病，成績退步，鼻敏感。 1.財運佳，利地產置業。 11.桃花，煙花地，出門旅遊，犯賊險，江湖中人，對三碧、四綠有利，因為水生木。	6.主聰明才智發小財。 8.主財運佳，利地產置業。 3.主脾氣暴躁，家人會搬遷或遠行。 83.木剋土，不利幼兒，離婚，無仔生，嫁杏無期，姑婆屋，腰痛，自殺，吊頸，咎輕，受剋而奇偶相敵。	2.失運神經衰弱、胡思亂想，當運旺財。 3.經云，足以金而蹣跚，主足傷，家人容易發生。 8.發小財，利地產或五金行業。 38.不利小童，三歲前會有心漏病、哮喘，甚至跌死、小產、破財、男同性戀。

説明：財星犯上山，非水纏玄武，不可輕用。2到南、3到北、有水續發。向上74防筋骨之患。

58 9	13 5	31 7
49 8	67 1	85 3
94 4	22 6	76 2

陽 宅 運 勢

[一白運]

艮山坤向

座東北朝西南

四十五度→二百二十度

[起星]

●東南·辰巽巳	●南·丙午丁	●西南·未坤申
9.讀書聰明，利文職，家有喜慶事。 5.主皮膚病，瘡毒。 8.兒童多病，成績退步，鼻敏感。 58.吉，五黃到位；煞中之煞主災禍連連，阻礙百般，化解安忍水、六帝錢。	5.眼部疾病，血光之災。 1.中爻得配水火相交，主喜慶順利。 3.主家人頭腦靈活聰明。 13.爭執，吵鬧，勞氣，官非，盜劫，破財。	7.主痢疾，提防火災，血光之災。 3.主官災，是非，腸胃病，足病。 1.主女性當權，家人易罹腸胃病。 31.爭吵，激氣，官非，破財
●東·乙卯甲	●宅中央	●西·辛酉庚
8.主不利，兒童成績退步。 4.運氣反覆，情緒起伏。 9.家人頭腦靈活，子女讀書聰明。 49.合而化金，與本體木火不協，無益而有損，木火通明，聰明俊秀，女同性戀不正常桃花。	1.經云，一加二五傷及壯丁，主傷病。 6.遠行多阻滯，頭部疾病。 7.是非，官災，容易被金屬所傷。 67.大凶六七交劍煞，合作不和，拆夥，籠裡雞作反，部屬造反，官非，男女不和，手腳受傷，皮膚病，化解使用陰陽水。	3.主血光之災，受人拖累。 8.財帛可得，但容易破耗。 5.是非，官災，容易被金屬所傷。 85.暗滯，胃病，胸疼痛，五黃到位；煞中之煞主災禍連連，阻礙百般，化解安忍水、六帝錢。
●東北·寅艮丑	●北·癸子壬	●西北·亥乾戌
4.兒童多病，成績退步，鼻敏感。 9.家有令人愉快事情發生，如喜事，橫財。 94.不正常桃花，女同性戀合化金。	6.主聰明才智發小財。 2.主家人易罹腸胃病，女性當權掌握財政。 22.二黑是病符，疾病入醫院，女性婦科病，懷孕，男性腸胃病，內臟病。	2.失運神經衰弱、胡思亂想，當運旺財。 7.容易被金屬傷，主官非，爭執，交通意外。 6.驛馬位，有遠行，失運主官非或交通意外。 76.凶交劍煞，合作不和，拆夥，籠裡雞部屬造反，官非，男女不和，手腳受傷，皮膚病，化解使用陰陽水。

說明：令星到向財旺，坎方雙2，戀頭佳美為合，西北方犯伏吟，7遇6失令主煞氣，有水可
　　　解，座山94人丁不旺，西方85，東南方58，煞氣宜避。

38	83	11
9	5	7
29	47	65
8	1	3
74	92	56
4	6	2

陽 宅 運 勢

艮山坤向

[一白運]　　　[下卦]

座東北朝西南

四十五度→二百二十度

●東南・辰巽巳	●南・丙午丁	●西南・未坤申
9.讀書聰明，利文職，家有喜慶事。 3.運氣反覆，時好時壞。 8.兒童多病，成績退步，鼻敏感。 38.不利小童，三歲前會有心漏病、哮喘，甚至跌死、小產、破財、男同性戀。	5.眼部疾病，血光之災。 8.主喜慶，有令人愉快事情發生。 3.主家人頭腦靈活聰明。 83.木剋土，不利幼兒，離婚，無仔生，嫁杏無期，姑婆屋，腰痛，自殺，吊頸，咎輕，受剋而奇偶相敵。	7.主痢疾，提防火災，血光之災。 1.主女性當權，家人易罹腸胃病。 11.桃花，煙花地，出門旅遊，犯賊險，江湖中人，對三碧、四綠有利，因為水生木。
●東・乙卯甲	●宅中央	●西・辛酉庚
8.主不利，兒童成績退步。 2.主官災，是非，足患，腸胃病。 9.家人頭腦靈活，子女讀書聰明。 29.火生土，主女人多，桃花重，桃花屋。	1.經云，一加二五傷及壯丁，主傷病。 4.風濕病，皮膚病。 7.是非，官災，容易被金屬所傷。 47.桃花當時得令七運財色兼收。文章不顯，嘔血而早夭。	3.主血光之災，受人拖累。 6.容易被金屬所傷。 5.是非，官災，容易被金屬所傷。 65.頭痛，口腔多病，五黃到位；煞中之煞，主災禍連連，阻礙百般，化解安忍水、六帝錢。
●東北・寅艮丑	●北・癸子壬	●西北・亥乾戌
4.兒童多病，成績退步，鼻敏感。 7.財帛可得但容易破耗。 74.桃花，出門。	6.主聰明才智發小財。 9.水火既濟，主喜慶順利。 2.主家人易罹腸胃病，女性當權掌握財政。 92.婦科病。	2.失運神經衰弱、胡思亂想，當運旺財。 5.頭部疾病，遠行多阻滯，身體多病。 6.驛馬位，有遠行，失運主官非或交通意外。 56.吉六白金星化五黃。五黃到位；煞中之煞主災禍連連，阻礙百般，化解安忍水、六帝錢。

説明：雙星到向財旺丁薄，7到山失令，主人口不安，西北方犯伏吟，有水可解，惜山星5黃，少用為佳，東南方38，東方29巒頭佳美為合，西方5黃煞氣宜避。

58	13	31
9	5	7
49	67	85
8	1	3
94	22	76
4	6	2

陽 宅 運 勢

寅山申向

座東北東朝西南西

六十度→二百四十度

[一白運]　　　　　　　　　　　　　　　　　　　　[起星]

●東南‧辰巽巳

9.讀書聰明，利文職，家有喜慶事。

5.主皮膚病，瘡毒。

8.兒童多病，成績退步，鼻敏感。

58.吉，五黃到位；煞中之煞主災禍連連，阻礙百般，化解安忍水、六帝錢。

●南‧丙午丁

5.眼部疾病，血光之災。

1.中爻得配水火相交，主喜慶順利。

3.主家人頭腦靈活聰明。

13.爭執，吵鬧，勞氣，官非，盜劫，破財。

●西南‧未坤申

7.主痢疾，提防火災，血光之災。

3.主官災，是非，腸胃病，足病。

1.主女性當權，家人易罹腸胃病。

31.爭吵，激氣，官非，破財。

●東‧乙卯甲

8.主不利，兒童成績退步。

4.運氣反覆，情緒起伏。

9.家人頭腦靈活，子女讀書聰明。

49.合而化金，與本體木火不協，無益而有損，木火通明，聰明俊秀，女同性戀不正常桃花。

●宅中央

1.經云，一加二五傷及壯丁，主傷病。

6.遠行多阻滯，頭部疾病。

7.是非，官災，容易被金屬所傷。

67.大凶六七交劍煞，合作不和，拆夥，籠裡雞作反，部屬造反，官非，男女不和，手腳受傷，皮膚病，化解使用陰陽水。

●西‧辛酉庚

3.主血光之災，受人拖累。

8.財帛可得，但容易破耗。

5.是非，官災，容易被金屬所傷。

85.暗滯，胃病，胸疼痛，五黃到位；煞中之煞主災禍連連，阻礙百般，化解安忍水、六帝錢。

●東北‧寅艮丑

4.兒童多病，成績退步，鼻敏感。

9.家有令人愉快事情發生，如喜事，橫財。

94.不正常桃花，女同性戀合化金。

●北‧癸子壬

6.主聰明才智發少財。

2.主家人易罹腸胃病，女性當權掌握財政。

22.二黑是病符，疾病入醫院，女性婦科病，懷孕，男性腸胃病，內臟病。

●西北‧亥乾戌

2.失運神經衰弱、胡思亂想，當運旺財。

7.容易被金屬傷，主官非，爭執，交通意外。

6.驛馬位，有遠行，失運主官非或交通意外。

76.凶交劍煞，合作不和，拆夥，籠裡雞部屬造反，官非，男女不和，手腳受傷，皮膚病，化解使用陰陽水。

説明：令星到向財旺，北方雙2到方，巒頭佳美為合，西北方犯伏吟，7遇6失令主煞氣，有水可解，座山94人丁不旺，西方85，東南方58煞氣宜避。

38	83	11
9	5	7
29	47	65
8	1	3
74	92	56
4	6	2

陽 宅 運 勢

寅山申向

[一白運]　　　　　　　　　　　　　　　[下卦]

座東北東朝西南西

六十度→二百四十度

●東南·辰巽巳	●南·丙午丁	●西南·未坤申
9.讀書聰明，利文職，家有喜慶事。 3.運氣反覆，時好時壞。 8.兒童多病，成績退步，鼻敏感。 38.不利小童，三歲前會有心漏病、哮喘，甚至跌死、小產、破財、男同性戀。	5.眼部疾病，血光之災。 8.主喜慶，有令人愉快事情發生。 3.主家人頭腦靈活聰明。 83.木剋土，不利幼兒，離婚，無仔生，嫁杏無期，姑婆屋，腰痛，自殺，吊頸，咎輕，受剋而奇偶相敵。	7.主痢疾，提防火災，血光之災。 1.主女性當權，家人易罹腸胃病。 11.桃花，煙花地，出門旅遊，犯賊險，江湖中人，對三碧、四綠有利，因為水生木。
●東·乙卯甲	●宅中央	●西·辛酉庚
8.主不利，兒童成績退步。 2.主官災，是非，足患，腸胃病。 9.家人頭腦靈活，子女讀書聰明。 29.火生土，主女人多，桃花重，桃花屋。	1.經云，一加二五傷及壯丁，主傷病。 4.風濕病，皮膚病。 7.是非，官災，容易被金屬所傷。 47.桃花當時得令七運財色兼收。文章不顯，嘔血而早夭。	3.主血光之災；受人拖累。 6.容易被金屬所傷。 5.是非，官災，容易被金屬所傷。 65.頭痛，口腔多病，五黃到位；煞中之煞主災禍連連，阻礙百般，化解安忍水、六帝錢。
●東北·寅艮丑	●北·癸子壬	●西北·亥乾戌
4.兒童多病，成績退步，鼻敏感。 7.財帛可得但容易破耗。 74.桃花，出門。	6.主聰明才智發小財。 9.水火既濟，主喜慶順利。 2.主家人易罹腸胃病，女性當權掌握財政。 92.婦科病。	2.失運神經衰弱、胡思亂想，當運旺財。 5.頭部疾病，遠行多阻滯，身體多病。 6.驛馬位，有遠行，失運主官非或交通意外。 56.吉六白金星化五黃。五黃到位；煞中之煞主災禍連連，阻礙百般，化解安忍水、六帝錢。

説明：雙星到向財旺丁薄，7到山失令，主人口不安，西北方犯伏吟，有水可解，惜山星5黃，少用為佳，東南方38，東方29巒頭佳美為合，西方5黃煞氣宜避。

87	42	69
9	5	7
78	96	24
8	1	3
33	51	15
4	6	2

陽宅運勢

未山丑向

座西南南朝東北北

二百一十度→三十度

[一白運]　　　　　　　　　　　　　　　　　　[起星]

●東南・辰巽巳	●南・丙午丁	●西南・未坤申
9.讀書聰明，利文職，家有喜慶事。 8.兒童多病，成績退步，鼻敏感。 7.容易被金屬傷，易惹桃花劫。 87.吉，財利。	5.眼部疾病，血光之災。 4.讀書聰明，利文職，有喜慶，失運財帛不聚。 2.家人愚鈍，血光之災。 42.婆媳不和。	7.主痢疾，提防火災，血光之災。 6.胡思亂想，神經衰弱，當運則發財。 9.家人愚鈍，子女成績退步。 69.火燒天門，家生忤逆之兒，生牙瘡，腦病，生痄腮，流牙血，肺疾，衰則血症，盛必火災。
●東・乙卯甲	●宅中央	●西・辛酉庚
8.主不利，兒童成績退步。 7.血光之災，受人拖累破財，宜放風水輪來化解。 78.吉。	1.經云，一加二五傷及壯丁，主傷病。 9.目疾，血光之災，皮膚病。 6.遠行多阻滯，頭部疾病。 96.腦病。	3.主血光之災，受人拖累。 2.肚痛，提防火災，血光之災。 4.容易被金屬所傷，易惹桃花劫。 24.婆媳不和。咎當主母。
●東北・寅艮丑	●北・癸子壬	●西北・亥乾戌
4.兒童多病，成績退步，鼻敏感。 3.經云，三八逢損小口，主不利小童。 33.官非，是非，爭執。	6.主聰明才智發小財。 5.主傷病，提防泌尿疾病，女性提防婦科病。 1.經云，一白官星之應主掌文章讀書聰明。 51.膀胱病，五黃到位；煞中之煞主災禍連連，阻礙百般，化解安忍水、六帝錢。	2.失運神經衰弱、胡思亂想，當運旺財。 1.主聰明，才智，發小財。 5.頭部疾病，遠行多阻滯，身體多病。 15.五是變卦，以中宮的向星代之婦科病耳疾。五黃到位；煞中之煞主災禍連連，阻礙百般，化解安忍水、六帝錢。

説明：山向星失令，座山69主血症，向上雙星主足肝之疾，東南方87，東方78，口舌是非，精神困頓，北方有水，甲方城門合局，方可為用。

65	29	47
9	5	7
56	74	92
8	1	3
11	38	83
4	6	2

陽 宅 運 勢

未山丑向

[一白運]　　　　　　　　　　　　　　　[下卦]

座西南南朝東北北

二百一十度→三十度

●東南・辰巽巳	●南・丙午丁	●西南・未坤申
9.讀書聰明，利文職，家有喜慶事。 6.不利女性，奔波勞碌。 5.主皮膚病，瘡毒。 65.頭痛，口腔多病，五黃到位；煞中之煞主災禍連連，阻礙百般，化解安忍水、六帝錢。	5.眼部疾病，血光之災。 2.家人愚鈍，血光之災。 9.當運主財運與事業順利，失運主血光之災。 29.火生土，主女人多，桃花重，桃花屋。	7.主痢疾，提防火災，血光之災。 4.腸胃病，是非纏繞。 47.桃花當時得令七運財色兼收。文章不顯，嘔血而早夭。
●東・乙卯甲	●宅中央	●西・辛酉庚
8.主不利，兒童成績退步。 5.容易腳傷，因財招禍。 6.主足疾，小人多。 56.吉六白金星化五黃。五黃到位；煞中之煞主災禍連連，阻礙百般，化解安忍水、六帝錢。	1.經云，一加二五傷及壯丁，主傷病。 7.是非，官災，容易被金屬所傷。 4.風濕病，皮膚病。 74.桃花，出門。	3.主血光之災，受人拖累。 9.小心火災，家中女性不和。 2.肚痛，提防火災，血光之災。 92.婦科病。
●東北・寅艮丑	●北・癸子壬	●西北・亥乾戌
4.兒童多病，成績退步，鼻敏感。 1.財運佳，利地產置業。 11.桃花，煙花地，出門旅遊，犯賊險，江湖中人，對三碧、四綠有利，因為水生木。	6.主聰明才智發小財。 3.主脾氣暴躁，家人會搬遷或遠行。 8.主財運佳，利地產置業。 38.不利小童，三歲前會有心漏病、哮喘，甚至跌死、小產、破財、男同性戀。	2.失運神經衰弱、胡思亂想，當運旺財。 8.發小財，利地產或五金行業。 3.經云，足以金而蹒跚，主足傷，家人容易發生。 83.木剋土，不利幼兒，離婚，無仔生，嫁杏無期，姑婆屋，腰痛，自殺，吊頸，咎輕，受剋而奇偶相敵。

說明：財星到向，形巒佳美，大旺錢財，且貪狼星入巽宮，經云：「一四同宮準發科名之顯。」壬甲兩方可用城門訣，必須巒頭配合，東南方65，東方56，主血毒，頭項之疾。

	85 9	31 5	13 7
	94 8	76 1	58 3
	49 4	22 6	67 2

陽 宅 運 勢

坤山艮向

座西南朝東北

二百二十五度→四十五度

[一白運]　　　　　　　　　　　　　　　　　　[起星]

●東南‧辰巽巳	●南‧丙午丁	●西南‧未坤申
9.讀書聰明,利文職,家有喜慶事。	5.眼部疾病,血光之災。	7.主痢疾,提防火災,血光之災。
8.兒童多病,成績退步,鼻敏感。	3.主家人頭腦靈活聰明。	1.主女性當權,家人易罹腸胃病。
5.主皮膚病,瘡毒。	1.中爻得配水火相交,主喜慶順利。	3.主官災,是非,腸胃病,足病。
85.暗滯,胃病,胸疼痛,五黃到位;煞中之煞主災禍連連,阻礙百般,化解安忍水、六帝錢。	31.爭吵,激氣,官非,破財。	13.爭執,吵鬧,勞氣,官非,盜劫,破財。

●東‧乙卯甲	●宅中央	●西‧辛酉庚
8.主不利,兒童成績退步。	1.經云,一加二五傷及壯丁,主傷病。	3.主血光之災,受人拖累。
9.家人頭腦靈活,子女讀書聰明。	7.是非,官災,容易被金屬所傷。	5.是非,官災,容易被金屬所傷。
4.運氣反覆,情緒起伏。	6.遠行多阻滯,頭部疾病。	8.財帛可得,但容易破耗。
94.不正常桃花,女同性戀合化金。	76.凶交劍煞,合作不和,拆夥,籠裡雞部屬造反,官非,男女不和,手腳受傷,皮膚病,化解使用陰陽水。	58.吉,五黃到位;煞中之煞主災禍連連,阻礙百般,化解安忍水、六帝錢。

●東北‧寅艮丑	●北‧癸子壬	●西北‧亥乾戌
4.兒童多病,成績退步,鼻敏感。	6.主聰明才智發小財。	2.失運神經衰弱、胡思亂想,當運旺財。
9.家有令人愉快事情發生,如喜事,橫財。	2.主家人易罹腸胃病,女性當權掌握財政。	6.驛馬位,有遠行,失運主官非或交通意外。
49.合而化金,與本體木火不協,無益而有損,木火通明,聰明俊秀,女同性戀不正常桃花。	22.二黑是病符,疾病入醫院,女性婦科病,懷孕,男性腸胃病,內臟病。	7.容易被金屬傷,主官非,爭執,交通意外。
		67.大凶六七交劍煞,合作不和,拆夥,籠裡雞作反,部屬造反,官非,男女不和,手腳受傷,皮膚病,化解使用陰陽水。

説明:南方有水,合乎零正之局,大旺錢財,西北方伏吟,口舌是非,頭病,喉肺之疾,向上49主風疾,心病目疾,東南方85,東方94防死氣之山水。

83 9	38 5	11 7
92 8	74 1	56 3
47 4	29 6	65 2

陽 宅 運 勢

坤山艮向

[一白運]　　　　　　　　　　　　　　　　　　[下卦]

座西南朝東北

二百二十五度→四十五度

●東南・辰巽巳	●南・丙午丁	●西南・未坤申
9.讀書聰明，利文職，家有喜慶事。	5.眼部疾病，血光之災。	7.主痢疾，提防火災，血光之災。
8.兒童多病，成績退步，鼻敏感。	3.主家人頭腦靈活聰明。	1.主女性當權，家人易罹腸胃病。
3.運氣反覆時好時壞。	8.主喜慶，有令人愉快事情發生。	11.桃花，煙花地，出門旅遊，犯賊險，江湖中人，對三碧、四綠有利，因為水生木。
83.木剋土，不利幼兒，離婚，無仔生，嫁杏無期，姑婆屋，腰痛，自殺，吊頸，咎輕，受剋而奇偶相敵。	38.不利小童，三歲前會有心漏病、哮喘，甚至跌死、小產、破財、男同性戀。	
●東・乙卯甲	**●宅中央**	**●西・辛酉庚**
8.主不利，兒童成績退步。	1.經云，一加二五傷及壯丁，主傷病。	3.主血光之災，受人拖累。
9.家人頭腦靈活，子女讀書聰明。	7.是非，官災，容易被金屬所傷。	5.是非，官災，容易被金屬所傷。
2.主官災，是非，足患，腸胃病。	4.風濕病，皮膚病。	6.容易被金屬所傷。
92.婦科病。	74.桃花，出門。	56.吉六白金星化五黃。五黃到位；煞中之煞主災禍連連，阻礙百般，化解安忍水、六帝錢。
●東北・寅艮丑	**●北・癸子壬**	**●西北・亥乾戌**
4.兒童多病，成績退步，鼻敏感。	6.主聰明才智發小財。	2.失運神經衰弱、胡思亂想，當運旺財。
7.財帛可得但容易破耗。	2.主家人易罹腸胃病，女性當權掌握財政。	6.驛馬位，有遠行，失運主官非或交通意外。
47.桃花當時得令七運財色兼收。文章不顯，嘔血而早夭。	9.水火既濟，主喜慶順利。	5.頭部疾病，遠行多阻滯，身體多病。
	29.火生土，主女人多，桃花重，桃花屋。	65.頭痛，口腔多病，五黃到位；煞中之煞主災禍連連，阻礙百般，化解安忍水、六帝錢。

說明：雙星到座，水神上山，困頓之局，向上47主刀兵之禍，男女淫亂，西北方犯伏吟，主瘡毒，意外受傷，南宮38，東南宮83，防損小口，惟水纏玄武，形巒合局可用。

85 9	31 5	13 7
94 8	76 1	58 3
49 4	22 6	67 2

陽 宅 運 勢

申山寅向

[一白運]　　　　　　　　　　　　　　　　　[起星]

座西南西朝東北東

二百四十度→六十度

●東南，辰巽巳	●南，丙午丁	●西南，未坤申
9.讀書聰明，利文職，家有喜慶事。	5.眼部疾病，血光之災。	7.主痢疾，提防火災，血光之災。
8.兒童多病，成績退步，鼻敏感。	3.主家人頭腦靈活聰明。	1.主女性當權，家人易罹腸胃病。
5.主皮膚病，瘡毒。	1.中爻得配水火相交，主喜慶順利。	3.主官災，是非，腸胃病，足病。
85.暗滯，胃病，胸疼痛，五黃到位；煞中之煞主災禍連連，阻礙百般，化解安忍水、六帝錢。	31.爭吵，激氣，官非，破財。	13.爭執，吵鬧，勞氣，官非，盜劫，破財。

●東，乙卯甲	●宅中央	●西，辛酉庚
8.主不利，兒童成績退步。	1.經云，一加二五傷及壯丁，主傷病。	3.主血光之災，受人拖累。
9.家人頭腦靈活，子女讀書聰明。	7.是非，官災，容易被金屬所傷。	5.是非，官災，容易被金屬所傷。
4.運氣反覆，情緒起伏。	6.遠行多阻滯，頭部疾病。	8.財帛可得，但容易破耗。
94.不正常桃花，女同性戀合化金。	76.凶交劍煞，合作不和，拆夥，籠裡雞部屬造反，官非，男女不和，手腳受傷，皮膚病，化解使用陰陽水。	58.吉，五黃到位；煞中之煞主災禍連連，阻礙百般，化解安忍水、六帝錢。

●東北，寅艮丑	●北，癸子壬	●西北，亥乾戌
4.兒童多病，成績退步，鼻敏感。	6.主聰明才智發小財。	2.失運神經衰弱、胡思亂想，當運旺財。
9.家有令人愉快事情發生，如喜事，橫財。	2.主家人易罹腸胃病，女性當權掌握財政。	6.驛馬位，有遠行，失運主官非或交通意外。
49.合而化金，與本體木火不協，無益而有損，木火通明，聰明俊秀，女同性戀不正常桃花。	22.二黑是病符，疾病入醫院，女性婦科病，懷孕，男性腸胃病，內臟病。	7.容易被金屬所傷，主官非，爭執，交通意外。
		67.大凶六七交劍煞，合作不和，拆夥，籠裡雞作反，部屬造反，官非，男女不和，手腳受傷，皮膚病，化解使用陰陽水。

説明：離方有水，合乎零正之局，大旺錢財，西北方伏吟，口舌是非，頭病，喉肺之疾，向上49主風疾，心病目疾，東南方85，東方94防死氣之山水。

83 9	38 5	11 7
92 8	74 1	56 3
47 4	29 6	65 2

陽 宅 運 勢

申山寅向

[一白運]　　　　　　　　　　　　　　[下卦]

座西南西朝東北東

二百四十度→六十度

●東南，辰巽巳	●南，丙午丁	●西南，未坤申
9.讀書聰明，利文職，家有喜慶事。 8.兒童多病，成績退步，鼻敏感。 3.運氣反覆，時好時壞。 83.木剋土，不利幼兒，離婚，無仔生，嫁杏無期，姑婆屋，腰痛，自殺，吊頸，咎輕，受剋而奇偶相敵。	5.眼部疾病，血光之災。 3.主家人頭腦靈活聰明。 8.主喜慶，有令人愉快事情發生。 38.不利小童，三歲前會有心漏病、哮喘，甚至跌死、小產、破財、男同性戀。	7.主痢疾，提防火災，血光之災。 1.主女性當權，家人易罹腸胃病。 11.桃花，煙花地，出門旅遊，犯賊險，江湖中人，對三碧、四綠有利，因為水生木。
●東，乙卯甲	●宅中央	●西，辛酉庚
8.主不利，兒童成績退步。 9.家人頭腦靈活，子女讀書聰明。 2.主官災，是非，足患，腸胃病。 92.婦科病。	1.經云，一加二五傷及壯丁，主傷病。 7.是非，官災，容易被金屬所傷。 4.風濕病，皮膚病。 74.桃花，出門。	3.主血光之災，受人拖累。 5.是非，官災，容易被金屬所傷。 6.容易被金屬所傷。 56.吉六白金星化五黃。五黃到位；煞中之煞主災禍連連，阻礙百般，化解安忍水、六帝錢。
●東北，寅艮丑	●北，癸子壬	●西北，亥乾戌
4.兒童多病，成績退步，鼻敏感。 7.財帛可得但容易破耗。 47.桃花當時得令七運財色兼收。文章不顯，嘔血而早夭。	6.主聰明才智發小財。 2.主家人易罹腸胃病，女性當權掌握財政。 9.水火既濟，主喜慶順利。 29.火生土，主女人多，桃花重，桃花屋。	2.失運神經衰弱、胡思亂想，當運旺財。 6.驛馬位，有遠行，失運主官非或交通意外。 5.頭部疾病，遠行多阻滯，身體多病。 65.頭痛，口腔多病，五黃到位；煞中之煞主災禍連連，阻礙百般，化解安忍水、六帝錢。

說明：雙星到座，水神上山，困頓之局，向上47主刀兵之禍，男女淫亂，西北方犯伏吟，主瘡毒，意外受傷，南宮38，東南宮83，防損小口。

19 1	65 6	87 8
98 9	21 2	43 4
54 5	76 7	32 3

陽 宅 運 勢

辰山戌向

[二黑運]　　　　　　　　　　　　　　　　[起星]

座東南東朝西北西

一百二十度 → 三百度

●東南·辰巽巳	●南·丙午丁	●西南·未坤申
1.經云，四一同宮準發科名	6.子女容易與自己發生爭執	8.利地產，旺財。
9.讀書聰明，利文職，家有 喜慶事	，提防呼吸系統疾病。 5.眼部疾病，血光之災。	7.主痢疾，提防火災，血光之 災。
19.水火不容，性病，皮膚病 ，小產。	65.頭痛，口腔多病，五黃到 位；煞中之煞主災禍連連 ，阻礙百般，化解安忍水 、六帝錢。	87.吉，財利。
●東·乙卯甲	●宅中央	●西·辛酉庚
9.家人頭腦靈活，子女讀書 聰明。	2.血光之災，慢性病。	4.容易被金屬所傷，易惹桃花 劫。
8.主不利，兒童成績退步。	1.經云，一加二五傷及壯丁 ，主傷病。	3.主血光之災，受人拖累
98.吐血。	21.女性婦科病，腸胃病。	43.少女發瘋，男星飛臨是男 姦女之象。
●東北·寅艮丑	●北·癸子壬	●西北·亥乾戌
5.主腸胃病，運氣蹇滯。	7.家人好動，桃花運。	3.經云，足以金而蹣跚，主足
4.兒童多病，成績退步，鼻 敏感。	6.主聰明才智發小財。	傷，家人容易發生。
54.五黃最忌三碧四綠木剋土 ，博弈好飲，破財田園廢 盡，大凶五黃到位；煞中 之煞主災禍連連，阻礙百 般，化解安忍水、六帝錢 。	76.凶交劍煞，合作不和，拆 夥，籠裡雞部屬造反，官 非，男女不和，手腳受傷 ，皮膚病，化解使用陰陽 水。	2.失運神經衰弱，胡思亂想， 當運旺財。 32.鬥牛煞，爭吵，激氣，官 非，破財。

説明:向上有水為旺水，形巒合局主發財，經曰：「一貴當權，諸凶懾服。」丁星入囚，19
　　到座主人口不安，巒頭凶者其應速。南宮65，東北宮54主癌毒、頭疾、手足之病，東宮
　　98主神經病，心目之疾。

[二黑運]

92 1	57 6	79 8
81 9	13 2	35 4
46 5	68 7	24 3

陽 宅 運 勢

辰山戌向

座東南東朝西北西

一百二十度→三百度

[下卦]

●東南・辰巽巳	●南・丙午丁	●西南・未坤申
1.經云：四一同宮準發科名。	6.子女容易與自己發生爭執，提防呼吸疾病。	8.利地產，旺財。
9.讀書聰明，利文職，家有喜慶事。	5.眼部疾病，血光之災。	7.主痢疾，提防火災，血光之災。
2.主是非，健康差，呼吸系統疾病。	7.小心火災，家中女性不和。	9.家人愚鈍，子女成績退步。
92.婦科病。	57.吉七赤金星化五黃，土生金生旺七運吉星五黃到位；煞中之煞主災禍連連，阻礙百般，化解安忍水、六帝錢。	79.回祿之災，心臟病。
●東・乙卯甲	●宅中央	●西・辛酉庚
9.家人頭腦靈活，子女讀書聰明。	2.血光之災，慢性病。	4.容易被金屬所傷，易惹桃花劫。
8.主不利，兒童成績退步。	1.經云，一加二五傷及壯丁，主傷病。	3.主血光之災，受人拖累。
1.主家人搬遷或有遠行，脾氣較為暴躁。	3.因財致禍，腳傷。	5.是非，官災，容易被金屬所傷。
81.土剋水，膀胱疾，耳病。	13.爭執，吵鬧，勞氣，官非，盜劫，破財。	35.多主不吉，木剋土貧窮，傷足，生疾。五黃到位；煞中之煞主災禍連連，阻礙百般，化解安忍水、六帝錢。
●東北・寅艮丑	●北・癸子壬	●西北・亥乾戌
5.主腸胃病，運氣蹇滯。	7.家人好動，桃花運。	3.經云，足以金而蹣跚，主足傷，家人容易發生。
4.兒童多病，成績退步，鼻敏感。	6.主聰明才智發小財。	2.失運神經衰弱，胡思亂想，當運旺財。
6.發小財，利地產或五金行業。	8.主財運佳，利地產置業。	4.不利女性，驛馬位，有遠行或搬遷。
46.煩惱事先合後散。肝病，輕或痼疾，重且夭折。	68.吉，進財，利田宅，武庫，亦主財帛，利武庫及異路功名。	24.婆媳不和。咎當主母。

說明：令星到座，水神上山，困頓之局，經曰：「苟無生氣入門，糧艱一宿。」向首24，主脾胃、腹部之疾，座山92主心目之疾、慢性疾病，西南宮79主吐血，心肺之疾，刀兵意外之災，庚方可用城門訣，必須水城合局，方為佳美。

23	67	45
1	6	8
34	12	89
9	2	4
78	56	91
5	7	3

[二黑運]

陽 宅 運 勢

巽山乾向
座東南朝西北
一百三十五度→三百一十五度

[起星]

●東南·辰巽巳
1. 經云，四一同宮準發科名。
2. 主是非、健康差，呼吸系統疾病。
3. 運氣反覆，時好時壞。
23. 鬥牛煞，官非，是非，口舌，不和，博弈好飲，田園廢盡。

●南·丙午丁
6. 子女容易與自己發生爭執，提防呼吸系統疾病。
7. 小心火災，家中女性不和。
67. 大凶六七交劍煞，合作不和，拆夥，籠裡雞作反，部屬造反，官非，男女不和，手腳受傷，皮膚病，化解使用陰陽水。

●西南·未坤申
8. 利地產，旺財。
4. 腸胃病，是非，纏繞。
5. 主急性病，血光之災。
45. 遊蕩廢業，手足傷，病重重五黃到位；煞中之煞主災禍連連，阻礙百般，化解安忍水、六帝錢。

●東·乙卯甲
9. 家人頭腦靈活，子女讀書聰明。
3. 經云，蚩尤碧色好勇鬥狠之神，三碧為蚩尤星主官災是非爭執。
4. 運氣反覆，情緒起伏。
34. 三是男，四是女，女來就男移船就磡貼，大床利男性的桃花。

●宅中央
2. 血光之災，慢性病。
1. 經云，一加二五傷及壯丁，主傷病。
12. 男性腸胃病，內臟有疾，女性有腸胃病，婦科病。

●西·辛酉庚
4. 容易被金屬所傷，易惹桃花劫。
8. 財帛可得，但容易破耗。
9. 小心火災，家中女性不和。
89. 火生土，吉，旺丁，旺財，輔弼相輝，田園富盛，而子孫繁衍也。

●東北·寅艮丑
5. 主腸胃病，運氣蹇滯。
7. 財帛可得但容易破耗。
8. 當運發財，利地產，失運破財。
78. 吉。

●北·癸子壬
7. 家人好動，桃花運。
5. 主傷病，提防泌尿疾病，女性提防婦科病。
6. 主聰明才智發小財。
56. 吉六白金星化五黃。五黃到位；煞中之煞主災禍連連，阻礙百般，化解安忍水、六帝錢。

●西北·亥乾戌
3. 經云，足以金而蹣跚，主足傷，家人容易發生。
9. 子女容易與自己爭執，提防呼吸系統疾病。
1. 主聰明，才智，發小財。
91. 桃花，讀書人，性病。

說明：財星入囚困頓之局，經曰：「苟無生氣入門，糧艱一宿。」惟山星旺氣到山，丁星健朗主旺丁，東北宮78主神經病、血光、口肺之疾，西宮89主心目手鼻之疾，東南宮23主腹疾、產厄、邪病、肝病、足患、官非、暴戾、刑妻之事。

24	68	46
1	6	8
35	13	81
9	2	4
79	57	92
5	7	3

陽宅運勢

巽山乾向

[二黑運]　　　　　　　　　　　　　　　　　　[下卦]

座東南朝西北

一百三十五度→三百一十五度

●東南·辰巽巳	●南·丙午丁	●西南·未坤申
1.經云，四一同宮準發科名。	6.子女容易與自己發生爭執，提防呼吸系統疾病。	8.利地產，旺財。
2.主是非，健康差，呼吸系統疾病。	8.主喜慶，有令人愉快事情發生。	4.腸胃病，是非，纏繞。
4.經云，蓋四綠為文昌之神主聰明。	68.吉，進財，利田宅，武庫，亦主財帛，利武庫及異路功名。	6.胡思亂想，神經衰弱，當運則發財。
24.婆媳不和。咎當主母。		46.煩惱事先合後散。肝病，輕或痼疾，重且夭折。
●東·乙卯甲	**●宅中央**	**●西·辛酉庚**
9.家人頭腦靈活，子女讀書聰明。	2.血光之災，慢性病。	4.容易被金屬所傷，易惹桃花劫。
3.經云，蚩尤碧色好勇鬥狠之神，三碧為蚩尤星主官災是非爭執。	1.經云，一加二五傷及壯丁，主傷病。	8.財帛可得，但容易破耗。
5.容易腳傷，因財招禍	3.因財致禍，腳傷。	1.家人好動，多異性緣，一白當運為桃花運，失運破財。
35.多主不吉，木剋土貧窮，傷足，生疾，五黃到位；煞中之煞主災禍連連，阻礙百般，化解安忍水、六帝錢。	13.爭執，吵鬧，勞氣，官非，盜劫，破財。	81.土剋水，膀胱疾，耳病。
●東北·寅艮丑	**●北·癸子壬**	**●西北·亥乾戌**
5.主腸胃病，運氣蹇滯。	7.家人好動，桃花運。	3.經云，足以金而蹣跚，主足傷，家人容易發生。
7.財帛可得但容易破耗。	5.主傷病，提防泌尿疾病，女性提防婦科病。	9.子女容易與自己爭執，提防呼吸系統疾病。
9.家有令人愉快事情發生，如喜事，橫財。	57.吉七赤金星化五黃，土生金生旺七運吉星五黃到位；煞中之煞主災禍連連，阻礙百般，化解安忍水、六帝錢。	2.失運神經衰弱胡思亂想，當運旺財。
79.回祿之災，心臟病。		92.婦科病。

説明：旺山旺向，令星合局，形巒合局，主大旺財丁，經曰：「一貴當權，諸凶懾服。」東北宮79慎防回祿之應，北宮57主瘡毒、喉疾。3入中次運入囚，運退其速，此局地運較短。

23	67	45
1	6	8
34	12	89
9	2	4
78	56	91
5	7	3

陽 宅 運 勢

巳山亥向

[二黑運]　　　　　　　　　　　　　　　　　　　　　[起星]

座東南南朝西北北

一百五十度→三百三十度

●東南‧辰巽巳	●南‧丙午丁	●西南‧未坤申
1.經云，四一同宮準發科名。	6.子女容易與自己發生爭執，提防呼吸系統疾病。	8.利地產，旺財。
2.主是非，健康差，呼吸系統疾病。	7.小心火災，家中女性不和。	4.腸胃病，是非，纏繞。
3.運氣反覆，時好時壞。	67.大凶六七交劍煞，合作不和，拆夥，籠裡雞作反，部屬造反，官非，男女不和，手腳受傷，皮膚病，化解使用陰陽水。	5.主急性病，血光之災。
23.鬥牛煞，官非，是非，口舌，不和，博弈好飲，田園廢盡。		45.遊蕩廢業，手足傷，病重重五黃到位；煞中之煞主災禍連連，阻礙百般，化解安忍水、六帝錢。

●東‧乙卯甲	●宅中央	●西‧辛酉庚
9.家人頭腦靈活，子女讀書聰明。	2.血光之災，慢性病。	4.容易被金屬所傷，易惹桃花劫
3.經云，蚩尤碧色好勇鬥狠之神，三碧為蚩尤星主官災是非爭執。	1.經云，一加二五傷及壯丁，主傷病。	8.財帛可得，但容易破耗
4.運氣反覆，情緒起伏。	12.男性腸胃病，內臟有疾，女性有腸胃病，婦科病。	9.小心火災，家中女性不和
34.三是男，四是女，女來就男移船就磡貼，大床利男性的桃花。		89.火生土，吉，旺丁，旺財，輔弼相輝，田園富盛，而子孫繁衍也。

●東北‧寅艮丑	●北‧癸子壬	●西北‧亥乾戌
5.主腸胃病，運氣塞滯。	7.家人好動，桃花運。	3.經云，足以金而蹣跚，主足傷，家人容易發生。
7.財帛可得但容易破耗。	5.主傷病，提防泌尿疾病，女性提防婦科病。	9.子女容易與自己爭執，提防呼吸系統疾病。
8.當運發財，利地產，失運破財。	6.主聰明才智發小財。	1.主聰明，才智，發小財。
78.吉。	56.吉六白金星化五黃。五黃到位；煞中之煞主災禍連連，阻礙百般，化解安忍水、六帝錢。	91.桃花，讀書人，性病。

說明:財星入囚困頓之局，經曰：「苟無生氣入門，糧艱一宿。」惟山星旺氣到山，丁星健朗主旺丁，東北宮78主神經病、血光、口舌、喉疾，西宮89主心目之疾損手鼻病，東南宮23主腹疾、產厄、邪病、肝病、足患、官非、暴戾、刑妻之事。

24 1	68 6	46 8
35 9	13 2	81 4
79 5	57 7	92 3

陽 宅 運 勢

巳山亥向

[二黑運]　　　　　　　　　　　　　　　　　　　[下卦]

座東南南朝西北北

一百五十度→三百三十度

●東南・辰巽巳	●南・丙午丁	●西南・未坤申
1.經云，四一同宮準發科名。	6.子女容易與自己發生爭執，提防呼吸系統疾病。	8.利地產，旺財。
2.主是非，健康差，呼吸系統疾病。	8.主喜慶，有令人愉快事情發生。	4.腸胃病，是非，纏繞。
4.經云，蓋四綠為文昌之神主聰明。	68.吉，進財，利田宅，武庫，亦主財帛，利武庫及異路功名。	6.胡思亂想，神經衰弱，當運則發財。
24.婆媳不和。咎當主母。		46.煩惱事先合後散。肝病，輕或痼疾，重且夭折。

●東・乙卯甲	●宅中央	●西・辛酉庚
9.家人頭腦靈活，子女讀書聰明。	2.血光之災，慢性病。	4.容易被金屬所傷，易惹桃花劫。
3.經云，蚩尤碧色好勇鬥狠之神，三碧為蚩尤星主官災是非爭執。	1.經云，一加二五傷及壯丁，主傷病。	8.財帛可得，但容易破耗。
5.容易腳傷，因財招禍。	3.因財致禍，腳傷。	1.家人好動，多異性緣，一白當運為桃花運，失運破財。
35.多主不吉，木剋土貧窮，傷足，生疾，五黃到位；煞中之煞主災禍連連，阻礙百般，化解安忍水、六帝錢。	13.爭執，吵鬧，勞氣，官非，盜劫，破財。	81.土剋水，膀胱疾，耳病。

●東北・寅艮丑	●北・癸子壬	●西北・亥乾戌
5.主腸胃病，運氣蹇滯。	7.家人好動，桃花運。	3.經云，足以金而蹣跚，主足傷，家人容易發生。
7.財帛可得但容易破耗。	5.主傷病，提防泌尿疾病，女性提防婦科病。	9.子女容易與自己爭執，提防呼吸系統疾病。
9.家有令人愉快事情發生，如喜事，橫財。	57.吉七赤金星化五黃，土生金生旺七運吉星五黃到位；煞中之煞主災禍連連，阻礙百般，化解安忍水、六帝錢。	2.失運神經衰弱，胡思亂想，當運旺財。
79.回祿之災，心臟病。		92.婦科病。

説明：旺山旺向，令星得位，形巒合局，主大旺財丁，經曰：「會有旺星到穴，富積千鐘。」向星3入中次運入囚，其運退速，此局地運較短。南宮68主頭痛、筋骨、病肺、病損手神經病，東北宮79主肺病、癌毒、官非、口舌、火災。

87 1	42 6	69 8
78 9	96 2	24 4
33 5	51 7	15 3

陽 宅 運 勢

[二黑運]

壬山丙向

[起星]

座北西北朝南東南

三百四十五度→一百六十五度

●東南·辰巽巳	●南·丙午丁	●西南·未坤申
1.經云，四一同宮準發科名。	6.子女容易與自己發生爭執，提防呼吸系統疾病。	8.利地產，旺財。
8.兒童多病，成績退步，鼻敏感。	4.讀書聰明，利文職，有喜慶，失運則財帛不聚。	6.胡思亂想，神經衰弱，當運則發財。
7.容易被金屬所傷，易惹桃花劫。	2.家人愚鈍，血光之災。	9.家人愚鈍，子女成績退步。
87.吉，財利。	42.婆媳不和。	69.火燒天門，家生忤逆之兒，生牙瘡，腦病，生疳瘰，流牙血，肺疾，衰則血症，盛必火災。
●東·乙卯甲	●宅中央	●西·辛酉庚
9.家人頭腦靈活，子女讀書聰明。	2.血光之災，慢性病。	4.容易被金屬所傷，易惹桃花劫。
7.血光之災，受人拖累破財，宜放風水輪來化解。	9.目疾，血光之災，皮膚病。	2.肚痛，提防火災，血光之災。
8.主不利，兒童成績退步。	6.遠行多阻滯，頭部疾病。	24.婆媳不和。咎當主母。
78.吉。	96.腦病。	
●東北·寅艮丑	●北·癸子壬	●西北·亥乾戌
5.主腸胃病，運氣蹇滯。	7.家人好動，桃花運。	3.經云，足以金而蹣跚，主足傷，家人容易發生。
3.經云，三八逢損小口，主不利小童。	5.主傷病，提防泌尿疾病，女性提防婦科病。	1.主聰明，才智，發小財。
33.官非，是非，爭執。	1.經云，一白官星之應主掌文章讀書聰明。	5.頭部疾病，遠行多阻滯，身體多病。
	51.膀胱病，五黃到位；煞中之煞主災禍連連，阻礙百般，化解安忍水、六帝錢。	15.五是變卦以中宮的向星代之婦科病耳疾。五黃到位；煞中之煞主災禍連連，阻礙百般，化解安忍水、六帝錢。

説明:令星到向必須形巒合局，始可論發。座山51，土剋水，失令主難產，耳疾。西北宮15
損丁、橫禍、水厄。西南宮69主忤逆之事。經云：火照天門，必當吐血。

67 1	22 6	49 8
58 9	76 2	94 4
13 5	31 7	85 3

陽 宅 運 勢

壬山丙向

[二黑運]　　　　　　　　　　　　　　　[下卦]

座北西北朝南東南

三百四十五度→一百六十五度

●東南·辰巽巳	●南·丙午丁	●西南·未坤申
1.經云，四一同宮準發科名。	6.子女容易與自己發生爭執，提防呼吸系統疾病。	8.利地產，旺財。
6.不利女性、奔波勞碌。	2.家人愚鈍、血光之災。	4.腸胃病，是非纏繞。
7.容易被金屬所傷，易惹桃花劫。	22.二黑是病符，疾病入醫院，女性婦科病，懷孕，男性腸胃病，內臟病。	9.家人愚鈍，子女成績退步。
67.大凶六七交劍煞，合作不和，拆夥，籠裡雞作反，部屬造反，官非，男女不和，手腳受傷，皮膚病，化解使用陰陽水。		49.合而化金，與本體木火不協，無益而有損，木火通明，聰明俊秀，女同性戀不正常桃花。
●東·乙卯甲	**●宅中央**	**●西·辛酉庚**
9.家人頭腦靈活，子女讀書聰明。	2.血光之災，慢性病。	4.容易被金屬所傷，易惹桃花劫。
5.容易腳傷，因財招禍。	7.是非，官災，容易被金屬所傷。	9.小心火災，家中女性不和。
8.主不利，兒童成績退步。	6.遠行多阻滯，頭部疾病。	94.不正常桃花，女同性戀合化金。
58.吉，五黃到位；煞中之煞主災禍連連，阻礙百般，化解安忍水、六帝錢。	76.凶交劍煞，合作不和，拆夥，籠裡雞部屬造反，官非，男女不和，手腳受傷，皮膚病，化解使用陰陽水。	
●東北·寅艮丑	**●北·癸子壬**	**●西北·亥乾戌**
5.主腸胃病，運氣蹇滯。	7.家人好動，桃花運。	3.經云，足以金而蹣跚，主足傷，家人容易發生。
1.財運佳，利地產置業。	3.主脾氣暴燥，家人會搬遷或遠行。	8.發小財、利地產或五金行業。
3.經云，三八逢損小口，主不利小童。	1.經云，一白官星之應主掌文章讀書聰明。	5.頭部疾病，遠行多阻滯，身體多病。
13.爭執、吵鬧、勞氣、官非、盜劫、破財。	31.爭吵、激氣、官非、破財。	85.暗滯，胃病，胸疼痛，五黃到位；煞中之煞主災禍連連，阻礙百般，化解安忍水、六帝錢。

說明:合打劫運，形氣兩全者，當元大發，惟丁星下水，必需向上有奇峰，始可論貴，東北方有水，形巒合局，次運續發，西宮有水，失元主桃色之事，東宮58，西北宮85主瘡毒意外受傷。

[二黑運]

85	31	13
1	6	8
94	76	58
9	2	4
49	22	67
5	7	3

陽 宅 運 勢

子山午向
座北朝南
零度→一百八十度

[起星]

●東南，辰巽巳
1.經云，四一同宮準發科名。
8.兒童多病，成績退步，鼻敏感。
5.主皮膚病，瘡毒。
85.暗滯，胃病，胸疼痛，五黃到位；煞中之煞主災禍連連，阻礙百般，化解安忍水、六帝錢。

●南，丙午丁
6.子女容易與自己發生爭執，提防呼吸系統疾病。
3.主家人頭腦靈活聰明。
1.中爻得配水火相交，主喜慶順利。
31.爭吵，激氣，官非，破財。

●西南，未坤申
8.利地產，旺財。
1.主女性當權，家人易罹腸胃病。
3.主官災，是非，腸胃病，足病。
13.爭執，吵鬧，勞氣，官非，盜劫，破財。

●東，乙卯甲
9.家人頭腦靈活，子女讀書聰明。
4.運氣反覆，情緒起伏。
94.不正常桃花，女同性戀合化金。

●宅中央
2.血光之災，慢性病。
7.是非，官災，容易被金屬所傷。
6.遠行多阻滯，頭部疾病。
76.凶交劍煞，合作不和，拆夥，籠裡雞部屬造反，官非，男女不和，手腳受傷，皮膚病，化解使用陰陽水。

●西，辛酉庚
4.容易被金屬所傷，易惹桃花劫。
5.是非，官災，容易被金屬所傷。
8.財帛可得，但容易破耗。
58.吉，五黃到位；煞中之煞主災禍連連，阻礙百般，化解安忍水、六帝錢。

●東北，寅艮丑
5.主腸胃病，運氣蹇滯。
4.兒童多病，成績退步，鼻敏感。
9.家有令人愉快事情發生，如喜事，橫財。
49.合而化金，與本體木火不協，無益而有損，木火通明，聰明俊秀，女同性戀不正常桃花。

●北，癸子壬
7.家人好動，桃花運。
2.主家人易罹腸胃病，女性當權掌握財政。
22.二黑是病符，疾病入醫院，女性婦科病，懷孕，男性腸胃病，內臟病。

●西北，亥乾戌
3.經云，足以金而蹣跚，主足傷，家人容易發生。
6.驛馬位，有遠行，失運主官非或交通意外。
7.容易被金屬所傷，主官非，爭執，交通意外。
67.大凶六七交劍煞，合作不和，拆夥，籠裡雞作反，部屬造反，官非，男女不和，手腳受傷，皮膚病，化解使用陰陽水。

説明：雙星到座，水神上山困頓，經云：「苟無生氣入門，糧艱一宿。」東南方可用城門訣，必須水城合局，向首31山水凶者，主足肝之病、車禍，西南首13主耳病、難產、損丁之事。

85	31	13
1	6	8
94	76	58
9	2	4
49	22	67
5	7	3

陽 宅 運 勢

子山午向
座北朝南
零度→一百八十度

[二黑運] [下卦]

●東南，辰巽巳	●南，丙午丁	●西南，未坤申
1.經云，四一同宮準發科名。	6.子女容易與自己發生爭執，提防呼吸系統疾病。	8.利地產，旺財。
8.兒童多病，成績退步，鼻敏感。	3.主家人頭腦靈活聰明。	1.主女性當權，家人易罹腸胃病。
5.主皮膚病，瘡毒。	1.中爻得配水火相交，主喜慶順利。	3.主官災，是非，腸胃病，足病。
85.暗滯，胃病，胸疼痛，五黃到位；煞中之煞主災禍連連，阻礙百般，化解安忍水、六帝錢。	31.爭吵，激氣，官非，破財。	13.爭執，吵鬧，勞氣，官非，盜劫，破財。
●東，乙卯甲	●宅中央	●西，辛酉庚
9.家人頭腦靈活，子女讀書聰明。	2.血光之災，慢性病。	4.容易被金屬所傷，易惹桃花劫。
4.運氣反覆，情緒起伏。	7.是非，官災，容易被金屬所傷。	5.是非，官災，容易被金屬所傷。
94.不正常桃花，女同性戀合化金。	6.遠行多阻滯，頭部疾病。	8.財帛可得，但容易破耗。
	76.凶交劍煞，合作不和，拆夥，籠裡雞部屬造反，官非，男女不和，手腳受傷，皮膚病，化解使用陰陽水。	58.吉，五黃到位；煞中之煞主災禍連連，阻礙百般，化解安忍水、六帝錢。
●東北，寅艮丑	●北，癸子壬	●西北，亥乾戌
5.主腸胃病，運氣蹇滯。	7.家人好動，桃花運。	3.經云，足以金而蹣跚，主足傷，家人容易發生。
4.兒童多病，成績退步，鼻敏感。	2.主家人易罹腸胃病，女性當權掌握財政。	6.驛馬位，有遠行，失運主官非或交通意外。
9.家有令人愉快事情發生，如喜事，橫財。	22.二黑是病符，疾病入醫院，女性婦科病，懷孕，男性腸胃病，內臟病。	7.容易被金屬所傷，主官非，爭執，交通意外。
49.合而化金，與本體木火不協，無益而有損，木火通明，聰明俊秀，女同性戀不正常桃花。		67.大凶六七交劍煞，合作不和，拆夥，籠裡雞作反，部屬造反，官非，男女不和，手腳受傷，皮膚病，化解使用陰陽水。

説明：雙星到座，水神上山困頓，經云：「苟無生氣入門，糧艱一宿。」東南方可用城門訣，必須水城合局向首31山水凶者主足肝之病、車禍，西南首13主耳病、難產、損丁之事。

85 1	31 6	13 8
94 9	76 2	58 4
49 5	22 7	67 3

陽 宅 運 勢

癸山丁向

[二黑運]　　　　　　　　　　　　　　　　　　[起星]

座北東北朝南西南

十五度→一百九十五度

●東南，辰巽巳

1.經云，四一同宮準發科名。

8.兒童多病，成績退步，鼻敏感。

5.主皮膚病，瘡毒。

85.暗滯，胃病，胸疼痛，五黃到位；煞中之煞主災禍連連，阻礙百般，化解安忍水、六帝錢。

●南，丙午丁

6.子女容易與自己發生爭執，提防呼吸系統疾病。

3.主家人頭腦靈活聰明。

1.中爻得配水火相交，主喜慶順利。

31.爭吵，激氣，官非，破財。

●西南，未坤申

8.利地產，旺財。

1.主女性當權，家人易罹腸胃病。

3.主官災，是非，腸胃病，足病。

13.爭執，吵鬧，勞氣，官非，盜劫，破財。

●東，乙卯甲

9.家人頭腦靈活，子女讀書聰明。

4.運氣反覆，情緒起伏。

94.不正常桃花，女同性戀合化金。

●宅中央

2.血光之災，慢性病。

7.是非，官災，容易被金屬所傷。

6.遠行多阻滯，頭部疾病。

76.凶交劍煞，合作不和，拆夥，籠裡雞部屬造反，官非，男女不和，手腳受傷，皮膚病，化解使用陰陽水。

●西，辛酉庚

4.容易被金屬所傷，易惹桃花劫。

5.是非，官災，容易被金屬所傷。

8.財帛可得，但容易破耗。

58.吉，五黃到位；煞中之煞主災禍連連，阻礙百般，化解安忍水、六帝錢。

●東北，寅艮丑

5.主腸胃病，運氣蹇滯。

4.兒童多病，成績退步，鼻敏感。

9.家有令人愉快事情發生，如喜事，橫財。

49.合而化金，與本體木火不協，無益而有損，木火通明，聰明俊秀，女同性戀不正常桃花。

●北，癸子壬

7.家人好動，桃花運。

2.主家人易罹腸胃病，女性當權掌握財政。

22.二黑是病符，疾病入醫院，女性婦科病，懷孕，男性腸胃病，內臟病。

●西北，亥乾戌

3.經云，足以金而蹣跚，主足傷，家人容易發生。

6.驛馬位，有遠行，失運主官非或交通意外。

7.容易被金屬所傷，主官非，爭執，交通意外。

67.大凶六七交劍煞，合作不和，拆夥，籠裡雞作反，部屬造反，官非，男女不和，手腳受傷，皮膚病，化解使用陰陽水。

說明:雙星到座，水神上山，困頓之局。經云：「苟無生氣入門，糧艱一宿。」東南方可用城門訣，必須水城合局方可，向首31，山水凶者主足肝之病，車禍，西南首13主耳病，難產，損丁之事。

[二黑運]

85 1	31 6	13 8
94 9	76 2	58 4
49 5	22 7	67 3

陽 宅 運 勢

癸山丁向

座北東北朝南西南

十五度→一百九十五度

[下卦]

●東南，辰巽巳
1. 經云，四一同宮準發科名。
8. 兒童多病，成績退步，鼻敏感。
5. 主皮膚病，瘡毒。
85. 暗滯，胃病，胸疼痛，五黃到位；煞中之煞主災禍連連，阻礙百般，化解安忍水、六帝錢。

●南，丙午丁
6. 子女容易與自己發生爭執，提防呼吸系統疾病。
3. 主家人頭腦靈活聰明。
1. 中爻得配水火相交，主喜慶順利。
31. 爭吵，激氣，官非，破財。

●西南，未坤申
8. 利地產，旺財。
1. 主女性當權，家人易罹腸胃病。
3. 主官災，是非，腸胃病，足病。
13. 爭執，吵鬧，勞氣，官非，盜劫，破財。

●東，乙卯甲
9. 家人頭腦靈活，子女讀書聰明。
4. 運氣反覆，情緒起伏。
94. 不正常桃花，女同性戀合化金。

●宅中央
2. 血光之災，慢性病。
7. 是非，官災，容易被金屬所傷。
6. 遠行多阻滯，頭部疾病。
76. 凶交劍煞，合作不和，拆夥，籠裡雞部屬造反，官非，男女不和，手腳受傷，皮膚病，化解使用陰陽水。

●西，辛酉庚
4. 容易被金屬所傷，易惹桃花劫。
5. 是非官災，容易被金屬所傷。
8. 財帛可得，但容易破耗。
58. 吉，五黃到位；煞中之煞主災禍連連，阻礙百般，化解安忍水、六帝錢。

●東北，寅艮丑
5. 主腸胃病，運氣蹇滯。
4. 兒童多病，成績退步，鼻敏感。
9. 家有令人愉快事情發生，如喜事，橫財。
49. 合而化金，與本體木火不協，無益而有損，木火通明，聰明俊秀，女同性戀不正常桃花。

●北，癸子壬
7. 家人好動，桃花運。
2. 主家人易罹腸胃病，女性當權掌握財政。
22. 二黑是病符，疾病入醫院，女性婦科病，懷孕，男性腸胃病，內臟病。

●西北，亥乾戌
3. 經云，足以金而蹣跚，主足傷，家人容易發生。
6. 驛馬位，有遠行，失運主官非或交通意外。
7. 容易被金屬所傷，主官非，爭執，交通意外。
67. 大凶六七交劍煞，合作不和，拆夥，籠裡雞作反，部屬造反，官非，男女不和，手腳受傷，皮膚病，化解使用陰陽水。

説明：雙星到座，水神上山，困頓之局，經云：「苟無生氣入門，糧艱一宿。」東南方可用城門訣，必須水城合局方可，向首31，山水凶者主足肝之病，車禍，西南首13主耳病，難產，損丁之事。

67 1	22 6	49 8
58 9	76 2	94 4
13 5	31 7	85 3

陽 宅 運 勢

甲山庚向

[二黑運] [起星]

座東東北朝西西南

七十五度→二百五十五度

●東南，辰巽巳	●南，丙午丁	●西南，未坤申
1.經云，四一同宮準發科名。	6.子女容易與自己發生爭執，提防呼吸系統疾病。	8.利地產，旺財。
6.不利女性，奔波勞碌。	2.家人愚鈍，血光之災。	4.腸胃病，是非，纏繞。
7.容易被金屬所傷，易惹桃花劫。	22.二黑是病符，疾病入醫院，女性婦科病，懷孕，男性腸胃病，內臟病。	9.家人愚鈍，子女成績退步。
67.大凶六七交劍煞，合作不和，拆夥，籠裡雞作反，部屬造反，官非，男女不和，手腳受傷，皮膚病，化解使用陰陽水。		49.合而化金，與本體木火不協，無益而有損，木火通明，聰明俊秀，女同性戀不正常桃花。

●東，乙卯甲	●宅中央	●西，辛酉庚
9.家人頭腦靈活，子女讀書聰明。	2.血光之災，慢性病。	4.容易被金屬所傷，易惹桃花劫。
5.容易腳傷，因財招禍。	7.是非，官災，容易被金屬所傷。	9.小心火災，家中女性不和。
8.主不利，兒童成績退步。	6.遠行多阻滯，頭部疾病。	94.不正常桃花，女同性戀合化金。
58.吉，五黃到位；煞中之煞主災禍連連，阻礙百般，化解安忍水、六帝錢。	76.凶交劍煞，合作不和，拆夥，籠裡雞部屬造反，官非，男女不和，手腳受傷，皮膚病，化解使用陰陽水。	

●東北，寅艮丑	●北，癸子壬	●西北，亥乾戌
5.主腸胃病，運氣蹇滯。	7.家人好動，桃花運。	3.經云，足以金而蹣跚，主足傷，家人容易發生。
1.財運佳，利地產置業。	3.主脾氣暴躁，家人會搬遷或遠行。	8.發小財，利地產或五金行業。
3.經云，三八逢損小口，主不利小童。	1.經云，一白官星之應主掌文章讀書聰明。	5.頭部疾病，遠行多阻滯，身體多病。
13.爭執，吵鬧，勞氣，官非，盜劫，破財。	31.爭吵，激氣，官非，破財。	85.暗滯，胃病，胸疼痛，五黃到位；煞中之煞主災禍連連，阻礙百般，化解安忍水、六帝錢。

說明:离方有水為旺水，形巒合局者主發財帛，南方秀山峰，主發貴之顯，未方可用城門訣，惟必須形巒合局，經曰：「城門一訣最為良。」向首94主心膽之疾，血症意外之事，東南宮67，山水凶者主頭痛，官災之應。

85	49	67
1	6	8
76	94	22
9	2	4
31	58	13
5	7	3

陽 宅 運 勢

甲山庚向

[二黑運]　　　　　　　　　　　　　　　　[下卦]

座東東北朝西西南

七十五度→二百五十五度

●東南，辰巽巳	●南，丙午丁	●西南，未坤申
1.經云，四一同宮準發科名。 8.兒童多病，成績退步，鼻敏感。 5.主皮膚病，瘡毒。 85.暗滯，胃病，胸疼痛，五黃到位；煞中之煞主災禍連連，阻礙百般，化解安忍水、六帝錢。	6.子女容易與自己發生爭執，提防呼吸系統疾病。 4.讀書聰明，利文職，有喜慶，失運則財帛不聚。 9.當運主財運與事業順利，失運主血光之災。 49.合而化金，與本體木火不協，無益而有損，木火通明，聰明俊秀，女同性戀不正常桃花。	8.利地產，旺財。 6.胡思亂想，神經衰弱，當運則發財。 7.主痢疾，提防火災，血光之災。 67.大凶六七交劍煞，合作不和，拆夥，籠裡雞作反，部屬造反，官非，男女不和，手腳受傷，皮膚病，化解使用陰陽水。
●東，乙卯甲	●宅中央	●西，辛酉庚
9.家人頭腦靈活，子女讀書聰明。 7.血光之災，受人拖累破財，宜放風水輪來化解。 6.主足疾，小人多。 76.凶交劍煞，合作不和，拆夥，籠裡雞部屬造反，官非，男女不和，手腳受傷，皮膚病，化解使用陰陽水。	2.血光之災，慢性病。 9.目疾，血光之災，皮膚病。 4.風濕病，皮膚病。 94.不正常桃花，女同性戀合化金。	4.容易被金屬所傷，易惹桃花劫。 2.肚痛，提防火災，血光之災。 22.二黑是病符，疾病入醫院，女性婦科病，懷孕，男性腸胃病，內臟病。
●東北，寅艮丑	●北，癸子壬	●西北，亥乾戌
5.主腸胃病，運氣蹇滯。 3.經云，三八逢損小口，主不利小童。 1.財運佳，利地產置業。 31.爭吵，激氣，官非，破財	7.家人好動，桃花運。 5.主傷病，提防泌尿疾病，女性提防婦科病。 8.主財運佳，利地產置業。 58.吉，五黃到位；煞中之煞主災禍連連，阻礙百般，化解安忍水、六帝錢。	3.經云，足以金而蹣跚，主足傷，家人容易發生。 1.主聰明，才智，發小財。 13.爭執，吵鬧，勞氣，官非，盜劫，破財。

説明:雙星到向，主旺財帛，向有秀水，水外奇峰，主發貴之顯，未方可用城門訣，惟必須形巒合局，經云：「城門一訣最為良。」坐山76，山水凶者主頭痛，官災之應，東南宮85，主神經病，癌毒之疾。

15	51	33
1	6	8
24	96	78
9	2	4
69	42	87
5	7	3

陽宅運勢

卯山酉向

座東朝西

九十度 → 二百七十度

[二黑運]　　　　　　　　　　　　　　　　　　　[起星]

●東南，辰巽巳	●南，丙午丁	●西南，未坤申
1.經云，四一同宮準發科名。 5.主皮膚病，瘡毒。 15.五是變卦以中宮的向星代之婦科病耳疾。五黃到位；煞中之煞主災禍連連，阻礙百般，化解安忍水、六帝錢。	6.子女容易與自己發生爭執，提防呼吸系統疾病。 5.眼部疾病，血光之災。 1.中爻得配水火相交，主喜慶順利。 51.膀胱病，五黃到位；煞中之煞主災禍連連，阻礙百般，化解安忍水、六帝錢。	8.利地產，旺財。 3.主官災，是非，腸胃病，足病。 33.官非，是非，爭執。
●東，乙卯甲	●宅中央	●西，辛酉庚
9.家人頭腦靈活，子女讀書聰明。 2.主官災，是非，足患，腸胃病。 4.運氣反覆，情緒起伏 24.婆媳不和。治當主母。	2.血光之災，慢性病。 9.目疾，血光之災，皮膚病。 6.遠行多阻滯，頭部疾病。 96.腦病。	4.容易被金屬所傷，易惹桃花劫。 7.當運主發財，失運主血光之災。 8.財帛可得，但容易破耗。 78.吉。
●東北，寅艮丑	●北，癸子壬	●西北，亥乾戌
5.主腸胃病，運氣蹇滯。 6.發小財，利地產或五金行業。 9.家有令人愉快事情發生，如喜事，橫財。 69.火燒天門，家生忤逆之兒，生牙瘡，腦病，生痄腮，流牙血。肺疾，衰則血症，盛必火災。	7.家人好動，桃花運。 4.坎宮為一白星所，主故為一四同宮主讀書聰明。 2.主家人易罹腸胃病，女性當權掌握財政。 42.婆媳不和。	3.經云，足以金而蹣跚，主足傷，家人容易發生。 8.發小財，利地產或五金行業。 7.容易被金屬所傷，主官非，爭執，交通意外。 87.吉，財利。

説明:此局令星失位，向上煞氣，主神經之疾，桃色之應，經曰：「苟無生氣入門，糧艱一宿。」惟北宮水城合局，令星到方，大旺財帛，可以取用，東北宮69主吐血，心病，火災，意外之應。

13	58	31
1	6	8
22	94	76
9	2	4
67	49	85
5	7	3

陽 宅 運 勢

卯山酉向
座東朝西
九十度→二百七十度

[二黑運]　　　　　　　　　　　　　　　　　[下卦]

●東南，辰巽巳	●南，丙午丁	●西南，未坤申
1.經云，四一同宮準發科名。 3.運氣反覆時好時壞。 13.爭執，吵鬧，勞氣，官非，盜劫，破財。	6.子女容易與自己發生爭執，提防呼吸系統疾病。 5.眼部疾病，血光之災。 8.主喜慶，有令人愉快事情發生。 58.吉，五黃到位；煞中之煞主災禍連連，阻礙百般，化解安忍水、六帝錢。	8.利地產，旺財。 3.主官災，是非，腸胃病，足病。 1.主女性當權，家人易罹腸胃病。 31.爭吵，激氣，官非，破財。
●東，乙卯甲	●宅中央	●西，辛酉庚
9.家人頭腦靈活，子女讀書聰明。 2.主官災，是非，足患，腸胃病。 22.二黑是病符，疾病入醫院，女性婦科病，懷孕，男性腸胃病，內臟病。	2.血光之災，慢性病。 9.目疾，血光之災，皮膚病。 4.風濕病，皮膚病。 94.不正常桃花，女同性戀合化金。	4.容易被金屬所傷，易惹桃花劫 7.當運主發財，失運主血光之災 6.容易被金屬所傷。 76.凶交劍煞，合作不和，拆夥，籠裡雞部屬造反，官非，男女不和，手腳受傷，皮膚病，化解使用陰陽水。
●東北，寅艮丑	●北，癸子壬	●西北，亥乾戌
5.主腸胃病，運氣蹇滯。 6.發小財，利地產或五金行業。 7.財帛可得但容易破耗。 67.大凶六七交劍煞，合作不和，拆夥，籠裡雞作反，部屬造反，官非，男女不和，手腳受傷，皮膚病，化解使用陰陽水。	7.家人好動，桃花運。 4.坎宮為一白星所，主故為一四同宮主讀書聰明。 9.水火既濟，主喜慶順利。 49.合而化金，與本體木火不協，無益而有損，木火通明，聰明俊秀，女同性戀不正常桃花。	3.經云，足以金而蹣跚，主足傷，家人容易發生 8.發小財，利地產或五金行業 5.頭部疾病，遠行多阻滯，身體多病。 85.暗滯，胃病，胸疼痛，五黃到位；煞中之煞主災禍連連，阻礙百般，化解安忍水、六帝錢。

説明：雙星到座，水神上山，令星失調困頓之局，惟水纏玄武，奇峰秀水，此局論吉，經曰：「苟無生氣入門，糧艱一宿，乾宮可用城門訣。」向首76主頭痛，胸肺之疾，亦主官災，桃色之應，西南宮31主腎病血症之事。

15 1	51 6	33 8
24 9	96 2	78 4
69 5	42 7	87 3

陽 宅 運 勢

乙山辛向

[二黑運]　　　　　　　　　　　　　　　　　　[起星]

座東東南朝西西北

一百零五度→二百八十五度

●東南，辰巽巳	●南，丙午丁	●西南，未坤申
1.經云，四一同宮準發科名。	6.子女容易與自己發生爭執，提防呼吸系統疾病。	8.利地產，旺財。
5.主皮膚病，瘡毒。	5.眼部疾病，血光之災。	3.主官災，是非，腸胃病，足病。
15.五是變卦以中宮的向星代之婦科病耳疾。五黃到位；煞中之煞主災禍連連，阻礙百般，化解安忍水、六帝錢。	1.中爻得配水火相交，主喜慶順利。 51.膀胱病，五黃到位；煞中之煞主災禍連連，阻礙百般，化解安忍水、六帝錢。	33.官非，是非，爭執。

●東，乙卯甲	●宅中央	●西，辛酉庚
9.家人頭腦靈活，子女讀書聰明。	2.血光之災，慢性病。	4.容易被金屬所傷，易惹桃花劫。
2.主官災，是非，足患，腸胃病。	9.目疾，血光之災，皮膚病。	7.當運主發財，失運主血光之災。
4.運氣反覆，情緒起伏。	6.遠行多阻滯，頭部疾病。	8.財帛可得，但容易破耗。
24.婆媳不和。咎當主母。	96.腦病。	78.吉。

●東北，寅艮丑	●北，癸子壬	●西北，亥乾戌
5.主腸胃病，運氣塞滯。	7.家人好動，桃花運。	3.經云，足以金而蹣跚，主足傷，家人容易發生。
6.發小財，利地產或五金行業。	4.坎宮為一白星所，主故為一四同宮主讀書聰明。	8.發小財，利地產或五金行業。
9.家有令人愉快事情發生，如喜事，橫財。	2.主家人易罹腸胃病，女性當權掌握財政。	7.容易被金屬所傷，主官非，爭執，交通意外
69.火燒天門，家生忤逆之兒，生牙瘡，腦病，生痄腮，流牙血，肺疾，衰則血症，盛必火災。	42.婆媳不和。	87.吉，財利。

説明:此局令星失位，向上煞氣，主神經之疾，桃色之應，經曰：「苟無生氣入門，糧艱一宿。」惟北宮水城合局，令星到方，大旺財帛，可以取用，東北宮69主吐血，心病，火災，意外之應。

13	58	31
1	6	8
22	94	76
9	2	4
67	49	85
5	7	3

陽 宅 運 勢

乙山辛向

座東東南朝西西北

一百零五度→二百八十五度

[二黑運]　　　　　　　　　　　　　　　　　　　[下卦]

●東南，辰巽巳	●南，丙午丁	●西南，未坤申
1.經云，四一同宮準發科名。 3.運氣反覆，時好時壞。 13.爭執，吵鬧，勞氣，官非，盜劫，破財。	6.子女容易與自己發生爭執，提防呼吸系統疾病。 5.眼部疾病，血光之災。 8.主喜慶，有令人愉快事情發生。 58.吉，五黃到位；煞中之煞主災禍連連，阻礙百般，化解安忍水、六帝錢。	8.利地產，旺財。 3.主官災，是非，腸胃病，足病。 1.主女性當權，家人易罹腸胃病。 31.爭吵，激氣，官非，破財。
●東，乙卯甲	●宅中央	●西，辛酉庚
9.家人頭腦靈活，子女讀書聰明。 2.主官災，是非，足患，腸胃病。 22.二黑是病符，疾病入醫院，女性婦科病，懷孕，男性腸胃病，內臟病。	2.血光之災，慢性病。 9.目疾，血光之災，皮膚病。 4.風濕病，皮膚病。 94.不正常桃花，女同性戀合化金。	4.容易被金屬所傷，易惹桃花劫。 7.當運主發財，失運主血光之災。 6.容易被金屬所傷。 76.凶交劍煞，合作不和，拆夥，籠裡雞部屬造反，官非，男女不和，手腳受傷，皮膚病，化解使用陰陽水。
●東北，寅艮丑	●北，癸子壬	●西北，亥乾戌
5.主腸胃病，運氣蹇滯。 6.發小財，利地產或五金行業。 7.財帛可得但容易破耗。 67.大凶六七交劍煞，合作不和，拆夥，籠裡雞作反，部屬造反，官非，男女不和，手腳受傷，皮膚病，化解使用陰陽水。	7.家人好動，桃花運。 4.坎宮為一白星所，主故為一四同宮主讀書聰明。 9.水火既濟，主喜慶順利。 49.合而化金，與本體木火不協，無益而有損，木火通明，聰明俊秀，女同性戀不正常桃花。	3.經云，足以金而蹣跚，主足傷，家人容易發生。 8.發小財，利地產或五金行業。 5.頭部疾病，遠行多阻滯，身體多病。 85.暗滯，胃病，胸疼痛，五黃到位；煞中之煞主災禍連連，阻礙百般，化解安忍水、六帝錢。

說明：雙星到座，水神上山，令星失調困頓之局，惟水纏玄武，奇峰秀水，此局論吉，經曰：「苟無生氣入門，糧艱一宿。」西北宮可用城門訣，向首76主頭痛，胸肺之疾，亦主官災，桃色之應，西南宮31，主腎病，血症之事。

78 1	24 6	96 8
87 9	69 2	42 4
33 5	15 7	51 3

陽 宅 運 勢

丙山壬向

座南東南朝北西北

一百六十五度→三百四十五度

[二黑運]　　　　　　　　　　　　　　　　　　　　　　　　　　[起星]

●東南·辰巽巳	●南·丙午丁	●西南·未坤申
1.經云，四一同宮準發科名。	6.子女容易與自己發生爭執，提防呼吸系統疾病。	8.利地產，旺財。
7.容易被金屬所傷，易惹桃花劫。	2.家人愚鈍，血光之災。	9.家人愚鈍，子女成績退步。
8.兒童多病，成績退步，鼻敏感。	4.讀書聰明，利文職，有喜慶，失運則財帛不聚。	6.胡思亂想，神經衰弱，當運則發財。
78.吉。	24.婆媳不和。咎當主母。	96.腦病。

●東·乙卯甲	●宅中央	●西·辛酉庚
9.家人頭腦靈活，子女讀書聰明。	2.血光之災，慢性病。	4.容易被金屬所傷，易惹桃花劫。
8.主不利，兒童成績退步。	6.遠行多阻滯，頭部疾病。	2.肚痛，提防火災，血光之災。
7.血光之災，受人拖累破財，宜放風水輪來化解。	9.目疾，血光之災，皮膚病。	42.婆媳不和。
87.吉，財利。	69.火燒天門，家生忤逆之兒，生牙瘡，腦病，生疿腮，流牙血，肺疾，衰則血症，盛必火災。	

●東北·寅艮丑	●北·癸子壬	●西北·亥乾戌
5.主腸胃病，運氣蹇滯。	7.家人好動，桃花運。	3.經云，足以金而蹣跚，主足傷，家人容易發生。
3.經云，三八逢損小口，主不利小童。	1.經云，一白官星之應主掌文章讀書聰明。	5.頭部疾病，遠行多阻滯，身體多病。
33.官非，是非，爭執。	5.主傷病，提防泌尿疾病，女性提防婦科病。	1.主聰明，才智，發小財。
	15.五是變卦以中宮的向星代之婦科病耳疾。五黃到位；煞中之煞主災禍連連，阻礙百般，化解安忍水、六帝錢。	51.膀胱病，五黃到位；煞中之煞主災禍連連，阻礙百般，化解安忍水、六帝錢。

説明:令星失向，困頓之局主破財。經曰：「苟無生氣入門，糧艱一宿。」山星旺氣到座，主旺人丁，西宮42失令者主腹疾，或主欺姑之婦。西南宮96，火照天門主吐血。西北宮51主瘡毒、中毒、血光、腎病、耳鳴、水厄。

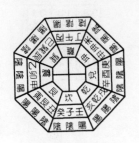

76 1	22 6	94 8
85 9	67 2	49 4
31 5	13 7	58 3

陽 宅 運 勢

丙山壬向

[二黑運]　　　　　　　　　　　　　　　　[下卦]

座南東南朝北西北

一百六十五度→三百四十五度

●東南・辰巽巳	●南・丙午丁	●西南・未坤申
1.經云，四一同宮準發科名。	6.子女容易與自己發生爭執，提防呼吸系統疾病。	8.利地產，旺財。
7.容易被金屬所傷，易惹桃花劫。	2.家人愚鈍，血光之災。	9.家人愚鈍，子女成績退步。
6.不利女性，奔波勞碌。	22.二黑是病符，疾病入醫院，女性婦科病，懷孕，男性腸胃病，內臟病。	4.腸胃病，是非，纏繞。
76.凶交劍煞，合作不和，拆夥，籠裡雞部屬造反，官非，男女不和，手腳受傷，皮膚病，化解使用陰陽水。		94.不正常桃花，女同性戀合化金。

●東・乙卯甲	●宅中央	●西・辛酉庚
9.家人頭腦靈活，子女讀書聰明。	2.血光之災，慢性病。	4.容易被金屬所傷，易惹桃花劫。
8.主不利，兒童成績退步。	6.遠行多阻滯，頭部疾病。	9.小心火災，家中女性不和。
5.容易腳傷，因財招禍。	7.是非，官災，容易被金屬所傷。	49.合而化金，與本體木火不協，無益而有損，木火通明，聰明俊秀，女同性戀不正常桃花。
85.暗滯，胃病，胸疼痛，五黃到位；煞中之煞主災禍連連，阻礙百般，化解安忍水、六帝錢。	67.大凶六七交劍煞，合作不和，拆夥，籠裡雞作反，部屬造反，官非，男女不和，手腳受傷，皮膚病，化解使用陰陽水。	

●東北・寅艮丑	●北・癸子壬	●西北・亥乾戌
5.主腸胃病，運氣蹇滯。	7.家人好動，桃花運。	3.經云，足以金而蹣跚，主足傷，家人容易發生。
3.經云，三八逢損小口，主不利小童。	1.經云，一白官星之應主掌文章讀書聰明。	5.頭部疾病，遠行多阻滯，身體多病。
1.財運佳，利地產置業。	3.主脾氣暴躁，家人會搬遷或遠行。	8.發小財，利地產或五金行業。
31.爭吵，激氣，官非，破財。	13.爭執，吵鬧，勞氣，官非，盜劫，破財。	58.吉，五黃到位；煞中之煞主災禍連連，阻礙百般，化解安忍水、六帝錢。

說明：令星到座，水神上山，困頓之局主破財。經曰：「苟無生氣入門，糧艱一宿。」必須形氣合局，水纏玄武始可應用。山星旺氣到座主旺丁，艮有秀峰，向上有水三運，主旺財丁，東南宮76主頭痛、胸肺之疾、血光意外，西北宮58主瘡毒、血光、神經病、損手。

58	13	31
1	6	8
49	67	85
9	2	4
94	22	76
5	7	3

陽 宅 運 勢

午山子向

座南朝北

一百八十度→零度

[二黑運]　　　　　　　　　　　　[起星]

●東南・辰巽巳
1. 經云，四一同宮準發科名。
5. 主皮膚病，瘡毒。
8. 兒童多病，成績退步，鼻敏感。
58. 吉，五黃到位；煞中之煞主災禍連連，阻礙百般，化解安忍水、六帝錢。

●南・丙午丁
6. 子女容易與自己發生爭執，提防呼吸系統疾病。
1. 中爻得配水火相交，主喜慶順利。
3. 主家人頭腦靈活聰明。
13. 爭執，吵鬧，勞氣，官非，盜劫，破財。

●西南・未坤申
8. 利地產，旺財。
3. 主官災，是非，腸胃病，足病。
1. 主女性當權，家人易罹腸胃病。
31. 爭吵，激氣，官非，破財。

●東・乙卯甲
9. 家人頭腦靈活，子女讀書聰明。
4. 運氣反覆，情緒起伏。
49. 合而化金，與本體木火不協，無益而有損，木火通明，聰明俊秀，女同性戀不正常桃花。

●宅中央
2. 血光之災，慢性病。
6. 遠行多阻滯，頭部疾病。
7. 是非，官災，容易被金屬所傷。
67. 大凶六七交劍煞，合作不和，拆夥，籠裡雞作反，部屬造反，官非，男女不和，手腳受傷，皮膚病，化解使用陰陽水。

●西・辛酉庚
4. 容易被金屬所傷，易惹桃花劫。
8. 財帛可得，但容易破耗。
5. 是非，官災，容易被金屬所傷。
85. 暗滯，胃病，胸疼痛，五黃到位；煞中之煞主災禍連連，阻礙百般，化解安忍水、六帝錢。

●東北・寅艮丑
5. 主腸胃病，運氣塞滯。
9. 家有令人愉快事情發生，如喜事，橫財。
4. 兒童多病，成績退步，鼻敏感。
94. 不正常桃花，女同性戀合化金。

●北・癸子壬
7. 家人好動，桃花運。
2. 主家人易罹腸胃病，女性當權掌握財政。
22. 二黑是病符，疾病入醫院，女性婦科病，懷孕，男性腸胃病，內臟病。

●西北・亥乾戌
3. 經云，足以金而蹣跚，主足傷，家人容易發生。
7. 容易被金屬所傷，主官非，爭執，交通意外。
6. 驛馬位，有遠行，失運主官非或交通意外。
76. 凶交劍煞，合作不和，拆夥，籠裡雞部屬造反，官非，男女不和，手腳受傷，皮膚病，化解使用陰陽水。

說明：令星到向，形氣合局，向上秀水，水外奇峰疊疊，主旺財出貴，更主懸葫之士，經曰：「會有旺星到穴，富積千鐘。」西北方76交劍煞，又犯伏吟主盜賊、血光。東南宮58，西宮85主瘡毒、黃腫、神經病、損手、鼻病。東北宮94主心病、目疾、火災。西南宮31主腎病、耳鳴、水厄。

58	13	31
1	6	8
49	67	85
9	2	4
94	22	76
5	7	3

陽 宅 運 勢

午山子向

座南朝北

一百八十度→零度

[二黑運]　　　　　　　　　　　　　　　　[下卦]

●東南·辰巽巳	●南·丙午丁	●西南·未坤申
1.經云，四一同宮準發科名。	6.子女容易與自己發生爭執，提防呼吸系統疾病。	8.利地產，旺財。
5.主皮膚病，瘡毒。	1.中爻得配水火相交，主喜慶順利。	3.主官災，是非，腸胃病，足病。
8.兒童多病，成績退步，鼻敏感。	3.主家人頭腦靈活聰明。	1.主女性當權，家人易罹腸胃病。
58.吉，五黃到位；煞中之煞主災禍連連，阻礙百般，化解安忍水、六帝錢。	13.爭執，吵鬧，勞氣，官非，盜劫，破財。	31.爭吵，激氣，官非，破財。
●東·乙卯甲	●宅中央	●西·辛酉庚
9.家人頭腦靈活，子女讀書聰明。	2.血光之災，慢性病。	4.容易被金屬所傷，易惹桃花劫。
4.運氣反覆，情緒起伏。	6.遠行多阻滯，頭部疾病。	8.財帛可得，但容易破耗。
49.合而化金，與本體木火不協，無益而有損，木火通明，聰明俊秀，女同性戀不正常桃花。	7.是非，官災，容易被金屬所傷。	5.是非，官災，容易被金屬所傷。
	67.大凶六七交劍煞，合作不和，拆夥，籠裡雞作反，部屬造反，官非，男女不和，手腳受傷，皮膚病，化解使用陰陽水。	85.暗滯，胃病，胸疼痛，五黃到位；煞中之煞主災禍連連，阻礙百般，化解安忍水、六帝錢。
●東北·寅艮丑	●北·癸子壬	●西北·亥乾戌
5.主腸胃病，運氣蹇滯。	7.家人好動，桃花運。	3.經云，足以金而蹣跚，主足傷，家人容易發生。
9.家有令人愉快事情發生，如喜事，橫財。	2.主家人易罹腸胃病，女性當權掌握財政。	7.容易被金屬所傷，主官非，爭執，交通意外。
4.兒童多病，成績退步，鼻敏感。	22.二黑是病符，疾病入醫院，女性婦科病，懷孕，男性腸胃病，內臟病。	6.驛馬位，有遠行，失運主官非或交通意外。
94.不正常桃花，女同性戀合化金。		76.凶交劍煞，合作不和，拆夥，籠裡雞部屬造反，官非，男女不和，手腳受傷，皮膚病，化解使用陰陽水。

說明：令星到向，形氣合局，向上秀水，水外奇峰疊疊，主旺財出貴，更主懸葫之士，經曰：「會有旺星到穴，富積千鐘。」西北方76交劍煞，又犯伏吟主盜賊、血光。東南宮58，西宮85主瘡毒、黃腫、神經病、損手、鼻病。東北宮94主心病、目疾、火災。西南宮31主腎病、耳鳴、水厄。

58	13	31
1	6	8
49	67	85
9	2	4
94	22	76
5	7	3

陽 宅 運 勢

丁山癸向

[二黑運]　　　　　　　　　　　　　　　　[起星]

座南西南朝北東北

一百九十五度→十五度

●東南‧辰巽巳	●南‧丙午丁	●西南‧未坤申
1.經云，四一同宮準發科名。	6.子女容易與自己發生爭執，提防呼吸系統疾病。	8.利地產，旺財。
5.主皮膚病，瘡毒。	1.中爻得配水火相交，主喜慶順利。	3.主官災，是非，腸胃病，足病。
8.兒童多病，成績退步，鼻敏感。	3.主家人頭腦靈活聰明。	1.主女性當權，家人易罹腸胃病。
58.吉，五黃到位；煞中之煞主災禍連連，阻礙百般，化解安忍水、六帝錢。	13.爭執，吵鬧，勞氣，官非，盜劫，破財。	31.爭吵，激氣，官非，破財。
●東‧乙卯甲	●宅中央	●西‧辛酉庚
9.家人頭腦靈活，子女讀書聰明。	2.血光之災，慢性病。	4.容易被金屬所傷，易惹桃花劫。
4.運氣反覆，情緒起伏。	6.遠行多阻滯，頭部疾病。	8.財帛可得，但容易破耗。
49.合而化金，與本體木火不協，無益而有損，木火通明，聰明俊秀，女同性戀不正常桃花。	7.是非，官災，容易被金屬所傷。	5.是非，官災，容易被金屬所傷。
	67.大凶六七交劍煞，合作不和，拆夥，籠裡雞作反，部屬造反，官非，男女不和，手腳受傷，皮膚病，化解使用陰陽水。	85.暗滯，胃病，胸疼痛，五黃到位；煞中之煞主災禍連連，阻礙百般，化解安忍水、六帝錢。
●東北‧寅艮丑	●北‧癸子壬	●西北‧亥乾戌
5.主腸胃病，運氣蹇滯。	7.家人好動，桃花運。	3.經云，足以金而蹣跚，主足傷，家人容易發生。
9.家有令人愉快事情發生，如喜事，橫財。	2.主家人易罹腸胃病，女性當權掌握財政。	7.容易被金屬傷，主官非，爭執，交通意外。
4.兒童多病，成績退步，鼻敏感。	22.二黑是病符，疾病入醫院，女性婦科病，懷孕，男性腸胃病，內臟病。	6.驛馬位，有遠行，失運主官非或交通意外。
94.不正常桃花，女同性戀合化金。		76.凶交劍煞，合作不和，拆夥，籠裡雞部屬造反，官非，男女不和，手腳受傷，皮膚病，化解使用陰陽水。

説明：令星到向，形氣合局，向上秀水，水外奇峰疊疊，主旺財出貴更主懸葫之士，經日：「會有旺星到穴，富積千鐘。」西北方76交劍煞，又犯伏吟主盜賊、血光。東南宮58，西宮85主瘡毒、黃腫、神經病、損手、鼻病。東北宮94主心病、目疾、火災。西南宮31主腎病、耳鳴、水厄。

58	13	31
1	6	8
49	67	85
9	2	4
94	22	76
5	7	3

陽宅運勢

丁山癸向

[二黑運]　　　　　　　　　　　　　　　　　　[下卦]

座南西南朝北東北

一百九十五度→十五度

●東南・辰巽巳	●南・丙午丁	●西南・未坤申
1.經云，四一同宮準發科名。	6.子女容易與自己發生爭執，提防呼吸系統疾病。	8.利地產，旺財。
5.主皮膚病，瘡毒。	1.中爻得配水火相交，主喜慶順利。	3.主官災，是非，腸胃病，足病。
8.兒童多病，成績退步，鼻敏感。	3.主家人頭腦靈活聰明。	1.主女性當權，家人易罹腸胃病。
58.吉，五黃到位；煞中之煞主災禍連連，阻礙百般，化解安忍水、六帝錢。	13.爭執，吵鬧，勞氣，官非，盜劫，破財。	31.爭吵，激氣，官非，破財。

●東・乙卯甲	●宅中央	●西・辛酉庚
9.家人頭腦靈活，子女讀書聰明。	2.血光之災，慢性病。	4.容易被金屬所傷，易惹桃花劫。
4.運氣反覆，情緒起伏。	6.遠行多阻滯，頭部疾病。	8.財帛可得，但容易破耗。
49.合而化金，與本體木火不協，無益而有損，木火通明，聰明俊秀，女同性戀不正常桃花。	7.是非，官災，容易被金屬所傷。	5.是非，官災，容易被金屬所傷。
	67.大凶六七交劍煞，合作不和，拆夥，籠裡雞作反，部屬造反，官非，男女不和，手腳受傷，皮膚病，化解使用陰陽水。	85.暗滯，胃病，胸疼痛，五黃到位；煞中之煞主災禍連連，阻礙百般，化解安忍水、六帝錢。

●東北・寅艮丑	●北・癸子壬	●西北・亥乾戌
5.主腸胃病，運氣蹇滯。	7.家人好動，桃花運。	3.經云，足以金而蹣跚，主足傷，家人容易發生。
9.家有令人愉快事情發生，如喜事，橫財。	2.主家人易罹腸胃病，女性當權掌握財政。	7.容易被金屬所傷，主官非，爭執，交通意外。
4.兒童多病，成績退步，鼻敏感。	22.二黑是病符，疾病入醫院，女性婦科病，懷孕，男性腸胃病，內臟病。	6.驛馬位，有遠行，失運主官非或交通意外。
94.不正常桃花，女同性戀合化金。		76.凶交劍煞，合作不和，拆夥，籠裡雞部屬造反，官非，男女不和，手腳受傷，皮膚病，化解使用陰陽水。

説明：令星到向，形氣合局，向上秀水，水外奇峰疊疊，主旺財出貴更主懸葫之士，經曰：「會有旺星到穴，富積千鐘。」西北方76交劍煞，又犯伏吟主盜賊、血光。東南宮58、西宮85主瘡毒、黃腫、神經病、損手、鼻病。東北宮94主心病、目疾、火災。西南宮31主腎病、耳鳴、水厄之事。

76 1	22 6	94 8
85 9	67 2	49 4
31 5	13 7	58 3

陽 宅 運 勢

庚山甲向

[二黑運]　　　　　　　　　　　　　　　　　　　　　　　　[起星]

座西西南朝東東北

二百五十五度→七十五度

●東南·辰巽巳	●南·丙午丁	●西南·未坤申
1.經云，四一同宮準發科名。 7.容易被金屬所傷，易惹桃花劫。 6.不利女性，奔波勞碌。 76.凶交劍煞，合作不和，拆夥，籠裡雞部屬造反，官非，男女不和，手腳受傷，皮膚病，化解使用陰陽水。	6.子女容易與自己發生爭執，提防呼吸系統疾病。 2.家人愚鈍，血光之災。 22.二黑是病符，疾病入醫院，女性婦科病，懷孕，男性腸胃病，內臟病。	8.利地產，旺財。 9.家人愚鈍，子女成績退步。 4.腸胃病，是非纏繞。 94.不正常桃花，女同性戀合化金。
●東·乙卯甲	●宅中央	●西·辛酉庚
9.家人頭腦靈活，子女讀書聰明。 8.主不利，兒童成績退步。 5.容易腳傷，因財招禍。 85.暗滯，胃病，胸疼痛，五黃到位；煞中之煞主災禍連連，阻礙百般，化解安忍水、六帝錢。	2.血光之災，慢性病。 6.遠行多阻滯，頭部疾病。 7.是非，官災，容易被金屬所傷。 67.大凶六七交劍煞，合作不和，拆夥，籠裡雞作反，部屬造反，官非，男女不和，手腳受傷，皮膚病，化解使用陰陽水。	4.容易被金屬所傷，易惹桃花劫。 9.小心火災，家中女性不和。 49.合而化金，與本體木火不協，無益而有損，木火通明，聰明俊秀，女同性戀不正常桃花。
●東北·寅艮丑	●北·癸子壬	●西北·亥乾戌
5.主腸胃病，運氣蹇滯。 3.經云，三八逢損小口，主不利小童。 1.財運佳，利地產置業。 31.爭吵，激氣，官非，破財	7.家人好動，桃花運。 1.經云，一白官星之應主掌文章讀書聰明。 3.主脾氣暴躁，家人會搬遷或遠行。 13.爭執，吵鬧，勞氣，官非，盜劫，破財。	3.經云，足以金而蹣跚，主足傷，家人容易發生。 5.頭部疾病，遠行多阻滯，身體多病。 8.發小財，利地產或五金行業。 58.吉，五黃到位；煞中之煞主災禍連連，阻礙百般，化解安忍水、六帝錢。

說明:令星失位，形巒不合，主損丁破財。經曰：「苟無生氣入門，糧艱一宿。」向上85主瘡毒、中毒、血光、意外、神經病、損手。座山49主中風、淫亂、目疾、心痛。東南宮76主頭痛、項病、官非、口舌、桃色。東北宮31主肝病、足患、刑妻、腎病、水厄。

58	94	76
1	6	8
67	49	22
9	2	4
13	85	31
5	7	3

陽 宅 運 勢

[二黑運]

庚山甲向

座西西南朝東東北

二百五十五度→七十五度

[下卦]

●東南‧辰巽巳	●南‧丙午丁	●西南‧未坤申
1.經云，四一同宮準發科名。	6.子女容易與自己發生爭執，提防呼吸系統疾病。	8.利地產，旺財。
5.主皮膚病，瘡毒。	9.當運主財運與事業順利，失運主血光之災。	7.主痢疾，提防火災，血光之災。
8.兒童多病，成績退步，鼻敏感。	4.讀書聰明，利文職，有喜慶，失運則財帛不聚。	6.胡思亂想，神經衰弱，當運則發財。
58.吉，五黃到位；煞中之煞主災禍連連，阻礙百般，化解安忍水、六帝錢。	94.不正常桃花，女同性戀合化金。	76.凶交劍煞，合作不和，拆夥，籠裡雞部屬造反，官非，男女不和，手腳受傷，皮膚病，化解使用陰陽水。
●東‧乙卯甲	●宅中央	●西‧辛酉庚
9.家人頭腦靈活，子女讀書聰明。	2.血光之災，慢性病。	4.容易被金屬所傷，易惹桃劫。
6.主足疾，小人多。	4.風濕病，皮膚病。	2.肚痛，提防火災，血光之災。
7.血光之災，受人拖累破財，宜放風水輪來化解。	9.目疾，血光之災，皮膚病。	22.二黑是病符，疾病入醫院，女性婦科病，懷孕，男性腸胃病，內臟病。
67.大凶六七交劍煞，合作不和，拆夥，籠裡雞作反，部屬造反，官非，男女不和，手腳受傷，皮膚病，化解使用陰陽水。	49.合而化金，與本體木火不協，無益而有損，木火通明，聰明俊秀，女同性戀不正常桃花。	
●東北‧寅艮丑	●北‧癸子壬	●西北‧亥乾戌
5.主腸胃病，運氣蹇滯。	7.家人好動，桃花運。	3.經云，足以金而蹣跚，主足傷，家人容易發生。
1.財運佳，利地產置業。	8.主財運佳，利地產置業。	1.主聰明，才智，發小財。
3.經云，三八逢損小口，主不利小童。	5.主傷病，提防泌尿疾病，女性提防婦科病	31.爭吵，激氣，官非，破財。
13.爭執，吵鬧，勞氣，官非，盜劫，破財。	85.暗滯，胃病，胸疼痛，五黃到位；煞中之煞主災禍連連，阻礙百般，化解安忍水、六帝錢。	

説明:雙星到座，水神上山，主旺丁不旺財。經曰：「苟無生氣入門，糧艱一宿。」向首67交劍煞，主頭痛、項病、官訟、車禍、官非、口舌、牢獄之災。東南宮58主瘡毒、中毒、血光、意外、損手、神經病。南宮94主中風、淫亂、心目之疾。

[二黑運]

51 1	15 6	33 8
42 9	69 2	87 4
96 5	24 7	78 3

陽 宅 運 勢

酉山卯向
座西朝東
二百七十度→九十度

[起星]

●東南·辰巽巳	●南·丙午丁	●西南·未坤申
1.經云，四一同宮準發科名。	6.子女容易與自己發生爭執，提防呼吸系統疾病。	8.利地產，旺財。
5.主皮膚病，瘡毒。	1.中爻得配水火相交，主喜慶順利。	3.主官災，是非，腸胃病，足病。
51.膀胱病，五黃到位；煞中之煞主災禍連連，阻礙百般，化解安忍水、六帝錢。	5.眼部疾病，血光之災。	33.官非，是非，爭執。
	15.五是變卦以中宮的向星代之婦科病耳疾。五黃到位；煞中之煞主災禍連連，阻礙百般，化解安忍水、六帝錢。	

●東·乙卯甲	●宅中央	●西·辛酉庚
9.家人頭腦靈活，子女讀書聰明。	2.血光之災，慢性病。	4.容易被金屬所傷，易惹桃花劫。
4.運氣反覆，情緒起伏。	6.遠行多阻滯，頭部疾病。	8.財帛可得，但容易破耗。
2.主官災，是非，足患，腸胃病。	9.目疾，血光之災，皮膚病。	7.當運主發財，失運主血光之災。
42.婆媳不和。	69.火燒天門，家生忤逆之兒，生牙瘡，腦病，生痄腮，流牙血，肺疾，衰則血症，盛必火災。	87.吉，財利。

●東北·寅艮丑	●北·癸子壬	●西北·亥乾戌
5.主腸胃病，運氣蹇滯。	7.家人好動，桃花運。	3.經云，足以金而蹣跚，主足傷，家人容易發生。
9.家有令人愉快事情發生，如喜事，橫財。	2.主家人易罹腸胃病，女性當權掌握財政。	7.容易被金屬所傷，主官非，爭執，交通意外。
6.發小財，利地產或五金行業。	4.坎宮為一白星所，主故為一四同宮主讀書聰明。	8.發小財，利地產或五金行業。
96.腦病。	24.婆媳不和，咎當主母。	78.吉。

説明:令星到向，形巒合局，主旺財帛。經曰：「會有旺星到穴，富積千鐘。」座山87主人丁弱、肺疾、口舌、桃色、損手、神經病。東南宮51主瘡毒、中毒、黃腫、血光、腎病、耳鳴、水厄之應。東北宮96主吐血、頭痛、項病、心目之疾。

31	85	13
1	6	8
22	49	67
9	2	4
76	94	58
5	7	3

陽 宅 運 勢

酉山卯向

[二黑運]   [下卦]

座西朝東

二百七十度→九十度

●東南・辰巽巳	●南・丙午丁	●西南・未坤申
1.經云，四一同宮準發科名。	6.子女容易與自己發生爭執，提防呼吸系統疾病。	8.利地產，旺財。
3.運氣反覆，時好時壞。	8.主喜慶，有令人愉快事情發生。	1.主女性當權，家人易罹腸胃病。
31.爭吵，激氣，官非，破財。	5.眼部疾病，血光之災。	3.主官災，是非，腸胃病，足病。
	85.暗滯，胃病，胸疼痛，五黃到位；煞中之煞主災禍連連，阻礙百般，化解安忍水、六帝錢。	13.爭執，吵鬧，勞氣，官非，盜劫，破財。
●東・乙卯甲	●宅中央	●西・辛酉庚
9.家人頭腦靈活，子女讀書聰明。	2.血光之災，慢性病。	4.容易被金屬所傷，易惹桃花劫
2.主官災，是非，足患，腸胃病。	4.風濕病，皮膚病。	6.容易被金屬所傷。
22.二黑是病符，疾病入醫院，女性婦科病，懷孕，男性腸胃病，內臟病。	9.目疾，血光之災，皮膚病。	7.當運主發財，失運主血光之災。
	49.合而化金，與本體木火不協，無益而有損，木火通明，聰明俊秀，女同性戀不正常桃花。	67.大凶六七交劍煞，合作不和，拆夥，籠裡雞作反，部屬造反，官非，男女不和，手腳受傷，皮膚病，化解使用陰陽水。
●東北・寅艮丑	●北・癸子壬	●西北・亥乾戌
5.主腸胃病，運氣蹇滯。	7.家人好動，桃花運。	3.經云，足以金而蹣跚，主足傷，家人容易發生。
7.財帛可得但容易破耗。	9.水火既濟，主喜慶順利。	5.頭部疾病，遠行多阻滯，身體多病。
6.發小財，利地產或五金行業。	4.坎宮為一白星所，主故為一四同宮主讀書聰明。	8.發小財，利地產或五金行業。
76.凶交劍煞，合作不和，拆夥，籠裡雞部屬造反，官非，男女不和，手腳受傷，皮膚病，化解使用陰陽水。	94.不正常桃花，女同性戀合化金。	58.吉，五黃到位；煞中之煞主災禍連連，阻礙百般，化解安忍水、六帝錢。

説明：雙星到向，形巒合局，秀水奇峰，主旺財。經曰：「會有旺星到穴，富積千鐘。」2到
　　　向首主大富，亦主懸葫之士，座山67頭痛、項疾、官非、肺病、口舌、桃色、牢獄之災
　　　。南宮85主瘡毒、中毒、血光、意外損手、神經病。

51 1	15 6	33 8
42 9	69 2	87 4
96 5	24 7	78 3

陽 宅 運 勢

辛山乙向

[二黑運]　　　　　　　　　　　　　　　　　　　[起星]

座西西北朝東東南

二百八十五度→一百零五度

●東南‧辰巽巳	●南‧丙午丁	●西南‧未坤申
1.經云，四一同宮準發科名。	6.子女容易與自己發生爭執，提防呼吸系統疾病。	8.利地產，旺財。
5.主皮膚病，瘡毒。	1.中爻得配水火相交，主喜慶順利。	3.主官災，是非，腸胃病，足病。
51.膀胱病，五黃到位；煞中之煞主災禍連連，阻礙百般，化解安忍水、六帝錢。	5.眼部疾病，血光之災。	33.官非，是非，爭執。
	15.五是變卦以中宮的向星代之婦科病耳疾。五黃到位；煞中之煞主災禍連連，阻礙百般，化解安忍水、六帝錢。	
●東‧乙卯甲	●宅中央	●西‧辛酉庚
9.家人頭腦靈活，子女讀書聰明。	2.血光之災，慢性病。	4.容易被金屬所傷，易惹桃花劫。
4.運氣反覆，情緒起伏。	6.遠行多阻滯，頭部疾病。	8.財帛可得，但容易破耗。
2.主官災，是非，足患，腸胃病。	9.目疾，血光之災，皮膚病。	7.當運主發財，失運主血光之災。
42.婆媳不和。	69.火燒天門，家生忤逆之兒，生牙瘡，腦病，生痄腮，流牙血，肺疾，衰則血症，盛必火災。	87.吉，財利。
●東北‧寅艮丑	●北‧癸子壬	●西北‧亥乾戌
5.主腸胃病，運氣蹇滯。	7.家人好動，桃花運。	3.經云，足以金而蹣跚，主足傷，家人容易發生。
9.家有令人愉快事情發生，如喜事，橫財。	2.主家人易罹腸胃病，女性當權掌握財政。	7.容易被金屬所傷，主官非，爭執，交通意外。
6.發小財，利地產或五金行業。	4.坎宮為一白星所，主故為一四同宮主讀書聰明。	8.發小財，利地產或五金行業。
96.腦病。	24.婆媳不和。咎當主母。	78.吉。

説明：令星到向，形巒合局，主旺財帛。經曰：「會有旺星到穴，富積千鐘。」座山87主人丁弱、肺疾、口舌、桃色、損手、神經病。東南宮51主瘡毒、中毒、黃腫、血光、腎病、耳鳴、水厄之應。東北宮96主吐血、頭痛、項病、心目之疾。

[二黑運]

31 1	85 6	13 8
22 9	49 2	67 4
76 5	94 7	58 3

陽宅運勢

辛山乙向

[下卦]

座西西北朝東東南

二百八十五度→一百零五度

●東南·辰巽巳	●南·丙午丁	●西南·未坤申
1.經云，四一同宮準發科名。 3.運氣反覆，時好時壞。 31.爭吵，激氣，官非，破財	6.子女容易與自己發生爭執，提防呼吸系統疾病。 8.主喜慶，有令人愉快事情發生。 5.眼部疾病，血光之災。 85.暗滯，胃病，胸疼痛，五黃到位；煞中之煞主災禍連連，阻礙百般，化解安忍水、六帝錢。	8.利地產，旺財。 1.主女性當權，家人易罹腸胃病。 3.主官災，是非，腸胃病，足病。 13.爭執，吵鬧，勞氣，官非，盜劫，破財。
●東·乙卯甲	●宅中央	●西·辛酉庚
9.家人頭腦靈活，子女讀書聰明。 2.主官災，是非，足患，腸胃病。 22.二黑是病符，疾病入醫院，女性婦科病，懷孕，男性腸胃病，內臟病。	2.血光之災，慢性病。 4.風濕病，皮膚病。 9.目疾，血光之災，皮膚病。 49.合而化金，與本體木火不協，無益而有損，木火通明，聰明俊秀，女同性戀不正常桃花。	4.容易被金屬所傷，易惹桃花劫。 6.容易被金屬所傷。 7.當運主發財，失運主血光之災。 67.大凶六七交劍煞，合作不和，拆夥，籠裡雞作反，部屬造反，官非，男女不和，手腳受傷，皮膚病，化解使用陰陽水。
●東北·寅艮丑	●北·癸子壬	●西北·亥乾戌
5.主腸胃病，運氣蹇滯。 7.財帛可得但容易破耗。 6.發小財，利地產或五金行業。 76.凶交劍煞，合作不和，拆夥，籠裡雞部屬造反，官非，男女不和，手腳受傷，皮膚病，化解使用陰陽水。	7.家人好動，桃花運。 9.水火既濟，主喜慶順利。 4.坎宮為一白星所，主故為一四同宮主讀書聰明。 94.不正常桃花，女同性戀合化金。	3.經云，足以金而蹣跚，主足傷，家人容易發生。 5.頭部疾病，遠行多阻滯，身體多病。 8.發小財，利地產或五金行業。 58.吉，五黃到位；煞中之煞主災禍連連，阻礙百般，化解安忍水、六帝錢。

説明:雙星到向，形巒合局，秀水奇峰，主旺財。經曰：「會有旺星到穴，富積千鐘。」2到
　　向首主大富，亦主懸葫之士。座山67頭痛、項疾、官非、肺病、口舌、桃色、牢獄之災
　　。南宮85主瘡毒、中毒、血光、意外損手、神經病。

91 1	56 6	78 8
89 9	12 2	34 4
45 5	67 7	23 3

陽 宅 運 勢

戌山辰向

[二黑運]　　　　　　　　　　　　　　　　　　[起星]

座西北西朝東南東

三百度→一百二十度

●東南·辰巽巳	●南·丙午丁	●西南·未坤申
1.經云,四一同宮準發科名。 9.讀書聰明,利文職,家有喜慶事。 91.桃花,讀書人,性病。	6.子女容易與自己發生爭執,提防呼吸系統疾病。 5.眼部疾病,血光之災。 56.吉六白金星化五黃。五黃到位;煞中之煞主災禍連連,阻礙百般,化解安忍水、六帝錢。	8.利地產,旺財。 7.主痢疾,提防火災,血光之災。 78.吉。
●東·乙卯甲	●宅中央	●西·辛酉庚
9.家人頭腦靈活,子女讀書聰明。 8.主不利,兒童成績退步。 89.火生土,吉,旺丁,旺財,輔弼相輝,田園富盛,而子孫繁衍也。	2.血光之災,慢性病。 1.經云,一加二五傷及壯丁,主傷病。 12.男性腸胃病,內臟有疾,女性有腸胃病,婦科病。	4.容易被金屬所傷,易惹桃花劫。 3.主血光之災,受人拖累。 34.三是男,四是女,女來就男移船就礅貼,大床利男性的桃花。
●東北·寅艮丑	●北·癸子壬	●西北·亥乾戌
5.主腸胃病,運氣蹇滯。 4.兒童多病,成績退步,鼻敏感。 45.遊蕩廢業,手足傷,病重重五黃到位;煞中之煞主災禍連連,阻礙百般,化解安忍水、六帝錢。	7.家人好動,桃花運。 6.主聰明才智發小財。 67.大凶六七交劍煞,合作不和,拆夥,籠裡雞作反,部屬造反,官非,男女不和,手腳受傷,皮膚病,化解使用陰陽水。	3.經云,足以金而蹣跚,主足傷,家人容易發生。 2.失運神經衰弱,胡思亂想,當運旺財。 23.鬥牛煞、官非、是非、口舌、不和、博弈好飲、田園廢盡。

説明:向星入囚,山星到座,得令主旺丁不旺財。經曰:「苟無生氣入門,糧艱一宿。」北宮67主頭痛、項疾、官訟、口舌、桃色、車禍、牢災之災。東北宮45主瘡毒、中毒、血光、意外、中風、淫亂。東宮89主目疾、心病、神經病、損手。

[二黑運]

29 1	75 6	97 8
18 9	31 2	53 4
64 5	86 7	42 3

陽 宅 運 勢

戌山辰向

座西北西朝東南東

三百度→一百二十度

[下卦]

●東南・辰巽巳	●南・丙午丁	●西南・未坤申
1.經云，四一同宮準發科名。	6.子女容易與自己發生爭執，提防呼吸系統疾病。	8.利地產，旺財。
2.主是非，健康差，呼吸系統疾病。	7.小心火災，家中女性不和。	9.家人愚鈍，子女成績退步。
9.讀書聰明，利文職，家有喜慶事。	5.眼部疾病，血光之災。	7.主痢疾，提防火災，血光之災。
29.火生土，主女人多，桃花重，桃花屋。	75.肺病，口腔病，口舌，五黃到位；煞中之煞主災禍連連，阻礙百般，化解安忍水、六帝錢。	97.回祿之災，心臟病。

●東・乙卯甲	●宅中央	●西・辛酉庚
9.家人頭腦靈活，子女讀書聰明。	2.血光之災，慢性病。	4.容易被金屬所傷，易惹桃花劫。
1.主家人搬遷或有遠行，脾氣較為暴躁。	3.因財致禍，腳傷。	5.是非，官災，容易被金屬所傷。
8.主不利，兒童成績退步	1.經云，一加二五傷及壯丁，主傷病。	3.主血光之災，受人拖累。
18.土剋水，耳疾，被狗咬傷或被動物抓傷。咎輕，受剋而奇偶相敵。	31.爭吵，激氣，官非，破財。	53.破財，傷身，窮途困病再遭殃，五黃到位；煞中之煞主災禍連連，阻礙百般，化解安忍水、六帝錢。

●東北・寅艮丑	●北・癸子壬	●西北・亥乾戌
5.主腸胃病，運氣蹇滯。	7.家人好動，桃花運。	3.經云，足以金而蹣跚，主足傷，家人容易發生。
6.發小財，利地產或五金行業。	8.主財運佳，利地產置業。	4.不利女性，驛馬位，有遠行或搬遷。
4.兒童多病，成績退步，鼻敏感。	6.主聰明才智發小財。	2.失運神經衰弱，胡思亂想，當運旺財。
64.先合後散，女性多病。	86.吉，財利。	42.婆媳不和。

説明：上山下水，形巒不合，主損丁破財。經曰：「苟無生氣入門，糧艱一宿。」座山42主腹疾、產厄、風疾，或主欺姑之婦。西南宮97主火災、目疾、心臟病、車禍、官非、口舌、桃色、牢獄之災。西宮53主瘡毒、中毒、血光、意外、官非、口舌、肝病、足患、刑妻、暴戾。

32	76	54
1	6	8
43	21	98
9	2	4
87	65	19
5	7	3

陽 宅 運 勢

乾山巽向

[二黑運] [起星]

座西北朝東南

三百一十五度→一百三十五度

●東南・辰巽巳	●南・丙午丁	●西南・未坤申
1.經云，四一同宮準發科名。	6.子女容易與自己發生爭執，提防呼吸系統疾病。	8.利地產，旺財。
3.運氣反覆，時好時壞。	7.小心火災，家中女性不和。	5.主急性病，血光之災。
2.主是非，健康差，呼吸系統疾病。	76.凶交劍煞，合作不和，拆夥，籠裡雞部屬造反，官非，男女不和，手腳受傷，皮膚病，化解使用陰陽水。	4.腸胃病，是非，纏繞。
32.鬥牛煞，爭吵，激氣，官非，破財。		54.五黃最忌三碧四綠木剋土，博弈好飲，破財田園廢盡，大凶五黃到位；煞中之煞主災禍連連，阻礙百般，化解安忍水、六帝錢。
●東・乙卯甲	●宅中央	●西・辛酉庚
9.家人頭腦靈活，子女讀書聰明。	2.血光之災，慢性病。	4.容易被金屬所傷，易惹桃花劫。
4.運氣反覆，情緒起伏。	1.經云，一加二五傷及壯丁，主傷病。	9.小心火災，家中女性不和。
3.經云，蚩尤碧色好勇鬥狠之神，三碧為蚩尤星主官災是非爭執。	21.女性婦科病，腸胃病。	8.財帛可得，但容易破耗。
43.少女發瘋，男星飛臨是男姦女之象。		98.吐血。
●東北・寅艮丑	●北・癸子壬	●西北・亥乾戌
5.主腸胃病，運氣蹇滯。	7.家人好動，桃花運。	3.經云，足以金而蹣跚，主足傷，家人容易發生。
8.當運發財，利地產，失運破財。	6.主聰明才智發小財。	1.主聰明，才智，發小財。
7.財帛可得但容易破耗。	5.主傷病，提防泌尿疾病，女性提防婦科病。	9.子女容易與自己爭執，提防呼吸系統疾病。
87.吉，財利。	65.頭痛，口腔多病，五黃到位；煞中之煞主災禍連連，阻礙百般，化解安忍水、六帝錢	19.水火不容，性病，皮膚病，小產。

說明:令星到向，山星入囚，主旺財不旺丁。經曰：「會有旺星到穴，富積千鐘。」座山19
主腎病、、耳鳴、水厄、眼疾、火災。西南宮54主瘡毒、中毒、血光、意外、中風、股
病、淫亂。東北宮87主肺病、喉疾、官非、牢獄之災、神經、損手之應。

[二黑運]

42	86	64
1	6	8
53	31	18
9	2	4
97	75	29
5	7	3

陽 宅 運 勢

乾山巽向

座西北朝東南

[下卦]

三百一十五度→一百三十五度

●東南·辰巽巳	●南·丙午丁	●西南·未坤申
1.經云，四一同宮準發科名。	6.子女容易與自己發生爭執，提防呼吸系統疾病。	8.利地產，旺財。
4.經云，蓋四綠為文昌之神主聰明。	8.主喜慶，有令人愉快事情發生。	6.胡思亂想，神經衰弱，當運則發財。
2.主是非，健康差，呼吸系統疾病。	86.吉，財利。	4.腸胃病，是非，纏繞。
42.婆媳不和。		64.先合後散，女性多病。
●東·乙卯甲	●宅中央	●西·辛酉庚
9.家人頭腦靈活，子女讀書聰明。	2.血光之災，慢性病。	4.容易被金屬所傷，易惹桃花劫。
5.容易腳傷，因財招禍。	3.因財致禍，腳傷。	1.家人好動，多異性緣，一白當運為桃花運，失運破財。
3.經云，蚩尤碧色好勇鬥狠之神，三碧為蚩尤星主官災是非爭執。	1.經云，一加二五傷及壯丁，主傷病。	8.財帛可得，但容易破耗。
53.破財，傷身，窮途困病再遭殃，五黃到位；煞中之煞主災禍連連，阻礙百般，化解安忍水、六帝錢。	31.爭吵，激氣，官非，破財。	18.土剋水，耳疾，被狗咬傷或被動物抓傷。咎輕，受剋而奇偶相敵。
●東北·寅艮丑	●北·癸子壬	●西北·亥乾戌
5.主腸胃病，運氣蹇滯。	7.家人好動，桃花運。	3.經云，足以金而蹣跚，主足傷，家人容易發生。
9.家有令人愉快事情發生，如喜事，橫財。	5.主傷病，提防泌尿疾病，女性提防婦科病。	2.失運神經衰弱，胡思亂想，當運旺財。
7.財帛可得但容易破耗。	75.肺病，口腔病，口舌，五黃到位；煞中之煞主災禍連連，阻礙百般，化解安忍水、六帝錢。	9.子女容易與自己爭執，提防呼吸系統疾病。
97.回祿之災，心臟病。		29.火生土，主女人多，桃花重，桃花屋。

説明:旺山旺向，形巒合局，主大旺財丁。經曰：「會有旺星到穴，富積千鐘。」東宮53主瘡毒、中毒、血光、意外、官非、口舌、肝病、足患、暴戾、刑妻；西南宮64主頭項、股病、官訟、中風、淫亂之事；東北宮97主肺疾、喉病、官非、眼疾、火災。

32	76	54
1	6	8
43	21	98
9	2	4
87	65	19
5	7	3

陽 宅 運 勢

亥山巳向

[二黑運]   [起星]

座西北北朝東南南

三百三十度→一百五十度

●東南・辰巽巳	●南・丙午丁	●西南・未坤申
1.經云，四一同宮準發科名。 3.運氣反覆，時好時壞。 2.主是非，健康差，呼吸系統疾病。 32.鬥牛煞，爭吵，激氣，官非，破財。	6.子女容易與自己發生爭執，提防呼吸系統疾病。 7.小心火災，家中女性不和。 76.凶交劍煞，合作不和，拆夥，籠裡雞部屬造反，官非，男女不和，手腳受傷，皮膚病，化解使用陰陽水。	8.利地產，旺財。 5.主急性病，血光之災。 4.腸胃病，是非，纏繞。 54.五黃最忌三碧四綠木剋土，博弈好飲，破財田園廢盡，大凶五黃到位；煞中之煞主災禍連連，阻礙百般，化解安忍水、六帝錢。
●東・乙卯甲	●宅中央	●西・辛酉庚
9.家人頭腦靈活，子女讀書聰明。 4.運氣反覆，情緒起伏。 3.經云，蚩尤碧色好勇鬥狠之神，三碧為蚩尤星主官災是非爭執。 43.少女發瘋，男星飛臨是男姦女之象。	2.血光之災，慢性病。 1.經云，一加二五傷及壯丁，主傷病。 21.女性婦科病，腸胃病。	4.容易被金屬所傷，易惹桃花劫。 9.小心火災，家中女性不和。 8.財帛可得，但容易破耗。 98.吐血。
●東北・寅艮丑	●北・癸子壬	●西北・亥乾戌
5.主腸胃病，運氣蹇滯。 8.當運發財，利地產，失運破財。 7.財帛可得但容易破耗。 87.吉，財利。	7.家人好動，桃花運。 6.主聰明才智發小財。 5.主傷病，提防泌尿疾病，女性提防婦科病。 65.頭痛，口腔多病，五黃到位；煞中之煞主災禍連連，阻礙百般，化解安忍水、六帝錢。	3.經云，足以金而蹣跚，主足傷，家人容易發生。 1.主聰明，才智，發小財。 9.子女容易與自己爭執，提防呼吸系統疾病。 19.水火不容，性病，皮膚病，小產。

説明：令星到向，山星入囚，主旺財不旺丁。經曰：「會有旺星到穴，富積千鐘。」座山19主腎病、耳鳴、水厄、眼疾、火災。西南宮54主瘡毒、中毒、血光、意外、中風、股病、淫亂。東北宮87主肺病、喉疾、官非、牢獄之災、神經、損手之應。

42	86	64
1	6	8
53	31	18
9	2	4
97	75	29
5	7	3

陽 宅 運 勢

亥山巳向

[二黑運]　　　　　　　　　　　　　　　　　　[下卦]

座西北北朝東南南

三百三十度→一百五十度

●東南‧辰巽巳	●南‧丙午丁	●東西‧未坤申
1.經云，四一同宮準發科名。	6.子女容易與自己發生爭執，提防呼吸系統疾病。	8.利地產，旺財
4.經云，蓋四綠為文昌之神主聰明。	8.主喜慶，有令人愉快事情發生。	6.胡思亂想，神經衰弱，當運則發財。
2.主是非，健康差，呼吸系統疾病。	86.吉，財利。	4.腸胃病，是非，纏繞。
42.婆媳不和。		64.先合後散，女性多病。

●東‧乙卯甲	●宅中央	●西‧辛酉庚
9.家人頭腦靈活，子女讀書聰明。	2.血光之災，慢性病。	4.容易被金屬所傷，易惹桃花劫。
5.容易腳傷，因財招禍。	3.因財致禍，腳傷。	1.家人好動，多異性緣，一白當運為桃花運，失運破財。
3.經云，蚩尤碧色好勇鬥狠之神，三碧為蚩尤星主官災是非爭執。	1.經云，一加二五傷及壯丁，主傷病。	8.財帛可得，但容易破耗。
53.破財，傷身，窮途困病再遭殃，五黃到位；煞中之煞主災禍連連，阻礙百般，化解安忍水、六帝錢。	31.爭吵，激氣，官非，破財。	18.土剋水，耳疾，被狗咬傷或被動物抓傷。咎輕，受剋而奇偶相敵。

●東北‧寅艮丑	●北‧癸子壬	●西北‧亥乾戌
5.主腸胃病，運氣蹇滯。	7.家人好動，桃花運。	3.經云，足以金而蹣跚，主足傷，家人容易發生。
9.家有令人愉快事情發生，如喜事，橫財。	5.主傷病，提防泌尿疾病，女性提防婦科病。	2.失運神經衰弱，胡思亂想，當運旺財。
7.財帛可得但容易破耗。	75.肺病，口腔病，口舌，五黃到位；煞中之煞主災禍連連，阻礙百般，化解安忍水、六帝錢。	9.子女容易與自己爭執，提防呼吸系疾病。
97.回祿之災，心臟病。		29.火生土，主女人多，桃花重，桃花屋。

說明：旺山旺向，形巒合局，主大旺財丁。經曰：「會有旺星到穴，富積千鐘。」東宮53主瘡毒、中毒、血光、意外、官非、口舌、肝病、足患、暴戾、刑妻。西南宮64主頭疾、股病、官訟、中風、淫亂之事。東北宮97主肺疾、喉病、官非、眼疾、火災。

68	13	81
1	6	8
79	57	35
9	2	4
24	92	46
5	7	3

陽 宅 運 勢

[二黑運]

[起星]

丑山未向

座東北北朝西南南

三十度→二百一十度

●東南，辰巽巳	●南，丙午丁	●西南，未坤申
1.經云，四一同宮準發科名。 6.不利女性，奔波勞碌。 8.兒童多病，成績退步，鼻敏感。 68.吉，進財，利田宅，武庫，亦主財帛，利武庫及異路功名。	6.子女容易與自己發生爭執，提防呼吸系統疾病。 1.中爻得配水火相交，主喜慶順利。 3.主家人頭腦靈活聰明。 13.爭執，吵鬧，勞氣，官非，盜劫，破財。	8.利地產，旺財。 1.主女性當權，家人易罹腸胃病。 81.土剋水，膀胱疾，耳病。
●東，乙卯甲	●宅中央	●西，辛酉庚
9.家人頭腦靈活，子女讀書聰明。 7.血光之災，受人拖累破財，宜放風水輪來化解。 79.回祿之災，心臟病。	2.血光之災，慢性病。 5.血光之災，瘡瘤。 7.是非，官災，容易被金屬所傷。 57.吉七赤金星化五黃，土生金生旺七運吉星五黃到位；煞中之煞主災禍連連，阻礙百般，化解安忍水、六帝錢。	4.容易被金屬所傷，易惹桃花劫。 3.主血光之災，受人拖累。 5.是非，官災，容易被金屬所傷。 35.多主不吉，木剋土貧窮，傷足，生疾，五黃到位；煞中之煞主災禍連連，阻礙百般，化解安忍水、六帝錢。
●東北，寅艮丑	●北，癸子壬	●西北，亥乾戌
5.主腸胃病，運氣蹇滯。 2.旺財，利地財。 4.兒童多病，成績退步，鼻敏感。 24.婆媳不和。咎當主母。	7.家人好動，桃花運。 9.水火既濟，主喜慶順利。 2.主家人易罹腸胃病，女性當權掌握財政。 92.婦科病。	3.經云，足以金而蹣跚，主足傷，家人容易發生。 4.不利女性，驛馬位，有遠行或搬遷。 6.驛馬位，有遠行，失運主官非或交通意外。 46.煩惱事先合後散。肝病，輕或痼疾，重且夭折。

説明:向首退神管局，經云:「苟無生氣入門，糧艱一宿。」山星2到山得令，主旺丁，不旺財。西北宮有水，凶惡者主婦女懸樑，東宮79主桃花之應，經云:「午酉逢而江湖花酒。」

69 1	14 6	82 8
71 9	58 2	36 4
25 5	93 7	47 3

陽 宅 運 勢

[二黑運]

丑山未向

座東北北朝西南南

三十度→二百一十度

[下卦]

●東南，辰巽巳	●南，丙午丁	●西南，未坤申
1.經云，四一同宮準發科名。	6.子女容易與自己發生爭執，提防呼吸系統疾病。	8.利地產，旺財。
6.不利女性，奔波勞碌。	1.中爻得配水火相交，主喜慶順利。	2.二黑又名病符，回宮復位主身體多病。
9.讀書聰明，利文職，家有喜慶事。	4.讀書聰明，利文職，有喜慶，失運則財帛不聚。	82.疾病。
69.火燒天門，家生忤逆之兒，生牙瘡，腦病，生疔腮，流牙血，肺疾，衰則血症，盛必火災。	14.讀書有成，被讚賞，出門有利，升職，加薪，主科名，號青雲得路，有文筆硯池水，鼎元之兆也。	
●東，乙卯甲	●宅中央	●西，辛酉庚
9.家人頭腦靈活，子女讀書聰明。	2.血光之災，慢性病。	4.容易被金屬所傷，易惹桃花劫。
7.血光之災，受人拖累破財，宜放風水輪來化解。	5.血光之災，瘡瘤。	3.主血光之災，受人拖累。
1.主家人搬遷或有遠行，脾氣較為暴躁。	8.主腸胃病，運氣蹇滯。	6.容易被金屬所傷。
71.出門遠行，桃花。	58.吉，五黃到位；煞中之煞主災禍連連，阻礙百般，化解安忍水、六帝錢。	36.官非，手腳受損，患在長男。
●東北，寅艮丑	●北，癸子壬	●西北，亥乾戌
5.主腸胃病，運氣蹇滯。	7.家人好動，桃花運。	3.經云，足以金而蹣跚，主足傷，家人容易發生。
2.旺財，利地財。	9.水火既濟，主喜慶順利。	4.不利女性，驛馬位，有遠行或搬遷。
25.二五交加必損主孤寡二主宅母多病黑逢五至出鰥夫，五黃到位；煞中煞主災禍連連，阻礙百般，化解安忍水、六帝錢。	3.主脾氣暴躁，家人會搬遷或遠行。	7.容易被金屬所傷，主官非，爭執，交通意外。
	93.官非。	47.桃花當時得令七運財色兼收。文章不顯，嘔血而早夭。

説明:合旺山旺離，向首有水放光者，形巒合局者，富積千鐘。此局山向星反伏吟，惟令星合局不忌。南宮14主科甲，經云:「一四同宮，主科名之顯。」

46	92	24
1	6	8
35	57	79
9	2	4
81	13	68
5	7	3

陽 宅 運 勢

艮山坤向
座東北朝西南
四十五度→二百二十度

[二黑運]　　　　　　　　　　　　　　　　　　[起星]

●東南，辰巽巳	●南，丙午丁	●西南，未坤申
1.經云，四一同宮準發科名。	6.子女容易與自己發生爭執，提防呼吸系統疾病。	8.利地產，旺財。
4.經云，蓋四綠為文昌之神主聰明。	9.當運主財運與事業順利，失運主血光之災。	2.二黑又名病符，回宮復位主身體多病。
6.不利女性，奔波勞碌。	2.家人愚鈍，血光之災。	4.腸胃病，是非，纏繞。
46.煩惱事先合後散。肝病，輕或痼疾，重且夭折。	92.婦科病。	24.婆媳不和。咎當主母。
●東，乙卯甲	●宅中央	●西，辛酉庚
9.家人頭腦靈活，子女讀書聰明。	2.血光之災，慢性病。	4.容易被金屬所傷，易惹桃花劫。
3.經云，蚩尤碧色好勇鬥狠之神，三碧為蚩尤星主官災是非爭執。	5.血光之災，瘡瘤。	7.當運主發財，失運主血光之災。
5.容易腳傷，因財招禍。	7.是非，官災，容易被金屬所傷。	9.小心火災，家中女性不和。
35.多主不吉，木剋土貧窮，傷足，生疾，五黃到位；煞中之煞主災禍連連，阻礙百般，化解安忍水、六帝錢。	57.吉七赤金星化五黃，土生金生旺七運吉星。五黃到位；煞中之煞主災禍連連，阻礙百般，化解安忍水、六帝錢。	79.回祿之災，心臟病。
●東北，寅艮丑	●北，癸子壬	●西北，亥乾戌
5.主腸胃病，運氣塞滯。	7.家人好動，桃花運。	3.經云，足以金而蹣跚，主足傷，家人容易發生。
8.當運發財，利地產，失運破財。	1.經云，一白官星之應主掌文章讀書聰明。	6.驛馬位，有遠行，失運主官非或交通意外。
1.財運佳，利地產置業。	3.主脾氣暴躁，家人會搬遷或遠行。	8.發小財，利地產或五金行業。
81.土剋水，膀胱疾，耳病。	13.爭執，吵鬧，勞氣，官非，盜劫，破財。	68.吉，進財，利田宅，武庫，亦主財帛，利武庫及異路功名。

説明:丁星到向，人口不安，滿盤伏吟主災 危，西宮79主火災：經曰：「回祿之災。」南宮
92，山水凶者主心腹之疾，西宮79主肺病，喉疾，官非，牢獄之災，眼疾，心病。

47	93	25
1	6	8
36	58	71
9	2	4
82	14	69
5	7	3

陽 宅 運 勢

艮山坤向

[二黑運]　　　　　　　　　　　　　　　[下卦]

座東北朝西南

四十五度→二百二十度

●東南，辰巽巳	●南，丙午丁	●西南，未坤申
1.經云，四一同宮準發科名。 4.經云，蓋四綠為文昌之神主聰明。 7.容易被金屬所傷，易惹桃花劫。 47.桃花當時得令七運財色兼收。文章不顯，嘔血而早夭。	6.子女容易與自己發生爭執，提防呼吸系統疾病。 9.當運主財運與事業順利，失運主血光之災。 3.主家人頭腦靈活聰明。 93.官非。	8.利地產，旺財。 2.二黑又名病符，回宮復位主身體多病。 5.主急性病，血光之災。 25.二五交加必損主孤寡二主，宅母多病黑逢五至出鰥夫，五黃到位；煞中煞主災禍連連，阻礙百般，化解安忍水、六帝錢。
●東，乙卯甲	●宅中央	●西，辛酉庚
9.家人頭腦靈活，子女讀書聰明。 3.經云，蚩尤碧色好勇鬥狠之神，三碧為蚩尤星主官災是非爭執。 6.主足疾，小人多。 36.官非，手腳受損，患在長男。	2.血光之災，慢性病。 5.血光之災，瘡瘤。 8.主腸胃病，運氣蹇滯。 58.吉，五黃到位；煞中之煞主災禍連連，阻礙百般，化解安忍水、六帝錢。	4.容易被金屬所傷，易惹桃花劫。 7.當運主發財，失運主血光之災。 1.家人好動，多異性緣，一白當運為桃花運，失運破財。 71.出門遠行，桃花。
●東北，寅艮丑	●北，癸子壬	●西北，亥乾戌
5.主腸胃病，運氣蹇滯。 8.當運發財，利地產，失運破財。 2.旺財，利地財。 82.疾病。	7.家人好動，桃花運。 1.經云，一白官星之應主掌文章讀書聰明。 4.坎宮為一白星所，主故為一四同宮主讀書聰明。 14.讀書有成，被讚賞，出門有利，升職，加薪，主科名，號青雲得路，有文筆硯池水，鼎元之兆也。	3.經云，足以金而蹣跚，主足傷，家人容易發生。 6.驛馬位，有遠行，失運主官非或交通意外。 9.子女容易與自己爭執，提防呼吸系統疾病。 69.火燒天門，家生忤逆之兒，生牙瘡，腦病，生痄腮，流牙血，肺疾，衰則血症，盛必火災。

説明:滿盤伏吟，上山下水局，形巒凶者其禍主速，西宮有水主桃花，經曰：「金水多情，貪花戀酒。」西南宮25，損主之應，西北宮69，主頭痛，項疾，官訟，眼疾，心病，火災之應。

48 1	94 6	26 8
37 9	59 2	72 4
83 5	15 7	61 3

陽 宅 運 勢

寅山申向

座東北東朝西南西

六十度→二百四十度

[二黑運]　　　　　　　　　　　　　　　　　　　　　　[起星]

●東南，辰巽巳	●南，丙午丁	●西南，未坤申
1.經云，四一同宮準發科名。 4.經云，蓋四綠為文昌之神主聰明。 8.兒童多病，成績退步，鼻敏感。 48.進田莊之喜，女同性戀。	6.子女容易與自己發生爭執，提防呼吸系統疾病。 9.當運主財運與事業順利，失運主血光之災。 4.讀書聰明，利文職，有喜慶，失運則財帛不聚。 94.不正常桃花，女同性戀合化金。	8.利地產，旺財。 2.二黑又名病符，回宮復位主身體多病。 6.胡思亂想，神經衰弱，當運則發財。 26.進田莊之喜，買地買樓但是各嗇孤寒。
●東，乙卯甲	**●宅中央**	**●西，辛酉庚**
9.家人頭腦靈活，子女讀書聰明。 3.經云，蚩尤碧色好勇鬥狠之神，三碧為蚩尤主官災是非爭執。 7.血光之災，受人拖累破財，宜放風水輪來化解。 37.破財，官非，七運時七當旺仍有財，盜賊相侵，訟凶而病厄，咎重。	2.血光之災，慢性病。 5.血光之災，瘡瘤。 9.目疾，血光之災，皮膚病。 59.凶，火生土，生旺災瘟星五黃，主不吉五黃到位；煞中之煞主災禍連連，阻礙百般，化解安忍水、六帝錢。	4.容易被金屬所傷，易惹桃花劫。 7.當運主發財，失運主血光之災。 2.肚痛，提防火災，血光之災。 72.合先天火，利二黑，五黃，八白命。
●東北，寅艮丑	**●北，癸子壬**	**●西北，亥乾戌**
5.主腸胃病，運氣蹇滯。 8.當運發財，利地產，失運破財。 3.經云，三八逢損小口，主不利小童。 83.木剋土，不利幼兒，離婚，無仔生，嫁杳無期，姑婆屋，腰痛，自殺，吊頸，咎輕，受剋而奇偶相敵。	7.家人好動，桃花運。 1.經云，一白官星之應主掌文章讀書聰明。 5.主傷病，提防泌尿疾病，女性提防婦科病。 15.五是變卦以中宮的向星代之婦科病耳疾。五黃到位；煞中之煞主災禍連連，阻礙百般，化解安忍水、六帝錢。	3.經云，足以金而蹣跚，主足傷，家人容易發生。 6.驛馬位，有遠行，失運主官非或交通意外。 1.主聰明，才智，發小財。 61.金生水，桃花旺。

說明：西方有水，不忌伏吟，形巒合局者，水城佳美，主當元富貴雙全，經曰：「艮山庚水，巨門運至，甲第流芳。」此局座山煞氣，宜通不宜實，東南宮48，東北宮83，防損小口，北宮15，主敗腎，瘡毒之疾。

47 1	93 6	25 8
36 9	58 2	71 4
82 5	14 7	69 3

陽 宅 運 勢

寅山申向

[二黑運]　　　　　　　　　　　　　　　[下卦]

座東北東朝西南西

六十度→二百四十度

●東南，辰巽巳	●南，丙午丁	●西南，未坤申
1.經云，四一同宮準發科名。 4.經云，蓋四綠為文昌之神主聰明。 7.容易被金屬所傷，易惹桃花劫。 47.桃花當時得令七運財色兼收。文章不顯，嘔血而早夭。	6.子女容易與自己發生爭執，提防呼吸系統疾病。 9.當運主財運與事業順利，失運主血光之災。 3.主家人頭腦靈活聰明。 93.官非。	8.利地產，旺財 2.二黑又名病符，回宮復位主身體多病。 5.主急性病，血光之災。 25.二五交加必損主孤寡二主，宅母多病黑逢五至出鰥夫，五黃到位；煞中煞主災禍連連，阻礙百般，化解安忍水、六帝錢。
●東，乙卯甲	**●宅中央**	**●西，辛酉庚**
9.家人頭腦靈活，子女讀書聰明。 3.經云，蚩尤碧色好勇鬥狠之神，三碧為蚩尤星主官災是非爭執。 6.主足疾，小人多。 36.官非，手腳受損，患在長男。	2.血光之災，慢性病。 5.血光之災，瘡瘤。 8.主腸胃病，運氣蹇滯。 58.吉，五黃到位；煞中之煞主災禍連連，阻礙百般，化解安忍水、六帝錢。	4.容易被金屬所傷，易惹桃花劫。 7.當運主發財，失運主血光之災。 1.家人好動，多異性緣，一白當運為桃花運，失運破財。 71.出門遠行，桃花。
●東北，寅艮丑	**●北，癸子壬**	**●西北，亥乾戌**
5.主腸胃病，運氣蹇滯。 8.當運發財，利地產，失運破財。 2.旺財，利地財。 82.疾病。	7.家人好動，桃花運。 1.經云，一白官星之應主掌文章讀書聰明。 4.坎宮為一白星所，主故為一四同宮主讀書聰明。 14.讀書有成，被讚賞，出門有利，升職，加薪，主科名，號青雲得路，有文筆硯池水，鼎元之兆也。	3.經云，足以金而蹣跚，主足傷，家人容易發生。 6.驛馬位，有遠行，失運主官非或交通意外。 9.子女容易與自己爭執，提防呼吸系統疾病。 69.火燒天門，家生忤逆之兒，生牙瘡，腦病，生疿腮，流牙血，肺疾，衰則血症，盛必火災。

説明：滿盤伏吟，上山下水局，形巒凶者其禍主速，西宮有水主桃花，經曰：「金水多情，貪花戀酒。」西南宮25損主之應，西北宮69主頭痛項疾、官訟、眼疾、心病。

[二黑運]

86 1	31 6	18 8
97 9	75 2	53 4
42 5	29 7	64 3

陽 宅 運 勢

[起星]

未山丑向

座西南南朝東北北

二百一十度→三十度

●東南·辰巽巳	●南·丙午丁	●西南·未坤申
1.經云,四一同宮準發科名。	6.子女容易與自己發生爭執,提防呼吸系統疾病。	8.利地產,旺財。
8.兒童多病,成績退步,鼻敏感。	3.主家人頭腦靈活聰明。	1.主女性當權,家人易罹腸胃病。
6.不利女性,奔波勞碌。	1.中爻得配水火相交,主喜慶順利。	18.土剋水,耳疾,被狗咬傷或被動物抓傷。咎輕,受剋而奇偶相敵。
86.吉,財利。	31.爭吵,激氣,官非,破財。	
●東·乙卯甲	●宅中央	●西·辛酉庚
9.家人頭腦靈活,子女讀書聰明。	2.血光之災,慢性病。	4.容易被金屬所傷,易惹桃花劫。
7.血光之災,受人拖累破財,宜放風水輪來化解。	7.是非,官災,容易被金屬所傷。	5.是非,官災,容易被金屬所傷。
97.回祿之災,心臟病。	5.血光之災,瘡瘤。	3.主血光之災,受人拖累。
	75.肺病,口腔病,口舌,五黃到位;煞中之煞主災禍連連,阻礙百般,化解安忍水、六帝錢。	53.破財,傷身,窮途困病再遭殃,五黃到位;煞中之煞主災禍連連,阻礙百般,化解安忍水、六帝錢。
●東北·寅艮丑	●北·癸子壬	●西北·亥乾戌
5.主腸胃病,運氣蹇滯。	7.家人好動,桃花運。	3.經云,足以金而蹣跚,主足傷,家人容易發生。
4.兒童多病,成績退步,鼻敏感。	2.主家人易罹腸胃病,女性當權掌握財政。	6.驛馬位,有遠行,失運主官非或交通意外。
2.旺財,利地財。	9.水火既濟,主喜慶順利。	4.不利女性,驛馬位,有遠行或搬遷。
42.婆媳不和。	29.火生土,主女人多,桃花重,桃花屋。	64.先合後散,女性多病。

説明:令星到向,形巒合局,主旺財帛。經曰:「會有旺星到穴‧富積千鐘。」東宮97主回祿、吐血、心病、耳疾、火災、官非、口舌、牢獄之災。東南宮86,主頭痛、項病、官訟、損手、神經病。西宮53主瘡毒、中毒、黃腫、血光、肝病、足患、暴戾、刑妻之事。

96	41	28
1	6	8
17	85	63
9	2	4
52	39	74
5	7	3

陽 宅 運 勢

未山丑向

座西南南朝東北北

二百一十度→三十度

[二黑運]　　　　　　　　　　　　　　　　　　[下卦]

●東南・辰巽巳	●南・丙午丁	●西南・未坤申
1.經云，四一同宮準發科名。	6.子女容易與自己發生爭執，提防呼吸系統疾病。	8.利地產，旺財。
9.讀書聰明，利文職，家有喜慶事。	4.讀書聰明，利文職，有喜慶，失運則財帛不聚。	2.二黑又名病符，回宮復位主身體多病。
6.不利女性，奔波勞碌。	1.中爻得配水火相交，主喜慶順利。	28.合十主吉，有進田置業之喜，利遷移。
96.腦病。	41.利讀書，出門，遠走他方。	
●東・乙卯甲	●宅中央	●西・辛酉庚
9.家人頭腦靈活，子女讀書聰明。	2.血光之災，慢性病。	4.容易被金屬所傷，易惹桃花劫。
1.主家人搬遷或有遠行，脾氣較為暴躁。	8.主腸胃病，運氣蹇滯。	6.容易被金屬所傷。
7.血光之災，受人拖累破財，宜放風水輪來化解。	5.血光之災，瘡瘤。	3.主血光之災，受人拖累。
17.桃花，出門有利，吉利。	85.暗滯，胃病，胸疼痛，五黃到位；煞中之煞主災禍連連，阻礙百般，化解安忍水、六帝錢。	63.手腳受傷。
●東北・寅艮丑	●北・癸子壬	●西北・亥乾戌
5.主腸胃病，運氣蹇滯。	7.家人好動，桃花運。	3.經云，足以金而蹣跚，主足傷，家人容易發生。
2.旺財，利地財。	3.主脾氣暴躁，家人會搬遷或遠行。	7.容易被金屬所傷，主官非，爭執，交通意外。
52.腸病，手腳受傷，黃遇黑時出寡婦。主孤寡五黃到位；煞中之煞主災禍連連，阻礙百般，化解安忍水、六帝錢。	9.水火既濟，主喜慶順利。	4.不利女性，驛馬位，有遠行或搬遷。
	39.聰明而吝嗇。	74.桃花，出門。

説明：令星到向，形巒合局主旺財丁。經曰：「會有旺星到穴，富積千鐘。」西北宮74主長房、傷足、桃色之應、官非、口舌、血光。經曰：「壯途躓足。」東南宮96主吐血、心目之疾，亦主忤逆之子。東宮17主桃色、腎病、耳鳴、水厄。東北宮52主瘡毒、黃腫、血光、腹疾、邪病。

64	29	42
1	6	8
53	75	97
9	2	4
18	31	86
5	7	3

陽 宅 運 勢

[二黑運]

坤山艮向
座西南朝東北
二百二十五度→四十五度

[起星]

●東南·辰巽巳	●南·丙午丁	●西南·未坤申
1.經云，四一同宮準發科名。	6.子女容易與自己發生爭執，提防呼吸系統疾病。	8.利地產，旺財
6.不利女性，奔波勞碌。	2.家人愚鈍，血光之災。	4.腸胃病，是非，纏繞。
4.經云，蓋四綠為文昌之神主聰明。	9.當運主財運與事業順利，失運主血光之災。	2.二黑又名病符，回宮復位主身體多病。
64.先合後散，女性多病。	29.火生土，主女人多，桃花重，桃花屋。	42.婆媳不和。
●東·乙卯甲	●宅中央	●西·辛酉庚
9.家人頭腦靈活，子女讀書聰明。	2.血光之災，慢性病。	4.容易被金屬所傷，易惹桃花劫。
5.容易腳傷，因財招禍。	7.是非，官災，容易被金屬所傷。	9.小心火災，家中女性不和。
3.經云，蚩尤碧色好勇鬥狠之神，三碧為蚩尤星主官災是非爭執。	5.血光之災，瘡瘤。	7.當運主發財，失運主血光之災。
53.破財，傷身，窮途困病再遭殃，五黃到位；煞中之煞主災禍連連，阻礙百般，化解安忍水、六帝錢。	75.肺病，口腔病，口舌，五黃到位；煞中之煞主災禍連連，阻礙百般，化解安忍水、六帝錢。	97.回祿之災，心臟病。
●東北·寅艮丑	●北·癸子壬	●西北·亥乾戌
5.主腸胃病，運氣蹇滯。	7.家人好動，桃花運。	3.經云，足以金而蹣跚，主足傷，家人容易發生。
1.財運佳，利地產置業。	3.主脾氣暴躁，家人會搬遷或遠行。	8.發小財，利地產或五金行業。
8.當運發財，利地產，失運破財。	1.經云，一白官星之應主掌文章讀書聰明。	6.驛馬位，有遠行，失運主官非或交通意外。
18.土剋水，耳疾，被狗咬傷或被動物抓傷。咎輕，受剋而奇偶相敵。	31.爭吵，激氣，官非，破財。	86.吉，財利。

說明：令星到座，水神上山，困頓之局主破財帛。經曰：「苟無生氣入門，糧艱一宿。」北宮、東宮可用城門訣，惟必須水城合局主大旺，西宮97主吐血、目疾、火災、肺疾、官非、口舌、牢獄之災。西北宮86主頭痛、損病、官訟、損手、神經病。。

[二黑運]

74	39	52
1	6	8
63	85	17
9	2	4
28	41	96
5	7	3

陽 宅 運 勢

坤山艮向

座西南朝東北

二百二十五度→四十五度

[下卦]

●東南・辰巽巳	●南・丙午丁	●西南・未坤申
1.經云，四一同宮準發科名。	6.子女容易與自己發生爭執，提防呼吸系統疾病。	8.利地產，旺財。
7.容易被金屬所傷，易惹桃花劫。	3.主家人頭腦靈活聰明。	5.主急性病，血光之災。
4.經云，蓋四綠為文昌之神主聰明。	9.當運主財運與事業順利，失運主血光之災。	2.二黑又名病符，回宮復位主身體多病。
74.桃花，出門。	39.聰明而吝嗇。	52.腸病，手腳受傷，黃遇黑時出寡婦。主孤寡五黃到位；煞中之煞主災禍連連，阻礙百般，化解安忍水、六帝錢。

●東・乙卯甲	●宅中央	●西・辛酉庚
9.家人頭腦靈活，子女讀書聰明。	4.血光之災，慢性病。	4.容易被金屬所傷，易惹桃花劫。
6.主足疾，小人多。	8.主腸胃病，運氣蹇滯。	1.家人好動，多異性緣，一白當運為桃花運，失運破財。
3.經云，蚩尤碧色好勇鬥狠之神，三碧為蚩尤星主官災是非爭執。	5.血光之災，瘡瘤。	7.當運主發財，失運主血光之災。
63.手腳受傷。	85.暗滯，胃病，胸疼痛，五黃到位；煞中之煞主災禍連連，阻礙百般，化解安忍水、六帝錢。	17.桃花，出門有利，吉利。

●東北・寅艮丑	●北・癸子壬	●西北・亥乾戌
5.主腸胃病，運氣蹇滯。	7.家人好動，桃花運。	3.經云，足以金而蹣跚，主足傷，家人容易發生。
2.旺財，利地財。	4.坎宮為一白星所，主故為一四同宮主讀書聰明。	9.子女容易與自己爭執，提防呼吸系統疾病。
8.當運發財，利地產，失運破財。	1.經云，一白官星之應主掌文章讀書聰明。	6.驛馬位，有遠行，失運主官非或交通意外。
28.合十主吉，有進田置業之喜，利遷移。	41.利讀書，出門，遠走他方。	96.腦病。

說明:令星到座水神上山，山星下水，主破財損丁，經云：「苟無生氣入門，糧艱一宿。」向首28主神經病、腹疾、產厄。損主座山52主瘡毒、中毒、黃腫、慢性病、血光意外。東南宮74主長房、傷足、桃色。經曰：「壯途蹣足。」此局滿盤伏吟主運滯，北宮、東宮可用城門訣。

[二黑運]

84 1	49 6	62 8
73 9	95 2	27 4
38 5	51 7	16 3

陽 宅 運 勢

申山寅向

座西南西朝東北東

二百四十度→六十度

[起星]

●東南·辰巽巳	●南·丙午丁	●西南·未坤申
1.經云，四一同宮準發科名。	6.子女容易與自己發生爭執，提防呼吸系統疾病。	8.利地產，旺財。
8.兒童多病，成績退步，鼻敏感。	4.讀書聰明，利文職，有喜慶，失運則財帛不聚。	6.胡思亂想，神經衰弱，當運則發財。
4.經云，蓋四綠為文昌之神主聰明。	9.當運主財運與事業順利，失運主血光之災。	2.二黑又名病符，回宮復位主身體多病。
84.木剋土，離婚，嫁杏無期，姑婆屋，無仔生，不利幼兒，服毒，吊頸，自殺，腰痛，膽石。	49.合而化金，與本體木火不協，無益而有損，木火通明，聰明俊秀，女同性戀不正常桃花。	62.腸疾，婦科病。
●東·乙卯甲	●宅中央	●西·辛酉庚
9.家人頭腦靈活，子女讀書聰明。	2.血光之災，慢性病。	4.容易被金屬所傷，易惹桃花劫。
7.血光之災，受人拖累破財，宜放風水輪來化解。	9.目疾，血光之災，皮膚病。	2.肚痛，提防火災，血光之災。
3.經云，蚩尤碧色好勇鬥狠之神，三碧為蚩尤星主官災是非爭執。	5.血光之災，瘡瘤。	7.當運主發財，失運主血光之災。
73.大凶，打劫，破財，官非，被刺一刀，盲一眼。	95.生旺五黃主長病，殘疾，血病，火災，性病，五黃到位；煞中之煞主災禍連連，阻礙百般，化解安忍水、六帝錢。	27.土生金，七赤是七運的財星旺有財化官複，因桃花破財，桃花劫，對九紫命有利，二七合先天火乘殺氣遇凶山水，鳥焚其巢也。
●東北·寅艮丑	●北·癸子壬	●西北·亥乾戌
5.主腸胃病，運氣蹇滯。	7.家人好動，桃花運。	3.經云，足以金而蹣跚，主足傷，家人容易發生。
3.經云，三八逢損小口，主不利小童。	5.主傷病，提防泌尿疾病，女性提防婦科病。	1.主聰明，才智，發小財。
8.當運發財，利地產，失運破財。	1.經云，一白官星之應主掌文章讀書聰明。	6.驛馬位，有遠行，失運主官非或交通意外。
38.不利小童，三歲前會有心漏病，哮喘，甚至跌死、小產、破財、男同性戀。	51.膀胱病，五黃到位；煞中之煞主災禍連連，阻礙百般，化解安忍水、六帝錢。	16.合為水主催官，遇旺水秀峰，官居極品也。武貴，當軍警會顯貴，事事如意，吉利。

説明：令星到座，水神上山，困頓之局主破財。經日云：「苟無生氣入門，糧艱一宿。」滿盤伏吟，全無生氣，主家室分離，破財損丁，東南宮84主中風、淫亂、損手、神經病。
經云：「八四會而損小口。」北宮51主瘡毒、中毒、黃腫、耳鳴、腎病之厄之事。

[二黑運]

74 1	39 6	52 8
63 9	85 2	17 4
28 5	41 7	96 3

陽 宅 運 勢

申山寅向

[下卦]

座西南西朝東北東

二百四十度 → 六十度

●東南‧辰巽巳	●南‧丙午丁	●西南‧未坤申
1.經云，四一同宮準發科名。	6.子女容易與自己發生爭執，提防呼吸系統疾病。	8.利地產，旺財。
7.容易被金屬所傷，易惹桃花劫。	3.主家人頭腦靈活聰明。	5.主急性病，血光之災。
4.經云，蓋四綠為文昌之神主聰明。	9.當運主財運與事業順利，失運主血光之災。	2.二黑又名病符，回宮復位主身體多病。
74.桃花，出門。	39.聰明而吝嗇。	52.腸病，手腳受傷，黃遇黑時出寡婦。主孤寡五黃到位；煞中之煞主災禍連連，阻礙百般，化解安忍水、六帝錢。
●東‧乙卯甲	**●宅中央**	**●西‧辛酉庚**
9.家人頭腦靈活，子女讀書聰明。	2.血光之災，慢性病。	4.容易被金屬所傷，易惹桃花劫。
6.主足疾，小人多。	8.主腸胃病，運氣蹇滯。	1.家人好動，多異性緣，一白當運為桃花運，失運破財。
3.經云，蚩尤碧色好勇鬥狠之神，三碧為蚩尤星主官災是非爭執。	5.血光之災，瘡瘤。	7.當運主發財，失運主血光之災。
63.手腳受傷。	85.暗滯，胃病，胸疼痛，五黃到位；煞中之煞主災禍連連，阻礙百般，化解安忍水、六帝錢。	17.桃花，出門有利，吉利。
●東北‧寅艮丑	**●北‧癸子壬**	**●西北‧亥乾戌**
5.主腸胃病，運氣蹇滯。	7.家人好動，桃花運。	3.經云，足以金而蹣跚，主足傷，家人容易發生。
2.旺財，利地財。	4.坎宮為一白星所，主故為一四同宮主讀書聰明。	9.子女容易與自己爭執，提防呼吸系統疾病。
8.當運發財，利地產，失運破財。	1.經云，一白官星之應主掌文章讀書聰明。	6.驛馬位，有遠行，失運主官非或交通意外。
28.合十主吉，有進田置業之喜，利遷移。	41.利讀書，出門，遠走他方。	96.腦病。

說明：令星到座，水神上山，山星下水，主破財損丁經云：「苟無生氣入門，糧艱一宿。」向首28主神經病、腹疾、產厄。損主座山52主瘡毒、中毒、黃腫、慢性病、血光意外，東南宮74主長房、傷足、桃色。經曰：「壯途蹣足。」此局滿盤伏吟主運滯，北宮、東宮可用城門訣。

[三碧運]

37 2	72 7	59 9
48 1	26 3	94 5
83 6	61 8	15 4

陽 宅 運 勢

辰山戌向

[起星]

座東南東朝西北西

一百二十度→三百度

●東南·辰巽巳	●南·丙午丁	●西南·未坤申
2.主是非,健康差,呼吸系統疾病。 3.運氣反覆,時好時壞。 7.容易被金屬所傷,易惹桃花劫。 37.破財,官非,七運時七當旺仍有財,盜賊相侵,訟凶而病厄,咎重。	7.小心火災,家中女性不和。 2.家人愚鈍,血光之災。 72.合先天火,利二黑,五黃,八白命。	9.家人愚鈍,子女成績退步。 5.主急性病,血光之災。 59.凶,火生土,生旺災瘟星五黃,主不吉五黃到位;煞中之煞主災禍連連,阻礙百般,化解安忍水、六帝錢。
●東·乙卯甲	●宅中央	●西·辛酉庚
1.主家人搬遷或有遠行,脾氣較為暴躁。 4.運氣反覆,情緒起伏。 8.主不利,兒童成績退步。 48.進田莊之喜,女同性戀。	3.因財致禍,腳傷。 2.血光之災,慢性病。 6.遠行多阻滯,頭部疾病。 26.進田莊之喜,買地買樓但是各嗇孤寒。	5.是非,官災,容易被金屬所傷。 9.小心火災,家中女性不和。 4.容易被金屬所傷,易惹桃花劫。 94.不正常桃花,女同性戀合化金。
●東北·寅艮丑	●北·癸子壬	●西北·亥乾戌
6.發小財,利地產或五金行業。 8.當運發財,利地產,失運破財。 3.經云,三八逢損小口,主不利小童。 83.木剋土,不利幼兒,離婚、無仔生、嫁杏無期、姑婆屋、腰痛、自殺、吊頸、咎輕、受剋而奇偶相敵。	8.主財運佳,利地產置業。 6.主聰明才智發小財。 1.經云,一白官星之應主掌文章讀書聰明。 61.金生水,桃花旺。	4.不利女性,驛馬位,有遠行或搬遷。 1.主聰明,才智,發小財。 5.頭部疾病,遠行多阻滯,身體多病。 15.五是變卦,以中宮的向星代之婦科病耳疾。五黃到位;煞中之煞主災禍連連,阻礙百般,化解安忍水、六帝錢。

説明:令星失位,形巒不合,山水凶者主破財帛經曰:「苟無生氣入門,糧艱一宿。」向首15主腹痛、瘡毒、血光、意外、受傷,座後37主旺丁不旺財,巒頭凶惡者主家破人散之應,東北宮無水,東宮無山,防瘋疾、神經病、損小口之事。經曰:「四八會而損小口,三八尤凶。」

[三碧運]

35	79	57
2	7	9
46	24	92
1	3	5
81	68	13
6	8	4

陽 宅 運 勢

辰山戌向

座東南東朝西北西

一百二十度→三百度

[下卦]

●東南·辰巽巳	●南·丙午丁	●西南·未坤申
2.主是非，健康差，呼吸系統疾病。 3.運氣反覆，時好時壞。 5.主皮膚病，瘡毒。 35.多主不吉，木剋土貧窮，傷足，生疾，五黃到位；煞中之煞主災禍連連，阻礙百般，化解安忍水、六帝錢。	7.小心火災，家中女性不和。 9.當運主財運與事業順利，失運主血光之災。 79.回祿之災，心臟病。	9.家人愚鈍，子女成績退步。 5.主急性病，血光之災。 7.主痢疾，提防火災，血光之災。 57.吉七赤金星化五黃，土生金生旺七運吉星，五黃到位；煞中之煞主災禍連連，阻礙百般，化解安忍水、六帝錢。
●東·乙卯甲	●宅中央	●西·辛酉庚
1.主家人搬遷或有遠行，脾氣較為暴躁。 4.運氣反覆，情緒起伏。 6.主足疾，小人多。 46.煩惱事先合後散。肝病，輕或痼疾，重且夭折。	3.因財致禍，腳傷。 2.血光之災，慢性病。 4.風濕病，皮膚病。 24.婆媳不和，咎當主母。	5.是非，官災，容易被金屬所傷。 9.小心火災，家中女性不和。 2.肚痛，提防火災，血光之災。 92.婦科病。
●東北·寅艮丑	●北·癸子壬	●西北·亥乾戌
6.發小財，利地產或五金行業。 8.當運發財，利地產，失運破財。 1.財運佳，利地產置業。 81.土剋水，膀胱疾，耳病。	8.主財運佳，利地產置業。 6.主聰明才智發小財。 68.吉，進財，利田宅，武庫，亦主財帛，利武庫及異路功名。	4.不利女性，驛馬位，有遠行或搬遷。 1.主聰明，才智，發小財。 3.經云，足以金而蹣跚，主足傷，家人容易發生。 13.爭執、吵鬧、勞氣、官非、盜劫、破財。

說明:旺山旺向，山水得令，形巒合局，主大旺財丁。經曰：「會有旺星到穴，富積千鐘。」東宮46，有山主貴，失令防手足，南宮79主心目之疾、官非、回祿之應，西宮92，主慢性疾、腹痛、目疾。

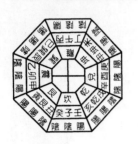

[三碧運]

15	61	83
2	7	9
94	26	48
1	3	5
59	72	37
6	8	4

陽 宅 運 勢

巽山乾向

[起星]

座東南朝西北

一百三十五度→三百一十五度

●東南·辰巽巳	●南·丙午丁	●西南·未坤申
2.主是非，健康差，呼吸系統疾病。	7.小心火災，家中女性不和。	9.家人愚鈍，子女成績退步。
1.經云：四一同宮準發科名。	6.子女容易與自己發生爭執，提防呼吸系統疾病。	8.利地產，旺財。
5.主皮膚病，瘡毒。	1.中爻得配水火相交，主喜慶順利。	3.主官災，是非，腸胃病，足病。
15.五是變卦，以中宮的向星代之婦科病耳疾。五黃到位；煞中之煞主災禍連連，阻礙百般，化解安忍水、六帝錢。	61.金生水，桃花旺。	83.木剋土，不利幼兒，離婚、無仔生、嫁杏無期、姑婆屋、腰痛、自殺、吊頸、咎輕、受剋而奇偶相敵。
●東·乙卯甲	●宅中央	●西·辛酉庚
1.主家人搬遷或有遠行，脾氣較為暴躁。	3.因財致禍，腳傷。	5.是非，官災，容易被金屬所傷。
9.家人頭腦靈活，子女讀書聰明。	2.血光之災，慢性病。	4.容易被金屬所傷，易惹桃花劫。
4.運氣反覆，情緒起伏。	6.遠行多阻滯，頭部疾病。	8.財帛可得，但容易破耗。
94.不正常桃花，女同性戀合化金。	26.進田莊之喜，買地買樓但是咨嗇孤寒。	48.進田莊之喜，女同性戀。
●東北·寅艮丑	●北·癸子壬	●西北·亥乾戌
6.發小財，利地產或五金行業。	8.主財運佳，利地產置業。	4.不利女性，驛馬位，有遠行或搬遷。
5.主腸胃病，運氣塞滯。	7.家人好動，桃花運。	3.經云，足以金而躝跚，主足傷，家人容易發生。
9.家有令人愉快事情發生，如喜事，橫財。	2.主家人易罹腸胃病，女性當權掌握財政。	7.容易被金屬所傷，主官非，爭執，交通意外。
59.凶，火生土，生旺災瘟星五黃，主不吉五黃到位；煞中之煞主災禍連連，阻礙百般，化解安忍水、六帝錢。	72.合先天火，利二黑，五黃，八白命。	37.破財，官非，七運時七當旺仍有財，盜賊相侵，訟凶而病厄，咎重。

説明：向首犯37凶星，穿心煞也，經曰：「兌位明堂破震，主吐血之災。」形巒凶者更甚，座山15加2。經曰：「二五交加必損主。」令星到西南，有水合巒形者，可以發財，東北宮59凶星主瘡毒、心目之疾。

13	68	81
2	7	9
92	24	46
1	3	5
57	79	35
6	8	4

陽 宅 運 勢

巽山乾向

[三碧運]　　　　　　　　　　　　　　　　　　[下卦]

座東南朝西北

一百三十五度→三百一十五度

●東南・辰巽巳	●南・丙午丁	●西南・未坤申
2.主是非，健康差，呼吸系統疾病。	7.小心火災，家中女性不和。	9.家人愚鈍，子女成績退步。
1.經云，四一同宮準發科名。	6.子女容易與自己發生爭執，提防呼吸系統疾病。	8.利地產，旺財。
3.運氣反覆，時好時壞。	8.主喜慶，有令人愉快事情發生。	1.主女性當權，家人易罹腸胃病。
13.爭執、吵鬧、勞氣、官非、盜劫、破財。	68.吉，進財，利田宅，武庫，亦主財帛，利武庫及異路功名。	81.土剋水，膀胱疾，耳病。
●東・乙卯甲	**●宅中央**	**●西・辛酉庚**
1.主家人搬遷或有遠行，脾氣較為暴躁。	3.因財致禍，腳傷。	5.是非，官災，容易被金屬所傷。
9.家人頭腦靈活，子女讀書聰明。	2.血光之災，慢性病。	4.容易被金屬所傷，易惹桃花劫。
2.主官災、是非、足患、腸胃病。	4.風濕病，皮膚病。	6.容易被金屬所傷。
92.婦科病。	24.婆媳不和。咎當主母。	46.煩惱事先合後散。肝病，輕或痼疾，重且夭折。
●東北・寅艮丑	**●北・癸子壬**	**●西北・亥乾戌**
6.發小財，利地產或五金行業。	8.主財運佳，利地產置業。	4.不利女性，驛馬位，有遠行或搬遷
5.主腸胃病，運氣蹇滯。	7.家人好動，桃花運。	3.經云，足以金而蹒跚，主足傷，家人容易發生。
7.財帛可得但容易破耗。	9.水火既濟，主喜慶順利。	5.頭部疾病，遠行多阻滯，身體多病。
57.吉七赤金星化五黃，土生金生旺七運吉星，五黃到位；煞中之煞主災禍連連，阻礙百般，化解安忍水、六帝錢。	79.回祿之災，心臟病。	35.多主不吉，木剋土貧窮，傷足，生疾，五黃到位；煞中之煞主災禍連連，阻礙百般，化解安忍水、六帝錢。

説明:犯上山下水，令星失位，損丁破財之局，若水纏玄武，形氣配合者則可選用。經曰：
　　「乘氣脫氣，轉禍福於指掌之間。」向首5黃主病毒、血光、意外受傷之事。

95	51	73
2	7	9
84	16	38
1	3	5
49	62	27
6	8	4

陽 宅 運 勢

巳山亥向

[三碧運]　　　　　　　　　　　　　　　　　[起星]

座東南南朝西北北

一百五十度→三百三十度

●東南・辰巽巳

2.主是非，健康差，呼吸系統疾病。

9.讀書聰明，利文職，家有喜慶事。

5.主皮膚病，瘡毒。

95.生旺五黃主長病，殘疾，血病，火災，性病，五黃到位；煞中之煞主災禍連連，阻礙百般，化解安忍水、六帝錢。

●南・丙午丁

7.小心火災，家中女性不和。

5.眼部疾病，血光之災。

1.中爻得配水火相交，主喜慶順利。

51.膀胱病，五黃到位；煞中之煞主災禍連連，阻礙百般，化解安忍水、六帝錢。

●西南・未坤申

9.家人愚鈍，子女成績退步。

7.主痢疾，提防火災，血光之災。

3.主官災，是非，腸胃病，足病。

73.大凶，打劫、破財、官非、被刺一刀、盲一眼。

●東・乙卯甲

1.主家人搬遷或有遠行，脾氣較為暴躁。

8.主不利，兒童成績退步。

4.運氣反覆，情緒起伏。

84.木剋土，離婚、嫁杏無期、姑婆屋、無仔生、不利幼兒、服毒、吊頸、自殺、腰痛、膽石。

●宅中央

3.因財致禍，腳傷。

1.經云，一加二五傷及壯丁，主傷病。

6.遠行多阻滯，頭部疾病。

16.合為水主催官，遇旺水秀峰，官居極品也。武貴，當軍警會顯貴，事事如意，吉利。

●西・辛酉庚

5.是非，官災，容易被金屬所傷。

3.主血光之災，受人拖累。

8.財帛可得，但容易破耗。

38.不利小童，三歲前會有心漏病、哮喘，至跌死、小產、破財、男同性戀。

●東北・寅艮丑

6.發小財，利地產或五金行業。

4.兒童多病，成績退步，鼻敏感。

9.家有令人愉快事情發生，如喜事，橫財。

49.合而化金，與本體木火不協，無益而有損，木火通明，聰明俊秀，女同性戀不正常桃花。

●北・癸子壬

8.主財運佳，利地產置業。

6.主聰明才智發小財。

2.主家人罹腸胃病，女性當權掌握財政。

62.腸疾，婦科病。

●西北・亥乾戌

4.不利女性，驛馬位，有遠行或搬遷。

2.失運神經衰弱，胡思亂想，當運旺財。

7.容易被金屬所傷，主官非，爭執，交通意外。

27.土生金，七赤是七運的財星旺有財化官複，因桃花破財，桃花劫，對九紫命有利，二七合先天火乘殺氣遇凶山水，鳥焚其巢也。

說明:此局全星失位，座向煞氣，破財損丁局，向首27主病符破軍之應、主腹痛、刀兵之險，亦主賊劫，座山5黃煞氣，須防血光、病毒之應，東宮84，西宮38防損小光，經曰：「四八會而損小口，三八尤凶。」

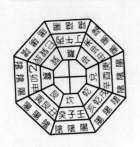

13 2	68 7	81 9
92 1	24 3	46 5
57 6	79 8	35 4

陽 宅 運 勢

巳山亥向

[三碧運]　　　　　　　　　　　　　[下卦]

座東南南朝西北北

一百五十度 → 三百三十度

●東南・辰巽巳	●南・丙午丁	●西南・未坤申
2.主是非，健康差，呼吸系統疾病。 1.經云，四一同宮準發科名。 3.運氣反覆，時好時壞。 13.爭執，吵鬧，勞氣，官非，盜劫，破財。	7.小心火災，家中女性不和。 6.子女容易與自己發生爭執，提防呼吸系統疾病。 8.主喜慶，有令人愉快事情發生。 68.吉，進財，利田宅，武庫，亦主財帛，利武庫及異路功名。	9.家人愚鈍，子女成績退步。 8.利地產，旺財。 1.主女性當權，家人易罹腸胃病。 81.土剋水，膀胱疾，耳病。
●東・乙卯甲	●宅中央	●西・辛酉庚
1.主家人搬遷或有遠行，脾氣較為暴躁。 9.家人頭腦靈活，子女讀書聰明。 2.主官災，是非，足患，腸胃病。 92.婦科病。	3.因財致禍，腳傷。 2.血光之災，慢性病。 4.風濕病，皮膚病。 24.婆媳不和。咎當主母。	5.是非，官災，容易被金屬所傷。 4.容易被金屬所傷，易惹桃花劫。 6.容易被金屬所傷。 46.煩惱事先合後散。肝病，輕或痼疾，重且夭折。
●東北・寅艮丑	●北・癸子壬	●西北・亥乾戌
6.發小財，利地產或五金行業。 5.主腸胃病，運氣塞滯。 7.財帛可得但容易破耗。 57.吉七赤金星化五黃，土生金生旺七運吉星，五黃到位；煞中之煞主災禍連連，阻礙百般，化解安忍水、六帝錢。	8.主財運佳，利地產置業。 7.家人好動，桃花運。 9.水火既濟，主喜慶順利。 79.回祿之災，心臟病。	4.不利女性，驛馬位，有遠行或搬遷。 3.經云，足以金而蹣跚，主足傷，家人容易發生。 5.頭部疾病，遠行多阻滯，身體多病。 35.多主不吉，木剋土貧窮，傷足，生疾，五黃到位；煞中之煞主災禍連連，阻礙百般，化解安忍水、六帝錢。

説明：上山下水，山顛水倒，損丁破財之局，若水纏玄武，向有秀峰，則此局可用，經曰：「乘氣脫氣，轉禍福於指掌之間。」向首35主急症，疾病損人，東北宮57主中毒，癌疾之應，東宮92主血目之病、腹部腸胃之疾。

88	34	16
2	7	9
97	79	52
1	3	5
43	25	61
6	8	4

陽 宅 運 勢

[三碧運]　　　　　　　　　　　　　　　　　　　　[起星]

壬山丙向
座北西北朝南東南
三百四十五度→一百六十五度

●東南・辰巽巳	●南・丙午丁	●西南・未坤申
2.主是非、健康差、呼吸系統疾病。 8.兒童多病、成績退步、鼻敏感。 88.吉，財利。	7.小心火災，家中女性不和。 3.主家人頭腦靈活聰明。 4.讀書聰明、利文職、有喜慶，失運則財帛不聚。。 34.三是男，四是女，女來就男移船就磡貼，大床利男性的桃花。	9.家人愚鈍，子女成績退步。 1.主女性當權，家人易罹腸胃病。 6.胡思亂想，神經衰弱，當運則發財。 16.合為水主催官，遇旺水秀峰，官居極品也。武貴，當軍警會顯貴，事事如意，吉利。
●東・乙卯甲	●宅中央	●西・辛酉庚
1.主家人搬遷或有遠行，脾氣較為暴躁。 9.家人頭腦靈活，子女讀書聰明。 7.血光之災，受人拖累破財，宜放風水輪來化解。 97.回祿之災，心臟病。	3.因財致禍，腳傷。 7.是非，官災，容易被金屬所傷。 9.目疾，血光之災，皮膚病。 79.回祿之災，心臟病。	5.是非，官災，容易被金屬所傷。 2.肚痛、提防火災、血光之災。 52.腸病、手腳受傷，黃遇黑時出寡婦。主孤寡五黃到位；煞中之煞主災禍連連，阻礙百般，化解安忍水、六帝錢。
●東北・寅艮丑	●北・癸子壬	●西北・亥乾戌
6.發小財，利地產或五金行業。 4.兒童多病，成績退步，鼻敏感。 3.經云，三八逢損小口，主不利小童。 43.少女發瘋，男星飛臨是男姦女之象。	8.主財運佳，利地產置業。 2.主家人易罹腸胃病，女性當權掌握財政。 5.主傷病，提防泌尿疾病，女性提防婦科病。 25.二五交加必損主孤寡二主，宅母多病，黑逢五至出鰥夫，五黃到位；煞中煞主災禍連連，阻礙百般，化解安忍水、六帝錢。	4.不利女性，驛馬位，有遠行或搬遷。 6.驛馬位，有遠行，失運主官非或交通意外。 1.主聰明，才智，發小財。 61.金生水，桃花旺。

說明:此向丁星下水，令星失位，主破財，經曰：「苟無生氣入門，糧艱一宿。」南宮34，主破財是非、缺乏理智，座山25主損主之應、瘡毒、意外，東宮97，形巒凶者主火災、回祿之應。

96 2	42 7	24 9
15 1	87 3	69 5
51 6	33 8	78 4

陽 宅 運 勢

壬山丙向

[三碧運]　　　　　　　　　　　　　　　　[下卦]

座北西北朝南東南

三百四十五度→一百六十五度

●東南·辰巽巳	●南·丙午丁	●西南·未坤申
2.主是非、健康差、呼吸系統疾病。 9.讀書聰明，利文職，家有喜慶事。 6.不利女性，奔波勞碌。 96.腦病。	7.小心火災，家中女性不和。 4.讀書聰明、利文職、有喜慶，失運則財帛不聚。 2.家人愚鈍，血光之災。 42.婆媳不和。	9.家人愚鈍，子女成績退步。 2.二黑又名病符，回宮復位主身體多病。 4.腸胃病，是非纏繞。 24.婆媳不和，咎當主母。
●東·乙卯甲	**●宅中央**	**●西·辛酉庚**
1.主家人搬遷或有遠行，脾氣較為暴躁。 5.容易腳傷，因財招禍。 15.五是變卦，以中宮的向星代之婦科病、耳疾。五黃到位；煞中之煞主災禍連連，阻礙百般，化解安忍水、六帝錢。	3.因財致禍，腳傷。 8.主腸胃病，運氣蹇滯。 7.是非、官災，容易被金屬所傷。 87.吉，財利。	5.是非，官災，容易被金屬所傷。 6.容易被金屬所傷。 9.小心火災，家中女性不和。 69.火燒天門，家生忤逆之兒、生牙瘡、腦病、生痄腮、流牙血、肺疾、衰則血症，盛必火災。
●東北·寅艮丑	**●北·癸子壬**	**●西北·亥乾戌**
6.發小財，利地產或五金行業。 5.主腸胃病，運氣蹇滯。 1.財運佳，利地產置業。 51.膀胱病，五黃到位；煞中之煞主災禍連連，阻礙百般，化解安忍水、六帝錢。	8.主財運佳，利地產置業。 3.主脾氣暴躁，家人會搬遷或遠行。 33.官非、是非、爭執。	4.不利女性，驛馬位，有遠行或搬遷。 7.容易被金屬傷，主官非，爭執，交通意外。 8.發小財，利地產或五金行業。 78.吉。

説明:令星會合座山，水神上山，困頓之局，主破財帛。惟水纏玄武，形巒合局可用，辰方可用城門訣，必須東南方水城合局方可，向首42病符，巒凶者主瘋疾，或有欺姑之婦。西宮69主頭疾、吐血、生忤逆之子。

[三碧運]

68	23	41
2	7	9
59	77	95
1	3	5
14	32	86
6	8	4

陽 宅 運 勢

子山午向
座北朝南
零度→一百八十度

[起星]

●東南·辰巽巳	●南·丙午丁	●西南·未坤申
2.主是非，健康差，呼吸系統疾病。 6.不利女性，奔波勞碌。 8.兒童多病，成績退步，鼻敏感。 68.吉，進財，利田宅，武庫，亦主財帛，利武庫及異路功名。	7.小心火災，家中女性不和。 2.家人愚鈍，血光之災。 3.主家人頭腦靈活聰明。 23.鬥牛煞，官非，是非，口舌，不和，博弈好飲，田園廢盡。	9.家人愚鈍，子女成績退步 4.腸胃病，是非纏繞。 1.主女性當權，家人易罹腸胃病。 41.利讀書，出門，遠走他方
●東·乙卯甲	●宅中央	●西·辛酉庚
1.主家人搬遷或有遠行，脾氣較為暴躁。 5.容易腳傷，因財招禍。 9.家人頭腦靈活，子女讀書聰明。 59.凶，火生土，生旺災瘟星五黃，主不吉五黃到位；煞中之煞主災禍連連，阻礙百般，化解安忍水、六帝錢。	3.因財致禍，腳傷。 7.是非，官災，容易被金屬所傷。 77.七運，當旺大吉，財利大旺。	5.是非，官災，容易被金屬所傷。 9.小心火災，家中女性不和。 95.生旺五黃主長病，殘疾，血病，火災，性病，五黃到位；煞中之煞主災禍連連，阻礙百般，化解安忍水、六帝錢。
●東北·寅艮丑	●北·癸子壬	●西北·亥乾戌
6.發小財，利地產或五金行業。 1.財運佳，利地產置業。 4.兒童多病，成績退步，鼻敏感。 14.讀書有成，被讚賞，出門有利，升職，加薪，主科名，號青雲得路，有文筆硯池水，鼎元之兆也。	8.主財運佳，利地產置業。 3.主脾氣暴躁，家人會搬遷或遠行。 2.主家人易罹腸胃病，女性當權掌握財政。 32.鬥牛煞，爭吵，激氣，官非，破財。	4.不利女性，驛馬位，有遠行或搬遷。 8.發小財，利地產或五金行業。 6.驛馬位，有遠行，失運主官非或交通意外。 86.吉，財利。

說明：合旺山、旺向、形巒合局，主大發財丁。經曰：「會有旺星到穴，富積千鐘。」西南宮、東北宮14同宮主科名之顯。南宮、北宮犯鬥牛殺、主口舌、是非、西宮；東宮95、59火見土而出愚鈍頑夫。

78 2	33 7	51 9
69 1	87 3	15 5
24 6	42 8	96 4

陽宅運勢

子山午向
座北朝南

[三碧運]　　　　　　　　　　　　　　　[下卦]

零度→一百八十度

●東南·辰巽巳	●南·丙午丁	●西南·未坤申
2.主是非，健康差，呼吸系統疾病。 7.容易被金屬所傷，易惹桃花劫。 8.兒童多病，成績退步，鼻敏感。 78.吉。	7.小心火災，家中女性不和。 3.主家人頭腦靈活聰明。 33.官非，是非，爭執。	9.家人愚鈍，子女成績退步。 5.主急性病，血光之災。 1.主女性當權，家人易罹腸胃病。 51.膀胱病，五黃到位；煞中之煞主災禍連連，阻礙百般，化解安忍水、六帝錢。
●東·乙卯甲	●宅中央	●西·辛酉庚
1.主家人搬遷或有遠行，脾氣較為暴躁。 6.主足疾，小人多。 9.家人頭腦靈活，子女讀書聰明。 69.火燒天門，家生忤逆之兒，生牙瘡，腦病，生痄腮，流牙血，肺疾，衰則血症，盛必火災。	3.因財致禍，腳傷。 8.主腸胃病，運氣蹇滯。 7.是非，官災，容易被金屬所傷。 87.吉，財利。	5.是非，官災，容易被金屬所傷。 1.家人好動，多異性緣，一白當運為桃花運，失運破財。 15.五是變卦，以中宮的向星代之婦科病耳疾。五黃到位；煞中之煞主災禍連連，阻礙百般，化解安忍水、六帝錢。
●東北·寅艮丑	●北·癸子壬	●西北·亥乾戌
6.發小財，利地產或五金行業。 2.旺財，利地財。 4.兒童多病，成績退步，鼻敏感。 24.婆媳不和。咎當主母。	8.主財運佳，利地產置業。 4.坎宮為一白星所，主故為一四同宮主讀書聰明。 2.主家人易罹腸胃病，女性當權掌握財政。 42.婆媳不和。	4.不利女性，驛馬位，有遠行或搬遷 9.子女容易與自己爭執，提防呼吸系統疾病。 6.驛馬位，有遠行，失運主官非或交通意外。 96.腦病。

說明:雙星到向，形巒合局，當元旺水主進財。經日：「會有旺星到穴，富積千鐘。」若形巒有損。北宮42主有欺姑之婦，若西北宮有水主婦女懸樑，應在四運。東南宮78主胸肺之疾、神經病。東宮69謂火照天門主吐血、意外。

[三碧運]

88 2	43 7	61 9
79 1	97 3	25 5
34 6	52 8	16 4

陽宅運勢

癸山丁向

座北東北朝南西南

十五度→一百九十五度

[起星]

●東南‧辰巽巳	●南‧丙午丁	●西南‧未坤申
2.主是非，健康差，呼吸系統疾病。 8.兒童多病，成績退步，鼻敏感。 88.吉，財利。	7.小心火災，家中女性不和。 4.讀書聰明，利文職，有喜慶，失運則財帛不聚。 3.主家人頭腦靈活聰明。 43.少女發瘋，男星飛臨是男姦女之象。	9.家人愚鈍，子女成績退步。 6.胡思亂想，神經衰弱，當運則發財。 1.主女性當權，家人易罹腸胃病。 61.金生水，桃花旺。
●東‧乙卯甲	●宅中央	●西‧辛酉庚
1.主家人搬遷或有遠行，脾氣較為暴躁。 7.血光之災，受人拖累破財，宜放風水輪來化解。 9.家人頭腦靈活，子女讀書聰明。 79.回祿之災，心臟病。	3.因財致禍，腳傷。 9.目疾，血光之災，皮膚病。 7.是非，官災，容易被金屬所傷。 97.回祿之災，心臟病。	5.是非，官災，容易被金屬所傷。 2.肚痛，提防火災，血光之災。 25.二五交加必損主孤寡二主，宅母多病，黑逢五至出鰥夫，五黃到位；煞中煞主災禍連連，阻礙百般，化解安忍水、六帝錢。
●東北‧寅艮丑	●北‧癸子壬	●西北‧亥乾戌
6.發小財，利地產或五金行業。 3.經云，三八逢損小口，主不利小童。 4.兒童多病，成績退步，鼻敏感。 34.三是男，四是女，女來就男移船就磡貼，大床利男性的桃花。	8.主財運佳，利地產置業。 5.主傷病，提防泌尿疾病，女性提防婦科病。 2.主家人易罹腸胃病，女性當權掌握財政。 52.腸病，手腳受傷，黃遇黑時出寡婦。主孤寡五黃到位；煞中之煞主災禍連連，阻礙百般，化解安忍水、六帝錢。	4.不利女性，驛馬位，有遠行或搬遷。 1.主聰明，才智，發小財。 6.驛馬位，有遠行，失運主官非或交通意外。 16.合為水主催官，遇旺水秀峰，官居極品也。武貴，當軍警會顯貴，事事如意，吉利。

說明：令星到向，形巒合局主發財帛。經曰：「會有旺星到穴，富積千鐘。」西北方16犯伏吟主婦女懸樑，座山52失令主煞。經曰：「二五交加必損主。」東宮79主回祿之江湖、花酒之事；東南宮88，主孤獨、神經病。

[三碧運]

78	33	51
2	7	9
69	81	15
1	3	5
24	42	96
6	8	4

陽 宅 運 勢

癸山丁向

[下卦]

座北東北朝南西南

十五度→一百九十五度

●東南・辰巽巳	●南・丙午丁	●西南・未坤申
2.主是非，健康差，呼吸系統疾病。 7.容易被金屬所傷，易惹桃花劫。 8.兒童多病，成績退步，鼻敏感。 78.吉。	7.小心火災，家中女性不和。 3.主家人頭腦靈活聰明。 33.官非，是非，爭執。	9.家人愚鈍，子女成績退步。 5.主急性病，血光之災。 1.主女性當權，家人易罹腸胃病。 51.膀胱病，五黃到位；煞中之煞主災禍連連，阻礙百般，化解安忍水、六帝錢。
●東・乙卯甲	●宅中央	●西・辛酉庚
1.主家人搬遷或有遠行，脾氣較為暴躁。 6.主足疾，小人多。 9.家人頭腦靈活，子女讀書聰明。 69.火燒天門，家生忤逆之兒，生牙瘡、腦病、生疿腮、流牙血、肺疾、衰則血症，盛必火災。	3.因財致禍，腳傷。 8.主腸胃病，運氣塞滯。 1.經云，一加二五傷及壯丁，主傷病。 81.土剋水，膀胱疾，耳病。	5.是非，官災，容易被金屬所傷。 1.家人好動，多異性緣，一白當運為桃花運，失運破財。 15.五是變卦，以中宮的向星代之婦科病耳疾。五黃到位；煞中之煞主災禍連連，阻礙百般，化解安忍水、六帝錢。
●東北・寅艮丑	●北・癸子壬	●西北・亥乾戌
6.發小財，利地產或五金行業。 2.旺財，利地財。 4.兒童多病，成績退步，鼻敏感。 24.婆媳不和。咎當主母。	8.主財運佳，利地產置業。 4.坎宮為一白星所，主故為一四同宮主讀書聰明。 2.主家人易罹腸胃病，女性當權掌握財政。 42.婆媳不和。	4.不利女性，驛馬位，有遠行或搬遷。 9.子女容易與自己爭執，提防呼吸系統疾病。 6.驛馬位，有遠行，失運主官非或交通意外。 96.腦病。

說明:雙星到向，形巒合局當元旺水主進財。經曰：「會有旺星到穴，富積千鐘。」若形巒有損，北宮42，主有欺姑之婦，若西以宮有水，主婦女懸樑，應在四運，東南宮78主胸肺之疾、神經病；東宮69謂火照天門主吐血、意外。

14 2	69 7	82 9
93 1	25 3	47 5
58 6	71 8	36 4

陽 宅 運 勢

甲山庚向

[三碧運] [起星]

座東東北朝西西南

七十五度→二百五十五度

●東南・辰巽巳	●南・丙午丁	●西南・未坤申
2.主是非，健康差，呼吸系統疾病。 1.經云，四一同宮準發科名。 4.經云，蓋四綠為文昌之神主聰明。 14.讀書有成，被讚賞，出門有利，升職，加薪，主科名，號青雲得路，有文筆硯池水，鼎元之兆也。	7.小心火災，家中女性不和。 6.子女容易與自己發生爭執，提防呼吸系統疾病。 9.當運主財運與事業順利，失運主血光之災。 69.火燒天門，家生忤逆之兒，生牙瘡、腦病、生痄腮、流牙血、肺疾、衰則血症、盛必火災。	9.家人愚鈍，子女成績退步。 8.利地產，旺財。 2.二黑又名病符，回宮復位主身體多病。 82.疾病。
●東・乙卯甲	●宅中央	●西・辛酉庚
1.主家人搬遷或有遠行，脾氣較為暴躁。 9.家人頭腦靈活，子女讀書聰明。 3.經云，蚩尤碧色好勇鬥狠之神，三碧為蚩尤星主官災是非爭執。 93.官非。	3.因財致禍，腳傷。 2.血光之災，慢性病。 5.血光之災，瘡瘤。 25.二五交加必損主孤寡二主，宅母多病，黑逢五至出鰥夫，五黃到位；煞中煞主災禍連連，阻礙百般，化解安忍水、六帝錢。	5.是非，官災，容易被金屬所傷。 4.容易被金屬所傷，易惹桃花劫。 7.當運主發財，失運主血光之災。 47.桃花當時得令七運財色兼收。文章不顯，嘔血而早夭。
●東北・寅艮丑	●北・癸子壬	●西北・亥乾戌
6.發小財，利地產或五金行業。 5.主腸胃病，運氣蹇滯。 8.當運發財，利地產，失運破財。 58.吉，五黃到位；煞中之煞主災禍連連，阻礙百般，化解安忍水、六帝錢。	8.主財運佳，利地產置業。 7.家人好動，桃花運。 1.經云，一白官星之應主掌文章讀書聰明。 71.出門遠行，桃花。	4.不利女性，驛馬位，有遠行或搬遷。 3.經云，足以金而蹣跚，主足傷，家人容易發生。 6.驛馬位，有遠行，失運主官非或交通意外。 36.官非，手腳受損，患在長男。

說明：令星到座，水神上山，困頓之局主破財。經曰：「苟無生氣入門，糧艱一宿。」西南宮有水主家人不睦，南宮煞氣。經曰：「火照天門必當吐血。」東南宮14，失令者須知四蕩一淫。

94 2	59 7	72 9
83 1	15 3	37 5
48 6	61 8	26 4

陽 宅 運 勢

甲山庚向

[三碧運]　　　　　　　　　　　　　　　　　　　　[下卦]

座東東北朝西西南

七十五度→二百五十五度

●東南・辰巽巳	●南・丙午丁	●西南・未坤申
2.主是非，健康差，呼吸系統疾病。 9.讀書聰明，利文職，家有喜慶事。 4.經云，蓋四綠為文昌之神主聰明。 94.不正常桃花，女同性戀合化金。	7.小心火災，家中女性不和。 5.眼部疾病，血光之災。 9.當運主財運與事業順利，失運主血光之災。 59.凶，火生土，生旺災瘟星五黃，主不吉五黃到位；煞中之煞主災禍連連，阻礙百般，化解安忍水、六帝錢。	9.家人愚鈍，子女成績退步。 7.主痢疾，提防火災，血光之災。 2.二黑又名病符，回宮復位主身體多病。 72.合先天火，利二黑，五黃，八白命。
●東・乙卯甲	●宅中央	●西・辛酉庚
1.主家人搬遷或有遠行，脾氣較為暴躁。 8.主不利，兒童成績退步。 3.經云，蚩尤碧色好勇鬥狠之神，三碧為蚩尤星主官災是非爭執。 83.木剋土，不利幼兒，離婚，無仔生，嫁杏無期，姑婆屋，腰痛，自殺，吊頸，咎輕，受剋而奇偶相敵。	3.因財致禍，腳傷。 1.經云，一加二五傷及壯丁，主傷病。 5.血光之災，瘡瘤。 15.五是變卦，以中宮的向星代之婦科病耳疾。五黃到位；煞中之煞主災禍連連，阻礙百般，化解安忍水、六帝錢。	5.是非，官災，容易被金屬所傷。 3.主血光之災，受人拖累， 7.當運主發財，失運主血光之災， 37.破財，官非，七運時七當旺仍有財，盜賊相侵，訟凶而病厄，咎重。
●東北・寅艮丑	●北・癸子壬	●西北・亥乾戌
6.發小財，利地產或五金行業。 4.兒童多病，成績退步，鼻敏感。 8.當運發財，利地產，失運破財。 48.進田莊之喜，女同性戀。	8.主財運佳，利地產置業。 6.主聰明才智發小財。 1.經云，一白官星之應主掌文章讀書聰明。 61.金生水，桃花旺。	4.不利女性，驛馬位，有遠行或搬遷。 2.失運神經衰弱，胡思亂想，當運旺財。 6.驛馬位，有遠行，失運主官非或交通意外。 26.進田莊之喜，買地買樓但是各嗇孤寒。

説明：犯上山下水，形巒不合，主損丁破財。若水纏玄武，形巒配合，始可取用，經曰：「苟無生氣入門，糧艱一宿。」若南方有水主中毒、瘡癌之疾。經曰：「紫黃毒葯，鄰宮兌口休嘗。」東宮83，東北宮48，防損小口之應。

[三碧運]

26 2	61 7	48 9
37 1	15 3	83 5
72 6	59 8	94 4

陽 宅 運 勢

卯山酉向
座東朝西

[起星]

九十度 → 二百七十度

●東南·辰巽巳	●南·丙午丁	●西南·未坤申
2.主是非，健康差，呼吸系統疾病。 6.不利女性，奔波勞碌。 26.進田莊之喜，買地買樓但是各薔孤寒。	7.小心火災，家中女性不和。 6.子女容易與自己發生爭執，提防呼吸系統疾病。 1.中爻得配水火相交，主喜慶順利。 61.金生水，桃花旺。	9.家人愚鈍，子女成績退步。 4.腸胃病，是非纏繞。 8.利地產，旺財。 48.進田莊之喜，女同性戀。
●東·乙卯甲	●宅中央	●西·辛酉庚
1.主家人搬遷或有遠行，脾氣較為暴躁。 3.經云，蚩尤碧色好勇鬥狠之神，三碧為蚩尤星主官災是非爭執。 7.血光之災，受人拖累破財，宜放風水輪來化解。 37.破財，官非，七運時七當旺仍有財，盜賊相侵，訟凶而病厄，咎重。	3.因財致禍，腳傷。 1.經云，一加二五傷及壯丁，主傷病。 5.血光之災，瘡瘤。 15.五是變卦，以中宮的向星代之婦科病耳疾。五黃到位；煞中之煞主災禍連連，阻礙百般，化解安忍水、六帝錢。	5.是非，官災，容易被金屬所傷。 8.財帛可得，但容易破耗。 3.主血光之災，受人拖累。 83.木剋土，不利幼兒，離婚、無仔生、嫁杏無期、姑婆屋、腰痛、自殺、吊頸、咎輕、受剋而奇偶相敵。
●東北·寅艮丑	●北·癸子壬	●西北·亥乾戌
6.發小財，利地產或五金行業。 7.財帛可得但容易破耗。 2.旺財，利地財。 72.合先天火，利二黑，五黃，八白命。	8.主財運佳，利地產置業。 5.主傷病，提防泌尿疾病，女性提防婦科病。 9.水火既濟，主喜慶順利。 59.凶，火生土，生旺災瘟星五黃，主不吉五黃到位；煞中之煞主災禍連連，阻礙百般，化解安忍水、六帝錢。	4.不利女性，驛馬位，有遠行或搬遷。 9.子女容易與自己爭執，提防呼吸系統疾病。 94.不正常桃花，女同性戀合化金。

説明:旺山旺向，形巒合局主財丁大旺，東宮37座山得令。經曰：「震庚會局，文官而兼武將之權。」西宮83防損小口。經曰：「四八會而損小口，三八尤凶。」北宮59主廉貞之事、瘡毒、心目之疾、南宮61得令者主升官。

[三碧運]

26	61	48
2	7	9
37	15	83
1	3	5
72	59	94
6	8	4

陽 宅 運 勢

卯山酉向

座東朝西

九十度→二百七十度

[下卦]

●東南・辰巽巳	●南・丙午丁	●西南・未坤申
2.主是非，健康差，呼吸系統疾病。 6.不利女性，奔波勞碌。 26.進田莊之喜，買地買樓但是否薔孤寒。	7.小心火災，家中女性不和。 6.子女容易與自己發生爭執，提防呼吸系統疾病。 1.中爻得配水火相交，主喜慶順利。 61.金生水，桃花旺。	9.家人愚鈍，子女成績退步。 4.腸胃病，是非纏繞。 8.利地產，旺財。 48.進田莊之喜，女同性戀。
●東・乙卯甲	●宅中央	●西・辛酉庚
1.主家人搬遷或有遠行，脾氣較為暴躁。 3.經云，蚩尤碧色好勇鬥狠之神，三碧為蚩尤星主官災是非爭執。 7.血光之災，受人拖累破財，宜放風水輪來化解。 37.破財，官非，七運時七當旺仍有財，盜賊相侵，訟凶而病厄，咎重。	3.因財致禍，腳傷。 1.經云，一加二五傷及壯丁，主傷病。 5.血光之災，瘡瘤。 15.五是變卦，以中宮的向星代之婦科病耳疾。五黃到位；煞中之煞主災禍連連，阻礙百般，化解安忍水、六帝錢。	5.是非，官災，容易被金屬所傷。 8.財帛可得，但容易破耗。 3.主血光之災，受人拖累。 83.木剋土，不利幼兒，離婚、無仔生、嫁杏無期、姑婆屋、腰痛、自殺、吊頸、咎輕、受剋而奇偶相敵。
●東北・寅艮丑	●北・癸子壬	●西北・亥乾戌
6.發小財，利地產或五金行業。 7.財帛可得但容易破耗。 2.旺財，利地財。 72.合先天火，利二黑，五黃，八白命。	8.主財運佳，利地產置業。 5.主傷病，提防泌尿疾病，女性提防婦科病。 9.水火既濟，主喜慶順利。 59.凶，火生土，生旺災瘟星五黃，主不吉五黃到位；煞中之煞主災禍連連，阻礙百般，化解安忍水、六帝錢。	4.不利女性，驛馬位，有遠行或搬遷。 9.子女容易與自己爭執，提防呼吸系統疾病。 94.不正常桃花，女同性戀合化金。

説明：旺山旺向，形巒合局，主財丁大旺，東宮37，座山得令，經曰：「震庚會局，文官而兼武將之權。」西宮83防損小口，經曰：「四八會而損小口，三八尤凶。」北宮59主廉貞之事、瘡毒、心目之疾；南宮61得令者主升官。

[三碧運]

26 2	61 7	48 9
37 1	15 3	83 5
72 6	59 8	94 4

陽 宅 運 勢

乙山辛向

[起星]

座東東南朝西西北

一百零五度→二百八十五度

●東南·辰巽巳	●南·丙午丁	●西南·未坤申
2.主是非，健康差，呼吸系統疾病。	7.小心火災，家中女性不和。	9.家人愚鈍，子女成績退步。
6.不利女性，奔波勞碌。	6.子女容易與自己發生爭執，提防呼吸系統疾病。	4.腸胃病，是非纏繞。
26.進田莊之喜，買地買樓但是吝嗇孤寒。	1.中爻得配水火相交，主喜慶順利。	8.利地產，旺財。
	61.金生水，桃花旺。	48.進田莊之喜，女同性戀。
●東·乙卯甲	●宅中央	●西·辛酉庚
1.主家人搬遷或有遠行，脾氣較為暴躁。	3.因財致禍，腳傷。	5.是非，官災，容易被金屬所傷。
3.經云：蚩尤碧色好勇鬥狠之神，三碧為蚩尤星主官災是非爭執。	1.經云，一加二五傷及壯丁，主傷病。	8.財帛可得，但容易破耗。
7.血光之災，受人拖累破財，宜放風水輪來化解。	5.血光之災，瘡瘤。	3.主血光之災，受人拖累。
37.破財，官非，七運時七當旺仍有財，盜賊相侵，訟凶而病厄，咎重。	15.五是變卦，以中宮的向星代之婦科病耳疾。五黃到位；煞中之煞主災禍連連，阻礙百般，化解安忍水、六帝錢。	83.木剋土，不利幼兒，離婚、無仔生、嫁杏無期、姑婆屋、腰痛、自殺、吊頸、咎輕、受剋而奇偶相敵。
●東北·寅艮丑	●北·癸子壬	●西北·亥乾戌
6.發小財，利地產或五金行業。	8.主財運佳，利地產置業。	4.不利女性，驛馬位，有遠行或搬遷。
7.財帛可得但容易破耗。	5.主傷病，提防泌尿疾病，女性提防婦科病。	9.子女容易與自己爭執，提防呼吸系統疾病。
2.旺財，利地財。	9.水火既濟，主喜慶順利。	94.不正常桃花，女同性戀合化金。
72.合先天火，利二黑，五黃，八白命。	59.凶，火生土，生旺災瘟星五黃，主不吉五黃到位；煞中之煞主災禍連連，阻礙百般，化解安忍水、六帝錢。	

説明：旺山旺向，山水得令，形巒合局，主大旺財丁。經曰：「會有旺星到穴，富積千鐘。」西南宮48，有山主貴，失令慎防小口，東南宮26主頭痛、腹疾、慢性病、亦主鬼怪，經曰：「乾坤鬼神，與他相剋非神。」

26	61	48
2	7	9
37	15	83
1	3	5
72	59	94
6	8	4

陽 宅 運 勢

乙山辛向

[三碧運]　　　　　　　　　　　　　　　　　　[下卦]

座東東南朝西西北

一百零五度→二百八十五度

●東南・辰巽巳	●南・丙午丁	●西南・未坤申
2.主是非，健康差，呼吸系統疾病。	7.小心火災，家中女性不和。	9.家人愚鈍，子女成績退步。
6.不利女性，奔波勞碌。	6.子女容易與自己發生爭執，提防呼吸系統疾病。	4.腸胃病，是非纏繞。
26.進田莊之喜，買地買樓但是吝嗇孤寒。	1.中爻得配水火相交，主喜慶順利。	8.利地產，旺財。
	61.金生水，桃花旺。	48.進田莊之喜，女同性戀。
●東・乙卯甲	●宅中央	●西・辛酉庚
1.主家人搬遷或有遠行，脾氣較為暴躁。	3.因財致禍，腳傷。	5.是非，官災，容易被金屬所傷。
3.經云，蚩尤碧色好勇鬥狠之神，三碧為蚩尤星主官災是非爭執。	1.經云，一加二五傷及壯丁，主傷病。	8.財帛可得，但容易破耗。
7.血光之災，受人拖累破財，宜放風水輪來化解。	5.血光之災，瘡瘤。	3.主血光之災，受人拖累。
37.破財，官非，七運時七當旺仍有財，盜賊相侵，訟凶而病厄，咎重。	15.五是變卦，以中宮的向星代之婦科病耳疾。五黃到位；煞中之煞主災禍連連，阻礙百般，化解安忍水、六帝錢。	83.木剋土，不利幼兒，離婚，無仔生，嫁杏無期，姑婆屋，腰痛，自殺，吊頸，咎輕，受剋而奇偶相敵。
●東北・寅艮丑	●北・癸子壬	●西北・亥乾戌
6.發小財，利地產或五金行業。	8.主財運佳，利地產置業。	4.不利女性，驛馬位，有遠行或搬遷。
7.財帛可得但容易破耗。	5.主傷病，提防泌尿疾病，女性提防婦科病。	9.子女容易與自己爭執，提防呼吸系統疾病。
2.旺財，利地財。	9.水火既濟，主喜慶順利。	94.不正常桃花，女同性戀合化金。
72.合先天火，利二黑，五黃，八白命。	59.凶，火生土，生旺災瘟星五黃，主不吉五黃到位；煞中之煞主災禍連連，阻礙百般，化解安忍水、六帝錢。	

說明：旺山旺向，山水得令，形巒合局，主大旺財丁。經曰：「會有旺星到穴，富積千鐘。」西南宮48，有山主貴，失令慎防小口，東南宮26主頭痛、腹疾、慢性病、亦主鬼怪，經曰：「乾坤鬼神，與他相剋非神。」

88 2	43 7	61 9
79 1	97 3	25 5
34 6	52 8	16 4

陽 宅 運 勢

丙山壬向

[三碧運]　　　　　　　　　　　　　　[起星]

座南東南朝北西北

一百六十五度→三百四十五度

●東南·辰巽巳	●南·丙午丁	●西南·未坤申
2.主是非，健康差，呼吸系統疾病。 8.兒童多病，成績退步，鼻敏感。 88.吉，財利。	7.小心火災，家中女性不和。 4.讀書聰明，利文職，有喜慶，失運則財帛不聚。 3.主家人頭腦靈活聰明。 43.少女發瘋，男星飛臨是男姦女之象。	9.家人愚鈍，子女成績退步。 6.胡思亂想，神經衰弱，當運則發財。 1.主女性當權，家人易罹腸胃病。 61.金生水，桃花旺。
●東·乙卯甲	●宅中央	●西·辛酉庚
1.主家人搬遷或有遠行，脾氣較為暴躁。 7.血光之災，受人拖累破財，宜放風水輪來化解。 9.家人頭腦靈活，子女讀書聰明。 79.回祿之災，心臟病。	3.因財致禍，腳傷。 9.目疾，血光之災，皮膚病。 7.是非，官災，容易被金屬所傷。 97.回祿之災，心臟病。	5.是非，官災，容易被金屬所傷。 2.肚痛，提防火災，血光之災。 25.二五交加必損主孤寡二主，宅母多病，黑逢五至出鰥夫，五黃到位；煞中煞主災禍連連，阻礙百般，化解安忍水、六帝錢。
●東北·寅艮丑	●北·癸子壬	●西北·亥乾戌
6.發小財，利地產或五金行業。 3.經云，三八逢損小口，主不利小童。 4.兒童多病，成績退步，鼻敏感。 34.三是男，四是女，女來就男移船就礖貼，大床利男性的桃花。	8.主財運佳，利地產置業。 5.主傷病，提防泌尿疾病，女性提防婦科病。 2.主家人易罹腸胃病，女性當權掌握財政。 52.腸病，手腳受傷，黃遇黑時出寡婦。主孤寡五黃到位；煞中之煞主災禍連連，阻礙百般，化解安忍水、六帝錢。	4.不利女性，驛馬位，有遠行或搬遷。 1.主聰明，才智，發小財。 6.驛馬位，有遠行，失運主官非或交通意外。 16.合為水主催官，遇旺水秀峰，官居極品也。武貴，當軍警會顯貴，事事如意，吉利。

説明：令星到座，水神上山之局，主破財，若水纏玄武，形巒合局主發財，向首52主血光、意外受傷、瘡毒、經曰：「二五交加必損主。」西宮25，凶星云集，須防奇災異禍，座山43，東北宮34，山水凶者主昧事無常。

69 2	24 7	42 9
51 1	78 3	96 5
15 6	33 8	87 4

陽宅運勢

丙山壬向

[三碧運]　　　　　　　　　　　　　　　　[下卦]

座南東南朝北西北

一百六十五度→三百四十五度

●東南·辰巽巳	●南·丙午丁	●西南·未坤申
2.主是非，健康差，呼吸系統疾病。 6.不利女性，奔波勞碌。 9.讀書聰明，利文職，家有喜慶事。 69.火燒天門，家生忤逆之兒、生牙瘡、腦病、生痄腮、流牙血、肺疾、衰則血症、盛必火災。	7.小心火災，家中女性不和。 2.家人愚鈍，血光之災。 4.讀書聰明，利文職，有喜慶，失運則財帛不聚。 24.婆媳不和。咎當主母。	9.家人愚鈍，子女成績退步 4.腸胃病，是非纏繞。 2.二黑又名病符，回宮復位主身體多病。 42.婆媳不和。
●東·乙卯甲	●宅中央	●西·辛酉庚
1.主家人搬遷或有遠行，脾氣較為暴躁。 5.容易腳傷，因財招禍。 51.膀胱病，五黃到位；煞中之煞主災禍連連，阻礙百般，化解安忍水、六帝錢。	3.因財致禍，腳傷。 7.是非，官災，容易被金屬所傷。 8.主腸胃病，運氣蹇滯。 78.吉。	5.是非，官災，容易被金屬所傷。 9.小心火災，家中女性不和。 6.容易被金屬所傷。 96.腦病。
●東北·寅艮丑	●北·癸子壬	●西北·亥乾戌
6.發小財，利地產或五金行業。 1.財運佳，利地產置業。 5.主腸胃病，運氣蹇滯 15.五是變卦，以中宮的向星代之婦科病耳疾。五黃到位；煞中之煞主災禍連連，阻礙百般，化解安忍水、六帝錢。	8.主財運佳，利地產置業。 3.主脾氣暴躁，家人會搬遷或遠行。 33.官非，是非，爭執。	4.不利女性，驛馬位，有遠行或搬遷。 8.發小財，利地產或五金行業。 7.容易被金屬所傷，主官非，爭執，交通意外。 87.吉，財利。

説明：雙星到向，令星得位，主大旺財帛，向上有水，水外有山，主富貴同來，座山24，失令者主人丁不旺，西南宮42主腹痛之疾，經曰：「風行地上，決定傷脾。」東南宮69，西宮96，山水凶者主吐血、頭疾之應。

86 2	32 7	14 9
95 1	77 3	59 5
41 6	23 8	68 4

陽 宅 運 勢

午山子向
座南朝北
一百八十度→零度

[三碧運]　　　　　　　　　　　　　　　　　　　　　　[起星]

●東南・辰巽巳	●南・丙午丁	●西南・未坤申
2.主是非，健康差，呼吸系統疾病。 8.兒童多病，成績退步，鼻敏感。 6.不利女性，奔波勞碌。 86.吉，財利。	7.小心火災，家中女性不和。 3.主家人頭腦靈活聰明。 2.家人愚鈍，血光之災。 32.鬥牛煞，爭吵，激氣，官非，破財。	9.家人愚鈍，子女成績退步。 1.主女性當權，家人易罹腸胃病。 4.腸胃病，是非纏繞。 14.讀書有成，被讚賞，出門有利，升職，加薪，主科名，號青雲得路，有文筆硯池水，鼎元之兆也。
●東・乙卯甲	●宅中央	●西・辛酉庚
1.主家人搬遷或有遠行，脾氣較為暴躁。 9.家人頭腦靈活，子女讀書聰明。 5.容易腳傷，因財招禍。 95.生旺五黃主長病、殘疾、血病、火災、性病，五黃到位；煞中之煞主災禍連連，阻礙百般，化解安忍水、六帝錢。	3.因財致禍，腳傷。 7.是非，官災，容易被金屬所傷。 77.七運，當旺大吉，財利大旺。	5.是非，官災，容易被金屬所傷。，血病，火災，性病，五黃到位；煞中之煞主災禍連連，阻礙百般，化解安忍水、六帝錢。 9.小心火災，家中女性不和。 59.凶，火生土，生旺災瘟星五黃，主不吉五黃到位；煞中之煞主災禍連連，阻礙百般，化解安忍水、六帝錢。
●東北・寅艮丑	●北・癸子壬	●西北・亥乾戌
6.發小財，利地產或五金行業。 4.兒童多病，成績退步，鼻敏感。 1.財運佳，利地產置業。 41.利讀書，出門，遠走他方。	8.主財運佳，利地產置業。 2.主家人易罹腸胃病，女性當權掌握財政。 3.主脾氣暴躁，家人會搬遷或遠行。 23.鬥牛煞，官非，是非，口舌，不和，博弈好飲，田園廢盡。	4.不利女性，驛馬位，有遠行或搬遷。 6.驛馬位，有遠行，失運主官非或交通意外。 8.發小財，利地產或五金行業。 68.吉，進財，利田宅，武庫，亦主財帛，利武庫及異路功名。

説明：旺山旺向，向上有水。座後有山，主富貴，經曰：「會有旺星到穴，富積千鐘。」東宮95，西宮59，主瘡毒、心目之疾，經曰：「火炎土燥，主頑頓愚夫。」西南宮14，東北宮41，失令者須知四蕩一淫。

87 2	33 7	15 9
96 1	78 3	51 5
42 6	24 8	69 4

陽宅運勢

午山子向
座南朝北

一百八十度→零度

[三碧運]　　　　　　　　　　　　　　　　　[下卦]

●東南‧辰巽巳	●南‧丙午丁	●西南‧未坤申
2.主是非,健康差,呼吸系統疾病。 8.兒童多病,成績退步,鼻敏感。 7.容易被金屬所傷,易惹桃花劫。 87.吉,財利。	7.小心火災,家中女性不和。 3.主家人頭腦靈活聰明。 33.官非,是非,爭執。	9.家人愚鈍,子女成績退步。 1.主女性當權,家人易罹腸胃病。 5.主急性病,血光之災。 15.五是變卦,以中宮之向星代之婦科病耳疾。五黃到位;煞中之煞主災禍連連,阻礙百般,化解安忍水、六帝錢。
●東‧乙卯甲	●宅中央	●西‧辛酉庚
1.主家人搬遷或有遠行,脾氣較為暴躁。 9.家人頭腦靈活,子女讀書聰明。 6.主足疾,小人多。 96.腦病。	3.因財致禍,腳傷。 7.是非,官災,容易被金屬所傷。 8.主腸胃病,運氣蹇滯。 78.吉。	5.是非,官災,容易被金屬所傷。 1.家人好動,多異性緣,一白當運為桃花運,失運破財。 51.膀胱病,五黃到位;煞中之煞主災禍連連,阻礙百般,化解安忍水、六帝錢。
●東北‧寅艮丑	●北‧癸子壬	●西北‧亥乾戌
6.發小財,利地產或五金行業。 4.兒童多病,成績退步,鼻敏感。 2.旺財,利地財。 42.婆媳不和。	8.主財運佳,利地產置業。 2.主家人易罹腸胃病,女性當權掌握財政。 4.坎宮為一白星所,主故為一四同宮主讀書聰明。 24.婆媳不和。各當主母。	4.不利女性,驛馬位,有遠行或搬遷。 6.驛馬位,有遠行,失運主官非或交通意外。 9.子女容易與自己爭執,提防呼吸系統疾病。 69.火燒天門,家生忤逆之兒、生牙瘡、腦病、生疿腮、流牙血、肺疾、衰則血症、盛必火災。

説明:令星到座,水神上山之局,主破財,若水纏玄武,形巒合局,奇峰秀水可用,向首24
,主瘋疾之應,經曰:「風行地上,決定傷脾。」西北宮69,東宮96主腹脹、吐血之應
,經曰:「火燒文而張光相鬥,家生罵父之兒。」

88	34	16
2	7	9
97	79	52
1	3	5
43	25	61
6	8	4

陽 宅 運 勢

[三碧運]

丁山癸向

[起星]

座南西南朝北東北

一百九十五度→十五度

●東南・辰巽巳	●南・丙午丁	●西南・未坤申
2.主是非，健康差，呼吸系統疾病。 8.兒童多病，成績退步，鼻敏感。 88.吉，財利。	7.小心火災，家中女性不和。 3.主家人頭腦靈活聰明。 4.讀書聰明，利文職，有喜慶，失運則財帛不聚。 34.三是男，四是女，女來就男移船就磡貼，大床利男性的桃花。	9.家人愚鈍，子女成績退步。 1.主女性當權，家人易罹腸胃病。 6.胡思亂想，神經衰弱，當運則發財。 16.合為水主催官，遇旺水秀峰，官居極品也。武貴，當軍警會顯貴，事事如意，吉利。
●東・乙卯甲	●宅中央	●西・辛酉庚
1.主家人搬遷或有遠行，脾氣較為暴躁。 9.家人頭腦靈活，子女讀書聰明。 7.血光之災，受人拖累破財，宜放風水輪來化解。 97.回祿之災，心臟病。	3.因財致禍，腳傷。 7.是非，官災，容易被金屬所傷。 9.目疾，血光之災，皮膚病。 79.回祿之災，心臟病。	5.是非，官災，容易被金屬所傷。 2.肚痛，提防火災，血光之災。 52.腸病，手腳受傷，黃遇黑時出寡婦。主孤寡五黃到位；煞中之煞主災禍連連，阻礙百般，化解安忍水、六帝錢。
●東北・寅艮丑	●北・癸子壬	●西北・亥乾戌
6.發小財，利地產或五金行業。 4.兒童多病，成績退步，鼻敏感。 3.經云，三八逢損小口，主不利小童。 43.少女發瘋，男星飛臨是男姦女之象。	8.主財運佳，利地產置業。 2.主家人易罹腸胃病，女性當權掌握財政。 5.主傷病，提防泌尿疾病，女性提防婦科病。 25.二五交加必損主孤寡二主，宅母多病，黑逢五至出鰥夫，五黃到位；煞中煞主災禍連連，阻礙百般，化解安忍水、六帝錢。	4.不利女性，驛馬位，有遠行或搬遷。 6.驛馬位，有遠行，失運主官非或交通意外。 1.主聰明，才智，發小財鎮。 61.金生水，桃花旺。

説明：令星失位，向首25，山水惡者主凶，經曰：「二五交加必損主。」座山得令，人丁較旺，有丁無財，東北宮43，若有奇峰秀水，大旺財丁，主貴，西25失令，主瘡毒腹痛意外血光，東南宮88，失令主神經病貧窮孤獨。

87 2	33 7	15 9
96 1	78 3	51 5
42 6	24 8	69 4

陽宅運勢

丁山癸向

座南西南朝北東北

一百九十五度→十五度

[三碧運]　　　　　　　　　　　　　　　　　　　　　　[下卦]

●東南・辰巽巳	●南・丙午丁	●西南・未坤申
2.主是非，健康差，呼吸系統疾病。 8.兒童多病，成績退步，鼻敏感。 7.容易被金屬所傷，易惹桃花劫。 87.吉，財利。	7.小心火災，家中女性不和。 3.主家人頭腦靈活聰明。 33.官非，是非，爭執。	9.家人愚鈍，子女成績退步。 1.主女性當權，家人易罹腸胃病。 5.主急性病，血光之災。 15.五是變卦，以中宮的向星代之婦科病耳疾。五黃到位；煞中之煞主災禍連連，阻礙百般，化解安忍水、六帝錢。
●東・乙卯甲	●宅中央	●西・辛酉庚
1.主家人搬遷或有遠行，脾氣較為暴躁。 9.家人頭腦靈活，子女讀書聰明。 6.主足疾，小人多。 96.腦病。	3.因財致禍，腳傷。 7.是非，官災，容易被金屬所傷。 8.主腸胃病，運氣蹇滯。 78.吉。	5.是非，官災，容易被金屬所傷。 1.家人好動，多異性緣，一白當運為桃花運，失運破財。 51.膀胱病，五黃到位；煞中之煞主災禍連連，阻礙百般，化解安忍水、六帝錢。
●東北・寅艮丑	●北・癸子壬	●西北・亥乾戌
6.發小財，利地產或五金行業。 4.兒童多病，成績退步，鼻敏感。 2.旺財，利地財。 42.婆媳不和。	8.主財運佳，利地產置業。 2.主家人易罹腸胃病，女性當權掌握財政。 4.坎宮為一白星所，主故為一四同宮主讀書聰明。 24.婆媳不和。咎當主母。	4.不利女性，驛馬位，有遠行或搬遷。 6.驛馬位，有遠行，失運主官非或交通意外。 9.子女容易與自己爭執，提防呼吸系統疾病。 69.火燒天門，家生忤逆之兒，生牙瘡，腦病，生痄腮，流牙血，肺疾，衰則血症，盛必火災。

説明：雙星到座，生氣到向，形巒合局，主漸漸富貴，旺人丁財帛，主出人威武，有謀略；亦主性情仁慈俊彥，東宮96，西北宮69，形巒凶者，主吐血、心肺目疾，西南宮15，西宮51主腹痛、瘡毒之應。

41	96	28
2	7	9
39	52	74
1	3	5
85	17	63
6	8	4

陽 宅 運 勢

庚山甲向

[三碧運]　　　　　　　　　　　　　　　　[起星]

座西西南朝東東北

二百五十五度→七十五度

●東南・辰巽巳	●南・丙午丁	●西南・未坤申
2.主是非，健康差，呼吸系統疾病。 4.經云，蓋四綠為文昌之神主聰明。 1.經云，四一同宮準發科名。 41.利讀書，出門，遠走他方。	7.小心火災，家中女性不和。 9.當運主財運與事業順利，失運主血光之災。 6.子女容易與自己發生爭執，提防呼吸系統疾病。 96.腦病。	9.家人愚鈍，子女成績退步。 2.二黑又名病符，回宮復位主身體多病。 8.利地產，旺財。 28.合十主吉，有進田置業之喜，利遷移。
●東・乙卯甲	●宅中央	●西・辛酉庚
1.主家人搬遷或有遠行，脾氣較為暴躁。 3.經云，蚩尤碧色好勇鬥狠之神，三碧為蚩尤星，主官災是非爭執。 9.家人頭腦靈活，子女讀書聰明。 39.聰明而吝嗇。	3.因財致禍，腳傷。 5.血光之災，瘡瘤。 2.血光之災，慢性病。 52.腸病，手腳受傷，黃遇黑時出寡婦。主孤寡五黃到位；煞中之煞主災禍連連，阻礙百般，化解安忍水、六帝錢。	5.是非，官災，容易被金屬所傷。 7.當運主發財，失運主血光之災。 4.容易被金屬所傷，易惹桃花劫。 74.桃花・出門。
●東北・寅艮丑	●北・癸子壬	●西北・亥乾戌
6.發小財，利地產或五金行業。 8.當運發財，利地產，失運破財。 5.主腸胃病，運氣蹇滯。 85.暗滯，胃病，胸疼痛，五黃到位；煞中之煞主災禍連連，阻礙百般，化解安忍水、六帝錢。	8.主財運佳，利地產置業。 1.經云，一白官星之應主掌文章讀書聰明。 7.家人好動，桃花運。 17.桃花，出門有利，吉利。	4.不利女性，驛馬位，有遠行或搬遷。 6.驛馬位，有遠行，失運主官非或交通意外。 3.經云，足以金而蹣跚，主足傷，家人容易發生。 63.手腳受傷。

說明:上水失令，山星下水，形巒不合，主破財損丁。經曰：「苟無生氣入門，糧艱一宿。」向上39，主目疾、心病、暴戾刻薄；座山74，主閨幃不睦，更主損丁；南宮96主吐血、頭痛、心目之疾；東北宮85主神經病、瘡毒、血光意外。

[三碧運]

49 2	95 7	27 9
38 1	51 3	73 5
84 6	16 8	62 4

陽 宅 運 勢

庚山甲向

座西西南朝東東北

二百五十五度→七十五度

[下卦]

●東南・辰巽巳	●南・丙午丁	●西南・未坤申
2.主是非，健康差，呼吸系統疾病。 4.經云，蓋四綠為文昌之神主聰明。 9.讀書聰明，利文職，家有喜慶事。 49.合而化金，與本體木火不協，無益而有損，木火通明，聰明俊秀，女同性戀不正常桃花。	7.小心火災，家中女性不和。 9.當運主財運與事業順利，失運主血光之災。 5.眼部疾病，血光之災。 95.生旺五黃主長病，殘疾，血病，火災，性病，五黃到位；煞中之煞主災禍連連，阻礙百般，化解安忍水、六帝錢。	9.家人愚鈍，子女成績退步。 2.二黑又名病符，回宮復位主身體多病。 7.主痢疾，提防火災，血光之災。 27.土生金，七赤是七運的財星旺有財化官祿，因桃花破財，桃花劫，對九紫命有利，二七合先天火乘殺氣遇凶山水，鳥焚其巢也。
●東・乙卯甲	●宅中央	●西・辛酉庚
1.主家人搬遷或有遠行，脾氣較為暴躁。 3.經云，蚩尤碧色好勇鬥狠之神，三碧為蚩尤星，主官災是非爭執。 8.主不利，兒童成績退步。 38.不利小童，三歲前會有心漏病、哮喘，甚至跌死、小產、破財、男同性戀。	3.因財致禍，腳傷。 5.血光之災，瘡瘤。 1.經云，一加二五傷及壯丁，主傷病。 51.膀胱病，五黃到位；煞中之煞主災禍連連，阻礙百般，化解安忍水、六帝錢。	5.是非，官災，容易被金屬所傷。 7.當運主發財，失運主血光之災。 3.主血光之災，受人拖累。 73.大凶，打劫，破財，官非，被刺一刀，盲一眼。
●東北・寅艮丑	●北・癸子壬	●西北・亥乾戌
6.發小財，利地產或五金行業。 8.當運發財，利地產，失運破財。 4.兒童多病，成績退步，鼻敏感。 84.木剋土，離婚，嫁杏無期，姑婆屋，無仔生，不利幼兒，服毒、吊頸、自殺，腰痛、膽石。	8.主財運佳，利地產置業。 1.經云，一白官星之應主掌文章讀書聰明。 6.主聰明才智發小財。 16.合為水主催官，遇旺水秀峰，官居極品也。武貴，當軍警會顯貴，事事如意，吉利。	4.不利女性，驛馬位，有遠行或搬遷。 6.驛馬位，有遠行，失運主官非或交通意外。 2.失運神經衰弱，胡思亂想，當運旺財。 62.腸疾，婦科病。

説明：上山下水，山向失令，形巒不合，主損丁破財。經曰：「苟無生氣入門，糧艱一宿。」若水纏玄武，形巒合者，則此局可用，向首38，防損小口，座山73，主官非、傷手足之事，南宮95，主心目之疾、瘡毒、血光。

62	16	84
2	7	9
73	51	38
1	3	5
27	95	49
6	8	4

陽 宅 運 勢

[三碧運]

酉山卯向

座西朝東

二百七十度→九十度

[起星]

●東南・辰巽巳

2. 主是非，健康差，呼吸系統疾病。

6. 不利女性，奔波勞碌。

62. 腸疾，婦科病。

●南・丙午丁

7. 小心火災，家中女性不和。

1. 中爻得配水火相交，主喜慶順利。

6. 子女容易與自己發生爭執，提防呼吸系統疾病。

16. 合為水主催官，遇旺水秀峰，官居極品也。武貴，當軍警會顯貴，事事如意，吉利。

●西南・未坤申

9. 家人愚鈍，子女成績退步。

8. 利地產，旺財。

4. 腸胃病，是非纏繞。

84. 木剋土，離婚、嫁杏無期、姑婆屋、無仔生、不利幼兒、服毒、吊頸、自殺、腰痛、膽石。

●東・乙卯甲

1. 主家人搬遷或有遠行，脾氣較為暴躁。

7. 血光之災，受人拖累破財，宜放風水輪來化解。

3. 經云，蚩尤碧色好勇鬥狠之神，三碧為蚩尤星，主官災是非爭執。

73. 大凶，打劫，破財，官非，被刺一刀，盲一眼。

●宅中央

3. 因財致禍，腳傷。

5. 血光之災，瘡瘤。

1. 經云，一加二五傷及壯丁，主傷病。

51. 膀胱病，五黃到位；煞中之煞主災禍連連，阻礙百般，化解安忍水、六帝錢。

●西・辛酉庚

5. 是非，官災，容易被金屬所傷。

3. 主血光之災，受人拖累。

8. 財帛可得，但容易破耗。

38. 不利小童，三歲前會有心漏病、哮喘，甚至跌死、小產、破財、男同性戀。

●東北・寅艮丑

6. 發小財，利地產或五金行業。

2. 旺財，利地財。

7. 財帛可得但容易破耗。

27. 土生金，七赤是七運的財星旺有財化官複，因桃花破財，桃花劫，對九紫命有利，二七合先天火乘殺氣遇凶山水，鳥焚其巢也。

●北・癸子壬

8. 主財運佳，利地產置業。

9. 水火既濟，主喜慶順利。

5. 主傷病，提防泌尿疾病，女性提防婦科病。

95. 生旺五黃主長病，殘疾，血病，火災，性病，五黃到位；煞中之煞主災禍連連，阻礙百般，化解安忍水、六帝錢。

●西北・亥乾戌

4. 不利女性，驛馬位，有遠行或搬遷。

9. 子女容易與自己爭執，提防呼吸系統疾病。

49. 合而化金，與本體木火不協，無益而有損，木火通明，聰明俊秀，女同性戀不正常桃花。

說明：旺山旺向，山水得令，形巒合局，主大旺財丁。經曰：「會有旺星到穴，富積千鐘。」東南宮62主頭痛、腹疾、鬼怪之事。經曰：「乾坤鬼神，與他相剋非祥。」北宮95主瘡毒、血光目疾；西北宮49，經云木見火而生聰明奇士。

[三碧運]

62 2	16 7	84 9
73 1	51 3	38 5
27 6	95 8	49 4

陽宅運勢

酉山卯向

座西朝東

二百七十度→九十度

[下卦]

●東南・辰巽巳	●南・丙午丁	●西南・未坤申
2.主是非，健康差，呼吸系統疾病。 6.不利女性，奔波勞碌。 62.腸疾，婦科病。	7.小心火災，家中女性不和。 1.中爻得配水火相交，主喜慶順利。 6.子女容易與自己發生爭執，提防呼吸系統疾病。 16.合為水主催官，遇旺水秀峰，官居極品也。武貴，當軍警會顯貴，事事如意，吉利。	9.家人愚鈍，子女成績退步。 8.利地產，旺財。 4.腸胃病，是非纏繞。 84.木剋土，離婚、嫁杏無期、姑婆屋、無仔生、不利幼兒、服毒、吊頸、自殺、腰痛、膽石。
●東・乙卯甲	●宅中央	●西・辛酉庚
1.主家人搬遷或有遠行，脾氣較為暴躁。 7.血光之災，受人拖累破財，宜放風水輪來化解。 3.經云，蚩尤碧色好勇鬥狠之神，三碧為蚩尤星，主官災是非爭執。 73.大凶，打劫，破財，官非，被刺一刀，盲一眼。	3.因財致禍，腳傷。 5.血光之災，瘡瘤。 1.經云，一加二五傷及壯丁，主傷病。 51.膀胱病，五黃到位；煞中之煞主災禍連連，阻礙百般，化解安忍水、六帝錢。	5.是非，官災，容易被金屬所傷。 3.主血光之災，受人拖累。 8.財帛可得，但容易破耗。 38.不利小童，三歲前會有心漏病、哮喘、甚至跌死、小產、破財、男同性戀。
●東北・寅艮丑	●北・癸子壬	●西北・亥乾戌
6.發小財，利地產或五金行業。 2.旺財，利地財。 7.財帛可得但容易破耗。 27.土生金，七赤是七運的財星旺有財化官複，因桃花破財，桃花劫，對九紫命有利，二七合先天火乘殺氣遇凶山水，鳥焚其巢也。	8.主財運佳，利地產置業。 9.水火既濟，主喜慶順利。 5.主傷病，提防泌尿疾病，女性提防婦科病。 95.生旺五黃主長病、殘疾、血病、火災、性病，五黃到位；煞中之煞主災禍連連，阻礙百般，化解安忍水、六帝錢。	4.不利女性，驛馬位，有遠行或搬遷。 9.子女容易與自己爭執，提防呼吸系統疾病。 49.合而化金，與本體木火不協，無益而有損，木火通明，聰明俊秀，女同性戀不正常桃花。

説明:旺山旺向，山水得令，形巒合局，主大旺財丁。經曰：「會有旺星到穴，富積千鐘。」東南宮62主頭痛，腹疾，鬼怪之事，經曰：「乾坤鬼神，與他相剋非祥。」北宮95主瘡毒、血光目疾；西北宮49，經云木見火而生聰明奇士。

[三碧運]

62	16	84
2	7	9
73	51	38
1	3	5
27	95	49
6	8	4

陽 宅 運 勢

辛山乙向

[起星]

座西西北朝東東南

二百八十五度→一百零五度

●東南・辰巽巳

2.主是非，健康差，呼吸系統疾病。

6.不利女性，奔波勞碌。

62.腸疾，婦科病。

●南・丙午丁

7.小心火災，家中女性不和。

1.中爻得配水火相交，主喜慶順利。

6.子女容易與自己發生爭執，提防呼吸系統疾病。

16.合為水主催官，遇旺水秀峰，官居極品也。武貴，當軍警會顯貴，事事如意，吉利。

●西南・未坤申

9.家人愚鈍，子女成績退步。

8.利地產，旺財。

4.腸胃病，是非纏繞。

84.木剋土，離婚、嫁杏無期、姑婆屋、無仔生、不利幼兒、服毒、吊頸、自殺、腰痛、膽石。

●東・乙卯甲

1.主家人搬遷或有遠行，脾氣較為暴躁。

7.血光之災，受人拖累破財，宜放風水輪來化解。

3.經云，蚩尤碧色好勇鬥狠之神，三碧為蚩尤星，主官災是非爭執。

73.大凶，打劫，破財，官非，被刺一刀，盲一眼。

●宅中央

3.因財致禍，腳傷。

5.血光之災，瘡瘤。

1.經云，一加二五傷及壯丁，主傷病。

51.膀胱病，五黃到位；煞中之煞主災禍連連，阻礙百般，化解安忍水、六帝錢。

●西・辛酉庚

5.是非，官災，容易被金屬所傷。

3.主血光之災，受人拖累。

8.財帛可得，但容易破耗。

38.不利小童，三歲前會有心漏病、哮喘，甚至跌死、小產、破財、男同性戀。

●東北・寅艮丑

6.發小財，利地產或五金行業。

2.旺財，利地財。

7.財帛可得但容易破耗。

27.土生金，七赤是七運的財星旺有財化官複，因桃花破財，桃花劫，對九紫命有利，二七合先天火乘殺氣遇凶山水，鳥焚其巢也。

●北・癸子壬

8.主財運佳，利地產置業。

9.水火既濟，主喜慶順利。

5.主傷病，提防泌尿疾病，女性提防婦科病。

95.生旺五黃主長病、殘疾、血病、火災、性病、五黃到位；煞中之煞主災禍連連，阻礙百般，化解安忍水、六帝錢。

●西北・亥乾戌

4.不利女性，驛馬位，有遠行或搬遷。

9.子女容易與自己爭執，提防呼吸系統疾病。

49.合而化金，與本體木火不協，無益而有損，木火通明，聰明俊秀，女同性戀不正常桃花。

説明:旺山旺向，形巒合局，主大旺財丁。經曰：「會有旺星到穴，富積千鐘。」西南宮84，西宮38，防損小口。經曰：「八四會而損小口，三八尤凶。」北宮95主心目之疾、瘡毒、血光意外；東南宮62，失令者主鬼怪之事。

[三碧運]

2 2	16 7	84 9
73 1	51 3	38 5
27 6	95 8	49 4

陽 宅 運 勢

辛山乙向

[下卦]

座西西北朝東東南

二百八十五度→一百零五度

●東南·辰巽巳	●南·丙午丁	●西南·未坤申
2.主是非，健康差，呼吸系統疾病。 6.不利女性，奔波勞碌。 62.腸疾，婦科病。	7.小心火災，家中女性不和。 1.中爻得配水火相交，主喜慶順利。 6.子女容易與自己發生爭執，提防呼吸系統疾病。 16.合為水主催官，遇旺水秀峰，官居極品也。武貴，當軍警會顯貴，事事如意，吉利。	9.家人愚鈍，子女成績退步。 8.利地產，旺財。 4.腸胃病，是非纏繞。 84.木剋土，離婚、嫁杏無期、姑婆屋、無仔生、不利幼兒、服毒、吊頸、自殺、腰痛、膽石。
●東·乙卯甲	●宅中央	●西·辛酉庚
1.主家人搬遷或有遠行，脾氣較為暴躁。 7.血光之災，受人拖累破財，宜放風水輪來化解。 3.經云，蚩尤碧色好勇鬥狠之神，三碧為蚩尤星，主官災是非爭執。 73.大凶，打劫，破財，官非，被刺一刀，盲一眼。	3.因財致禍，腳傷。 5.血光之災，瘡瘤。 1.經云，一加二五傷及壯丁，主傷病。 51.膀胱病，五黃到位；煞中之煞主災禍連連，阻礙百般，化解安忍水、六帝錢。	5.是非，官災，容易被金屬所傷。 3.主血光之災，受人拖累。 8.財帛可得，但容易破耗。 38.不利小童，三歲前會有心漏病、哮喘，甚至跌死、小產、破財、男同性戀。
●東北·寅艮丑	●北·癸子壬	●西北·亥乾戌
6.發小財，利地產或五金行業。 2.旺財，利地財。 7.財帛可得但容易破耗。 27.土生金，七赤是七運的財星旺有財化官複，因桃花破財，桃花劫，對九紫命有利，二七合先天火乘殺氣，遇凶山水，鳥焚其巢也。	8.主財運佳，利地產置業。 9.水火既濟，主喜慶順利。 5.主傷病，提防泌尿疾病，女性提防婦科病。 95.生旺五黃主長病，殘疾，血病，火災，性病，五黃到位；煞中之煞主災禍連連，阻礙百般，化解安忍水、六帝錢。	4.不利女性，驛馬位，有遠行或搬遷。 9.子女容易與自己爭執，提防呼吸系統疾病。 49.合而化金，與本體木火不協，無益而有損，木火通明，聰明俊秀，女同性戀不正常桃花。

説明:旺山旺向，形巒合局，主大旺財丁。經曰：「會有旺星到穴，富積千鐘。」西南宮84，西宮38，防損小口，經曰：「八四會而損小口，三八尤凶。」北宮95主心目之疾、瘡毒、血光意外；東南宮62，失令者主鬼怪之事。

73 2	27 7	95 9
84 1	62 3	49 5
38 6	16 8	51 4

陽 宅 運 勢

戌山辰向

[三碧運] [起星]

座西北西朝東南東

三百度→一百二十度

●東南・辰巽巳	●南・丙午丁	●西南・未坤申
2.主是非，健康差，呼吸系統疾病。 7.容易被金屬傷，易惹桃花劫。 3.運氣反覆，時好時壞。 73.大凶、打劫、破財、官非、被刺一刀、盲一眼。	7.小心火災，家中女性不和。 2.家人愚鈍，血光之災。 27.土生金，七赤是七運的財星旺有財化官複，因桃花破財，桃花劫，對九紫命有利，二七合先天火乘殺氣遇凶山水，鳥焚其巢也。	9.家人愚鈍，子女成績退步。 5.主急性病，血光之災。 95.生旺五黃主長病、殘疾、血病、火災、性病，五黃到位；煞中之煞主災禍連連，阻礙百般，化解安忍水、六帝錢。
●東・乙卯甲	**●宅中央**	**●西・辛酉庚**
1.主家人搬遷或有遠行，脾氣較為暴躁。 8.主不利，兒童成績退步。 4.運氣反覆，情緒起伏。 84.木剋土，離婚，嫁杏無期，姑婆屋，無仔生，不利幼兒，服毒，吊頸，自殺，腰痛，膽石。	3.因財致禍，腳傷。 6.遠行多阻滯，頭部疾病。 2.血光之災，慢性病。 62.腸疾，婦科病。	5.是非，官災，容易被金屬所傷。 4.容易被金屬所傷，易惹桃花劫。 9.小心火災，家中女性不和。 49.合而化金，與本體木火不協，無益而有損，木火通明，聰明俊秀，女同性戀不正常桃花。
●東北・寅艮丑	**●北・癸子壬**	**●西北・亥乾戌**
6.發小財，利地產或五金行業。 3.經云，三八逢損小口，主不利小童。 8.當運發財，利地產，失運破財。 38.不利小童，三歲前會有心漏病、哮喘，甚至跌死、小產、破財、男同性戀。	8.主財運佳，利地產置業。 1.經云，一白官星之應主掌文章讀書聰明。 6.主聰明才智發小財。 16.合為水主催官，遇旺水秀峰，官居極品也。武貴，當軍警會顯貴，事事如意，吉利。	4.不利女性，驛馬位，有遠行或搬遷。 5.頭部疾病，遠行多阻滯，身體多病。 1.主聰明、才智、發小財。 51.膀胱病，五黃到位；煞中之煞主災禍連連，阻礙百般，化解安忍水、六帝錢。

説明:向星得令，形巒合局，主旺財帛。經曰：「會有旺星到穴，富積千鐘。」東北宮38，旺氣到山主貴利、人丁、形凶者、防損小口；座山51主腹痛、瘡毒、血光之事；西南宮95，火炎土燥，主出愚鈍之人；西宮49得令，經云木見火而生聰明奇士。

[三碧運]

93	97	75
2	7	9
64	42	29
1	3	5
18	86	31
6	8	4

陽 宅 運 勢

戌山辰向

座西北西朝東南東

三百度→一百二十度

[下卦]

●東南・辰巽巳	●南・丙午丁	●西南・未坤申
2.主是非，健康差，呼吸系統疾病。	7.小心火災，家中女性不和。	9.家人愚鈍，子女成績退步。
5.主皮膚病，瘡毒。	9.當運主財運與事業順利，失運主血光之災。	7.主痢疾，提防火災，血光之災。
3.運氣反覆，時好時壞。	97.回祿之災，心臟病。	5.主急性病，血光之災。
53.破財，傷身，窮途困病再遭殃，五黃到位；煞中之煞主災禍連連，阻礙百般，化解安忍水、六帝錢。		75.肺病，口腔病，口舌，五黃到位；煞中之煞主災禍連連，阻礙百般，化解安忍水、六帝錢。
●東・乙卯甲	●宅中央	●西・辛酉庚
1.主家人搬遷或有遠行，脾氣較為暴躁。	3.因財致禍，腳傷。	5.是非，官災；容易被金屬所傷。
6.主足疾，小人多。	4.風濕病，皮膚病。	2.肚痛，提防火災，血光之災。
4.運氣反覆，情緒起伏。	2.血光之災，慢性病。	9.小心火災，家中女性不和。
64.先合後散，女性多病。	42.婆媳不和。	29.火生土，主女人多，桃花重，桃花屋。
●東北・寅艮丑	●北・癸子壬	●西北・亥乾戌
6.發小財，利地產或五金行業。	8.主財運佳，利地產置業。	4.不利女性，驛馬位，有遠行或搬遷。
1.財運佳，利地產置業。	6.主聰明才智發小財。	3.經云，足以金而蹣跚，主足傷，家人容易發生。
8.當運發財，利地產，失運破財。	86.吉，財利。	1.主聰明，才智，發小財。
18.土剋水，耳疾，被狗咬傷或被動物抓傷。咎輕，受剋而奇偶相敵。		31.爭吵、激氣、官非、破財。

說明:旺山旺向，形巒合局，主大旺財丁。經曰:「會有旺星到穴，富積千鐘。」南宮97主回祿之災、心目之疾、官非、口舌之應；西宮29主腹疾、慢性疾病，心目之疾，東北宮18主神經病、腹痛之快。

51	16	38
2	7	9
49	62	84
1	3	5
95	27	73
6	8	4

陽 宅 運 勢

乾山巽向

[三碧運]　　　　　　　　　　　　　　　　　　　　[起星]

座西北朝東南

三百一十五度→一百三十五度

●東南・辰巽巳

2.主是非、健康差、呼吸系統疾病。

5.主皮膚病、瘡毒。

1.經云，四一同宮準發科名。

51.膀胱病，五黃到位；煞中之煞主災禍連連，阻礙百般，化解安忍水、六帝錢。

●南・丙午丁

7.小心火災，家中女性不和。

1.中爻得配水火相交，主喜慶順利。

6.子女容易與自己發生爭執，提防呼吸系統疾病。

16.合為水主催官，遇旺水秀峰，官居極品也。武貴，當軍警會顯貴，事事如意，吉利。

●西南・未坤申

9.家人愚鈍，子女成績退步。

3.主官災、是非、腸胃病、足病。

8.利地產，旺財。

38.不利小童，三歲前會有心漏病、哮喘，甚至跌死、小產、破財、男同性戀。

●東・乙卯甲

1.主家人搬遷或有遠行，脾氣較為暴躁。

4.運氣反覆，情緒起伏。

9.家人頭腦靈活，子女讀書聰明。

49.合而化金，與本體木火不協，無益而有損，木火通明，聰明俊秀，女同性戀不正常桃花。

●宅中央

3.因財致禍，腳傷。

6.遠行多阻滯，頭部疾病。

2.血光之災，慢性病。

62.腸疾，婦科病。

●西・辛酉庚

5.是非，官災，容易被金屬所傷。

8.財帛可得，但容易破耗。

4.容易被金屬所傷，易惹桃花劫。

84.木剋土，離婚、嫁杏無期、姑婆屋、無仔生、不利幼兒、服毒、吊頸、自殺、腰痛、膽石。

●東北・寅艮丑

6.發小財，利地產或五金行業。

9.家有令人愉快事情發生，如喜事，橫財。

5.主腸胃病，運氣蹇滯。

95.生旺五黃主長病、殘疾、血病、火災、性病、五黃到位；煞中之煞主災禍連連，阻礙百般，化解安忍水、六帝錢。

●北・癸子壬

8.主財運佳，利地產置業。

2.主家人易罹腸胃病，女性當權掌握財政。

7.家人好動，桃花運。

27.土生金，七赤是七運的財星旺有財化官複，因桃花破財，桃花劫，對九紫命有利，二七合先天火乘殺氣遇凶山水，鳥焚其巢也。

●西北・亥乾戌

4.不利女性，驛馬位，有遠行或搬遷。

7.容易被金屬傷，主官非，爭執，交通意外。

3.經云，足以金而蹣跚，主足傷，家人容易發生。

73.大凶、打劫、破財、官非、被刺一刀、盲一眼。

説明：向星到向，水神上山，形巒不合，主破財。經曰：「苟無生氣入門，糧艱一宿。」若水纏玄武，形巒合局，則可用；座山73，主背義忘恩、家散人亡、防損手足，向上51主腹痛、瘡毒、血光意外。

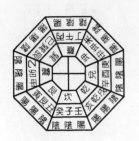

[三碧運]

31 2	86 7	18 9
29 1	42 3	64 5
75 6	97 8	53 4

陽 宅 運 勢

乾山巽向

[下卦]

座西北朝東南

三百一十五度 → 一百三十五度

●東南・辰巽巳	●南・丙午丁	●西南・未坤申
2.主是非、健康差、呼吸系統疾病。	7.小心火災，家中女性不和。	9.家人愚鈍，子女成績退步。
3.運氣反覆，時好時壞。	8.主喜慶，有令人愉快事情發生。	1.主女性當權，家人易罹腸胃病。
1.經云，四一同宮準發科名。	6.子女容易與自己發生爭執，提防呼吸系統疾病。	8.利地產，旺財。
31.爭吵、激氣、官非、破財。	86.吉，財利。	18.土剋水，耳疾，被狗咬傷或被動物抓傷。咎輕，受剋而奇偶相敵。
●東・乙卯甲	●宅中央	●西・辛酉庚
1.主家人搬遷或有遠行，脾氣較為暴躁。	3.因財致禍，腳傷。	5.是非，官災，容易被金屬所傷。
2.主官災、是非、足患、腸胃病。	4.風濕病，皮膚病。	6.容易被金屬所傷。
9.家人頭腦靈活，子女讀書聰明。	2.血光之災，慢性病。	4.容易被金屬所傷，易惹桃花劫。
29.火生土，主女人多，桃花重，桃花屋。	42.婆媳不和。	64.先合後散，女性多病。
●東北・寅艮丑	●北・癸子壬	●西北・亥乾戌
6.發小財，利地產或五金行業。	8.主財運佳，利地產置業。	4.不利女性，驛馬位，有遠行或搬遷。
7.財帛可得但容易破耗。	9.水火既濟，主喜慶順利。	5.頭部疾病，遠行多阻滯，身體多病。
5.主腸胃病，運氣蹇滯。	7.家人好動，桃花運。	3.經云，足以金而蹣跚，主足傷，家人容易發生。
75.肺病、口腔病、口舌，五黃到位；煞中之煞主災禍連連，阻礙百般，化解安忍水、六帝錢。	97.回祿之災，心臟病。	53.破財、傷身、窮途困病再遭殃，五黃到位；煞中之煞主災禍連連，阻礙百般，化解安忍水、六帝錢。

說明：上山下水，形巒不合，破財損丁之局。經曰：「苟無生氣入門，糧艱一宿。」西宮64，金剋木，主有勞祿之象；北宮97主火災、瘟毒、性病、回祿之災、東宮29主心目之疾、腹痛、慢性病。

59	15	37
2	7	9
48	61	83
1	3	5
94	26	72
6	8	4

陽 宅 運 勢

亥山巳向

[三碧運]　　　　　　　　　　　　　　　　　　　　[起星]

座西北北朝東南南

三百三十度→一百五十度

●東南・辰巽巳	●南・丙午丁	●西南・未坤申
2.主是非、健康差、呼吸系統疾病。	7.小心火災，家中女性不和。	9.家人愚鈍，子女成績退步。
5.主皮膚病、瘡毒。	1.中爻得配水火相交，主喜慶順利。	3.主官災、是非、腸胃病、足病。
9.讀書聰明，利文職，家有喜慶事。	5.眼部疾病，血光之災。	7.主痢疾、提防火災、血光之災。
59.凶，火生土，生旺災瘟星五黃，主不吉五黃到位；煞中之煞主災禍連連，阻礙百般，化解安忍水、六帝錢。	15.五是變卦，以中宮的向星代之婦科病、耳疾。五黃到位；煞中之煞主災禍連連，阻礙百般，化解安忍水、六帝錢。	37.破財、官非，七運時七當旺仍有財，盜賊相侵，訟凶而病厄，咎重。
●東・乙卯甲	●宅中央	●西・辛酉庚
1.主家人搬遷或有遠行，脾氣較為暴躁。	3.因財致禍，腳傷。	5.是非，官災，容易被金屬所傷。
4.運氣反覆，情緒起伏。	6.遠行多阻滯，頭部疾病。	8.財帛可得，但容易破耗。
8.主不利，兒童成績退步。	1.經云，一加二五傷及壯丁，主傷病。	3.主血光之災，受人拖累。
48.進田莊之喜，女同性戀。	61.金生水，桃花旺。	83.木剋土，不利幼兒、離婚、無仔生、嫁杏無期、姑婆屋、腰痛、自殺、吊頸、咎輕、受剋而奇偶相敵。
●東北・寅艮丑	●北・癸子壬	●西北・亥乾戌
6.發小財，利地產或五金行業。	8.主財運佳，利地產置業。	4.不利女性，驛馬位，有遠行或搬遷。
9.家有令人愉快事情發生，如喜事，橫財。	2.主家人易罹腸胃病，女性當權掌握財政。	7.容易被金屬傷，主官非，爭執，交通意外。
4.兒童多病，成績退步，鼻敏感。	6.主聰明才智發小財。	2.失運神經衰弱，胡思亂想，當運旺財。
94.不正常桃花，女同性戀合化金。	26.進田莊之喜，買地買樓但是吝嗇孤寒。	72.合先天火，利二黑，五黃，八白命。

説明：山向失令，形巒不合，破財損丁之局。經曰：「苟無生氣入門，糧艱一宿。」向首59
　　主心目之疾、瘡毒、血光意外；座山72主官非口舌、肺疾、腹痛、慢性病之應；西宮83
　　有水主旺財帛；西南宮有山主旺人丁；北宮26失令者，主鬼怪之事。

31 2	86 7	18 9
29 1	42 3	64 5
75 6	97 8	53 4

陽 宅 運 勢

亥山巳向

[三碧運]   [下卦]

座西北北朝東南南

三百三十度→一百五十度

●東南·辰巽巳	●南·丙午丁	●西南·未坤申
2.主是非，健康差，呼吸系統疾病。	7.小心火災，家中女性不和。	9.家人愚鈍，子女成績退步。
3.運氣反覆，時好時壞。	8.主喜慶，有令人愉快事情發生。	1.主女性當權，家人易罹腸胃病。
1.經云，四一同宮準發科名。	6.子女容易與自己發生爭執，提防呼吸系統疾病。	8.利地產，旺財。
31.爭吵，激氣，官非，破財。	86.吉，財利。	18.土剋水，耳疾，被狗咬傷或被動物抓傷。咎輕，受剋而奇偶相敵。
●東·乙卯甲	**●宅中央**	**●西·辛酉庚**
1.主家人搬遷或有遠行，脾氣較為暴躁。	3.因財致禍、腳傷。	5.是非，官災，容易被金屬所傷。
2.主官災、是非、足患、腸胃病。	4.風濕病、皮膚病。	6.容易被金屬所傷。
9.家人頭腦靈活，子女讀書聰明。	2.血光之災、慢性病。	4.容易被金屬所傷，易惹桃花劫。
29.火生土、主女人多、桃花重、桃花屋。	42.婆媳不和。	64.先合後散，女性多病。
●東北·寅艮丑	**●北·癸子壬**	**●西北·亥乾戌**
6.發小財，利地產或五金行業。	8.主財運佳，利地產置業。	4.不利女性，驛馬位，有遠行或搬遷。
7.財帛可得但容易破耗。	9.水火既濟，主喜慶順利。	5.頭部疾病，遠行多阻滯，身體多病。
5.主腸胃病，運氣蹇滯。	7.家人好動、桃花運。	3.經云，足以金而蹣跚，主足傷，家人容易發生。
75.肺病、口腔病、口舌，五黃到位；煞中之煞主災禍連連，阻礙百般，化解安忍水、六帝錢。	97.回祿之災、心臟病。	53.破財、傷身、窮途困病再遭殃，五黃到位；煞中之煞主災禍連連，阻礙百般，化解安忍水、六帝錢。

説明：上山下水，形巒不合，破財損丁之局。經曰：「苟無生氣入門，糧艱一宿。」西宮64
　　金剋木，主有勞祿之象；北宮97主火災、瘟毒、性病、回祿之災、東宮29主心目之疾、
　　腹痛、慢性病。

76 2	22 7	94 9
85 1	67 3	49 5
31 6	13 8	58 4

陽 宅 運 勢

丑山未向

[三碧運]　　　　　　　　　　　　　　　　[起星]

座東北北朝西南南

三十度→二百一十度

●東南・辰巽巳	●南・丙午丁	●西南・未坤申
2.主是非，健康差，呼吸系統疾病。 7.容易被金屬所傷，易惹桃花劫。 6.不利女性，奔波勞碌。 76.凶交劍煞，合作不和，拆夥，籠裡雞部屬造反，官非，男女不和，手腳受傷，皮膚病，化解使用陰陽水。	7.小心火災，家中女性不和。 2.家人愚鈍，血光之災。 22.二黑是病符，疾病入醫院，女性婦科病，懷孕，男性腸胃病，內臟病。	9.家人愚鈍，子女成績退步。 4.腸胃病，是非纏繞。 94.不正常桃花，女同性戀合化金。
●東・乙卯甲	●宅中央	●西・辛酉庚
1.主家人搬遷或有遠行，脾氣較為暴躁。 8.主不利，兒童成績退步。 5.容易腳傷，因財招禍。 85.暗滯，胃病，胸疼痛，五黃到位；煞中之煞主災禍連連，阻礙百般，化解安忍水、六帝錢。	3.因財致禍，腳傷。 6.遠行多阻滯，頭部疾病。 7.是非，官災，容易被金屬所傷。 67.大凶六七交劍煞，合作不和，拆夥，籠裡雞作反，部屬造反，官非，男女不和，手腳受傷，皮膚病，化解使用陰陽水。	5.是非，官災，容易被金屬所傷。 4.容易被金屬所傷，易惹桃花劫。 9.小心火災，家中女性不和。 49.合而化金，與本體木火不協，無益而有損，木火通明，聰明俊秀，女同性戀不正常桃花。
●東北・寅艮丑	●北・癸子壬	●西北・亥乾戌
6.發小財，利地產或五金行業。 3.經云，三八逢損小口，主不利小童。 1.財運佳，利地產置業。 31.爭吵，激氣，官非，破財。	8.主財運佳，利地產置業。 1.經云，一白官星之應主掌文章讀書聰明。 3.主脾氣暴躁，家人會搬遷或遠行。 13.爭執，吵鬧，勞氣，官非，盜劫，破財。	4.不利女性，驛馬位，有遠行或搬遷。 5.頭部疾病，遠行多阻滯，身體多病。 8.發小財，利地產或五金行業。 58.吉，五黃到位；煞中之煞主災禍連連，阻礙百般，化解安忍水、六帝錢。

說明：向星失位，形巒不合，困頓之局主破財，經曰：「苟無生氣入門，糧艱一宿。」座山　　31山星得令主旺人丁，北方有水，形巒合局主發財帛，西南宮有水次運發財。東宮85、　　西北宮58主瘡毒、神經病、意外。

78	24	96
2	7	9
87	69	42
1	3	5
33	15	51
6	8	4

陽 宅 運 勢

[三碧運]

[下卦]

丑山未向

座東北北朝西南南

三十度→二百一十度

●東南‧辰巽巳	●南‧丙午丁	●西南‧未坤申
2.主是非，健康差，呼吸系統疾病。	7.小心火災，家中女性不和。	9.家人愚鈍，子女成績退步。
7.容易被金屬所傷，易惹桃花劫。	2.家人愚鈍，血光之災。	6.胡思亂想，神經衰弱，當運則發財。
8.兒童多病，成績退步，鼻敏感。	4.讀書聰明，利文職，有喜慶，失運則財帛不聚。	96.腦病。
78.吉。	24.婆媳不和。咎當主母。	
●東‧乙卯甲	●宅中央	●西‧辛酉庚
1.主家人搬遷或有遠行，脾氣較為暴躁。	3.因財致禍，腳傷。	5.是非，官災；容易被金屬所傷。
8.主不利，兒童成績退步。	6.遠行多阻滯，頭部疾病。	4.容易被金屬所傷，易惹桃花劫。
7.血光之災，受人拖累破財，宜放風水輪來化解。	9.目疾，血光之災，皮膚病。	2.肚痛，提防火災，血光之災。
87.吉，財利。	69.火燒天門，家生忤逆之兒，生牙瘡、腦病、生疿腮、流牙血、肺疾、衰則血症、盛必火災。	42.婆媳不和。
●東北‧寅艮丑	●北‧癸子壬	●西北‧亥乾戌
6.發小財，利地產或五金行業。	8.主財運佳，利地產置業。	4.不利女性，驛馬位，有遠行或搬遷。
3.經云，三八逢損小口，主不利小童。	1.經云，一白官星之應主掌文章讀書聰明。	5.頭部疾病，遠行多阻滯，身體多病。
33.官非，是非，爭執。	5.主傷病，提防泌尿疾病，女性提防婦科病。	1.主聰明，才智，發小財。
	15.五是變卦，以中宮的向星代之婦科病耳疾。五黃到位；煞中之煞主災禍連連，阻礙百般，化解安忍水、六帝錢。	51.膀胱病，五黃到位；煞中之煞主災禍連連，阻礙百般，化解安忍水、六帝錢。

說明：令星會合座山，主破財帛，經曰：「苟無生氣入門，糧艱一宿。」若水纏玄武，形巒合局，水外有山主發財、旺丁。南宮24為生氣，有水者，次運發財。東南宮78、東宮87、主神經病、胸肺之疾。

51 2	15 7	33 9
42 1	69 3	87 5
96 6	24 8	78 4

陽 宅 運 勢

[三碧運]

[起星]

艮山坤向
座東北朝西南
四十五度→二百二十度

●東南·辰巽巳	●南·丙午丁	●西南·未坤申
2.主是非，健康差，呼吸系統疾病。 5.主皮膚病，瘡毒。 1.經云，四一同宮準發科名。 51.膀胱病，五黃到位；煞中之煞主災禍連連，阻礙百般，化解安忍水、六帝錢。	7.小心火災，家中女性不和。 1.中爻得配水火相交，主喜慶順利。 5.眼部疾病，血光之災。 15.五是變卦，以中宮的向星代之婦科病耳疾。五黃到位；煞中之煞主災禍連連，阻礙百般，化解安忍水、六帝錢。	9.家人愚鈍，子女成績退步。 3.主官災，是非，腸胃病，足病。 33.官非，是非，爭執。
●東·乙卯甲	**●宅中央**	**●西·辛酉庚**
1.主家人搬遷或有遠行，脾氣較為暴躁。 4.運氣反覆，情緒起伏。 2.主官災，是非，足患，腸胃病。 42.婆媳不和。	3.因財致禍，腳傷。 6.遠行多阻滯，頭部疾病。 9.目疾，血光之災，皮膚病。 69.火燒天門，家生忤逆之兒，生牙瘡，腦病，生痄腮，流牙血，肺疾，衰則血症，盛必火災。	5.是非，官災，容易被金屬所傷。 8.財帛可得，但容易破耗 7.當運主發財，失運主血光之災。 87.吉，財利。
●東北·寅艮丑	**●北·癸子壬**	**●西北·亥乾戌**
6.發小財，利地產或五金行業。 9.家有令人愉快事情發生，如喜事，橫財。 96.腦病。	8.主財運佳，利地產置業。 2.主家人易罹腸胃病，女性當權掌握財政。 4.坎宮為一白星所，主故為一四同宮主讀書聰明。 24.婆媳不和，咎當主母。	4.不利女性，驛馬位，有遠行或搬遷 7.容易被金屬所傷，主官非，爭執，交通意外。 8.發小財，利地產或五金行業 78.吉。

說明:令星會向上，有水者主大旺財帛。向上秀峰，主官貴之應，經曰：「會有旺星到穴，富積千鐘。」北方有水，形巒合局，主次運發財，午方可用城門訣，必須水城合局，南宮15，東南51，主腹痛、瘡毒、意外、血光。

[三碧運]

51 2	15 7	33 9
42 1	69 3	87 5
96 6	24 8	78 4

陽 宅 運 勢

艮山坤向

[下卦]

座東北朝西南

四十五度→二百二十度

●東南・辰巽巳	●南・丙午丁	●西南・未坤申
2.主是非，健康差，呼吸系統疾病。 5.主皮膚病，瘡毒。 1.經云，四一同宮準發科名。 51.膀胱病，五黃到位；煞中之煞主災禍連連，阻礙百般，化解安忍水、六帝錢。	7.小心火災，家中女性不和。 1.中爻得配水火相交，主喜慶順利。 5.眼部疾病，血光之災。 15.五是變卦，以中宮的向星代之婦科病耳疾。五黃到位；煞中之煞主災禍連連，阻礙百般，化解安忍水、六帝錢。	9.家人愚鈍，子女成績退步。 3.主官災，是非，腸胃病，足病。 33.官非，是非，爭執。
●東・乙卯甲	●宅中央	●西・辛酉庚
1.主家人搬遷或有遠行，脾氣較為暴躁。 4.運氣反覆，情緒起伏。 2.主官災，是非，足患，腸胃病。 42.婆媳不和。	3.因財致禍，腳傷。 6.遠行多阻滯，頭部疾病。 9.目疾，血光之災，皮膚病。 69.火燒天門，家生忤逆之兒，生牙瘡，腦病，生痄腮，流牙血，肺疾，衰則血症，盛必火災。	5.是非，官災，容易被金屬所傷。 8.財帛可得，但容易破耗。 7.當運主發財，失運主血光之災。 87.吉，財利。
●東北・寅艮丑	●北・癸子壬	●西北・亥乾戌
6.發小財，利地產或五金行業。 9.家有令人愉快事情發生，如喜事，橫財。 96.腦病。	8.主財運佳，利地產置業。 2.主家人易罹腸胃病，女性當權掌握財政。 4.坎宮為一白星所，主故為一四同宮主讀書聰明。 24.婆媳不和。咎當主母。	4.不利女性，驛馬位，有遠行或搬遷。 7.提防被金屬所傷，主官非，爭執，交通意外。 8.發小財，利地產或五金行業。 78.吉。

説明:令星會合向上，有水者主大旺財帛。向上秀峰，主官貴之應，經曰：「會有旺星到穴，富積千鐘。」北方有水，形巒合局，主次運發財，午方可用城門訣，必須水城合局，南宮15，東南宮51，主腹痛、瘡毒、意外、血光。

[三碧運]

51 2	15 7	33 9
42 1	69 3	87 5
96 6	24 8	78 4

陽 宅 運 勢

寅山申向

座東北東朝西南西

六十度→二百四十度

[起星]

●東南・辰巽巳	●南・丙午丁	●西南・未坤申
2.主是非，健康差，呼吸系統疾病。 5.主皮膚病，瘡毒。 1.經云，四一同宮準發科名。 51.膀胱病，五黃到位；煞中之煞主災禍連連，阻礙百般，化解安忍水、六帝錢。	7.小心火災，家中女性不和。 1.中爻得配水火相交，主喜慶順利。 5.眼部疾病，血光之災。 15.五是變卦，以中宮的向星代之婦科病耳疾。五黃到位；煞中之煞主災禍連連，阻礙百般，化解安忍水、六帝錢。	9.家人愚鈍，子女成績退步。 3.主官災，是非，腸胃病，足病。 33.官非，是非，爭執。
●東・乙卯甲	●宅中央	●西・辛酉庚
1.主家人搬遷或有遠行，脾氣較為暴躁。 4.運氣反覆，情緒起伏。 2.主官災，是非，足患，腸胃病。 42.婆媳不和。	3.因財致禍，腳傷。 6.遠行多阻滯，頭部疾病。 9.目疾，血光之災，皮膚病。 69.火燒天門，家生忤逆之兒，生牙瘡，腦病，生痄腮，流牙血，肺疾，衰則血症，盛必火災。	5.是非，官災，容易被金屬所傷。 8.財帛可得，但容易破耗。 7.當運主發財，失運主血光之災。 87.吉，財利。
●東北・寅艮丑	●北・癸子壬	●西北・亥乾戌
6.發小財，利地產或五金行業。 9.家有令人愉快事情發生，如喜事，橫財。 96.腦病。	8.主財運佳，利地產置業。 2.主家人易罹腸胃病，女性當權掌握財政。 4.坎宮為一白星所，主故為一四同宮主讀書聰明 24.婆媳不和，咎當主母。	4.不利女性，驛馬位，有遠行或搬遷 7.容易被金屬所傷，主官非，爭執，交通意外。 8.發小財，利地產或五金行業 78.吉。

說明：令星會合向上，有水者，主大旺財帛，向上秀峰，主官貴之應，經曰：「會有旺星到穴，富積千鐘。」北方有水，形巒合局，主次運發財，午方可用城門訣，必須水城合局，南宮15，東南宮51，主腹痛、瘡毒意外、血光。

51 2	15 7	33 9
42 1	69 3	87 5
96 6	24 8	78 4

陽 宅 運 勢

寅山申向

[三碧運]   [下卦]

座東北東朝西南西

六十度→二百四十度

●東南・辰巽巳	●南・丙午丁	●西南・未坤申
2.主是非，健康差，呼吸系統疾病。 5.主皮膚病，瘡毒。 1.經云，四一同宮準發科名 51.膀胱病，五黃到位；煞中之煞主災禍連連，阻礙百般，化解安忍水、六帝錢。	7.小心火災，家中女性不和。 1.中爻得配水火相交，主喜慶順利 5.眼部疾病，血光之災。 15.五是變卦，以中宮的向星代之婦科病耳疾。五黃到位；煞中之煞主災禍連連，阻礙百般，化解安忍水、六帝錢。	9.家人愚鈍，子女成績退步。 3.主官災，是非，腸胃病，足病。 33.官非，是非，爭執。
●東・乙卯甲	**●宅中央**	**●西・辛酉庚**
1.主家人搬遷或有遠行，脾氣較為暴躁。 4.運氣反覆，情緒起伏。 2.主官災，是非，足患，腸胃病。 42.婆媳不和。	3.因財致禍，腳傷。 6.遠行多阻滯，頭部疾病。 9.目疾，血光之災，皮膚病。 69.火燒天門，家生忤逆之兒，生牙瘡，腦病，生痄腮，流牙血，肺疾，衰則血症，盛必火災。	5.是非，官災；容易被金屬所傷。 8.財帛可得，但容易破耗。 7.當運主發財，失運主血光之災。 87.吉，財利。
●東北・寅艮丑	**●北・癸子壬**	**●西北・亥乾戌**
6.發小財，利地產或五金行業。 9.家有令人愉快事情發生，如喜事，橫財。 96.腦病。	8.主財運佳，利地產置業。 2.主家人易罹腸胃病，女性當權掌握財政。 4.坎宮為一白星所，主故為一四同宮主讀書聰明 24.婆媳不和。咎當主母。	4.不利女性，驛馬位，有遠行或搬遷。 7.容易被金屬所傷，主官非，爭執，交通意外。 8.發小財，利地產或五金行業 78.吉。

說明:令星會合向上，有水者，主大旺財帛，向上秀峰，主官貴之應，經曰：「會有旺星到穴，富積千鐘。」北方有水，形巒合局，主次運發財，午方可用城門訣，必須水城合局，南宮15，東南宮51，主腹痛、瘡毒意外、血光。

67 2	22 7	49 9
58 1	76 3	94 5
13 6	31 8	85 4

陽 宅 運 勢

未山丑向

座西南南朝東北北

二百一十度→三十度

[三碧運]　　　　　　　　　　　　　　　　　　[起星]

●東南・辰巽巳	●南・丙午丁	●西南・未坤申
2.主是非，健康差，呼吸系統疾病。 6.不利女性，奔波勞碌。 7.容易被金屬所傷，易惹桃花劫。 67.大凶六七交劍煞，合作不和，拆夥，籠裡雞作反，部屬造反，官非，男女不和，手腳受傷，皮膚病，化解使用陰陽水。	7.小心火災，家中女性不和。 2.家人愚鈍，血光之災。 22.二黑是病符，疾病入醫院，女性婦科病，懷孕，男性腸胃病，內臟病。	9.家人愚鈍，子女成績退步。 4.腸胃病，是非纏繞。 49.合而化金，與本體木火不協，無益而有損，木火通明，聰明俊秀，女同性戀不正常桃花。
●東・乙卯甲	●宅中央	●西・辛酉庚
1.主家人搬遷或有遠行，脾氣較為暴躁。 5.容易腳傷，因財招禍。 8.主不利，兒童成績退步。 58.吉，五黃到位；煞中之煞主災禍連連，阻礙百般，化解安忍水、六帝錢。	3.因財致禍，腳傷。 7.是非，官災，容易被金屬所傷。 6.遠行多阻滯，頭部疾病。 76.凶交劍煞，合作不和，拆夥，籠裡雞部屬造反，官非，男女不和，手腳受傷，皮膚病，化解使用陰陽水。	5.是非，官災，容易被金屬所傷。 9.小心火災，家中女性不和。 4.容易被金屬所傷，易惹桃花劫。 94.不正常桃花，女同性戀合化金。
●東北・寅艮丑	●北・癸子壬	●西北・亥乾戌
6.發小財，利地產或五金行業。 1.財運佳，利地產置業。 3.經云，三八逢損小口，主不利小童。 13.爭執，吵鬧，勞氣，官非，盜劫，破財。	8.主財運佳，利地產置業。 3.主脾氣暴躁，家人會搬遷或遠行。 1.經云，一白官星之應主掌文章讀書聰明。 31.爭吵，激氣，官非，破財。	4.不利女性，驛馬位，有遠行或搬遷。 8.發小財，利地產或五金行業。 5.頭部疾病，遠行多阻滯，身體多病。 85.暗滯，胃病，胸疼痛，五黃到位；煞中之煞主災禍連連，阻礙百般，化解安忍水、六帝錢。

說明:令星到向，座山生氣，形理合局，主大旺財丁，南宮22主腹痛，慢性疾病，流產之應，東南宮67交劍煞，山水惡者，失令主凶，座山49主文星，經曰：「木見火而生聰明奇士。」

87 2	42 7	69 9
78 1	96 3	24 5
33 6	51 8	15 4

陽 宅 運 勢

未山丑向

[三碧運]　　　　　　　　　　　　　　　[下卦]

座西南南朝東北北

二百一十度→三十度

●東南・辰巽巳	●南・丙午丁	●西南・未坤申
2.主是非，健康差，呼吸系統疾病。 8.兒童多病，成績退步，鼻敏感。 7.容易被金屬所傷，易惹桃花劫。 87.吉，財利。	7.小心火災，家中女性不和。 4.讀書聰明，利文職，有喜慶，失運則財帛不聚。 2.家人愚鈍，血光之災。 42.婆媳不和。	9.家人愚鈍，子女成績退步。 6.胡思亂想，神經衰弱，當運則發財。 69.火燒天門，家生忤逆之兒，生牙瘡，腦病，生痄腮，流牙血，肺疾，衰則血症，盛必火災。
●東・乙卯甲	**●宅中央**	**●西・辛酉庚**
1.主家人搬遷或有遠行，脾氣較為暴躁。 7.血光之災，受人拖累破財，宜放風水輪來化解。 8.主不利，兒童成績退步。 78.吉。	3.因財致禍，腳傷。 9.目疾，血光之災，皮膚病。 6.遠行多阻滯，頭部疾病。 96.腦病。	5.是非，官災，容易被金屬所傷。 2.肚痛，提防火災，血光之災。 4.容易被金屬所傷，易惹桃花劫。 24.婆媳不和。咎當主母。
●東北・寅艮丑	**●北・癸子壬**	**●西北・亥乾戌**
6.發小財，利地產或五金行業。 3.經云，三八逢損小口，主不利小童。 33.官非，是非，爭執。	8.主財運佳，利地產置業。 5.主傷病，提防泌尿疾病，女性提防婦科病。 1.經云，一白官星之應主掌文章讀書聰明。 51.膀胱病，五黃到位；煞中之煞主災禍連連，阻礙百般，化解安忍水、六帝錢。	4.不利女性，驛馬位，有遠行或搬遷。 1.主聰明，才智，發小財。 5.頭部疾病，遠行多阻滯，身體多病。 15.五是變卦，以中宮的向星代之婦科病耳疾。五黃到位；煞中之煞主災禍連連，阻礙百般，化解安忍水、六帝錢。

説明：令星到向，有水主富，水外秀峰，主發貴座山69，主人丁不旺，形巒凶者主吐血，南宮42，西宮24，經曰：「風行地上，決定傷脾。」失令主凶，西北宮15，北宮51主瘡毒、耳鳴、體虛，東南宮87，東宮78煞氣宜趨避。

[三碧運]

15 2	51 7	33 9
24 1	96 3	78 5
69 6	42 8	87 4

陽 宅 運 勢

坤山艮向

座西南朝東北

二百二十五度→四十五度

[起星]

●東南・辰巽巳	●南・丙午丁	●西南・未坤申
2.主是非，健康差，呼吸系統疾病。 1.經云，四一同宮準發科名。 5.主皮膚病，瘡毒。 15.五是變卦，以中宮的向星代之婦科病耳疾。五黃到位；煞中之煞主災禍連連，阻礙百般，化解安忍水、六帝錢。	7.小心火災，家中女性不和。 5.眼部疾病，血光之災。 1.中爻得配水火相交，主喜慶順利。 51.膀胱病，五黃到位；煞中之煞主災禍連連，阻礙百般，化解安忍水、六帝錢。	9.家人愚鈍，子女成績退步。 3.主官災，是非，腸胃病，足病。 33.官非，是非，爭執。
●東・乙卯甲	●宅中央	●西・辛酉庚
1.主家人搬遷或有遠行，脾氣較為暴躁。 2.主官災，是非，足患，腸胃病。 4.運氣反覆，情緒起伏。 24.婆媳不和，咎當主母。	3.因財致禍，腳傷。 9.目疾，血光之災，皮膚病。 6.遠行多阻滯，頭部疾病。 96.腦病。	5.是非，官災，容易被金屬所傷。 7.當運主發財，失運主血光之災。 8.財帛可得，但容易破耗。 78.吉。
●東北・寅艮丑	●北・癸子壬	●西北・亥乾戌
6.發小財，利地產或五金行業。 9.家有令人愉快事情發生，如喜事，橫財。 69.火燒天門，家生忤逆之兒、生牙瘡、腦病、生痄腮、流牙血、肺疾、衰則血症、盛必火災。	8.主財運佳，利地產置業。 4.坎宮為一白星所，主故為一四同宮主讀書聰明。 2.主家人易罹腸胃病，女性當權掌握財政。 42.婆媳不和。	4.不利女性，驛馬位，有遠行或搬遷。 8.發小財，利地產或五金行業。 7.容易被金屬所傷，主官非，爭執，交通意外。 87.吉，財利。

説明：雙星到座，水神上山，困頓之局，主破財窮困，山星得令旺人丁，向首69失令巒頭凶者主吐血，經曰：「火照天而張牙相鬥，家生罵父之兒。」若水纏玄武，形巒合局，主旺財丁，東南宮15主瘡毒、體弱、意外、血光，西北宮87主傷殘而筋枯臂折。

[三碧運]

15 2	51 7	33 9
24 1	96 3	78 5
69 6	42 8	87 4

陽 宅 運 勢

坤山艮向

座西南朝東北

[下卦]

二百二十五度→四十五度

●東南・辰巽巳	●南・丙午丁	●西南・未坤申
2.主是非，健康差，呼吸系統疾病。 1.經云，四一同宮準發科名 5.主皮膚病，瘡毒。 15.五是變卦，以中宮的向星代之婦科病耳疾。五黃到位；煞中之煞主災禍連連，阻礙百般，化解安忍水、六帝錢。	7.小心火災，家中女性不和。 5.眼部疾病，血光之災。 1.中爻得配水火相交，主喜慶順利。 51.膀胱病，五黃到位；煞中之煞主災禍連連，阻礙百般，化解安忍水、六帝錢。	9.家人愚鈍，子女成績退步。 3.主官災，是非，腸胃病，足病。 33.官非，是非，爭執。
●東・乙卯甲	**●宅中央**	**●西・辛酉庚**
1.主家人搬遷或有遠行，脾氣較為暴躁。 2.主官災，是非，足患，腸胃病。 4.運氣反覆，情緒起伏。 24.婆媳不和。咎當主母。	3.因財致禍，腳傷。 9.目疾，血光之災，皮膚病。 6.遠行多阻滯，頭部疾病。 96.腦病。	5.是非，官災，容易被金屬所傷。 7.當運主發財，失運主血光之災 8.財帛可得，但容易破耗 78.吉。
●東北・寅艮丑	**●北・癸子壬**	**●西北・亥乾戌**
6.發小財，利地產或五金行業。 9.家有令人愉快事情發生，如喜事，橫財。 69.火燒天門，家生忤逆之兒，生牙瘡，腦病，生疿腮，流牙血，肺疾，衰則血症，盛必火災。	8.主財運佳，利地產置業。 4.坎宮為一白星所，主故為一四同宮主讀書聰明。 2.主家人易罹腸胃病，女性當權掌握財政。 42.婆媳不和。	4.不利女性，驛馬位，有遠行或搬遷。 8.發小財，利地產或五金行業。 7.容易被金屬所傷，主官非，爭執，交通意外。 87.吉，財利。

說明：雙星到座，水神上山，困頓之局，主破財窮困：「山星得令旺人丁，向首69失令巒頭凶者主吐血，經曰：「火照天而張牙相鬥，家生罵父之兒。」若水纏玄武，形巒合局，主旺財丁，東南宮15，主瘡毒、體弱、意外、血光，西北宮87，主傷殘而筋枯臂折。

[三碧運]

15 2	51 7	33 9
24 1	96 3	78 5
69 6	42 8	87 4

陽 宅 運 勢

申山寅向

[起星]

座西南西朝東北東

二百四十度→六十度

●東南·辰巽巳	●南·丙午丁	●西南·未坤申
2.主是非，健康差，呼吸系統疾病。 1.經云，四一同宮準發科名。 5.主皮膚病，瘡毒。 15.五是變卦，以中宮的向星代之婦科病耳疾。五黃到位；煞中之煞主災禍連連，阻礙百般，化解安忍水、六帝錢。	7.小心火災，家中女性不和。 5.眼部疾病，血光之災。 1.中爻得配水火相交，主喜慶順利。 51.膀胱病，五黃到位；煞中之煞主災禍連連，阻礙百般，化解安忍水、六帝錢。	9.家人愚鈍，子女成績退步。 3.主官災，是非，腸胃病，足病。 33.官非，是非，爭執。
●東·乙卯甲	●宅中央	●西·辛酉庚
1.主家人搬遷或有遠行，脾氣較為暴躁。 2.主官災，是非，足患，腸胃病。 4.運氣反覆，情緒起伏。 24.婆媳不和。咎當主母。	3.因財致禍，腳傷。 9.目疾，血光之災，皮膚病。 6.遠行多阻滯，頭部疾病。 96.腦病。	5.是非，官災，容易被金屬所傷。 7.當運主發財，失運主血光之災。 8.財帛可得，但容易破耗。 78.吉。
●東北·寅艮丑	●北·癸子壬	●西北·亥乾戌
6.發小財，利地產或五金行業。 9.家有令人愉快事情發生，如喜事，橫財。 69.火燒天門，家生忤逆之兒，生牙瘡，腦病，生疿腮，流牙血，肺疾，衰則血症，盛必火災。	8.主財運佳，利地產置業。 4.坎宮為一白星所，主故為一四同宮主讀書聰明。 2.主家人易罹腸胃病，女性當權掌握財政。 42.婆媳不和。	4.不利女性，驛馬位，有遠行或搬遷。 8.發小財，利地產或五金行業。 7.容易被金屬所傷，主官非，爭執，交通意外。 87.吉，財利。

説明：雙星到座，水神上山，困頓之局，主破財窮困，山星得令旺人丁，向首69失令巒頭凶者主吐血，經曰：「火照天而張牙相鬥，家生罵父之兒。」若水纏玄武，形巒合局主旺財丁，東南宮15，主瘡毒體弱意外血光，西北宮87，主傷殘而筋枯臂折。

15 2	51 7	33 9
24 1	96 3	78 5
69 6	42 8	87 4

陽 宅 運 勢

申山寅向

座西南西朝東北東

二百四十度→六十度

[三碧運]　　　　　　　　　　　　　　　　　　[下卦]

●東南·辰巽巳	●南·丙午丁	●西南·未坤申
2.主是非，健康差，呼吸系統疾病。 1.經云，四一同宮準發科名。 5.主皮膚病，瘡毒。 15.五是變卦，以中宮的向星代之婦科病耳疾。五黃到位；煞中之煞主災禍連連，阻礙百般，化解安忍水、六帝錢。	7.小心火災，家中女性不和。 5.眼部疾病，血光之災。 1.中爻得配水火相交，主喜慶順利。 51.膀胱病，五黃到位；煞中之煞主災禍連連，阻礙百般，化解安忍水、六帝錢。	9.家人愚鈍，子女成績退步。 3.主官災，是非，腸胃病，足病。 33.官非，是非，爭執。
●東·乙卯甲	**●宅中央**	**●西·辛酉庚**
1.主家人搬遷或有遠行，脾氣較為暴躁。 2.主官災，是非，足患，腸胃病。 4.運氣反覆，情緒起伏。 24.婆媳不和。咎當主母。	3.因財致禍，腳傷。 9.目疾，血光之災，皮膚病。 6.遠行多阻滯，頭部疾病。 96.腦病。	5.是非，官災，容易被金屬所傷。 7.當運主發財，失運主血光之災。 8.財帛可得，但容易破耗。 78.吉。
●東北·寅艮丑	**●北·癸子壬**	**●西北·亥乾戌**
6.發小財，利地產或五金行業。 9.家有令人愉快事情發生，如喜事，橫財。 69.火燒天門，家生忤逆之兒，生牙瘡，腦病，生痄腮，流牙血，肺疾，衰則血症，盛必火災。	8.主財運佳，利地產置業。 4.坎宮為一白星所，主故為一四同宮主讀書聰明。 2.主家人易罹腸胃病，女性當權掌握財政。 42.婆媳不和。	4.不利女性，驛馬位，有遠行或搬遷。 8.發小財，利地產或五金行業。 7.容易被金屬所傷，主官非，爭執，交通意外。 87.吉，財利。

説明:雙星到座，水神上山，困頓之局，主破財窮困，山星得令旺人丁，向首69失令巒頭凶者主吐血，經曰：「火照天而張牙相鬥，家生罵父之兒。」若水纏玄武形巒合局主旺財丁，東南宮15，主瘡毒、體弱、意外、血光，西北宮87，主傷殘而筋枯臂折。

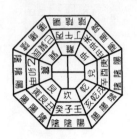

96	51	78
3	8	1
87	15	33
2	4	6
42	69	24
7	9	5

陽 宅 運 勢

辰山戌向

[四綠運]　　　　　　　　　　　　　　　**[起星]**

座東南東朝西北西

一百二十度→三百度

●東南・辰巽巳	●南・丙午丁	●西南・未坤申
3.運氣反覆，時好時壞。	8.主喜慶，有令人愉快事情發生。	1.主女性當權，家人易罹腸胃病。
9.讀書聰明，利文職，家有喜慶事。	5.眼部疾病，血光之災。	7.主痢疾，提防火災，血光之災。
6.不利女性，奔波勞碌。	1.中爻得配水火相交，主喜慶順利。	8.利地產，旺財。
96.腦病。	51.膀胱病，五黃到位；煞中之煞主災禍連連，阻礙百般，化解安忍水、六帝錢。	78.吉。
●東・乙卯甲	●宅中央	●西・辛酉庚
2.主官災、是非、足患、腸胃病。	4.風濕病，皮膚病。	6.容易被金屬所傷。
8.主不利，兒童成績退步。	1.經云，一加二五傷及壯丁，主傷病。	3.主血光之災，受人拖累。
7.血光之災，受人拖累破財，宜放風水輪來化解。	5.血光之災，瘡瘤。	33.官非，是非，爭執
87.吉，財利。	15.五是變卦以中宮的向星代之婦科病耳疾。五黃到位；煞中之煞主災禍連連，阻礙百般，化解安忍水、六帝錢。	
●東北・寅艮丑	●北・癸子壬	●西北・亥乾戌
7.財帛可得但容易破耗。	9.水火既濟，主喜慶順利。	5.頭部疾病，遠行多阻滯，身體多病。
4.兒童多病，成績退步，鼻敏感。	6.主聰明才智發小財。	2.失運神經衰弱，胡思亂想，當運旺財。
2.旺財，利地財。	69.火燒天門，家生忤逆之兒、生牙瘡、腦病、生痄腮、流牙血、肺疾、衰則血症、盛必火災。	4.不利女性，驛馬位，有遠行或搬遷。
42.婆媳不和。		24.婆媳不和，咎當主母。

説明：令星到向，形巒合局，主大旺財帛。經日：「會有旺星到穴，富積千鐘。」向星24山水凶者，主婦女專權；東南宮96主吐血、心目之疾、頭痛之應；南宮51主腹疾、瘡毒、血光意外；東宮87主神經病、肺疾、官非、口舌。

26 3	71 8	98 1
17 2	35 4	53 6
62 7	89 9	44 5

陽宅運勢

辰山戌向

[四綠運]　　　　　　　　　　　　　　　　[下卦]

座東南東朝西北西
一百二十度→三百度

●東南・辰巽巳	●南・丙午丁	●西南・未坤申
3.運氣反覆，時好時壞。 2.主是非、健康差、呼吸系統疾病。 6.不利女性，奔波勞碌。 26.進田莊之喜，買地買樓但是吝嗇孤寒。	8.主喜慶，有令人愉快事情發生。 7.小心火災，家中女性不和。 1.中爻得配水火相交，主喜慶順利。 71.出門遠行，桃花。	1.主女性當權，家人易罹腸胃病。 9.家人愚鈍，子女成績退步。 8.利地產，旺財。 98.吐血。
●東・乙卯甲	●宅中央	●西・辛酉庚
2.主官災，是非，足患，腸胃病。 1.主家人搬遷或有遠行，脾氣較為暴躁。 7.血光之災，受人拖累破財，宜放風水輪來化解。 17.桃花，出門有利，吉利。	4.風濕病、皮膚病。 3.因財致禍，腳傷。 5.血光之災，瘡瘤。 35.多主不吉，木剋土貧窮，傷足，生疾，五黃到位；煞中之煞主災禍連連，阻礙百般，化解安忍水、六帝錢。	6.容易被金屬所傷。 5.是非，官災，容易被金屬所傷。 3.主血光之災，受人拖累。 53.破財，傷身，窮途困病再遭殃，五黃到位；煞中之煞主災禍連連，阻礙百般，化解安忍水、六帝錢。
●東北・寅艮丑	●北・癸子壬	●西北・亥乾戌
7.財帛可得但容易破耗。 6.發小財，利地產或五金行業。 2.旺財，利地財。 62.腸疾、婦科病。	9.水火既濟，主喜慶順利。 8.主財運佳，利地產置業。 89.火生土，吉，旺丁，旺財，輔弼相輝，田園富盛，而子孫繁衍也。	5.頭部疾病，遠行多阻滯，身體多病。 4.不利女性，驛馬位，有遠行或搬遷。 44.出門，桃花。

說明：雙星到向，形巒合局主大旺財帛。經曰：「會有旺星到穴，富積千鐘。」向星44山水凶者，主瘋疾、婦女懸樑；座山26失令，主人口弱、鬼怪之事；西南宮98，北宮89，煞氣，主心目之疾、神經病；西宮53，主足疾、瘡毒、血光意外。

34 3	79 8	52 1
43 2	25 4	97 6
88 7	61 9	16 5

陽 宅 運 勢

巽山乾向

座東南朝西北

一百三十五度→三百一十五度

[四綠運]　　　　　　　　　　　　　　　　　[起星]

●東南·辰巽巳	●南·丙午丁	●西南·未坤申
3.運氣反覆，時好時壞。 4.經云，蓋四綠為文昌之神主聰明。 34.三是男，四是女，女來就男移船就磡貼，大床利男性的桃花。	8.主喜慶，有令人愉快事情發生。 7.小心火災，家中女性不和。 9.當運主財運與事業順利，失運主血光之災。 79.回祿之災，心臟病。	1.主女性當權，家人易罹腸胃病。 5.主急性病，血光之災。 2.二黑又名病符，回宮復位主身體多病。 52.腸病，手腳受傷，黃遇黑時出寡婦。主孤寡五黃到位；煞中之煞主災禍連連，阻礙百般，化解安忍水、六帝錢。
●東·乙卯甲	●宅中央	●西·辛酉庚
2.主官災、是非、足患、腸胃病。 4.運氣反覆，情緒起伏。 3.經云，蚩尤碧色好勇鬥狠之神，三碧為蚩尤星主官災是非爭執。 43.少女發瘋，男星飛臨是男姦女之象。	4.風濕病、皮膚病。 2.血光之災、慢性病。 5.血光之災、瘡瘤。 25.二五交加必損主孤寡二主，宅母多病黑逢五至出鰥夫，五黃到位；煞中煞主災禍連連，阻礙百般，化解安忍水、六帝錢。	6.容易被金屬所傷。 9.小心火災，家中女性不和。 7.當運主發財，失運主血光之災。 97.回祿之災，心臟病。
●東北·寅艮丑	●北·癸子壬	●西北·亥乾戌
7.財帛可得但容易破耗。 8.當運發財，利地產，失運破財。 88.吉，財利。	9.水火既濟，主喜慶順利。 6.主聰明才智發小財。 1.經云，一白官星之應主掌文章讀書聰明。 61.金生水，桃花旺。	5.頭部疾病，遠行多阻滯，身體多病。 1.主聰明、才智、發小財。 6.驛馬位，有遠行，失運主官非或交通意外。 16.合為水主催官，遇旺水秀峰，官居極品也。武貴，當軍警會顯貴，事事如意，吉利。

説明：令星到座，水神上山困頓之局，主破財帛。經曰：「苟無生氣入門，糧艱一宿。」凡出卦主鬼神入室、寄食依人。全盤伏吟主塞滯；西南宮52，防損主之應、瘡毒、血光；南宮79，西宮97主吐血、火災、心目之疾。

44 3	89 8	62 1
53 2	35 4	17 6
98 7	71 9	26 5

陽宅運勢

巽山乾向

[四綠運]　　　　　　　　　　　　　　　　　　　　　[下卦]

座東南朝西北

一百三十五度→三百一十五度

●東南・辰巽巳
3. 運氣反覆，時好時壞。
4. 經云，蓋四綠為文昌之神主聰明。
44. 出門，桃花。

●南・丙午丁
8. 主喜慶，有令人愉快事情發生。
9. 當運主財運與事業順利，失運主血光之災。
89. 火生土，吉，旺丁，旺財，輔弼相輝，田園富盛，而子孫繁衍也。

●西南・未坤申
1. 主女性當權，家人易罹腸胃病。
6. 胡思亂想、神經衰弱、當運則發財。
2. 二黑又名病符，回宮復位主身體多病。
62. 腸疾、婦科病。

●東・乙卯甲
2. 主官災、是非、足患、腸胃病。
5. 容易腳傷，因財招禍。
3. 經云，蚩尤碧色好勇鬥狠之神，三碧為蚩尤星主官災是非爭執。
53. 破財，傷身，窮途困病再遭殃，五黃到位；煞中之煞主災禍連連，阻礙百般，化解安忍水、六帝錢。

●宅中央
4. 風濕病，皮膚病。
3. 因財致禍，腳傷。
5. 血光之災，瘡瘤。
35. 多主不吉，木剋土貧窮，傷足，生疾。五黃到位；煞中之煞主災禍連連，阻礙百般，化解安忍水、六帝錢。

●西・辛酉庚
6. 容易被金屬所傷。
1. 家人好動，多異性緣，一白當運為桃花運，失運破財。
7. 當運主發財，失運主血光之災。
17. 桃花，出門有利，吉利。

●東北・寅艮丑
7. 財帛可得但容易破耗。
9. 家有令人愉快事情發生，如喜事，橫財。
8. 當運發財，利地產，失運破財。
98. 吐血。

●北・癸子壬
9. 水火既濟，主喜慶順利。
7. 家人好動，桃花運。
1. 經云，一白官星之應主掌文章讀書聰明。
71. 出門遠行，桃花。

●西北・亥乾戌
5. 頭部疾病，遠行多阻滯，身體多病。
2. 失運神經衰弱，胡思亂想，當運旺財。
6. 驛馬位，有遠行，失運主官非或交通意外。
26. 進田莊之喜，買地買樓但是岢嗇孤寒。

説明：令星到座，水神上山，困頓之局主破財帛。經曰：「苟無生氣入門，糧艱一宿。」若水纏玄武，形巒合局，則可用。向首26失令主鬼神入室、慢性急病；南宮89，東北宮98主神經病、心目之疾；東宮53主瘡毒、血光、暴戾、手足之疾。

34	79	52
3	8	1
43	25	97
2	4	6
88	61	16
7	9	5

陽 宅 運 勢

巳山亥向

[四綠運]　　　　　　　　　　　　　　　　　　[起星]

座東南南朝西北北

一百五十度→三百三十度

●東南・辰巽巳	●南・丙午丁	●西南・未坤申
3.運氣反覆，時好時壞。 4.經云，蓋四綠為文昌之神主聰明。 34.三是男，四是女，女來就男移船就磡貼，大床利男性的桃花。	8.主喜慶，有令人愉快事情發生。 7.小心火災，家中女性不和。 9.當運主財運與事業順利，失運主血光之災。 79.回祿之災，心臟病。	1.主女性當權，家人易罹腸胃病。 5.主急性病，血光之災。 2.二黑又名病符，回宮復位主身體多病。 52.腸病，手腳受傷，黃遇黑時出寡婦。主孤寡五黃到位；煞中之煞主災禍連連，阻礙百般，化解安忍水、六帝錢。
●東・乙卯甲	●宅中央	●西・辛酉庚
2.主官災、是非、足患、腸胃病。 4.運氣反覆，情緒起伏。 3.經云，蚩尤碧色好勇鬥狠之神，三碧為蚩尤星主官災是非爭執。 43.少女發瘋，男星飛臨是男姦女之象。	4.風濕病，皮膚病。 2.血光之災，慢性病。 5.血光之災，瘡瘤。 25.二五交加必損主孤寡二主，宅母多病黑逢五至出鰥夫，五黃到位；煞中煞主災禍連連，阻礙百般，化解安忍水、六帝錢。	6.容易被金屬所傷。 9.小心火災，家中女性不和。 7.當運主發財，失運主血光之災。 97.回祿之災，心臟病。
●東北・寅艮丑	●北・癸子壬	●西北・亥乾戌
7.財帛可得但容易破耗。 8.當運發財，利地產，失運破財。 88.吉，財利。	9.水火既濟，主喜慶順利。 6.主聰明才智發小財。 1.經云，一白官星之應主掌文章讀書聰明。 61.金生水，桃花旺。	5.頭部疾病，遠行多阻滯，身體多病。 1.主聰明、才智、發小財。 6.驛馬位，有遠行，失運主官非或交通意外。 16.合為水主催官，遇旺水秀峰，官居極品也。武貴，當軍警會顯貴，事事如意，吉利。

説明:令星到座，水神上山困頓之局，主破財帛。經曰：「苟無生氣入門，糧艱一宿。」凡出卦主鬼神入室，寄食依人。全盤伏吟主蹇滯；西南宮52，防損主之應瘡毒、血光；南宮79，西宮97主吐血火災、心目之疾。

44 3	89 8	62 1
53 2	35 4	17 6
98 7	71 9	26 5

陽 宅 運 勢

[四綠運]

巳山亥向

座東南南朝西北北

一百五十度→三百三十度

[下卦]

●東南·辰巽巳	●南·丙午丁	●西南·未坤申
3.運氣反覆，時好時壞。 4.經云，蓋四綠為文昌之神主聰明。 44.出門，桃花。	8.主喜慶，有令人愉快事情發生。 9.當運主財運與事業順利，失運主血光之災。 89.火生土，吉，旺丁，旺財，輔弼相輝，田園富盛，而子孫繁衍也。	1.主女性當權，家人易罹腸胃病。 6.胡思亂想，神經衰弱，當運則發財。 2.二黑又名病符，回宮復位主身體多病。 62.腸疾，婦科病。
●東·乙卯甲	**●宅中央**	**●西·辛酉庚**
2.主官災、是非、足患、腸胃病。 5.容易腳傷，因財招禍。 3.經云，蚩尤碧色好勇鬥狠之神，三碧為蚩尤星主官災是非爭執。 53.破財、傷身，窮途困病再遭殃，五黃到位；煞中之煞主災禍連連，阻礙百般，化解安忍水、六帝錢。	4.風濕病，皮膚病。 3.因財致禍，腳傷。 5.血光之災，瘡瘤。 35.多主不吉，木剋土貧窮，傷足，生疾，五黃到位；煞中之煞主災禍連連，阻礙百般，化解安忍水、六帝錢。	6.容易被金屬所傷。 1.家人好動，多異性緣，一白當運為桃花運，失運破財。 7.當運主發財，失運主血光之災。 17.桃花，出門有利，吉利。
●東北·寅艮丑	**●北·癸子壬**	**●西北·亥乾戌**
7.財帛可得但容易破耗。 9.家有令人愉快事情發生，如喜事、橫財。 8.當運發財，利地產，失運破財。 98.吐血。	9.水火既濟，主喜慶順利。 7.家人好動，桃花運。 1.經云，一白官星之應主掌文章讀書聰明。 71.出門遠行，桃花。	5.頭部疾病，遠行多阻滯，身體多病。 2.失運神經衰弱，胡思亂想，當運旺財。 6.驛馬位，有遠行，失運主官非或交通意外。 26.進田莊之喜，買地買樓但是各嗇孤寒。

說明：令星到座，水神上山，困頓之局主破財帛。經曰：「苟無生氣入門，糧艱一宿。」若水纏玄武，形巒合局則可用。向首26失令主鬼神入室，慢性急病；南宮89，東北宮98主神經病、心目之疾；東宮53主瘡毒、血光、暴戾、手足之疾。

68	23	41
3	8	1
59	77	95
2	4	6
14	32	86
7	9	5

陽 宅 運 勢

壬山丙向

[四綠運]　　　　　　　　　　　　　　　　　[起星]

座北西北朝南東南

三百四十五度→一百六十五度

●東南・辰巽巳	●南・丙午丁	●西南・未坤申
3.運氣反覆，時好時壞。	8.主喜慶，有令人愉快事情發生。	1.主女性當權，家人易罹腸胃病。
6.不利女性，奔波勞碌。	2.家人愚鈍，血光之災。	4.腸胃病，是非纏繞。
8.兒童多病，成績退步，鼻敏感。	3.主家人頭腦靈活聰明。	41.利讀書，出門，遠走他方。
68.吉，進財，利田宅，武庫，亦主財帛，利武庫及異路功名。	23.鬥牛煞，官非，是非，口舌，不和，博弈好飲，田園廢盡。	

●東・乙卯甲	●宅中央	●西・辛酉庚
2.主官災、是非、足患、腸胃病。	4.風濕病，皮膚病。	6.容易被金屬所傷。
5.容易腳傷，因財招禍。	7.是非，官災，容易被金屬所傷。	9.小心火災，家中女性不和。
9.家人頭腦靈活，子女讀書聰明。	77.七運，當旺大吉，財利大旺。	5.是非，官災，容易被金屬所傷。
59.凶，火生土，生旺災瘟星五黃，主不吉五黃到位；煞中之煞主災禍連連，阻礙百般，化解安忍水、六帝錢。		95.生旺五黃主長病、殘疾、血病、火災、性病、五黃到位；煞中之煞主災禍連連，阻礙百般，化解安忍水、六帝錢。

●東北・寅艮丑	●北・癸子壬	●西北・亥乾戌
7.財帛可得但容易破耗。	9.水火既濟，主喜慶順利。	5.頭部疾病、遠行多阻滯、身體多病。
1.財運佳，利地產置業。	3.主脾氣暴躁，家人會搬遷或遠行。	8.發小財，利地產或五金行業。
4.兒童多病，成績退步，鼻敏感。	2.主家人易罹腸胃病，女性當權掌握財政。	6.驛馬位，有遠行，失運主官非或交通意外。
14.讀書有成，被讚賞，出門有利，升職、加薪、主科名，號青雲得路，有文筆硯池水，鼎元之兆也。	32.鬥牛煞，爭吵，激氣，官非，破財。	86.吉，財利。

說明:令星失位，形巒不合，主損丁破財。經曰：「苟無生氣入門，糧艱一宿。」向首23，座山32主腹痛、損手足、犯官非、口舌、凶暴；東宮59，西宮95主血光、心目之疾，皮膚病、西南宮41、東北宮14，得令主科名之應。

89 3	44 8	62 1
71 2	98 4	26 6
35 7	53 9	17 5

陽 宅 運 勢

壬山丙向

[四綠運]　　　　　　　　　　　　　　　　[下卦]

座北西北朝南東南

三百四十五度→一百六十五度

●東南·辰巽巳	●南·丙午丁	●西南·未坤申
3.運氣反覆，時好時壞。 8.兒童多病，成績退步，鼻敏感。 9.讀書聰明，利文職，家有喜慶事。 89.火生土，吉，旺丁，旺財，輔弼相輝，田園富盛，而子孫繁衍也。	8.主喜慶，有令人愉快事情發生。 4.讀書聰明，利文職，有喜慶，失運則財帛不聚。 44.出門，桃花。	1.主女性當權，家人易罹腸胃病。 6.胡思亂想，神經衰弱，當運則發財。 2.二黑又名病符，回宮復位主身體多病。 62.腸疾，婦科病。
●東·乙卯甲	**●宅中央**	**●西·辛酉庚**
2.主官災、是非、足患、腸胃病。 7.血光之災，受人拖累破財，宜放風水輪來化解。 1.主家人搬遷或有遠行，脾氣較為暴躁。 71.出門遠行，桃花。	4.風濕病，皮膚病。 9.目疾，血光之災，皮膚病。 8.主腸胃病，運氣蹇滯。 98.吐血。	6.容易被金屬所傷。 2.肚痛，提防火災，血光之災 26.進田莊之喜，買地買樓但是吝嗇孤寒。
●東北·寅艮丑	**●北·癸子壬**	**●西北·亥乾戌**
7.財帛可得但容易破耗。 3.經云，三八逢損小口，主不利小童。 5.主腸胃病，運氣蹇滯。 35.多主不吉，木剋土貧窮，傷足，生疾，五黃到位；煞中之煞主災禍連連，阻礙百般，化解安忍水、六帝錢。	9.水火既濟，主喜慶順利。 5.主傷病，提防泌尿疾病，女性提防婦科病。 3.主脾氣暴躁，家人會搬遷或遠行。 53.破財、傷身，窮途困病再遭殃，五黃到位；煞中之煞主災禍連連，阻礙百般，化解安忍水、六帝錢。	5.頭部疾病，遠行多阻滯，身體多病。 1.主聰明，才智，發小財。 7.提防金屬傷，主官非、爭執、交通意外。 17.桃花、出門有利、吉利。

説明:雙星到向，財星得令，形巒合局，主旺財帛。經曰：「會有旺星到穴，富積千鐘。」。山星下水，必須水外有山，始旺人丁。東南宮89，主神經病，心目之病。東宮71貪花戀酒，主淫蕩。西南宮62，西宮26主鬼怪之事。

[四綠運]

16	52	34
3	8	1
25	97	79
2	4	6
61	43	88
7	9	5

陽 宅 運 勢

子山午向

座北朝南

零度→一百八十度

[起星]

●東南‧辰巽巳	●南‧丙午丁	●西南‧未坤申
3.運氣反覆，時好時壞。 1.經云，四一同宮準發科名。 6.不利女性，奔波勞碌。 16.合為水主催官，遇旺水秀峰，官居極品也。武貴，當軍警會顯貴，事事如意，吉利。	8.主喜慶，有令人愉快事情發生。 5.眼部疾病，血光之災。 2.家人愚鈍，血光之災。 52.腸病，手腳受傷，黃遇黑時出寡婦。主孤寡五黃到位；煞中之煞主災禍連連，阻礙百般，化解安忍水、六帝錢。	1.主女性當權，家人易罹腸胃病。 3.主官災、是非、腸胃病、足病。 4.腸胃病、是非纏繞。 34.三是男，四是女，女來就男移船就磡貼，大床利男性的桃花。
●東‧乙卯甲	●宅中央	●西‧辛酉庚
2.主官災、是非、足患、腸胃病。 5.容易腳傷，因財招禍。 25.二五交加必損主孤寡二主，宅母多病，黑逢五至出鰥夫，五黃到位；煞中煞主災禍連連阻礙百般，化解安忍水、六帝錢。	4.風濕病，皮膚病。 9.目疾，血光之災，皮膚病。 7.是非，官災，容易被金屬所傷。 97.回祿之災，心臟病。	6.容易被金屬所傷。 7.當運主發財，失運主血光之災。 9.小心火災，家中女性不和。 79.回祿之災，心臟病。
●東北‧寅艮丑	●北‧癸子壬	●西北‧亥乾戌
7.財帛可得但容易破耗。 6.發小財，利地產或五金行業。 1.財運佳，利地產置業。 61.金生水，桃花旺。	9.水火既濟，主喜慶順利。 4.坎宮為一白星所，主故為一四同宮主讀書聰明。 3.主脾氣暴躁，家人會搬遷或遠行。 43.少女發瘋，男星飛臨是男姦女之象。	5.頭部疾病，遠行多阻滯，身體多病。 8.發小財，利地產或五金行業。 88.吉，財利。

說明：令星失位，形巒不合主破財帛，經曰：「苟無生氣入門，糧艱一宿。」向首52主血光意外瘡毒慢性病，山星到座得令，有山主貴，多人口，西南方34有水主旺，34同來主淫，經曰：「陰神滿地成群，紅粉場中空快樂。」

17	53	35
3	8	1
26	98	71
2	4	6
62	44	89
7	9	5

陽宅運勢

子山午向
座北朝南
零度→一百八十度

[四綠運]　　　　　　　　　　　　　　　　　　　[下卦]

●東南・辰巽巳	●南・丙午丁	●西南・未坤申
3.運氣反覆，時好時壞。 1.經云，四一同宮準發科名。 7.容易被金屬傷，易惹桃花劫。 17.桃花，出門有利，吉利。	8.主喜慶，有令人愉快事情發生。 5.眼部疾病，血光之災。 3.主家人頭腦靈活聰明。 53.破財、傷身，窮途困病再遭殃，五黃到位；煞中之煞主災禍連連，阻礙百般，化解安忍水、六帝錢。	1.主女性當權，家人易罹腸胃病。 3.主官災，是非，腸胃病，足病。 5.主急性病，血光之災。 35.多主不吉，木剋土貧窮，傷足、生疾、五黃到位；煞中之煞主災禍連連，阻礙百般，化解安忍水、六帝錢。
●東・乙卯甲	●宅中央	●西・辛酉庚
2.主官災，是非，足患，腸胃病。 6.主足疾，小人多。 26.進田莊之喜，買地買樓但是各嗇孤寒。	4.風濕病，皮膚病。 9.目疾，血光之災，皮膚病。 8.主腸胃病，運氣蹇滯。 98.吐血。	6.容易被金屬所傷。 7.當運主發財，失運主血光之災。 1.家人好動，多異性緣，一白當運為桃花運，失運破財。 71.出門遠行，桃花。
●東北・寅艮丑	●北・癸子壬	●西北・亥乾戌
7.財帛可得但容易破耗。 6.發小財，利地產或五金行業。 2.旺財，利地財。 62.腸疾，婦科病。	9.水火既濟，主喜慶順利。 4.坎宮為一白星所，主故為一四同宮主讀書聰明。 44.出門，桃花。	5.頭部疾病，遠行多阻滯，身體多病。 8.發小財，利地產或五金行業。 9.子女容易與自己爭執，提防呼吸系統疾病。 89.火生土，吉，旺丁，旺財，輔弼相輝，田園富盛，而子孫繁衍也。

説明:山星到座，當旺得令，形巒合局主旺人丁，向星53失令，主破財帛。經曰：「苟無生氣入門，糧艱一宿。」西南宮，東南宮，可用城門訣，必須水城合局主旺。東宮26，東北宮62，失令者主鬼怪。

18 3	54 8	36 1
27 2	99 4	72 6
63 7	45 9	81 5

陽宅運勢

癸山丁向

座北東北朝南西南

十五度→一百九十五度

[四綠運]　　　　　　　　　　　　　　　　[起星]

●東南・辰巽巳	●南・丙午丁	●西南・未坤申
3.運氣反覆，時好時壞。 1.經云，四一同宮準發科名。 8.兒童多病，成績退步，鼻敏感。 18.土剋水，耳疾，被狗咬傷或被動物抓傷。咎輕，受剋而奇偶相敵。	8.主喜慶，有令人愉快事情發生。 5.眼部疾病，血光之災。 4.讀書聰明，利文職，有喜慶，失運則財帛不聚。 54.五黃最忌三碧四綠木剋土，博弈好飲，破財田園廢盡，大凶五黃到位；煞中之煞主災禍連連，阻礙百般，化解安忍水、六帝錢。	1.主女性當權，家人易罹腸胃病。 3.主官災，是非，腸胃病，足病。 6.胡思亂想，神經衰弱，當運則發財。 36.官非，手腳受損·患在長男。
●東・乙卯甲	**●宅中央**	**●西・辛酉庚**
2.主官災，是非，足患，腸胃病。 7.血光之災，受人拖累破財，宜放風水輪來化解。 27.土生金，七赤是七運的財星旺有財化官複，因桃花破財，桃花劫，對九紫命有利，二七合先天火乘殺氣遇凶山水，鳥焚其巢也。	4.風濕病，皮膚病。 9.目疾，血光之災，皮膚病。 99.目疾。	6.容易被金屬所傷。 7.當運主發財，失運主血光之災。 2.肚痛，提防火災，血光之災。 72.合先天火，利二黑，五黃，八白命。
●東北・寅艮丑	**●北・癸子壬**	**●西北・亥乾戌**
7.財帛可得但容易破耗。 6.發小財，利地產或五金行業。 3.經云，三八逢損小口，主不利小童。 63.手腳受傷。	9.水火既濟，主喜慶順利。 4.坎宮為一白星所，主故為一四同宮主讀書聰明。 5.主傷病，提防泌尿疾病，女性提防婦科病。 45.遊蕩廢業，手足傷，病重重五黃到位；煞中之煞主災禍連連，阻礙百般，化解安忍水、六帝錢。	5.頭部疾病，遠行多阻滯，身體多病。 8.發小財，利地產或五金行業。 1.主聰明，才智，發小財。 81.土剋水，膀胱疾，耳病。

說明：旺山旺向，形巒合局主大旺財丁。經曰：「會有旺星到穴，富積千鐘。」東宮27，西宮72，山水凶惡主官訟、口舌、腹痛之疾。西南宮36，東北宮63，煞氣主刀傷、車禍、血光之應。

17	53	35
3	8	1
26	98	71
2	4	6
62	44	89
7	9	5

陽宅運勢

[四綠運]

癸山丁向

[下卦]

座北東北朝南西南

十五度→一百九十五度

●東南・辰巽巳	●南・丙午丁	●西南・未坤申
3.運氣反覆，時好時壞。	8.主喜慶，有令人愉快事情發生。	1.主女性當權，家人易罹腸胃病。
1.經云，四一同宮準發科名。	5.眼部疾病，血光之災。	3.主官災，是非，腸胃病，足病。
7.容易被金屬傷，易惹桃花劫。	3.主家人頭腦靈活聰明。	5.主急性病，血光之災。
17.桃花，出門有利，吉利。	53.破財，傷身，窮途困病再遭殃，五黃到位；煞中之煞主災禍連連，阻礙百般，化解安忍水、六帝錢。	35.多主不吉，木剋土貧窮，傷足，生疾，五黃到位；煞中之煞主災禍連連，阻礙百般，化解安忍水、六帝錢。
●東・乙卯甲	●宅中央	●西・辛酉庚
2.主官災，是非，足患，腸胃病。	4.風濕病，皮膚病。	6.容易被金屬所傷。
6.主足疾，小人多。	9.目疾，血光之災，皮膚病。	7.當運主發財，失運主血光之災。
26.進田莊之喜，買地買樓但是吝嗇孤寒。	8.主腸胃病，運氣蹇滯。	1.家人好動，多異性緣，一白當運為桃花運，失運破財。
	98.吐血。	71.出門遠行，桃花。
●東北・寅艮丑	●北・癸子壬	●西北・亥乾戌
7.財帛可得但容易破耗。	9.水火既濟，主喜慶順利。	5.頭部疾病，遠行多阻滯，身體多病。
6.發小財，利地產或五金行業。	4.坎宮為一白星所，主故為一四同宮主讀書聰明。	8.發小財，利地產或五金行業。
2.旺財，利地財。	44.出門，桃花。	9.子女容易與自己爭執，提防呼吸系統疾病。
62.腸疾，婦科病。		89.火生土，吉，旺丁，旺財，輔弼相輝，田園富盛，而子孫繁衍也。

説明：山星到座，當旺得令，形巒合局主旺人丁，向星53失令，主破財帛。經曰：「苟無生氣入門，糧艱一宿。」西南宮，東南宮，可用城門訣，必須水城合局主旺財帛。東宮26，東北宮62，失令者主鬼怪。

37 3	72 8	59 1
48 2	26 4	94 6
83 7	61 9	15 5

陽 宅 運 勢

甲山庚向

[四綠運]　　　　　　　　　　　　　　　　　[起星]

座東東北朝西西南

七十五度→二百五十五度

●東南·辰巽巳	●南·丙午丁	●西南·未坤申
3.運氣反覆，時好時壞。 7.容易被金屬傷，易惹桃花劫。 37.破財，官非，七運時七當旺仍有財，盜賊相侵，訟凶而病厄，咎重。	8.主喜慶，有令人愉快事情發生。 7.小心火災，家中女性不和。 2.家人愚鈍，血光之災。 72.合先天火，利二黑，五黃，八白命。	1.主女性當權，家人易罹腸胃病。 5.主急性病，血光之災。 9.家人愚鈍，子女成績退步。 59.凶，火生土，生旺災瘟星五黃，主不吉五黃到位；煞中之煞主災禍連連，阻礙百般，化解安忍水、六帝錢。
●東·乙卯甲	●宅中央	●西·辛酉庚
2.主官災、是非、足患、腸胃病。 4.運氣反覆，情緒起伏。 8.主不利，兒童成績退步。 48.進田莊之喜，女同性戀。	4.風濕病，皮膚病。 2.血光之災，慢性病。 6.遠行多阻滯，頭部疾病。 26.進田莊之喜，買地買樓但是吝嗇孤寒。	6.容易被金屬所傷。 9.小心火災，家中女性不和。 4.容易被金屬所傷，易惹桃花劫。 94.不正常桃花，女同性戀合化金。
●東北·寅艮丑	●北·癸子壬	●西北·亥乾戌
7.財帛可得但容易破耗。 8.當運發財、利地產、失運破財。 3.經云，三八逢損小口，主不利小童。 83.木剋土，不利幼兒、離婚、無仔生、嫁杏無期、姑婆屋、腰痛、自殺、吊頸、咎輕、受剋而奇偶相敵。	9.水火既濟，主喜慶順利。 6.主聰明才智發小財。 1.經云，一白官星之應主掌文章讀書聰明 61.金生水，桃花旺。	5.頭部疾病，遠行多阻滯，身體多病 1.主聰明，才智，發小財 15.五是變卦以中宮的向星代之婦科病耳疾。五黃到位；煞中之煞主災禍連連，阻礙百般，化解安忍水、六帝錢。

說明:旺山旺向，山水當旺，形巒合局，主旺財丁。經曰:「會有旺星到穴，富積千鐘。」
向首94主聰明奇士之應；座山48旺星到座主貴；東北宮83主神經病、防損小口；東南宮
37主足跛、吐血、肺疾、穿心殺也。

37	72	59
3	8	1
48	26	94
2	4	6
83	61	15
7	9	5

陽 宅 運 勢

甲山庚向

[四綠運]　　　　　　　　　　　　　　　　　　　[下卦]

座東東北朝西西南

七十五度→二百五十五度

●東南・辰巽巳

3.運氣反覆，時好時壞。

7.容易被金屬傷，易惹桃花劫。

37.破財，官非，七運時七當旺仍有財，盜賊相侵，訟凶而病厄，咎重。

●南・丙午丁

8.主喜慶，有令人愉快事情發生。

7.小心火災，家中女性不和。

2.家人愚鈍，血光之災。

72.合先天火，利二黑，五黃，八白命。

●西南・未坤申

1.主女性當權，家人易罹腸胃病。

5.主急性病，血光之災。

9.家人愚鈍，子女成績退步。

59.凶，火生土，生旺災瘟星五黃，主不吉五黃到位；煞中之煞主災禍連連，阻礙百般，化解安忍水、六帝錢。

●東・乙卯甲

2.主官災、是非、足患、腸胃病。

4.運氣反覆，情緒起伏。

8.主不利，兒童成績退步。

48.進田莊之喜，女同性戀。

●宅中央

4.風濕病、皮膚病。

2.血光之災，慢性病。

6.遠行多阻滯，頭部疾病。

26.進田莊之喜，買地買樓但是各嗇孤寒。

●西・辛酉庚

6.容易被金屬所傷。

9.小心火災，家中女性不和。

4.容易被金屬所傷，易惹桃花劫。

94.不正常桃花，女同性戀合化金。

●東北・寅艮丑

7.財帛可得但容易破耗。

8.當運發財、利地產、失運破財。

3.經云，三八逢損小口，主不利小童。

83.木剋土，不利幼兒、離婚、無仔生、嫁杏無期、姑婆屋、腰痛、自殺、吊頸、咎輕、受剋而奇偶相敵。

●北・癸子壬

9.水火既濟，主喜慶順利。

6.主聰明才智發小財。

1.經云，一白官星之應主掌文章讀書聰明。

61.金生水，桃花旺。

●西北・亥乾戌

5.頭部疾病，遠行多阻滯，身體多病。

1.主聰明，才智，發小財。

15.五是變卦以中宮的向星代之婦科病耳疾。五黃到位；煞中之煞主災禍連連，阻礙百般，化解安忍水、六帝錢。

説明：旺山旺向，山水當旺，形巒合局，主旺財丁。經日：「會有旺星到穴，富積千鐘。」
　　　向首94主聰明奇士之應；座山48旺星到座主貴；東北宮83主神經病，防損小口；東南宮37，主足跛、吐血、肺疾、穿心殺也。

15	61	83
3	8	1
94	26	48
2	4	6
59	72	37
7	9	5

陽 宅 運 勢

卯山酉向

座東朝西

九十度→二百七十度

[四綠運] [起星]

●東南・辰巽巳	●南・丙午丁	●西南・未坤申
3.運氣反覆，時好時壞。	8.主喜慶，有令人愉快事情	1.主女性當權，家人易罹腸胃
1.經云，四一同宮準發科名	發生。	病。
。	6.子女容易與自己發生爭執	8.利地產，旺財。
5.主皮膚病，瘡毒。	，提防呼吸系統疾病。	3.主官災，是非，腸胃病，足
15.五是變卦以中宮的向星代	1.中爻得配水火相交，主喜	病。
之婦科病耳疾。五黃到位	慶順利。	83.木剋土，不利幼兒、離婚
煞中之煞主災禍連連，阻	61.金生水，桃花旺。	、無仔生、嫁杏無期、姑
礙百般化解安忍水、六帝		婆屋、腰痛、自殺、吊頸
錢。		、咎輕、受剋而奇偶相敵
		。

●東・乙卯甲	●宅中央	●西・辛酉庚
2.主官災、是非、足患、腸	4.風濕病，皮膚病。	6.容易被金屬所傷。
胃病。	2.血光之災，慢性病。	4.容易被金屬所傷，易惹桃花
9.家人頭腦靈活，子女讀書	6.遠行多阻滯，頭部疾病。	劫。
聰明。	26.進田莊之喜，買地買樓但	8.財帛可得，但容易破耗。
4.運氣反覆，情緒起伏。	是吝嗇孤寒。	48.進田莊之喜，女同性戀。
94.不正常桃花，女同性戀合		
化金。		

●東北・寅艮丑	●北・癸子壬	●西北・亥乾戌
7.財帛可得但容易破耗。	9.水火既濟，主喜慶順利。	5.頭部疾病，遠行多阻滯，身
5.主腸胃病，運氣蹇滯。	7.家人好動，桃花運。	體多病。
9.家有令人愉快事情發生，	2.主家人易罹腸胃病，女性	3.經云，足以金而蹣跚，主足
如喜事、橫財。	當權掌握財政。	傷，家人容易發生。
59.凶，火生土，生旺災瘟星	72.合先天火，利二黑，五黃	7.提防金屬傷，主官非，爭執
五黃，主不吉五黃到位；	，八白命。	，交通意外。
煞中之煞主災禍連連，阻		37.破財，官非，七運時七當
礙百般，化解安忍水、六		旺仍有財，盜賊相侵，訟
帝錢。		凶而病厄，咎重。

說明：上山下水，山向失令，形巒不合，主破財損丁。經曰：「苟無生氣入門，糧艱一宿。
」向首48主瘋疾、損少丁、出人孤高自賞，山林隱士；東北宮59主心目之疾，瘡毒、血
光意外。

[四綠運]

15	61	83
3	8	1
94	26	48
2	4	6
59	72	37
7	9	5

陽 宅 運 勢

卯山酉向

[下卦]

座東朝西

九十度→二百七十度

●東南・辰巽巳	●南・丙午丁	●西南・未坤申
3.運氣反覆，時好時壞。 1.經云，四一同宮準發科名。 5.主皮膚病、瘡毒。 15.五是變卦以中宮的向星代之婦科病耳疾。五黃到位；煞中之煞主災禍連連，阻礙百般，化解安忍水、六帝錢。	8.主喜慶，有令人愉快事情發生。 6.子女容易與自己發生爭執，提防呼吸系統疾病。 1.中爻得配水火相交，主喜慶順利。 61.金生水，桃花旺。	1.主女性當權，家人易罹腸胃病。 8.利地產，旺財。 3.主官災，是非，腸胃病，足病。 83.木剋土，不利幼兒、離婚、無仔生、嫁杏無期、姑婆屋、腰痛、自殺、吊頸、咎輕、受剋而奇偶相敵。
●東・乙卯甲	**●宅中央**	**●西・辛酉庚**
2.主官災、是非、足患、腸胃病。 9.家人頭腦靈活，子女讀書聰明。 4.運氣反覆，情緒起伏。 94.不正常桃花，女同性戀合化金。	4.風濕病，皮膚病。 2.血光之災，慢性病。 6.遠行多阻滯，頭部疾病。 26.進田莊之喜，買地買樓但是各薔孤寒。	6.容易被金屬所傷。 4.容易被金屬所傷，易惹桃花劫。 8.財帛可得，但容易破耗。 48.進田莊之喜，女同性戀。
●東北・寅艮丑	**●北・癸子壬**	**●西北・亥乾戌**
7.財帛可得但容易破耗。 5.主腸胃病，運氣蹇滯。 9.家有令人愉快事情發生，如喜事，橫財。 59.凶，火生土，生旺災瘟星五黃，主不吉五黃到位；煞中之煞主災禍連連，阻礙百般，化解安忍水、六帝錢。	9.水火既濟，主喜慶順利。 7.家人好動，桃花運。 2.主家人易罹腸胃病，女性當權掌理財政。 72.合先天火，利二黑，五黃，八白命。	5.頭部疾病，遠行多阻滯，身體多病。 3.經云，足以金而蹣跚，主足傷，家人容易發生。 7.提防金屬傷，主官非，爭執，交通意外。 37.破財，官非，七運時七當旺仍有財，盜賊相侵，訟凶而病厄，咎重。

說明：上山下水，山向失令，形巒不合，主破財損丁。經曰：「苟無生氣入門，糧艱一宿。」向首48主瘋疾，損少丁，出人孤高自賞，山林隱士；東北宮，59主心目之疾，瘡毒、血光意外。

95 3	51 8	73 1
84 2	16 4	38 6
49 7	62 9	27 5

陽宅運勢

乙山辛向

[四綠運]　　　　　　　　　　　　　　　　　　　　[起星]

座東東南朝西西北

一百零五度→二百八十五度

●東南・辰巽巳	●南・丙午丁	●西南・未坤申
3.運氣反覆，時好時壞。	8.主喜慶，有令人愉快事情發生。	1.主女性當權，家人易罹腸胃病。
9.讀書聰明，利文職，家有喜慶事。	5.眼部疾病，血光之災。	7.主痢疾，提防火災，血光之災。
5.主皮膚病、瘡毒。	1.中爻得配水火相交，主喜慶順利。	3.主官災，是非，腸胃病，足病。
95.生旺五黃主長病，殘疾，血病，火災，性病，五黃到位；煞中之煞主災禍連連，阻礙百般，化解安忍水、六帝錢。	51.膀胱病，五黃到位；煞中之煞主災禍連連，阻礙百般，化解安忍水、六帝錢。	73.大凶，打劫，破財，官非，被剌一刀，盲一眼。
●東・乙卯甲	**●宅中央**	**●西・辛酉庚**
2.主官災，是非，足患，腸胃病。	4.風濕病，皮膚病。	6.容易被金屬所傷。
8.主不利，兒童成績退步。	1.經云，一加二五傷及壯丁，主傷病。	3.主血光之災，受人拖累。
4.運氣反覆，情緒起伏。	6.遠行多阻滯，頭部疾病。	8.財帛可得，但容易破耗。
84.木剋土，離婚，嫁杏無期，姑婆屋，無仔生，不利幼兒，服毒，吊頸，自殺，腰痛，膽石。	16.合為水主催官，遇旺水秀峰，官居極品也。武貴，當軍警會顯貴，事事如意，吉利。	38.不利小童，三歲前會有心漏病、哮喘，甚至跌死、小產、破財、男同性戀。
●東北・寅艮丑	**●北・癸子壬**	**●西北・亥乾戌**
7.財帛可得但容易破耗。	9.水火既濟，主喜慶順利。	5.頭部疾病，遠行多阻滯，身體多病。
4.兒童多病、成績退步、鼻敏感。	6.主聰明才智發小財。	2.失運神經衰弱，胡思亂想，當運旺財。
9.家有令人愉快事情發生，如喜事，橫財。	2.主家人易罹腸胃病，女性當權掌握財政。	7.提防金屬傷，主官非，爭執，交通意外。
49.合而化金，與本體木火不協，無益而有損，木火通明，聰明俊秀，女同性戀不正常桃花。	62.腸疾，婦科病。	27.土生金，七赤是七運的財星旺有財化官禖，因桃花破財，桃花劫，對九紫命有利，二七合先天火乘殺氣遇凶山水，鳥焚其巢也。

説明:令星到座，水神上山，困頓之局主破財帛，經曰：「苟無生氣入門，糧艱一宿。」向首38主神經病，足疾防小口；東南宮95主瘡毒，皮膚病心目之疾；東北宮49主貴，生聰明奇士；西南宮73主是非、劫盜、吐血之事。

[四綠運]

15	61	83
3	8	1
94	26	48
2	4	6
59	72	37
7	9	5

陽 宅 運 勢

乙山辛向

[下卦]

座東東南朝西西北

一百零五度→二百八十五度

●東南‧辰巽巳	●南‧丙午丁	●西南‧未坤申
3.運氣反覆，時好時壞。 1.經云，四一同宮準發科名。 5.主皮膚病，瘡毒。 15.五是變卦以中宮的向星代之婦科病耳疾。五黃到位；煞中之煞主災禍連連，阻礙百般化解安忍水、六帝錢。	8.主喜慶，有令人愉快事情發生。 6.子女容易與自己發生爭執，提防呼吸系統疾病。 1.中爻得配水火相交，主喜慶順利。 61.金生水，桃花旺。	1.主女性當權，家人易罹腸胃病。 8.利地產，旺財。 3.主官災，是非，腸胃病，足病。 83.木剋土，不利幼兒、離婚、無仔生、嫁杏無期、姑婆屋、腰痛、自殺、吊頸、咎輕、受剋而奇偶相敵。
●東‧乙卯甲	●宅中央	●西‧辛酉庚
2.主官災、是非、足患、腸胃病。 9.家人頭腦靈活，子女讀書聰明。 4.運氣反覆，情緒起伏。 94.不正常桃花，女同性戀合化金。	4.風濕病，皮膚病。 2.血光之災，慢性病。 6.遠行多阻滯，頭部疾病。 26.進田莊之喜，買地買樓但是吝嗇孤寒。	6.容易被金屬所傷。 4.容易被金屬所傷，易惹桃花劫。 8.財帛可得，但容易破耗。 48.進田莊之喜，女同性戀。
●東北‧寅艮丑	●北‧癸子壬	●西北‧亥乾戌
7.財帛可得但容易破耗。 5.主腸胃病，運氣蹇滯。 9.家有令人愉快事情發生，如喜事、橫財。 59.凶，火生土，生旺災瘟星五黃，主不吉五黃到位；煞中之煞主災禍連連，阻礙百般，化解安忍水、六帝錢。	9.水火既濟，主喜慶順利。 7.家人好動，桃花運。 2.主家人易罹腸胃病，女性當權掌握財政。 72.合先天火，利二黑，五黃，八白命。	5.頭部疾病，遠行多阻滯，身體多病。 3.經云，足以金而蹣跚，主足傷，家人容易發生。 7.提防金屬傷，主官非，爭執，交通意外。 37.破財、官非，七運時七當旺仍有財，盜賊相侵，訟凶而病厄，咎重。

説明：上山下水，山向失令，形巒不合，主破財損丁。經曰：「苟無生氣入門，糧艱一宿。」向首48主瘋疾，損少丁，出人孤高自賞，山林隱士；東北宮59主心目之疾、瘡毒、血光意外。

86	32	14
3	8	1
95	77	59
2	4	6
41	23	68
7	9	5

陽 宅 運 勢

丙山壬向

[四綠運]　　　　　　　　　　　　　　[起星]

座南東南朝北西北

一百六十五度→三百四十五度

●東南・辰巽巳	●南・丙午丁	●西南・未坤申
3.運氣反覆，時好時壞。 8.兒童多病，成績退步，鼻敏感。 6.不利女性，奔波勞碌。 86.吉，財利。	8.主喜慶，有令人愉快事情發生。 3.主家人頭腦靈活聰明。 2.家人愚鈍，血光之災。 32.鬥牛煞、爭吵、激氣、官非、破財。	1.主女性當權，家人易罹腸胃病。 4.腸胃病，是非纏繞。 14.讀書有成，被讚賞，出門有利、升職、加薪、主科名，號青雲得路，有文筆硯池水，鼎元之兆也。
●東・乙卯甲	**●宅中央**	**●西・辛酉庚**
2.主官災、是非、足患、腸胃病。 9.家人頭腦靈活，子女讀書聰明。 5.容易腳傷，因財招禍。 95.生旺五黃主長病，殘疾，血病，火災，性病，五黃到位；煞中之煞主災禍連連，阻礙百般，化解安忍水、六帝錢。	4.風濕病，皮膚病。 7.是非，官災，容易被金屬所傷。 77.七運，當旺大吉，財利大旺。	6.容易被金屬所傷。 5.是非，官災，容易被金屬所傷。 9.小心火災，家中女性不和。 59.凶，火生土，生旺災瘟星五黃，主不吉五黃到位；煞中之煞主災禍連連，阻礙百般，化解安忍水、六帝錢。
●東北・寅艮丑	**●北・癸子壬**	**●西北・亥乾戌**
7.財帛可得但容易破耗。 4.兒童多病、成績退步、鼻敏感。 1.財運佳，利地產置業。 41.利讀書、出門、遠走他方。	9.水火既濟，主喜慶順利。 2.主家人易罹腸胃病，女性當權掌握財政。 3.主脾氣暴躁，家人會搬遷或遠行。 23.鬥牛煞、官非、是非、口舌、不和、博弈好飲、田園廢盡。	5.頭部疾病，遠行多阻滯，身體多病。 6.驛馬位，有遠行，失運主官非或交通意外。 8.發小財，利地產或五金行業。 68.吉，進財，利田宅，武庫，亦主財帛，利武庫及異路功名。

説明：山向失令，形巒不合，困頓之局，主損丁破財。經曰：「苟無生氣入門，糧艱一宿。」此局兼線，主寄食依人「拋家背父，異性同居。」山向32，23鬥牛煞主官非、口舌、腹痛之疾；東宮95，西宮59主出愚鈍、頑夫、瘡毒、皮膚病。

98 3	44 8	26 1
17 2	89 4	62 6
53 7	35 9	71 5

陽 宅 運 勢

丙山壬向

[四綠運]　　　　　　　　　　　　　　　　[下卦]

座南東南朝北西北

一百六十五度 → 三百四十五度

●東南·辰巽巳	●南·丙午丁	●西南·未坤申
3.運氣反覆，時好時壞。 9.讀書聰明，利文職，家有喜慶事。 8.兒童多病，成績退步，鼻敏感。 98.吐血。	8.主喜慶，有令人愉快事情發生。 4.讀書聰明，利文職，有喜慶，失運則財帛不聚。 44.出門，桃花。	1.主女性當權，家人易罹腸胃病。 2.二黑又名病符，回宮復位主身體多病。 6.胡思亂想，神經衰弱，當運則發財。 26.進田莊之喜，買地買樓但是各嗇孤寒。
●東·乙卯甲	**●宅中央**	**●西·辛酉庚**
2.主官災、是非、足患、腸胃病。 1.主家人搬遷或有遠行，脾氣較為暴躁。 7.血光之災，受人拖累破財，宜放風水輪來化解。 17.桃花，出門有利，吉利。	4.風濕病，皮膚病。 8.主腸胃病，運氣蹇滯。 9.目疾，血光之災，皮膚病。 89.火生土，吉，旺丁，旺財，輔弼相輝，田園富盛，而子孫繁衍也。	6.容易被金屬所傷。 2.肚痛，提防火災，血光之災。 62.腸疾，婦科病。
●東北·寅艮丑	**●北·癸子壬**	**●西北·亥乾戌**
7.財帛可得但容易破耗。 5.主腸胃病，運氣蹇滯。 3.經云，三八逢損小口，主不利小童。 53.破財、傷身，窮途困病再遭殃，五黃到位；煞中之煞主災禍連連，阻礙百般，化解安忍水、六帝錢。	9.水火既濟，主喜慶順利。 3.主脾氣暴躁，家人會搬遷或遠行。 5.主傷病，提防泌尿疾病，女性提防婦科病。 35.多主不吉，木剋土貧窮，傷足，生疾，五黃到位；煞中之煞主災禍連連，阻礙百般，化解安忍水、六帝錢。	5.頭部疾病，遠行多阻滯，身體多病。 7.提防金屬傷，主官非，爭執，交通意外。 1.主聰明，才智，發小財。 71.出門遠行，桃花。

説明：令星到座，水神上山，困頓之局，主破大財帛。經曰：「苟無生氣入門，糧艱一宿。」座山44，形巒佳美，主旺人丁；西南宮26，西宮62，失令者主鬼神入室、腹痛、頭疾之應；東宮17，西北宮71主官非口舌、肺疾、體虛、桃花之應。

[四綠運]

61 3	25 8	43 1
52 2	79 4	97 6
16 7	34 9	88 5

陽 宅 運 勢

午山子向
座南朝北
一百八十度→零度

[起星]

●東南・辰巽巳	●南・丙午丁	●西南・未坤申
3.運氣反覆，時好時壞。	8.主喜慶，有令人愉快事情發生。	1.主女性當權，家人易罹腸胃病。
6.不利女性，奔波勞碌。	2.家人愚鈍，血光之災。	4.腸胃病，是非纏繞。
1.經云，四一同宮準發科名。	5.眼部疾病，血光之災。	3.主官災，是非，腸胃病，足病。
61.金生水，桃花旺。	25.二五交加必損主孤寡二主，宅母多病黑逢五至出鰥夫，五黃到位；煞中煞主災禍連連，阻礙百般，化解安忍水、六帝錢。	43.少女發瘋，男星飛臨是男姦女之象。
●東・乙卯甲	●宅中央	●西・辛酉庚
2.主官災，是非，足患，腸胃病。	4.風濕病，皮膚病。	6.容易被金屬所傷。
5.容易腳傷，因財招禍。	7.是非，官災，容易被金屬所傷。	9.小心火災，家中女性不和。
52.腸病，手腳受傷，黃遇黑時出寡婦。主孤寡五黃到位；煞中之煞主災禍連連，阻礙百般，化解安忍水、六帝錢。	9.目疾，血光之災，皮膚病。	7.當運主發財，失運主血光之災。
	79.回祿之災，心臟病。	97.回祿之災，心臟病。
●東北・寅艮丑	●北・癸子壬	●西北・亥乾戌
7.財帛可得但容易破耗。	9.水火既濟，主喜慶順利。	5.頭部疾病，遠行多阻滯，身體多病。
1.財運佳，利地產置業。	3.主脾氣暴躁，家人會搬遷或遠行。	8.發小財，利地產或五金行業。
6.發小財，利地產或五金行業。	4.坎宮為一白星所，主故為一四同宮主讀書聰明。	88.吉，財利。
16.合為水主催官，遇旺水秀峰，官居極品也。武貴，當軍警會顯貴，事事如意，吉利。	34.三是男，四是女，女來就男移船就礖貼，大床利男性的桃花。	

説明:令星到向，形巒合局，主大旺財帛。經曰：「貴比王謝，總緣喬木扶桑。」座山25，東宮52主人丁弱、瘡毒、血光、鬼神入室、損主之應，坤宮有山主貴，出人威武；西宮97主吐血、心目之疾、肺病。

71 3	35 8	53 1
62 2	89 4	17 6
26 7	44 9	98 5

陽宅運勢

午山子向
座南朝北

一百八十度→零度

[四綠運]　　　　　　　　　　　　　　　　　　[下卦]

●東南・辰巽巳	●南・丙午丁	●西南・未坤申
3.運氣反覆，時好時壞。 7.容易被金屬傷，易惹桃花劫。 1.經云，四一同宮準發科名。 71.出門遠行，桃花。	8.主喜慶，有令人愉快事情發生。 3.主家人頭腦靈活聰明。 5.眼部疾病、血光之災。 35.多主不吉，木剋土貧窮，傷足，生疾，五黃到位；煞中之煞主災禍連連，阻礙百般，化解安忍水、六帝錢。	1.主女性當權，家人易罹腸胃病。 5.主急性病，血光之災。 3.主官災，是非，腸胃病，足病。 53.破財，傷身，窮途困病再遭殃，五黃到位；煞中之煞主災禍連連，阻礙百般，化解安忍水、六帝錢。
●東・乙卯甲	●宅中央	●西・辛酉庚
2.主官災，是非，足患，腸胃病。 6.主足疾，小人多。 62.腸疾，婦科病。	4.風濕病，皮膚病。 8.主腸胃病，運氣蹇滯。 9.目疾，血光之災，皮膚病。 89.火生土，吉，旺丁，旺財，輔弼相輝，田園富盛，而子孫繁衍也。	6.容易被金屬所傷。 1.家人好動，多異性緣，一白當運為桃花運，失運破財。 7.當運主發財，失運主血光之災。 17.桃花，出門有利，吉利。
●東北・寅艮丑	●北・癸子壬	●西北・亥乾戌
7.財帛可得但容易破耗。 2.旺財，利地財。 6.發小財，利地產或五金行業。 26.進田莊之喜，買地買樓但是吝嗇孤寒。	9.水火既濟，主喜慶順利。 4.坎宮為一白星所，主故為一四同宮主讀書聰明。 44.出門，桃花。	5.頭部疾病，遠行多阻滯，身體多病。 9.子女容易與自己爭執，提防呼吸系統疾病。 8.發小財，利地產或五金行業。 98.吐血。

説明:令星到向，形巒合局，主大旺財帛。經曰：「會有旺星到穴，富積千鐘。」若向首水外有山，奇峰秀水，主官貴之應；東宮62，東北宮26，失令主鬼神入室，病疾叢生；西北宮98，主頭痛、心目之疾、神經病。

81	45	63
3	8	1
72	99	27
2	4	6
36	54	18
7	9	5

陽 宅 運 勢

丁山癸向

[四綠運]　　[起星]

座南西南朝北東北

一百九十五度→十五度

●東南・辰巽巳	●南・丙午丁	●西南・未坤申
3.運氣反覆，時好時壞。 8.兒童多病，成績退步，鼻敏感。 1.經云，四一同宮準發科名。 81.土剋水，膀胱疾，耳病。	8.主喜慶，有令人愉快事情發生。 4.讀書聰明，利文職，有喜慶，失運則財帛不聚。 5.眼部疾病、血光之災。 45.遊蕩廢業，手足傷，病重重五黃到位；煞中之煞主災禍連連，阻礙百般，化解安忍水、六帝錢。	1.主女性當權，家人易罹腸胃病。 6.胡思亂想，神經衰弱，當運則發財。 3.主官災，是非，腸胃病，足病。 63.手腳受傷。
●東・乙卯甲	●宅中央	●西・辛酉庚
2.主官災，是非，足患，腸胃病。 7.血光之災，受人拖累破財，宜放風水輪來化解。 72.合先天火，利二黑，五黃，八白命。	4.風濕病，皮膚病。 9.目疾，血光之災，皮膚病。 99.目疾。	6.容易被金屬所傷。 2.肚痛，提防火災，血光之災。 7.當運主發財，失運主血光之災。 27.土生金，七赤是七運的財星旺有財化官複，因桃花破財，桃花劫，對九紫命有利，二七合先天火乘殺氣遇凶山水，鳥焚其巢也。
●東北・寅艮丑	●北・癸子壬	●西北・亥乾戌
7.財帛可得但容易破耗。 3.經云，三八逢損小口，主不利小童。 6.發小財，利地產或五金行業。 36.官非，手腳受損，患在長男。	9.水火既濟，主喜慶順利。 5.主傷病，提防泌尿疾病，女性提防婦科病。 4.坎宮為一白星所，主故為一四同宮主讀書聰明。 54.五黃最忌三碧四綠木剋土，博弈好飲，破財田園廢盡，大凶五黃到位；煞中之煞主災禍連連，阻礙百般，化解安忍水、六帝錢	5.頭部疾病，遠行多阻滯，身體多病。 1.主聰明，才智，發小財。 8.發小財，利地產或五金行業。 18.土剋水，耳疾，被狗咬傷或被動物抓傷，咎輕，受剋而奇偶相敵。

説明:合旺山旺向，形巒合局，主大旺財丁。經曰：「會有旺星到穴，富積千鐘。」惟座山
　　45，生氣到山，五運即敗；東宮72，西宮27，主蕩婦、破家、耗財、官非、口舌、腹痛
　　；西南宮63，東北宮36主足患、頭痛、暴戾毆鬥之事。

71 3	35 8	53 1
62 2	89 4	17 6
26 7	44 9	98 5

陽宅運勢

丁山癸向

[四綠運]　[下卦]

座南西南朝北東北

一百九十五度→十五度

●東南・辰巽巳	●南・丙午丁	●西南・未坤申
3.運氣反覆，時好時壞。 7.容易被金屬傷，易惹桃花劫。 1.經云，四一同宮準發科名。 71.出門遠行，桃花。	8.主喜慶，有令人愉快事情發生。 3.主家人頭腦靈活聰明。 5.眼部疾病，血光之災。 35.多主不吉，木剋土貧窮，傷足，生疾，五黃到位；煞中之煞主災禍連連，阻礙百般，化解安忍水、六帝錢。	1.主女性當權，家人易罹腸胃病。 5.主急性病，血光之災。 3.主官災，是非，腸胃病，足病。 53.破財，傷身，窮途困病再遭殃，五黃到位；煞中之煞主災禍連連，阻礙百般，化解安忍水、六帝錢。
●東・乙卯甲	**●宅中央**	**●西・辛酉庚**
2.主官災，是非，足患，腸胃病。 6.主足疾，小人多。 62.腸疾，婦科病。	4.風濕病，皮膚病。 8.主腸胃病，運氣蹇滯。 9.目疾，血光之災，皮膚病。 89.火生土，吉，旺丁，旺財，輔弼相輝，田園富盛，而子孫繁衍也。	6.容易被金屬所傷。 1.家人好動，多異性緣，一白當運為桃花運，失運破財。 7.當運主發財，失運主血光之災。 17.桃花，出門有利，吉利。
●東北・寅艮丑	**●北・癸子壬**	**●西北・亥乾戌**
7.財帛可得但容易破耗。 2.旺財，利地財。 6.發小財，利地產或五金行業。 26.進田莊之喜，買地買樓但是吝嗇孤寒。	9.水火既濟，主喜慶順利。 4.坎宮為一白星所，主故為一四同宮主讀書聰明。 44.出門，桃花。	5.頭部疾病，遠行多阻滯，身體多病。 9.子女容易與自己爭執，提防呼吸系統疾病。 8.發小財，利地產或五金行業。 98.吐血。

說明：雙星到向，形巒合局，主大旺財帛，經曰：「一貴當權，諸凶懾服。」座山35，向上大水，主損丁之事；東宮62，東北宮26；失令者主鬼神入室、腹疾、頭痛、慢性疾；西北宮98，煞氣主神經病、心目之疾、精神不振。

73 3	27 8	95 1
84 2	62 4	49 6
38 7	16 9	51 5

陽宅運勢

庚山甲向

[四綠運]　　　　　　　　　　　　　　[起星]

座西西南朝東東北
二百五十五度→七十五度

●東南・辰巽巳	●南・丙午丁	●西南・未坤申
3.運氣反覆，時好時壞。	8.主喜慶，有令人愉快事情發生。	1.主女性當權，家人易罹腸胃病。
7.容易被金屬傷，易惹桃花劫。	2.家人愚鈍，血光之災。	9.家人愚鈍，子女成績退步。
73.大凶，打劫，破財，官非，被刺一刀，盲一眼。	7.小心火災，家中女性不和。	5.主急性病，血光之災。
	27.土生金，七赤是七運的財星旺有財化官複，因桃花破財，桃花劫，對九紫命有利，二七合先天火乘殺氣遇凶山水，鳥焚其巢也。	95.生旺五黃主長病、殘疾、血病、火災、性病、五黃到位；煞中之煞主災禍連連，阻礙百般，化解安忍水、六帝錢。
●東・乙卯甲	●宅中央	●西・辛酉庚
2.主官災，是非，足患，腸胃病。	4.風濕病，皮膚病。	6.提防被金屬所傷。
8.主不利，兒童成績退步。	6.遠行多阻滯，頭部疾病。	4.容易被金屬所傷，易惹桃花劫。
4.運氣反覆，情緒起伏。	2.血光之災，慢性病。	9.小心火災，家中女性不和。
84.木剋土，離婚、嫁杏無期、姑婆屋、無仔生、不利幼兒、服毒、吊頸、自殺、腰痛、膽石。	62.腸疾，婦科病。	49.合而化金，與本體木火不協，無益而有損，木火通明，聰明俊秀，女同性戀不正常桃花。
●東北・寅艮丑	●北・癸子壬	●西北・亥乾戌
7.財帛可得但容易破耗。	9.水火既濟，主喜慶順利。	5.頭部疾病，遠行多阻滯，身體多病。
3.經云，三八逢損小口，主不利小童。	1.經云，一白官星之應主掌文章讀書聰明。	1.主聰明，才智，發小財。
8.當運發財，利地產，失運破財。	6.主聰明才智發小財。	51.膀胱病，五黃到位；煞中之煞主災禍連連，阻礙百般，化解安忍水、六帝錢。
38.不利小童，三歲前會有心漏病、哮喘。甚至跌死、小產、破財、男同性戀。	16.合為水主催官，遇旺水秀峰，官居極品也。武貴，當軍警會顯貴，事事如意，吉利。	

説明：旺山旺向，形巒合局，主大旺財丁。經曰：「會有旺星到穴，富積千鐘。」座山49主生聰明奇土；向首84主富貴而孤高自賞；東南宮73，主官非、血光、意外、家散人亡；西南宮95主毒、血光、皮膚病、東北宮38，防損小口之應。

73 3	27 8	95 1
84 2	62 4	49 6
38 7	16 9	51 5

陽 宅 運 勢

庚山甲向

[四綠運]　　　　　　　　　　　　　　　　[下卦]

座西西南朝東東北

二百五十五度→七十五度

●東南・辰巽巳	●南・丙午丁	●西南・未坤申
3.運氣反覆，時好時壞。 7.容易被金屬傷，易惹桃花劫。 73.大凶，打劫，破財，官非，被刺一刀，盲一眼。	8.主喜慶，有令人愉快事情發生。 2.家人愚鈍、血光之災。 7.小心火災，家中女性不和。 27.土生金，七赤是七運的財星旺有財化官複，因桃花破財，桃花劫，對九紫命有利，二七合先天火乘殺氣遇凶山水，鳥焚其巢也。	1.主女性當權，家人易罹腸胃病。 9.家人愚鈍，子女成績退步。 5.主急性病，血光之災。 95.生旺五黃主長病、殘疾、血病、火災、性病、五黃到位；煞中之煞主災禍連連，阻礙百般，化解安忍水、六帝錢。
●東・乙卯甲	●宅中央	●西・辛酉庚
2.主官災，是非，足患，腸胃病。 8.主不利，兒童成績退步。 4.運氣反覆，情緒起伏。 84.木剋土，離婚、嫁杏無期、姑婆屋、無仔生、不利幼兒、服毒、吊頸、自殺、腰痛、膽石。	4.風濕病，皮膚病。 6.遠行多阻滯，頭部疾病。 2.血光之災，慢性病。 62.腸疾，婦科病	6.提防被金屬所傷。 4.容易被金屬所傷，易惹桃花劫。 9.小心火災，家中女性不和。 49.合而化金，與本體木火不協，無益而有損，木火通明，聰明俊秀，女同性戀不正常桃花。
●東北・寅艮丑	●北・癸子壬	●西北・亥乾戌
7.財帛可得但容易破耗。 3.經云，三八逢損小口，主不利小童。 8.當運發財、利地產、失運破財。 38.不利小童，三歲前會有心漏病、哮喘，甚至跌死、小產、破財、男同性戀。	9.水火既濟，主喜慶順利。 1.經云，一白官星之應主掌文章讀書聰明。 6.主聰明才智發小財。 16.合為水主催官，遇旺水秀峰，官居極品也。武貴，當軍警會顯貴，事事如意，吉利。	5.頭部疾病，遠行多阻滯，身體多病。 1.主聰明，才智，發小財。 51.膀胱病，五黃到位；煞中之煞主災禍連連，阻礙百般，化解安忍水、六帝錢。

説明:旺山旺向，形巒合局，主大旺財丁。經曰：「會有旺星到穴，富積千鐘。」座山49主
　　生聰明奇士；向首84主富貴而孤高自賞；東南宮73，主官非、血光、意外、家散人亡；
　　西南宮95主毒、血光、皮膚病；東北宮38，防損小口之應。

51	16	38
3	1	1
49	62	84
2	4	6
95	27	73
7	9	5

陽 宅 運 勢

酉山卯向
座西朝東
二百七十度 → 九十度

[四綠運]　　　　　　　　　　　　　　　　　　[起星]

●東南・辰巽巳	●南・丙午丁	●西南・未坤申
3.運氣反覆，時好時壞。 5.主皮膚病，瘡毒。 1.經云，四一同宮準發科名。 51.膀胱病，五黃到位；煞中之煞主災禍連連，阻礙百般，化解安忍水、六帝錢。	8.主喜慶，有令人愉快事情發生。 1.中爻得配水火相交，主喜慶順利。 6.子女容易與自己發生爭執，提防呼吸系統疾病。 16.合為水主催官，遇旺水秀峰，官居極品也。武貴，當軍警會顯貴，事事如意，吉利。	1.主女性當權，家人易罹腸胃病。 3.主官災，是非，腸胃病，足病。 8.利地產，旺財。 38.不利小童，三歲前會有心漏病、哮喘。甚至跌死、小產、破財、男同性戀。
●東・乙卯甲	●宅中央	●西・辛酉庚
2.主官災，是非，足患，腸胃病。 4.運氣反覆，情緒起伏。 9.家人頭腦靈活，子女讀書聰明。 49.合而化金，與本體木火不協，無益而有損，木火通明，聰明俊秀，女同性戀不正常桃花。	4.風濕病，皮膚病。 6.遠行多阻滯，頭部疾病。 2.血光之災，慢性病。 62.腸疾，婦科病。	6.提防被金屬所傷。 8.財帛可得，但容易破耗。 4.容易被金屬所傷，易惹桃花劫。 84.木剋土，離婚、嫁杏無期、姑婆屋、無仔生、不利幼兒、服毒、吊頸、自殺、腰痛、膽石。
●東北・寅艮丑	●北・癸子壬	●西北・亥乾戌
7.財帛可得但容易破耗。 9.家有令人愉快事情發生，如喜事，橫財。 5.主腸胃病，運氣蹇滯。 95.生旺五黃主長病、殘疾，血病，火災，性病，五黃到位；煞中之煞主災禍連連，阻礙百般，化解安忍水、六帝錢。	9.水火既濟，主喜慶順利。 2.主家人易罹腸胃病，女性當權掌握財政。 7.家人好動，桃花運。 27.土生金，七赤是七運的財星旺有財化官複，因桃花破財，桃花劫，對九紫命有利，二七合先天火乘殺氣遇凶山水，鳥焚其巢也。	5.頭部疾病，遠行多阻滯，身體多病。 7.提防金屬傷、主官非、爭執、交通意外。 3.經云，足以金而蹣跚，主足傷，家人容易發生。 73.大凶、打劫、破財、官非、被刺一刀、盲一眼。

說明：上山下水，令星失位，形巒不合，主損丁破財。經曰：「苟無生氣入門、糧艱一宿。」向上49主瘋疾、腎虛、心目之疾；西南宮38，西宮84，防損小口；東北宮95主瘡毒、血光、皮膚病。西北宮73主口舌、官非桃花、家散人亡。

51 3	16 8	38 1
49 2	62 4	84 6
95 7	27 9	73 5

陽 宅 運 勢

酉山卯向

座西朝東

二百七十度→九十度

[四綠運]　　　　　　　　　　　　　　　　　　　　　　[下卦]

●東南・辰巽巳	●南・丙午丁	●西南・未坤申
3.運氣反覆，時好時壞。 5.主皮膚病、瘡毒。 1.經云，四一同宮準發科名。 51.膀胱病，五黃到位；煞中之煞主災禍連連，阻礙百般，化解安忍水、六帝錢。	8.主喜慶，有令人愉快事情發生。 1.中交得配水火相交，主喜慶順利。 6.子女容易與自己發生爭執，提防呼吸系統疾病。 16.合為水主催官，遇旺水秀峰，官居極品也。武貴，當軍警會顯貴，事事如意，吉利。	1.主女性當權，家人易罹腸胃病。 3.主官災，是非，腸胃病，足病。 8.利地產、旺財。 38.不利小童，三歲前會有心漏病、哮喘。甚至跌死、小產、破財、男同性戀。
●東・乙卯甲	●宅中央	●西・辛酉庚
2.主官災，是非，足患，腸胃病。 4.運氣反覆，情緒起伏。 9.家人頭腦靈活，子女讀書聰明。 49.合而化金，與本體木火不協，無益而有損，木火通明，聰明俊秀，女同性戀不正常桃花。	4.風濕病，皮膚病。 6.遠行多阻滯，頭部疾病。 2.血光之災，慢性病。 62.腸疾，婦科病。	6.提防被金屬所傷。 8.財帛可得，但容易破耗。 4.容易被金屬所傷，易惹桃花劫。 84.木剋土，離婚、嫁杏無期、姑婆屋、無仔生、不利幼兒、服毒、吊頸、自殺、腰痛、膽石。
●東北・寅艮丑	●北・癸子壬	●西北・亥乾戌
7.財帛可得但容易破耗。 9.家有令人愉快事情發生，如喜事，橫財。 5.主腸胃病，運氣蹇滯。 95.生旺五黃主長病、殘疾、血病、火災、性病、五黃到位；煞中之煞主災禍連連，阻礙百般，化解安忍水、六帝錢。	9.水火既濟，主喜慶順利。 2.主家人易罹腸胃病，女性當權掌握財政。 7.家人好動，桃花運。 27.土生金，七赤是七運的財星旺有財化官複，因桃花破財，桃花劫，對九紫命有利，二七合先天火乘殺氣遇凶山水，鳥焚其巢也。	5.頭部疾病，遠行多阻滯，身體多病。 7.提防金屬傷、主官非、爭執、交通意外。 3.經云，足以金而躊跚，主足傷，家人容易發生。 73.大凶、打劫、破財、官非、被刺一刀、盲一眼。

說明：上山下水，令星失位，形巒不合，主損丁破財。經曰：「苟無生氣入門，糧艱一宿。」向上49主瘋疾、體虛、心目之疾；座山84，西南宮38，防損小口之應，西北宮73主官非、意外、家散人亡；東北宮95主瘡毒、血光、皮膚病。

[四綠運]

59 3	15 8	37 1
48 2	61 4	83 6
94 7	26 9	72 5

陽 宅 運 勢

辛山乙向

座西西北朝東東南

二百八十五度→一百零五度

[起星]

●東南・辰巽巳	●南・丙午丁	●西南・未坤申
3.運氣反覆，時好時壞。 5.主皮膚病、瘡毒。 9.讀書聰明、利文職、家有喜慶事。 59.凶，火生土，生旺災瘟星五黃，主不吉五黃到位；煞中之煞主災禍連連，阻礙百般，化解安忍水、六帝錢。	8.主喜慶，有令人愉快事情發生。 1.中爻得配水火相交，主喜慶順利。 5.眼部疾病、血光之災。 15.五是變卦以中宮的向星代之婦科病耳疾。五黃到位；煞中之煞主災禍連連，阻礙百般，化解安忍水、六帝錢。	1.主女性當權，家人易罹腸胃病。 3.主官災，是非，腸胃病，足病。 7.主痢疾，提防火災，血光之災。 37.破財、官非，七運時七當旺仍有財，盜賊相侵，訟凶而病厄，咎重。
●東・乙卯甲	●宅中央	●西・辛酉庚
2.主官災，是非，足患，腸胃病。 4.運氣反覆，情緒起伏。 8.主不利，兒童成績退步。 48.進田莊之喜，女同性戀。	4.風濕病、皮膚病。 6.遠行多阻滯、頭部疾病。 1.經云，一加二五傷及壯丁，主傷病。 61.金生水，桃花旺。	6.容易被金屬所傷。 8.財帛可得，但容易破耗。 3.主血光之災，受人拖累。 83.木剋土，不利幼兒、離婚、無仔生、嫁杏無期、姑婆屋、腰痛、自殺、吊頸、咎輕、受剋而奇偶相敵。
●東北・寅艮丑	●北・癸子壬	●西北・亥乾戌
7.財帛可得但容易破耗。 9.家有令人愉快事情發生，如喜事、橫財。 4.兒童多病，成績退步，鼻敏感。 94.不正常桃花，女同性戀合化金。	9.水火既濟，主喜慶順利。 2.主家人易罹腸胃病，女性當權掌握財政。 6.主聰明才智發小財。 26.進田莊之喜，買地買樓但是各薔孤寒。	5.頭部疾病，遠行多阻滯，身體多病。 7.提防金屬傷、主官非、爭執、交通意外。 2.失運神經衰弱，胡思亂想，當運旺財。 72.合先天火，利二黑，五黃，八白命。

說明:令星失位，形巒不合，困頓之局，主破財。經曰：「苟無生氣入門，糧艱一宿。」向上48，山星下水，主損丁之應；座山83，防損小口之事；東南宮59主瘡毒、血光、皮膚病；北宮26，失令者主鬼怪入屋、腹痛。

51	16	38
3	8	1
49	62	84
2	4	6
95	27	73
7	9	5

陽 宅 運 勢

辛山乙向

[四綠運]　　　　　　　　　　　　　　[下卦]

座西西北朝東東南

二百八十五度→一百零五度

●東南・辰巽巳	●南・丙午丁	●西南・未坤申
3.運氣反覆，時好時壞。 5.主皮膚病，瘡毒。 1.經云，四一同宮準發科名。 51.膀胱病，五黃到位；煞中之煞主災禍連連，阻礙百般，化解安忍水、六帝錢。	8.主喜慶，有令人愉快事情發生。 1.中爻得配水火相交，主喜慶順利。 6.子女容易與自己發生爭執，提防呼吸系統疾病。 16.合為水主催官，遇旺水秀峰，官居極品也。武貴，當軍警會顯貴，事事如意，吉利。	1.主女性當權，家人易罹腸胃病。 3.主官災，是非，腸胃病，足病。 8.利地產、旺財。 38.不利小童，三歲前會有心漏病、哮喘。甚至跌死、小產、破財、男同性戀。
●東・乙卯甲	●宅中央	●西・辛酉庚
2.主官災，是非，足患，腸胃病。 4.運氣反覆，情緒起伏。 9.家人頭腦靈活，子女讀書聰明。 49.合而化金，與本體木火不協，無益而有損，木火通明，聰明俊秀，女同性戀不正常桃花。	4.風濕病，皮膚病。 6.遠行多阻滯，頭部疾病。 2.血光之災，慢性病。 62.腸疾，婦科病。	6.容易被金屬所傷。 8.財帛可得，但容易破耗。 4.容易被金屬所傷，易惹桃花劫。 84.木剋土，離婚、嫁杏無期、姑婆屋、無仔生、不利幼兒、服毒、吊頸、自殺、腰痛、膽石。
●東北・寅艮丑	●北・癸子壬	●西北・亥乾戌
7.財帛可得但容易破耗。 9.家有令人愉快事情發生、如喜事、橫財。 5.主腸胃病，運氣蹇滯。 95.生旺五黃主長病、殘疾、血病、火災、性病、五黃到位；煞中之煞主災禍連連，阻礙百般，化解安忍水、六帝錢。	9.水火既濟，主喜慶順利。 2.主家人易罹腸胃病，女性當權掌握財政。 7.家人好動，桃花運。 27.土生金，七赤是七運的財星旺有財化官複，因桃花破財，桃花劫，對九紫命有利，二七合先天火乘殺氣遇凶山水，鳥焚其巢也。	5.頭部疾病，遠行多阻滯，身體多病。 7.提防金屬傷，主官非，爭執，交通意外 3.經云，足以金而蹣跚，主足傷，家人容易發生。 73.大凶、打劫、破財、官非、被刺一刀、盲一眼。

說明:上山下水，形巒不合，困頓之局，主損丁破財。經曰：「苟無生氣入門，糧艱一宿。」向上49主瘋疾、腎虛、心目之疾；西南宮38，西宮84，防損小口；東北宮95主瘡毒、血光、皮膚病、西北宮73主口舌、官非桃花、家散人亡。

69 3	15 8	87 1
78 2	51 4	33 6
24 7	96 9	42 5

陽 宅 運 勢

戌山辰向

[四綠運]　　　　　　　　　　　　　　　　　　　　[起星]

座西北西朝東南東

三百度→一百二十度

●東南‧辰巽巳	●南‧丙午丁	●西南‧未坤申
3.運氣反覆，時好時壞。	8.主喜慶，有令人愉快事情發生。	1.主女性當權，家人易罹腸胃病。
6.不利女性，奔波勞碌。	1.中爻得配水火相交，主喜慶順利。	8.利地產，旺財。
9.讀書聰明，利文職，家有喜慶事。	5.眼部疾病，血光之災。	7.主痢疾，提防火災，血光之災。
69.火燒天門、家生忤逆之兒、生牙瘡、腦病、生疳腮、流牙血、肺疾、衰則血症、盛必火災。	15.五是變卦以中宮的向星代之婦科病耳疾。五黃到位；煞中之煞主災禍連連，阻礙百般，化解安忍水、六帝錢。	87.吉，財利。
●東‧乙卯甲	●宅中央	●西‧辛酉庚
2.主官災、是非、足患、腸胃病。	4.風濕病，皮膚病。	6.容易被金屬所傷。
7.血光之災，受人拖累破財，宜放風水輪來化解。	5.血光之災，瘡瘤。	3.主血光之災，受人拖累。
8.主不利，兒童成績退步。	1.經云，一加二五傷及壯丁，主傷病。	33.官非，是非，爭執。
78.吉。	51.膀胱病，五黃到位；煞中之煞主災禍連連，阻礙百般，化解安忍水、六帝錢。	
●東北‧寅艮丑	●北‧癸子壬	●西北‧亥乾戌
7.財帛可得但容易破耗。	9.水火既濟，主喜慶順利。	5.頭部疾病，遠行多阻滯，身體多病。
2.旺財，利地財。	6.主聰明才智發小財。	4.不利女性，驛馬位，有遠行或搬遷。
4.兒童多病，成績退步，鼻敏感。	96.腦病。	2.失運神經衰弱，胡思亂想，當運旺財。
24.婆媳不和，咎當主母。		42.婆媳不和。

説明:令星失位，形巒不合，主大破財帛。經曰：「苟無生氣入門，糧艱一宿。」向上69，主吐血、心目之疾、出忤逆子；座山42，失令者主欺姑之婦；東宮78主官非、口舌、肺疾、神經病；北宮96主吐血、頭痛、心目之疾。

62	17	89
3	8	1
71	53	35
2	4	6
26	98	44
7	9	5

陽宅運勢

戌山辰向

[四綠運]　　　　　　　　　　　　　　　[下卦]

座西北西朝東南東

三百度→一百二十度

●東·寅艮丑	●南·丙午丁	●西南·未坤申
3.運氣反覆，時好時壞。	8.主喜慶，有令人愉快事情發生。	1.主女性當權，家人易罹腸胃病。
6.不利女性，奔波勞碌。	1.中爻得配水火相交，主喜慶順利。	8.利地產，旺財。
2.主是非，健康差，呼吸系統疾病。	7.小心火災，家中女性不和。	9.家人愚鈍，子女成績退步。
62.腸疾，婦科病。	17.桃花，出門有利，吉利。	89.火生土，吉，旺丁，旺財，輔弼相輝，田園富盛，而子孫繁衍也。
●東·乙卯甲	●宅中央	●西·辛酉庚
2.主官災，是非，足患，腸胃病。	4.風濕病，皮膚病。	6.容易被金屬所傷。
7.血光之災，受人拖累破財，宜放風水輪來化解。	5.血光之災，瘡瘤。	3.主血光之災，受人拖累。
1.主家人搬遷或有遠行，脾氣較為暴躁。	3.因財致禍，腳傷。	5.是非官災，容易被金屬所傷。
71.出門遠行，桃花。	53.破財，傷身，窮途困病再遭殃，五黃到位；煞中之煞主災禍連連，阻礙百般，化解安忍水、六帝錢。	35.多主不吉，木剋土貧窮，傷足，生疾，五黃到位；煞中之煞主災禍連連，阻礙百般，化解安忍水、六帝錢。
●東北·寅艮丑	●北·癸子壬	●西北·亥乾戌
7.財帛可得但容易破耗。	9.水火既濟，主喜慶順利。	5.頭部疾病，遠行多阻滯，身體多病。
2.旺財，利地財。	8.主財運佳，利地產置業。	4.不利女性，驛馬位，有遠行或搬遷。
6.發小財，利地產或五金行業。	98.吐血。	44.出門，桃花。
26.進田莊之喜，買地買樓但是各薔孤寒。		

說明:令星到座，水神上山，困頓之局，主大破財帛。經曰：「苟無生氣入門，糧艱一宿。」向上62，東北宮26，失令者，主鬼神入屋、腹痛、慢性疾病；西南宮89，主心目之疾、體弱、神經病；離宮17，東宮71主桃花、流徒、腎耳之病。

43	97	25
3	8	1
34	52	79
2	4	6
88	16	61
7	9	5

陽 宅 運 勢

乾山巽向

[四綠運]   [起星]

座西北朝東南

三百一十五度→一百三十五度

●東南・辰巽巳	●南・丙午丁	●西南・未坤申
3.運氣反覆，時好時壞。 4.經云，蓋四綠為文昌之神主聰明。 43.少女發瘋，男星飛臨是男姦女之象。 8.主喜慶，有令人愉快事情發生。 9.當運主財運與事業順利，失運主血光之災。	8.主喜慶，有令人愉快事情發生。 9.當運主財運興事業順利，失運主血光之災。 7.小心火災，家中女性不和。 97.回祿之災，心臟病。	1.主女性當權，家人易罹腸胃病。 2.二黑又名病符，回宮復位主身體多病。 5.主急性病，血光之災。 25.二五交加必損主孤寡二主，宅母多病，黑逢五至出鰥夫，五黃到位；煞中煞主災禍連連，阻礙百般，化解安忍水、六帝錢。
●東・乙卯甲	●宅中央	●西・辛酉庚
2.主官災，是非，足患，腸胃病。 3.經云，蚩尤碧色好勇鬥狠之神，三碧為蚩尤星主官災是非爭執。 4.運氣反覆，情緒起伏。 34.三是男，四是女，女來就男移船就磡貼，大床利男性的桃花。	4.風濕病，皮膚病。 5.血光之災，瘡瘤。 2.血光之災，慢性病。 52.腸病，手腳受傷，黃遇黑時出寡婦。主孤寡五黃到位；煞中之煞主災禍連連，阻礙百般，化解安忍水、六帝錢。	6.容易被金屬所傷。 7.當運主發財，失運主血光之災。 9.小心火災，家中女性不和。 79.回祿之災、心臟病。
●東北・寅艮丑	●北・癸子壬	●西北・亥乾戌
7.財帛可得但容易破耗。 8.當運發財，利地產，失運破財。 88.吉，財利。	9.水火既濟，主喜慶順利。 1.經云，一白官星之應主掌文章讀書聰明。 6.主聰明才智發小財。 16.合為水主催官，遇旺水秀峰，官居極品也。武貴，當軍警會顯貴，事事如意，吉利。	5.頭部疾病，遠行多阻滯，身體多病。 6.驛馬位，有遠行，失運主官非或交通意外。 1.主聰明，才智，發小財。 61.金生水，桃花旺。

說明：令星失位，山星下水，困頓之局，主破財。經曰：「苟無生氣入門，糧艱一宿。」向上43；主損丁、出人暴戾、主生賊丐，東宮有水，大旺財帛；南宮97主火災、肺疾、心目之患；西南宮25主血光、意外、重病、防損主之應。

[四綠運]

44 3	98 8	26 1
35 2	53 4	71 6
89 7	17 9	62 5

陽 宅 運 勢

乾山巽向

[下卦]

座西北朝東南

三百一十五度→一百三十五度

●東南・辰巽巳	●南・丙午丁	●西南・未坤申
3.運氣反覆，時好時壞。 4.經云，蓋四綠為文昌之神主聰明。 44.出門，桃花。	8.主喜慶，有令人愉快事情發生。 9.當運主財運與事業順利，失運主血光之災。 98.吐血。	1.主女性當權，家人易罹腸胃病。 2.二黑又名病符，回宮復位主身體多病。 6.胡思亂想，神經衰弱，當運則發財。 26.進田莊之喜，買地買樓但是各嗇孤寒。
●東・乙卯甲	●宅中央	●西・辛酉庚
2.主官災，是非，足患，腸胃病。 3.經云，蚩尤碧色好勇鬥狠之神，三碧為蚩尤星主官災是非爭執。 5.容易腳傷，因財招禍。 35.多主不吉，木剋土貧窮、傷足、生疾、五黃到位；煞中之煞主災禍連連，阻礙百般，化解安忍水、六帝錢。	4.風濕病，皮膚病。 5.血光之災，瘡瘤。 3.因財致禍，腳傷。 53.破財、傷身，窮途困病再遭殃，五黃到位；煞中之煞主災禍連連，阻礙百般，化解安忍水、六帝錢。	6.容易被金屬所傷。 7.當運主發財，失運主血光之災。 1.家人好動，多異性緣，一白當運為桃花運，失運破財。 71.出門遠行，桃花。
●東北・寅艮丑	●北・癸子壬	●西北・亥乾戌
7.財帛可得但容易破耗。 8.當運發財、利地產、失運破財。 9.家有令人愉快事情發生，如喜事、橫財。 89.火生土，吉，旺丁，旺財，輔弼相輝，田園富盛，而子孫繁衍也。	9.水火既濟，主喜慶順利。 1.經云，一白官星之應主掌文章讀書聰明。 7.家人好動，桃花運。 17.桃花，出門有利，吉利	5.頭部疾病、遠行多阻滯、身體多病。 6.驛馬位，有遠行，失運主官非或交通意外。 2.失運神經衰弱、胡思亂想，當運旺財。 62.腸疾、婦科病。

說明：雙星到向，形巒合局，主大旺財帛。經曰：「會有旺星到穴，富積千鐘。」座山62主頭痛、腹疾、鬼神入屋之應；南宮98，東北宮89，主筋骨之疾，神經病；西宮71，北宮17主肺病、桃花，經曰：「金水多情，貪花戀酒。」

43	97	25
3	8	1
34	52	79
2	4	6
88	16	61
7	9	5

陽 宅 運 勢

[四綠運]　　　　　　　　　　　　　　　　　　　　[起星]

亥山巳向

座西北北朝東南南

三百三十度 → 一百五十度

●東南・辰巽巳	●南・丙午丁	●西南・未坤申
3.運氣反覆，時好時壞。 4.經云，蓋四綠為文昌之神主聰明。 43.少女發瘋，男星飛臨是男姦女之象。	8.主喜慶，有令人愉快事情發生。 9.當運主財運與事業順利，失運主血光之災。 7.小心火災，家中女性不和。 97.回祿之災、心臟病，	1.主女性當權，家人易罹腸胃病。 2.二黑又名病符，回宮復位主身體多病。 5.主急性病，血光之災。 25.二五交加必損主孤寡二主，宅母多病，黑逢五至出鰥夫，五黃到位；煞中煞主災禍連連，阻礙百般，化解安忍水、六帝錢。
●東・乙卯甲	●宅中央	●西・辛酉庚
2.主官災，是非，足患，腸胃病。 3.經云，蚩尤碧色好勇鬥狠之神，三碧為蚩尤星主官災是非爭執。 4.運氣反覆，情緒起伏。 34.三是男，四是女，女來就男移船就磡貼，大床利男性的桃花。	4.風濕病，皮膚病。 5.血光之災，瘡瘤。 2.血光之災，慢性病。 52.腸病、手腳受傷，黃遇黑時出寡婦。主孤寡五黃到位；煞中之煞主災禍連連，阻礙百般，化解安忍水、六帝錢。	6.容易被金屬所傷。 7.當運主發財，失運主血光之災。 9.小心火災，家中女性不和。 79.回祿之災、心臟病。
●東北・寅艮丑	●北・癸子壬	●西北・亥乾戌
7.財帛可得但容易破耗。 8.當運發財，利地產，失運破財。 88.吉，財利。	9.水火既濟，主喜慶順利。 1.經云，一白官星之應主掌文章讀書聰明。 6.主聰明才智發小財。 16.合為水主催官，遇旺水秀峰，官居極品也。武貴，當軍警會顯貴，事事如意，吉利。	5.頭部疾病，遠行多阻滯，身體多病。 6.驛馬位，有遠行，失運主官非或交通意外。 1.主聰明，才智，發小財。 61.金生水，桃花旺。

說明:令星失位，山星下水，困頓之局，主破財。經曰：「苟無生氣入門，糧艱一宿。」向上43，主損丁、出人暴戾、主生賊丐；東宮有水，大旺財帛；南宮97主火災、肺疾、心目之患；西南宮25，主血光、意外、重病、防損主之應。

44 3	98 8	26 1
35 2	53 4	71 6
89 7	17 9	62 5

陽 宅 運 勢

亥山巳向

[四綠運]　　　　　　　　　　　　　　　　[下卦]

座西北北朝東南南

三百三十度→一百五十度

●東南・辰巽巳	●南・丙午丁	●西南・未坤申
3.運氣反覆，時好時壞。 4.經云，蓋四綠為文昌之神主聰明。 44.出門，桃花。	8.主喜慶，有令人愉快事情發生。 9.當運主財運與事業順利，失運主血光之災。 98.吐血。	1.主女性當權，家人易罹腸胃病。 2.二黑又名病符，回宮復位主身體多病。 6.胡思亂想，神經衰弱、當運則發財。 26.進田莊之喜，買地買樓但是各嗇孤寒。
●東・乙卯甲	●宅中央	●西・辛酉庚
2.主官災，是非，足患，腸胃病。 3.經云，蚩尤碧色好勇鬥狠之神，三碧為蚩尤星主官災是非爭執。 5.容易腳傷，因財招禍。 35.多主不吉，木剋土貧窮、傷足、生疾、五黃到位；煞中之煞主災禍連連，阻礙百般，化解安忍水、六帝錢。	4.風濕病，皮膚病。 5.血光之災，瘡瘤。 3.因財致禍，腳傷。 53.破財、傷身，窮途困病再遭殃，五黃到位；煞中之煞主災禍連連，阻礙百般，化解安忍水、六帝錢。	6.容易被金屬所傷。 7.當運主發財，失運主血光之災。 1.家人好動，多異性緣，一白當運為桃花運，失運破財。 71.出門遠行，桃花。
●東北・寅艮丑	●北・癸子壬	●西北・亥乾戌
7.財帛可得但容易破耗。 8.當運發財、利地產、失運破財。 9.家有令人愉快事情發生，如喜事，橫財。 89.火生土，吉，旺丁，旺財，輔弼相輝，田園富盛，而子孫繁衍也。	9.水火既濟，主喜慶順利。 1.經云，一白官星之應主掌文章讀書聰明。 7.家人好動，桃花運。 17.桃花，出門有利，吉利。	5.頭部疾病，遠行多阻滯，身體多病。 6.驛馬位，有遠行，失運主官非或交通意外。 2.失運神經衰弱，胡思亂想，當運旺財。 62.腸疾，婦科病。

説明：雙星到向，形巒合局，主大旺財帛。經曰：「會有旺星到穴，富積千鐘」。座山62主頭痛、腹疾、鬼神入屋之應；南宮98，東北宮89，主筋骨之疾、神經病；西宮71，北宮17主肺病、桃花，經曰：「金水多情，貪花戀酒。」

81 3	46 8	68 1
79 2	92 4	24 6
35 7	57 9	13 5

陽 宅 運 勢

丑山未向

[四綠運]　　　　　　　　　　　　　　　　　　　　[起星]

座東北北朝西南南

三十度→二百一十度

●東南‧辰巽巳	●南‧丙午丁	●西南‧未坤申
3.運氣反覆，時好時壞。	8.主喜慶，有令人愉快事情發生。	1.主女性當權，家人易罹腸胃病。
8.兒童多病，成績退步，鼻敏感。	4.讀書聰明，利文職，有喜慶，失運則財帛不聚。	6.胡思亂想，神經衰弱，當運則發財。
1.經云，四一同宮準發科名。	6.子女容易與自己發生爭執，提防呼吸系統疾病。	8.利地產，旺財。
81.土剋水，膀胱疾，耳病。	46.煩惱事先合後散。肝病，輕或痼疾，重且夭折。	68.吉，進財，利田宅，武庫，亦主財帛，利武庫及異路功名。
●東‧乙卯甲	●宅中央	●西‧辛酉庚
2.主官災，是非，足患，腸胃病。	4.風濕病，皮膚病。	6.提防被金屬所傷。
7.血光之災，受人拖累破財，宜放風水輪來化解。	9.目疾，血光之災，皮膚病。	2.肚痛，提防火災，血光之災。
9.家人頭腦靈活，子女讀書聰明。	2.血光之災，慢性病。	4.容易被金屬所傷，易惹桃花劫。
79.回祿之災，心臟病。	92.婦科病。	24.婆媳不和，咎當主母。
●東北‧寅艮丑	●北‧癸子壬	●西北‧亥乾戌
7.財帛可得但容易破耗。	9.水火既濟，主喜慶順利。	5.頭部疾病，遠行多阻滯，身體多病。
3.經云，三八逢損小口，主不利小童。	5.主傷病，提防泌尿疾病，女性提防婦科病。	1.主聰明，才智，發小財。
5.主腸胃病，運氣蹇滯。	7.家人好動，桃花運。	3.經云，足以金而蹣跚，主足傷，家人容易發生。
35.多主不吉，木剋土貧窮、傷足、生疾，五黃到位；煞中之煞主災禍連連，阻礙百般，化解安忍水、六帝錢。	57.吉七赤金星化五黃，土生金生旺七運吉星五黃到位；煞中之煞主災禍連連，阻礙百般化解；安忍水、六帝錢。	13.爭執、吵鬧、勞氣、官非、盜劫、破財。

說明：山向失令，形巒不合主損丁破財。經曰：「苟無生氣入門，糧艱一宿。」西宮有水主進財，南宮有山主貴。座山35主家散人亡、官非、瘡毒之應；南宮有水主競妻，經曰：「木見戌朝，莊生難免鼓盆之嘆。」

69 3	25 8	47 1
58 2	71 4	93 6
14 7	36 9	82 5

陽宅運勢

丑山未向

[四綠運]　　　　　　　　　　　　　[下卦]

座東北北朝西南南

三十度→二百一十度

●東南・辰巽巳	●南・丙午丁	●西南・未坤申
3.運氣反覆，時好時壞。 6.不利女性，奔波勞碌。 9.讀書聰明，利文職，家有喜慶事。 69.火燒天門，家生忤逆之兒、生牙瘡、腦病、生痄腮、流牙血、肺疾、衰則血症、盛必火災。	8.主喜慶，有令人愉快事情發生。 2.家人愚鈍，血光之災。 5.眼部疾病，血光之災。 25.二五交加必損主孤寡二主，宅母多病，黑逢五至出鰥夫，五黃到位；煞中煞主災禍連連，阻礙百般，化解安忍水、六帝錢。	1.主女性當權，家人易罹腸胃病。 4.腸胃病，是非纏繞。 7.主痢疾，提防火災，血光之災。 47.桃花當時得令七運財色兼收。文章不顯，嘔血而早夭。
●東・乙卯甲	●宅中央	●西・辛酉庚
2.主官災，是非，足患，腸胃病。 5.容易腳傷，因財招禍。 8.主不利，兒童成績退步。 58.吉，五黃到位；煞中之煞主災禍連連，阻礙百般，化解安忍水、六帝錢。	4.風濕病，皮膚病。 7.是非官災，容易被金屬所傷。 1.經云，一加二五傷及壯丁，主傷病。 71.出門遠行，桃花。	6.容易被金屬所傷。 9.小心火災，家中女性不和。 3.主血光之災，受人拖累。 93.官非。
●東北・寅艮丑	●北・癸子壬	●西北・亥乾戌
7.財帛可得但容易破耗。 1.財運佳，利地產置業。 4.兒童多病，成績退步，鼻敏感。 14.讀書有成，被讚賞，出門有利、升職、加薪、主科名，號青雲得路，有文筆硯池水，鼎元之兆也。	9.水火既濟，主喜慶順利。 3.主脾氣暴躁，家人會搬遷或遠行。 6.主聰明才智發小財。 36.官非，手腳受損，患在長男。	5.頭部疾病，遠行多阻滯，身體多病。 8.發小財，利地產或五金行業。 2.失運神經衰弱，胡思亂想，當運旺財。 82.疾病。

說明：上山下水，山向失令，形巒不合主損丁破財。經曰：「苟無生氣入門，糧艱一宿。」
　　若水纏玄武，形巒合局則可用，東南宮69主吐血，或生忤逆之子，經曰：「火燒天而張牙相鬥，家生罵父之兒。」東宮58，主神經病、血光、瘡毒。

82 3	36 8	14 1
93 2	71 4	58 6
47 7	25 9	69 5

陽 宅 運 勢

艮山坤向
座東北朝西南
四十五度→二百二十度

[四綠運]　　　　　　　　　　　　　　　　　　　[起星]

●東南・辰巽巳	●南・丙午丁	●西南・未坤申
3.運氣反覆，時好時壞。 8.兒童多病，成績退步，鼻敏感。 2.主是非，健康差，呼吸系統疾病。 82.疾病。	8.主喜慶，有令人愉快事情發生。 3.主家人頭腦靈活聰明。 6.子女容易與自己發生爭執，提防呼吸系統疾病。 36.官非，手腳受損·患在長男。	1.主女性當權，家人易罹腸胃病。 4.腸胃病，是非纏繞。 14.讀書有成，被讚賞，出門有利、升職、加薪、主科名，號青雲得路，有文筆硯池水，鼎元之兆也。
●東・乙卯甲	●宅中央	●西・辛酉庚
2.主官災，是非，足患，腸胃病。 9.家人頭腦靈活，子女讀書聰明。 3.經云，蚩尤碧色好勇鬥狠之神，三碧為蚩尤星主官災是非爭執。 93.官非 。	4.風濕病，皮膚病。 7.是非，官災，容易被金屬所傷。 1.經云，一加二五傷及壯丁，主傷病。 71.出門遠行，桃花。	6.提防被金屬所傷。 5.是非官災，容易被金屬所傷。 8.財帛可得，但容易破耗。 58.吉，五黃到位；煞中之煞主災禍連連，阻礙百般，化解安忍水、六帝錢。
●東北・寅艮丑	●北・癸子壬	●西北・亥乾戌
7.財帛可得但容易破耗。 4.兒童多病，成績退步，鼻敏感。 47.桃花當時得令七運財色兼收。文章不顯，嘔血而早夭。	9.水火既濟，主喜慶順利。 2.主家人易罹腸胃病，女性當權掌握財政。 5.主傷病，提防泌尿疾病，女性提防婦科病。 25.二五交加必損主孤寡二主，宅母多病，黑逢五至出鰥夫，五黃到位；煞中煞主災禍連連，阻礙百般，化解安忍水、六帝錢。	5.頭部疾病，遠行多阻滯，身體多病。 6.驛馬位，有遠行，失運主官非或交通意外。 9.子女容易與自己爭執，提防呼吸系統疾病。 69.火燒天門，家生忤逆之兒、生牙瘡、腦病、生痄腮、流牙血、肺疾，衰則血症，盛必火災。

說明：旺山旺向，形巒合局，主旺財丁。經曰：「會有旺星到穴，富積千鐘。」向首14，主官貴，科甲之應，經曰：「木入坎宮，鳳池身貴。」東宮93，形勢凶惡，主人暴戾；西宮58，主神經病、瘡毒、血光之應。

82 3	36 8	14 1
93 2	71 4	58 6
47 7	25 9	69 5

陽宅運勢

艮山坤向

[四綠運]

座東北朝西南

[下卦]

四十五度→二百二十度

●東南·辰巽巳	●南·丙午丁	●西南·未坤申
3.運氣反覆，時好時壞。 8.兒童多病，成績退步，鼻敏感。 2.主是非，健康差，呼吸系統疾病。 82.疾病。	8.主喜慶，有令人愉快事情發生。 3.主家人頭腦靈活聰明。 6.子女容易與自己發生爭執，提防呼吸系統疾病。 36.官非，手腳受損·患在長男。	1.主女性當權，家人易罹腸胃病。 4.腸胃病，是非纏繞。 14.讀書有成，被讚賞，出門有利，升職，加薪，主科名，號青雲得路，有文筆硯池水，鼎元之兆也。
●東·乙卯甲	●宅中央	●西·辛酉庚
2.主官災，是非，足患，腸胃病。 9.家人頭腦靈活，子女讀書聰明。 3.經云，蚩尤碧色好勇鬥狠之神，三碧為蚩尤星主官災是非爭執。 93.官非。	4.風濕病，皮膚病。 7.是非，官災，容易被金屬所傷。 1.經云，一加二五傷及壯丁，主傷病。 71.出門遠行，桃花。	6.提防被金屬所傷。 5.是非官災，容易被金屬所傷。 8.財帛可得，但容易破耗。 58.吉，五黃到位；煞中之煞主災禍連連，阻礙百般，化解安忍水、六帝錢。
●東北·寅艮丑	●北·癸子壬	●西北·亥乾戌
7.財帛可得但容易破耗。 4.兒童多病，成績退步，鼻敏感。 47.桃花當時得令七運財色兼收。文章不顯，嘔血而早夭。	9.水火既濟，主喜慶順利。 2.主家人易罹腸胃病，女性當權掌握財政。 5.主傷病，提防泌尿疾病，女性提防婦科病。 25.二五交加必損主孤寡二主，宅母多病，黑逢五至出鰥夫，五黃到位；煞中煞主災禍連連，阻礙百般，化解安忍水、六帝錢。	5.頭部疾病，遠行多阻滯，身體多病。 6.驛馬位，有遠行，失運主官非或交通意外。 9.子女容易與自己爭執，提防呼吸系疾病。 69.火燒天門，家生忤逆之兒、生牙瘡、腦病、生疳腮、流牙血、肺疾、衰則血症、盛必火災。

說明:旺山旺向，形巒合局，主旺財丁。經曰：「會有旺星到穴，富積千鐘。」向首14，主
　　官貴，科甲之應，經曰：「木入坎宮，鳳池身貴。」東宮93，形勢凶惡，主人暴戾；西
　　宮58，主神經病、瘡毒、血光之應。

82	36	14
3	8	1
93	71	58
2	4	6
47	25	69
7	9	5

陽 宅 運 勢

[四綠運]

[起星]

寅山申向

座東北東朝西南西

六十度→二百四十度

●東南・辰巽巳	●南・丙午丁	●西南・未坤申
3.運氣反覆，時好時壞。 8.兒童多病，成績退步，鼻敏感。 2.主是非，健康差，呼吸系統疾病。 82.疾病。	8.主喜慶，有令人愉快事情發生。 3.主家人頭腦靈活聰明。 6.子女容易與自己發生爭執，提防呼吸系統疾病。 36.官非，手腳受損，患在長男。	1.主女性當權，家人易罹腸胃病。 4.腸胃病，是非纏繞。 14.讀書有成，被讚賞，出門有利、升職、加薪、主科名，號青雲得路，有文筆硯池水，鼎元之兆也。
●東・乙卯甲	●宅中央	●西・辛酉庚
2.主官災，是非，足患，腸胃病。 9.家人頭腦靈活，子女讀書聰明。 3.經云，蚩尤碧色好勇鬥狠之神，三碧為蚩尤星主官災是非爭執。 93.官非。	4.風濕病，皮膚病。 7.是非，官災，容易被金屬所傷。 1.經云，一加二五傷及壯丁，主傷病。 71.出門遠行，桃花。	6.容易被金屬所傷。 5.是非官災，容易被金屬所傷。 8.財帛可得，但容易破耗。 58.吉，五黃到位；煞中之煞主災禍連連，阻礙百般，化解安忍水、六帝錢。
●東北・寅艮丑	●北・癸子壬	●西北・亥乾戌
7.財帛可得但容易破耗。 4.兒童多病，成績退步，鼻敏感。 47.桃花當時得令七運財色兼收。文章不顯，嘔血而早夭。	9.水火既濟，主喜慶順利。 2.主家人易罹腸胃病，女性當權掌握財政。 5.主傷病，提防泌尿疾病，女性提防婦科病。 25.二五交加必損主孤寡二主，宅母多病，黑逢五至出鰥夫，五黃到位；煞中煞主災禍連連，阻礙百般，化解安忍水、六帝錢。	5.頭部疾病，遠行多阻滯，身體多病。 6.驛馬位，有遠行，失運主官非或交通意外。 9.子女容易與自己爭執，提防呼吸系疾病。 69.火燒天門，家生忤逆之兒、生牙瘡、腦病、生疥腮、流牙血、肺疾、衰則血症，盛必火災。

說明:旺山旺向，形巒合局，主旺財丁。經曰：「會有旺星到穴，富積千鐘。」向首14，主官貴、科甲之應，經曰：「木入坎宮，鳳池身貴。」東宮93，形勢凶惡，主人暴戾；西宮58主神經病、瘡毒、血光之應。

82 3	36 8	14 1
93 2	71 4	58 6
47 7	25 9	69 5

陽 宅 運 勢

寅山申向

[四綠運]　　　　　　　　　　　　　　　　[下卦]

座東北東朝西南西

六十度→二百四十度

●東南·辰巽巳	●南·丙午丁	●西南·未坤申
3.運氣反覆,時好時壞。	8.主喜慶,有令人愉快事情發生。	1.主女性當權,家人易罹腸胃病。
8.兒童多病,成績退步,鼻敏感。	3.主家人頭腦靈活聰明。	4.腸胃病,是非纏繞。
2.主是非,健康差,呼吸系統疾病。	6.子女容易與自己發生爭執,提防呼吸系統疾病。	14.讀書有成,被讚賞,出門有利、升職、加薪、主科名,號青雲得路,有文筆硯池水,鼎元之兆也。
82.疾病。	36.官非,手腳受損,患在長男。	

●東·乙卯甲	●宅中央	●西·辛酉庚
2.主官災,是非,足患,腸胃病。	4.風濕病,皮膚病。	6.提防被金屬所傷。
9.家人頭腦靈活,子女讀書聰明。	7.是非,官災,容易被金屬所傷。	5.是非,官災,容易被金屬所傷。
3.經云,蚩尤碧色好勇鬥狠之神,三碧為蚩尤星主官災是非爭執。	1.經云,一加二五傷及壯丁,主傷病。	8.財帛可得,但容易破耗。
93.官非。	71.出門遠行,桃花。	58.吉,五黃到位;煞中之煞主災禍連連,阻礙百般,化解安忍水、六帝錢。

●東北·寅艮丑	●北·癸子壬	●西北·亥乾戌
7.財帛可得但容易破耗。	9.水火既濟,主喜慶順利。	5.頭部疾病,遠行多阻滯,身體多病。
4.兒童多病,成績退步,鼻敏感。	2.主家人易罹腸胃病,女性當權掌握財政。	6.驛馬位,有遠行,失運主官非或交通意外。
47.桃花當時得令七運財色兼收。文章不顯,嘔血而早夭。	5.主傷病,提防泌尿疾病,女性提防婦科病。	9.子女容易與自己爭執,提防呼吸系統疾病。
	25.二五交加必損主孤寡二主,宅母多病,黑逢五至出鰥夫,五黃到位;煞中煞主災禍連連,阻礙百般,化解安忍水、六帝錢。	69.火燒天門,家生忤逆之兒、生牙瘡、腦病、生痄腮、流牙血、肺疾、衰則血症、盛必火災。

說明:旺山旺向,形巒合局,主旺財丁。經日:「會有旺星到穴,富積千鐘。」向首14,主官貴、科甲之應,經曰:「木入坎宮,鳳池身貴。」東宮93,形勢凶惡,主人暴戾;西宮58主神經病、瘡毒、血光之應。

18	64	86
3	8	1
97	29	42
2	4	6
53	75	31
7	9	5

陽 宅 運 勢

未山丑向

座西南南朝東北北

二百一十度→三十度

[四綠運]　　　　　　　　　　　　　　　　[起星]

●東南・辰巽巳	●南・丙午丁	●西南・未坤申
3.運氣反覆，時好時壞。 1.經云，四一同宮準發科名。 8.兒童多病，成績退步，鼻敏感。 18.土剋水，耳疾，被狗咬傷或被動物抓傷。咎輕，受剋而奇偶相敵。	8.主喜慶，有令人愉快事情發生。 6.子女容易與自己發生爭執，提防呼吸系統疾病。 4.讀書聰明，利文職，有喜慶，失運則財帛不聚。 64.先合後散，女性多病。	1.主女性當權，家人易罹腸胃病。 8.利地產，旺財。 6.胡思亂想，神經衰弱，當運則發財。 86.吉，財利。
●東・乙卯甲	●宅中央	●西・辛酉庚
2.主官災，是非，足患，腸胃病。 9.家人頭腦靈活，子女讀書聰明。 7.血光之災，受人拖累破財，宜放風水輪來化解。 97.回祿之災，心臟病。	4.風濕病，皮膚病。 2.血光之災，慢性病。 9.目疾，血光之災，皮膚病。 29.火生土，主女人多，桃花重，桃花屋。	6.提防被金屬所傷。 4.容易被金屬所傷，易惹桃花劫。 2.肚痛，提防火災，血光之災。 42.婆媳不和。
●東北・寅艮丑	●北・癸子壬	●西北・亥乾戌
7.財帛可得但容易破耗。 5.主腸胃病，運氣蹇滯。 3.經云，三八逢損小口，主不利小童。 53.破財，傷身，窮途困病再遭殃，五黃到位；煞中之煞主災禍連連，阻礙百般，化解安忍水、六帝錢。	9.水火既濟，主喜慶順利。 7.家人好動，桃花運。 5.主傷病，提防泌尿疾病，女性提防婦科病。 75.肺病、口腔病、口舌，五黃到位；煞中之煞主災禍連連，阻礙百般，化解安忍水、六帝錢。	5.頭部疾病，遠行多阻滯，身體多病。 3.經云，足以金而蹣跚，主足傷，家人容易發生。 1.主聰明，才智，發小財。 31.爭吵，激氣，官非，破財。

説明：山向失令，形巒不合，困頓之局，主損丁破財。經曰：「苟無生氣入門，糧艱一宿。」南宮見水，西宮有山，則此局可用，向上煞水主足跛、瘡毒、血光、意外；東宮97主吐血、蕩子淫婦，經曰：「午酉逢江湖花酒。」

96 3	52 8	74 1
85 2	17 4	39 6
41 7	63 9	28 5

陽 宅 運 勢

未山丑向

座西南南朝東北北

二百一十度→三十度

[四綠運]　　　　　　　　　　　　　　　　　　[下卦]

●東南・辰巽巳	●南・丙午丁	●西南・未坤申
3.運氣反覆，時好時壞。 9.讀書聰明，利文職，家有喜慶事。 6.不利女性，奔波勞碌。 96.腦病。	5.眼部疾病，血光之災。 2.家人愚鈍，血光之災。 52.腸病，手腳受傷，黃遇黑時出寡婦。主孤寡五黃到位；煞中之煞主災禍連連，阻礙百般，化解安忍水、六帝錢。	1.主女性當權，家人易罹腸胃病。 7.主痢疾，提防火災，血光之災。 4.腸胃病，是非纏繞。 74.桃花，出門。
●東・乙卯甲	●宅中央	●西・辛酉庚
2.主官災，是非，足患，腸胃病。 8.主不利，兒童成績退步。 5.容易腳傷，因財招禍。 85.暗滯、胃病、胸疼痛，五黃到位；煞中之煞主災禍連連，阻礙百般，化解安忍水、六帝錢。	4.風濕病，皮膚病。 1.經云，一加二五傷及壯丁，主傷病。 7.是非，官災，容易被金屬所傷。 17.桃花，出門有利，吉利。	6.容易被金屬所傷。 3.主血光之災，受人拖累。 9.小心火災，家中女性不和。 39.聰明而吝嗇。
●東北・寅艮丑	●北・癸子壬	●西北・亥乾戌
7.財帛可得但容易破耗。 4.兒童多病，成績退步，鼻敏感。 1.財運佳，利地產置業。 41.利讀書，出門，遠走他方。	9.水火既濟，主喜慶順利。 6.主聰明才智發小財。 3.主脾氣暴躁，家人會搬遷或遠行。 63.手腳受傷。	5.頭部疾病，遠行多阻滯，身體多病。 2.失運神經衰弱，胡思亂想，當運旺財。 8.發小財，利地產或五金行業。 28.合十主吉，有進田置業之喜，利遷移。

説明：上山下水，背山面海，形巒不合主損丁破財。經曰：「苟無生氣入門，糧艱一宿。」
　　向上41，失令者主出人、淫蕩；東南宮96主吐血、心目之疾、頭痛；南宮52主疾病叢生，瘡毒損主之應；東宮85主神經病、血光、意外之事。

28 3	63 8	41 1
39 2	17 4	85 6
74 7	52 9	96 5

陽 宅 運 勢

坤山艮向

[四綠運]　　　　　　　　　　　　　　　　　　　　　[起星]

座西南朝東北

二百二十五度→四十五度

●東南・辰巽巳	●南・丙午丁	●西南・未坤申
3.運氣反覆，時好時壞。	8.主喜慶，有令人愉快事情發生。	1.主女性當權，家人易罹腸胃病。
2.主是非，健康差，呼吸系統疾病。	6.子女容易與自己發生爭執，提防呼吸系統疾病。	4.腸胃病，是非纏繞。
8.兒童多病，成績退步，鼻敏感。	3.主家人頭腦靈活聰明。	41.利讀書，出門，遠走他方。
28.合十主吉，有進田置業之喜，利遷移。	63.手腳受傷。	
●東・乙卯甲	●宅中央	●西・辛酉庚
2.主官災，是非，足患，腸胃病。	4.風濕病，皮膚病。	6.提防被金屬所傷。
3.經云，蚩尤碧色好勇鬥狠之神，三碧為蚩尤星主官災是非爭執。	1.經云，一加二五傷及壯丁，主傷病。	8.財帛可得，但容易破耗。
9.家人頭腦靈活，子女讀書聰明。	7.是非，官災，容易被金屬所傷。	5.是非，官災，容易被金屬所傷。
39.聰明而吝嗇。	17.桃花，出門有利，吉利。	85.暗滯、胃病、胸疼痛，五黃到位；煞中之煞主災禍連連，阻礙百般，化解安忍水、六帝錢。。
●東北・寅艮丑	●北・癸子壬	●西北・亥乾戌
7.財帛可得但容易破耗。	9.水火既濟，主喜慶順利。	5.頭部疾病，遠行多阻滯，身體多病。
4.兒童多病，成績退步，鼻敏感。	5.主傷病，提防泌尿疾病，女性提防婦科病。	9.子女容易與自己爭執，提防呼吸系統疾病。
74.桃花，出門。	2.主家人易罹腸胃病，女性當權掌握財政。	6.驛馬位，有遠行，失運主官非或交通意外。
	52.腸病、手腳受傷、黃遇黑時出寡婦。主孤寡五黃到位；煞中之煞主災禍連連，阻礙百般，化解安忍水、六帝錢。	96.腦病。

説明:旺山旺向，形巒合局，主大發財丁，經曰：「一貴當權，諸凶懾服。」座山41同宮，
主科名，官貴之顯；西宮85，西北宮96，有秀水者，主續發四十年；東宮39伏吟，主暴
戾、刻薄官非、口舌、心目之疾。

28 3	63 8	41 1
39 2	17 4	85 6
74 7	52 9	96 5

陽宅運勢

坤山艮向

座西南朝東北

二百二十五度→四十五度

[四綠運]　　　　　　　　　　　　　　　　　　　　[下卦]

●東南·辰巽巳	●南·丙午丁	●西南·未坤申
3.運氣反覆，時好時壞。	8.主喜慶，有令人愉快事情發生。	1.主女性當權，家人易罹腸胃病。
2.主是非，健康差，呼吸系統疾病。	6.子女容易與自己發生爭執，提防呼吸系統疾病。	4.腸胃病，是非，纏繞。
8.兒童多病，成績退步，鼻敏感。	3.主家人頭腦靈活聰明。	41.利讀書，出門，遠走他方。
28.合十主吉，有進田置業之喜，利遷移。	63.手腳受傷。	
●東·乙卯甲	●宅中央	●西·辛酉庚
2.主官災，是非，足患，腸胃病。	4.風濕病，皮膚病。	6.提防被金屬所傷。
3.經云，蚩尤碧色好勇鬥狠之神，三碧為蚩尤星主官災是非爭執。	1.經云，一加二五傷及壯丁，主傷病。	8.財帛可得，但容易破耗。
9.家人頭腦靈活，子女讀書聰明。	7.是非，官災，容易被金屬所傷。	5.是非，官災，容易被金屬所傷。
39.聰明而吝嗇。	17.桃花，出門有利，吉利。	85.暗滯、胃病、胸疼痛，五黃到位；煞中之煞主災禍連連，阻礙百般，化解安忍水、六帝錢。。
●東北·寅艮丑	●北·癸子壬	●西北·亥乾戌
7.財帛可得但容易破耗。	9.水火既濟，主喜慶順利。	5.頭部疾病，遠行多阻滯，身體多病。
4.兒童多病，成績退步，鼻敏感。	5.主傷病，提防泌尿疾病，女性提防婦科病。	9.子女容易與自己爭執，提防呼吸系統疾病。
74.桃花，出門。	2.主家人易罹腸胃病，女性當權掌握財政。	6.驛馬位，有遠行，失運主官非或交通意外。
	52.腸病、手腳受傷、黃遇黑時出寡婦。主孤寡五黃到位；煞中之煞主災禍連連，阻礙百般，化解安忍水、六帝錢。	96.腦病。

説明：旺山旺向，形巒合局，主大發財丁，經曰：「一貴當權，諸凶懾服。」座山41同宮，主科名，官貴之顯；西宮85，西北宮96，有秀水者，主續發四十年；東宮39伏吟，主暴戾、刻薄官非、口舌、心目之疾。

28 3	63 8	41 1
39 2	17 4	85 6
74 7	52 9	96 5

陽 宅 運 勢

申山寅向

[四綠運]　　　　　　　　　　　　　　　　　　　　　[起星]

座西南西朝東北東

二百四十度→六十度

●東南·辰巽巳	●南·丙午丁	●西南·未坤申
3.運氣反覆，時好時壞。 2.主是非，健康差，呼吸系統疾病。 8.兒童多病，成績退步，鼻敏感。 28.合十主吉，有進田置業之喜，利遷移。	8.主喜慶，有令人愉快事情發生。 6.子女容易與自己發生爭執，提防呼吸系統疾病。 3.主家人頭腦靈活聰明。 63.手腳受傷。	1.主女性當權，家人易罹腸胃病。 4.腸胃病，是非纏繞。 41.利讀書，出門，遠走他方。
●東·乙卯甲	**●宅中央**	**●西·辛酉庚**
2.主官災，是非，足患，腸胃病。 3.經云，蚩尤碧色好勇鬥狠之神，三碧為蚩尤星主官災是非爭執。 9.家人頭腦靈活，子女讀書聰明。 39.聰明而吝嗇。	4.風濕病，皮膚病。 1.經云，一加二五傷及壯丁，主傷病。 7.是非，官災，容易被金屬所傷。 17.桃花，出門有利，吉利。	6.提防被金屬所傷。 8.財帛可得，但容易破耗。 5.是非，官災，容易被金屬所傷。 85.暗滯、胃病、胸疼痛，五黃到位；煞中之煞主災禍連連，阻礙百般，化解安忍水、六帝錢。。
●東北·寅艮丑	**●北·癸子壬**	**●西北·亥乾戌**
7.財帛可得但容易破耗。 4.兒童多病，成績退步，鼻敏感。 74.桃花，出門。	9.水火既濟，主喜慶順利。 5.主傷病，提防泌尿疾病，女性提防婦科病。 2.主家人易罹腸胃病，女性當權掌握財政。 52.腸病、手腳受傷、黃遇黑時出寡婦。主孤寡五黃到位；煞中之煞主災禍連連，阻礙百般，化解安忍水、六帝錢。	5.頭部疾病，遠行多阻滯，身體多病。 9.子女容易與自己爭執，提防呼吸系統疾病。 6.驛馬位，有遠行，失運主官非或交通意外。 96.腦病。

説明：旺山旺向，形巒合局，主大發財丁，經曰：「一貴當權，諸凶懾服。」座山41同宮，
　　　主科名、官貴之顯；西宮85，西北宮96，有秀水者，主續發四十年；東宮39伏吟，主暴
　　　戾、刻薄官非、口舌、心目之疾。

28 3	63 8	41 1
39 2	17 4	85 6
74 7	52 9	96 5

陽 宅 運 勢

申山寅向

[四綠運]　　　　　　　　　　　　　　　　　[下卦]

座西南西朝東北東

二百四十度→六十度

●東南・辰巽巳	●南・丙午丁	●西南・未坤申
3.運氣反覆，時好時壞。	8.主喜慶，有令人愉快事情發生。	1.主女性當權，家人易罹腸胃病。
2.主是非，健康差，呼吸系統疾病。	6.子女容易與自己發生爭執，提防呼吸系統疾病。	4.腸胃病，是非，纏繞。
8.兒童多病，成績退步，鼻敏感。	3.主家人頭腦靈活聰明。	41.利讀書，出門，遠走他方。
28.合十主吉，有進田置業之喜，利遷移。	63.手腳受傷。	
●東・乙卯甲	●宅中央	●西・辛酉庚
2.主官災，是非，足患，腸胃病。	4.風濕病，皮膚病。	6.提防被金屬所傷。
3.經云，蚩尤碧色好勇鬥狠之神，三碧為蚩尤星主官災是非爭執。	1.經云，一加二五傷及壯丁，主傷病。	8.財帛可得，但容易破耗。
9.家人頭腦靈活，子女讀書聰明。	7.是非，官災，容易被金屬所傷。	5.是非，官災，容易被金屬所傷。
39.聰明而吝嗇。	17.桃花，出門有利，吉利。	85.暗滯、胃病、胸疼痛，五黃到位；煞中之煞主災禍連連，阻礙百般，化解安忍水、六帝錢。。
●東北・寅艮丑	●北・癸子壬	●西北・亥乾戌
7.財帛可得但容易破耗。	9.水火既濟，主喜慶順利。	5.頭部疾病，遠行多阻滯，身體多病。
4.兒童多病，成績退步，鼻敏感。	5.主傷病，提防泌尿疾病，女性提防婦科病。	9.子女容易與自己爭執，提防呼吸系統疾病。
74.桃花，出門。	2.主家人易罹腸胃病，女性當權掌握財政。	6.驛馬位，有遠行，失運主官非或交通意外。
	52.腸病、手腳受傷、黃遇黑時出寡婦。主孤寡五黃到位；煞中之煞主災禍連連，阻礙百般，化解安忍水、六帝錢。	96.腦病。

説明：旺山旺向，形巒合局，主大發財丁，經曰：「一貴當權，諸凶懾服。」座山41同宮，主科名、官貴之顯；西宮85，西北宮96，有秀水者、主續發四十年；東宮39伏吟，主暴戾、刻薄官非、口舌、心目之疾。

77	22	99
4	9	2
88	66	44
3	5	7
33	11	55
8	1	6

陽 宅 運 勢

辰山戌向

[五黃運]　　　　　　　　　　　　　　　　　　　[起星]

座東南東朝西北西

一百二十度→三百度

●東南‧辰巽巳	●南‧丙午丁	●西南‧未坤申
4.經云，蓋四綠為文昌之神主聰明。	9.當運主財運與事業順利，失運主血光之災。	2.二黑又名病符，回宮復位主身體多病。
7.容易被金屬所傷，易惹桃花劫。	2.家人愚鈍，血光之災。	9.家人愚鈍，子女成績退步。
77.七運，當旺大吉，財利大旺。	22.二黑是病符，疾病入醫院，女性婦科病，懷孕，男性腸胃病，內臟病。	99.目疾。
●東‧乙卯甲	**●宅中央**	**●西‧辛酉庚**
3.經云，蚩尤碧色好勇鬥狼之神，三碧為蚩尤星主官災是非爭執。	5.血光之災，瘡瘤。	7.當運主發財，失運主血光之災。
8.主不利，兒童成績退步。	6.遠行多阻滯，頭部疾病。	4.容易被金屬所傷，易惹桃花劫。
88.吉，財利。	66.吉，利財。	44.出門，桃花。
●東北‧寅艮丑	**●北‧癸子壬**	**●西北‧亥乾戌**
8.當運發財，利地產，失運破財。	1.經云，一白官星之應主掌文章讀書聰明。	6.驛馬位，有遠行，失運主官非或交通意外。
3.經云，三八逢損小口，主不利小童。	11.桃花，煙花地，出門旅遊，犯賊險，江湖中人，對三碧、四綠有利，因為水生木。	5.頭部疾病，遠行多阻滯，身體多病。
33.官非，是非，爭執。		55.兩重災病星，五黃到位；煞中之煞主災禍連連，阻礙百般，化解安忍水、六帝錢。

說明:雙星到向，須旺星到穴，可惜此局犯八純卦，損丁破財之應。經曰：「苟無生氣入門，糧艱一宿。」東宮88，主神經病、損男童之應；座山77主肝病、官非、口舌、桃色；西南宮99，主火災、心目之疾。

57 4	92 9	79 2
68 3	46 5	24 7
13 8	81 1	35 6

陽 宅 運 勢

辰山戌向

[五黃運]　　　　　　　　　　　　　　　　[下卦]

座東南東朝西北西

一百二十度→三百度

●東南‧辰巽巳	●南‧丙午丁	●西南‧未坤申
4.經云，蓋四綠為文昌之神主聰明。 5.主皮膚病，瘡毒。 7.容易被金屬所傷，易惹桃花劫。 57.吉七赤金星化五黃，土生金生旺七運吉星五黃到位；煞中之煞主災禍連連，阻礙百般，化解安忍水、六帝錢。	9.當運主財運與事業順利，失運主血光之災。 2.家人愚鈍，血光之災。 92.婦科病。	2.二黑又名病符，回宮復位主身體多病。 7.主痢疾，提防火災，血光之災。 9.家人愚鈍，子女成績退步。 79.回祿之災，心臟病。
●東‧乙卯甲	●宅中央	●西‧辛酉庚
3.經云，蚩尤碧色好勇鬥狠之神，三碧為蚩尤星主官災是非爭執。 6.主足疾、小人多。 8.主不利，兒童成績退步。 68.吉，進財，利田宅，武庫，亦主財帛，利武庫及異路功名。	5.血光之災，瘡瘤。 4.風濕病，皮膚病。 6.遠行多阻滯，頭部疾病。 46.煩惱事先合後散，肝病，輕或痼疾，重且夭折。	7.當運主發財，失運主血光之災。 2.肚痛，提防火災，血光之災。 4.容易被金屬所傷，易惹桃花劫。 24.婆媳不和，咎當主母。
●東北‧寅艮丑	●北‧癸子壬	●西北‧亥乾戌
8.當運發財，利地產，失運破財。 1.財運佳，利地產置業。 3.經云，三八逢損小口，主不利小童。 13.爭執，吵鬧，勞氣，官非，盜劫，破財。	1.經云，一白官星之應主掌文章讀書聰明。 8.主財運佳，利地產置業。 81.土剋水，膀胱疾、耳病。	6.驛馬位，有遠行，失運主官非或交通意外。 3.經云，足以金而蹣跚，主足傷，家人容易發生。 5.頭部疾病，遠行多阻滯，身體多病。 35.多主不吉，木剋土貧窮，傷足、生疾、五黃到位；煞中之煞主災禍連連，阻礙百般，化解安忍水、六帝錢。

説明:旺山旺向，形巒合局主大旺財丁。經曰：「會有旺星到穴，富積千鐘。」北宮81，主神經病，剋一宮命主腎病、體虛；西宮24，經曰：「風行地上，決定傷脾，或主欺姑之婦。」東宮有山，六運旺丁，主出武貴，有水主神經病、損男童。

55 4	11 9	33 2
44 3	66 5	88 7
99 8	22 1	77 6

[五黃運]

陽 宅 運 勢

巽山乾向

座東南朝西北

一百三十五度→三百一十五度

[起星]

●東南·辰巽巳	●南·丙午丁	●西南·未坤申
4.經云，蓋四綠，為文昌之神主聰明。 5.主皮膚病，瘡毒。 55.兩重災病星，五黃到位；煞中之煞主災禍連連，阻礙百般，化解安忍水、六帝錢。	9.當運主財運與事業順利，失運主血光之災。 1.中爻得配水火相交，主喜慶順利。 11.桃花，煙花地，出門旅遊，犯賊險，江湖中人，對三碧、四綠有利，因為水生木。	2.二黑又名病符，回宮復位主身體多病。 3.主官災，是非，腸胃病，足病。 33.官非，是非，爭執。
●東·乙卯甲	●宅中央	●西·辛酉庚
3.經云，蚩尤碧色好勇鬥狠之神，三碧為蚩尤星主官災是非爭執。 4.運氣反覆，情緒起伏。 44.出門，桃花。	5.血光之災、瘡瘤。 6.遠行多阻滯、頭部疾病。 66.吉，利財。	7.當運主發財，失運主血光之災。 8.財帛可得，但容易破耗。 88.吉，財利。
●東北·寅艮丑	●北·癸子壬	●西北·亥乾戌
8.當運發財，利地產，失運破財。 9.家有令人愉快事情發生，如喜事、橫財。 99.目疾。	1.經云，一白官星之應主掌文章讀書聰明。 2.主家人易罹腸胃病，女性當權掌握財政。 22.二黑是病符，疾病入醫院，女性婦科病、懷孕，男性腸胃病、內臟病。	6.驛馬位，有遠行，失運主官非或交通意外。 7.提防金屬傷，主官非、爭執、交通意外。 77.七運，當旺大吉，財利大旺。

說明：令星到座，水神上山，形巒不合主大破財帛。經曰：「苟無生氣入門，糧艱一宿。」
若水纏玄武，形巒合局則可以一用。向首77，主官非、口舌、刑事、肺疾之應；座山55
，山水凶者主瘡毒、血光、意外；北宮22，主腹痛、產厄、慢性疾病。

35	81	13
4	9	2
24	46	68
3	5	7
79	92	57
8	1	6

陽 宅 運 勢

巽山乾向

座東南朝西北

一百三十五度→三百一十五度

[五黃運]　　　　　　　　　　　　　　　　　[下卦]

●東南・辰巽巳	●南・丙午丁	●西南・未坤申
4.經云，蓋四綠為文昌之神主聰明。 3.運氣反覆，時好時壞。 5.主皮膚病，瘡毒。 35.多主不吉，木剋土貧窮、傷足、生疾、五黃到位；煞中之煞主災禍連連，阻礙百般，化解安忍水、六帝錢。	9.當運主財運與事業順利，失運主血光之災。 8.主喜慶，有令人愉快事情發生。 1.中爻得配水火相交，主喜慶順利。 81.土剋水，膀胱疾、耳病。	2.二黑又名病符，回宮復位主身體多病。 1.主女性當權，家人易罹腸胃病。 3.主官災，是非，腸胃病，足病。 13.爭執，吵鬧，勞氣，官非，盜劫，破財。
●東・乙卯甲	●宅中央	●西・辛酉庚
3.經云，蚩尤碧色好勇鬥狠之神，三碧為蚩尤星主官災是非爭執。 2.主官災，是非，足患，腸胃病。 4.運氣反覆，情緒起伏。 24.婆媳不和，咎當主母。	5.血光之災、瘡瘤。 4.風濕病、皮膚病。 6.遠行多阻滯，頭部疾病。 46.煩惱事先合後散，肝病，輕或痼疾，重且夭折。	7.當運主發財，失運主血光之災。 6.提防被金屬所傷。 8.財帛可得，但容易破耗。 68.吉，進財，利田宅，武庫亦主財帛，利武庫及異路功名。
●東北・寅艮丑	●北・癸子壬	●西北・亥乾戌
8.當運發財，利地產，失運破財。 7.財帛可得但容易破耗。 9.家有令人愉快事情發生，如喜事、橫財。 79.回祿之災、心臟病。	1.經云，一白官星之應主掌文章讀書聰明。 9.水火既濟，主喜慶順利。 2.主家人易罹腸胃病，女性當權掌握財政。 92.婦科病。	6.驛馬位，有遠行，失運主官非或交通意外。 5.頭部疾病，遠行多阻滯，身體多病。 7.提防金屬傷，主官非，爭執、交通意外。 57.吉七赤金星化五黃，土生金生旺七運吉星五黃到位；煞中之煞主災禍連連，阻礙百般，化解安忍水、六帝錢。

説明:令星失位，上山下水，形巒不合，主損丁破財。經曰：「苟無生氣入門，糧艱一宿。」此局聯珠三般卦，若水纏玄武，則可用，坤宮有水主煞氣，逢流年七到主家破之象，東北宮79，主火災、心目之疾、官非、口舌；東宮24，主股疾、腹痛或、欺姑之婦。

55 4	11 9	33 2
44 3	66 5	88 7
99 8	22 1	77 6

陽 宅 運 勢

巳山亥向

[五黃運]   [起星]

座東南南朝西北北

一百五十度→三百三十度

●東南・辰巽巳	●南・丙午丁	●西南・未坤申
4.經云，蓋四綠為文昌之神主聰明。 5.主皮膚病，瘡毒。 55.兩重災病星，五黃到位；煞中之煞主災禍連連，阻礙百般，化解安忍水、六帝錢。	9.當運主財運與事業順利，失運主血光之災。 1.中爻得配水火相交，主喜慶順利。 11.桃花，煙花地，出門旅遊，犯賊險，江湖中人，對三碧、四綠有利，因為水生木。	2.二黑又名病符，回宮復位主身體多病。 3.主官災，是非，腸胃病，足病。 33.官非，是非，爭執。
●東・乙卯甲	●宅中央	●西・辛酉庚
3.經云，蚩尤碧色好勇鬥狠之神，三碧為蚩尤星主官災是非爭執。 4.運氣反覆，情緒起伏。 44.出門，桃花。	5.血光之災，瘡瘤。 6.遠行多阻滯，頭部疾病。 66.吉，利財。	7.當運主發財，失運主血光之災。 8.財帛可得，但容易破耗。 88.吉，財利。
●東北・寅艮丑	●北・癸子壬	●西北・亥乾戌
8.當運發財，利地產，失運破財。 9.家有令人愉快事情發生，如喜事、橫財。 99.目疾。	1.經云，一白官星之應主掌文章讀書聰明。 2.主家人易罹腸胃病，女性當權掌握財政。 22.二黑是病符，疾病入醫院，女性婦科病、懷孕，男性腸胃病、內臟病。	6.驛馬位，有遠行，失運主官非或交通意外。 7.提防金屬傷，主官非，爭執，交通意外。 77.七運，當旺大吉，財利大旺。

說明:令星到座，水神上山，形巒不合主大破財帛。經曰：「苟無生氣入門，糧艱一宿。」
若水纏玄武，形巒合局，則可以一用。向首77，主官非、口舌、刑事、肺疾之應；座山55，山水凶者，主瘡毒、血光、意外；北宮22主腹痛、產厄、慢性疾病。

35 4	81 9	13 2
24 3	46 5	68 7
79 8	92 1	57 6

陽 宅 運 勢

巳山亥向

[五黃運]　　　　　　　　　　　　　　　　[下卦]

座東南南朝西北北

一百五十度→三百三十度

●東南‧辰巽巳	●南‧丙午丁	●西南‧未坤申
4.經云，蓋四綠為文昌之神主聰明。 3.運氣反覆，時好時壞。 5.主皮膚病、瘡毒。 35.多主不吉，木剋土貧窮，傷足，生疾，五黃到位；煞中之煞主災禍連連，阻礙百般，化解安忍水、六帝錢。	9.當運主財運與事業順利，失運主血光之災。 8.主喜慶，有令人愉快事情發生。 1.中爻得配水火相交，主喜慶順利。 81.土剋水，膀胱疾，耳病。	2.二黑又名病符，回宮復位主身體多病。 1.主女性當權，家人易罹腸胃病。 3.主官災，是非，腸胃病，足病。 13.爭執、吵鬧、勞氣、官非、盜劫、破財。
●東‧乙卯甲	**●宅中央**	**●西‧辛酉庚**
3.經云，蚩尤碧色好勇鬥狠之神，三碧為蚩尤星，主官災是非爭執。 2.主官災，是非，足患，腸胃病。 4.運氣反覆，情緒起伏。 24.婆媳不和，咎當主母。	5.血光之災，瘡瘤。 4.風濕病，皮膚病。 6.遠行多阻滯、頭部疾病。 46.煩惱事先合後散，肝病，輕或痼疾，重且夭折。	7.當運主發財，失運主血光之災。 6.提防被金屬所傷。 8.財帛可得，但容易破耗。 68.吉，進財，利田宅，武庫，亦主財帛，利武庫及異路功名。
●東北‧寅艮丑	**●北‧癸子壬**	**●西北‧亥乾戌**
8.當運發財，利地產，失運破財。 7.財帛可得但容易破耗。 9.家有令人愉快事情發生，如喜事、橫財。 79.回祿之災，心臟病。	1.經云，一白官星之應主掌文章讀書聰明。 9.水火既濟，主喜慶順利。 2.主家人易罹腸胃病，女性當權掌握財政。 92.婦科病。	6.驛馬位，有遠行，失運主官非或交通意外。 5.頭部疾病，遠行多阻滯，身體多病。 7.提防金屬傷，主官非、爭執、交通意外。 57.吉七赤金星化五黃，土生金生旺七運吉星五黃到位；煞中之煞主災禍連連，阻礙百般，化解安忍水、六帝錢。

説明：令星失位，上山下水，形巒不合主損丁破財。經曰：「苟無生氣入門，糧艱一宿。」
　　　此局聯珠三般卦，若水纏玄武則可用；西南宮有水，主煞氣逢流年七到，主家破之象；
　　　東北宮79，主火災、心目之疾、官非、口舌；東宮24，主股疾、腹痛或主欺姑之婦。

16 4	62 9	84 2
95 3	27 5	49 7
51 8	73 1	38 6

陽 宅 運 勢

壬山丙向

[五黃運]   [起星]

座北西北朝南東南

三百四十五度→一百六十五度

●東南·辰巽巳	●南·丙午丁	●西南·未坤申
4.經云，蓋四綠為文昌之神主聰明。 1.經云，四一同宮準發科名。 6.不利女性，奔波勞碌。 16.合為水主催官，遇旺水秀峰，官居極品也。武貴，當軍警會顯貴，事事如意，吉利。	9.當運主財運與事業順利，失運主血光之災。 6.子女容易與自己發生爭執，提防呼吸系統疾病。 2.家人愚鈍，血光之災。 62.腸疾，婦科病。	2.二黑又名病符，回宮復位主身體多病。 8.利地產，旺財。 4.腸胃病，是非纏繞。 84.木剋土，離婚、嫁杏無期、姑婆屋、無仔生、不利幼兒、服毒、吊頸、自殺、腰痛、膽石。
●東·乙卯甲	**●宅中央**	**●西·辛酉庚**
3.經云，蚩尤碧色好勇鬥狠之神，三碧為蚩尤星主官災是非爭執。 9.家人頭腦靈活，子女讀書聰明。 5.容易腳傷，因財招禍。 95.生旺五黃主長病、殘疾、血病、火災、性病、五黃到位；煞中之煞主災禍連連，阻礙百般，化解安忍水、六帝錢。	5.血光之災，瘡瘤。 2.血光之災，慢性病。 7.是非、官災，容易被金屬所傷。 27.土生金，七赤是七運的財星旺有財化官複，因桃花破財，桃花劫，對九紫命有利，二七合先天火乘殺氣遇凶山水，鳥焚其巢也。	7.當運主發財，失運主血光之災。 4.容易被金屬所傷，易惹桃花劫。 9.小心火災，家中女性不和。 49.合而化金，與本體木火不協，無益而有損，木火通明，聰明俊秀，女同性戀不正常桃花。
●東北·寅艮丑	**●北·癸子壬**	**●西北·亥乾戌**
8.當運發財，利地產，失運破財。 5.主腸胃病、運氣蹇滯。 1.財運佳、利地產置業。 51.膀胱病，五黃到位；煞中之煞主災禍連連，阻礙百般，化解安忍水、六帝錢。	1.經云，一白官星之應主掌文章讀書聰明。 7.家人好動，桃花運。 3.主脾氣暴躁，家人會搬遷或遠行。 73.大凶、打劫、破財、官非、被刺一刀、盲一眼。	6.驛馬位，有遠行，失運主官非或交通意外。 3.經云，足以金而蹣跚，主足傷，家人容易發生。 8.發小財，利地產或五金行業。 38.不利小童，三歲前會有心漏病、哮喘，甚至跌死、小產、破財、男同性戀。

說明:令星失位，山向不利，形巒不合，主損丁破財。經曰：「苟無生氣入門，糧艱一宿。」向首62，失令主腹疾、頭痛、鬼神入屋，座山73，主人暴戾、桃花、官非、口舌之應；西南宮84，西北宮38，防損小口、主曲高和寡、暴戾、神經病。

98	54	76
4	9	2
87	19	32
3	5	7
43	65	21
8	1	6

陽 宅 運 勢

壬山丙向

[五黃運]　　　　　　　　　　　　　　　　[下卦]

座北西北朝南東南

三百四十五度→一百六十五度

●東南・辰巽巳	●南・丙午丁	●西南・未坤申
4.經云，蓋四綠為文昌之神主聰明。 9.讀書聰明，利文職，家有喜慶事。 8.兒童多病，成績退步，鼻敏感。 98.吐血。	9.當運主財運與事業順利，失運主血光之災。 5.眼部疾病，血光之災。 4.讀書聰明，利文職，有喜慶，失運則財帛不聚。 54.五黃最忌三碧四綠木剋土，博弈好飲，破財田園廢盡，大凶五黃到位；煞中之煞主災禍連連，阻礙百般，化解安忍水、六帝錢。	2.二黑又名病符，回宮復位主身體多病。 7.主痢疾，提防火災，血光之災。 6.胡思亂想，神經衰弱，當運則發財。 76.凶交劍煞，合作不和、拆夥、籠裡雞部屬造反、官非、男女不和、手腳受傷、皮膚病，化解使用陰陽水。
●東・乙卯甲	●宅中央	●西・辛酉庚
3.經云，蚩尤碧色好勇鬥狠之神，三碧為蚩尤星主官災是非爭執。 8.主不利，兒童成績退步。 7.血光之災，受人拖累破財，宜放風水輪來化解。 87.吉，財利。	5.血光之災，瘡瘤。 1.經云，一加二五傷及壯丁，主傷病。 9.目疾，血光之災，皮膚病。 19.水火不容，性病，皮膚病，小產。	7.當運主發財，失運主血光之災。 3.主血光之災，受人拖累。 2.肚痛，提防火災，血光之災。 32.鬥牛煞、爭吵、激氣、官非、破財。
●東北・寅艮丑	●北・癸子壬	●西北・亥乾戌
8.當運發財，利地產，失運破財。 4.兒童多病，成績退步，鼻敏感。 3.經云，三八逢損小口，主不利小童。 43.少女發瘋，男星飛臨是男姦女之象。	1.經云，一白官星之應主掌文章讀書聰明。 6.主聰明才智發小財。 5.主傷病，提防泌尿疾病，女性提防婦科病。 65.頭痛、口腔多病、五黃到位；煞中之煞主災禍連連，阻礙百般，化解安忍水、六帝錢。	6.驛馬位，有遠行，失運主官非或交通意外。 2.失運神經衰弱、胡思亂想，當運旺財。 1.主聰明、才智、發小財。 21.女性婦科病、腸胃病。

説明：上山下水，形巒不合，主損丁破財。經曰：「苟無生氣入門，糧艱一宿。」流年五黃，加臨座向主災厄；西宮32，鬥牛煞主腹痛、慢性病、官非、口舌；西南宮76，交劍煞主淫亂、血光、官非口舌、喉疾；東北宮43，主肝病、足病、筋骨病、亦主姑嫂不和。

[五黃運]

21 4	65 9	43 2
32 3	19 5	87 7
76 8	54 1	98 6

陽宅運勢

子山午向
座北朝南
零度→一百八十度

[起星]

●東南・辰巽巳	●南・丙午丁	●西南・未坤申
4.經云，蓋四綠為文昌之神主聰明。 2.主是非，健康差，呼吸系統疾病。 1.經云，四一同宮準發科名。 21.女性婦科病，胃病。	9.當運主財運與事業順利，失運主血光之災。 6.子女容易與自己發生爭執，提防呼吸系統疾病。 5.眼部疾病，血光之災。 65.頭痛，口腔多病，五黃到位；煞中之煞主災禍連連，阻礙百般，化解安忍水、六帝錢。	2.二黑又名病符，回宮復位主身體多病。 4.腸胃病，是非纏繞。 3.主官災，是非，腸胃病，足病。 43.少女發瘋，男星飛臨是男姦女之象。
●東・乙卯甲	宅中央	●西・辛酉庚
3.經云，蚩尤碧色好勇鬥狠之神，三碧為蚩尤星主官災是非爭執。 2.主官災，是非，足患，腸胃病。 32.鬥牛煞，爭吵，激氣，官非、破財。	5.血光之災，瘡瘤。 1.經云，一加二五傷及壯丁，主傷病。 9.目疾，血光之災，皮膚病。 19.水火不容，性病，皮膚病，小產。	7.當運主發財，失運主血光之災。 8.財帛可得，但容易破耗。 87.吉，財利。
●東北・寅艮丑	●北・癸子壬	●西北・亥乾戌
8.當運發財，利地產，失運破財。 7.財帛可得但容易破耗。 6.發小財，利地產或五金行業。 76.凶交劍煞，合作不和，拆夥，籠裡雞部屬造反，官非，男女不和，手腳受傷，皮膚病，化解使用陰陽水。	1.經云，一白官星之應主掌文章讀書聰明。 5.主傷病，提防泌尿疾病，女性提防婦科病。 4.坎宮為一白星所，主故為一四同宮主讀書聰明。 54.五黃最忌三碧四綠木剋土，博弈好飲，破財田園廢盡，大凶五黃到位；煞中之煞主災禍連連，阻礙百般，化解安忍水。	6.驛馬位，有遠行，失運主官非或交通意外。 9.子女容易與自己爭執，提防呼吸系統疾病。 8.發小財，利地產或五金行業。 98.吐血。

説明：旺山旺向，形巒合局，主大旺財丁。經日：「會有旺星到穴，富積千鐘」。西南宮43主損足膽病、肝病、口舌、暴戾；西北宮98心目之疾、神經病、損男童。東宮32、鬥牛煞主腹痛、慢性病、官非、口舌；東北76，交劍煞主淫亂、喉疾、桃花之應。

[五黃運]

21	65	43
4	9	2
32	19	87
3	5	7
76	54	98
8	1	6

陽 宅 運 勢

子山午向

座北朝南

[下卦]

零度→一百八十度

●東南‧辰巽巳	●南‧丙午丁	●西南‧未坤申
4.經云,蓋四綠為文昌之神主聰明。	9.當運主財運與事業順利,失運主血光之災。	2.二黑又名病符,回宮復位主身體多病。
2.主是非,健康差,呼吸系統疾病。	6.子女容易與自己發生爭執,提防呼吸系統疾病。	4.腸胃病,是非纏繞。
1.經云,四一同宮準發科名。	5.眼部疾病,血光之災。	3.主官災,是非,腸胃病,足病。
21.女性婦科病,腸胃病。	65.頭痛,口腔多病,五黃到位煞中之煞主災禍連連,阻礙百般,化解安忍水、六帝錢。	43.少女發瘋,男星飛臨是男姦女之象。
●東‧乙卯甲	●宅中央	●西‧辛酉庚
3.經云,蚩尤碧色好勇鬥狠之神,三碧為蚩尤星主官災是非爭執。	5.血光之災,瘡瘤。	7.當運主發財,失運主血光之災。
2.主官災,是非,足患,腸胃病。	1.經云,一加二五傷及壯丁,主傷病。	8.財帛可得,但容易破耗。
32.鬥牛煞,爭吵,激氣,官非,破財。	9.目疾,血光之災,皮膚病。	87.吉,財利。
	19.水火不容,性病,皮膚病,小產。	
●東北‧寅艮丑	●北‧癸子壬	●西北‧亥乾戌
8.當運發財,利地產,失運破財。	1.經云,一白官星之應主掌文章讀書聰明。	6.驛馬位,有遠行,失運主官非或交通意外。
7.財帛可得但容易破耗。	5.主傷病,提防泌尿疾病,女性提防婦科病。	9.子女容易與自己爭執,提防呼吸系統疾病。
6.發小財,利地產或五金行業。	4.坎宮為一白星所,主故為一四同宮主讀書聰明。	8.發小財,利地產或五金行業。
76.凶交劍煞,合作不和,拆夥,籠裡雞相屬造反,官非,男女不和,手腳受傷,皮膚病,化解使用陰陽水。	54.五黃最忌三碧四綠木剋土,博弈好飲,破財田園廢盡,大凶五黃到位;煞中之煞主災禍連連,阻礙百般,化解安忍水。	98.吐血。

説明:旺山旺向,形巒合局、主大旺財丁。經曰:「會有旺星到穴,富積千鐘。」西南宮43,主損足、膽病、肝病、口舌、暴戾;西北宮98,心目之疾、神經病、損男童。東宮32,鬥牛煞主腹痛、慢性病、官非、口舌;東北76交劍煞主淫亂、喉疾、桃花之應。

21	65	43
4	9	2
32	19	87
3	5	7
76	54	98
8	1	6

陽 宅 運 勢

癸山丁向

[五黃運]　　　　　　　　　　　　　　　　　　　　　[起星]

座北東北朝南西南

十五度→一百九十五度

●東南‧辰巽巳	●南‧丙午丁	●西南‧未坤申
4.經云，蓋四綠為文昌之神主聰明。 2.主是非，健康差，呼吸系統疾病。 1.經云，四一同宮準發科名。 21.女性婦科病，腸胃病。	9.當運主財運與事業順利，失運主血光之災。 6.子女容易與自己發生爭執，提防呼吸系統疾病。 5.眼部疾病，血光之災。 65.頭痛，口腔多病，五黃到位；煞中之煞主災禍連連，阻礙百般化解安忍水、六帝錢。	2.二黑又名病符，回宮復位主身體多病。 4.腸胃病，是非，纏繞。 3.主官災，是非，腸胃病，足病。 43.少女發瘋，男星飛臨是男姦女之象。
●東‧乙卯甲	●宅中央	●西‧辛酉庚
3.經云，蚩尤碧色好勇鬥狠之神，三碧為蚩尤星主官災是非爭執。 2.主官災，是非，足患，腸胃病。 32.鬥牛煞，爭吵，激氣，官非，破財。	5.血光之災，瘡瘤。 1.經云，一加二五傷及壯丁，主傷病。 9.目疾，血光之災，皮膚病。 19.水火不容、性病、皮膚病，小產。	7.當運主發財，失運主血光之災。 8.財帛可得，但容易破耗。 87.吉，財利。
●東北‧寅艮丑	●北‧癸子壬	●西北‧亥乾戌
8.當運發財，利地產，失運破財。 7.財帛可得但容易破耗。 6.發小財，利地產或五金行業。 76.凶交劍煞，合作不和，拆夥，籠裡雞部屬造反，官非，男女不和，手腳受傷，皮膚病，化解使用陰陽水。	1.經云，一白官星之應主掌文章讀書聰明。 5.主傷病，提防泌尿疾病，女性提防婦科病。 4.坎宮為一白星所，主故為一四同宮主讀書聰明。 54.五黃最忌三碧四綠木剋土，博弈好飲，破財田園廢盡，大凶五黃到位；煞中之煞主災禍連連，阻礙百般，化解安忍水、六帝錢。	6.驛馬位，有遠行，失運主官非或交通意外。 9.子女容易與自己爭執，提防呼吸系統疾病。 8.發小財，利地產或五金行業。 98.吐血。

説明:旺山旺向，形巒合局主大旺財丁。經日：「會有旺星到穴，富積千鐘。」西南宮43主損足膽病、肝病、口舌、暴戾；西北宮98、心目之疾、神經病、損男童。東宮32，鬥牛煞、主腹痛、慢性病、官非、口舌；東北76交劍煞，主淫亂、喉疾、桃花之應。

21 4	65 9	43 2
32 3	19 5	87 7
76 8	54 1	98 6

陽 宅 運 勢

癸山丁向

[五黃運]　　　　　　　　　　　　　　　[下卦]

座北東北朝南西南

十五度→一百九十五度

●東南・辰巽巳	●南・丙午丁	●西南・未坤申
4.經云，蓋四綠為文昌之神主聰明。 2.主是非，健康差，呼吸系統疾病。 1.經云，四一同宮準發科名。 21.女性婦科病，腸胃病。	9.當運主財運與事業順利，失運主血光之災。 6.子女容易與自己發生爭執，提防呼吸系統疾病。 5.眼部疾病，血光之災、 65.頭痛、口腔多病，五黃到位；煞中之煞主災禍連連，阻礙百般化解安忍水、六帝錢。	2.二黑又名病符，回宮復位主身體多病。 4.腸胃病，是非纏繞。 3.主官災，是非，腸胃病，足病。 43.少女發瘋，男星飛臨是男姦女之象。
●東・乙卯甲	●宅中央	●西・辛酉庚
3.經云，蚩尤碧色好勇鬥狠之神，三碧為蚩尤星主官災是非爭執。 2.主官災，是非，足患，腸胃病。 32.鬥牛煞，爭吵，激氣，官非，破財。	5.血光之災，瘡瘤。 1.經云，一加二五傷及壯丁，主傷病。 9.目疾，血光之災，皮膚病。 19.水火不容，性病，皮膚病，小產。	7.當運主發財，失運主血光之災。 8.財帛可得，但容易破耗。 87.吉，財利。
●東北・寅艮丑	●北・癸子壬	●西北・亥乾戌
8.當運發財，利地產，失運破財。 7.財帛可得但容易破耗。 6.發小財，利地產或五金行業。 76.凶交劍煞，合作不和，拆夥，籠裡雞部屬造反，官非，男女不和，手腳受傷，皮膚病，化解使用陰陽水。	1.經云，一白官星之應主掌文章讀書聰明。 5.主傷病，提防泌尿疾病，女性提防婦科病。 4.坎宮為一白星所，主故為一四同宮主讀書聰明。 54.五黃最忌三碧四綠木剋土，博奕好飲，破財田園廢盡，大凶五黃到位；煞中之煞主災禍連連，阻礙百般，化解安忍水。	6.驛馬位，有遠行，失運主官非或交通意外。 9.子女容易與自己爭執，提防呼吸系統疾病。 8.發小財，利地產或五金行業。 98.吐血。

說明：旺山旺向，形巒合局主大旺財丁，經曰：「會有旺星到穴，富積千鐘。」西南宮43主損足、膽病、肝病口舌、暴戾；西北宮98，心目之疾、神經、病損男童。東宮32，鬥牛煞主腹痛、慢性病、官非、口舌；東北76交劍煞，主淫亂、喉疾、桃花之應。

98	54	76
4	9	2
87	19	32
3	5	7
43	65	21
8	1	6

陽 宅 運 勢

[五黃運]

甲山庚向

座東東北朝西西南

七十五度→二百五十五度

[起星]

●東南‧辰巽巳	●南‧丙午丁	●西南‧未坤申
4.經云，蓋四綠為文昌之神主聰明。 9.讀書聰明，利文職，家有喜慶事。 8.兒童多病，成績退步，鼻敏感。 98.吐血。	9.當運主財運與事業順利，失運主血光之災。 5.眼部疾病，血光之災。 4.讀書聰明，利文職，有喜慶，失運則財帛不聚。 54.五黃最忌三碧四綠木剋土，博弈好飲，破財田園廢盡，大凶五黃到位；煞中之煞主災禍連連，阻礙百般，化解安忍水、六帝錢。	2.二黑又名病符，回宮復位主身體多病。 7.主痢疾，提防火災，血光之災。 6.胡思亂想，神經衰弱，當運則發財。 76.凶交劍煞，合作不和，拆夥，籠裡雞部屬造反，官非，男女不和，手腳受傷，皮膚病，化解使用陰陽水。
●東‧乙卯甲	●宅中央	●西‧辛酉庚
3.經云，蚩尤碧色好勇鬥狠之神，三碧為蚩尤星主官災是非爭執。 8.主不利，兒童成績退步。 7.血光之災，受人拖累破財，宜放風水輪來化解。 87.吉，財利。	5.血光之災，瘡瘤。 1.經云，一加二五傷及壯丁，主傷病。 9.目疾，血光之災，皮膚病。 19.水火不容，性病，皮膚病，小產。	7.當運主發財，失運主血光之災。 3.主血光之災，受人拖累。 2.肚痛，提防火災，血光之災。 32.鬥牛煞，爭吵，激氣，官非，破財。
●東北‧寅艮丑	●北‧癸子壬	●西北‧亥乾戌
8.當運發財，利地產，失運破財。 4.兒童多病，成績退步，鼻敏感。 3.經云，三八逢損小口，主不利小童。 43.少女發瘋，男星飛臨是男姦女之象。	1.經云，一白官星之應主掌文章讀書聰明。 6.主聰明才智發小財。 5.主傷病，提防泌尿疾病，女性提防婦科病。 65.頭痛，口腔多病，五黃到位；煞中之煞主災禍連連，阻礙百般，化解安忍水、六帝錢。	6.驛馬位，有遠行，失運主官非或交通意外。 2.失運神經衰弱，胡思亂想，當運旺財。 1.主聰明，才智，發小財。 21.女性婦科病，腸胃病。

説明：上向失令，形巒不合損丁破財之局。經曰：「苟無生氣入門，糧艱一宿。」南方有山，北方有水旺財丁此局可用；西宮32，鬥牛煞，主官非、暴戾、腹疾、慢性病；西北宮21，主腎病、肚痛、水厄；東南宮98，主心目之疾、神經病、損手之應。

26	72	94
4	9	2
15	37	59
3	5	7
61	83	48
8	1	6

陽 宅 運 勢

甲山庚向

[五黃運]　　　　　　　　　　　　　　　　[下卦]

座東東北朝西西南

七十五度→二百五十五度

●東南・辰巽巳	●南・丙午丁	●西南・未坤申
4.經云，蓋四綠為文昌之神主聰明。 2.主是非，健康差，呼吸系統疾病。 6.不利女性，奔波勞碌。 26.進田莊之喜，買地買樓但是各嗇孤寒。	9.當運主財運與事業順利，失運主血光之災。 7.小心火災，家中女性不和。 2.家人愚鈍，血光之災。 72.合先天火，利二黑，五黃，八白命。	2.二黑又名病符，回宮復位主身體多病。 9.家人愚鈍，子女成績退步。 4.腸胃病，是非纏繞。 94.不正常桃花，女同性戀合化金。
●東・乙卯甲	●宅中央	●西・辛酉庚
3.經云，蚩尤碧色好勇鬥狠之神，三碧為蚩尤星主官災非爭執。 1.主家人搬遷或有遠行，脾氣較為暴躁。 5.容易腳傷，因財招禍。 15.五是變卦以中宮的向星代之婦科病耳疾。五黃到位煞中之煞，主災禍連連，阻礙百般，化解安忍水、六帝錢。	5.血光之災，瘡瘤。 3.因財致禍，腳傷。 7.是非，官災，容易被金屬所傷。 37.破財，官非，七運時七當旺仍有財，盜賊相侵，訟凶而病厄，咎重。	7.當運主發財，失運主血光之災。 5.是非官災，提防被金屬所傷。 9.小心火災，家中女性不和。 59.凶，火生土，生旺災瘟星五黃，主不吉五黃到位；煞中之煞主災禍連連，阻礙百般，化解安忍水、六帝錢。
●東北・寅艮丑	●北・癸子壬	●西北・亥乾戌
8.當運發財，利地產，失運破財。 6.發小財，利地產或五金行業。 1.財運佳，利地產置業。 61.金生水，桃花旺。	1.經云，一白官星之應主掌文章讀書聰明。 8.主財運佳，利地產置業。 3.主脾氣暴躁，家人會搬遷或遠行。 83.木剋土，不利幼兒，離婚，無仔生，嫁杏無期，姑婆屋，腰痛，自殺，吊頸，咎輕，受剋而奇偶相敵。	6.驛馬位，有遠行，失運主官非或交通意外。 4.不利女性，驛馬位，有遠行或搬遷。 8.發小財，利地產或五金行業。 48.進田莊之喜，女同性戀。

説明:上山下水，形巒不合，主損丁破財。經曰：「苟無生氣入門，糧艱一宿。」西南宮有水，主婦專權，西北宮有水損小口；東南宮26，主腹疾、頭痛、鬼神入室；北宮83，主神經病、手病、肝疾之應；東宮15，主腎病、水厄、黃腫、瘡毒。

38 4	73 9	51 2
49 3	27 5	95 7
84 8	62 1	16 6

陽 宅 運 勢

[五黃運]

[起星]

卯山酉向
座東朝西
九十度→二百七十度

●東南・辰巽巳	●南・丙午丁	●西南・未坤申
4.經云，蓋四綠為文昌之神主聰明。 3.運氣反覆，時好時壞。 8.兒童多病，成績退步，鼻敏感。 38.不利小童，三歲前會有心漏病、哮喘，甚至跌死、小產、破財、男同性戀。	9.當運主財運與事業順利，失運主血光之災。 7.小心火災，家中女性不和。 3.主家人頭腦靈活聰明 73.大凶，打劫、破財、官非、被刺一刀、盲一眼。	2.二黑又名病符，回宮復位，主身體多病。 5.主急性病，血光之災。 1.主女性當權，家人易罹腸胃病。 51.膀胱病，五黃到位；煞中之煞主災禍連連，阻礙百般，化解安忍水、六帝錢。
●東・乙卯甲	●宅中央	●西・辛酉庚
3.經云，蚩尤碧色好勇鬥狠之神，三碧為蚩尤星主官災是非爭執。 4.運氣反覆，情緒起伏。 9.家人頭腦靈活，子女讀書聰明。 49.合而化金，與本體木火不協，無益而有損，木火通明，聰明俊秀，女同性戀不正常桃花。	5.血光之災、瘡瘤。 2.血光之災、慢性病。 7.是非、官災，容易被金屬所傷。 27.土生金，七赤是七運的財星旺有財化官複，因桃花破財，小心桃花劫，對九紫命有利，二七合先天火乘殺氣遇凶山水，鳥焚其巢也。	7.當運主發財，失運主血光之災。 9.小心火災，家中女性不和。 5.是非官災，提防被金屬所傷。 95.生旺五黃主長病、殘疾、血病、火災、性病、五黃到位；煞中之煞主災連連，阻礙百般，化解安忍水、六帝錢。
●東北・寅艮丑	●北・癸子壬	●西北・亥乾戌
8.當運發財，利地產，失運破財。 4.兒童多病，成績退步，鼻敏感。 84.木剋土，離婚、嫁杏無期、姑婆屋、無仔生、不利幼兒、服毒、吊頸、自殺、腰痛、膽石。	1.經云，一白官星之應主掌文章讀書聰明。 6.主聰明才智發小財。 2.主家人易罹腸胃病，女性當權掌握財政。 62.腸疾、婦科病。	6.驛馬位，有遠行，失運主官非或交通意外。 1.主聰明、才智、發小財。 16.合為水主催官，遇旺水秀峰，官居極品也。武貴，當軍警會顯貴，事事如意，吉利。

説明:令星到向，形巒合局主大旺財帛。經曰：「會有旺星到穴，富積千鐘。」北宮62，山水凶者主腹疾、頭痛、鬼神入屋；東南宮38，東北宮84，主神經病、足疾、肝病、防損小口之應；南宮73，主官非、口舌、暴戾、肝病之事。

48	83	61
4	9	2
59	37	15
3	5	7
94	72	26
8	1	6

[五黃運]

陽 宅 運 勢

卯山酉向

座東朝西

九十度→二百七十度

[下卦]

●東南·辰巽巳	●南·丙午丁	●西南·未坤申
4.經云，蓋四綠為文昌之神主聰明。 8.兒童多病，成績退步，鼻敏感。 48.進田莊之喜，女同性戀。	9.當運主財運與事業順利，失運主血光之災。 8.主喜慶，有令人愉快事情發生。 3.主家人頭腦靈活聰明。 83.木剋土，不利幼兒、離婚、無仔生、嫁杏無期、姑婆屋、腰痛、自殺、吊頸、咎輕、受剋而奇偶相敵。	2.二黑又名病符，回宮復位主身體多病。 6.胡思亂想，神經衰弱，當運則發財。 1.主女性當權，家人易罹腸胃病。 61.金生水，桃花旺。
●東·乙卯甲	●宅中央	●西·辛酉庚
3.經云，蚩尤碧色好勇鬥狠之神，三碧為蚩尤星主官災是非爭執。 5.容易腳傷，因財招禍。 9.家人頭腦靈活，子女讀書聰明。 59.凶，火生土，生旺災瘟星五黃，主不吉五黃到位；煞中之煞主災禍連連，阻礙百般，化解安忍水、六帝錢。	5.血光之災，瘡瘤。 3.因財致禍，腳傷。 7.是非，官災，容易被金屬所傷。 37.破財，官非，七運時七當旺仍有財，盜賊相侵，訟凶而病厄，咎重。	7.當運主發財，失運主血光之災。 1.家人好動，多異性緣，一白當運為桃花運，失運破財。 5.是非官災，容易金屬所傷。 15.五是變卦以中宮的向星代之婦科病耳疾。五黃到位；煞中之煞主災禍連連，阻礙百般，化解安忍水、六帝錢。
●東北·寅艮丑	●北·癸子壬	●西北·亥乾戌
8.當運發財，利地產，失運破財。 9.家有令人愉快事情發生，如喜事、橫財。 4.兒童多病，成績退步，鼻敏感。 94.不正常桃花，女同性戀合化金。	1.經云，一白官星之應主掌文章讀書聰明。 7.家人好動，桃花運。 2.主家人易罹腸胃病，女性當權掌握財政。 72.合先天火，利二黑，五黃，八白命。	6.驛馬位，有遠行，失運主官非或交通意外。 2.失運神經衰弱，胡思亂想，當運旺財。 26.進田莊之喜，買地買樓但是各嗇孤寒。

説明:旺山旺向，形巒合局主大旺財丁，經曰：「會有旺星到穴，富積千鐘。」西北宮有水，六運主出武貴，山水凶者主腹疾、頭痛、鬼神入屋；東南宮48，南宮83，主神經病、足疾、肝病，防損小口之應；東北宮94，主心目之疾、股病、膽病、筋骨之應。

38	73	51
4	9	2
49	27	95
3	5	7
84	62	16
8	1	6

陽 宅 運 勢

乙山辛向

[五黃運]　　　　　　　　　　　　　　　　　　　　　　[起星]

座東東南朝西西北

一百零五度→二百八十五度

●東南·辰巽巳

4.經云，蓋四綠為文昌之神主聰明。

3.運氣反覆，時好時壞。

8.兒童多病，成績退步，鼻敏感。

38.不利小童，三歲前會有心漏病、哮喘，甚至跌死、小產、破財、男同性戀。

●南·丙午丁

9.當運主財運與事業順利，失運主血光之災。

7.小心火災，家中女性不和。

3.主家人頭腦靈活聰明。

73.大凶，打劫，破財，官非，被刺一刀，盲一眼。

●西南·未坤申

2.二黑又名病符，回宮復位主身體多病。

5.主急性病，血光之災。

1.主女性當權，家人易罹腸胃病。

51.膀胱病，五黃到位；煞中之煞主災禍連連，阻礙百般，化解安忍水、六帝錢。

●東·乙卯甲

3.經云，蚩尤碧色好勇鬥狠之神，三碧為蚩尤星主官災是非爭執。

4.運氣反覆，情緒起伏。

9.家人頭腦靈活，子女讀書聰明。

49.合而化金，與本體木火不協，無益而有損，木火通明，聰明俊秀，女同性戀不正常桃花。

●宅中央

5.血光之災，瘡瘤。

2.血光之災，慢性病。

7.是非，官災，容易被金屬所傷。

27.土生金，七赤是七運的財星旺有財化官複，因桃花破財，桃花劫，對九紫命有利，二七合先天火乘殺氣遇凶山水，鳥焚其巢也。

●西·辛酉庚

7.當運主發財，失運主血光之災。

9.小心火災，家中女性不和。

5.是非官災，提防被金屬所傷。

95.生旺五黃主長病、殘疾、血病、火災、性病、五黃到位；煞中之煞主災禍連連，阻礙百般，化解安忍水、六帝錢。

●東北·寅艮丑

8.當運發財，利地產，失運破財。

4.兒童多病，成績退步，鼻敏感。

84.木剋土，離婚、嫁杏無期、姑婆屋、無仔生、不利幼兒、服毒、吊頸、自殺、腰痛、膽石。

●北·癸子壬

1.經云，一白官星之應主掌文章讀書聰明。

6.主聰明才智發小財。

2.主家人易罹腸胃病，女性當權掌握財政。

62.腸疾，婦科病。

●西北·亥乾戌

6.驛馬位，有遠行，失運主官非或交通意外。

1.主聰明，才智，發小財。

16.合為水主催官，遇旺水秀峰，官居極品也。武貴，當軍警會顯貴，事事如意，吉利。

説明:令星到向，形巒合局，主大旺財帛。經曰：「會有旺星到穴，富積千鐘。」座山49，主丁口弱、心目之疾、膽病、筋骨、痛症；南宮73，主肝病、官非、口舌、肺疾、足病、桃色；北宮62，主腹疾、頭痛、山水凶者、主鬼神入室。

48 4	83 9	61 2
59 3	37 5	15 7
94 8	72 1	26 6

陽 宅 運 勢

乙山辛向

[五黃運]　　　　　　　　　　　　　　　　　　[下卦]

座東東南朝西西北

一百零五度→二百八十五度

●東南・辰巽巳	●南・丙午丁	●西南・未坤申
4. 經云，蓋四綠為文昌之神主聰明。 8. 兒童多病，成績退步，鼻敏感。 48. 進田莊之喜，女同性戀。	9. 當運主財運與事業順利，失運主血光之災。 8. 主喜慶，有令人愉快事情發生。 3. 主家人頭腦靈活聰明。 83. 木剋土，不利幼兒、離婚、無仔生、嫁杏無期、姑婆屋、腰痛、自殺、吊頸、咎輕、受剋而奇偶相敵。	2. 二黑又名病符，回宮復位主身體多病。 6. 胡思亂想，神經衰弱，當運則發財。 1. 主女性當權，家人易罹腸胃病。 61. 金生水，桃花旺。
●東・乙卯甲	●宅中央	●西・辛酉庚
3. 經云，蚩尤碧色好勇鬥狠之神，三碧為蚩尤星主官災是非爭執。 5. 容易腳傷，因財招禍。 9. 家人頭腦靈活，子女讀書聰明。 59. 凶，火生土，生旺災瘟星五黃，主不吉五黃到位；煞中之煞主災禍連連，阻礙百般，化解安忍水、六帝錢。	5. 血光之災，瘡瘤。 3. 因財致禍，腳傷。 7. 是非，官災，容易被金屬所傷。 37. 破財，官非，七運時七當旺仍有財，盜賊相侵，訟凶而病厄，咎重。	7. 當運主發財，失運主血光之災。 1. 家人好動，多異性緣，一白當運為桃花運，失運破財。 5. 是非官災，容易被金屬所傷 15. 五是變卦以中宮之向星代之婦科病耳疾。五黃到位；煞中之煞主災禍連連，阻礙百般，化解安忍水、六帝錢
●東北・寅艮丑	●北・癸子壬	●西北・亥乾戌
8. 當運發財，利地產，失運破財。 9. 家有令人愉快事情發生，如喜事、橫財。 4. 兒童多病，成績退步，鼻敏感。 94. 不正常桃花，女同性戀合化金。	1. 經云，一白官星之應主掌文章讀書聰明 7. 家人好動，桃花運。 2. 主家人易罹腸胃病，女性當權掌握財政。 72. 合先天火，利二黑，五黃，八白命。	6. 驛馬位，有遠行，失運主官非或交通意外。 2. 失運神經衰弱，胡思亂想，當運旺財。 26. 進田莊之喜，買地買樓但是各嗇孤寒。

説明：旺山旺向，形戀合局，主大旺財丁。經曰：「會有旺星到穴，富積千鐘。」西北方有水，六運主貴，山水凶者主腹疾、頭痛、鬼神入屋；南宮83，主神經病、損手、肝膽病、防隕小口之應；東北宮94，主心目之疾、膽病、筋骨痛症。

61	26	48
4	9	2
59	72	94
3	5	7
15	37	83
8	1	6

陽 宅 運 勢

[五黃運]

[起星]

丙山壬向
座南東南朝北西北
一百六十五度→三百四十五度

●東南・辰巽巳	●南・丙午丁	●西南・未坤申
4.經云，蓋四綠為文昌之神主聰明。	9.當運主財運與事業順利，失運主血光之災。	2.二黑又名病符，回宮復位主身體多病。
6.不利女性，奔波勞碌。	2.家人愚鈍，血光之災。	4.腸胃病，是非纏繞。
1.經云，四一同宮準發科名。	6.子女容易與自己發生爭執，提防呼吸系統疾病。	8.利地產，旺財。
61.金生水，桃花旺。	26.進田莊之喜，買地買樓但是各嗇孤寒。	48.進田莊之喜，女同性戀。

●東・乙卯甲	●宅中央	●西・辛酉庚
3.經云，蚩尤碧色好勇鬥狠之神，三碧為蚩尤星主官災是非爭執。	5.血光之災，瘡瘤。	7.當運主發財，失運主血光之災。
5.容易腳傷，因財招禍。	7.是非，官災，容易被金屬所傷。	9.小心火災、家中女性不和。
9.家人頭腦靈活，子女讀書聰明。	2.血光之災，慢性病。	4.容易被金屬所傷，易惹桃花劫。
59.凶，火生土，生旺災瘟星五黃，主不吉五黃到位；煞中之煞主災禍連連，阻礙百般，化解安忍水、六帝錢。	72.合先天火，利二黑，五黃，八白命。	94.不正常桃花，女同性戀合化金。

●東北・寅艮丑	●北・癸子壬	●西北・亥乾戌
8.當運發財，利地產，失運破財。	1.經云，一白官星之應主掌文章讀書聰明。	6.驛馬位，有遠行，失運主官非或交通意外。
1.財運佳，利地產置業。	3.主脾氣暴躁，家人會搬遷或遠行。	8.發小財，利地產或五金行業。
5.主腸胃病，運氣蹇滯。	7.家人好動，桃花運。	3.經云，足以金而蹣跚，主足傷，家人容易發生。
15.五是變卦以中宮的向星代之婦科病耳疾。五黃到位；煞中之煞主災禍連連，阻礙百般，化解安忍水、六帝錢。	37.破財，官非，七運時七當旺仍有財，盜賊相侵，訟凶而病厄，咎重。	83.木剋土，不利幼兒、離婚、無仔生、嫁杏無期、姑婆屋、腰痛、自殺、吊頸、咎輕、受剋而奇偶相敵。

說明：山向失令，令星失位，形巒不合，主損丁破財。經曰：「苟無生氣入門，糧艱一宿。」向首37，主吐血、舌非、口舌、家破人亡之應；座山26，主腹痛、頭疾、鬼神入室；東宮59，主心目之疾、血光、意外、瘡毒；西南宮48，西北宮83，主神經病、肝疾、慎防小口之應。

89	45	67
4	9	2
78	91	23
3	5	7
34	56	12
8	1	6

陽 宅 運 勢

丙山壬向

座南東南朝北西北

一百六十五度 → 三百四十五度

[五黃運]　　　　　　　　　　　　　　　　　　　　[下卦]

●東南・辰巽巳

4. 經云，蓋四綠為文昌之神主聰明。

8. 兒童多病，成績退步，鼻敏感。

9. 讀書聰明，利文職，家有喜慶事。

89. 火生土，吉，旺丁，旺財，輔弼相輝，田園富盛，而子孫繁衍也。

●南・丙午丁

9. 當運主財運與事業順利，失運主血光之災。

4. 讀書聰明，利文職，有喜慶，失運則財帛不聚。

5. 眼部疾病，血光之災。

45. 遊蕩廢業，手足傷，病重重五黃到位；煞中之煞主災禍連連，阻礙百般，化解安忍水、六帝錢。

●西南・未坤申

2. 二黑又名病符，回宮復位主身體多病。

6. 胡思亂想，神經衰弱，當運則發財。

7. 主痢疾，提防火災，血光之災。

67. 大凶六七交劍煞，合作不和、拆夥、籠裡雞作反、部屬造反、官非、男女不和、手腳受傷、皮膚病，化解使用陰陽水。

●東・乙卯甲

3. 經云，蚩尤碧色好勇鬥狠之神，三碧為蚩尤星主官災是非爭執。

7. 血光之災，受人拖累破財，宜放風水輪來化解。

8. 主不利，兒童成績退步。

78. 吉。

●宅中央

5. 血光之災，瘡瘤。

9. 目疾，血光之災，皮膚病。

1. 經云，一加二五傷及壯丁，主傷病。

91. 桃花，讀書人，性病。

●西・辛酉庚

7. 當運主發財，失運主血光之災。

2. 肚痛，提防火災，血光之災。

3. 主血光之災，受人拖累。

23. 鬥牛煞，官非，是非，口舌，不和，博弈好飲，田園廢盡。

●東北・寅艮丑

8. 當運發財，利地產，失運破財。

3. 經云，三八逢損小口，主不利小童。

4. 兒童多病，成績退步，鼻敏感。

34. 三是男，四是女，女來就男移船就磡貼，大床利男性的桃花。

●北・癸子壬

1. 經云，一白官星之應主掌文章讀書聰明。

5. 主傷病，提防泌尿疾病，女性提防婦科病。

6. 主聰明才智發小財。

56. 吉六白金星化五黃，五黃到位；煞中之煞主災禍連連，阻礙百般，化解安忍水、六帝錢。

●西北・亥乾戌

6. 驛馬位，有遠行，失運主官非或交通意外。

1. 主聰明，才智，發小財。

2. 失運神經衰弱，胡思亂想，當運旺財。

12. 男性腸胃病，內臟有疾，女性有腸胃病、婦科病。

説明：上山下水，令星顛倒，形巒不合，主大破財丁。經曰：「苟無生氣入門，糧艱一宿。」若水纏玄武，形巒合氣，則可以一用；西宮23，鬥牛煞，主官非、口舌、暴戾、腹疾、慢性疾病；東北宮34，山水凶者，主昧事無常，官非、暴戾、賊竊之象。

12	56	34
4	9	2
23	91	78
3	5	7
67	45	89
8	1	6

陽 宅 運 勢

[五黃運]

午山子向

座南朝北

一百八十度→零度

[起星]

●東南・辰巽巳
4.經云，蓋四綠為文昌之神主聰明。

1.經云，四一同宮準發科名。

2.主是非，健康差，呼吸系統疾病。

12.男性腸胃病，內臟有疾，女性有腸胃病，婦科病。

●南・丙午丁
9.當運主財運與事業順利，失運主血光之災。

5.眼部疾病，血光之災。

6.子女容易與自己發生爭執，提防呼吸系統疾病。

56.吉六白金星化五黃。五黃到位；煞中之煞主災禍連連，阻礙百般，化解安忍水、六帝錢。

●西南・未坤申
2.二黑又名病符，回宮復位主身體多病。

3.主官災，是非，腸胃病，足病。

4.腸胃病，是非纏繞。

34.三是男，四是女，女來就男移船就�貼，大床利男性的桃花。

●東・乙卯甲
3.經云，蚩尤碧色好勇鬥狠之神，三碧為蚩尤星主官災是非爭執。

2.主官災，是非，足患，腸胃病。

23.鬥牛煞，官非，是非，口舌，不和，博弈好飲，田園廢盡。

●宅中央
5.血光之災，瘡瘤。

9.目疾，血光之災，皮膚病。

1.經云，一加二五傷及壯丁，主傷病。

91.桃花，讀書人，性病。

●西・辛酉庚
7.當運主發財，失運主血光之災。

8.財帛可得，但容易破耗。

78.吉。

●東北・寅艮丑
8.當運發財，利地產，失運破財。

6.發小財，利地產或五金行業。

7.財帛可得但容易破耗。

67.大凶六七交劍煞，合作不和、拆夥、籠裡雞作反、部屬造反、官非、男女不和、手腳受傷、皮膚病，化解使用陰陽水。

●北・癸子壬
1.經云，一白官星之應主掌文章讀書聰明。

4.坎宮為一白星所，主故為一四同宮主讀書聰明。

5.主傷病、提防泌尿疾病、女性提防婦科病。

45.遊蕩廢業、手足傷，病重重五黃到位；煞中之煞主災禍連連阻礙百般，化解安忍水、六帝錢。

●西北・亥乾戌
6.驛馬位，有遠行，失運主官非或交通意外。

8.發小財，利地產或五金行業。

9.子女容易與自己爭執，提防呼吸系統疾病。

89.火生土，吉，旺丁，旺財，輔弼相輝，田園富盛，而子孫繁衍也。

説明：旺山旺向，形巒合局，主大旺財丁。經曰：「會有旺星到穴，富積千鐘。」東宮23，鬥牛煞，主官非、口舌、暴戾、腹疾、慢性疾病；西南宮34，山水凶者主昧事無常、官非、暴戾、賊竊；西北宮89，主心目之疾、神經病、損小口之事。

[五黃運]

12	56	34
4	9	2
23	91	78
3	5	7
67	45	89
8	1	6

陽 宅 運 勢

午山子向
座南朝北

一百八十度 → 零度

[下卦]

●東南・辰巽巳	●南・丙午丁	●西南・未坤申
4.經云，蓋四綠為文昌之神主聰明。 1.經云，四一同宮準發科名。 2.主是非，健康差，呼吸系統疾病。 12.男性腸胃病，內臟有疾，女性有腸胃病，婦科病。	9.當運主財運與事業順利，失運主血光之災。 5.眼部疾病、血光之災。 6.子女容易與自己發生爭執，提防呼吸系統疾病。 56.吉六白金星化五黃。五黃到位；煞中之煞主災禍連連，阻礙百般，化解安忍水、六帝錢。	2.二黑又名病符，回宮復位主身體多病。 3.主官災，是非，腸胃病，足病。 4.腸胃病，是非纏繞。 34.三是男，四是女，女來就男移船就磡貼，大床利男性的桃花。
●東・乙卯甲	●宅中央	●西・辛酉庚
3.經云，蚩尤碧色好勇鬥狠之神，三碧為蚩尤星主官災是非爭執。 2.主官災，是非，足患，腸胃病。 23.鬥牛煞，官非，是非，口舌，不和，博弈好飲，田園廢盡。	5.血光之災，瘡瘤。 9.目疾，血光之災，皮膚病。 1.經云，一加二五傷及壯丁，主傷病。 91.桃花、讀書人、性病。	7.當運主發財，失運主血光之災。 8.財帛可得，但容易破耗。 78.吉。
●東北・寅艮丑	●北・癸子壬	●西北・亥乾戌
8.當運發財，利地產，失運破財。 6.發小財，利地產或五金行業。 7.財帛可得但容易破耗。 67.大凶六七交劍煞，合作不和、拆夥、籠裡雞作反、部屬造反、官非、男女不和、手腳受傷、皮膚病，化解使用陰陽水。	1.經云，一白官星之應主掌文章讀書聰明。 4.坎宮為一白星所，主故為一四同宮主讀書聰明。 5.主傷病，提防泌尿疾病，女性提防婦科病。 45.遊蕩廢業，手足傷，病重重，五黃到位；煞中之煞主災禍連連，阻礙百般，化解安忍水、六帝錢。	6.驛馬位，有遠行，失運主官非或交通意外。 8.發小財，利地產或五金行業。 9.子女容易與自己爭執，提防呼吸系統疾病。 89.火生土，吉，旺丁，旺財，輔弼相輝，田園富盛，而子孫繁衍也。

説明:旺山旺向，形巒合局，主大旺財丁。經曰：「會有旺星到穴，富積千鐘。」東宮23，鬥牛煞主官非，口舌、暴戾、腹疾、慢性疾病；西南宮34，山水凶者主昧事無常、官非、暴戾、賊竊之象；西北宮89，主心目之疾、神經病損小口之事。

12	56	34
4	9	2
23	91	78
3	5	7
67	45	89
8	1	6

陽 宅 運 勢

丁山癸向

[五黃運]　　　　　　　　　　　　　　　　　[起星]

座南西南朝北東北

一百九十五度→十五度

●南・辰巽巳	●南・丙午丁	●西南・未坤申
4.經云，蓋四綠為文昌之神主聰明。 1.經云，四一同宮準發科名。 2.主是非，健康差，呼吸系統疾病。 12.男性腸胃病，內臟有疾，女性有腸胃病，婦科病。	9.當運主財運與事業順利，失運主血光之災。 5.眼部疾病，血光之災。 6.子女容易與自己發生爭執，提防呼吸系統疾病。 56.吉六白金星化五黃。五黃到位；煞中之煞主災禍連連，阻礙百般，化解安忍水、六帝錢。	2.二黑又名病符，回宮復位主身體多病。 3.主官災，是非，腸胃病，足病。 4.腸胃病，是非纏繞。 34.三是男，四是女，女來就男移船就磡貼，大床利男性的桃花。
●東・乙卯甲	**●宅中央**	**●西・辛酉庚**
3.經云，蚩尤碧色好勇鬥狠之神，三碧為蚩尤星主官災是非爭執。 2.主官災，是非，足患，腸胃病。 23.鬥牛煞，官非，是非，口舌，不和，博弈好飲，田園廢盡。	5.血光之災，瘡瘤。 9.目疾，血光之災，皮膚病。 1.經云，一加二五傷及壯丁，主傷病。 91.桃花，讀書人，性病。	7.當運主發財，失運主血光之災。 8.財帛可得，但容易破耗。 78.吉。
●東北・寅艮丑	**●北・癸子壬**	**●西北・亥乾戌**
8.當運發財，利地產，失運破財。 6.發小財，利地產或五金行業。 7.財帛可得但容易破耗。 67.大凶六七交劍煞，合作不和，拆夥，籠裡雞作反，部屬造反，官非，男女不和，手腳受傷，皮膚病，化解使用陰陽水。	1.經云，一白官星之應主掌文章讀書聰明。 4.坎宮為一白星所，主故為一四同宮主讀書聰明。 5.主傷病，提防泌尿疾病，女性提防婦科病。 45.遊蕩廢業，手足傷，病重重五黃到位；煞中之煞主災禍連連阻礙百般，化解安忍水、六帝錢。	6.驛馬位，有遠行，失運主官非或交通意外。 8.發小財，利地產或五金行業。 9.子女容易與自己爭執，提防呼吸系統疾病。 89.火生土，吉，旺丁，旺財，輔弼相輝，田園富盛，而子孫繁衍也。

說明：旺山旺向，形巒合局主大旺財丁。經曰：「會有旺星到穴，富積千鐘。」東宮23，鬥牛煞，主官非、口舌、暴戾、腹疾、慢性疾病；西南宮34，山水凶者，主昧事無常、官非、暴戾、賊竊之象；西北宮89，主心目之疾、神經病、損小口之事。

12	56	34
4	9	2
23	91	78
3	5	7
67	45	89
8	1	6

陽 宅 運 勢

[五黃運]

丁山癸向

[下卦]

座南西南朝北東北

一百九十五度→十五度

●東南・辰巽巳

4.經云，蓋四綠為文昌之神主聰明。

1.經云，四一同宮準發科名。

2.主是非，健康差，呼吸系統疾病。

12.男性腸胃病，內臟有疾，女性有腸胃病，婦科病。

●南・丙午丁

9.當運主財運與事業順利，失運主血光之災。

5.眼部疾病，血光之災。

6.子女容易與自己發生爭執，提防呼吸系統疾病。

56.吉六白金星化五黃，五黃到位；煞中之煞主災禍連連，阻礙百般，化解安忍水、六帝錢。

●西南・未坤申

2.二黑又名病符，回宮復位主身體多病。

3.主官災，是非，腸胃病，足病。

4.腸胃病，是非纏續。

34.三是男，四是女，女來就男移船就礀貼，大床利男性的桃花。

●東・乙卯甲

3.經云，蚩尤碧色好勇鬥狠之神，三碧為蚩尤星主官災是非爭執。

2.主官災，是非，足患，腸胃病。

23.鬥牛煞，官非，是非，口舌，不和，博弈好飲，田園廢盡。

●宅中央

5.血光之災，瘡瘤。

9.目疾，血光之災，皮膚病。

1.經云，一加二五傷及壯丁，主傷病。

91.桃花，讀書人，性病。

●西・辛酉庚

7.當運主發財，失運主血光之災。

8.財帛可得，但容易破耗。

78.吉。

●東北・寅艮丑

8.當運發財，利地產，失運破財。

6.發小財，利地產或五金行業。

7.財帛可得但容易破耗。

67.大凶六七交劍煞，合作不和、拆夥、籠裡雞作反、部屬造反、官非、男女不和、手腳受傷、皮膚病，化解使用陰陽水。

●北・癸子壬

1.經云，一白官星之應主掌文章讀書聰明。

4.坎宮為一白星所，主故為一四同宮主讀書聰明。

5.主傷病，提防泌尿疾病，女性提防婦科病。

45.遊蕩廢業，手足傷，病重重五黃到位；煞中之煞主災禍連連，阻礙百般，化解安忍水、六帝錢。

●西北・亥乾戌

6.驛馬位，有遠行，失運主官非或交通意外。

8.發小財，利地產或五金行業。

9.子女容易與自己爭執，提防呼吸系統疾病。

89.火生土，吉，旺丁，旺財，輔弼相輝，田園富盛，而子孫繁衍也。

說明:旺山旺向，形巒合局，主大旺財丁。經曰：「會有旺星到穴，富積千鐘。」東宮23，鬥牛煞，主官非、口舌、暴戾、腹疾、慢性疾病；西南宮34，山水凶者主昧事無常、官非、暴戾、賊竊之象；西北宮89，主心目之疾、神經病、損小口之事。

89 4	45 9	67 2
78 3	91 5	23 7
34 8	56 1	12 6

陽 宅 運 勢

庚山甲向

[五黃運] [起星]

座西西南朝東東北

二百五十五度→七十五度

●東南・辰巽巳	●南・丙午丁	●西南・未坤申
4.經云，蓋四綠為文昌之神主聰明。 8.兒童多病，成績退步，鼻敏感。 9.讀書聰明，利文職，家有喜慶事。 89.火生土，吉，旺丁、旺財，輔弼相輝，田園富盛，而子孫繁衍也。	9.當運主財運與事業順利，失運主血光之災。 4.讀書聰明，利文職，有喜慶，失運則財帛不聚。 5.眼疾病，血光之災。 45.遊蕩廢業，手足傷，病重重五黃到位；煞中之煞主災禍連連，阻礙百般，化解安忍水、六帝錢。	2.二黑又名病符，回宮復位主身體多病。 6.胡思亂想，神經衰弱，當運則發財。 7.主痢疾，提防火災，血光之災。 67.大凶六七交劍煞，合作不和、拆夥、籠裡雞作反、部屬造反、官非、男女不和、手腳受傷、皮膚病，化解使用陰陽水。
●東・乙卯甲	●宅中央	●西・辛酉庚
3.經云，蚩尤碧色好勇鬥狠之神，三碧為蚩尤星主官災是非爭執。 7.血光之災，受人拖累破財，宜放風水輪來化解。 8.主不利，兒童成績退步。 78.吉。	5.血光之災，瘡瘤。 9.目疾，血光之災，皮膚病。 1.經云，一加二五傷及壯丁，主傷病。 91.桃花，讀書人，性病。	7.當運主發財，失運主血光之災。 2.肚痛，提防火災，血光之災。 3.主血光之災，受人拖累。 23.鬥牛煞、官非、是非、口舌、不和、博弈好飲、田園廢盡。
●東北・寅艮丑	●北・癸子壬	●西北・亥乾戌
8.當運發財，利地產，失運破財。 3.經云，三八逢損小口，主不利小童。 4.兒童多病，成績退步，鼻敏感。 34.三是男，四是女，女來就男移船就磡貼，大床利男性的桃花。	1.經云，一白官星之應主掌文章讀書聰明。 5.主傷病，提防泌尿疾病，女性提防婦科病。 6.主聰明才智發小財。 56.吉六白金星化五黃。五黃到位；煞中之煞主災禍連連，阻礙百般，化解安忍水、六帝錢。	6.驛馬位，有遠行，失運主官非或交通意外。 1.主聰明、才智、發小財。 2.失運神經衰弱，胡思亂想，當運旺財。 12.男性腸胃病、內臟有疾，女性有腸胃病、婦科病。

説明:令星失位，形巒不合，主損丁破財。經曰：「苟無生氣入門，糧艱一宿。」北宮有山，南宮有水，形巒合局者，則可以一用；座山23，鬥牛煞、主官非、口舌、腹痛、慢性疾病，向上78，主損手、肺疾、神經病、官非。

62 4	27 9	49 2
51 3	73 5	95 7
16 8	38 1	84 6

陽 宅 運 勢

庚山甲向

[五黃運]　　　　　　　　　　　　　　　　　[下卦]

座西西南朝東東北

二百五十五度→七十五度

●東南·辰巽巳	●南·丙午丁	●西南·未坤申
4.經云，蓋四綠為文昌之神主聰明。 6.不利女性，奔波勞碌。 2.主是非，健康差，呼吸系統疾病。 62.腸疾，婦科病。	9.當運主財運與事業順利，失運主血光之災。 2.家人愚鈍，血光之災。 7.小心火災，家中女性不和。 27.土生金，七赤是七運的財星旺有財化官複，因桃花破財，桃花劫，對九紫命有利，二七合先天火乘殺氣遇凶山水，鳥焚其巢也。	2.二黑又名病符，回宮復位主身體多病。 4.腸胃病，是非纏繞。 9.家人愚鈍，子女成績退步。 49.合而化金，與本體木火不協，無益而有損，木火通明，聰明俊秀，女同性戀不正常桃花。
●東·乙卯甲	●宅中央	●西·辛酉庚
3.經云，蚩尤碧色好勇鬥狠之神，三碧為蚩尤星主官災是非爭執。 5.容易腳傷，因財招禍。 1.主家人搬遷或有遠行，脾氣較為暴躁。 51.膀胱病、五黃到位；煞中之煞主災禍連連，阻礙百般，化解安忍水、六帝錢。	5.血光之災，瘡瘤。 7.是非，官災，容易被金屬所傷。 3.因財致禍，腳傷。 73.大凶，打劫、破財、官非、被刺一刀、盲一眼。	7.當運主發財，失運主血光之災。 9.小心火災，家中女性不和。 5.是非，官災，容易被金屬所傷。 95.生旺五黃主長病、殘疾、血病、火災、性病、五黃到位；煞中之煞主災禍連連，阻礙百般，化解安忍水、六帝錢。
●東北·寅艮丑	●北·癸子壬	●西北·亥乾戌
8.當運發財，利地產，失運破財。 1.財運佳，利地產置業。 6.發小財，利地產或五金行業。 16.合為水主催官，遇旺水秀峰，官居極品也。武貴，當軍警會顯貴，事事如意，吉利。	1.經云，一白官星之應主掌文章讀書聰明。 3.主脾氣暴躁，家人會搬遷或遠行。 8.主財運佳，利地產置業。 38.不利小童，三歲前會有心漏病、哮喘，甚至跌死、小產、破財、男同性戀。	6.驛馬位，有遠行，失運主官非或交通意外。 8.發小財，利地產或五金行業。 4.不利女性，驛馬位，有遠行或搬遷。 84.木剋土，離婚、嫁杏無期、姑婆屋、無仔生、不利幼兒、服毒、吊頸、自殺、腰痛、膽石。

説明：上山下水，形巒不合，主損丁破財。經曰：「苟無生氣入門，糧艱一宿。」艮方可用城門訣，惟必須水城合局，西宮有水，形巒合者，可以一用；東南宮62，主肚痛、頭疾、鬼神入室之應；北宮38，主肝病、足疾、神經病、損小口。

83	37	15
4	9	2
94	72	59
3	5	7
48	26	61
8	1	6

陽 宅 運 勢

酉山卯向
座西朝東
二百七十度→九十度

[五黃運]　　　　　　　　　　　　　　　　　　　　[起星]

●東南·辰巽巳	●南·丙午丁	●西南·未坤申
4.經云，蓋四綠為文昌之神主聰明。 8.兒童多病，成績退步，鼻敏感。 3.運氣反覆，時好時壞。 83.木剋土，不利幼兒、離婚、無仔生、嫁杏無期、姑婆屋、腰痛、自殺、吊頸、咎輕、受剋而奇偶相敵。	9.當運主財運與事業順利，失運主血光之災。 3.主家人頭腦靈活聰明。 7.小心火災，家中女性不和。 37.破財、官非，七運時七當旺仍有財，盜賊相侵，訟凶而病厄，咎重。	2.二黑又名病符，回宮復位主身體多病。 1.主女性當權，家人易罹腸胃病。 5.主急性病、血光之災。 15.五是變卦以中宮的向星代之婦科病耳疾。五黃到位；煞中之煞主災禍連連，阻礙百般，化解安忍水、六帝錢。
●東·乙卯甲	●宅中央	●西·辛酉庚
3.經云，蚩尤碧色好勇鬥狠之神，三碧為蚩尤星主官災是非爭執。 9.家人頭腦靈活，子女讀書聰明。 4.運氣反覆，情緒起伏。 94.不正常桃花，女同性戀合化金。	5.血光之災，瘡瘤。 7.是非，官災，容易被金屬所傷。 2.血光之災，慢性病。 72.合先天火，利二黑，五黃，八白命	7.當運主發財，失運主血光之災。 5.是非，官災，容易被金屬所傷。 9.小心火災，家中女性不和。 59.凶，火生土，生旺災瘟星五黃，主不吉五黃到位；煞中之煞主災禍連連，阻礙百般，化解安忍水、六帝錢。
●東北·寅艮丑	●北·癸子壬	●西北·亥乾戌
8.當運發財，利地產，失運破財。 4.兒童多病，成績退步，鼻敏感。 48.進田莊之喜，女同性戀。	1.經云，一白官星之應主掌文章讀書聰明。 2.主家人易罹腸胃病，女性當權掌握財政。 6.主聰明才智發小財。 26.進田莊之喜，買地買樓但是吝嗇孤寒。	6.驛馬位，有遠行，失運主官非或交通意外。 1.主聰明，才智，發小財。 61.金生水，桃花旺。

説明：向星失令，形巒不合，主損財帛。經曰：「苟無生氣入門，糧艱一宿。」旺氣59，到山，主大旺人丁；西南宮15，無水者，慎防損主之應；南宮37主口舌、官非、肺疾、足病、家破人亡。

[五黃運]

84	38	16
4	9	2
95	73	51
3	5	7
49	27	62
8	1	6

陽 宅 運 勢

酉山卯向

座西朝東

二百七十度→九十度

[下卦]

●東南・辰巽巳	●南・丙午丁	●西南・未坤申
4.經云，蓋四綠為文昌之神主聰明。 8.兒童多病，成績退步，鼻敏感。 84.木剋土，離婚、嫁杏無期、姑婆屋、無仔生、不利幼兒、服毒、吊頸、自殺、腰痛、膽石。	9.當運主財運與事業順利，失運主血光之災。 3.主家人頭腦靈活聰明。 8.主喜慶，有令人愉快事情發生。 38.不利小童，三歲前會有心漏病、哮喘，甚至跌死、小產、破財、男同性戀。	2.二黑又名病符，回宮復位主身體多病。 1.主女性當權，家人易罹腸胃病。 6.胡思亂想，神經衰弱，當運則發財。 16.合為水主催官，遇旺水秀峰，官居極品也。武貴，當軍警會顯貴，事事如意，吉利。
●東・乙卯甲	●宅中央	●西・辛酉庚
3.經云，蚩尤碧色好勇鬥狠之神，三碧為蚩尤星主官災是非爭執。 9.家人頭腦靈活，子女讀書聰明。 5.容易腳傷，因財招禍。 95.生旺五黃主長病、殘疾、血病、火災、性病、五黃到位；煞中之煞主災禍連連，阻礙百般，化解安忍水、六帝錢。	5.血光之災，瘡瘤。 7.是非，官災，容易被金屬所傷。 3.因財致禍，腳傷。 73.大凶、打劫、破財、官非、被刺一刀、盲一眼。	7.當運主發財；失運主血光之災。 5.是非，官災，容易被金屬所傷。 1.家人好動，多異性緣，一白當運為桃花運，失運破財。 51.膀胱病，五黃到位；煞中之煞主災禍連連，阻礙百般，化解安忍水、六帝錢。
●東北・寅艮丑	●北・癸子壬	●西北・亥乾戌
8.當運發財，利地產，失運破財。 4.兒童多病，成績退步，鼻敏感。 9.家有令人愉快事情發生，如喜事、橫財。 49.合而化金，與本體木火不協，無益而有損，木火通明，聰明俊秀，女同性戀不正常桃花。	1.經云，一白官星之應主掌文章讀書聰明。 2.主家人易罹腸胃病，女性當權掌握財政。 7.家人好動、桃花運。 27.土生金，七赤是七運的財星旺有財化官複，因桃花破財，桃花劫，對九紫命有利，二七合先天火乘殺氣遇凶山水，鳥焚其巢也。	6.驛馬位，有遠行，失運主官非或交通意外。 2.失運神經衰弱，胡思亂想，當運旺財。 62.腸疾、婦科病。

説明：旺山旺局，形巒合局，主大旺財丁。經曰：「會有旺星到穴，富積千鐘。」若向首無水有山，則陰神滿地主蕩婦、破家；南宮38，東南宮84，防損小口，經曰：「八四會而損小口，三八尤凶。」東北宮49，主心目之病、瘋疾之應。

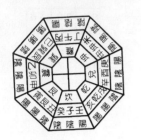

83 4	37 9	15 2
94 3	72 5	59 7
48 8	26 1	61 6

陽 宅 運 勢

辛山乙向

[五黃運]　　　　　　　　　　　　　　　　　[起星]

座西西北朝東東南

二百八十五度→一百零五度

●東南・辰巽巳	●南・丙午丁	●西南・未坤申
4.經云，蓋四綠為文昌之神主聰明。 8.兒童多病，成績退步，鼻敏感。 3.運氣反覆，時好時壞。 83.木剋土，不利幼兒、離婚、無仔生、嫁杏無期、姑婆屋、腰痛、自殺、吊頸、咎輕，受剋而奇偶相敵。	9.當運主財運與事業順利，失運主血光之災。 3.主家人頭腦靈活聰明。 7.小心火災，家中女性不和。 37.破財、官非，七運時七當旺仍有財，盜賊相侵，訟凶而病厄，咎重。	2.二黑又名病符，回宮復位主身體多病。 1.主女性當權，家人易罹腸胃病。 5.主急性病，血光之災。 15.五是變卦以中宮的向星代之婦科病耳疾。五黃到位；煞中之煞主災禍連連，阻礙百般，化解安忍水、六帝錢。
●東・乙卯甲	●宅中央	●西・辛酉庚
3.經云，蚩尤碧色好勇鬥狠之神，三碧為蚩尤星主官災是非爭執。 9.家人頭腦靈活，子女讀書聰明。 4.運氣反覆，情緒起伏。 94.不正常桃花、女同性戀合化金。	5.血光之災，瘡瘤。 7.是非，官災，容易被金屬所傷。 2.血光之災，慢性病。 72.合先天火，利二黑，五黃，八白命。	7.當運主發財，失運主血光之災。 5.是非，官災，容易被金屬所傷。 9.小心火災，家中女性不和。 59.凶，火生土，生旺災瘟星五黃，主不吉五黃到位；煞中之煞主災禍連連，阻礙百般，化解安忍水、六帝錢。
●東北・寅艮丑	●北・癸子壬	●西北・亥乾戌
8.當運發財，利地產，失運破財。 4.兒童多病，成績退步，鼻敏感。 48.進田莊之喜，女同性戀。	1.經云，一白官星之應主掌文章讀書聰明。 2.主家人易罹腸胃病，女性當權掌握財政。 6.主聰明才智發小財。 26.進田莊之喜，買地買樓但是吝嗇孤寒。	6.驛馬位，有遠行，失運主官非或交通意外。 1.主聰明、才智、發小財。 61.金生水，桃花旺。

説明:向星失令，形巒不合，主損財帛。經曰:「苟無生氣入門，糧艱一宿。」旺氣59，到山，主大旺人丁;西南宮15，無水者，慎防損主之應;南宮37，主口舌、官非、肺疾、足病、家破人亡。

84	38	16
4	9	2
95	73	51
3	5	7
49	27	62
8	1	6

陽 宅 運 勢

辛山乙向

[五黃運]　　　　　　　　　　　　　　　　[下卦]

座西西北朝東東南

二百八十五度→一百零五度

●東南·辰巽巳	●南·丙午丁	●西南·未坤申
4.經云，蓋四綠為文昌之神主聰明。 8.兒童多病，成績退步，鼻敏感。 84.木剋土，離婚、嫁杏無期、姑婆屋、無仔生、不利幼兒、服毒、吊頸、自殺、腰痛、膽石。	9.當運主財運與事業順利，失運主血光之災。 3.主家人頭腦靈活聰明。 8.主喜慶，有令人愉快事情發生。 38.不利小童，三歲前會有心漏病、哮喘，甚至跌死、小產、破財、男同性戀。	2.二黑又名病符，回宮復位主身體多病。 1.主女性當權，家人易罹腸胃病。 6.胡思亂想，神經衰弱，當運則發財。 16.合為水主催官，遇旺水秀峰，官居極品也。武貴，當軍警會顯貴，事事如意，吉利。
●東·乙卯甲	●宅中央	●西·辛酉庚
3.經云，蚩尤碧色好勇鬥狠之神，三碧為蚩尤星主官災是非爭執。 9.家人頭腦靈活，子女讀書聰明。 5.容易腳傷，因財招禍。 95.生旺五黃主長病、殘疾、血病、火災、性病、五黃到位；煞中之煞主災禍連連，阻礙百般，化解安忍水、六帝錢。	5.血光之災，瘡瘤。 7.是非，官災，容易被金屬所傷。 3.因財致禍，腳傷。 73.大凶、打劫、破財、官非、被刺一刀、盲一眼。	7.當運主發財；失運主血光之災。 5.是非，官災，容易被金屬所傷。 1.家人好動，多異性緣，一白當運為桃花運，失運破財。 51.膀胱病，五黃到位；煞中之煞主災禍連連，阻礙百般，化解安忍水、六帝錢。
●東北·寅艮丑	●北·癸子壬	●西北·亥乾戌
8.當運發財，利地產，失運破財。 4.兒童多病，成績退步，鼻敏感。 9.家有令人愉快事情發生，如喜事、橫財。 49.合而化金，與本體木火不協，無益而有損，木火通明，聰明俊秀，女同性戀不正常桃花。	1.經云，一白官星之應主掌文章讀書聰明。 2.主家人易罹腸胃病，女性當權掌握財政。 7.家人好動、桃花運。 27.土生金，七赤是七運的財星旺有財化官複，因桃花破財，桃花劫，對九紫命有利，二七合先天火乘殺氣遇凶山水，鳥焚其巢也。	6.驛馬位，有遠行，失運主官非或交通意外。 2.失運神經衰弱，胡思亂想，當運旺財。 62.腸疾，婦科病。

說明:旺山旺向，形巒合局，主大旺財丁。經曰：「會有旺星到穴·富積千鐘。」若向首無水有山，則陰神滿地，主蕩婦破家；南宮38，東南宮84，防損小口，經曰：「八四會而損小口，三八尤凶。」東北宮49，主心目之病，瘋疾之應。

77 4	22 9	99 2
88 3	66 5	44 7
33 8	11 1	55 6

陽 宅 運 勢

戌山辰向

[五黃運]　　　　　　　　　　　　　　　　　　　[起星]

座西北西朝東南東

三百度→一百二十度

●東南・辰巽巳	●南・丙午丁	●西南・未坤申
4.經云，蓋四綠為文昌之神主聰明。 7.容易被金屬所傷，易惹桃花劫。 77.七運，當旺大吉，財利大旺。	9.當運主財運與事業順利，失運主血光之災。 2.家人愚鈍，血光之災。 22.二黑是病符，疾病入醫院，女性婦科病、懷孕，男性腸胃病、內臟病。	2.二黑又名病符，回宮復位主身體多病。 9.家人愚鈍，子女成績退步。 99.目疾。
●東・乙卯甲	●宅中央	●西・辛酉庚
3.經云，蚩尤碧色好勇鬥狠之神，三碧為蚩尤星主官災是非爭執。 8.主不利，兒童成績退步。 88.吉，財利。	5.血光之災，瘡瘤。 6.遠行多阻滯，頭部疾病。 66.吉，利財	7.當運主發財，失運主血光之災。 4.容易被金屬所傷，易惹桃花劫。 44.出門・桃花。
●東北・寅艮丑	●北・癸子壬	●西北・亥乾戌
8.當運發財，利地產，失運破財。 3.經云，三八逢損小口，主不利小童。 33.官非、是非、爭執。	1.經云，一白官星之應主掌文章讀書聰明。 11.桃花，煙花地，出門旅遊，犯賊險，江湖中人，對三碧、四綠有利，因為水生木。	6.驛馬位，有遠行，失運主官非或交通意外。 5.頭部疾病，遠行多阻滯，身體多病。 55.兩重災病星五黃到位；煞中之煞主災禍連連，阻礙百般，化解安忍水、六帝錢。

說明:旺氣到座，似乎大旺人丁，可惜此局犯八純卦，主損丁破財。經曰：「苟無生氣入門，糧艱一宿。」南宮22，主肚痛、婦女不安、慢性病；東南宮77，主肺疾、足患、官非、口舌；東北宮33，主官非、口舌、暴戾、盜賊。

75 4	29 9	97 2
86 3	64 5	42 7
31 8	18 1	53 6

陽 宅 運 勢

戌山辰向

[五黃運]　　　　　　　　　　　　　　　　　　　　　[下卦]

座西北西朝東南東

三百度→一百二十度

●東南‧辰巽巳	●南‧丙午丁	●西南‧未坤申
4.經云,蓋四綠為文昌之神主聰明。	9.當運主財運與事業順利,失運主血光之災。	2.二黑又名病符,回宮復位主身體多病。
7.容易被金屬所傷,易惹桃花劫。	2.家人愚鈍,血光之災。	9.家人愚鈍,子女成績退步。
5.主皮膚病,瘡毒。	29.火生土,主女人多,桃花重,桃花屋。	7.主痢疾,提防火災,血光之災。
75.肺病、口腔病、口舌、五黃到位;煞中之煞主災禍連連,阻礙百般,化解安忍水、六帝錢。		97.回祿之災,心臟病。
●東‧乙卯甲	**●宅中央**	**●西‧辛酉庚**
3.經云,蚩尤碧色好勇鬥狠之神,三碧為蚩尤星主官災是非爭執。	5.血光之災,瘡瘤。	7.當運主發財;失運主血光之災。
8.主不利,兒童成績退步。	6.遠行多阻滯,頭部疾病。	4.容易被金屬所傷,易惹桃花劫。
6.主足疾,小人多。	4.風濕病,皮膚病。	2.肚痛,提防火災,血光之災。
86.吉,財利。	64.先合後散,女性多病。	42.婆媳不和。
●東北‧寅艮丑	**●北‧癸子壬**	**●西北‧亥乾戌**
8.當運發財,利地產,失運破財。	1.經云,一白官星之應主掌文章讀書聰明。	6.驛馬位,有遠行,失運主官非或交通意外。
3.經云,三八逢損小口,主不利小童。	8.主財運佳,利地產置業。	5.頭部疾病,遠行多阻滯,身體多病。
1.財運佳,利地產置業。	18.土剋水,耳疾,被狗咬傷或被動物抓傷。咎輕,受剋而奇偶相敵。	3.經云,足以金而蹣跚,主足傷,家人容易發生。
31.爭吵、激氣、官非、破財。		53.破財、傷身,窮途困病再遭殃,五黃到位;煞中之煞主災禍連連,阻礙百般,化解安忍水、六帝錢。

説明:旺山旺向,形巒合局,主大旺財丁。經曰:「會有旺星到穴,富積千鐘。」若向首無
　　水,則陰神滿地,主蕩婦、破家之應;南宮29,主心目之疾、腹痛、慢性疾病;西南宮
　　97,主回祿家破、官非、口舌、火災、肺疾之應。

55 4	11 9	33 2
44 3	66 5	88 7
99 8	22 1	77 6

陽 宅 運 勢

乾山巽向

[五黃運]　　　　　　　　　　　　　　　　　　　[起星]

座西北朝東南

三百一十五度→一百三十五度

●東南・辰巽巳	●南・丙午丁	●西南・未坤申
4.經云，蓋四綠為文昌之神主聰明。 5.主皮膚病，瘡毒。 55.兩重災病星，五黃到位；煞中之煞主災禍連連，阻礙百般，化解安忍水、六帝錢。	9.當運主財運與事業順利，失運主血光之災。 1.中爻得配水火相交，主喜慶順利。 11.桃花，煙花地，出門旅遊，犯賊險，江湖中人，對三碧，四綠有利，因為水生木。	2.二黑又名病符，回宮復位主身體多病。 3.主官災，是非，腸胃病，足病。 33.官非，是非，爭執。
●東・乙卯甲	●宅中央	●西・辛酉庚
3.經云，蚩尤碧色好勇鬥狠之神，三碧為蚩尤星主官災是非爭執。 4.運氣反覆，情緒起伏。 44.出門，桃花。	5.血光之災，瘡瘤。 6.遠行多阻滯，頭部疾病。 66.吉，利財。	7.當運主發財，失運主血光之災。 8.財帛可得，但容易破耗。 88.吉，財利。
●東北・寅艮丑	●北・癸子壬	●西北・亥乾戌
8.當運發財，利地產，失運破財。 9.家有令人愉快事情發生，如喜事、橫財。 99.目疾。	1.經云，一白官星之應主掌文章讀書聰明。 2.主家人易罹腸胃病，女性當權掌握財政。 22.二黑是病符，疾病入醫院，女性婦科病、懷孕，男性腸胃病、內臟病。	6.驛馬位，有遠行，失運主官非或交通意外。 7.提防金屬傷，主官非，爭執，交通意外。 77.七運，當旺大吉，財利大旺。

説明:令星到向，似乎大旺，可惜此局犯八純卦，形巒不合，主大破財丁。經曰：「苟無生氣入門，糧艱一宿。」座山77，主官、口舌、肺疾之應；北宮22主腹痛、體虛、慢性病；西南宮33主官非、口舌、足患、盜賊之應。

[五黃運]

54 4	18 9	31 2
42 3	64 5	86 7
97 8	29 1	75 6

陽 宅 運 勢

乾山巽向

座西北朝東南

三百一十五度 → 一百三十五度

[下卦]

●東南・辰巽巳	●南・丙午丁	●西南・未坤申
4.經云，蓋四綠為文昌之神主聰明。 5.主皮膚病，瘡毒。 54.五黃最忌三碧四綠木剋土，博弈好飲，破財田園廢盡，大凶五黃到位；煞中之煞主災禍連連，阻礙百般，化解安忍水、六帝錢。	9.當運主財運與事業順利，失運主血光之災。 1.中爻得配水火相交，主喜慶順利。 8.主喜慶，有令人愉快事情發生。 18.土剋水，耳疾，被狗咬傷或被動物抓傷。咎輕，受剋而奇偶相敵。	2.二黑又名病符，回宮復位主身體多病。 3.主官災，是非，腸胃病，足病。 1.主女性當權，家人易罹腸胃病。 31.爭吵，激氣，官非，破財。
●東・乙卯甲	**●宅中央**	**●西・辛酉庚**
3.經云，蚩尤碧色好勇鬥狠之神，三碧為蚩尤星主官災是非爭執。 4.運氣反覆，情緒起伏。 2.主官災、是非、足患、腸胃病。 42.婆媳不和。	5.血光之災，瘡瘤。 6.遠行多阻滯，頭部疾病。 4.風濕病，皮膚病。 64.先合後散，女性多病。	7.當運主發財；失運主血光之災。 8.財帛可得，但容易破耗。 6.提防被金屬所傷。 86.吉，財利。
●東北・寅艮丑	**●北・癸子壬**	**●西北・亥乾戌**
8.當運發財，利地產，失運破財。 9.家有令人愉快事情發生，如喜事、橫財。 7.財帛可得但容易破耗。 97.回祿之災、心臟病。	1.經云，一白官星之應主掌文章讀書聰明。 2.主家人易罹腸胃病，女性當權掌握財政。 9.水火既濟，主喜慶順利。 29.火生土，主女人多，桃花重，桃花屋。	6.驛馬位，有遠行，失運主官非或交通意外。 7.提防金屬傷、主官非、爭執、交通意外。 5.頭部疾病、遠行多阻滯、身體多病。 75.肺病、口腔病、口舌、五黃到位；煞中之煞主災禍連連，阻礙百般，化解安忍水、六帝錢。

說明：上山下水，形巒不合，主損丁破財。經曰：「苟無生氣入門，糧艱一宿。」若向上無水有山，則陰神滿地破家之應；東宮42，主腹疾、慢性病或主欺姑之婦；東北宮97，主回祿破家、口舌、官非、肺病、心目之疾。

55 4	11 9	33 2
44 3	66 5	88 7
99 8	22 1	77 6

陽 宅 運 勢

亥山巳向

座西北北朝東南南

三百三十度 → 一百五十度

[五黃運]　　　　　　　　　　　　　　　　[起星]

●東南·辰巽巳	●南·丙午丁	●西南·未坤申
4.經云,蓋四綠為文昌之神主聰明。 5.主皮膚病,瘡毒。 55.兩重災病星五黃到位;煞中之煞主災禍連連,阻礙百般,化解安忍水、六帝錢。	9.當運主財運與事業順利,失運主血光之災。 1.中爻得配水火相交,主喜慶順利。 11.桃花,煙花地,出門旅遊,犯賊險,江湖中人,對三碧,四綠有利,因為水生木。	2.二黑又名病符,回宮復位主身體多病。 3.主官災,是非,腸胃病,足病。 33.官非,是非,爭執。
●東·乙卯甲	●宅中央	●西·辛酉庚
3.經云,蚩尤碧色好勇鬥狠之神,三碧為蚩尤星主官災是非爭執。 4.運氣反覆,情緒起伏。 44.出門,桃花。	5.血光之災,瘡瘤。 6.遠行多阻滯,頭部疾病。 66.吉,利財。	7.當運主發財,失運主血光之災。 8.財帛可得,但容易破耗。 88.吉,財利。
●東北·寅艮丑	●北·癸子壬	●西北·亥乾戌
8.當運發財,利地產,失運破財。 9.家有令人愉快事情發生,如喜事、橫財。 99.目疾。	1.經云,一白官星之應主掌文章讀書聰明。 2.主家人易罹腸胃病,女性當權掌握財政。 22.二黑是病符,疾病入醫院,女性婦科病、懷孕,男性腸胃病、內臟病。	6.驛馬位,有遠行,失運主官非或交通意外。 7.提防金屬傷,主官非,爭執,交通意外。 77.七運,當旺大吉,財利大旺。

說明:令星到向,似乎大旺,可惜此局犯八純卦,形巒不合,主大破財丁。經曰:「苟無生氣入門,糧艱一宿。」座山77,主官非、口舌、肺疾之應;北宮22,主腹痛、體虛、慢性病;西南宮33主官非、口舌、足患、盜賊之應。

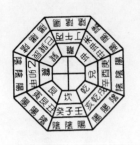

53 4	18 9	31 2
42 3	64 5	86 7
97 8	29 1	75 6

陽宅運勢

亥山巳向

座西北北朝東南南

三百三十度 → 一百五十度

[五黃運]　　　　　　　　　　　　　　　　　　[下卦]

●東南・辰巽巳	●南・丙午丁	●西南・未坤申
4.經云，蓋四綠為文昌之神主聰明。 5.主皮膚病，瘡毒。 3.運氣反覆，時好時壞。 53.破財，傷身，窮途困病再遭殃，五黃到位；煞中之煞主災禍連連，阻礙百般，化解安忍水、六帝錢。	9.當運主財運與事業順利，失運主血光之災。 1.中爻得配水火相交，主喜慶順利。 8.主喜慶，有令人愉快事情發生。 18.土剋水，耳疾，被狗咬傷或被動物抓傷，咎輕，受剋而奇偶相敵。	2.二黑又名病符，回宮復位主身體多病。 3.主官災，是非，腸胃病，足病。 1.主女性當權，家人易罹腸胃病。 31.爭吵，激氣，官非，破財。
●東・乙卯甲	●宅中央	●西・辛酉庚
3.經云，蚩尤碧色好勇鬥狠之神，三碧為蚩尤星主官災是非爭執。 4.運氣反覆，情緒起伏。 2.主官災，是非，足患，腸胃病。 42.婆媳不和。	5.血光之災，瘡瘤。 6.遠行多阻滯，頭部疾病。 4.風濕病，皮膚病。 64.先合後散，女性多病。	7.當運主發財，失運主血光之災。 8.財帛可得，但容易破耗。 6.提防被金屬所傷。 86.吉，財利。
●東北・寅艮丑	●北・癸子壬	●西北・亥乾戌
8.當運發財，利地產，失運破財。 9.家有令人愉快事情發生，如喜事、橫財。 7.財帛可得但容易破耗。 97.回祿之災，心臟病。	1.經云，一白官星之應主掌文章讀書聰明。 2.主家人易罹腸胃病，女性當權掌握財政。 9.水火既濟，主喜慶順利。 29.火生土，主女人多，桃花重，桃花屋。	6.驛馬位，有遠行，失運主官非或交通意外。 7.提防金屬傷，主官非、爭執、交通意外。 5.頭部疾病、遠行多阻滯、身體多病。 75.肺病、口腔病、口舌、五黃到位；煞中之煞主災禍連連，阻礙百般，化解安忍水、六帝錢。

説明：旺山下水，形巒不合，主損丁破財。經曰：「苟無生氣入門，糧艱一宿。」若向上無水有山，則陰神滿地破家之應；東宮42，主腹疾、慢性病或主欺姑之婦；東宮97，主回祿破家、口舌、官非、肺病、心目之疾。

83	37	15
4	9	2
94	72	59
3	5	7
48	26	61
8	1	6

陽 宅 運 勢

[五黃運]

丑山未向
座東北北朝西南南
三十度→二百一十度

[起星]

●東南·辰巽巳	●南·丙午丁	●西南·未坤申
4.經云，蓋四綠為文昌之神主聰明。 8.兒童多病，成績退步，鼻敏感。 3.運氣反覆，時好時壞。 83.木剋土，不利幼兒、離婚、無仔生、嫁杏無期、姑婆屋、腰痛、自殺、吊頸、咎輕、受剋而奇偶相敵。	9.當運主財運與事業順利，失運主血光之災。 3.主家人頭腦靈活聰明。 7.小心火災，家中女性不和。 37.破財、官非，七運時七當旺仍有財，盜賊相侵，訟凶而病厄，咎重。	2.二黑又名病符，回宮復位主身體多病。 1.主女性當權，家人易罹腸胃病。 5.主急性病，血光之災。 15.五是變卦以中宮的向星代之婦科病耳疾。五黃到位；煞中之煞主災禍連連，阻礙百般，化解安忍水、六帝錢。
●東·乙卯甲	●宅中央	●西·辛酉庚
3.經云，蚩尤碧色好勇鬥狠之神，三碧為蚩尤星主官災是非爭執。 9.家人頭腦靈活，子女讀書聰明。 4.運氣反覆，情緒起伏。 94.不正常桃花，女同性戀合化金。	5.血光之災，瘡瘤。 7.是非，官災，容易被金屬所傷。 2.血光之災，慢性病。 72.合先天火，利二黑，五黃，八白命。	7.當運主發財，失運主血光之災。 5.是非，官災，容易被金屬所傷。 9.小心火災，家中女性不和。 59.凶，火生土，生旺災瘟星五黃，主不吉五黃到位；煞中之煞主災禍連連，阻礙百般，化解安忍水、六帝錢。
●東北·寅艮丑	●北·癸子壬	●西北·亥乾戌
8.當運發財，利地產，失運破財。 4.兒童多病，成績退步，鼻敏感。 48.進田莊之喜，女同性戀。	1.經云，一白官星之應主掌文章讀書聰明。 2.主家人易罹腸胃病，女性當權掌握財政。 6.主聰明才智發小財。 26.進田莊之喜，買地買樓但是吝嗇孤寒。	6.驛馬位，有遠行，失運主官非或交通意外。 1.主聰明，才智，發小財。 61.金生水，桃花旺。

説明:令星到向，形巒合局，主大旺財帛。經曰：「會有旺星到穴，富積千鐘。」座山48，東南宮83，主丁口弱，經曰：「八四會而損小口，三八尤凶。」北宮26，失令者主頭痛、腹疾，鬼神入屋；西宮59，失令者主心目之病、瘡毒、皮膚病。

93 4	47 9	25 2
14 3	82 5	69 7
58 8	36 1	71 6

陽 宅 運 勢

丑山未向

[五黃運]　　　　　　　　　　　　　　　　　　[下卦]

座東北北朝西南南

三十度→二百一十度

●東南・辰巽巳	●南・丙午丁	●西南・未坤申
4.經云，蓋四綠為文昌之神主聰明。 9.讀書聰明，利文職，家有喜慶事。 3.運氣反覆，時好時壞。 93.官非。	9.當運主財運與事業順利，失運主血光之災。 4.讀書聰明，利文職，有喜慶，失運則財帛不聚。 7.小心火災，家中女性不和。 47.桃花當時得令七運財色兼收。文章不顯，嘔血而早夭。	2.二黑又名病符，回宮復位主身體多病。 5.主急性病，血光之災。 25.二五交加必損主孤寡二主，宅母多病，黑逢五至出鰥夫，五黃到位；煞中煞主災禍連連，阻礙百般，化解安忍水、六帝錢。
●東・乙卯甲	**●宅中央**	**●西・辛酉庚**
3.經云，蚩尤碧色好勇鬥狠之神，三碧為蚩尤星主官災是非爭執。 1.主家人搬遷或有遠行，脾氣較為暴躁。 4.運氣反覆，情緒起伏。 14.讀書有成，被讚賞，出門有利，升職，加薪，主科名，號青雲得路，有文筆硯池水，鼎元之兆也。	5.血光之災，瘡瘤。 8.主腸胃病，運氣蹇滯。 2.血光之災，慢性病。 82.疾病。	7.當運主發財，失運主血光之災。 6.提防被金屬所傷。 9.小心火災，家中女性不和。 69.火燒天門、家生忤逆之兒、生牙瘡、腦病、生痄腮、流牙血、肺疾、衰則血症、盛必火災。
●東北・寅艮丑	**●北・癸子壬**	**●西北・亥乾戌**
8.當運發財，利地產，失運破財。 5.主腸胃病，運氣蹇滯。 58.吉，五黃到位；煞中之煞主災禍連連，阻礙百般，化解安忍水、六帝錢。	1.經云，一白官星之應主掌文章讀書聰明。 3.主脾氣暴躁，家人會搬遷或遠行。 6.主聰明才智發小財。 36.官非，手腳受損，患在長男。	6.驛馬位，有遠行，失運主官非或交通意外。 7.提防金屬傷，主官非、爭執、交通意外。 1.主聰明、才智、發小財。 71.出門遠行，桃花。

説明:旺山旺向，形巒合局，主大旺財丁。經日：「會有旺星到穴，富積千鐘。」向首二五交加，當令不忌，經日：「一貴當權，諸凶懾服」山水凶者，主疾病叢生，南宮47，主肝膽病、足疾、官非、口舌；西北宮71，主桃色、喉疾、肺病、腎病。

61	26	48
4	9	2
59	72	94
3	5	7
15	37	83
8	1	6

陽 宅 運 勢

艮山坤向

座東北朝西南

四十五度→二百二十度

[五黃運]　　　　　　　　　　　　　　　　　　　[下卦]

●東南‧辰巽巳
4. 經云，蓋四綠為文昌之神主聰明。
6. 不利女性，奔波勞碌。
1. 經云，四一同宮準發科名。
61. 金生水，桃花旺。

●南‧丙午丁
9. 當運主財運與事業順利，失運主血光之災。
2. 家人愚鈍，血光之災。
6. 子女容易與自己發生爭執，提防呼吸系統疾病。
26. 進田莊之喜，買地買樓但是吝嗇孤寒。

●西南‧未坤申
2. 二黑又名病符，回宮復位主身體多病。
4. 腸胃病，是非纏繞。
8. 利地產，旺財。
48. 進田莊之喜，女同性戀。

●東‧乙卯甲
3. 經云，蚩尤碧色好勇鬥狠之神，三碧為蚩尤星主官災是非爭執。
5. 容易腳傷，因財招禍。
9. 家人頭腦靈活，子女讀書聰明。
59. 凶，火生土，生旺災瘟星五黃，主不吉五黃到位；煞中之煞主災禍連連，阻礙百般，化解安忍水、六帝錢。

●宅中央
5. 血光之災，瘡瘤。
7. 是非，官災，容易被金屬所傷。
2. 血光之災，慢性病。
72. 合先天火，利二黑，五黃，八白命。

●西‧辛酉庚
7. 當運主發財，失運主血光之災。
9. 小心火災，家中女性不和。
4. 提防被金屬所傷，易惹桃花劫。
94. 不正常桃花，女同性戀合化金。

●東北‧寅艮丑
8. 當運發財，利地產，失運破財。
1. 財運佳，利地產置業。
5. 主腸胃病，運氣蹇滯。
15. 五是變卦以中宮的向星代之婦科病耳疾。五黃到位；煞中之煞主災禍連連，阻礙百般，化解安忍水、六帝錢。

●北‧癸子壬
1. 經云，一白官星之應主掌文章讀書聰明。
3. 主脾氣暴躁，家人會搬遷或遠行。
7. 家人好動，桃花運。
37. 破財、官非、七運時七當旺仍有財，盜賊相侵，訟凶而病厄，咎重。

●西北‧亥乾戌
6. 驛馬位，有遠行，失運主官非或交通意外。
8. 發小財，利地產或五金行業。
3. 經云，足以金而蹣跚，主足傷，家人容易發生。
83. 木剋土，不利幼兒、離婚、無仔生、嫁杏無期、姑婆屋、腰痛、自殺、吊頸、咎輕、受剋而奇偶相敵。

說明：令星到座，水神上山，形巒凶者，主大破財丁。經曰：「苟無生氣入門，糧艱一宿。」向首48，主股病、瘋疾、神經病、損小口；東宮59，山水凶者主損人丁、瘡毒、心目之疾、血光意外之應；北宮37，主肝病、暴戾、官非、口舌之應。

71	36	58
4	9	2
69	82	14
3	5	7
25	47	93
8	1	6

陽 宅 運 勢

艮山坤向

座東北朝西南

四十五度→二百二十度

[五黃運]　　　　　　　　　　　　　　　　　[下卦]

●東南‧辰巽巳	●南‧丙午丁	●西南‧未坤申
4.經云，蓋四綠為文昌之神主聰明。 7.容易被金屬所傷，易惹桃花劫。 1.經云，四一同宮準發科名 71.出門遠行，桃花。	9.當運主財運與事業順利，失運主血光之災。 3.主家人頭腦靈活聰明。 6.子女容易與自己發生爭執，提防呼吸系統疾病。 36.官非，手腳受損，患在長男。	2.二黑又名病符，回宮復位主身體多病。 5.主急性病，血光之災。 8.利地產，旺財。 58.吉，五黃到位；煞中之煞主災禍連連，阻礙百般，化解安忍水、六帝錢。
●東‧乙卯甲	**●宅中央**	**●西‧辛酉庚**
3.經云，蚩尤碧色好勇鬥狠之神，三碧為蚩尤星主官災是非爭執。 6.主足疾，小人多。 9.家人頭腦靈活，子女讀書聰明。 69.火燒天門、家生忤逆之兒、生牙瘡、腦病、生痄腮、流牙血、肺疾、衰則血症、盛必火災。	5.血光之災，瘡瘤。 8.主腸胃病，運氣蹇滯。 2.血光之災，慢性病。 82.疾病。	7.當運主發財，失運主血光之災。 1.家人好動，多異性緣，一白當運為桃花運，失運破財。 4.容易被金屬所傷，易惹桃花劫。 14.讀書有成、被讚賞、出門有利、升職、加薪、主科名、號青雲得路，有文筆硯池水，鼎元之兆也。
●東北‧寅艮丑	**●北‧癸子壬**	**●西北‧亥乾戌**
8.當運發財、利地產、失運破財。 2.旺財、利地財。 5.主腸胃病、運氣蹇滯。 25.二五交加必損主孤寡二主，宅母多病黑逢五至出鰥夫，五黃到位；煞中煞主災禍連連，阻礙百般，化解安忍水、六帝錢。	1.經云，一白官星之應主掌文章讀書聰明。 4.坎宮為一白星所，主故為一四同宮主讀書聰明。 7.家人好動，桃花運。 47.桃花當時得令七運財色兼收。文章不顯，嘔血而早夭。	6.驛馬位，有遠行，失運主官非或交通意外。 9.子女容易與自己爭執，提防呼吸系統疾病。 3.經云，足以金而蹣跚，主足傷，家人容易發生。 93.官非。

説明：上山下水，形巒不合，主損丁破財。經曰：「苟無生氣入門，糧艱一宿。」向首58，
座山25，山水凶者主疾病叢生、血光意外、損丁損主之應；北宮47，主股疾、膽病、桃
色、官非；西宮14，失令者經曰：「須知四蕩一淫。」

89 4	45 9	67 2
78 3	91 5	23 7
34 8	56 1	12 6

陽 宅 運 勢

寅山申向

[五黃運]　　　　　　　　　　　　　　[起星]

座東北東朝西南西

六十度→二百四十度

●東南・辰巽巳	●南・丙午丁	●西南・未坤申
4.經云，蓋四綠為文昌之神主聰明。 8.兒童多病，成績退步，鼻敏感。 9.讀書聰明，利文職，家有喜慶事。 89.火生土，吉，旺丁，旺財，輔弼相輝，田園富盛，而子孫繁衍也。	9.當運主財運與事業順利，失運主血光之災。 4.讀書聰明，利文職，有喜慶，失運財帛不聚。 5.眼部疾病，血光之災。 45.遊蕩廢業，手足傷，病重重五黃到位；煞中之煞主災禍連連，阻礙百般，化解安忍水、六帝錢。	2.二黑又名病符，回宮復位主身體多病。 6.胡思亂想，神經衰弱，當運則發財。 7.主痢疾，提防火災，血光之災。 67.大凶六七交劍煞，合作不和、拆夥、籠裡雞作反、部屬造反、官非、男女不和、手腳受傷、皮膚病，化解使用陰陽水。
●東・乙卯甲	●宅中央	●西・辛酉庚
3.經云，蚩尤碧色好勇鬥狠之神，三碧為蚩尤星主官災是非爭執。 7.血光之災，受人拖累破財，宜放風水輪來化解。 8.主不利，兒童成績退步。 78.吉。	5.血光之災，瘡瘤。 9.目疾，血光之災，皮膚病。 1.經云，一加二五傷及壯丁，主傷病。 91.桃花，讀書人，性病。	7.當運主發財，失運主血光之災。 2.肚痛，提防火災，血光之災。 3.主血光之災，受人拖累。 23.鬥牛煞、官非、是非、口舌、不和、博弈好飲、田園廢盡。
●東北・寅艮丑	●北・癸子壬	●西北・亥乾戌
8.當運發財，利地產，失運破財。 3.經云，三八逢損小口，主不利小童。 4.兒童多病，成績退步，鼻敏感。 34.三是男，四是女，女來就男移船就磡貼，大床利男性的桃花。	1.經云，一白官星之應主掌文章讀書聰明。 5.主傷病，提防泌尿疾病，女性提防婦科病。 6.主聰明才智發小財。 56.吉六白金星化五黃。五黃到位；煞中之煞主災禍連連，阻礙百般，化解安忍水、六帝錢。	6.驛馬位，有遠行，失運主官非或交通意外。 1.主聰明、才智、發小財。 2.失運神經衰弱，胡思亂想，當運旺財。 12.男性腸胃病，內臟有疾，女性有腸胃病，婦科病。

說明:令星失位，形巒不合，主損丁破財。經曰：「苟無生氣入門，糧艱一宿。」向首67，煞氣主口舌、官非、頭痛、肺疾；座山34主股病、瘋疾、姑嫂不和；西宮23鬥牛煞，主腹痛、肝病、口舌；東南宮89，主心目之疾、神經病、損小口。

71	36	58
4	9	2
69	82	14
3	5	7
25	47	93
8	1	6

陽 宅 運 勢

寅山申向

[五黃運]　　　　　　　　　　　　　　　　　　[下卦]

座東北東朝西南西

六十度→二百四十度

●東南・辰巽巳	●南・丙午丁	●西南・未坤申
4.經云，蓋四綠為文昌之神主聰明。 7.容易被金屬所傷，易惹桃花劫。 1.經云，四一同宮準發科名。 71.出門遠行，桃花。	9.當運主財運與事業順利，失運主血光之災。 3.主家人頭腦靈活聰明。 6.子女容易與自己發生爭執，提防呼吸系統疾病。 36.官非，手腳受損，患在長男。	2.二黑又名病符，回宮復位主身體多病。 5.主急性病，血光之災。 8.利地產，旺財。 58.吉，五黃到位；煞中之煞主災禍連連，阻礙百般，化解安忍水、六帝錢。
●東・乙卯甲	●宅中央	●西・辛酉庚
3.經云，蚩尤碧色好勇鬥狠之神，三碧為蚩尤星主官災是非爭執。 6.主足疾，小人多。 9.家人頭腦靈活，子女讀書聰明。 69.火燒天門，家生忤逆之兒、生牙瘡、腦病、生痄腮、流牙血、肺疾、衰則血症、盛必火災。	5.血光之災、瘡瘤。 8.主腸胃病，運氣蹇滯。 2.血光之災，慢性病。 82.疾病。	7.當運主發財，失運主血光之災。 1.家人好動，多異性緣，一白當運為桃花運，失運破財。 4.容易被金屬所傷，易惹桃花劫。 14.讀書有成、被讚賞、出門有利、升職、加薪、主科名、號青雲得路，有文筆硯池水，鼎元之兆也。
●東北・寅艮丑	●北・癸子壬	●西北・亥乾戌
8.當運發財，利地產，失運破財。 2.旺財，利地財。 5.主腸胃病，運氣蹇滯。 25.二五交加必損主孤寡二主，宅母多病黑逢五至出鰥夫，五黃到位；煞中煞主災禍連連，阻礙百般，化解安忍水、六帝錢。	1.經云，一白官星之應主掌文章讀書聰明。 4.坎宮為一白星所，主故為一四同宮主讀書聰明。 7.家人好動，桃花運。 47.桃花當時得令七運財色兼收。文章不顯，嘔血而早夭。	6.驛馬位，有遠行，失運主官非或交通意外。 9.子女容易與自己爭執，提防呼吸系統疾病。 3.經云，足以金而蹣跚，主足傷，家人容易發生。 93.官非。

說明：上山下水、形巒不合，主損丁破財。經曰：「苟無生氣入門，糧艱一宿。」向首58，座山25，山水凶者，主疾病叢生、血光、意外、損丁、損主之應；北宮47，主股疾、膽病、桃色、官非；西宮14，失令者經曰：「須知四蕩一淫。」

38 4	73 9	51 2
49 3	27 5	95 7
84 8	62 1	16 6

陽宅運勢

[五黃運]

[起星]

未山丑向
座西南南朝東北北
二百一十度→三十度

●東南·辰巽巳
4.經云，蓋四綠為文昌之神主聰明。

3.運氣反覆，時好時壞。

8.兒童多病，成績退步，鼻敏感。

38.不利小童，三歲前會有心漏病、哮喘，甚至跌死、小產、破財、男同性戀。

●南·丙午丁
9.當運主財運與事業順利，失運主血光之災。

7.小心火災，家中女性不和。

3.主家人頭腦靈活聰明

73.大凶、打劫、破財、官非、被刺一刀、盲一眼。

●西南·未坤申
2.二黑又名病符，回宮復位主身體多病。

5.主急性病、血光之災。

1.主女性當權，家人易罹腸胃病。

51.膀胱病、五黃到位；煞中之煞主災禍連連，阻礙百般，化解安忍水、六帝錢

●東·乙卯甲
3.經云，蚩尤碧色好勇鬥狠之神，三碧為蚩尤星主官災是非爭執。

4.運氣反覆，情緒起伏。

9.家人頭腦靈活，子女讀書聰明。

49.合而化金，與本體木火不協，無益而有損，木火通明，聰明俊秀，女同性戀不正常桃花。

●宅中央
5.血光之災、瘡瘤。

2.血光之災、慢性病。

7.是非、官災，容易被金屬所傷。

27.土生金，七赤是七運的財星旺有財化官複，因桃花破財，桃花劫，對九紫命有利，二七合先天火乘殺氣遇凶山水，鳥焚其巢也

●西·辛酉庚
7.當運主發財，失運主血光之災。

9.小心火災，家中女性不和。

5.是非，官災，容易被金屬所傷。

95.生旺五黃主長病、殘疾、血病、火災、性病、五黃到位；煞中之煞主災禍連連，阻礙百般，化解安忍水、六帝錢。

●東北·寅艮丑
8.當運發財，利地產，失運破財。

4.兒童多病，成績退步，鼻敏感。

84.木剋土、離婚、嫁杏無期、姑婆屋、無仔生、不利幼兒、服毒、吊頸、自殺、腰痛、膽石。

●北·癸子壬
1.經云，一白官星之應主掌文章讀書聰明。

6.主聰明才智發小財。

2.主家人易罹腸胃病，女性當權掌握財政。

62.腸疾、婦科病。

●西北·亥乾戌
6.驛馬位，有遠行，失運主官非或交通意外。

1.主聰明、才智、發小財。

16.合為水主催官，遇旺水秀峰，官居極品也。武貴，當軍警會顯貴，事事如意，吉利。

說明:令星失位，形巒不合，主破財帛。經曰：「苟無生氣入門，糧艱一宿。」西宮有水，主進財可以一用；北宮62，主腹痛、頭疾、慢性病、亦主鬼神入；東南宮38，主足病、肝疾、損手、神經病。

39 4	74 9	52 2
41 3	28 5	96 7
85 8	63 1	17 6

陽 宅 運 勢

未山丑向
座西南南朝東北北
二百一十度→三十度

[五黃運]　　　　　　　　　　　　　　　　　　　　　　　[下卦]

●東南・辰巽巳	●南・丙午丁	●西南・未坤申
4.經云，蓋四綠為文昌之神主聰明。 3.運氣反覆，時好時壞。 9.讀書聰明，利文職，家有喜慶事。 39.聰明而吝嗇。	9.當運主財運與事業順利，失運主血光之災。 7.小心火災，家中女性不和。 4.讀書聰明，利文職，有喜慶，失運則財帛不聚。 74.桃花，出門。	2.二黑又名病符，回宮復位主身體多病。 5.主急性病，血光之災。 52.腸病，手腳受傷，黃遇黑時出寡婦。主孤寡五黃到位；煞中之煞主災禍連連，阻礙百般，化解安忍水、六帝錢
●東・乙卯甲	●宅中央	●西・辛酉庚
3.經云，蚩尤碧色好勇鬥狠之神，三碧為蚩尤星主官災是非爭執。 4.運氣反覆，情緒起伏。 1.主家人搬遷或有遠行，脾氣較為暴躁。 41.利讀書，出門，遠走他方。	5.血光之災，瘡瘤。 2.血光之災，慢性病。 8.主腸胃病，運氣蹇滯。 28.合十主吉，有進田置業之喜，利遷移。	7.當運主發財，失運主血光之災。 9.小心火災，家中女性不和。 6.提防被金屬所傷。 96.腦病。
●東北・寅艮丑	●北・癸子壬	●西北・亥乾戌
8.當運發財，利地產，失運破財。 5.主腸胃病，運氣蹇滯。 85.暗滯、胃病、胸疼痛、五黃到位；煞中之煞主災禍連連，阻礙百般，化解安忍水、六帝錢。	1.經云，一白官星之應主掌文章讀書聰明。 6.主聰明才智發小財。 3.主脾氣暴躁，家人會搬遷或遠行。 63.手腳受傷。	6.驛馬位，有遠行，失運主官非或交通意外。 1.主聰明、才智、發小財。 7.提防金屬傷，主官非、爭執、交通意外。 17.桃花、出門有利，吉利。

説明：旺山旺向，形巒合局，主大旺財。經曰：「會有旺星到穴，富積千鐘。」西宮96，火照天門，主吐血、生忤逆之子；東宮41，山水凶者，須知四蕩一淫；南宮74，主肺疾、官非、口舌、瘋疾、體虛；東南宮39，主足病、肝疾、心目之疾。

16 4	62 9	84 2
95 3	27 5	49 7
51 8	73 1	38 6

陽 宅 運 勢

坤山艮向

[五黃運]　　　　　　　　　　　　　　　　　　[起星]

座西南朝東北

二百二十五度 → 四十五度

●東南・辰巽巳	●南・丙午丁	●西南・未坤申
4.經云，蓋四綠為文昌之神主聰明。	9.當運主財運與事業順利，失運主血光之災。	2.二黑又名病符，回宮復位主身體多病。
1.經云，四一同宮準發科名。	6.子女容易與自己發生爭執，提防呼吸系統疾病。	8.利地產，旺財。
6.不利女性，奔波勞碌。	2.家人愚鈍，血光之災。	4.腸胃病，是非纏繞。
16.合為水主催官，遇旺水秀峰，官居極品也。武貴，當軍警會顯貴，事事如意，吉利。	62.腸疾，婦科病。	84.木剋土，離婚、嫁杏無期、姑婆屋、無仔生、不利幼兒、服毒、吊頸、自殺、腰痛、膽石。

●東・乙卯甲	●宅中央	●西・辛酉庚
3.經云，蚩尤碧色好勇鬥狠之神，三碧為蚩尤星主官災是非爭執。	5.血光之災，瘡瘤。	7.當運主發財，失運主血光之災。
9.家人頭腦靈活，子女讀書聰明。	2.血光之災，慢性病。	4.容易被金屬所傷，易惹桃花劫。
5.容易腳傷、因財招禍。	7.是非，官災，容易被金屬所傷。	9.小心火災，家中女性不和。
95.生旺五黃主長病、殘疾、血病、火災、性病，五黃到位；煞中之煞主災禍連連，阻礙百般，化解安忍水、六帝錢。	27.土生金，七赤是七運的財星旺有財化官複，因桃花破財，桃花劫，對九紫命有利，二七合先天火乘殺氣遇凶山水，鳥焚其巢也。	49.合而化金，與本體木火不協，無益而有損，木火通明，聰明俊秀，女同性戀不正常桃花。

●東北・寅艮丑	●北・癸子壬	●西北・亥乾戌
8.當運發財，利地產，失運破財。	1.經云，一白官星之應主掌文章讀書聰明。	6.驛馬位，有遠行，失運主官非或交通意外。
5.主腸胃病、運氣蹇滯。	7.家人好動、桃花運。	3.經云，足以金而蹣跚，主足傷，家人容易發生。
1.財運佳、利地產置業。	3.主脾氣暴躁，家人會搬遷或遠行。	8.發小財，利地產或五金行業。
51.膀胱病，五黃到位；煞中之煞主災禍連連，阻礙百般，化解安忍水、六帝錢。	73.大凶、打劫、破財、官非、被刺一刀、盲一眼。	38.不利小童，三歲前會有心漏病、哮喘，甚至跌死、小產、破財、男同性戀。

説明:令星失位，形巒不合，主損丁破財。經曰：「苟無生氣入門，糧艱一宿。」東宮有水，旺氣到方，則可以一用，北、東兩方可用城門訣，惟必須水城合局；南宮62，主肚痛、頭疾、慢疾病、鬼怕入室之應。

17	63	85
4	9	2
96	28	41
3	5	7
52	74	39
8	1	6

陽 宅 運 勢

坤山艮向

[五黃運]　　　　　　　　　　　　　　　[下卦]

座西南朝東北

二百二十五度→四十五度

●東南・辰巽巳	●南・丙午丁	●西南・未坤申
4.經云，蓋四綠為文昌之神主聰明。 1.經云，四一同宮準發科名。 7.容易被金屬所傷，易惹桃花劫。 17.桃花、出門有利、吉利。	9.當運主財運與事業順利，失運主血光之災。 6.子女容易與自己發生爭執，提防呼吸系統疾病。 3.主家人頭腦靈活聰明。 63.手腳受傷。	2.二黑又名病符，回宮復位主身體多病。 8.利地產、旺財。 5.主急性病、血光之災。 85.暗滯、胃病、胸疼痛、五黃到位；煞中之煞主災禍連連，阻礙百般，化解安忍水、六帝錢。
●東・乙卯甲	**●宅中央**	**●西・辛酉庚**
3.經云，蚩尤碧色好勇鬥狠之神，三碧為蚩尤星主官災是非爭執。 9.家人頭腦靈活，子女讀書聰明。 6.主足疾、小人多。 96.腦病。	5.血光之災，瘡瘤。 2.血光之災，慢性病。 8.主腸胃病，運氣蹇滯。 28.合十主吉，有進田置業之喜，利遷移。	7.當運主發財，失運主血光之災。 4.容易被金屬所傷，易惹桃花劫。 1.家人好動，多異性緣，一白當運為桃花運，失運破財。 41.利讀書、出門、遠走他方。
●東北・寅艮丑	**●北・癸子壬**	**●西北・亥乾戌**
8.當運發財，利地產，失運破財。 5.主腸胃病，運氣蹇滯。 2.旺財，利地財。 52.腸病，手腳受傷，黃遇黑時出寡婦。主孤寡五黃到位；煞中之煞主災禍連連，阻礙百般，化解安忍水、六帝錢。	1.經云，一白官星之應主掌文章讀書聰明。 7.家人好動、桃花運。 4.坎宮為一白星所，主故為一四同宮主讀書聰明。 74.桃花、出門。	6.驛馬位，有遠行，失運主官非或交通意外。 3.經云，足以金而蹣跚，主足傷，家人容易發生。 9.子女容易與自己爭執，提防呼吸系統疾病。 39.聰明而吝嗇。

説明：上山下水，形巒不合，主損丁破財。經曰：「苟無生氣入門，糧艱一宿。」若水纏玄武，形巒顛倒，則可以一用，北、東兩方可用城門訣，惟必須水城合局；東南宮17主淫蕩、口非、口舌、體虛；西宮41，山水凶者，須知四蕩一淫。

98	54	76
4	9	2
87	19	32
3	5	7
43	65	21
8	1	6

[五黃運]

陽 宅 運 勢

申山寅向

座西南西朝東北東

二百四十度→六十度

[起星]

●東南・辰巽巳	●南・丙午丁	●西南・未坤申
4.經云,蓋四綠為文昌之神主聰明。	9.當運主財運與事業順利,失運主血光之災。	2.二黑又名病符,回宮復位主身體多病。
9.讀書聰明,利文職,家有喜慶事。	5.眼部疾病、血光之災。	7.主痢疾,提防火災,血光之災。
8.兒童多病,成績退步,鼻敏感。	4.讀書聰明,利文職,有喜慶,失運則財帛不聚。	6.胡思亂想,神經衰弱,當運則發財。
98.吐血。	54.五黃最忌三碧四綠木剋土,博弈好飲,破財田園廢盡,大凶五黃到位;煞中之煞主災禍連連,阻礙百般,化解安忍水,六帝錢。	76.凶交劍煞,合作不和、拆夥、籠裡雞部屬造反、官非、男女不和、手腳受傷、皮膚病、化解使用陰陽水。

●東・乙卯甲	●宅中央	●西・辛酉庚
3.經云,蚩尤碧色好勇鬥狠之神,三碧為蚩尤星主官災是非爭執。	5.血光之災,瘡瘤。	7.當運主發財,失運主血光之災。
8.主不利,兒童成績退步。	1.經云,一加二五傷及壯丁,主傷病。	3.主血光之災,受人拖累。
7.血光之災,受人拖累破財,宜放風水輪來化解。	9.目疾,血光之災,皮膚病。	2.肚痛,提防火災,血光之災。
87.吉,財利。	19.水火不容,性病,皮膚病,小產。	32.鬥牛煞,爭吵,激氣,官非,破財。

●東北・寅艮丑	●北・癸子壬	●西北・亥乾戌
8.當運發財,利地產,失運破財。	1.經云,一白官星之應主掌文章讀書聰明。	6.驛馬位,有遠行,失運主官非或交通意外。
4.兒童多病,成績退步,鼻敏感。	6.主聰明才智發小財。	2.失運神經衰弱,胡思亂想,當運旺財。
3.經云,三八逢損小口,主不利小童。	5.主傷病,提防泌尿疾病,女性提防婦科病。	1.主聰明,才智,發小財。
43.少女發瘋,男星飛臨是男姦女之象。	65.頭痛、口腔多病、五黃到位;煞中之煞主災禍連連,阻礙百般,化解安忍水、六帝錢	21.女性婦科病,腸胃病。

説明:令星失位,形巒不合,主損丁破財。經曰:「苟無生氣入門,糧艱一宿。」向首43,主作事無理智,經曰:「同來震巽,昧事無常。」北宮65,有水主進財,可以一用,座山76,交劍煞,失令主官非、肺疾、頭痛。

17 4	63 9	85 2
96 3	28 5	41 7
52 8	74 1	39 6

陽 宅 運 勢

申山寅向

座西南西朝東北東

二百四十度→六十度

[五黃運]　　　　　　　　　　　　　　　　[下卦]

●東南‧辰巽巳	●南‧丙午丁	●西南‧未坤申
4.經云，蓋四綠為文昌之神主聰明。 1.經云，四一同宮準發科名。 7.容易被金屬所傷，易惹桃花劫。 17.桃花，出門有利，吉利。	9.當運主財運與事業順利，失運主血光之災。 6.子女容易與自己發生爭執，提防呼吸系統疾病。 3.主家人頭腦靈活聰明。 63.手腳受傷。	2.二黑又名病符，回宮復位主身體多病。 8.利地產，旺財。 5.主急性病，血光之災。 85.暗滯、胃病、胸疼痛、五黃到位；煞中之煞主災禍連連，阻礙百般，化解安忍水、六帝錢。
●東‧乙卯甲	**●宅中央**	**●西‧辛酉庚**
3.經云，蚩尤碧色好勇鬥狠之神，三碧為蚩尤星主官災是非爭執。 9.家人頭腦靈活，子女讀書聰明。 6.主足疾，小人多。 96.腦病。	5.血光之災，瘡瘤。 2.血光之災，慢性病。 8.主腸胃病，運氣塞滯。 28.合十主吉，有進田置業之喜，利遷移。	7.當運主發財，失運主血光之災。 4.容易被金屬所傷，易惹桃花劫。 1.家人好動，多異性緣，一白當運為桃花運，失運破財。 41.利讀書，出門，遠走他方。
●東北‧寅艮丑	**●北‧癸子壬**	**●西北‧亥乾戌**
8.當運發財，利地產，失運破財。 5.主腸胃病、運氣塞滯。 2.旺財、利地財。 52.腸病、手腳受傷，黃遇黑時出寡婦。主孤寡五黃到位；煞中之煞主災禍連連，阻礙百般，化解安忍水、六帝錢	1.經云，一白官星之應主掌文章讀書聰明。 7.家人好動，桃花運。 4.坎宮為一白星所，主故為一四同宮主讀書聰明。 74.桃花，出門。	6.驛馬位，有遠行，失運主官非或交通意外。 3.經云，足以金而蹣跚，主足傷，家人容易發生。 9.子女容易與自己爭執，提防呼吸系統疾病。 39.聰明而吝嗇。

說明：上山下水，形巒不合，主損丁破財。經曰：「苟無生氣入門，糧艱一宿。」若水纏玄武，形巒顛倒，則可以一用，北、東兩方可用城門訣，惟必須水城合局；東南宮17主淫蕩、官非、口舌、體虛；西宮41，山水凶者，須知四蕩一淫。

68 5	14 1	86 3
77 4	59 6	32 8
23 9	95 2	41 7

陽宅運勢

[六白運]

辰山戌向
座東南東朝西北西
一百二十度→三百度

[起星]

●東南·辰巽巳	●南·丙午丁	●西南·未坤申
5.主皮膚病，瘡毒。	1.中爻得配水火相交，主喜慶順利。	3.主官災，是非，腸胃病，足病。
6.不利女性，奔波勞碌。	4.讀書聰明，利文職，有喜慶，失運則財帛不聚。	8.利地產，旺財。
8.兒童多病，成績退步，鼻敏感。	14.讀書有成、被讚賞、出門有利、升職、加薪、主科名，號青雲得路，有文筆硯池水，鼎元之兆也。	6.胡思亂想，神經衰弱，當運則發財。
68.吉，進財，利田宅，武庫，亦主財帛，利武庫及異路功名。		86.吉，財利。
●東·乙卯甲	**●宅中央**	**●西·辛酉庚**
4.運氣反覆，情緒起伏。	6.遠行多阻滯，頭部疾病。	8.財帛可得，但容易破耗。
7.血光之災，受人拖累破財，宜放風水輪來化解。	5.血光之災，瘡瘤。	3.主血光之災，受人拖累。
77.七運，當旺大吉，財利大旺。	9.目疾，血光之災，皮膚病。	2.肚痛，提防火災，血光之災。
	59.凶，火生土，生旺災瘟星五黃，主不吉五黃到位；煞中之煞主災禍連連，阻礙百般，化解安忍水、六帝錢。	32.鬥牛煞、爭吵、激氣、官非、破財。
●東北·寅艮丑	**●北·癸子壬**	**●西北·亥乾戌**
9.家有令人愉快事情發生，如喜事、橫財。	2.主家人易罹腸胃病，女性當權掌握財政。	7.提防被金屬所傷，主官非、爭執、交通意外。
2.旺財，利地財。	9.水火既濟，主喜慶順利。	4.不利女性，驛馬位，有遠行或搬遷。
3.經云，三八逢損小口，主不利小童。	5.主傷病，提防泌尿疾病，女性提防婦科病。	1.主聰明、才智、發小財。
23.鬥牛煞、官非、是非、口舌、不和、博弈好飲、田園廢盡。	95.生旺五黃主長病、殘疾、血病、火災、性病、五黃到位；煞中之煞主災禍連連，阻礙百般，化解安忍水、六帝錢。	41.利讀書，出門，遠走他方。

説明：令星失位，形巒不合，主大破財丁。經曰：「苟無生氣入門，糧艱一宿。」西南宮86，若有水局為當令之水主進財帛，亦主武貴；向上41，失令主腎病、耳鳴、膽疾、股病，亦主淫蕩；西宮32，東北23，主腹痛、產厄、肝病、足患、官非、口舌、暴戾之事。

66	12	84
5	1	3
75	57	39
4	6	8
21	93	48
9	2	7

陽 宅 運 勢

辰山戌向

座東南東朝西北西

一百二十度→三百度

[六白運]　　　　　　　　　　　　　　　　　　　　　　[下卦]

●東南・辰巽巳	●南・丙午丁	●西南・未坤申
5.主皮膚病，瘡毒。 6.不利女性，奔波勞碌。 66.吉，利財。	1.中爻得配水火相交，主喜慶順利。 2.家人愚鈍，血光之災。 12.男性腸胃病、內臟有疾，女性有腸胃病、婦科病。	3.主官災，是非，腸胃病，足病。 8.利地產，旺財。 4.腸胃病，是非纏繞。 84.木剋土，離婚、嫁杏無期、姑婆屋、無仔生、不利幼兒、服毒、吊頸、自殺、腰痛、膽石。
●東・乙卯甲	●宅中央	●西・辛酉庚
4.運氣反覆，情緒起伏。 7.血光之災，受人拖累破財，宜放風水輪來化解。 5.容易腳傷，因財招禍。 75.肺病、口腔病、口舌、五黃到位；煞中之煞主災禍連連，阻礙百般，化解安忍水、六帝錢。	6.遠行多阻滯，頭部疾病。 5.血光之災，瘡瘤。 7.是非，官災，容易被金屬所傷。 57.吉七赤金星化五黃，土生金生旺七運吉星，五黃到位；煞中之煞主災禍連連，阻礙百般，化解安忍水、六帝錢。	8.財帛可得，但容易破耗。 3.主血光之災，受人拖累。 9.小心火災，家中女性不和。 39.聰明而吝嗇。
●東北・寅艮丑	●北・癸子壬	●西北・亥乾戌
9.家有令人愉快事情發生，如喜事、橫財。 2.旺財，利地財。 1.財運佳，利地產置業。 21.女性婦科病，腸胃病。	2.主家人易罹腸胃病，女性當權掌握財政。 9.水火既濟，主喜慶順利。 3.主脾氣暴躁，家人會搬遷或遠行。 93.官非。	7.提防被金屬所傷，主官非、爭執、交通意外。 4.不利女性，驛馬位，有遠行或搬遷。 8.發小財，利地產或五金行業。 48.進田莊之喜，女同性戀。

說明：雙星到座，水神上山，主旺丁不旺財，經曰：「苟無生氣入門，糧艱一宿。」若水纏玄武，形巒合局，則可以一用；向上48，主膽疾、股病、神經病、損男童之事；東方75，主瘡毒、中毒、血光、意外、官非、口舌、桃色；南宮12，東北宮21，主腹痛、產厄、耳鳴、腎病之事。

48	93	21
5	1	3
39	57	75
4	6	8
84	12	66
9	2	7

陽 宅 運 勢

巽山乾向

[六白運]　　　　　　　　　　　　　　　　　　　　　[起星]

座東南朝西北

一百三十五度→三百一十五度

●東南‧辰巽巳	●南‧丙午丁	●西南‧未坤申
5.主皮膚病，瘡毒。	1.中爻得配水火相交，主喜慶順利。	3.主官災、是非、腸胃病、足病。
4.經云，蓋四綠為文昌之神主聰明。	9.當運主財運與事業順利，失運主血光之災。	2.二黑又名病符，回宮復位主身體多病。
8.兒童多病，成績退步，鼻敏感。	3.主家人頭腦靈活聰明。	1.主女性當權，家人易罹腸胃病。
48.進田莊之喜，女同性戀。	93.官非。	21.女性婦科病、腸胃病。
●東‧乙卯甲	●宅中央	●西‧辛酉庚
4.運氣反覆，情緒起伏。	6.遠行多阻滯，頭部疾病。	8.財帛可得，但容易破耗。
3.經云，蚩尤碧色好勇鬥狠之神，三碧為蚩尤星，主官災、是非、爭執。	5.血光之災，瘡瘤。	7.當運主發財，失運主血光之災。
9.家人頭腦靈活，子女讀書聰明。	7.是非，官災，容易被金屬所傷。	5.是非，官災，容易被金屬所傷。
39.聰明而吝嗇。	57.吉七赤金星化五黃，土生金生旺七運吉星，五黃到位；煞中之煞主災禍連連，阻礙百般，化解安忍水、六帝錢。	75.肺病、口腔病、口舌、五黃到位；煞中之煞主災禍連連，阻礙百般，化解安忍水、六帝錢。
●東北‧寅艮丑	●北‧癸子壬	●西北‧亥乾戌
9.家有令人愉快事情發生，如喜事、橫財。	2.主家人易罹腸胃病，女性當權掌握財政。	7.提防被金屬所傷，主官非、爭執、交通意外。
8.當運發財，利地產，失運破財。	1.經云，一白官星之應主掌文章讀書聰明。	6.驛馬位，有遠行，失運主官非或交通意外。
4.兒童多病，成績退步，鼻敏感。	12.男性腸胃病，內臟有疾，女性有腸胃病，婦科病。	66.吉，利財。
84.木剋土，離婚、嫁杏無期、姑婆屋、無仔生、不利幼兒、服毒、吊頸、自殺、腰痛、膽石。		

說明：雙星到向，山星下水，主旺財不旺丁。經曰：「會有旺星到穴，富積千鐘。」向上有水，當元大旺財丁，必須山外有水，水外有山；西宮75，主瘡毒、中毒、血光、意外、口舌、官非、桃色之應；西南宮21，北宮12，主腎病、耳鳴、水厄、腹痛、產厄、慢性、急病。

48 5	93 1	21 3
39 4	57 6	75 8
84 9	12 2	66 7

陽宅運勢

巽山乾向

[六白運]　　　　　　　　　　　　　　　　[下卦]

座東南朝西北

一百三十五度→三百一十五度

●東南・辰巽巳	●南・丙午丁	●西南・未坤申
5.主皮膚病，瘡毒。 4.經云，蓋四綠為文昌之神主聰明。 8.兒童多病，成績退步，鼻敏感。 48.進田莊之喜，女同性戀。	1.中爻得配水火相交，主喜慶順利。 9.當運主財運與事業順利，失運主血光之災。 3.主家人頭腦靈活聰明。 93.官非。	3.主官災，是非，腸胃病，足病。 2.二黑又名病符，回宮復位主身體多病。 1.主女性當權，家人易罹腸胃病。 21.女性婦科病，腸胃病。
●東・乙卯甲	●宅中央	●西・辛酉庚
4.運氣反覆，情緒起伏。 3.經云，蚩尤碧色好勇鬥狠之神，三碧為蚩尤星，主官災、是非、爭執。 9.家人頭腦靈活，子女讀書聰明。 39.聰明而吝嗇。	6.遠行多阻滯，頭部疾病。 5.血光之災，瘡瘤。 7.是非，官災，容易被金屬所傷。 57.吉七赤金星化五黃，土生金生旺七運吉星，五黃到位；煞中之煞主災禍連連，阻礙百般，化解安忍水、六帝錢。	8.財帛可得，但容易破耗。 7.當運主發財，失運主血光之災。 5.是非，官災，容易被金屬所傷。 75.肺病、口腔病、口舌、五黃到位；煞中之煞主災禍連連，阻礙百般，化解安忍水、六帝錢。
●東北・寅艮丑	●北・癸子壬	●西北・亥乾戌
9.家有令人愉快事情發生，如喜事、橫財。 8.當運發財，利地產，失運破財。 4.兒童多病、成績退步、鼻敏感。 84.木剋土，離婚、嫁杏無期、姑婆屋、無仔生、不利幼兒、服毒、吊頸、自殺、腰痛、膽石。	2.主家人易罹腸胃病，女性當權掌握財政。 1.經云，一白官星之應主掌文章讀書聰明。 12.男性腸胃病，內臟有疾，女性有腸胃病，婦科病。	7.提防被金屬所傷，主官非、爭執、交通意外。 6.驛馬位，有遠行，失運主官非或交通意外。 66.吉，利財。

說明：雙星到向，山星下水，主旺財不旺丁。經曰：「會有旺星到穴，富積千鐘。」向上有水、當元大旺財丁，必須山外有水，水外有山；西宮75，主瘡毒、中毒、血光、意外、口舌、官非、桃色之應；西南宮21，北宮12，主腎病、耳鳴、水厄、腹痛、產厄、慢性急病。

48	93	21
5	1	3
39	57	75
4	6	8
84	12	66
9	2	7

陽 宅 運 勢

巳山亥向

[六白運]　　　　　　　　　　　　　　　　　　　　　[起星]

座東南南朝西北北
一百五十度 → 三百三十度

●東南·辰巽巳	●南·丙午丁	●西南·未坤申
5.主皮膚病，瘡毒。	1.中爻得配水火相交，主喜慶順利。	3.主官災，是非，腸胃病，足病。
4.經云，蓋四綠為文昌之神主聰明。	9.當運主財運與事業順利，失運主血光之災。	2.二黑又名病符，回宮復位主身體多病。
8.兒童多病，成績退步，鼻敏感。	3.主家人頭腦靈活聰明。	1.主女性當權，家人易罹腸胃病。
48.進田莊之喜，女同性戀。	93.官非。	21.女性婦科病、腸胃病。
●東·乙卯甲	**●宅中央**	**●西·辛酉庚**
4.運氣反覆，情緒起伏。	6.遠行多阻滯，頭部疾病。	8.財帛可得，但容易破耗。
3.經云，蚩尤碧色好勇鬥狠之神，三碧為蚩尤星，主官災、是非、爭執。	5.血光之災，瘡瘤。	7.當運主發財，失運主血光之災。
	7.是非，官災，容易被金屬所傷。	5.是非，官災，容易被金屬所傷。
9.家人頭腦靈活，子女讀書聰明。	57.吉七赤金星化五黃，土生金生旺七運吉星，五黃到位；煞中之煞主災禍連連，阻礙百般，化解安忍水、六帝錢。	75.肺病、口腔病、口舌、五黃到位；煞中之煞主災禍連連，阻礙百般，化解安忍水、六帝錢。
39.聰明而吝嗇。		
●東北·寅艮丑	**●北·癸子壬**	**●西北·亥乾戌**
9.家有令人愉快事情發生，如喜事、橫財。	2.主家人易罹腸胃病，女性當權掌握財政。	7.提防被金屬所傷，主官非、爭執、交通意外。
8.當運發財，利地產，失運破財。	1.經云，一白官星之應主掌文章讀書聰明。	6.驛馬位，有遠行，失運主官非或交通意外。
4.兒童多病，成績退步，鼻敏感。	12.男性腸胃病，內臟有疾，女性有腸胃病，婦科病。	66.吉，利財。
84.木剋土，離婚、嫁杏無期、姑婆屋、無仔生、不利幼兒、服毒、吊頸、自殺、腰痛、膽石。		

説明：雙星到向，山星下水，主旺財不旺丁。經曰：「會有旺星到穴，富積千鐘。」向上有水，當元大旺財丁，必須山外有水，水外有山；西宮75，主瘡毒、中毒、血光、意外、口舌、官非、桃色；西南宮21，北宮12，主腎病、耳鳴、水厄、腹痛、產厄、慢性急病。

48	93	21
5	1	3
39	57	75
4	6	8
84	12	66
9	2	7

陽宅運勢

巳山亥向

座東南南朝西北北

一百五十度→三百三十度

[六白運]　　　　　　　　　　　　　　[下卦]

●東南・辰巽巳	●南・丙午丁	●西南・未坤申
5.主皮膚病，瘡毒。	1.中爻得配水火相交，主喜慶順利。	3.主官災，是非，腸胃病，足病。
4.經云，蓋四綠為文昌之神主聰明。	9.當運主財運與事業順利，失運主血光之災。	2.二黑又名病符，回宮復位主身體多病。
8.兒童多病，成績退步，鼻敏感。	3.主家人頭腦靈活聰明。	1.主女性當權，家人易罹腸胃病。
48.進田莊之喜，女同性戀。	93.官非。	21.女性婦科病、腸胃病。

●東・乙卯甲	●宅中央	●西・辛酉庚
4.運氣反覆，情緒起伏。	6.遠行多阻滯，頭部疾病。	8.財帛可得，但容易破耗。
3.經云，蚩尤碧色好勇鬥狠之神，三碧為蚩尤星，主官災、是非、爭執。	5.血光之災，瘡瘤。	7.當運主發財，失運主血光之災。
9.家人頭腦靈活，子女讀書聰明。	7.是非，官災，容易被金屬所傷。	5.是非，官災，容易被金屬所傷。
39.聰明而吝嗇。	57.吉七赤金星化五黃，土生金生旺七運吉星，五黃到位；煞中之煞主災禍連連，阻礙百般，化解安忍水、六帝錢。	75.肺病、口腔病、口舌、五黃到位；煞中之煞主災禍連連，阻礙百般，化解安忍水、六帝錢。

●東北・寅艮丑	●北・癸子壬	●西北・亥乾戌
9.家有令人愉快事情發生，如喜事、橫財。	2.主家人易罹腸胃病，女性當權掌握財政。	7.提防被金屬所傷，主官非、爭執、交通意外。
8.當運發財，利地產，失運破財。	1.經云，一白官星之應主掌文章讀書聰明。	6.驛馬位，有遠行，失運主官非或交通意外。
4.兒童多病，成績退步、鼻敏感。	12.男性腸胃病、內臟有疾，女性有腸胃病、婦科病。	66.吉，利財
84.木剋土，離婚、嫁杏無期、姑婆屋、無仔生、不利幼兒、服毒、吊頸、自殺、腰痛、膽石。		

説明：雙星到向，山星下水，主旺財不旺丁。經曰：「會有旺星到穴，富積千鐘。」向上有水，當元大旺財丁，必須山外有水，水外有山；西宮75，主瘡毒、中毒、血光、意外、口舌、官非、桃色；西南宮21，北宮12，主腎病、耳鳴、水厄、腹痛、產厄、慢性急病。

31	76	58
5	1	3
49	22	94
4	6	8
85	67	13
9	2	7

陽 宅 運 勢

壬山丙向

[六白運] 　　　　　　　　　　　　　　　　　　[起星]

座北西北朝南東南

三百四十五度→一百六十五度

●東南・辰巽巳	●南・丙午丁	●西南・未坤申
5.主皮膚病，瘡毒。 3.運氣反覆，時好時壞。 1.經云，四一同宮準發科名。 31.爭吵、激氣、官非、破財。	1.中爻得配水火相交，主喜慶順利。 7.小心火災，家中女性不和。 6.子女容易與自己發生爭執，提防呼吸系統疾病。 76.凶交劍煞、合作不和、拆夥、籠裡雞部屬造反、官非、男女不和、手腳受傷、皮膚病、化解使用陰陽水。	3.主官災、是非、腸胃病、足病。 5.主急性病，血光之災。 8.利地產，旺財。 58.吉，五黃到位；煞中之煞主災禍連連，阻礙百般，化解安忍水、六帝錢。
●東・乙卯甲	●宅中央	●西・辛酉庚
4.運氣反覆，情緒起伏。 9.家人頭腦靈活，子女讀書聰明。 49.合而化金，與本體木火不協，無益而有損，木火通明，聰明俊秀，女同性戀不正常桃花。	6.遠行多阻滯，頭部疾病。 2.血光之災，慢性病。 22.二黑是病符，疾病入醫院，女性婦科病、懷孕，男性腸胃病、內臟病。	8.財帛可得，但容易破耗。 9.小心火災，家中女性不和。 4.容易被金屬所傷，易惹桃花劫。 94.不正常桃花，女同性戀合化金。
●東北・寅艮丑	●北・癸子壬	●西北・亥乾戌
9.家有令人愉快事情發生，如喜事、橫財。 8.當運發財，利地產，失運破財。 5.主腸胃病、運氣蹇滯。 85.暗滯、胃病、胸疼痛、五黃到位；煞中之煞主災禍連連，阻礙百般，化解安忍水、六帝錢。	2.主家人易罹腸胃病，女性當權掌握財政。 6.主聰明才智發小財。 7.家人好動，桃花運。 67.大凶六七交劍煞、合作不和、拆夥、籠裡雞作反、部屬造反、官非、男女不和、手腳受傷、皮膚病、化解使用陰陽水。	7.提防被金屬所傷，主官非、爭執、交通意外。 1.主聰明、才智、發小財。 3.經云，足以金而蹣跚，主足傷，家人容易發生。 13.爭執、吵鬧、勞氣、官非、盜劫、破財。

説明：旺山旺向，形巒合局，主大旺財丁。經曰：「會有旺星到穴，富積千鐘。」向首76，
　　　主武貴。經曰：「職掌兵權，武曲峰當庚兌。」東南、南、西南宮一六八三吉，主出科
　　　名；西宮94，主心目之疾、膽病；西北宮13，主腎病、耳鳴、官非、口舌。

39 5	75 1	57 3
48 4	21 6	93 8
84 9	66 2	12 7

陽 宅 運 勢

壬山丙向

[六白運]　　　　　　　　　　　　　　　　　　　　[下卦]

座北西北朝南東南

三百四十五度→一百六十五度

●東南・辰巽巳	●南・丙午丁	●西南・未坤申
5.主皮膚病，瘡毒。 3.運氣反覆，時好時壞。 9.讀書聰明，利文職，家有喜慶事。 39.聰明而吝嗇。	1.中爻得配水火相交，主喜慶順利。 7.小心火災，家中女性不和。 5.眼部疾病，血光之災。 75.肺病、口腔病、口舌、五黃到位；煞中之煞主災禍連連，阻礙百般，化解安忍水、六帝錢。	3.主官災、是非、腸胃病、足病。 5.主急性病，血光之災。 7.主痢疾，提防火災，血光之災。 57.吉七赤金星化五黃，土生金生旺七運吉星，五黃到位；煞中之煞主災禍連連，阻礙百般，化解安忍水、六帝錢。
●東・乙卯甲	●宅中央	●西・辛酉庚
4.運氣反覆，情緒起伏。 8.主不利，兒童成績退步。 48.進田莊之喜，女同性戀。	6.遠行多阻滯，頭部疾病。 2.血光之災，慢性病。 1.經云，一加二五傷及壯丁，主傷病。 21.女性婦科病，腸胃病。	8.財帛可得，但容易破耗 9.小心火災，家中女性不和 3.主血光之災，受人拖累 93.官非。
●東北・寅艮丑	●北・癸子壬	●西北・亥乾戌
9.家有令人愉快事情發生，如喜事、橫財。 8.當運發財，利地產，失運破財。 4.兒童多病，成績退步，鼻敏感。 84.木剋土，離婚、嫁杏無期、姑婆屋、無仔生、不利幼兒、服毒、吊頸、自殺、腰痛、膽石。	2.主家人易罹腸胃病，女性當權掌握財政。 6.主聰明才智發小財。 66.吉，利財。	7.提防被金屬所傷，主官非、爭執、交通意外。 1.主聰明、才智、發小財。 2.失運神經衰弱，胡思亂想，當運旺財。 12.男性腸胃病、內臟有疾，女性有腸胃病、婦科病。

説明：令星到座，水神上山，形巒不合，主大破財帛。經曰：「苟無生氣入門，糧艱一宿。」旺氣到山，主旺人丁，向上75，主破財、官非、口舌、肺疾；西北宮12，主腹疾、體虛、腎病、西宮有水，主暴戾、官非、口舌、心目之疾。

12 5	66 1	84 3
93 4	21 6	48 8
57 9	75 2	39 7

陽宅運勢

子山午向
座北朝南
零度→一百八十度

[六白運]　　　　　　　　　　　　　　　　　　　　[起星]

●東南・辰巽巳	●南・丙午丁	●西南・未坤申
5.主皮膚病，瘡毒。	1.中爻得配水火相交，主喜慶順利。	3.主官災、是非、腸胃病、足病。
1.經云，四一同宮準發科名。	6.子女容易與自己發生爭執，提防呼吸系統疾病。	8.利地產、旺財。
2.主是非、健康差、呼吸系統疾病。	66.吉，利財。	4.腸胃病、是非纏繞。
12.男性腸胃病、內臟有疾，女性有腸胃病、婦科病。		84.木剋土，離婚、嫁杏無期、姑婆屋、無仔生、不利幼兒、服毒、吊頸、自殺、腰痛、膽石。

●東・乙卯甲	●宅中央	●西・辛酉庚
4.運氣反覆，情緒起伏。	6.遠行多阻滯、頭部疾病。	8.財帛可得，但容易破耗。
9.家人頭腦靈活，子女讀書聰明。	2.血光之災、慢性病。	4.容易被金屬所傷，易惹桃花劫。
3.經云，蚩尤碧色好勇鬥狠之神，三碧為蚩尤星主官災是非爭執。	1.經云，一加二五傷及壯丁，主傷病。	48.進田莊之喜，女同性戀。
93.官非。	21.女性婦科病、腸胃病。	

●東北・寅艮丑	●北・癸子壬	●西北・亥乾戌
9.家有令人愉快事情發生，如喜事、橫財。	2.主家人易罹腸胃病，女性當權掌握財政。	7.提防金屬傷、主官非、爭執、交通意外
5.主腸胃病，運氣蹇滯。	7.家人好動，桃花運。	3.經云，足以金而蹣跚，主足傷，家人容易發生。
7.財帛可得但容易破耗。	5.主傷病，提防泌尿疾病，女性提防婦科病。	9.子女容易與自己爭執，提防呼吸系統疾病。
57.吉七赤金星化五黃，土生金生旺七運吉星五黃到位；煞中之煞主災禍連連，阻礙百般，化解安忍水、六帝錢。	75.肺病、口腔病、口舌、五黃到位；煞中之煞主災禍連連，阻礙百般，化解安忍水、六帝錢。	39.聰明而吝嗇。

説明：雙星到向，山星下水，主旺財不旺丁，經曰：「會有旺星到穴，富積千鐘。」東宮93，主出人暴戾、刻薄、官非、口舌、心目之疾、血症；東南宮12，主腹疾、產厄、腎病、耳鳴、血光、損主之應；西南宮84，西宮48，主膽疾、神經病、損手之事。

[六白運]

12 5	66 1	84 3
93 4	21 6	48 8
57 9	75 2	39 7

陽 宅 運 勢

子山午向
座北朝南
零度→一百八十度

[下卦]

●東南・辰巽巳	●南・丙午丁	●西南・未坤申
5.主皮膚病、瘡毒。 1.經云，四一同宮準發科名。 2.主是非、健康差、呼吸系統疾病。 12.男性腸胃病、內臟有疾，女性有腸胃病、婦科病。	1.中爻得配水火相交，主喜慶順利。 6.子女容易與自己發生爭執，提防呼吸系統疾病。 66.吉，利財。	3.主官災、是非、腸胃病、足病。 8.利地產、旺財。 4.腸胃病、是非纏繞。 84.木剋土，離婚、嫁杏無期、姑婆屋、無仔生、不利幼兒、服毒、吊頸、自殺、腰痛、膽石。
●東・乙卯甲	●宅中央	●西・辛酉庚
4.運氣反覆，情緒起伏。 9.家人頭腦靈活，子女讀書聰明。 3.經云，蚩尤碧色好勇鬥狠之神，三碧為蚩尤星主官災是非爭執。 93.官非。	6.遠行多阻滯、頭部疾病。 2.血光之災、慢性病。 1.經云，一加二五傷及壯丁，主傷病。 21.女性婦科病、腸胃病。	8.財帛可得，但容易破耗。 4.容易被金屬所傷、易惹桃花劫。 48.進田莊之喜、女同性戀。
●東北・寅艮丑	●北・癸子壬	●西北・亥乾戌
9.家有令人愉快事情發生，如喜事、橫財。 5.主腸胃病，運氣塞滯。 7.財帛可得但容易破耗。 57.吉七赤金星化五黃，土生金生旺七運吉星五黃到位；煞中之煞主災禍連連，阻礙百般，化解；安忍水、六帝錢。	2.主家人易罹腸胃病，女性當權掌握財政。 7.家人好動、桃花運。 5.主傷病，提防泌尿疾病，女性提防婦科病。 75.肺病、口腔病、口舌、五黃到位；煞中之煞主災禍連連，阻礙百般，化解安忍水、六帝錢。	7.提防金屬傷、主官非、爭執、交通意外。 3.經云，足以金而蹣跚，主足傷，家人容易發生。 9.子女容易與自己爭執，提防呼吸系統疾病。 39.聰明而吝嗇。

說明：雙星到向，山星下水，主旺財不旺丁，經曰：「會有旺星到穴，富積千鐘。」東宮93，主出人、暴戾、刻薄、官非、口舌、心目之疾、血症之事；東南宮12，主腹疾、產厄、腎病、耳鳴、血光、損主之應；西南宮84，西宮48，主膽疾、神經病、損手之事。

92 5	56 1	74 3
83 4	11 6	38 8
47 9	65 2	29 7

陽宅運勢

癸山丁向

座北東北朝南西南

十五度→一百九十五度

[六白運]　　　　　　　　　　　　　[起星]

●東南・辰巽巳
5.主皮膚病、瘡毒。
9.讀書聰明、利文職、家有喜慶事。
2.主是非，健康差，呼吸系統疾病。
92.婦科病。

●南・丙午丁
1.中爻得配水火相交，主喜慶順利。
5.眼部疾病，血光之災。
6.子女容易與自己發生爭執，提防呼吸系統疾病。
56.吉六白金星化五黃。五黃到位；煞中之煞主災禍連連，阻礙百般，化解安忍水、六帝錢。

●西南・未坤申
3.主官災、是非、腸胃病、足病。
7.主痢疾、提防火災、血光之災。
4.腸胃病、是非纏繞。
74.桃花，出門。

●東・乙卯甲
4.運氣反覆，情緒起伏。
8.主不利、兒童成績退步。
3.經云，蚩尤碧色好勇鬥狠之神，三碧為蚩尤星主官災是非爭執。
83.木剋土，不利幼兒、離婚、無仔生、嫁杏無期、姑婆屋、腰痛、自殺、吊頸、咎輕、受剋而奇偶相敵。

●宅中央
6.遠行多阻滯，頭部疾病。
1.經云，一加二五傷及壯丁，主傷病。
11.桃花，煙花地，出門旅遊，犯賊險，江湖中人，對三碧，四綠有利，因為水生木。

●西・辛酉庚
8.財帛可得，但容易破耗。
3.主血光之災，受人拖累。
38.不利小童，三歲前會有心漏病、哮喘，甚至跌死、小產、破財、男同性戀。

●東北・寅艮丑
9.家有令人愉快事情發生，如喜事、橫財。
4.兒童多病、成績退步、鼻敏感。
7.財帛可得但容易破耗。
47.桃花當時得令七運財色兼收，文章不顯，嘔血而早夭。

●北・癸子壬
2.主家人易罹腸胃病，女性當權掌握財政。
6.主聰明才智發小財。
5.主傷病，提防泌尿疾病，女性提防婦科病。
65.頭痛、口腔多病、五黃到位；煞中之煞主災禍連連，阻礙百般，化解安忍水、六帝錢。

●西北・亥乾戌
7.提防金屬傷，主官非、爭執、交通意外。
2.失運神經衰弱，胡思亂想，當運旺財。
9.子女容易與自己爭執，提防呼吸系統疾病。
29.火生土，主女人多，桃花重，桃花屋。

說明:旺山旺向，形巒合局，主大旺財丁。經曰：「會有旺星到穴，富積千鐘。」東北方47為生氣有水者次運發財；西南宮74，主膽病、損手、官非、口舌；東南宮92，西北宮29，主腹疾、產厄、心目之疾；西宮38，東宮83，主肝病、官非、口舌、神經病。

12	66	84
5	1	3
93	21	48
4	6	8
57	75	39
9	2	7

陽 宅 運 勢

癸山丁向

[六白運]　　　　　　　　　　　　　　　　[下卦]

座北東北朝南西南

十五度→一百九十五度

●東南・辰巽巳	●南・丙午丁	●西南・未坤申
5.主皮膚病、瘡毒。 1.經云，四一同宮準發科名。 2.主是非、健康差、呼吸系統疾病。 12.男性腸胃病、內臟有疾，女性有腸胃病、婦科病。	1.中爻得配水火相交，主喜慶順利。 6.子女容易與自己發生爭執，提防呼吸系統疾病。 66.吉，利財。	3.主官災、是非、腸胃病、足病。 8.利地產，旺財。 4.腸胃病、是非纏繞。 84.木剋土，離婚、嫁杏無期、姑婆屋、無仔生、不利幼兒、服毒、吊頸，自殺、腰痛、膽石。
●東・乙卯甲	●宅中央	●西・辛酉庚
4.運氣反覆，情緒起伏。 9.家人頭腦靈活，子女讀書聰明。 3.經云，蚩尤碧色好勇鬥狠之神，三碧為蚩尤星主官災是非爭執。 93.官非。	6.遠行多阻滯、頭部疾病。 2.血光之災、慢性病。 1.經云，一加二五傷及壯丁，主傷病。 21.女性婦科病、腸胃病。	8.財帛可得，但容易破耗。 4.容易被金屬所傷，易惹桃花劫。 48.進田莊之喜，女同性戀。
●東北・寅艮丑	●北・癸子壬	●西北・亥乾戌
9.家有令人愉快事情發生，如喜事、橫財。 5.主腸胃病，運氣蹇滯。 7.財帛可得但容易破耗。 57.吉七赤金星化五黃，土生金生旺七運吉星五黃到位；煞中之煞主災禍連連，阻礙百般，化解安忍水、六帝錢。	2.主家人易罹腸胃病，女性當權掌握財政。 7.家人好動，桃花運。 5.主傷病，提防泌尿疾病，女性提防婦科病。 75.肺病、口腔病、口舌、五黃到位；煞中之煞主災禍連連，阻礙百般，化解安忍水、六帝錢。	7.提防金屬傷，主官非、爭執、交通意外。 3.經云，足以金而蹣跚，主足傷、家人容易發生。 9.子女容易與自己爭執，提防呼吸系統疾病。 39.聰明而吝嗇。

説明：雙星到向，山星下水，主旺財不旺丁。經曰：「會有旺星到穴，富積千鐘。」東宮93，主出人、暴戾、刻薄、官非、口舌、心目之疾、血症；東南宮12，主腹疾、產厄、腎病、耳鳴、血光、損主之應；西南宮84，西宮48，主膽疾、神經病、損手之事。

78 5	23 1	91 3
89 4	67 6	45 8
34 9	12 2	56 7

陽 宅 運 勢

甲山庚向

[六白運]　　　　　　　　　　　　　　　　[起星]

座東東北朝西西南

七十五度→二百五十五度

●東南・辰巽巳	●南・丙午丁	●西南・未坤申
5.主皮膚病、瘡毒。 7.容易被金屬所傷,易惹桃花劫。 8.兒童多病、成績退步、鼻敏感。 78.吉。	1.中爻得配水火相交,主喜慶順利。 2.家人愚鈍,血光之災。 3.主家人頭腦靈活聰明。 23.鬥牛煞、官非、是非、口舌、不和、博奕好飲、田園廢盡。	3.主官災、是非、腸胃病、足病。 9.家人愚鈍,子女成績退步。 1.主女性當權,家人易罹腸胃病。 91.桃花、讀書人、性病。
●東・乙卯甲	●宅中央	●西・辛酉庚
4.運氣反覆,情緒起伏。 8.主不利,兒童成績退步。 9.家人頭腦靈活,子女讀書聰明。 89.火生土,吉,旺丁,旺財,輔弼相輝,田園富盛,而子孫繁衍也。	6.遠行多阻滯,頭部疾病。 7.是非,官災,容易被金屬所傷。 67.大凶六七交劍煞、合作不和、拆夥、籠裡雞作反、部屬造反、官非、男女不和、手腳受傷、皮膚病,化解使用陰陽水。	8.財帛可得,但容易破耗。 4.容易被金屬所傷,易惹桃花劫。 5.是非,官災,容易被金屬所傷。 45.遊蕩廢業、手足傷、病重重,五黃到位;煞中之煞主災禍連連,阻礙百般,化解安忍水、六帝錢。
●東北・寅艮丑	●北・癸子壬	●西北・亥乾戌
9.家有令人愉快事情發生,如喜事、橫財。 3.經云,三八逢損小口,主不利小童。 4.兒童多病,成績退步,鼻敏感。 34.三是男,四是女,女來就男移船就磡貼,大床利男性的桃花。	2.主家人易罹腸胃病,女性當權掌握財政。 1.經云,一白官星之應主掌文章讀書聰明。 12.男性腸胃病、內臟有疾,女性有腸胃病、婦科病。	7.提防被金屬所傷,主官非、爭執、交通意外。 5.頭部疾病,遠行多阻滯,身體多病。 6.驛馬位,有遠行,失運主官非或交通意外。 56.吉六白金星化五黃。五黃到位;煞中之煞主災禍連連,阻礙百般,化解安忍水、六帝錢。

説明:令星失位,形巒不合,主破財損丁。經曰:「苟無生氣入門,糧艱一宿。」西北方有
　　水當元進財;山星6,入中主破財、損丁;南宮23,鬥牛煞、主腹痛、產厄、肝病、足
　　患、官非、口舌;東北宮34,主膽病、瘋疾、官非、口舌或主昧事無常。

59 5	94 1	72 3
61 4	48 6	26 8
15 9	83 2	37 7

陽 宅 運 勢

甲山庚向

[六白運]　　　　　　　　　　　　　　　　[下卦]

座東東北朝西西南

七十五度→二百五十五度

●東南・辰巽巳	●南・丙午丁	●西南・未坤申
5.主皮膚病、瘡毒。 9.讀書聰明、利文職、家有喜慶事。 59.凶，火生土，生旺災瘟星五黃，主不吉五黃到位；煞中之煞主災禍連連，阻礙百般，化解安忍水、六帝錢。	1.中爻得配水火相交，主喜慶順利。 9.當運主財運與事業順利，失運主血光之災。 4.讀書聰明，利文職，有喜慶，失運則財帛不聚。 94.不正常桃花，女同性戀合化金。	3.主官災、是非、腸胃病、足病。 7.主痢疾、提防火災、血光之災。 2.二黑又名病符，回宮復位主身體多病。 72.合先天火，利二黑，五黃，八白命。
●東・乙卯甲	●宅中央	●西・辛酉庚
4.運氣反覆，情緒起伏。 6.主足疾，小人多。 1.主家人搬遷或有遠行，脾氣較為暴躁。 61.金生水，桃花旺。	6.遠行多阻滯，頭部疾病。 4.風濕病、皮膚病。 8.主腸胃病、運氣蹇滯。 48.進田莊之喜，女同性戀。	8.財帛可得，但容易破耗。 2.肚痛、提防火災、血光之災。 6.提防被金屬所傷。 26.進田莊之喜，買地買樓但是吝嗇孤寒。
●東北・寅艮丑	●北・癸子壬	●西北・亥乾戌
9.家有令人愉快事情發生，如喜事、橫財。 1.財運佳，利地產置業。 5.主腸胃病、運氣蹇滯。 15.五是變卦以中宮的向星代之婦科病耳疾。五黃到位；煞中之煞主災禍連連，阻礙百般，化解安忍水、六帝錢。	2.主家人易罹腸胃病，女性當權掌握財政。 8.主財運佳，利地產置業。 3.主脾氣暴躁，家人會搬遷或遠行。 83.木剋土，不利幼兒、離婚、無仔生、嫁杏無期、姑婆屋、腰痛、自殺、吊頸、咎輕，受剋而奇偶相敵。	7.提防被金屬所傷，主官非、爭執、交通意外。 3.經云，足以金而蹣跚，主足傷，家人容易發生。 37.破財、官非，七運時七當旺仍有財，盜賊相侵，訟凶而病厄，咎重。

說明：旺山旺向，形巒合局，主大旺財丁。經曰：「會有旺星到穴，富積千鐘。」東南宮59，主瘡毒、中毒、血光、意外、心臟病、目疾火災；西南宮72，主腹痛、官非、產厄、口舌、桃色；東北宮15，主癌病、血毒、腎病、耳鳴；西北宮37，主肝病、官非、暴戾、口舌、足患。

56 5	12 1	34 3
45 4	67 6	89 8
91 9	23 2	78 7

陽宅運勢

卯山酉向

座東朝西

九十度→二百七十度

[六白運]   [起星]

●東南·辰巽巳	●南·丙午丁	●西南·未坤申
5.主皮膚病、瘡毒。	1.中爻得配水火相交，主喜慶順利。	3.主官災、是非、腸胃病、足病。
6.不利女性，奔波勞碌。	2.家人愚鈍，血光之災。	4.腸胃病、是非纏繞。
56.吉六白金星化五黃。五黃到位；煞中之煞主災禍連連，阻礙百般，化解安忍水、六帝錢。	12.男性腸胃病、內臟有疾，女性有腸胃病、婦科病。	34.三是男，四是女，女來就男移船就磡貼，大床利男性的桃花。
●東·乙卯甲	**●宅中央**	**●西·辛酉庚**
4.運氣反覆，情緒起伏。	6.遠行多阻滯，頭部疾病。	8.財帛可得，但容易破耗。
5.容易腳傷，因財招禍。	7.是非，官災，容易被金屬所傷。	9.小心火災，家中女性不和。
45.遊蕩廢業、手足傷，病重重，五黃到位；煞中之煞主災禍連連，阻礙百般，化解安忍水，六帝錢。	67.大凶六七交劍煞、合作不和、拆夥、籠裡雞作反、部屬造反、官非、男女不和、手腳受傷、皮膚病，化解使用陰陽水。	89.火生土，吉，旺丁，旺財，輔弼相輝，田園富盛，而子孫繁衍也。
●東北·寅艮丑	**●北·癸子壬**	**●西北·亥乾戌**
9.家有令人愉快事情發生，如喜事、橫財。	2.主家人易罹腸胃病，女性當權掌握財政。	7.提防被金屬所傷，主官非、爭執、交通意外。
1.財運佳，利地產置業。	3.主脾氣暴躁，家人會搬遷或遠行。	8.發小財，利地產或五金行業。
91.桃花、讀書人、性病。	23.鬥牛煞、官非、是非、口舌、不和、博弈好飲、田園廢盡。	78.吉。

説明：令星失位，形巒失位，主損丁破財。經曰：「苟無生氣入門，糧艱一宿。」東南宮有水主進財帛，有山主凶禍，山星入囚主丁口弱，運程蹇滯；南宮12，主腹痛、產厄、耳鳴、腎病；西南宮34，主肝病、膽病、官非、口舌、暴戾。

37 5	83 1	15 3
26 4	48 6	61 8
72 9	94 2	59 7

陽宅運勢

卯山酉向

座東朝西

九十度→二百七十度

[六白運]　　　　　　　　　　　　　　　　　　　　　　　　　　[下卦]

●東南・辰巽巳	●南・丙午丁	●西南・未坤申
5.主皮膚病、瘡毒。 3.運氣反覆，時好時壞。 7.容易被金屬所傷，易惹桃花劫。 37.破財、官非，七運時七當旺仍有財，盜賊相侵，訟凶而病厄，咎重。	1.中爻得配水火相交，主喜慶順利。 8.主喜慶，有令人愉快事情發生。 3.主家人頭腦靈活聰明。 83.木剋土，不利幼兒、離婚、無仔生、嫁杏無期、姑婆屋、腰痛、自殺、吊頸、咎輕，受剋而奇偶相敵。	3.主官災、是非、腸胃病、足病。 1.主女性當權，家人易罹腸胃病。 5.主急性病，血光之災。 15.五是變卦以中宮的向星代之婦科病耳疾。五黃到位；煞中之煞主災禍連連，阻礙百般化解安忍水、六帝錢。
●東・乙卯甲	●宅中央	●西・辛酉庚
4.運氣反覆，情緒起伏。 2.主官災、是非、足患、腸胃病。 6.主足疾，小人多。 26.進田莊之喜，買地買樓但是吝嗇孤寒。	6.遠行多阻滯，頭部疾病。 4.風濕病、皮膚病。 8.主腸胃病、運氣蹇滯。 48.進田莊之喜、女同性戀。	8.財帛可得，但容易破耗。 6.提防被金屬所傷。 1.家人好動，多異性緣，一白當運為桃花運，失運破財。 61.金生水、桃花旺。
●東北・寅艮丑	●北・癸子壬	●西北・亥乾戌
9.家有令人愉快事情發生，如喜事、橫財。 7.財帛可得但容易破耗。 2.旺財、利地財。 72.合先天火，利二黑，五黃，八白命。	2.主家人易罹腸胃病，女性當權掌握財政。 9.水火既濟，主喜慶順利。 4.坎宮為一白星所，主故為一四同宮主讀書聰明。 94.不正常桃花，女同性戀合化金。	7.提防被金屬所傷，主官非、爭執、交通意外。 5.頭部疾病，遠行多阻滯，身體多病。 9.子女容易與自己爭執，提防呼吸系統疾病。 59.凶，火生土，生旺災瘟星五黃，主不吉五黃到位；煞中之煞主災禍連連，阻礙百般，化解安忍水、六帝錢。

説明：上山下水，令星失調，主損丁破財之局，經曰：「苟無生氣入門，糧艱一宿。」西北方59，主瘡毒、中毒、心目之疾，經曰：「紫黃毒藥，鄰宮兌口休嘗。」且出蕩子淫婦，經曰：「午酉逢而江湖花酒。」東北宮72，主腹痛、產厄、官非、口舌、桃色；東南宮37，主肝病、足患。

58	14	36
5	1	3
47	69	82
4	6	8
93	25	71
9	2	7

陽 宅 運 勢

乙山辛向

[六白運]　　　　　　　　　　　　　　　　　　　　[起星]

座東東南朝西西北

一百零五度→二百八十五度

●東南・辰巽巳	●南・丙午丁	●西南・未坤申
5.主皮膚病、瘡毒。 8.兒童多病，成績退步，鼻敏感。 58.吉，五黃到位；煞中之煞主災禍連連，阻礙百般，化解安忍水、六帝錢。	1.中爻得配水火相交，主喜慶順利。 4.讀書聰明，利文職，有喜慶，失運則財帛不聚。 14.讀書有成、被讚賞、出門有利、升職、加薪、主科名，號青雲得路，有文筆硯池水，鼎元之兆也。	3.主官災、是非、腸胃病、足病。 6.胡思亂想，神經衰弱，當運則發財。 36.官非，手腳受損・患在長男。
●東・乙卯甲	●宅中央	●西・辛酉庚
4.運氣反覆，情緒起伏。 7.血光之災，受人拖累破財，宜放風水輪來化解。 47.桃花當時得令七運財色兼收，文章不顯，嘔血而早夭。	6.遠行多阻滯，頭部疾病。 9.目疾、血光之災、皮膚病。 69.火燒天門、家生忤逆之兒、生牙瘡、腦病、生痄腮、流牙血、肺疾、衰則血症、盛必火災。	8.財帛可得，但容易破耗。 2.肚痛、提防火災、血光之災。 82.疾病。
●東北・寅艮丑	●北・癸子壬	●西北・亥乾戌
9.家有令人愉快事情發生，如喜事、橫財。 3.經云，三八逢損小口，主不利小童。 93.官非。	2.主家人易罹腸胃病，女性當權掌握財政。 5.主傷病，提防泌尿疾病，女性提防婦科病。 25.二五交加必損主孤寡二主，宅母多病黑逢五至出鰥夫，五黃到位；煞中煞主災禍連連，阻礙百般，化解安忍水、六帝錢。	7.提防被金屬所傷，主官非、爭執、交通意外。 1.主聰明、才智、發小財。 71.出門遠行，桃花。

説明：令星失位，形巒失位，主損丁破財。經日：「苟無生氣入門，糧艱一宿。」西南宮有水，主進財帛，有山主凶禍，山星入囚，主丁口弱、運程蹇滯；北宮25，主腹痛、產厄、耳鳴、腎病；東宮47，主肝病、膽病、官非、口舌、暴戾。

[六白運]

37 5	83 1	15 3
26 4	48 6	61 8
72 9	94 2	59 7

陽宅運勢

乙山辛向

[下卦]

座東東南朝西西北

一百零五度→二百八十五度

●東南·辰巽巳	●南·丙午丁	●西南·未坤申
5.主皮膚病、瘡毒。 3.運氣反覆，時好時壞。 7.提防被金屬所傷，易惹桃花劫。 37.破財、官非，七運時七當旺仍有財，盜賊相侵，訟凶而病厄，咎重。	1.中爻得配水火相交，主喜慶順利。 8.主喜慶，有令人愉快事情發生。 3.主家人頭腦靈活聰明。 83.木剋土，不利幼兒、離婚、無仔生、嫁杏無期、姑婆屋、腰痛、自殺、吊頸、咎輕、受剋而奇偶相敵。	3.主官災、是非、腸胃病、足病。 1.主女性當權，家人易罹腸胃病。 5.主急性病，血光之災。 15.五是變卦以中宮的向星代之婦科病、耳疾。五黃到位；煞中之煞主災禍連連，阻礙百般化解安忍水、六帝錢。
●東·乙卯甲	●宅中央	●西·辛酉庚
4.運氣反覆，情緒起伏。 2.主官災、是非、足患、腸胃病。 6.主足疾，小人多。 26.進田莊之喜，買地買樓但是吝嗇孤寒。	6.遠行多阻滯，頭部疾病。 4.風濕病、皮膚病。 8.主腸胃病、運氣塞滯。 48.進田莊之喜，女同性戀。	8.財帛可得，但容易破耗。 6.提防被金屬所傷。 1.家人好動，多異性緣，一白當運為桃花運，失運破財。 61.金生水，桃花旺。
●東北·寅艮丑	●北·癸子壬	●西北·亥乾戌
9.家有令人愉快事情發生，如喜事、橫財。 7.財帛可得但容易破耗。 2.旺財，利地財。 72.合先天火，利二黑，五黃，八白命。	2.主家人易罹腸胃病，女性當權掌握財政。 9.水火既濟，主喜慶順利。 4.坎宮為一白星所，主故為一四同宮主讀書聰明。 94.不正常桃花，女同性戀合化金。	7.提防被金屬所傷，主官非、爭執、交通意外。 5.頭部疾病，遠行多阻滯，身體多病。 9.子女容易與自己爭執，提防呼吸系統疾病。 59.凶，火生土，生旺災瘟星五黃，主不吉五黃到位；煞中之煞主災禍連連，阻礙百般，化解安忍水、六帝錢。

説明：上山下水，令星失調，主損丁破財之局，經曰：「苟無生氣入門，糧艱一宿。」西北方59，主瘡毒、中毒、心目之疾，經曰：「紫黃毒藥，鄰宮兌口休嘗。」且出蕩子淫婦，經曰：「午酉逢而江湖花酒。」東北宮72，主腹痛、產厄、官非、口舌、桃色之事；東南宮37，主肝病、足患。

13	67	85
5	1	3
94	22	49
4	6	8
58	76	31
9	2	7

陽 宅 運 勢

丙山壬向

[六白運]　　　　　　　　　　　　　　　　[起星]

座南東南朝北西北

一百六十五度→三百四十五度

●東南·辰巽巳	●南·丙午丁	●西南·未坤申
5.主皮膚病、瘡毒。 1.經云，四一同宮準發科名。 3.運氣反覆，時好時壞。 13.爭執、吵鬧、勞氣、官非、盜劫、破財。	1.中爻得配水火相交，主喜慶順利。 6.子女容易與自己發生爭執，提防呼吸系統疾病。 7.小心火災，家中女性不和。 67.大凶六七交劍煞、合作不和、拆夥、籠裡雞作反、部屬造反、官非、男女不和、手腳受傷、皮膚病，化解使用陰陽水。	3.主官災、是非、腸胃病、足病。 8.利地產，旺財。 5.主急性病，血光之災。 85.暗滯、胃病、胸疼痛、五黃到位；煞中之煞主災禍連連，阻礙百般，化解安忍水、六帝錢。
●東·乙卯甲	●宅中央	●西·辛酉庚
4.運氣反覆，情緒起伏。 9.家人頭腦靈活，子女讀書聰明。 94.不正常桃花，女同性戀合化金。	6.遠行多阻滯，頭部疾病。 2.血光之災、慢性病。 22.二黑是病符，疾病入醫院，女性婦科病、懷孕，男性腸胃病、內臟病。	8.財帛可得，但容易破耗。 4.容易被金屬所傷，易惹桃花劫。 9.小心火災，家中女性不和。 49.合而化金，與本體木火不協，無益而有損，木火通明，聰明俊秀，女同性戀不正常桃花。
●東北·寅艮丑	●北·癸子壬	●西北·亥乾戌
9.家有令人愉快事情發生，如喜事、橫財。 5.主腸胃病、運氣蹇滯。 8.當運發財，利地產，失運破財。 58.吉，五黃到位；煞中之煞主災禍連連，阻礙百般，化解安忍水、六帝錢。	2.主家人易罹腸胃病，女性當權掌握財政。 7.家人好動，桃花運。 6.主聰明才智發小財。 76.凶交劍煞、合作不和、拆夥、籠裡雞部屬造反、官非、男女不和、手腳受傷、皮膚病、化解使用陰陽水。	7.提防被金屬所傷，主官非、爭執、交通意外。 3.經云，足以金而蹣跚，主足傷，家人容易發生。 1.主聰明、才智、發小財。 31.爭吵、激氣、官非、破財。

説明：旺山旺向，背山面水之形巒，主大旺財丁。經曰：「會有旺星到穴，富積千鐘。」次運則上山下水，慎防損丁、破財之應。東南宮13，西北宮31，主腎病、耳鳴、水厄、肝病、足患、暴戾、口舌、官非；西南宮85，東北宮58，主瘡毒、中毒、血光、意外、神經病。

93	57	75
5	1	3
84	12	39
4	6	8
48	66	21
9	2	7

陽 宅 運 勢

[六白運]

[下卦]

丙山壬向
座南東南朝北西北
一百六十五度→三百四十五度

●東南・辰巽巳	●南・丙午丁	●西南・未坤申
5.主皮膚病、瘡毒。 9.讀書聰明、利文職、家有喜慶事。 3.運氣反覆，時好時壞。 93.官非。	1.中爻得配水火相交，主喜慶順利。 5.眼部疾病，血光之災。 7.小心火災，家中女性不和。 57.吉七赤金星化五黃，土生金生旺七運吉星，五黃到位；煞中之煞主災禍連連，阻礙百般，化解安忍水、六帝錢。	3.主官災、是非、腸胃病、足病。 7.主痢疾，提防火災，血光之災。 5.主急性病，血光之災。 75.肺病、口腔病、口舌、五黃到位；煞中之煞主災禍連連，阻礙百般，化解安忍水、六帝錢。
●東・乙卯甲	**●宅中央**	**●西・辛酉庚**
4.運氣反覆，情緒起伏。 8.主不利，兒童成績退步。 84.木剋土，離婚、嫁杏無期、姑婆屋、無仔生、不利幼兒、服毒、吊頸、自殺、腰痛、膽石。	6.遠行多阻滯，頭部疾病。 1.經云，一加二五傷及壯丁，主傷病。 2.血光之災、慢性病。 12.男性腸胃病、內臟有疾，女性有腸胃病、婦科病。	8.財帛可得，但容易破耗。 3.主血光之災，受人拖累。 9.小心火災，家中女性不和。 39.聰明而吝嗇。
●東北・寅艮丑	**●北・癸子壬**	**●西北・亥乾戌**
9.家有令人愉快事情發生，如喜事、橫財。 4.兒童多病、成績退步、鼻敏感。 8.當運發財，利地產，失運破財。 48.進田莊之喜，女同性戀。	2.主家人易罹腸胃病，女性當權掌握財政。 6.主聰明才智發小財。 66.吉，利財。	7.提防被金屬所傷，主官非、爭執、交通意外。 2.失運神經衰弱，胡思亂想，當運旺財。 1.主聰明、才智、發小財。 21.女性婦科病、腸胃病。

說明：雙星到向，山星下水，主旺財不旺丁。經曰：「會有旺星到穴，富積千鐘。」向上66，生旺主威權、武職、發貴、巨富、多丁，座山57，主瘡毒、中毒、血光、意外、口舌、官非；西北宮21，主腎病、耳鳴、水厄、腹痛、慢性急病；東南宮93，西宮39，主肝病、足患、暴戾、心目之疾。

21	66	48
5	1	3
39	12	84
4	6	8
75	57	93
9	2	7

陽 宅 運 勢

午山子向
座南朝北
一百八十度→零度

[六白運]　　　　　　　　　　　　　　　　[起星]

●東南・辰巽巳	●南・丙午丁	●西南・未坤申
5.主皮膚病、瘡毒。 2.主是非、健康差、呼吸系統疾病。 1.經云，四一同宮準發科名。 21.女性婦科病、腸胃病。	1.中爻得配水火相交，主喜慶順利。 6.子女容易與自己發生爭執，提防呼吸系統疾病。 66.吉，利財。	3.主官災、是非、腸胃病、足病。 4.腸胃病、是非纏繞。 8.利地產，旺財。 48.進田莊之喜，女同性戀。
●東・乙卯甲	●宅中央	●西・辛酉庚
4.運氣反覆，情緒起伏。 3.經云，蚩尤碧色好勇鬥狠之神，三碧為蚩尤星，主官災、是非、爭執。 9.家人頭腦靈活，子女讀書聰明。 39.聰明而吝嗇。	6.遠行多阻滯，頭部疾病。 1.經云，一加二五傷及壯丁，主傷病。 2.血光之災、慢性病。 12.男性腸胃病、內臟有疾，女性有腸胃病、婦科病。	8.財帛可得，但容易破耗。 4.提防被金屬所傷，易惹桃花劫。 84.木剋土，離婚、嫁杏無期、姑婆屋、無仔生、不利幼兒、服毒、吊頸、自殺、腰痛、膽石。
●東北・寅艮丑	●北・癸子壬	●西北・亥乾戌
9.家有令人愉快事情發生，如喜事、橫財。 7.財帛可得但容易破耗。 5.主腸胃病、運氣蹇滯。 75.肺病、口腔病、口舌、五黃到位；煞中之煞主災禍連連，阻礙百般，化解安忍水、六帝錢。	2.主家人易罹腸胃病，女性當權掌握財政。 5.主傷病，提防泌尿疾病，女性提防婦科病。 7.家人好動，桃花運。 57.吉七赤金星化五黃，土生金生旺七運吉星，五黃到位；煞中之煞主災禍連連，阻礙百般，化解安忍水、六帝錢。	7.提防被金屬所傷，主官非、爭執、交通意外。 9.子女容易與自己爭執，提防呼吸系統疾病。 3.經云，足以金而蹣跚，主足傷，家人容易發生。 93.官非。

説明：雙星到座，水神上山，主旺丁不旺財。經曰：「苟無生氣入門，糧艱一宿會有旺星到穴，富積千鐘。」座山66，主出武職之人，向上57，主瘡毒、中毒、血光、意外、官非、口舌；東南宮21，腎病、水厄、耳鳴、腹痛、產厄、慎防損主；東宮伏吟39，主肝病、足患、暴戾、心目之疾、火災之事。

21	66	48
5	1	3
39	12	84
4	6	8
75	57	93
9	2	7

陽 宅 運 勢

午山子向
座南朝北
一百八十度→零度

[六白運]　　　　　　　　　　　　　　　　　　[下卦]

●東南・辰巽巳	●南・丙午丁	●西南・未坤申
5.主皮膚病、瘡毒。 2.主是非、健康差、呼吸系統疾病。 1.經云，四一同宮準發科名。 21.女性婦科病、腸胃病。	1.中爻得配水火相交，主喜慶順利。 6.子女容易與自己發生爭執，提防呼吸系統疾病。 66.吉，利財。	3.主官災、是非、腸胃病、足病。 4.腸胃病、是非纏繞。 8.利地產、旺財。 48.進田莊之喜，女同性戀。
●東・乙卯甲	●宅中央	●西・辛酉庚
4.運氣反覆，情緒起伏。 3.經云，蚩尤碧色好勇鬥狠之神，三碧為蚩尤星，主官災、是非、爭執。 9.家人頭腦靈活，子女讀書聰明。 39.聰明而吝嗇。	6.遠行多阻滯，頭部疾病。 1.經云，一加二五傷及壯丁，主傷病。 2.血光之災、慢性病。 12.男性腸胃病、內臟有疾，女性有腸胃病、婦科病。	8.財帛可得，但容易破耗。 4.容易被金屬所傷，易惹桃花劫。 84.木剋土，離婚、嫁杏無期、姑婆屋、無仔生、不利幼兒、服毒、吊頸、自殺、腰痛、膽石。
●東北・寅艮丑	●北・癸子壬	●西北・亥乾戌
9.家有令人愉快事情發生，如喜事、橫財。 7.財帛可得但容易破耗。 5.主腸胃病、運氣蹇滯。 75.肺病、口腔病、口舌、五黃到位；煞中之煞主災禍連連，阻礙百般，化解安忍水、六帝錢。	2.主家人易罹腸胃病，女性當權掌握財政。 5.主傷病，提防泌尿疾病，女性提防婦科病。 7.家人好動，桃花運。 57.吉七赤金星化五黃，土生金生旺七運吉星，五黃到位；煞中之煞主災禍連連，阻礙百般，化解安忍水、六帝錢。	7.提防被金屬所傷，主官非、爭執、交通意外。 9.子女容易與自己爭執，提防呼吸系統疾病。 3.經云，足以金而蹣跚，主足傷，家人容易發生。 93.官非。

說明：雙星到座，水神上山，主旺丁不旺財，經曰：「苟無生氣入門，糧艱一宿會有旺星到穴，富積千鐘。」座山66，主出武職之人，向上57，主瘡毒、中毒、血光、意外、官非、口舌；東南宮21，腎病、水厄、耳鳴、腹痛、產厄、慎防損主；東宮伏吟39，主肝病、足患、暴戾、心目之疾、火災之事。

29 5	65 1	47 3
38 4	11 6	83 8
74 9	56 2	92 7

陽 宅 運 勢

丁山癸向

[六白運]

[起星]

座南西南朝北東北

一百九十五度→十五度

●東南・辰巽巳	●南・丙午丁	●西南・未坤申
5.主皮膚病、瘡毒。	1.中爻得配水火相交，主喜慶順利。	3.主官災、是非、腸胃病、足病。
2.主是非、健康差、呼吸系統疾病。	6.子女容易與自己發生爭執，提防呼吸系統疾病。	4.腸胃病、是非纏繞。
9.讀書聰明，利文職，家有喜慶事。	5.眼部疾病，血光之災。	7.主痢疾，提防火災，血光之災。
29.火生土，主女人多，桃花重，桃花屋。	65.頭痛，口腔多病，五黃到位；煞中之煞主災禍連連，阻礙百般，化解安忍水、六帝錢。	47.桃花當時得令七運財色兼收。文章不顯，嘔血而早夭。
●東・乙卯甲	●宅中央	●西・辛酉庚
4.運氣反覆，情緒起伏。	6.遠行多阻滯，頭部疾病。	8.財帛可得，但容易破耗。
3.經云，蚩尤碧色好勇鬥狠之神，三碧為蚩尤星，主官災、是非、爭執。	1.經云，一加二五傷及壯丁，主傷病。	3.主血光之災，受人拖累。
8.主不利，兒童成績退步。	11.桃花，煙花地，出門旅遊，犯賊險，江湖中人，對三碧，四綠有利，因為水生木。	83.木剋土，不利幼兒、離婚、無仔生、嫁杏無期、姑婆屋、腰痛、自殺、吊頸、咎輕、受剋而奇偶相敵。
38.不利小童，三歲前會有心漏病、哮喘，甚至跌死、小產、破財、男同性戀。。		
●東北・寅艮丑	●北・癸子壬	●西北・亥乾戌
9.家有令人愉快事情發生，如喜事、橫財。	2.主家人易罹腸胃病，女性當權掌握財政。	7.提防被金屬所傷，主官非、爭執、交通意外。
7.財帛可得但容易破耗。	5.主傷病，提防泌尿疾病，女性提防婦科病。	9.子女容易與自己爭執，提防呼吸系統疾病。
4.兒童多病、成績退步、鼻敏感。	6.主聰明才智發小財。	2.失運神經衰弱，胡思亂想，當運旺財。
74.桃花，出門。	56.吉六白金星化五黃。五黃到位；煞中之煞主災禍連連，阻礙百般，化解安忍水、六帝錢。	92.婦科病。

說明：旺山旺向，形巒合局，主大旺財丁。經曰：「會有旺星到穴，富積千鐘。」向上56，生旺主威權、武職、發貴、巨富、多丁；西南宮47，東北宮74，主膽病、股疾、口舌、官非、桃色；東南宮29，西北宮92，主腹痛、產厄、胃痛、心目之疾、火災；東宮38伏吟，主肝病、暴戾、神經病。

21	66	48
5	1	3
39	12	84
4	6	8
75	57	93
9	2	7

陽 宅 運 勢

丁山癸向

[六白運]　　　　　　　　　　　　　　　　[下卦]

座南西南朝北東北

一百九十五度→十五度

●東南·辰巽巳	●南·丙午丁	●西南·未坤申
5.主皮膚病、瘡毒。	1.中爻得配水火相交，主喜慶順利。	3.主官災、是非、腸胃病、足病。
2.主是非、健康差、呼吸系統疾病。	6.子女容易與自己發生爭執，提防呼吸系統疾病。	4.腸胃病、是非纏繞。
1.經云，四一同宮準發科名。	66.吉，利財。	8.利地產、旺財。
21.女性婦科病、腸胃病。		48.進田莊之喜，女同性戀。
●東·乙卯甲	●宅中央	●西·辛酉庚
4.運氣反覆，情緒起伏。	6.遠行多阻滯，頭部疾病。	8.財帛可得，但容易破耗。
3.經云，蚩尤碧色好勇鬥狠之神，三碧為蚩尤星，主官災、是非、爭執。	1.經云，一加二五傷及壯丁，主傷病。	4.容易被金屬所傷，易惹桃花劫。
9.家人頭腦靈活，子女讀書聰明。	2.血光之災、慢性病。	84.木剋土，離婚、嫁杏無期、姑婆屋、無仔生、不利幼兒、服毒、吊頸、自殺、腰痛、膽石。
39.聰明而吝嗇。	12.男性腸胃病、內臟有疾，女性有腸胃病、婦科病。	
●東北·寅艮丑	●北·癸子壬	●西北·亥乾戌
9.家有令人愉快事情發生，如喜事、橫財。	2.主家人易罹腸胃病，女性當權掌握財政。	7.提防被金屬所傷，主官非、爭執、交通意外。
7.財帛可得但容易破耗。	5.主傷病，提防泌尿疾病，女性提防婦科病。	9.子女容易與自己爭執，提防呼吸系統疾病。
5.主腸胃病、運氣蹇滯。	7.家人好動，桃花運。	3.經云，足以金而躐跚，主足傷，家人容易發生。
75.肺病、口腔、口舌、五黃到位；煞中之煞主災禍連連，阻礙百般，化解安忍水、六帝錢。	57.吉七赤金星化五黃，土生金生旺七運吉星，五黃到位；煞中之煞主災禍連連，阻礙百般，化解安忍水、六帝錢。	93.官非。

說明：雙星到座，水神上山，主旺丁不旺財。經曰：「苟無生氣入門，糧艱一宿會有旺星到穴，富積千鐘。」座山66，主出武職之人，向上57，主瘡毒、中毒、血光、意外、官非、口舌；東南宮21，腎病、水厄、耳鳴、腹痛、產厄、慎防損主；東宮伏吟39，主肝病、足患、暴戾、心目之疾、火災。

87	32	19
5	1	3
98	76	54
4	6	8
43	21	65
9	2	7

陽 宅 運 勢

庚山甲向

[六白運]　　　　　　　　　　　　　　　　　　　　[起星]

座西西南朝東東北

二百五十五度 → 七十五度

●東南・辰巽巳	●南・丙午丁	●西南・未坤申
5.主皮膚病、瘡毒。	1.中爻得配水火相交，主喜慶順利。	3.主官災、是非、腸胃病、足病。
8.兒童多病，成績退步，鼻敏感。	3.主家人頭腦靈活聰明。	1.主女性當權，家人易罹腸胃病。
7.容易被金屬所傷，易惹桃花劫。	2.家人愚鈍，血光之災。	9.家人愚鈍，子女成績退步。
87.吉，財利。	32.鬥牛煞、爭吵、激氣、官非、破財。	19.水火不容，性病、皮膚病，小產。
●東・乙卯甲	**●宅中央**	**●西・辛酉庚**
4.運氣反覆，情緒起伏。	6.遠行多阻滯，頭部疾病。	8.財帛可得，但容易破耗。
9.家人頭腦靈活，子女讀書聰明。	7.是非，官災，容易被金屬所傷。	5.是非，官災，容易被金屬所傷。
8.主不利，兒童成績退步。	76.凶交劍煞、合作不和、拆夥、籠裡雞部屬造反、官非、男女不和、手腳受傷、皮膚病，化解使用陰陽水。	4.容易被金屬所傷，易惹桃花劫。
98.吐血。		54.五黃最忌三碧四綠木剋土，博弈好飲，破財田園廢盡，大凶五黃到位；煞中之煞主災禍連連，阻礙百般，化解安忍水，六帝錢。
●東北・寅艮丑	**●北・癸子壬**	**●西北・亥乾戌**
9.家有令人愉快事情發生，如喜事、橫財。	2.主家人易罹腸胃病，女性當權掌握財政。	7.提防被金屬所傷，主官非、爭執、交通意外。
4.兒童多病，成績退步，鼻敏感。	1.經云，一白官星之應主掌文章讀書聰明。	6.驛馬位，有遠行，失運主官非或交通意外。
3.經云，三八逢損小口，主不利小童。	21.女性婦科病、腸胃病。	5.頭部疾病，遠行多阻滯，身體多病。
43.少女發瘋，男星飛臨是男姦女之象。		65.頭痛，口腔多病，五黃到位；煞中之煞主災禍連連，阻礙百般，化解安忍水、六帝錢。

説明：令星失位，形巒不合，主損丁破財。經曰：「苟無生氣入門，糧艱一宿。」向上98，主心目之疾、失血、脾胃病、鼻病、損男童；座山54，主瘡毒、中毒、血光、意外、風疾、膽病、淫亂；南宮32，主肝病、足病、刑妻、背信棄義。經曰：「雷出地而相衝，定遭桎梏。」

95 5	49 1	27 3
16 4	84 6	62 8
51 9	38 2	73 7

陽 宅 運 勢

庚山甲向

[六白運]　　　　　　　　　　　　　　　　　[下卦]

座西西南朝東東北

二百五十五度→七十五度

●東南·辰巽巳	●南·丙午丁	●西南·未坤申
5.主皮膚病、瘡毒。	1.中爻得配水火相交，主喜慶順利。	3.主官災、是非、腸胃病、足病。
9.讀書聰明，利文職，家有喜慶事。	4.讀書聰明，利文職，有喜慶，失運則財帛不聚。	2.二黑又名病符，回宮復位主身體多病。
95.生旺五黃主長病、殘疾、血病、火災、性病、五黃到位；煞中之煞主災禍連連，阻礙百般，化解安忍水、六帝錢。	9.當運主財運與事業順利，失運主血光之災。	7.主痢疾，提防火災，血光之災。
	49.合而化金，與本體木火不協，無益而有損，木火通明，聰明俊秀，女同性戀不正常桃花。	27.土生金，七赤是七運的財星旺有財化官複，因桃花破財，桃花劫，對九紫命有利，二七合先天火乘殺氣遇凶山水，鳥焚其巢也。

●東·乙卯甲	●宅中央	●西·辛酉庚
4.運氣反覆，情緒起伏。	6.遠行多阻滯，頭部疾病。	8.財帛可得，但容易破耗。
1.主家人搬遷或有遠行，脾氣較為暴躁。	8.主腸胃病、運氣蹇滯。	6.提防被金屬所傷。
6.主足疾，小人多。	4.風濕病、皮膚病。	2.肚痛，提防火災，血光之災。
16.合為水主催官，遇旺水秀峰，官居極品也。武貴，當軍警會顯貴，事事如意，吉利。	84.木剋土，離婚、嫁杏無期、姑婆屋、無仔生、不利幼兒、服毒、吊頸、自殺、腰痛、膽石。	62.腸病、婦科病。

●東北·寅艮丑	●北·癸子壬	●西北·亥乾戌
9.家有令人愉快事情發生，如喜事、橫財。	2.主家人易罹腸胃病，女性當權掌握財政。	7.提防被金屬所傷，主官非、爭執、交通意外。
5.主腸胃病、運氣蹇滯。	3.主脾氣暴躁，家人會搬遷或遠行。	3.經云，足以金而蹣跚，主足傷，家人容易發生。
1.財運佳，利地產置業。	8.主財運佳，利地產置業。	73.大凶、打劫、破財。、官非、被刺一刀、盲一眼。
51.膀胱病，五黃到位；煞中之煞主災禍連連，阻礙百般，化解安忍水、六帝錢。	38.不利小童，三歲前會有心漏病、哮喘，甚至跌死、小產、破財、男同性戀。	

説明：旺山旺向，形巒合局，主旺丁旺財。經曰：「會有旺星到穴，富積千鐘。」向首16，主升官。
　　經曰：「車驅北闕，時間丹詔頻來。」座山62得令，主發刑、名武貴；東南宮95，主頑鈍、愚夫、心目之疾、瘡毒、血光、意外、損主；西北宮73，主肝病、足患、暴戾、官非、肺疾。

65	21	43
5	1	3
54	76	98
4	6	8
19	32	87
9	2	7

陽 宅 運 勢

酉山卯向
座西朝東
二百七十度→九十度

[六白運]　　　　　　　　　　　　　　　　[起星]

●東南・辰巽巳	●南・丙午丁	●西南・未坤申
5.主皮膚病、瘡毒。 6.不利女性，奔波勞碌。 65.頭痛，口腔多病，五黃到位；煞中之煞主災禍連連，阻礙百般，化解安忍水、六帝錢	1.中爻得配水火相交，主喜慶順利 2.家人愚鈍，血光之災 21.女性婦科病、腸胃病。	3.主官災、是非、腸胃病、足病。 4.腸胃病、是非纏繞。 43.少女發瘋，男星飛臨是男姦女之象。
●東・乙卯甲	●宅中央	●西・辛酉庚
4.運氣反覆，情緒起伏。 5.容易腳傷，因財招禍。 54.五黃最忌三碧四綠木剋土，博弈好飲，破財田園廢盡，大凶五黃到位；煞中之煞主災禍連連，阻礙百般，化解安忍水、六帝錢。	6.遠行多阻滯，頭部疾病。 7.是非，官災，容易被金屬所傷。 76.凶交劍煞、合作不和、拆夥、籠裡雞部屬造反、官非、男女不和、手腳受傷、皮膚病、化解使用陰陽水。	8.財帛可得，但容易破耗。 9.小心火災，家中女性不和。 98.吐血。
●東北・寅艮丑	●北・癸子壬	●西北・亥乾戌
9.家有令人愉快事情發生，如喜事、橫財。 1.財運佳，利地產置業。 19.水火不容，性病、皮膚病，小產。	2.主家人易罹腸胃病，女性當權掌握財政。 3.主脾氣暴躁，家人會搬遷或遠行。 32.鬥牛煞、爭吵、激氣、官非、破財。	7.提防被金屬所傷，主官非、爭執、交通意外。 8.發小財，利地產或五金行業。 87.吉，財利。

説明：令星失位，形巒不合，主損丁破財。經曰：「苟無生氣入門，糧艱一宿。」向上98，主心目之疾、失血、脾胃病、鼻病、損男童；向上54，主瘡毒、中毒、血光、意外、風疾、膽病、淫亂；北宮32，主肝病、足病、刑妻、背信棄義。經曰：「雷出地而相衝，定遭桎梏。」

73 5	38 1	51 3
62 4	84 6	16 8
27 9	49 2	95 7

陽 宅 運 勢

酉山卯向

[六白運]　　　　　　　　　　　　　　　　　　　[下卦]

座西朝東

二百七十度→九十度

●東南・辰巽巳	●南・丙午丁	●西南・未坤申
5.主皮膚病、瘡毒。 7.容易被金屬所傷，易惹桃花劫。 3.運氣反覆，時好時壞。 73.大凶、打劫、破財、官非、被刺一刀、盲一眼。	1.中爻得配水火相交，主喜慶順利。 3.主家人頭腦靈活聰明。 8.主喜慶，有令人愉快事情發生。 38.不利小童，三歲前會有心漏病、哮喘，甚至跌死、小產、破財，男同性戀	3.主官災、是非、腸胃病、足病。 5.主急性病、血光之災。 1.主女性當權，家人易罹腸病。 51.膀胱病，五黃到位；煞中之煞主災禍連連，阻礙百般，化解安忍水、六帝錢。
●東・乙卯甲	●宅中央	●西・辛酉庚
4.運氣反覆，情緒起伏。 6.主足疾，小人多。 2.主官災、是非、足患、腸胃病。 62.腸病、婦科病。	6.遠行多阻滯，頭部疾病。 8.主腸胃病、運氣塞滯。 4.風濕病、皮膚病。 84.木剋土，離婚、嫁杏無期、姑婆屋、無仔生、不利幼兒、服毒、吊頸、自殺、腰痛、膽石。	8.財帛可得，但容易破耗。 1.家人好動，多異性緣，一白當運為桃花運，失運破財。 6.提防被金屬所傷。 16.合為水主催官，遇旺水秀峰，官居極品也。武貴，當軍警會顯貴，事事如意，吉利。
●東北・寅艮丑	●北・癸子壬	●西北・亥乾戌
9.家有令人愉快事情發生，如喜事、橫財。 2.旺財，利地財。 7.財帛可得但容易破耗。 27.土生金，七赤是七運的財星旺有財化官複，因桃花破財，桃花劫，對九紫命有利，二七合先天火乘殺氣遇凶山水，鳥焚其巢也。	2.主家人易罹腸胃病，女性當權掌握財政。 4.坎宮為一白星所，主故為一四同宮主讀書聰明。 9.水火既濟，主喜慶順利。 49.合而化金，與本體木火不協，無益而有損，木火通明，聰明俊秀，女同性戀不正常桃花。	7.提防被金屬所傷，主官非、爭執、交通意外。 9.子女容易與自己爭執，提防呼吸系統疾病。 5.頭部疾病，遠行多阻滯，身體多病。 95.生旺五黃主長病，殘疾、血病，火災、性病，五黃到位；煞中之煞主災禍連連，阻礙百般化解安忍水、六帝錢。

說明：上山下水，形巒不合，主損丁破財。經曰：「苟無生氣入門，糧艱一宿。」向首62，主腹疾、產厄、官訟、頭痛或主鬼神入室；座山16失令，主官訟、頭痛、腎病、水厄、耳鳴；東北宮27，主腹痛、胃痛、產厄、宮非、口舌、肺疾、桃色之應。

85 5	41 1	63 3
74 4	96 6	28 8
39 9	52 2	17 7

陽 宅 運 勢

辛山乙向

[六白運]　　　　　　　　　　　　　　　　　[起星]

座西西北朝東東南

二百八十五度→一百零五度

●東南・辰巽巳	●南・丙午丁	●西南・未坤申
5.主皮膚病、瘡毒。 8.兒童多病，成績退步，鼻敏感。 85.暗滯、胃病、胸疼痛、五黃到位；煞中之煞主災禍連連，阻礙百般，化解安忍水、六帝錢。	1.中爻得配水火相交，主喜慶順利。 4.讀書聰明，利文職，有喜慶，失運則財帛不聚。 41.利讀書，出門，遠走他方。	3.主官災、是非、腸胃病、足病。 6.胡思亂想、神經衰弱，當運則發財。 63.手腳受傷。
●東・乙卯甲	●宅中央	●西・辛酉庚
4.運氣反覆，情緒起伏。 7.血光之災，受人拖累破財，宜放風水輪來化解。 74.桃花，出門。	6.遠行多阻滯，頭部疾病。 9.目疾、血光之災、皮膚病。 96.腦病。	8.財帛可得，但容易破耗。 2.肚痛，提防火災，血光之災。 28.合十主吉，有進田置業之喜，利遷移。
●東北・寅艮丑	●北・癸子壬	●西北・亥乾戌
9.家有令人愉快事情發生，如喜事、橫財。 3.經云，三八逢損小口，主不利小童。 39.聰明而吝嗇。	2.主家人易罹腸胃病，女性當權掌握財政。 5.主傷病，提防泌尿疾病，女性提防婦科病。 52.腸病，手腳受傷，黃遇黑時出寡婦。主孤寡五黃到位；煞中之煞主災禍連連，阻礙百般，化解安忍水、六帝錢。	7.提防被金屬所傷，主官非、爭執、交通意外。 1.主聰明、才智、發小財。 17.桃花，出門有利，吉利。

説明：令星失位，形巒不合，主損丁破財。經曰：「苟無生氣入門，糧艱一宿。」向首74，主風疾、膽病、淫亂、官非、口舌；座山28，主腹疾、胃痛、產厄、神經病、損男童；北宮52，主瘡毒、中毒、血光、意外、腹痛；西南宮63，主官訟、頭痛、肝病、足患、暴戾。

73	38	51
5	1	3
62	84	16
4	6	8
27	49	95
9	2	7

陽 宅 運 勢

辛山乙向

[六白運]   [下卦]

座西西北朝東東南

二百八十五度→一百零五度

●東南・辰巽巳	●南・丙午丁	●西南・未坤申
5.主皮膚病、瘡毒。 7.容易被金屬所傷，易惹桃花劫。 3.運氣反覆，時好時壞。 73.大凶，打劫，破財，官非，被刺一刀，盲一眼。	1.中爻得配水火相交，主喜慶順利。 3.主家人頭腦靈活聰明。 8.主喜慶，有令人愉快事情發生。 38.不利小童，三歲前會有心漏病、哮喘，甚至跌死、小產、破財、男同性戀。	3.主官災、是非、腸胃病、足病。 5.主急性病，血光之災。 1.主女性當權，家人易罹腸胃病。 51.膀胱病，五黃到位；煞中之煞主災禍連連，阻礙百般，化解安忍水、六帝錢
●東・乙卯甲	●宅中央	●西・辛酉庚
4.運氣反覆，情緒起伏。 6.主足疾，小人多。 2.主官災、是非、足患、腸胃病。 62.腸疾、婦科病。	6.遠行多阻滯，頭部疾病。 8.主腸胃病、運氣蹇滯。 4.風濕病、皮膚病。 84.木剋土，離婚、嫁杏無期、姑婆屋、無仔生、不利幼兒、服毒、吊頸、自殺、腰痛、膽石。	8.財帛可得，但容易破耗。 1.家人好動，多異性緣，一白當運為桃花運，失運破財。 6.提防被金屬所傷。 16.合為水主催官，遇旺水秀峰，官居極品也。武貴，當軍警會顯貴，事事如意，吉利。
●東北・寅艮丑	●北・癸子壬	●西北・亥乾戌
9.家有令人愉快事情發生，如喜事、橫財。 2.旺財，利地財。 7.財帛可得但容易破耗。 27.土生金，七赤是七運的財星旺有財化官複，因桃花破財，桃花劫，對九紫命有利，二七合先天火乘殺氣遇凶山水，鳥焚其巢也。	2.主家人易罹腸胃病，女性當權掌握財政。 4.坎宮為一白星所，主故為一四同宮主讀書聰明。 9.水火既濟，主喜慶順利。 49.合而化金，與本體木火不協，無益而有損，木火通明，聰明俊秀，女同性戀不正常桃花。	7.提防被金屬所傷，主官非、爭執、交通意外。 9.子女容易與自己爭執，提防呼吸系統疾病。 5.頭部疾病，遠行多阻滯，身體多病。 95.生旺五黃主長病，殘疾，血病，火災，性病，五黃到位；煞中之煞主災禍連連，阻礙百般，化解安忍水、六帝錢。

説明：上山下水，形巒不合，主損丁破財。經曰：「苟無生氣入門，糧艱一宿。」向首62，
　　　主腹疾、產厄、官訟、頭痛或主鬼神入室；座山16失令，主官訟、頭痛、腎病、水厄、
　　　耳鳴；東北宮27，主腹痛、胃痛、產厄、宮非、口舌、肺疾、桃色之應。

86	41	68
5	1	3
77	95	23
4	6	8
32	59	14
9	2	7

陽 宅 運 勢

戌山辰向

[六白運]　　　　　　　　　　　　　　　　　　　　　　[起星]

座西北西朝東南東

三百度→一百二十度

●東南·辰巽巳	●南·丙午丁	●西南·未坤申
5.主皮膚病、瘡毒。	1.中爻得配水火相交，主喜慶順利。	3.主官災、是非、腸胃病、足病。
8.兒童多病，成績退步，鼻敏感。	4.讀書聰明，利文職，有喜慶，失運則財帛不聚。	6.胡思亂想、神經衰弱，當運則發財。
6.不利女性，奔波勞碌。	41.利讀書，出門，遠走他方。	8.利地產，旺財。
86.吉，財利。		68.吉，進財，利田宅，武庫，亦主財帛，利武庫及異路功名。

●東·乙卯甲	●宅中央	●西·辛酉庚
4.運氣反覆，情緒起伏。	6.遠行多阻滯，頭部疾病。	8.財帛可得，但容易破耗。
7.血光之災，受人拖累破財，宜放風水輪來化解。	9.目疾、血光之災、皮膚病。	2.肚痛，提防火災，血光之災。
77.七運，當旺大吉，財利大旺。	5.血光之災、瘡瘤。	3.主血光之災，受人拖累。
	95.生旺五黃主長病、殘疾、血病、火災、性病、五黃到位；煞中之煞主災禍連連，阻礙百般，化解安忍水、六帝錢。	23.鬥牛煞、官非、是非、口舌、不和、博弈好飲、田園廢盡。

●東北·寅艮丑	●北·癸子壬	●西北·亥乾戌
9.家有令人愉快事情發生，如喜事、橫財。	2.主家人易罹腸胃病，女性當權掌握財政。	7.提防被金屬所傷，主官非、爭執、交通意外。
3.經云，三八逢損小口，主不利小童。	5.主傷病，提防泌尿疾病，女性提防婦科病。	1.主聰明、才智、發小財。
2.旺財，利地財。	9.水火既濟，主喜慶順利。	4.不利女性，驛馬位，有遠行或搬遷。
32.鬥牛煞、爭吵、激氣、官非、破財。	59.凶，火生土，生旺災瘟星五黃，主不吉五黃到位；煞中之煞主災禍連連，阻礙百般，化解安忍水、六帝錢。	14.讀書有成、被讚賞、出門有利、升職、加薪、主科名，號青雲得路，有文筆硯池水，鼎元之兆也。

説明：令星到向，山星失位，主旺財不旺丁。經曰：「會有旺星到穴，富積千鐘。」向上86，主富貴壽考、武職威權、文章科第；西宮23，東北宮32，主腹痛、產厄、胃病、官非、口舌、盜賊；座山14，南宮41，主腎病、耳鳴、水厄、膽疾、風疾、淫亂之應。

66 5	21 1	48 3
57 4	75 6	93 8
32 9	39 2	84 7

陽 宅 運 勢

戌山辰向

[六白運] [下卦]

座西北西朝東南東

三百度→一百二十度

●東南・辰巽巳	●南・丙午丁	●西南・未坤申
5.主皮膚病、瘡毒。 6.不利女性，奔波勞碌。 66.吉，利財。	1.中爻得配水火相交，主喜慶順利。 2.家人愚鈍，血光之災。 21.女性婦科病、腸胃病。	3.主官災、是非、腸胃病、足病。 4.腸胃病、是非纏繞。 8.利地產，旺財 48.進田莊之喜，女同性戀。
●東・乙卯甲	●宅中央	●西・辛酉庚
4.運氣反覆，情緒起伏。 5.容易腳傷，因財招禍。 7.血光之災，受人拖累破財，宜放風水輪來化解。 57.吉七赤金星化五黃，土生金生旺七運吉星，五黃到位；煞中之煞主災禍連連，阻礙百般，化解安忍水、六帝錢。	6.遠行多阻滯，頭部疾病。 7.是非，官災，容易被金屬所傷。 5.血光之災，瘡瘤。 75.肺病、口腔病、口舌、五黃到位；煞中之煞主災禍連連，阻礙百般，化解安忍水、六帝錢。	8.財帛可得，但容易破耗。 9.小心火災，家中女性不和。 3.主血光之災，受人拖累。 93.官非。
●東北・寅艮丑	●北・癸子壬	●西北・亥乾戌
9.家有令人愉快事情發生，如喜事、橫財。 1.財運佳，利地產置業。 2.旺財，利地財。 12.男性腸胃病、內臟有疾，女性有腸胃病、婦科病。	2.主家人易罹腸胃病，女性當權掌握財政。 3.主脾氣暴躁，家人會搬遷或遠行。 9.水火既濟，主喜慶順利。 39.聰明而吝嗇。	7.提防被金屬所傷，主官非、爭執、交通意外。 8.發小財，利地產或五金行業。 4.不利女性，驛馬位，有遠行或搬遷。 84.木剋土，離婚、嫁杏無期、姑婆屋、無仔生、不利幼兒、服毒、吊頸、自殺、腰痛、膽石。

説明：雙星到向，山星下水，主旺財不旺丁。經曰：「會有旺星到穴，富積千鐘。」向上66，水外有山，山外有水，主發富貴；南宮21，主腹痛、胃痛、產厄、腎病、耳鳴；東宮57，主瘡毒、中毒、血光、意外、官非、口舌、牢獄之災；西宮93，主心目之疾、失血、官非盜賊之應。

84	39	12
5	1	3
93	75	57
4	6	8
48	21	66
9	2	7

陽宅運勢

乾山巽向

[六白運]　　　　　　　　　　　　　　　　　　　　[起星]

座西北朝東南

三百一十五度→一百三十五度

●東南・辰巽巳	●南・丙午丁	●西南・未坤申
5.主皮膚病、瘡毒。 8.兒童多病，成績退步，鼻敏感。 4.經云，蓋四綠為文昌之神主聰明。 84.木剋土，離婚、嫁杏無期、姑婆屋、無仔生、不利幼兒、服毒、吊頸、自殺、腰痛、膽石。	1.中爻得配水火相交，主喜慶順利。 3.主家人頭腦靈活聰明。 9.當運主財運與事業順利，失運主血光之災。 39.聰明而吝嗇。	3.主官災、是非、腸胃病、足病。 1.主女性當權，家人易罹腸胃病。 2.二黑又名病符，回宮復位主身體多病。 12.男性腸胃病、內臟有疾，女性有腸胃病、婦科病。
●東・乙卯甲	●宅中央	●西・辛酉庚
4.運氣反覆，情緒起伏。 9.家人頭腦靈活，子女讀書聰明。 3.經云，蚩尤碧色好勇鬥狠之神，三碧為蚩尤星，主官災、是非、爭執。 93.官非。	6.遠行多阻滯，頭部疾病。 7.是非，官災，容易被金屬所傷。 5.血光之災，瘡瘤。 75.肺病、口腔病、口舌、五黃到位；煞中之煞主災禍連連，阻礙百般，化解安忍水、六帝錢。	8.財帛可得，但容易破耗。 5.是非，官災，容易被金屬所傷。 7.當運主發財，失運主血光之災。 57.吉七赤金星化五黃，土生金生旺七運吉星，五黃到位；煞中之煞主災禍連連，阻礙百般，化解安忍水、六帝錢。
●東北・寅艮丑	●北・癸子壬	●西北・亥乾戌
9.家有令人愉快事情發生，如喜事、橫財。 4.兒童多病，成績退步，鼻敏感。 8.當運發財，利地產，失運破財。 48.進田莊之喜，女同性戀。	2.主家人易罹腸胃病，女性當權掌握財政。 1.經云，一白官星之應主掌文章讀書聰明。 21.女性婦科病、腸胃病。	7.提防被金屬所傷，主官非、爭執、交通意外。 6.驛馬位，有遠行，失運主官非或交通意外。 66.吉，利財。

説明：雙星到座，水神上山，主旺丁不旺財。經曰：「苟無生氣入門，糧艱一宿。」向上84，東北宮48，主膽病、股疾、神經病、損男童；西宮57，主瘡毒、中毒、血光、意外、官非、口舌、桃花之應；西南宮12，北宮21，主腹痛、產厄、脾胃病、水厄、腎病、耳鳴。

84 5	39 1	12 3
93 4	75 6	57 8
48 9	21 2	66 7

陽 宅 運 勢

乾山巽向

[六白運]　　　　　　　　　　　　　　　　　　[下卦]

座西北朝東南

三百一十五度→一百三十五度

●東南・辰巽巳	●南・丙午丁	●西南・未坤申
5.主皮膚病、瘡毒。 8.兒童多病、成績退步，鼻敏感。 4.經云，蓋四綠為文昌之神主聰明。 84.木剋土，離婚、嫁杏無期、姑婆屋、無仔生、不利幼兒、服毒、吊頸、自殺、腰痛、膽石。	1.中爻得配水火相交，主喜慶順利。 3.主家人頭腦靈活聰明。 9.當運主財運與事業順利，失運主血光之災。 39.聰明而吝嗇。	3.主官災、是非、腸胃病、足病。 1.主女性當權，家人易罹腸胃病。 2.二黑又名病符，回宮復位主身體多病。 12.男性腸胃病、內臟有疾，女性有腸胃病、婦科病。
●東・乙卯甲	●宅中央	●西・辛酉庚
4.運氣反覆，情緒起伏。 9.家人頭腦靈活，子女讀書聰明。 3.經云，蚩尤碧色好勇鬥狠之神，三碧為蚩尤星，主官災、是非、爭執。 93.官非。	6.遠行多阻滯，頭部疾病。 7.是非，官災，容易被金屬所傷。 5.血光之災、瘡瘤。 75.肺病、口腔病、口舌、五黃到位；煞中之煞主災禍連連，阻礙百般，化解安忍水、六帝錢。	8.財帛可得，但容易破耗。 5.是非，官災，容易被金屬所傷。 7.當運主發財，失運主血光之災。 57.吉七赤金星化五黃，土生金生旺七運吉星，五黃到位；煞中之煞主災禍連連，阻礙百般，化解安忍水、六帝錢。
●東北・寅艮丑	●北・癸子壬	●西北・亥乾戌
9.家有令人愉快事情發生，如喜事、橫財。 4.兒童多病，成績退步，鼻敏感。 8.當運發財，利地產，失運破財。 48.進田莊之喜，女同性戀。	2.主家人易罹腸胃病，女性當權掌握財政。 1.經云，一白官星之應主掌文章讀書聰明。 21.女性婦科病、腸胃病。	7.提防被金屬所傷，主官非、爭執、交通意外。 6.驛馬位，有遠行，失運主官非或交通意外。 66.吉，利財。

說明：雙星到座，水神上山，主旺丁不旺財。經曰：「苟無生氣入門，糧艱一宿。」向上84，東北宮48，主膽病、股疾、神經病、損男童；西宮57，主瘡毒、中毒、血光、意外、官非、口舌、桃花；西南宮12，北宮21，主腹痛、產厄、脾胃病、水厄、腎病、耳鳴。

84 5	39 1	12 3
93 4	75 6	57 8
48 9	21 2	66 7

陽 宅 運 勢

亥山巳向

[六白運]　　　　　　　　　　　　　　　　　[起星]

座西北北朝東南南

三百三十度→一百五十度

●東南・辰巽巳	●南・丙午丁	●西南・未坤申
5.主皮膚病、瘡毒。 8.兒童多病，成績退步，鼻敏感。 4.經云，蓋四綠為文昌之神主聰明。 84.木剋土，離婚、嫁杏無期、姑婆家、無仔生、不利幼兒、服毒、吊頸、自殺、腰痛、膽石。	1.中爻得配水火相交，主喜慶順利。 3.主家人頭腦靈活聰明。 9.當運主財運與事業順利，失運主血光之災。 39.聰明而吝嗇。	3.主官災、是非、腸胃病、足病。 1.主女性當權，家人易罹腸胃病。 2.二黑又名病符，回宮復位主身體多病。 12.男性腸胃病，內臟有疾，女性有腸胃病，婦科病。
●東・乙卯甲	●宅中央	●西・辛酉庚
4.運氣反覆，情緒起伏。 9.家人頭腦靈活，子女讀書聰明。 3.經云，蚩尤碧色好勇鬥狠之神，三碧為蚩尤星，主官災、是非、爭執。 93.官非。	6.遠行多阻滯，頭部疾病。 7.是非，官災，容易被金屬所傷。 5.血光之災，瘡瘤。 75.肺病、口腔病、口舌、五黃到位；煞中之煞主災禍連連，阻礙百般，化解安忍水、六帝錢。	8.財帛可得，但容易破耗。 5.是非，官災，容易被金屬所傷。 7.當運主發財，失運主血光之災。 57.吉七赤金星化五黃，土生金生旺七運吉星，五黃到位；煞中之煞主災禍連連，阻礙百般，化解安忍水、六帝錢。
●東北・寅艮丑	●北・癸子壬	●西北・亥乾戌
9.家有令人愉快事情發生，如喜事、橫財。 4.兒童多病，成績退步，鼻敏感。 8.當運發財，利地產，失運破財。 48.進田莊之喜，女同性戀。	2.主家人易罹腸胃病，女性當權掌握財政。 1.經云，一白官星之應主掌文章讀書聰明。 21.女性婦科病、腸胃病。	7.提防被金屬所傷，主官非、爭執、交通意外。 6.驛馬位，有遠行，失運主官非或交通意外。 66.吉，利財

說明：雙星到座，水神上山，主旺丁不旺財。經曰：「苟無生氣入門，糧艱一宿。」向上84
　　・東北宮48，主膽病、股疾、神經病、損男童；西宮57，主瘡毒、中毒、血光、意外、
　　官非、口舌、桃花；西南宮12・北宮21，主腹痛、產厄、脾胃病、水厄、腎病、耳鳴。

84 5	39 1	12 3
93 4	75 6	57 8
48 9	21 2	66 7

陽宅運勢

亥山巳向

[六白運]　　　　　　　　　　　　　　　　　[下卦]

座西北北朝東南南

三百三十度 → 一百五十度

●東南・辰巽巳	●南・丙午丁	●西南・未坤申
5.主皮膚病、瘡毒。 8.兒童多病，成績退步，鼻敏感。 4.經云，蓋四綠為文昌之神主聰明。 84.木剋土，離婚、嫁杏無期、姑婆屋、無仔生、不利幼兒、服毒、吊頸、自殺、腰痛、膽石。	1.中爻得配水火相交，主喜慶順利。 3.主家人頭腦靈活聰明。 9.當運主財運與事業順利，失運主血光之災。 39.聰明而吝嗇。	3.主官災、是非、腸胃病、足病。 1.主女性當權，家人易罹腸胃病。 2.二黑又名病符，回宮復位主身體多病。 12.男性腸胃病、內臟有疾，女性有腸胃病、婦科病。
●東・乙卯甲	●宅中央	●西・辛酉庚
4.運氣反覆，情緒起伏。 9.家人頭腦靈活，子女讀書聰明。 3.經云，蚩尤碧色好勇鬥狠之神，三碧為蚩尤星，主官災、是非、爭執。 93.官非。	6.遠行多阻滯，頭部疾病。 7.是非，官災，容易被金屬所傷。 5.血光之災，瘡瘤。 75.肺病、口腔病、口舌、五黃到位；煞中之煞主災禍連連，阻礙百般，化解安忍水、六帝錢。	8.財帛可得，但容易破耗。 5.是非，官災，容易被金屬所傷。 7.當運主發財，失運主血光之災。 57.吉七赤金星化五黃，土生金生旺七運吉星，五黃到位；煞中之煞主災禍連連，阻礙百般，化解安忍水、六帝錢。
●東北・寅艮丑	●北・癸子壬	●西北・亥乾戌
9.家有令人愉快事情發生，如喜事、橫財。 4.兒童多病，成績退步，鼻敏感。 8.當運發財，利地產，失運破財。 48.進田莊之喜，女同性戀。	2.主家人易罹腸胃病，女性當權掌握財政。 1.經云，一白官星之應主掌文章讀書聰明。 21.女性婦科病、腸胃病。	7.提防被金屬所傷，主官非、爭執、交通意外。 6.驛馬位，有遠行，失運主非或交通意外。 66.吉，利財。

說明：雙星到座，水神上山，主旺丁不旺財。經曰：「苟無生氣入門，糧艱一宿。」向上84，東北宮48，主膽病、股疾、神經病、損男童；西宮57，主瘡毒、中毒、血光、意外、官非、口舌、桃花之應；西南宮12，北宮21，主腹痛、產厄、脾胃病、水厄、腎病、耳鳴。

69 5	25 1	47 3
58 4	71 6	93 8
14 9	36 2	82 7

陽 宅 運 勢

丑山未向

座東北北朝西南南

三十度→二百一十度

[六白運]　　　　　　　　　　　　　　　　[起星]

●東南・辰巽巳	●南・丙午丁	●西南・未坤申
5.主皮膚病、瘡毒。	1.中爻得配水火相交，主喜慶順利。	3.主官災、是非、腸胃病、足病。
6.不利女性、奔波勞碌。	2.家人愚鈍、血光之災。	4.腸胃病、是非、纏繞。
9.讀書聰明，利文職，家有喜慶事。	5.眼部疾病、血光之災。	7.主痢疾、提防火災、血光之災。
69.火燒天門，家生忤逆之兒、生牙瘡、腦病、生疿腮、流牙血、肺疾、衰則血症、盛必火災。	25.二五交加必損主孤寡二主，宅母多病黑逢五至出鰥夫，五黃到位；煞中煞主災禍連連，阻礙百般，化解安忍水、六帝錢。	47.桃花當時得令七運財色兼收。文章不顯，嘔血而早夭。
●東・乙卯甲	●宅中央	●西・辛酉庚
4.運氣反覆，情緒起伏。	6.遠行多阻滯、頭部疾病。	8.財帛可得，但容易破耗。
5.容易腳傷，因財招禍。	7.是非，官災，容易被金屬所傷。	9.小心火災，家中女性不和。
8.主不利，兒童成績退步。	1.經云，一加二五傷及壯丁，主傷病。	3.主血光之災，受人拖累。
58.吉，五黃到位；煞中之煞主災禍連連，阻礙百般，化解安忍水、六帝錢。	71.出門遠行、桃花。	93.官非。
●東北・寅艮丑	●北・癸子壬	●西北・亥乾戌
9.家有令人愉快事情發生，如喜事、橫財。	2.主家人易罹腸胃病，女性當權掌握財政。	7.提防金屬傷，主官非，爭執，交通意外。
1.財運佳，利地產置業。	3.主脾氣暴躁，家人會搬遷或遠行。	8.發小財，利地產或五金行業。
4.兒童多病、成績退步、鼻敏感。	6.主聰明才智發小財。	2.失運神經衰弱，胡思亂想，當運旺財。
14.讀書有成、被讚賞、出門有利、升職、加薪、主科名、號青雲得路，有文筆硯池水，鼎元之兆也。	36.官非、手腳受損、患在長男。	82.疾病。

說明：令星失位，形巒不合，主損丁破財，經曰：「苟無生氣入門，糧艱一宿。」向上47，為生氣有水者次運發財，座山14、形凶者主腹痛、腎病、耳鳴、瘋疾、股病、淫蕩；南宮25、主瘡毒、血光、意外、腹疾、產厄之應；西北宮82，神經病、暴戾、家人不睦。

82 5	47 1	69 3
71 4	93 6	25 8
36 9	58 2	14 7

陽 宅 運 勢

丑山未向

座東北北朝西南南

三十度→二百一十度

[六白運]　　　　　　　　　　　　　　　　　　[下卦]

●東南・辰巽巳	●南・丙午丁	●西南・未坤申
5.主皮膚病、瘡毒。 8.兒童多病、成績退步、鼻敏感。 2.主是非、健康差、呼吸系統疾病。 82.疾病。	1.中爻得配水火相交，主喜慶順利。 4.讀書聰明，利文職，有喜慶，失運則財帛不聚。 7.小心火災，家中女性不和。 47.桃花當時得令七運財色兼收，文章不顯，嘔血而早夭。	3.主官災、是非、腸胃病、足傷。 6.胡思亂想、神經衰弱，當運則發財。 9.家人愚鈍，子女成績退步。 69.火燒天門，家生忤逆之兒、生牙瘡、腦病、生痄腮、流牙血、肺疾、衰則血症，盛必火災。
●東・乙卯甲	●宅中央	●西・辛酉庚
4.運氣反覆、情緒起伏。 7.血光之災，受人拖累破財，宜放風水輪來化解。 1.主家人搬遷或有遠行，脾氣較為暴躁。 71.出門遠行、桃花。	6.遠行多阻滯，頭部疾病。 9.目疾，血光之災，皮膚病。 3.因財致禍，腳傷。 93.官非。	8.財帛可得，但容易破耗。 2.肚痛、提防火災、血光之災。 5.是非，官災，容易被金屬所傷。 25.二五交加必損主孤寡二主，宅母多病黑逢五至出鰥夫，五黃到位；煞中煞主災禍連連，阻礙百般，化解安忍水、六帝錢。
●東北・寅艮丑	●北・癸子壬	●西北・亥乾戌
9.家有令人愉快事情發生，如喜事、橫財。 3.經云，三八逢損小口，主不利小童。 6.發小財，利地產或五金行業。 36.官非、手腳受損，患在長男。	2.主家人易罹腸胃病，女性當權掌握財政。 5.主傷病，提防泌尿疾病，女性提防婦科病。 8.主財運佳，利地產置業。 58.吉，五黃到位；煞中之煞主災禍連連，阻礙百般，化解安忍水、六帝錢。	7.提防金屬傷、主官非、爭執、交通意外。 1.主聰明、才智、發小財。 4.不利女性，驛馬位，有遠行或搬遷。 14.讀書有成，被讚賞，出門有利、升職、加薪、主科名，號青雲得路，有文筆硯池水，鼎元之兆也。

説明:上山下水，背山面海，形巒不合，主損丁破財，經曰:「苟無生氣入門，糧艱一宿。」向上69，主吐血、頭痛、心目之疾、官訟之是，座山36，主頭痛、官非、肝病、足患；東南宮82，主暴戾、家人不睦。經曰:「寅申觸巳，曾聞虎咥家人。」西宮25，主瘡毒、血光、意外、腹疾、產厄之應。

13	57	35
5	1	3
24	92	79
4	6	8
68	46	81
9	2	7

陽 宅 運 勢

艮山坤向

座東北朝西南

四十五度→二百二十度

[六白運] [起星]

●東南・辰巽巳	●南・丙午丁	●西南・未坤申
5.主皮膚病、瘡毒。	1.中爻得配水火相交，主喜慶順利。	3.主官災、是非、腸胃病、足病。
1.經云，四一同宮準發科名。	5.眼部疾病、血光之災。	5.主急性病，血光之災。
3.運氣反覆，時好時壞。	7.小心火災，家中女性不和。	35.多主不吉，木剋土貧窮，傷足、生疾、五黃到位；煞中之煞主災禍連連，阻礙百般，化解安忍水、六帝錢。
13.爭執、吵鬧、勞氣、官非、盜劫、破財。	57.吉七赤金星化五黃，土生金生旺七運吉星，五黃到位；煞中之煞主災禍連連，阻礙百般，化解安忍水、六帝錢。	

●東・乙卯甲	●宅中央	●西・辛酉庚
4.運氣反覆，情緒起伏。	6.遠行多阻滯，頭部疾病。	8.財帛可得，但容易破耗。
2.主官災、是非、足患、腸胃病。	9.目疾、血光之災、皮膚病。	7.當運主發財，失運主血光之災。
24.婆媳不和。咎當主母。	2.血光之災、慢性病。	9.小心火災，家中女性不和。
	92.婦科病。	79.回祿之災、心臟病。

●東北・寅艮丑	●北・癸子壬	●西北・亥乾戌
9.家有令人愉快事情發生，如喜事、橫財。	2.主家人易罹腸胃病，女性當權掌握財政。	7.提防被金屬所傷，主官非、爭執、交通意外。
6.發小財，利地產或五金行業。	4.坎宮為一白星所，主故為一四同宮主讀書聰明。	8.發小財，利地產或五金行業。
8.當運發財，利地產，失運破財。	6.主聰明才智發小財。	1.主聰明、才智、發小財。
68.吉，進財，利田宅，武庫，亦主財帛，利武庫及異路功名。	46.煩惱事先合後散。肝病，輕或痼疾，重且夭折。	81.土剋水，膀胱疾、耳病。

説明：令星失位，形巒不合，主破財損丁。經曰：「苟無生氣入門，糧艱一宿。」向首35，殺水有水者切不可用；東宮24，主腹痛、產厄、膽痛、瘋疾或主欺姑之應；東南宮13，主官非、口舌、暴戾、腎病、耳鳴之疾；北宮46，有水者當令可以一用。

14 5	58 1	36 3
25 4	93 6	71 8
69 9	47 2	82 7

陽 宅 運 勢

[六白運]

[下卦]

艮山坤向
座東北朝西南
四十五度→二百二十度

●東南·辰巽巳	●南·丙午丁	●西南·未坤申
5.主皮膚病、瘡毒。 1.經云，四一同宮準發科名。 4.經云，蓋四綠為文昌之神主聰明。 14.讀書有成、被讚賞、出門有利、升職、加薪、主科名，號青雲得路，有文筆硯池水，鼎元之兆也。	1.中爻得配水火相交，主喜慶順利。 5.眼部疾病，血光之災。 8.主喜慶，有令人愉快事情發生。 58.吉，五黃到位；煞中之煞主災禍連連，阻礙百般，化解安忍水、六帝錢。	3.主官災、是非、腸胃病、足病。 6.胡思亂想、神經衰弱，當運則發財。 36.官非，手腳受損·患在長男。
●東·乙卯甲	●宅中央	●西·辛酉庚
4.運氣反覆，情緒起伏。 2.主官災、是非、足患、腸胃病。 5.容易腳傷，因財招禍。 25.二五交加必損主孤寡二主，宅母多病黑逢五至出鰥夫，五黃到位；煞中煞主災禍連連，阻礙百般，化解安忍水、六帝錢。	6.遠行多阻滯，頭部疾病。 9.目疾、血光之災、皮膚病。 3.因財致禍，腳傷。 93.官非。	8.財帛可得，但容易破耗。 7.當運主發財，失運主血光之災。 1.家人好動，多異性緣，一白當運為桃花運，失運破財。 71.出門遠行，桃花。
●東北·寅艮丑	●北·癸子壬	●西北·亥乾戌
9.家有令人愉快事情發生，如喜事、橫財。 6.發小財，利地產或五金行業。 69.火燒天門、家生忤逆之兒、生牙瘡、腦病、生痄腮、流牙血、肺疾、衰則血症、盛必火災。	2.主家人易罹腸胃病，女性當權掌握財政。 4.坎宮為一白星所，主故為一四同宮主讀書聰明。 7.家人好動，桃花運。 47.桃花當時令令七運財色兼收。文章不顯，嘔血而早夭。	7.提防被金屬所傷，主官非、爭執、交通意外。 8.發小財，利地產或五金行業。 2.失運神經衰弱，胡思亂想，當運旺財。 82.疾病。

説明：旺山旺向，形巒合局，主大旺財丁。經曰：「會有旺星到穴，富積千鐘。」東宮25，主瘡毒、血光、意外、腹疾、產厄，經曰：「二五交加必損主。」北宮47，主瘋疾、膽病、官非、口舌，有水者，次運主進財帛；東南宮14，主腎病、耳鳴、膽病、瘋疾、淫蕩。

13 5	57 1	35 3
24 4	92 6	79 8
68 9	46 2	81 7

陽宅運勢

寅山申向

[六白運]　　　　　　　　　　　　　　　　　[起星]

座東北東朝西南西

六十度→二百四十度

●東南・辰巽巳	●南・丙午丁	●西南・未坤申
5.主皮膚病，瘡毒。	1.中爻得配水火相交，主喜慶順利。	3.主官災、是非、腸胃病、足病。
1.經云，四一同宮準發科名。	5.眼部疾病，血光之災。	5.主急性病，血光之災。
3.運氣反覆，時好時壞。	7.小心火災，家中女性不和。	35.多主不吉，木剋土貧窮、傷足、生疾、五黃到位；煞中之煞主災禍連連，阻礙百般，化解安忍水、六帝錢。
13.爭執、吵鬧、勞氣、官非、盜劫、破財。	57.吉七赤金星化五黃，土生金生旺七運吉星，五黃到位；煞中之煞主災禍連連，阻礙百般，化解安忍水、六帝錢。	

●東・乙卯甲	●宅中央	●西・辛酉庚
4.運氣反覆，情緒起伏。	6.遠行多阻滯，頭部疾病。	8.財帛可得，但容易破耗。
2.主官災、是非、足患、腸胃病。	9.目疾、血光之災、皮膚病。	7.當運主發財，失運主血光之災。
24.婆媳不和，咎當主母。	2.血光之災、慢性病。	9.小心火災，家中女性不和。
	92.婦科病。	79.回祿之災，心臟病。

●東北・寅艮丑	●北・癸子壬	●西北・亥乾戌
9.家有令人愉快事情發生，如喜事、橫財。	2.主家人易罹腸胃病，女性當權掌握財政。	7.提防被金屬所傷，主官非、爭執、交通意外。
6.發小財，利地產或五金行業。	4.坎宮為一白星所，主故為一四同宮主讀書聰明。	8.發小財，利地產或五金行業。
8.當運發財，利地產，失運破財。	6.主聰明才智發小財。	1.主聰明、才智、發小財。
68.吉，進財，利田宅，武庫，亦主財帛，利武庫及異路功名。	46.煩惱事先合後散。肝病，輕或痼疾，重且夭折。	81.土剋水，膀胱疾、耳病。

説明：令星失位，形巒不合，主破財損丁，經曰：「苟無生氣入門，糧艱一宿。」向首35，殺水有水者切不可用；東宮24，主腹痛、產厄、膽痛、瘋疾或主欺姑之應；東南宮13，主官非、口舌、暴戾、腎病、耳鳴之疾；北宮46，有水者當令可以一用。

14	58	36
5	1	3
25	93	71
4	6	8
69	47	82
9	2	7

[六白運]

陽 宅 運 勢

寅山申向

座東北東朝西南西

六十度→二百四十度

[下卦]

●東南・辰巽巳	●南・丙午丁	●西南・未坤申
5.主皮膚病、瘡毒。 1.經云，四一同宮準發科名。 4.經云，蓋四綠為文昌之神主聰明。 14.讀書有成、被讚賞、出門有利、升職、加薪、主科名，號青雲得路，有文筆硯池水，鼎元之兆也。	1.中爻得配水火相交，主喜慶順利。 5.眼部疾病，血光之災。 8.主喜慶，有令人愉快事情發生。 58.吉，五黃到位；煞中之煞主災禍連連，阻礙百般，化解安忍水、六帝錢。	3.主官災、是非、腸胃病、足病。 6.胡思亂想、神經衰弱，當運則發財。 36.官非，手腳受損，患在長男。
●東・乙卯甲	**●宅中央**	**●西・辛酉庚**
4.運氣反覆，情緒起伏。 2.主官災、是非、足患、腸胃病。 5.容易腳傷，因財招禍。 25.二五交加必損主孤寡二主，宅母多病黑逢五至出鰥夫，五黃到位；煞中煞主災禍連連，阻礙百般，化解安忍水、六帝錢。	6.遠行多阻滯，頭部疾病。 9.目疾、血光之災、皮膚病。 3.因財致禍，腳傷。 93.官非。	8.財帛可得，但容易破耗。 7.當運主發財，失運主血光之災。 1.家人好動，多異性緣，一白當運為桃花運，失運破財。 71.出門遠行，桃花。
●東北・寅艮丑	**●北・癸子壬**	**●西北・亥乾戌**
9.家有令人愉快事情發生，如喜事、橫財。 6.發小財，利地產或五金行業。 69.火燒天門、家生忤逆之兒、生牙瘡、腦病、生痄腮、流牙血、肺疾、衰則血症、盛必火災。	2.主家人易罹腸胃病，女性當權掌握財政。 4.坎宮為一白星所，主故為一四同宮主讀書聰明。 7.家人好動，桃花運。 47.桃花當時得令七運財色兼收。文章不顯，嘔血而早夭。	7.提防被金屬所傷，主官非、爭執、交通意外。 8.發小財，利地產或五金行業。 2.失運神經衰弱，胡思亂想，當運旺財。 82.疾病。

説明：旺山旺向，形巒合局，主大旺財丁。經曰：「會有旺星到穴，富積千鐘。」東宮25，主瘡毒、血光、意外、腹疾、產厄，經曰：「二五交加必損主。」北宮47，主瘋疾、膽病、官非、口舌、有水者，次運主進財帛；東南宮14，主腎病、耳鳴、膽病、瘋疾、淫蕩。

96	52	74
5	1	3
85	17	39
4	6	8
41	63	28
9	2	7

陽 宅 運 勢

未山丑向

[六白運]   [起星]

座西南南朝東北北

二百一十度→三十度

●東南・辰巽巳	●南・丙午丁	●西南・未坤申
5.主皮膚病、瘡毒。 9.讀書聰明，利文職，家有喜慶事。 6.不利女性，奔波勞碌。 96.腦病。	1.中爻得配水火相交，主喜慶順利。 5.眼部疾病，血光之災。 2.家人愚鈍，血光之災。 52.腸病，手腳受傷，黃遇黑時出寡婦。主孤寡五黃到位；煞中之煞主災禍連連，阻礙百般化解安忍水、六帝錢。	3.主官災、是非、腸胃病、足病。 7.主痢疾，提防火災，血光之災。 4.腸胃病、是非纏繞。 74.桃花，出門。
●東・乙卯甲	●宅中央	●西・辛酉庚
4.運氣反覆，情緒起伏。 8.主不利，兒童成績退步。 5.容易腳傷，因財招禍。 85.暗滯、胃病、胸疼痛、五黃到位；煞中之煞主災禍連連，阻礙百般，化解安忍水、六帝錢。	6.遠行多阻滯，頭部疾病。 1.經云，一加二五傷及壯丁，主傷病。 7.是非，官災，容易被金屬所傷。 17.桃花，出門有利，吉利。	8.財帛可得，但容易破耗。 3.主血光之災，受人拖累。 9.小心火災，家中女性不和。 39.聰明而吝嗇。
●東北・寅艮丑	●北・癸子壬	●西北・亥乾戌
9.家有令人愉快事情發生，如喜事、橫財。 4.兒童多病，成績退步，鼻敏感。 1.財運佳，利地產置業。 41.利讀書，出門，遠走他方。	2.主家人易罹腸胃病，女性當權掌握財政。 6.主聰明才智發小財。 3.主脾氣暴躁，家人會搬遷或遠行。 63.手腳受傷。	7.提防被金屬所傷，主官非、爭執、交通意外。 2.失運神經衰弱，胡思亂想，當運旺財。 8.發小財，利地產或五金行業。 28.合十主吉，有進田置業之喜，利遷移。

說明：令星失位，形巒不合，主破財損丁。經曰：「苟無生氣入門，糧艱一宿。」向上41，主刑妻、瞎眼、夭亡、飄蕩、自縊、淫蕩；座山74，主飄蕩、淫亂、盜賊、牢獄之災；南宮52，主瘡毒、中毒、血光、意外、損主之事；東南宮96，有水者主大旺財帛、武貴之應。

[六白運]

28 5	74 1	96 3
17 4	39 6	52 8
63 9	85 2	41 7

陽 宅 運 勢

未山丑向

座西南南朝東北北

二百一十度→三十度

[下卦]

●東南・辰巽巳

5.主皮膚病，瘡毒。

2.主是非、健康差、呼吸系統疾病。

8.兒童多病，成績退步，鼻敏感。

28.合十主吉，有進田置業之喜，利遷移。

●南・丙午丁

1.中爻得配水火相交，主喜慶順利。

7.小心火災，家中女性不和。

4.讀書聰明，利文職，有喜慶，失運則財帛不聚。

74.桃花，出門。

●西南・未坤申

3.主官災、是非、腸胃病、足病。

9.家人愚鈍，子女成績退步。

6.胡思亂想，神經衰弱，當運則發財。

96.腦病。

●東・乙卯甲

4.運氣反覆，情緒起伏。

1.主家人搬遷或有遠行，脾氣較為暴躁。

7.血光之災，受人拖累破財，宜放風水輪來化解。

17.桃花，出門有利，吉利。

●宅中央

6.遠行多阻滯，頭部疾病。

3.因財致禍，腳傷。

9.目疾、血光之災、皮膚病。

39.聰明而吝嗇。

●西・辛酉庚

8.財帛可得，但容易破耗。

5.是非，官災，容易被金屬所傷。

2.肚痛，提防火災，血光之災。

52.腸病，手腳受傷，黃遇黑時出寡婦。主孤寡五黃到位；煞中之煞主災禍連連，阻礙百般化解安忍水、六帝錢

●東北・寅艮丑

9.家有令人愉快事情發生，如喜事、橫財。

6.發小財，利地產或五金行業。

3.經云，三八逢損小口，主不利小童。

63.手腳受傷。

●北・癸子壬

2.主家人易罹腸胃病，女性當權掌握財政。

8.主財運佳，利地產置業。

5.主傷病，提防泌尿疾病，女性提防婦科病。

85.暗滯、胃病、胸疼痛、五黃到位；煞中之煞主災禍連連，阻礙百般，化解安忍水、六帝錢。

●西北・亥乾戌

7.提防被金屬所傷，主官非、爭執、交通意外。

4.不利女性，驛馬位，有遠行或搬遷。

1.主聰明、才智、發小財。

41.利讀書，出門，遠走他方。

說明：上山下水，形巒不合，主損丁破財。經曰：「苟無生氣入門，糧艱一宿。」向上63，主殘疾、刑妻、是非、官訟、肝病；西宮52，主瘡毒、血光、意外、中毒、腹痛、產厄、胃痛、慎防損主之事；西北宮41，主膽疾、股病、腎病、耳鳴、水厄之應；東南宮28，主腹病、產厄、神經病、損男童。

31 5	75 1	53 3
42 4	29 6	97 8
86 9	64 2	18 7

陽 宅 運 勢

坤山艮向

[六白運]　　　　　　　　　　　　　　　　　　　　　　[起星]

座西南朝東北

二百二十五度→四十五度

●東南·辰巽巳	●南·丙午丁	●西南·未坤申
5.主皮膚病，瘡毒。	1.中爻得配水火相交，主喜慶順利。	3.主官災、是非、腸胃病、足病。
3.運氣反覆，時好時壞。	7.小心火災，家中女性不和。	5.主急性病，血光之災。
1.經云，四一同宮準發科名。	5.眼部疾病，血光之災。	53.破財、傷身，窮途困病再遭殃，五黃到位；煞中之煞主災禍連連，阻礙百般，化解安忍水、六帝錢。
31.爭吵、激氣、官非、破財。	75.肺病、口腔病、口舌、五黃到位；煞中之煞主災禍連連，阻礙百般，化解安忍水、六帝錢。	

●東·乙卯甲	●宅中央	●西·辛酉庚
4.運氣反覆，情緒起伏。	6.遠行多阻滯，頭部疾病。	8.財帛可得，但容易破耗。
2.主官災、是非、足患、腸胃病。	2.血光之災、慢性病。	9.小心火災，家中女性不和。
42.婆媳不和。	9.目疾、血光之災、皮膚病。	7.當運主發財，失運主血光之災。
	29.火生土，主女人多，桃花重，桃花屋。	97.回祿之災，心臟病。

●東北·寅艮丑	●北·癸子壬	●西北·亥乾戌
9.家有令人愉快事情發生，如喜事、橫財。	2.主家人易罹腸胃病，女性當權掌握財政。	7.提防被金屬所傷，主官非、爭執、交通意外。
8.當運發財，利地產，失運破財。	6.主聰明才智發小財。	1.主聰明、才智、發小財。
6.發小財，利地產或五金行業。	4.坎宮為一白星所，主故為一四同宮主讀書聰明。	8.發小財，利地產或五金行業。
86.吉，財利。	64.先合後散，女性多病。	18.土剋水，耳疾，被狗咬傷或被動物抓傷。咎輕，受剋而奇偶相敵。

說明：令星到向，形巒合局，主旺財不旺丁。經曰：「會有旺星到穴，富積千鐘。」向上86，主富貴壽考、武職、威權、文章、科第；座山53，主瘡毒、中毒、血光、意外、肝病、足患、暴戾；西宮97，主回祿之災、官非、牢獄之災；西北宮18，主腎病、耳鳴、水厄、神經病、損男童之應。

[六白運]

41 5	85 1	63 3
52 4	39 6	17 8
96 9	74 2	28 7

陽 宅 運 勢

坤山艮向

座西南朝東北

二百二十五度→四十五度

[下卦]

●東南・辰巽巳	●南・丙午丁	●西南・未坤申
5.主皮膚病、瘡毒。 4.經云，蓋四綠為文昌之神主聰明。 1.經云，四一同宮準發科名。 41.利讀書，出門，遠走他方。	1.中爻得配水火相交，主喜慶順利。 8.主喜慶，有令人愉快事情發生。 5.眼部疾病，血光之災。 85.暗滯、胃病、胸疼痛、五黃到位；煞中之煞主災禍連連，阻礙百般，化解安忍水、六帝錢。	3.主官災、是非、腸胃病、足病。 6.胡思亂想，神經衰弱，當運則發財。 63.手腳受傷。
●東・乙卯甲	●宅中央	●西・辛酉庚
4.運氣反覆，情緒起伏。 5.容易腳傷，因財招禍。 2.主官災、是非、足患、腸胃病。 52.腸病，手腳受傷，黃遇黑時出寡婦。主孤寡五黃到位；煞中之煞主災禍連連，阻礙百般，化解安忍水、六帝錢	6.遠行多阻滯，頭部疾病。 3.因財致禍，腳傷。 9.目疾、血光之災、皮膚病。 39.聰明而吝嗇。	8.財帛可得，但容易破耗。 1.家人好動，多異性緣，一白當運為桃花運，失運破財。 7.當運主發財，失運主血光之災。 17.桃花，出門有利，吉利。
●東北・寅艮丑	●北・癸子壬	●西北・亥乾戌
9.家有令人愉快事情發生，如喜事、橫財。 6.發小財，利地產或五金行業。 96.腦病。	2.主家人易罹腸胃病，女性當權掌握財政。 7.家人好動，桃花運。 4.坎宮為一白星所，主故為一四同宮主讀書聰明。 74.桃花，出門。	7.提防被金屬所傷，主官非、爭執、交通意外。 2.失運神經衰弱，胡思亂想，當運旺財。 8.發小財，利地產或五金行業。 28.合十主吉，有進田置業之喜，利遷移。

説明：旺山旺向，形巒合局，主大旺財丁。經日：「會有旺星到穴，富積千鐘。」向上96，主富貴、壽考、武職、威權、文章、科第；東宮52，主瘡毒、中毒、血光、意外、腹痛、產厄、慢性疾病；東南宮41，主腎病、耳鳴、水厄、淫蕩、膽疾；南宮85，主血光、中毒、意外、神經病、損男童之應。

31 5	75 1	53 3
42 4	29 6	97 8
86 9	64 2	18 7

陽 宅 運 勢

申山寅向

座西南西朝東北東

二百四十度→六十度

[六白運]　　　　　　　　　　　　　　　　　　　　[起星]

●東南・辰巽巳	●南・丙午丁	●西南・未坤申
5.主皮膚病，瘡毒。 3.運氣反覆，時好時壞。 1.經云，四一同宮準發科名。 31.爭吵、激氣、官非、破財。	1.中爻得配水火相交，主喜慶順利。 7.小心火災，家中女性不和。 5.眼部疾病，血光之災。 75.肺病、口腔病、口舌、五黃到位；煞中之煞主災禍連連，阻礙百般，化解安忍水、六帝錢。	3.主官災、是非、腸胃病、足病。 5.主急性病，血光之災。 53.破財、傷身，窮途困病再遭殃，五黃到位；煞中之煞主災禍連連，阻礙百般，化解安忍水、六帝錢。
●東・乙卯甲	●宅中央	●西・辛酉庚
4.運氣反覆，情緒起伏。 2.主官災、是非、足患、腸胃病。 42.婆媳不和。	6.遠行多阻滯，頭部疾病。 2.血光之災、慢性病。 9.目疾、血光之災、皮膚病。 29.火生土，主女人多，桃花重，桃花屋。	8.財帛可得，但容易破耗。 9.小心火災，家中女性不和。 7.當運主發財，失運主血光之災。 97.回祿之災、心臟病。
●東北・寅艮丑	●北・癸子壬	●西北・亥乾戌
9.家有令人愉快事情發生，如喜事、橫財。 8.當運發財，利地產，失運破財。 6.發小財，利地產或五金行業。 86.吉，財利。	2.主家人易罹腸胃病，女性當權掌握財政。 6.主聰明才智發小財。 4.坎宮為一白星所，主故為一四同宮主讀書聰明。 64.先合後散，女性多病。	7.提防被金屬所傷，主官非、爭執、交通意外。 1.主聰明、才智、發小財。 8.發小財，利地產或五金行業。 18.土剋水，耳疾，被狗咬傷或被動物抓傷。咎輕，受剋而奇偶相敵。

說明：令星到向，形巒合局，主旺財不旺丁。經曰：「會有旺星到穴，富積千鐘。」向上86，主富貴、壽考、武職、威權、文章、科第；座山53，主瘡毒、中毒、血光、意外、肝病、足患、暴戾；西宮97，主回祿之災、官非、牢獄之災；西北宮18，主腎病、耳鳴、水厄、神經病、損男童之應。

41	85	63
5	1	3
52	39	17
4	6	8
96	74	28
9	2	7

陽 宅 運 勢

申山寅向

[六白運]　　　　　　　　　　　　　　　　[下卦]

座西南西朝東北東

二百四十度→六十度

●東南・辰巽巳	●南・丙午丁	●西南・未坤申
5.主皮膚病，瘡毒。	1.中爻得配水火相交，主喜慶順利。	3.主官災、是非、腸胃病、足病。
4.經云，蓋四綠為文昌之神主聰明。	8.主喜慶，有令人愉快事情發生。	6.胡思亂想，神經衰弱，當運則發財。
1.經云，四一同宮準發科名。	5.眼部疾病，血光之災。	63.手腳受傷。
41.利讀書，出門，遠走他方。	85.暗滯、胃病、胸疼痛、五黃到位；煞中之煞主災禍連連，阻礙百般，化解安忍水、六帝錢。	

●東・乙卯甲	●宅中央	●西・辛酉庚
4.運氣反覆，情緒起伏。	6.遠行多阻滯，頭部疾病。	8.財帛可得，但容易破耗。
5.容易腳傷，因財招禍。	3.因財致禍，腳傷。	1.家人好動，多異性緣，一白當運為桃花運，失運破財。
2.主官災、是非、足患、腸胃病。	9.目疾、血光之災、皮膚病。	7.當運主發財，失運主血光之災。
52.腸病、手腳受傷，黃遇黑時出寡婦。主孤寡五黃到位；煞中之煞主災禍連連，阻礙百般，化解安忍水、六帝錢。	39.聰明而吝嗇。	17.桃花，出門有利，吉利。

●東北・寅艮丑	●北・癸子壬	●西北・亥乾戌
9.家有令人愉快事情發生，如喜事、橫財。	2.主家人易罹腸胃病，女性當權掌握財政。	7.提防被金屬所傷，主官非、爭執、交通意外。
6.發小財，利地產或五金行業。	7.家人好動，桃花運。	2.失運神經衰弱，胡思亂想，當運旺財。
96.腦病。	4.坎宮為一白星所，主故為一四同宮主讀書聰明。	8.發小財，利地產或五金行業。
	74.桃花，出門。	28.合十主吉，有進田置業之喜，利遷移。

說明：旺山旺向，形巒合局，主大旺財丁。經曰：「會有旺星到穴，富積千鐘。」向上96，主富貴、壽考、武職、威權、文章、科第；東宮52，主瘡毒、中毒、血光、意外、腹痛、產厄、慢性疾病；東南宮41，主腎病、耳鳴、水厄、淫蕩、膽疾；南宮85，主血光、中毒、意外、神經病、損男童之應。

78 6	23 2	91 4
89 5	67 7	45 9
34 1	12 3	56 8

陽 宅 運 勢

辰山戌向

座東南東朝西北西

一百二十度→三百度

[七赤運]　　　　　　　　　　　　　　　　　　[起星]

●東南·辰巽巳	●南·丙午丁	●西南·未坤申
6.不利女性，奔波勞碌。 7.容易被金屬所傷，易惹桃花劫。 8.兒童多病，成績退步，鼻敏感。 78.吉。	2.家人愚鈍，血光之災。 3.主家人頭腦靈活聰明。 23.鬥牛煞、官非、是非、口舌、不和、博弈好飲、田園廢盡。	4.腸胃病，是非纏繞。 9.家人愚鈍，子女成績退步。 1.主女性當權，家人易罹腸胃病。 91.桃花、讀書人、性病。
●東·乙卯甲	●宅中央	●西·辛酉庚
5.容易腳傷，因財招禍。 8.主不利，兒童成績退步。 9.家人頭腦靈活，子女讀書聰明。 89.火生土，吉，旺丁，旺財，輔弼相輝，田園富盛，而子孫繁衍也。	7.是非，官災，容易被金屬所傷。 6.遠行多阻滯，頭部疾病。 67.大凶六七交劍煞、合作不和、拆夥、籠裡雞作反、部屬造反、官非、男女不和、手腳受傷、皮膚病、化解使用陰陽水。	9.小心火災，家中女性不和。 4.容易被金屬所傷，易惹桃花劫。 5.是非，官災，容易被金屬所傷。 45.遊蕩廢業，手足傷，病重重五黃到位；煞中之煞主災禍連連，阻礙百般，化解安忍水、六帝錢。
●東北·寅艮丑	●北·癸子壬	●西北·亥乾戌
1.財運佳，利地產置業。 3.經云，三八逢損小口，主不利小童。 4.兒童多病，成績退步，鼻敏感。 34.三是男，四是女，女來就男移船就礅貼，大床利男性的桃花。	3.主脾氣暴躁，家人會搬遷或遠行。 1.經云，一白官星之應主掌文章讀書聰明。 2.主家人易罹腸胃病，女性當權掌握財政。 12.男性腸胃病，內臟有疾，女性有腸胃病，婦科病。	8.發小財，利地產或五金行業。 5.頭部疾病，遠行多阻滯，身體多病。 6.驛馬位，有遠行，失運主官非或交通意外。 56.吉六白金星化五黃。五黃到位；煞中之煞主災禍連連，阻礙百般，化解安忍水、六帝錢。

説明：山星到座得令，向星入囚，主旺丁不旺財。經曰：「苟無生氣入門，家無隔宿之糧。」向首56退氣，主頭痛、官訟、項疾、瘡毒、中毒、血光、意外之應；南宮23，主腹疾、產厄、邪病、官非、口舌、暴戾、刑妻之事。

79	24	92
6	2	4
81	68	46
5	7	9
35	13	57
1	3	8

陽 宅 運 勢

辰山戌向

座東南東朝西北西

一百二十度→三百度

[七赤運]　　　　　　　　　　　　　　　　　　[下卦]

●東南・辰巽巳	●南・丙午丁	●西南・未坤申
6.不利女性，奔波勞碌。	2.家人愚鈍，血光之災。	4.腸胃病、是非纏繞。
7.容易被金屬所傷，易惹桃花劫。	4.讀書聰明，利文職，有喜慶，失運則財帛不聚。	9.家人愚鈍，子女成績退步。
9.讀書聰明，利文職，家有喜慶事。	24.婆媳不和，咎當主母。	2.二黑又名病符，回宮復位主身體多病。
79.回祿之災，心臟病。		92.婦科病。

●東・乙卯甲	●宅中央	●西・辛酉庚
5.容易腳傷，因財招禍。	7.是非，官災，容易被金屬所傷。	9.小心火災，家中女性不和。
8.主不利，兒童成績退步。	6.遠行多阻滯，頭部疾病。	4.容易被金屬所傷，易惹桃花劫。
1.主家人搬遷或有遠行，脾氣較為暴躁。	8.主腸胃病，運氣蹇滯。	6.提防被金屬所傷。
81.土剋水，膀胱疾、耳病。	68.吉，進財，利田宅，武庫，亦主財帛，利武庫及異路功名。	46.煩惱事先合後散，肝病，輕或痼疾，重且夭折。

●東北・寅艮丑	●北・癸子壬	●西北・亥乾戌
1.財運佳，利地產置業。	3.主脾氣暴躁，家人會搬遷或遠行。	8.發小財，利地產或五金行業。
3.經云，三八逢損小口，主不利小童。	1.經云，一白官星之應主掌文章讀書聰明。	5.頭部疾病，遠行多阻滯，身體多病。
5.主腸胃病，運氣蹇滯。	13.爭執、吵鬧、勞氣、官非、盜劫、破財。	7.提防被金屬所傷，主官非、爭執、交通意外。
35.多主不吉，木剋土貧窮，傷足，生疾，五黃到位；煞中之煞主災禍連連，阻礙百般，化解安忍水、六帝錢。		57.吉七赤金星化五黃，土生金生旺七運吉星，五黃到位；煞中之煞主災禍連連，阻礙百般，化解安忍水、六帝錢。

説明：旺山旺向，形巒合局，主大旺財丁。經曰：「會有旺星到穴，富積千鐘。」主出人威武，傑出群倫，機謀深遠，富貴明達；南宮24，主腹疾、產厄、邪病、中風、淫亂或主欺姑之婦；東北宮35，主瘡毒、中毒、血光、口舌、官非、盜賊之應。

56	12	34
6	2	4
45	67	89
5	7	9
91	23	78
1	3	8

陽 宅 運 勢

巽山乾向

座東南朝西北

一百三十五度→三百一十五度

[七赤運]　　　　　　　　　　　　　　　　　　　　[起星]

●東南・辰巽巳	●南・丙午丁	●西南・未坤申
6.不利女性，奔波勞碌。	2.家人愚鈍，血光之災。	4.腸胃病、是非纏繞。
5.主皮膚病，瘡毒。	1.中爻得配水火相交，主喜慶順利。	3.主官災、是非、腸胃病、足病。
56.吉六白金星化五黃。五黃到位；煞中之煞主災禍連連，阻礙百般，化解安忍水、六帝錢。	12.男性腸胃病，內臟有疾，女性有腸胃病，婦科病。	34.三是男，四是女，女來就男移船就磡貼，大床利男性的桃花。

●東・乙卯甲	●宅中央	●西・辛酉庚
5.容易腳傷，因財招禍。	7.是非，官災，容易被金屬所傷。	9.小心火災，家中女性不和。
4.運氣反覆，情緒起伏。	6.遠行多阻滯，頭部疾病。	8.財帛可得，但容易破耗。
45.遊蕩廢業，手足傷，病重重五黃到位；煞中之煞主災禍連連，阻礙百般，化解安忍水，六帝錢。	67.大凶六七交劍煞、合作不和、拆夥、籠裡雞作反、部屬造反、官非、男女不和、手腳受傷、皮膚病、化解使用陰陽水。	89.火生土，吉，旺丁，旺財，輔弼相輝，田園富盛，而子孫繁衍也。

●東北・寅艮丑	●北・癸子壬	●西北・亥乾戌
1.財運佳，利地產置業。	3.主脾氣暴躁，家人會搬遷或遠行。	8.發小財，利地產或五金行業。
9.家有令人愉快事情發生，如喜事、橫財。	2.主家人易罹腸胃病，女性當權掌握財政。	7.提防被金屬所傷，主官非、爭執、交通意外。
91.桃花、讀書人、性病。	23.鬥牛煞、官非、是非、口舌、不和、博弈好飲、田園廢盡。	78.吉。

說明：上星下水，向星入囚，主損丁破財。經曰：「苟無生氣入門，家無隔宿之糧。」座山56，主瘡毒、中毒、血光、意外、官訟、頭疾、項病之應；向上78，有水者可用；北宮23，主腹疾、產厄、邪病、肝病、足患、官非、口舌、暴戾、刑妻之事；南宮12，主腎病、耳鳴、水厄、百病叢生。

57 6	13 2	35 4
46 5	68 7	81 9
92 1	24 3	79 8

陽 宅 運 勢

巽山乾向

座東南朝西北

一百三十五度→三百一十五度

[七赤運]　　　　　　　　　　　　　　　　　　[下卦]

●東南・辰巽巳	●南・丙午丁	●西南・未坤申
6.不利女性，奔波勞碌。 5.主皮膚病，瘡毒。 7.容易被金屬所傷，易惹桃花劫。 57.吉七赤金星化五黃，土生金生旺七運吉星，五黃到位；煞中之煞主災禍連連，阻礙百般，化解安忍水、六帝錢。	2.家人愚鈍，血光之災。 1.中爻得配水火相交，主喜慶順利。 3.主家人頭腦靈活聰明。 13.爭執、吵鬧、勞氣、官非、盜劫、破財。	4.腸胃病、是非纏繞。 3.主官災、是非、腸胃病、足病。 5.主急性病，血光之災。 35.多主不吉，木剋土貧窮，傷足，生疾，五黃到位；煞中之煞主災禍連連，阻礙百般，化解安忍水、六帝錢。
●東・乙卯甲	●宅中央	●西・辛酉庚
5.容易腳傷，因財招禍。 4.運氣反覆，情緒起伏。 6.主足疾，小人多。 46.煩惱事先合後散，肝病，輕或瘤疾，重且夭折。	7.是非，官災，容易被金屬所傷。 6.遠行多阻滯，頭部疾病。 8.主腸胃病、運氣蹇滯。 68.吉，進財，利田宅，武庫，亦主財帛，利武庫及異路功名。	9.小心火災，家中女性不和。 8.財帛可得，但容易破耗。 1.家人好動，多異性緣，一白當運為桃花運，失運破財。 81.土剋水，膀胱疾、耳病。
●東北・寅艮丑	●北・癸子壬	●西北・亥乾戌
1.財運佳，利地產置業。 9.家有令人愉快事情發生，如喜事、橫財。 2.旺財，利地財。 92.婦科病。	3.主脾氣暴躁，家人會搬遷或遠行。 2.主家人易罹腸胃病，女性當權掌握財政。 4.坎宮為一白星所，主故為一四同宮主讀書聰明。 24.婆媳不和，咎當主母。	8.發小財，利地產或五金行業。 7.提防被金屬所傷，主官非、爭執、交通意外。 9.子女容易與自己爭執，提防呼吸系統疾病。 79.回祿之災，心臟病。

說明：上山下水，形巒不合，主損丁破財。經曰：「苟無生氣入門，家無隔宿之糧。」主出人缺唇疏齒、破面聲高性淫；座山57，主瘡毒、中毒、血光、意外、官非；北宮24，主腹痛、產厄、邪病、中風、淫亂或主欺姑之婦；向上79，主回祿、火災、心目之疾。

58	14	36
6	2	4
47	69	82
5	7	9
93	25	71
1	3	8

陽 宅 運 勢

巳山亥向

[七赤運]　　　　　　　　　　　　　　[起星]

座東南南朝西北北

一百五十度→三百三十度

●東南‧辰巽巳	●南‧丙午丁	●西南‧未坤申
6.不利女性，奔波勞碌。 5.主皮膚病，瘡毒。 8.兒童多病，成績退步，鼻敏感。 58.吉，五黃到位；煞中之煞主災禍連連，阻礙百般，化解安忍水、六帝錢。	2.家人愚鈍，血光之災。 1.中爻得配水火相交，主喜慶順利。 4.讀書聰明，利文職，有喜慶，失運則財帛不聚。 14.讀書有成、被讚賞、出門有利、升職、加薪、主科名，號青雲得路，有文筆硯池水，鼎元之兆也。	4.腸胃病、是非纏繞。 3.主官災、是非、腸胃病、足病。 6.胡思亂想，神經衰弱，當運則發財。 36.官非，手腳受損‧患在長男。
●東‧乙卯甲	●宅中央	●西‧辛酉庚
5.容易腳傷，因財招禍。 4.運氣反覆，情緒起伏。 7.血光之災，受人拖累破財，宜放風水輪來化解。 47.桃花當時得令七運財色兼收。文章不顯，嘔血而早夭。	7.是非，官災，容易被金屬所傷。 6.遠行多阻滯，頭部疾病。 9.目疾、血光之災、皮膚病。 69.火燒天門、家生忤逆之兒、生牙瘡、腦病、生痄腮、流牙血、肺疾、衰則血症、盛必火災。	9.小心火災，家中女性不和。 8.財帛可得，但容易破耗。 2.肚痛，提防火災，血光之災。 82.疾病。
●東北‧寅艮丑	●北‧癸子壬	●西北‧亥乾戌
1.財運佳，利地產置業。 9.家有令人愉快事情發生，如喜事、橫財。 3.經云，三八逢損小口，主不利小童。 93.官非。	3.主脾氣暴躁，家人會搬遷或遠行。 2.主家人易罹腸胃病，女性當權掌握財政。 5.主傷病，提防泌尿疾病，女性提防婦科病。 25.二五交加必損主孤寡二主，宅母多病黑逢五至出鰥夫，五黃到位；煞中煞主災禍連連，阻礙百般，化解安忍水、六帝錢。	8.發小財，利地產或五金行業。 7.提防被金屬所傷，主官非、爭執、交通意外。 1.主聰明、才智、發小財。 71.出門遠行，桃花。

説明：向星失位，山星下水，主損丁破財。經曰：「苟無生氣入門，家無隔宿之糧。」主出人缺唇疏齒、破面、聲高性淫；座山58，主瘡毒、中毒、血光、神經病、損男童；北宮25，主腹疾、產厄、中毒、損主之應；南宮14，主腎病、耳鳴、中風、淫亂之事。

57 6	13 2	35 4
46 5	68 7	81 9
92 1	24 3	79 8

陽 宅 運 勢

巳山亥向

[七赤運]　　　　　　　　　　　　　　　　　　　　[下卦]

座東南南朝西北北

一百五十度→三百三十度

●東南・辰巽巳	●南・丙午丁	●西南・未坤申
6.不利女性，奔波勞碌。 5.主皮膚病，瘡毒。 7.容易被金屬所傷，易惹桃花劫。 57.吉七赤金星化五黃，土生金生旺七運吉星，五黃到位；煞中之煞主災禍連連，阻礙百般，化解安忍水、六帝錢。	2.家人愚鈍，血光之災。 1.中爻得配水火相交，主喜慶順利。 3.主家人頭腦靈活聰明。 13.爭執、吵鬧、勞氣、官非、盜劫、破財。	4.腸胃病、是非纏繞。 3.主官災、是非、腸胃病、足病。 5.主急性病，血光之災。 35.多主不吉，木剋土貧窮，傷足，生疾，五黃到位；煞中之煞主災禍連連，阻礙百般，化解安忍水、六帝錢。
●東・乙卯甲	**●宅中央**	**●西・辛酉庚**
5.容易腳傷，因財招禍。 4.運氣反覆，情緒起伏。 6.主足疾，小人多。 46.煩惱事先合後散，肝病，輕或痼疾，重且夭折。	7.是非，官災，容易被金屬所傷。 6.遠行多阻滯，頭部疾病。 8.主腸胃病、運氣蹇滯。 68.吉，進財，利田宅，武庫，亦主財帛，利武庫及異路功名。	9.小心火災，家中女性不和。 8.財帛可得，但容易破耗。 1.家人好動，多異性緣，一白當運為桃花運，失運破財。 81.土剋水，膀胱疾、耳病。
●東北・寅艮丑	**●北・癸子壬**	**●西北・亥乾戌**
1.財運佳，利地產置業。 9.家有令人愉快事情發生，如喜事、橫財。 2.旺財，利地財。 92.婦科病。	3.主脾氣暴躁，家人會搬遷或遠行。 2.主家人易罹腸胃病，女性當權掌握財政。 4.坎宮為一白星所，主故為一四同宮主讀書聰明。 24.婆媳不和，咎當主母。	8.發小財，利地產或五金行業。 7.提防被金屬所傷，主官非、爭執、交通意外。 9.子女容易與自己爭執，提防呼吸系統疾病。 79.回祿之災，心臟病。

說明：上山下水，形巒不合，主損丁破財。經曰：「苟無生氣入門，家無隔宿之糧。」主出人缺唇疏齒、破面聲高性淫；座山57，主瘡毒、中毒、血光、意外、官非；北宮24，主腹痛、產厄、邪病、中風、淫亂或主欺姑之婦；向上79，主回祿、火災、心目之疾。

[七赤運]

93 6	57 2	75 4
84 5	12 7	39 9
48 1	66 3	21 8

陽 宅 運 勢

壬山丙向

座北西北朝南東南

三百四十五度→一百六十五度

[起星]

●東南·辰巽巳	●南·丙午丁	●西南·未坤申
6.不利女性，奔波勞碌。 9.讀書聰明，利文職，家有喜慶事。 3.運氣反覆，時好時壞。 93.官非。	2.家人愚鈍，血光之災。 5.眼部疾病，血光之災。 7.小心火災，家中女性不和。 57.吉七赤金星化五黃，土生金生旺七運吉星五黃到位；煞中之煞主災禍連連，阻礙百般，化解安忍水、六帝錢。	4.腸胃病、是非纏繞。 7.主痢疾，提防火災，血光之災。 5.主急性病，血光之災。 75.肺病、口腔病、口舌、五黃到位；煞中之煞主災禍連連，阻礙百般，化解安忍水、六帝錢。。
●東·乙卯甲	●宅中央	●西·辛酉庚
5.容易腳傷，因財招禍。 8.主不利，兒童成績退步。 4.運氣反覆，情緒起伏。 84.木剋土，離婚、嫁杏無期、姑婆屋、無仔生、不利幼兒、服毒、吊頸、自殺、腰痛、膽石。	7.是非，官災，容易被金屬所傷。 1.經云，一加二五傷及壯丁，主傷病。 2.血光之災、慢性病。 12.男性腸胃病、內臟有疾，女性有腸胃病、婦科病。	9.小心火災，家中女性不和。 3.主血光之災，受人拖累。 39.聰明而吝嗇。
●東北·寅艮丑	●北·癸子壬	●西北·亥乾戌
1.財運佳，利地產置業。 4.兒童多病，成績退步，鼻敏感。 8.當運發財，利地產，失運破財。 48.進田莊之喜，女同性戀。	3.主脾氣暴躁，家人會搬遷或遠行。 6.主聰明才智發小財。 66.吉，利財	8.發小財，利地產或五金行業。 2.失運神經衰弱，胡思亂想，當運旺財。 1.主聰明、才智、發小財。 21.女性婦科病，腸胃病。

說明:雙星到向，山星失位，主旺財不旺丁。經曰：「會有旺星到穴，富積千鐘。」向上無水形巒，破損慎防損主，西南宮有水無山主損丁、瘡毒、中毒、血光、意外、官非、口舌、桃色、牢獄之災；西北宮21，主腹疾、產厄、邪病、胃病、耳鳴、水厄；西宮39，主肝病、足患、官非、心目之疾。

23 6	77 2	95 4
14 5	32 7	59 9
68 1	86 3	41 8

陽宅運勢

壬山丙向

[七赤運]　　　　　　　　　　　　　　　　[下卦]

座北西北朝南東南

三百四十五度 → 一百六十五度

●東南・辰巽巳	●南・丙午丁	●西南・未坤申
6.不利女性，奔波勞碌。 2.主是非、健康差、呼吸系統疾病。 3.運氣反覆，時好時壞。 23.鬥牛煞、官非、是非、口舌、不和、博弈好飲、田園廢盡。	2.家人愚鈍，血光之災。 7.小心火災，家中女性不和。 77.七運，當旺大吉，財利大旺。	4.腸胃病，是非纏繞。 9.家人愚鈍，子女成績退步。 5.主急性病，血光之災。 95.生旺五黃主長病、殘疾、血病，火災，性病，五黃到位；煞中之煞主災禍連連，阻礙百般，化解安忍水、六帝錢。
●東・乙卯甲	●宅中央	●西・辛酉庚
5.容易腳傷，因財招禍。 1.主家人搬遷或有遠行，脾氣較為暴躁。 4.運氣反覆，情緒起伏。 14.讀書有成，被讚賞，出門有利、升職、加薪、主科名，號青雲得路，有文筆硯池水，鼎元之兆也。	7.是非，官災，容易被金屬所傷。 3.因財致禍、腳傷。 2.血光之災、慢性病。 32.鬥牛煞、爭吵、激氣、官非、破財。	9.小心火災，家中女性不和。 5.是非，官災，容易被金屬所傷。 59.凶，火生土，生旺災瘟星五黃，主不吉五黃到位；煞中之煞主災禍連連，阻礙百般，化解安忍水、六帝錢。
●東北・寅艮丑	●北・癸子壬	●西北・亥乾戌
1.財運佳，利地產置業。 6.發小財，利地產或五金行業。 8.當運發財，利地產，失運破財。 68.吉，進財，利田宅，武庫，亦主財帛，利武庫及異路功名。	3.主脾氣暴躁，家人會搬遷或遠行。 8.主財運佳，利地產置業。 6.主聰明才智發小財。 86.吉，財利。	8.發小財，利地產或五金行業。 4.不利女性，驛馬位，有遠行或搬遷。 1.主聰明、才智、發小財。 41.利讀書，出門，遠走他方。

説明：雙星到向，山星下水，主旺財不旺丁。經曰：「會有旺星到穴，富積千鐘。」向上77，座山86，主出人威武、富貴明達，東北方犯伏吟，有水者不忌次運續發，東南宮23，主腹疾、產厄、邪病、肝疾、足患、暴戾、刑妻。經曰：「雷出地而相衝，定遭桎梏。」西南宮95，西宮59，主瘡毒、中毒、血光。

31	76	58
6	2	4
49	22	94
5	7	9
85	67	13
1	3	8

陽 宅 運 勢

子山午向
座北朝南
零度→一百八十度

[七赤運]　　　　　　　　　　　　　　　　　　[起星]

●東南・辰巽巳	●南・丙午丁	●西南・未坤申
6.不利女性，奔波勞碌。 3.運氣反覆，時好時壞。 1.經云，四一同宮準發科名。 31.爭吵、激氣、官非、破財。	2.家人愚鈍，血光之災。 7.小心火災，家中女性不和。 6.子女容易與自己發生爭執，提防呼吸系統疾病。 76.凶交劍煞、合作不和、拆夥、籠裡雞部屬造反、官非、男女不和、手腳受傷、皮膚病、化解使用陰陽水。	4.腸胃病、是非纏繞。 5.主急性病，血光之災。 8.利地產，旺財。 58.吉，五黃到位；煞中之煞主災禍連連，阻礙百般，化解安忍水、六帝錢。
●東・乙卯甲	●宅中央	●西・辛酉庚
5.容易腳傷，因財招禍。 4.運氣反覆，情緒起伏。 9.家人頭腦靈活，子女讀書聰明。 49.合而化金，與本體木火不協，無益而有損，木火通明，聰明俊秀，女同性戀不正常桃花。	7.是非，官災，容易被金屬所傷。 2.血光之災、慢性病。 22.二黑是病符，疾病入醫院，女性婦科病、懷孕，男性腸胃病、內臟病。	9.小心火災，家中女性不和。 4.容易被金屬所傷，易惹桃花劫。 94.不正常桃花，女同性戀合化金。
●東北・寅艮丑	●北・癸子壬	●西北・亥乾戌
1.財運佳，利地產置業。 8.當運發財，利地產，失運破財。 5.主腸胃病，運氣蹇滯。 85.暗滯、胃病、胸疼痛、五黃到位；煞中之煞主災禍連連，阻礙百般，化解安忍水、六帝錢。	3.主脾氣暴躁，家人會搬遷或遠行。 6.主聰明才智發小財。 7.家人好動，桃花運。 67.大凶六七交劍煞、合作不和、拆夥、籠裡雞作反、部屬造反、官非、男女不和、手腳受傷、皮膚病、化解使用陰陽水。	8.發小財，利地產或五金行業。 1.主聰明、才智、發小財。 3.經云，足以金而蹣跚，主足傷，家人容易發生。 13.爭執、吵鬧、勞氣、官非、盜劫、破財。

說明：上山下水，形巒不合，主損丁破財。經曰：「苟無生氣入門，糧艱一宿。」若水纏玄武，背海面山，則可以一用。西南宮58，有水者次運續發；東南宮31，西北宮13，主腎病、耳鳴、水厄、肝病、足患、暴戾、刑妻、官非、口舌；東北宮85，主瘡毒、中毒、血光、意外、神經病、損男童之應。

[七赤運]

41 6	86 2	68 4
59 5	32 7	14 9
95 1	77 3	23 8

陽宅運勢

子山午向

座北朝南

零度→一百八十度

[下卦]

●東南・辰巽巳	●南・丙午丁	●西南・未坤申
6.不利女性，奔波勞碌。 4.經云，蓋四綠為文昌之神主聰明。 1.經云，四一同宮準發科名。 41.利讀書，出門，遠走他方。	2.家人愚鈍，血光之災。 8.主喜慶，有令人愉快事情發生。 6.子女容易與自己發生爭執，提防呼吸系統疾病。 86.吉，財利。	4.腸胃病，是非纏繞。 6.胡思亂想，神經衰弱，當運則發財。 8.利地產，旺財。 68.吉，進財，利田宅，武庫，亦主財帛，利武庫及異路功名。
●東・乙卯甲	●宅中央	●西・辛酉庚
5.容易腳傷，因財招禍。 9.家人頭腦靈活，子女讀書聰明。 59.凶，火生土，生旺災瘟星五黃，主不吉五黃到位；煞中之煞主災禍連連，阻礙百般化解安忍水、六帝錢。	7.是非，官災，容易被金屬所傷。 3.因財致禍、腳傷。 2.血光之災、慢性病。 32.鬥牛煞、爭吵、激氣、官非，破財。	9.小心火災，家中女性不和。 1.家人好動，多異性緣，一白當運為桃花運，失運破財。 4.提防被金屬所傷，易惹桃花劫。 14.讀書有成、被讚賞、出門有利、升職、加薪、主科名，號青雲得路，有文筆硯池水，鼎元之兆也。
●東北・寅艮丑	●北・癸子壬	●西北・亥乾戌
1.財運佳，利地產置業。 9.家有令人愉快事情發生，如喜事、橫財。 5.主腸胃病、運氣蹇滯。 95.生旺五黃主長病，殘疾，血病，火災，性病，五黃到位；煞中之煞主災禍連連，阻礙百般，化解安忍水、六帝錢。	3.主脾氣暴躁，家人會搬遷或遠行。 7.家人好動，桃花運。 77.七運，當旺大吉，財利大旺。	8.發小財，利地產或五金行業。 2.失運神經衰弱，胡思亂想，當運旺財。 3.經云，足以金而蹣跚，主足傷，家人容易發生。 23.鬥牛煞、官非、是非、口舌、不和、博弈好飲、田園廢盡。

說明：雙星到向，水神上山，主旺丁不旺財。經曰：「苟無生氣入門，糧艱一宿。」若水纏玄武，背海面山，則可以一用西南宮68，有水者次運續發東南宮41，西宮14，形巒破損主腎病、耳鳴、水厄、膽疾、中風。經曰：「當知四蕩一淫。」東59，東北95，主瘡毒、中毒、血光、意外、心目之疾。

[七赤運]

39	75	57
6	2	4
48	21	93
5	7	9
84	66	12
1	3	8

陽 宅 運 勢

癸山丁向

座北東北朝南西南

十五度→一百九十五度

[起星]

●東南・辰巽巳

6.不利女性，奔波勞碌。

3.運氣反覆，時好時壞。

9.讀書聰明，利文職，家有喜慶事。

39.聰明而吝嗇。

●南・丙午丁

2.家人愚鈍，血光之災。

7.小心火災，家中女性不和。

5.眼部疾病，血光之災。

75.肺病、口腔病、口舌、五黃到位；煞中之煞主災禍連連，阻礙百般，化解安忍水、六帝錢。

●西南・未坤申

4.腸胃病、是非纏繞。

5.主急性病，血光之災。

7.主痢疾，提防火災，血光之災。

57.吉七赤金星化五黃，土生金生旺七運吉星，五黃到位；煞中之煞主災禍連連，阻礙百般，化解安忍水、六帝錢。

●東・乙卯甲

5.容易腳傷，因財招禍。

4.運氣反覆，情緒起伏。

8.主不利，兒童成績退步。

48.進田莊之喜，女同性戀。

●宅中央

7.是非，官災，容易被金屬所傷。

2.血光之災、慢性病。

1.經云，一加二五傷及壯丁，主傷病。

21.女性婦科病、腸胃病。

●西・辛酉庚

9.小心火災，家中女性不和。

3.主血光之災，受人拖累。

93.官非。

●東北・寅艮丑

1.財運佳，利地產置業。

8.當運發財，利地產，失運破財。

4.兒童多病，成績退步，鼻敏感。

84.木剋土，離婚、嫁杏無期、姑婆屋、無仔生、不利幼兒、服毒、吊頸、自殺、腰痛、膽石。

●北・癸子壬

3.主脾氣暴躁，家人會搬遷或遠行。

6.主聰明才智發小財。

66.吉，利財。

●西北・亥乾戌

8.發小財，利地產或五金行業。

1.主聰明、才智、發小財。

2.失運神經衰弱，胡思亂想，當運旺財。

12.男性腸胃病、內臟有疾，女性有腸胃病、婦科病。

説明：令星失位，山星下水，主破財損丁。經曰：「苟無生氣入門，糧艱一宿。」若西南宮有水，巒形佳美，則此局可用。向上75，山水凶肴，主瘡毒、中毒、血光、意外、官非、口舌、牢獄之災；西北宮12，主腎病、耳鳴、水厄、腹疾、產厄、邪病之應；西宮93，主肝病、足患、心目之疾。

41 6	86 2	68 4
59 5	32 7	14 9
95 1	77 3	23 8

陽宅運勢

[七赤運]　　　　　　　　　　　　　　　　　　　　　[下卦]

癸山丁向
座北東北朝南西南
十五度→一百九十五度

●東南・辰巽巳	●南・丙午丁	●西南・未坤申
6. 不利女性，奔波勞碌。	2. 家人愚鈍，血光之災。	4. 腸胃病、是非纏繞。
4. 經云，蓋四綠為文昌之神主聰明。	8. 主喜慶，有令人愉快事情發生。	6. 胡思亂想，神經衰弱，當運則發財。
1. 經云，四一同宮準發科名。	6. 子女容易與自己發生爭執，提防呼吸系統疾病。	8. 利地產，旺財。
41. 利讀書，出門，遠走他方。	86. 吉，財利。	68. 吉，進財，利田宅，武庫，亦主財帛，利武庫及異路功名。
●東・乙卯甲	●宅中央	●西・辛酉庚
5. 容易腳傷，因財招禍。	7. 是非，官災，容易被金屬所傷。	9. 小心火災，家中女性不和。
9. 家人頭腦靈活，子女讀書聰明。	3. 因財致禍，腳傷。	1. 家人好動，多異性緣，一白當運為桃花運，失運破財。
59. 凶，火生土，生旺災瘟星五黃，主不吉五黃到位；煞中之煞主災禍連連，阻礙百般，化解安忍水、六帝錢。	2. 血光之災、慢性病。	4. 容易被金屬所傷，易惹桃花劫。
	32. 鬥牛煞、爭吵、激氣、官非、破財。	14. 讀書有成、被讚賞、出門有利、升職、加薪、主科名，號青雲得路，有文筆硯池水，鼎元之兆也。
●東北・寅艮丑	●北・癸子壬	●西北・亥乾戌
1. 財運佳，利地產置業。	3. 主脾氣暴躁，家人會搬遷或遠行。	8. 發小財，利地產或五金行業。
9. 家有令人愉快事情發生，如喜事、橫財。	7. 家人好動，桃花運。	2. 失運神經衰弱，胡思亂想，當運旺財。
5. 主腸胃病、運氣蹇滯。	77. 七運，當旺大吉，財利大旺。	3. 經云，足以金而蹒跚，主足傷，家人容易發生。
95. 生旺五黃主長病、殘疾、血病、火災、性病、五黃到位；煞中之煞主災禍連連，阻礙百般，化解安忍水、六帝錢。		23. 鬥牛煞、官非、是非、口舌、不和、博弈好飲、田園廢盡。

説明：雙星到座，水神上山，主旺丁不旺財。經曰：「苟無生氣入門，糧艱一宿。」若水纏玄武，背海面山，則可以一用，西南宮68，有水者次運續發。東南41，西14，形巒破損主腎病、耳鳴、水厄、膽疾、中風。經曰：「當知四蕩一淫。」東59，東95，主瘡毒、中毒、血光、意外、心目之疾。

[七赤運]

46 6	92 2	24 4
35 5	57 7	79 9
81 1	13 3	68 8

陽 宅 運 勢

甲山庚向

[起星]

座東東北朝西西南

七十五度→二百五十五度

●東南・辰巽巳	●南・丙午丁	●西南・未坤申
6.不利女性，奔波勞碌。	2.家人愚鈍，血光之災。	4.腸胃病、是非纏繞。
4.經云，蓋四綠為文昌之神主聰明。	9.當運主財運與事業順利，失運主血光之災。	2.二黑又名病符，回宮復位主身體多病。
46.煩惱事先合後散。肝病，輕或痼疾，重且夭折。	92.婦科病。	24.婆媳不和，咎當主母。
●東・乙卯甲	●宅中央	●西・辛酉庚
5.容易腳傷，因財招禍。	7.是非，官災，容易被金屬所傷。	9.小心火災，家中女性不和。
3.經云，蚩尤碧色好勇鬥狠之神，三碧為蚩尤星，主官災、是非、爭執。	5.血光之災，瘡瘤。	7.當運主發財，失運主血光之災。
35.多主不吉，木剋土貧窮，傷足，生疾，五黃到位；煞中之煞主災禍連連，阻礙百般，化解安忍水、六帝錢。	57.吉七赤金星化五黃，土生金生旺七運吉星，五黃到位；煞中之煞主災禍連連，阻礙百般，化解安忍水、六帝錢。	79.回祿之災，心臟病。
●東北・寅艮丑	●北・癸子壬	●西北・亥乾戌
1.財運佳，利地產置業。	3.主脾氣暴躁，家人會搬遷或遠行。	8.發小財，利地產或五金行業。
8.當運發財，利地產，失運破財。	1.經云，一白官星之應主掌文章讀書聰明。	6.驛馬位，有遠行，失運主官非或交通意外。
81.土剋水，膀胱疾、耳病。	13.爭執、吵鬧、勞氣、官非、盜劫、破財。	68.吉，進財，利田宅，武庫，亦主財帛，利武庫及異路功名。

説明：令星入囚，山星下水，主破財損丁。經曰：「苟無生氣入門，糧艱一宿。」座山35，主瘡毒、中毒、血光、意外、肝病、足患、官非、暴戾、刑妻；西南宮24，主腹疾、產厄、邪病、中風、淫蕩；東南宮46，主風疾、桃色、頭疾、項病、官非之應。

48	94	26
6	2	4
37	59	72
5	7	9
83	15	61
1	3	8

陽 宅 運 勢

甲山庚向

[七赤運]　　　　　　　　　　　　　　　　　[下卦]

座東東北朝西西南

七十五度→二百五十五度

●東南・辰巽巳	●南・丙午丁	●西南・未坤申
6.不利女性，奔波勞碌。 4.經云，蓋四綠為文昌之神主聰明。 8.兒童多病，成績退步，鼻敏感。 48.進田莊之喜，女同性戀。	2.家人愚鈍，血光之災。 9.當運主財運與事業順利，失運主血光之災。 4.讀書聰明，利文職，有喜慶，失運則財帛不聚。 94.不正常桃花，女同性戀合化金。	4.腸胃病、是非纏繞。 2.二黑又名病符，回宮復位主身體多病。 6.胡思亂想，神經衰弱，當運則發財。 26.進田莊之喜，買地買樓但是各嗇孤寒。
●東・乙卯甲	●宅中央	●西・辛酉庚
5.容易腳傷，因財招禍。 3.經云，蚩尤碧色好勇鬥狠之神，三碧為蚩尤星，主官災、是非、爭執。 7.血光之災，受人拖累破財，宜放風水輪來化解。 37.破財，官非，七運時七當旺仍有財，盜賊相侵，訟凶而病厄，咎重。	7.是非，官災，容易被金屬所傷。 5.血光之災、瘡瘤。 9.目疾、血光之災、皮膚病。 59.凶，火生土，生旺災瘟星五黃，主不吉五黃到位；煞中之煞主災禍連連，阻礙百般，化解安忍水、六帝錢。	9.小心火災，家中女性不和。 7.當運主發財，失運主血光之災。 2.肚痛，提防火災，血光之災。 72.合先天火，利二黑，五黃，八白命。
●東北・寅艮丑	●北・癸子壬	●西北・亥乾戌
1.財運佳，利地產置業。 8.當運發財，利地產，失運破財。 3.經云，三八逢損小口，主不利小童。 83.木剋土，不利幼兒、離婚、無仔生、嫁杏無期、姑婆屋、腰痛、自殺、吊頸、咎輕、受剋而奇偶相敵。	3.主脾氣暴躁，家人會搬遷或遠行。 1.經云，一白官星之應主掌文章讀書聰明。 5.主傷病，提防泌尿疾病，女性提防婦科病。 15.五是變卦以中宮的向星代之婦科病耳疾。五黃到位；煞中之煞主災禍連連，阻礙百般，化解安忍水、六帝錢。	8.發小財，利地產或五金行業。 6.驛馬位，有遠行，失運主官非或交通意外。 1.主聰明、才智、發小財。 61.金生水，桃花旺。

説明：上山下水，令星失位，破財損丁。經日：「苟無生氣入門，糧艱一宿。」向上72，主腹疾、產厄、邪病、官非、口舌、桃色、牢獄之災；座山37，主足患、肝病、暴戾、盜賊，若水纏玄武者，則此局可用；西南宮26，主頭病、項病、鬼神入室。

61	15	83
6	2	4
72	59	37
5	7	9
26	94	48
1	3	8

陽 宅 運 勢

卯山酉向
座東朝西

[七赤運]   [起星]

九十度→二百七十度

●東南·辰巽巳
6.不利女性，奔波勞碌。

1.經云，四一同宮準發科名。

61.金生水，桃花旺。

●南·丙午丁
2.家人愚鈍，血光之災。

1.中爻得配水火相交，主喜慶順利。

5.眼部疾病，血光之災。

15.五是變卦以中宮的向星代之婦科病耳疾。五黃到位；煞中之煞主災禍連連，阻礙百般，化解安忍水、六帝錢。

●西南·未坤申
4.腸胃病，是非纏繞。

8.利地產，旺財。

3.主官災、是非、腸胃病、足病。

83.木剋土，不利幼兒、離婚、無仔生、嫁杏無期、姑婆屋、腰痛、自殺、吊頸、咎輕、受剋而奇偶相敵。

●東·乙卯甲
5.容易腳傷，因財招禍。

7.血光之災，受人拖累破財，宜放風水輪來化解。

2.主官災、是非、足患、腸胃病。

72.合先天火，利二黑，五黃，八白命。

●宅中央
7.是非，官災，容易被金屬所傷。

5.血光之災，瘡瘤。

9.目疾、血光之災、皮膚病。

59.凶，火生土，生旺災瘟星五黃，主不吉五黃到位；煞中之煞主災禍連連，阻礙百般，化解安忍水、六帝錢。

●西·辛酉庚
9.小心火災，家中女性不和。

3.主血光之災，受人拖累。

7.當運主發財，失運主血光之災。

37.破財、官非，七運時七當旺仍有財，盜賊相侵，訟凶而病厄，咎重。

●東北·寅艮丑
1.財運佳，利地產置業。

2.旺財，利地財。

6.發小財，利地產或五金行業。

26.進田莊之喜，買地買樓但是吝嗇孤寒。

●北·癸子壬
3.主脾氣暴躁，家人會搬遷或遠行。

9.水火既濟，主喜慶順利。

4.坎宮為一白星所，主故為一四同宮主讀書聰明。

94.不正常桃花，女同性戀合化金。

●西北·亥乾戌
8.發小財，利地產或五金行業。

4.不利女性，驛馬位，有遠行或搬遷。

48.進田莊之喜，女同性戀。

說明：旺山旺向，形巒合局，主大旺財丁。經曰：「會有旺星到穴，富積千鐘。」主出人威武、傑出群倫、機謀深遠、富貴明達；南宮15，主瘡毒、中毒、血光、意外、腎病、耳鳴、水厄、損主之應；東北宮26，主腹疾、產厄、邪病、頭痛、項病、官非之應。

61	15	83
6	2	4
72	59	37
5	7	9
26	94	48
1	3	8

陽 宅 運 勢

卯山酉向
座東朝西
九十度→二百七十度

[七赤運]　　　　　　　　　　　　　　　　　　　　　　　　[下卦]

●東南・辰巽巳	●南・丙午丁	●西南・未坤申
6.不利女性，奔波勞碌。 1.經云，四一同宮準發科名。 61.金生水，桃花旺。	2.家人愚鈍，血光之災。 1.中爻得配水火相交，主喜慶順利。 5.眼部疾病，血光之災。 15.五是變卦以中宮的向星代之婦科病耳疾。五黃到位；煞中之煞主災禍連連，阻礙百般，化解安忍水、六帝錢。	4.腸胃病，是非纏繞。 8.利地產，旺財。 3.主官災、是非、腸胃病、足病。 83.木剋土，不利幼兒、離婚、無仔生、嫁杏無期、姑婆屋、腰痛、自殺、吊頸、咎輕、受剋而奇偶相敵。
●東・乙卯甲	●宅中央	●西・辛酉庚
5.容易腳傷，因財招禍 7.血光之災，受人拖累破財，宜放風水輪來化解。 2.主官災、是非、足患、腸胃病。 72.合先天火，利二黑，五黃，八白命。	7.是非，官災，容易被金屬所傷。 5.血光之災，瘡瘤。 9.目疾、血光之災、皮膚病。 59.凶，火生土，生旺災瘟星五黃，主不吉五黃到位；煞中之煞主災禍連連，阻礙百般，化解安忍水、六帝錢。	9.小心火災，家中女性不和。 3.主血光之災，受人拖累。 7.當運主發財，失運主血光之災。 37.破財，官非，七運時七當旺仍有財，盜賊相侵，訟凶而病厄，咎重。
●東北・寅艮丑	●北・癸子壬	●西北・亥乾戌
1.財運佳，利地產置業。 2.旺財，利地財。 6.發小財，利地產或五金行業。 26.進田莊之喜，買地買樓但是各嗇孤寒。	3.主脾氣暴躁，家人會搬遷或遠行。 9.水火既濟，主喜慶順利。 4.坎宮為一白星所，主故為一四同宮主讀書聰明。 94.不正常桃花，女同性戀合化金。	8.發小財，利地產或五金行業。 4.不利女性，驛馬位，有遠行或搬遷。 48.進田莊之喜，女同性戀。

說明：旺山旺向，形巒合局，主大旺財丁。經曰：「會有旺星到穴，富積千鐘。」主出人威武、傑出群倫、機謀深遠、富貴明達；南宮15，主瘡毒、中毒、血光、意外、腎病、耳鳴、水厄、損主之應；東北宮26，主腹疾、產厄、邪病、頭痛、項病、官非之應。

61	15	83
6	2	4
72	59	37
5	7	9
26	94	48
1	3	8

陽 宅 運 勢

乙山辛向

[七赤運]　　　　　　　　　　　　　　　　　　　　[起星]

座東東南朝西西北

一百零五度→二百八十五度

●東南・辰巽巳	●南・丙午丁	●西南・未坤申
6.不利女性，奔波勞碌。 1.經云，四一同宮準發科名。 61.金生水，桃花旺。	2.家人愚鈍，血光之災。 1.中爻得配水火相交，主喜慶順利。 5.眼部疾病，血光之災。 15.五是變卦以中宮之向星代之婦科病耳疾。五黃到位；煞中之煞主災禍連連，阻礙百般，化解安忍水、六帝錢。	4.腸胃病、是非纏繞。 8.利地產，旺財。 3.主官災、是非、腸胃病、足病。 83.木剋土，不利幼兒、離婚、無仔生、嫁杏無期、姑婆屋、腰痛、自殺、吊頸、咎輕、受剋而奇偶相敵。
●東・乙卯甲	●宅中央	●西・辛酉庚
5.容易腳傷，因財招禍。 7.血光之災，受人拖累破財，宜放風水輪來化解。 2.主官災、是非、足患、腸胃病。 72.合先天火，利二黑，五黃，八白命。	7.是非，官災，容易被金屬所傷。 5.血光之災、瘡瘤。 9.目疾、血光之災、皮膚病。 59.凶，火生土，生旺災瘟星五黃，主不吉五黃到位；煞中之煞主災禍連連，阻礙百般，化解安忍水、六帝錢。	9.小心火災，家中女性不和。 3.主血光之災，受人拖累。 7.當運主發財，失運主血光之災。 37.破財、官非，七運時七當旺仍有財，盜賊相侵，訟凶而病厄，咎重。
●東北・寅艮丑	●北・癸子壬	●西北・亥乾戌
1.財運佳，利地產置業。 2.旺財，利地財。 6.發小財，利地產或五金行業。 26.進田莊之喜，買地買樓但是咨嗇孤寒。	3.主脾氣暴躁，家人會搬遷或遠行。 9.水火既濟，主喜慶順利。 4.坎宮為一白星所，主故為一四同宮主讀書聰明。 94.不正常桃花，女同性戀合化金。	8.發小財，利地產或五金行業。 4.不利女性，驛馬位，有遠行或搬遷 48.進田莊之喜，女同性戀。

説明：旺山旺向，形戀合局，主大旺財丁。經曰：「會有旺星到穴，富積千鐘。」主出人威武、傑出群倫、機謀深遠、富貴明達；南宮15，主瘡毒、中毒、血光、意外、腎病、耳鳴、水厄、損主之應；東北宮26，主腹疾、產厄、邪病、頭痛、項病、官非之應。

61	15	83
6	2	4
72	59	37
5	7	9
26	94	48
1	3	8

陽 宅 運 勢

乙山辛向

[七赤運]　　　　　　　　　　　　　　　　　[下卦]

座東東南朝西西北

一百零五度→二百八十五度

●東南・辰巽巳	●南・丙午丁	●西南・未坤申
6.不利女性，奔波勞碌。 1.經云，四一同宮準發科名。 61.金生水，桃花旺。	2.家人愚鈍，血光之災。 1.中爻得配水火相交，主喜慶順利。 5.眼部疾病，血光之災。 15.五是變卦以中宮的向星代之婦科病耳疾。五黃到位；煞中之煞主災禍連連，阻礙百般，化解安忍水、六帝錢。	4.腸胃病、是非纏繞。 8.利地產，旺財。 3.主官災、是非、腸胃病、足病。 83.木剋土，不利幼兒、離婚、無仔生、嫁杏無期、姑婆屋、腰痛、自殺、吊頸、咎輕、受剋而奇偶相敵。
●東・乙卯甲	●宅中央	●西・辛酉庚
5.容易腳傷，因財招禍。 7.血光之災，受人拖累破財，宜放風水輪來化解。 2.主官災、是非、足患、腸胃病。 72.合先天火，利二黑，五黃，八白命	7.是非、官災，容易被金屬所傷。 5.血光之災，瘡瘤。 9.目疾、血光之災、皮膚病。 59.凶，火生土，生旺災瘟星五黃，主不吉五黃到位；煞中之煞主災禍連連，阻礙百般，化解安忍水、六帝錢。	9.小心火災，家中女性不和。 3.主血光之災，受人拖累。 7.當運主發財，失運主血光之災。 37.破財、官非，七運時七當旺仍有財，盜賊相侵，訟凶而病厄，咎重。
●東北・寅艮丑	●北・癸子壬	●西北・亥乾戌
1.財運佳，利地產置業。 2.旺財，利地財。 6.發小財，利地產或五金行業。 26.進田莊之喜，買地買樓但是吝嗇孤寒。	3.主脾氣暴躁，家人會搬遷或遠行。 9.水火既濟，主喜慶順利。 4.坎宮為一白星所，主故為一四同宮主讀書聰明。 94.不正常桃花，女同性戀合化金。	8.發小財，利地產或五金行業。 4.不利女性，驛馬位，有遠行或搬遷。 48.進田莊之喜，女同性戀。

說明：旺山旺向，形巒合局，主大旺財丁。經曰：「會有旺星到穴，富積千鐘。」主出人威武、傑出群倫、機謀深遠、富貴明達；南宮15，主瘡毒、中毒、血光、意外、腎病、耳鳴、水厄、損主之應；東以宮26，主腹疾、產厄、邪病、頭痛、項病、官非之應。

39	75	57
6	2	4
48	21	93
5	7	9
84	66	12
1	3	8

陽 宅 運 勢

[七赤運]

丙山壬向

[起星]

座南東南朝北西北

一百六十五度→三百四十五度

●東南・辰巽巳	●南・丙午丁	●西南・未坤申
6.不利女性，奔波勞碌。	2.家人愚鈍，血光之災。	4.腸胃病、是非纏繞。
3.運氣反覆，時好時壞。	7.小心火災，家中女性不和。	5.主急性病，血光之災。
9.讀書聰明，利文職，家有喜慶事。	5.眼部疾病，血光之災。	7.主痢疾，提防火災，血光之災。
39.聰明而吝嗇。	75.肺病、口腔病、口舌、五黃到位；煞中之煞主災禍連連，阻礙百般，化解安忍水、六帝錢。	57.吉七赤金星化五黃，土生金生旺七運吉星，五黃到位；煞中之煞主災禍連連，阻礙百般，化解安忍水、六帝錢。
●東・乙卯甲	●宅中央	●西・辛酉庚
5.容易腳傷，因財招禍。	7.是非，官災，容易被金屬所傷。	9.小心火災，家中女性不和。
4.運氣反覆，情緒起伏。	2.血光之災、慢性病。	3.主血光之災，受人拖累。
8.主不利，兒童成績退步。	1.經云，一加二五傷及壯丁，主傷病。	93.官非。
48.進田莊之喜，女同性戀。	21.女性婦科病、腸胃病。	
●東北・寅艮丑	●北・癸子壬	●西北・亥乾戌
1.財運佳，利地產置業。	3.主脾氣暴躁，家人會搬遷或遠行。	8.發小財，利地產或五金行業。
8.當運發財，利地產，失運破財。	6.主聰明才智發小財。	1.主聰明、才智、發小財。
4.兒童多病、成績退步、鼻敏感。	66.吉，利財。	2.失運神經衰弱，胡思亂想，當運旺財。
84.木剋土，離婚、嫁杏無期、姑婆屋、無仔生、不利幼兒、服毒、吊頸、自殺、腰痛、膽石。		12.男性腸胃病、內臟有疾，女性有腸胃病、婦科病。

説明：山星旺氣到座，向星失位，主旺丁不旺財。經曰：「苟無生氣入門，家無隔宿之糧。」
　　　向首66，主頭疾、項病、官訟、腸疾；西南宮57，有水合局者可以一用；西北宮12，主腹疾、產厄、邪病、腎病、耳鳴；西宮93，主肝病、暴戾、足患、官非、刑妻、心目之疾。

32 6	77 2	59 4
41 5	23 7	95 9
86 1	68 3	14 8

陽 宅 運 勢

丙山壬向

座南東南朝北西北

一百六十五度→三百四十五度

[七赤運]　　　　　　　　　　　　　　　　[下卦]

●東南・辰巽巳	●南・丙午丁	●西南・未坤申
6.不利女性，奔波勞碌。 3.運氣反覆，時好時壞。 2.主是非、健康差、呼吸系統疾病。 32.鬥牛煞、爭吵、激氣、官非、破財。	2.家人愚鈍，血光之災。 7.小心火災，家中女性不和。 77.七運，當旺大吉，財利大旺。	4.腸胃病、是非纏繞。 5.主急性病，血光之災。 9.家人愚鈍，子女成績退步。 59.凶，火生土，生旺災瘟星五黃，主不吉五黃到位；煞中之煞主災禍連連，阻礙百般，化解安忍水、六帝錢。
●東・乙卯甲	●宅中央	●西・辛酉庚
5.容易腳傷，因財招禍。 4.運氣反覆，情緒起伏。 1.主家人搬遷或有遠行，脾氣較為暴躁。 41.利讀書，出門，遠走他方。	7.是非，官災，容易被金屬所傷。 2.血光之災、慢性病。 3.因財致禍、腳傷。 23.鬥牛煞、官非、是非、口舌、不和、博弈好飲、田園廢盡。	9.小心火災，家中女性不和。 5.是非，官災，容易被金屬所傷。 95.生旺五黃主長病，殘疾，血病，火災，性病，五黃到位；煞中之煞主災禍連連，阻礙百般，化解安忍水、六帝錢。
●東北・寅艮丑	●北・癸子壬	●西北・亥乾戌
1.財運佳，利地產置業。 8.當運發財，利地產，失運破財。 6.發小財，利地產或五金行業。 86.吉，財利。	3.主脾氣暴躁，家人會搬遷或遠行。 6.主聰明才智發小財。 8.主財運佳，利地產置業。 68.吉，進財，利田宅，武庫，亦主財帛，利武庫及異路功名。	8.發小財，利地產或五金行業。 1.主聰明、才智、發小財。 4.不利女性，驛馬位，有遠行或搬遷。 14.讀書有成、被讚賞、出門有利、升職、加薪、主科名，號青雲得路，有文筆硯池水，鼎元之兆也。

說明：雙星到座，水神上山，主旺丁不旺財。經曰：「苟無生氣入門，家無隔宿之糧。」西南宮59，主瘡毒、中毒、皮膚病、眼痛、心臟病之事；東南宮32，主肝病、足患、官非、口舌、刑妻、腹疾、產厄、邪病；西北宮14，主中風、腎病、淫亂之事。

13	67	85
6	2	4
94	22	49
5	7	9
58	76	31
1	3	8

陽 宅 運 勢

午山子向
座南朝北

[七赤運]　　　　　　　　　　　　　　　　　　[起星]

一百八十度→零度

●東南・辰巽巳	●南・丙午丁	●西南・未坤申
6.不利女性，奔波勞碌。 1.經云，四一同宮準發科名。 3.運氣反覆，時好時壞。 13.爭執，吵鬧，勞氣，官非，盜劫、破財。	2.家人愚鈍，血光之災。 6.子女容易與自己發生爭執，提防呼吸系統疾病。 7.小心火災，家中女性不和。 67.大凶六七交劍煞、合作不和、拆夥、籠裡雞作反、部屬造反、官非、男女不和、手腳受傷、皮膚病、化解使用陰陽水。	4.腸胃病、是非纏繞。 8.利地產，旺財。 5.主急性病，血光之災。 85.暗滯、胃病、胸疼痛、五黃到位；煞中之煞主災禍連連，阻礙百般，化解安忍水、六帝錢。
●東・乙卯甲	●宅中央	●西・辛酉庚
5.容易腳傷，因財招禍。 9.家人頭腦靈活，子女讀書聰明。 4.運氣反覆，情緒起伏。 94.不正常桃花，女同性戀合化金。	7.是非，官災，容易被金屬所傷。 2.血光之災、慢性病。 22.二黑是病符，疾病入醫院，女性婦科病、懷孕，男性腸胃病、內臟病。	9.小心火災，家中女性不和。 4.容易被金屬所傷，易惹桃花劫。 49.合而化金，與本體木火不協，無益而有損，木火通明，聰明俊秀，女同性戀不正常桃花。
●東北・寅艮丑	●北・癸子壬	●西北・亥乾戌
1.財運佳，利地產置業。 5.主腸胃病、運氣蹇滯。 8.當運發財，利地產，失運破財。 58.吉，五黃到位；煞中之煞主災禍連連，阻礙百般，化解安忍水、六帝錢。	3.主脾氣暴躁，家人會搬遷或遠行。 7.家人好動，桃花運。 6.主聰明才智發小財。 76.凶交劍煞、合作不和、拆夥、籠裡雞部屬造反、官非、男女不和、手腳受傷、皮膚病、化解使用陰陽水。	8.發小財，利地產或五金行業。 3.經云，足以金而蹣跚，主足傷，家人容易發生。 1.主聰明、才智、發小財。 31.爭吵、激氣、官非、破財。

説明：上山下水，形巒不合，主大破財丁。經日：「苟無生氣入門，糧艱一宿。」向上山水凶者，主出人缺唇疏齒、聲高性淫；東南宮13，主腎病、耳鳴、水厄、肝病、足患、官非、暴戾、刑妻之事；西宮49，主中風、淫亂、目疾心痛。

[七赤運]

14	68	86
6	2	4
95	23	41
5	7	9
59	77	32
1	3	8

陽 宅 運 勢

午山子向
座南朝北
一百八十度→零度

[下卦]

●東南・辰巽巳	●南・丙午丁	●西南・未坤申
6.不利女性，奔波勞碌。 1.經云，四一同宮準發科名。 4.經云，蓋四綠為文昌之神主聰明。 14.讀書有成、被讚賞、出門有利、升職、加薪、主科名，號青雲得路，有文筆硯池水，鼎元之兆也。	2.家人愚鈍，血光之災。 6.子女容易與自己發生爭執，提防呼吸系統疾病。 8.主喜慶，有令人愉快事情發生。 68.吉，進財，利田宅，武庫，亦主財帛，利武庫及異路功名。	4.腸胃病、是非纏繞。 8.利地產，旺財。 6.胡思亂想，神經衰弱，當運則發財。 86.吉，財利。
●東・乙卯甲	●宅中央	●西・辛酉庚
5.容易腳傷，因財招禍。 9.家人頭腦靈活，子女讀書聰明。 95.生旺五黃主長病、殘疾、血病、火災、性病、五黃到位；煞中之煞主災禍連連，阻礙百般，化解安忍水、六帝錢。	7.是非，官災，容易被金屬所傷。 2.血光之災、慢性病。 3.因財致禍，腳傷。 23.鬥牛煞、官非、是非、口舌、不和、博弈好飲、田園廢盡。	9.小心火災，家中女性不和 4.提防被金屬所傷，易惹桃花劫。 1.家人好動，多異性緣，一白當運為桃花運，失運破財。 41.利讀書，出門，遠走他方。
●東北・寅艮丑	●北・癸子壬	●西北・亥乾戌
1.財運佳，利地產置業。 5.主腸胃病、運氣蹇滯。 9.家有令人愉快事情發生，如喜事、橫財。 59.凶，火生土，生旺災瘟星五黃，主不吉五黃到位；煞中之煞主災禍連連，阻礙百般，化解安忍水、六帝錢。	3.主脾氣暴躁，家人會搬遷或遠行。 7.家人好動，桃花運。 77.七運，當旺大吉，財利大旺。	8.發小財，利地產或五金行業。 3.經云，足以金而蹣跚，主足傷，家人容易發生。 2.失運神經衰弱，胡思亂想，當運旺財。 32.鬥牛煞、爭吵、激氣、官非、破財。

說明：雙星到向，山星下水，主旺財不旺丁。經曰：「會有旺星到穴，富積千鐘。」東北宮59，主瘡毒、中毒、血光、意外、眼痛、心臟病；西北宮32，主腹疾、產厄、邪病、官非、口舌、刑妻、暴戾之事；西宮41，主腎病、耳鳴、中風、淫亂之事。

[七赤運]

93 6	57 2	75 4
84 5	12 7	39 9
48 1	66 3	21 8

陽 宅 運 勢

丁山癸向

座南西南朝北東北

一百九十五度→十五度

[起星]

●東南‧辰巽巳	●南‧丙午丁	●西南‧未坤申
6.不利女性，奔波勞碌。	2.家人愚鈍，血光之災。	4.腸胃病、是非纏繞。
9.讀書聰明，利文職，家有喜慶事。	5.眼部疾病，血光之災。	7.主痢疾，提防火災，血光之災。
3.運氣反覆，時好時壞。	7.小心火災，家中女性不和。	5.主急性病，血光之災。
93.官非。	57.吉七赤金星化五黃，土生金生旺七運吉星，五黃到位；煞中之煞主災禍連連，阻礙百般，化解安忍水、六帝錢。	75.肺病、口腔病、口舌、五黃到位；煞中之煞主災禍連連，阻礙百般，化解安忍水、六帝錢。
●東‧乙卯甲	●宅中央	●西‧辛酉庚
5.容易腳傷，因財招禍。	7.是非，官災，容易被金屬所傷。	9.小心火災，家中女性不和。
8.主不利，兒童成績退步。	1.經云，一加二五傷及壯丁，主傷病。	3.主血光之災，受人拖累。
4.運氣反覆，情緒起伏。	2.血光之災、慢性病。	39.聰明而吝嗇。
84.木剋土，離婚、嫁杏無期、姑婆屋、無仔生、不利幼兒、服毒、吊頸、自殺、腰痛、膽石。	12.男性腸胃病、內臟有疾，女性有腸胃病、婦科病。	
●東北‧寅艮丑	●北‧癸子壬	●西北‧亥乾戌
1.財運佳，利地產置業。	3.主脾氣暴躁，家人會搬遷或遠行。	8.發小財，利地產或五金行業。
4.兒童多病，成績退步，鼻敏感。	6.主聰明才智發小財。	2.失運神經衰弱，胡思亂想，當運旺財。
8.當運發財，利地產，失運破財。	66.吉，利財。	1.主聰明、才智、發小財。
48.進田莊之喜，女同性戀。		21.女性婦科病、腸胃病。

説明：向星到座，水神上山，山星失位，主損丁破財。經曰：「苟無生氣入門，糧艱一宿。」座山57，主瘡毒、中毒、血光、意外、損主、官非、口舌、牢獄之災；向上66，主頭疾、項病、官訟；西北宮21，主腹疾、產厄、邪病、腎病、耳鳴；西宮39，主肝病、足患、心目之疾。

[七赤運]

14	68	86
6	2	4
95	23	41
5	7	9
59	77	32
1	3	8

陽 宅 運 勢

丁山癸向

座南西南朝北東北

一百九十五度→十五度

[下卦]

●東南・辰巽巳	●南・丙午丁	●西南・未坤申
6.不利女性，奔波勞碌。 1.經云，四一同宮準發科名。 4.經云，蓋四綠為文昌之神主聰明。 14.讀書有成、被讚賞、出門有利、升職、加薪、主科名，號青雲得路，有文筆硯池水，鼎元之兆也。	2.家人愚鈍，血光之災。 6.子女容易與自己發生爭執，提防呼吸系統疾病。 8.主喜慶，有令人愉快事情發生。 68.吉，進財，利田宅，武庫，亦主財帛，利武庫及異路功名。	4.腸胃病、是非纏繞。 8.利地產，旺財。 6.胡思亂想，神經衰弱，當運則發財。 86.吉，財利。
●東・乙卯甲	●宅中央	●西・辛酉庚
5.容易腳傷，因財招禍。 9.家人頭腦靈活，子女讀書聰明。 95.生旺五黃主長病、殘疾、血病、火災、性病、五黃到位；煞中之煞主災禍連連，阻礙百般，化解安忍水、六帝錢。	7.是非，官災，容易被金屬所傷。 2.血光之災、慢性病。 3.因財致禍、腳傷。 23.鬥牛煞、官非、是非、口舌、不和、博弈好飲、田園廢盡。	9.小心火災，家中女性不和。 4.提防被金屬所傷，易惹桃花劫。 1.家人好動，多異性緣，一白當運為桃花運，失運破財。 41.利讀書，出門，遠走他方。
●東北・寅艮丑	●北・癸子壬	●西北・亥乾戌
1.財運佳，利地產置業。 5.主腸胃病、運氣蹇滯。 9.家有令人愉快事情發生，如喜事、橫財。 59.凶，火生土，生旺災瘟星五黃，主不吉五黃到位；煞中之煞主災禍連連，阻礙百般，化解安忍水、六帝錢。	3.主脾氣暴躁，家人會搬遷或遠行。 7.家人好動，桃花運。 77.七運，當旺大吉，財利大旺。	8.發小財，利地產或五金行業。 3.經云，足以金而蹣跚，主足傷，家人容易發生。 2.失運神經衰弱，胡思亂想，當運旺財。 32.鬥牛煞、爭吵、激氣、官非、破財。

説明：雙星到向，山星下水，主旺財不旺丁。經曰：「會有旺星到穴，富積千鐘。」東北宮59，主瘡毒、中毒、血光、意外、眼痛、心臟病；西北宮32，主腹疾、口舌、官非、產厄、邪病、刑妻之事；西宮41，主腎病、耳鳴、中風、淫亂之事。

64	29	42
6	2	4
53	75	97
5	7	9
18	31	86
1	3	8

陽 宅 運 勢

庚山甲向

[七赤運]　　　　　　　　　　　　　　　　　　　　[起星]

座西西南朝東東北

二百五十五度→七十五度

●東南·辰巽巳	●南·丙午丁	●西南·未坤申
6.利女性，奔波勞碌。	2.家人愚鈍，血光之災。	4.腸胃病、是非纏繞。
4.經云，蓋四綠為文昌之神主聰明。	9.當運主財運與事業順利，失運主血光之災。	2.二黑又名病符，回宮復位主身體多病。
64.先合後散，女性多病。	29.火生土，主女人多，桃花重，桃花屋。	42.婆媳不和。
●東·乙卯甲	●宅中央	●西·辛酉庚
5.容易腳傷，因財招禍。	7.是非，官災，容易被金屬所傷。	9.小心火災，家中女性不和。
3.經云，蚩尤碧色好勇鬥狠之神，三碧為蚩尤星主官災是非爭執。	5.血光之災、瘡瘤。	7.當運主發財，失運主血光之災。
53.破財、傷身，窮途困病再遭殃，五黃到位；煞中之煞主災禍連連，阻礙百般，化解安忍水、六帝錢。	75.肺病、口腔病、口舌、五黃到位；煞中之煞主災禍連連，阻礙百般，化解安忍水、六帝錢。	97.回祿之災、心臟病。
●東北·寅艮丑	●北·癸子壬	●西北·亥乾戌
1.財運佳，利地產置業。	3.主脾氣暴躁，家人會搬遷或遠行。	8.發小財，利地產或五金行業。
8.當運發財，利地產，失運破財。	1.經云，一白官星之應主掌文章讀書聰明。	6.驛馬位，有遠行，失運主官非或交通意外。
18.土剋水，耳疾，被狗咬傷或被動物抓傷。咎輕，受剋而奇偶相敵。	31.爭吵、激氣、官非、破財。	86.吉，財利。

說明:令星到座，山星入囚，主損丁破財。經曰：「苟無生氣入門，家無隔宿之糧。」主出
　　人缺唇疏齒、聲高性淫；向上53，主瘡毒、中毒、血光、重病、肝病、足患、官非、刑
　　妻、暴戾；東南宮64，主中風、淫亂、損手、項疾、頭痛、官訟。

84	49	62
6	2	4
73	95	27
5	7	9
38	51	16
1	3	8

陽 宅 運 勢

庚山甲向

[七赤運]　　　　　　　　　　　　　　　　　　　　[下卦]

座西西南朝東東北

二百五十五度→七十五度

●東南·辰巽巳	●南·丙午丁	●西南·未坤申
6.不利女性，奔波勞碌。 8.兒童多病、成績退步、鼻敏感。 4.經云，蓋四綠為文昌之神主聰明。 84.木剋土，離婚、嫁杏無期、姑婆屋、無仔生、不利幼兒、服毒、吊頸、自殺、腰痛、膽石。	2.家人愚鈍，血光之災。 4.讀書聰明，利文職，有喜慶，失運則財帛不聚。 9.當運主財運與事業順利，失運主血光之災。 49.合而化金，與本體木火不協、無益而有損，木火通明，聰明俊秀，女同性戀，不正常桃花。	4.腸胃病，是非纏繞。 6.胡思亂想，神經衰弱，當運則發財。 2.二黑又名病符，回宮復位主身體多病。 62.腸疾，婦科病。
●東·乙卯甲	●宅中央	●西·辛酉庚
5.容易腳傷，因財招禍。 7.血光之災，受人拖累破財，宜放風水輪來化解。 3.經云，蚩尤碧色好勇鬥狠之神，三碧為蚩尤星主官災是非爭執。 73.大凶、打劫、破財。、官非、被刺一刀、盲一眼。	7.是非，官災，容易被金屬所傷。 9.目疾、血光之災、皮膚病。 5.血光之災、瘡瘤。 95.生旺五黃主長病、殘疾、血病、火災、性病、五黃到位；煞中之煞主災禍連連，阻礙百般，化解安忍水、六帝錢。	9.小心火災，家中女性不和。 2.肚痛、提防火災、血光之災。 7.當運主發財，失運主血光之災。 27.土生金，七赤是七運的財星旺有財化官複，因桃花破財。、桃花劫，對九紫命有利，二七合先天火乘殺氣遇凶山水，鳥焚其巢也。
●東北·寅艮丑	●北·癸子壬	●西北·亥乾戌
1.財運佳，利地產置業。 3.經云，三八逢損小口，主不利小童。 8.當運發財，利地產，失運破財。 38.不利小童，三歲前會有心漏病、哮喘、甚至跌死、小產、破財、男同性戀。	3.主脾氣暴躁，家人會搬遷或遠行。 5.主傷病，提防泌尿疾病，女性提防婦科病。 1.經云，一白官星之應主掌文章讀書聰明。 51.膀胱病，五黃到位；煞中之煞主災禍連連，阻礙百般，化解安忍水、六帝錢。	8.發小財，利地產或五金行業。 1.主聰明、才智、發小財。 6.驛馬位，有遠行，失運主官非或交通意外。 16.合為水主催官，遇旺水秀峰，官居極品也。武貴，當軍警會顯貴，事事如意，吉利。

說明：上山下水，形巒不合，主損丁破財。經曰：「苟無生氣入門，家無隔宿之糧。」主出人缺唇疏齒、聲高性淫；北宮51，主瘡毒、中毒、血光、意外、腎病、耳鳴、水厄之事；西南宮62，主腹疾、產厄、邪病、頭痛、項疾或主鬼神入室。

16	51	38
6	2	4
27	95	73
5	7	9
62	49	84
1	3	8

陽 宅 運 勢

酉山卯向

[七赤運]　　　　　　　　　　　　　　　　　　　[起星]

座西朝東

二百七十度→九十度

●東南・辰巽巳	●南・丙午丁	●西南・未坤申
6.不利女性，奔波勞碌。	2.家人愚鈍，血光之災。	4.腸胃病、是非纏繞。
1.經云，四一同宮準發科名。	5.眼部疾病，血光之災。	3.主官災、是非、腸胃病、足病。
16.合為水主催官，遇旺水秀峰，官居極品也。武貴，當軍警會顯貴，事事如意，吉利。	1.中爻得配水火相交，主喜慶順利。 51.膀胱病，五黃到位；煞中之煞主災禍連連，阻礙百般，化解安忍水、六帝錢。	8.利地產，旺財。 38.不利小童，三歲前會有心漏病、哮喘，甚至跌死、小產、破財、男同性戀。
●東・乙卯甲	●宅中央	●西・辛酉庚
5.容易腳傷，因財招禍。 2.主官災、是非、足患、腸胃病。 7.血光之災，受人拖累破財，宜放風水輪來化解。 27.土生金，七赤是七運的財星旺有財化官複，因桃花破財，桃花劫，對九紫命有利，二七合先天火乘殺氣遇凶山水，鳥焚其巢也。	7.是非，官災，容易被金屬所傷。 9.目疾、血光之災、皮膚病。 5.血光之災、瘡瘤。 95.生旺五黃主長病、殘疾、血病、火災、性病、五黃到位；煞中之煞主災禍連連，阻礙百般，化解安忍水、六帝錢。	9.小心火災，家中女性不和。 7.當運主發財，失運主血光之災。 3.主血光之災，受人拖累。 73.大凶、打劫、破財、官非、被刺一刀、盲一眼。
●東北・寅艮丑	●北・癸子壬	●西北・亥乾戌
1.財運佳，利地產置業。 6.發小財，利地產或五金行業。 2.旺財，利地財。 62.腸疾、婦科病。	3.主脾氣暴躁，家人會搬遷或遠行。 4.坎宮為一白星所，主故為一四同宮主讀書聰明。 9.水火既濟，主喜慶順利。 49.合而化金，與本體木火不協、無益而有損，木火通明，聰明俊秀，女同性戀。不正常桃花。	8.發小財，利地產或五金行業。 4.不利女性，驛馬位，有遠行或搬遷。 84.木剋土，離婚、嫁杏無期、姑婆屋、無仔生、不利幼兒、服毒、吊頸、自殺、腰痛、膽石。

説明：旺山旺向，形巒合局，主大旺財丁。經曰：「會有旺星到穴，富積千鐘。」主出人威武、傑出群倫、機謀深遠、富貴明達；南宮51，主瘡毒、中毒、血光、意外、損主、腎病、耳鳴、水厄；東北宮62，主腹疾、產厄、邪病、項疾、官訟、頭痛或主鬼神入室。

16	51	38
6	2	4
27	95	73
5	7	9
62	49	84
1	3	8

陽 宅 運 勢

酉山卯向
座西朝東
二百七十度→九十度

[七赤運]　　　　　　　　　　　　　　　　[下卦]

●東南・辰巽巳	●南・丙午丁	●西南・未坤申
6.不利女性，奔波勞碌。 1.經云，四一同宮準發科名。 16.合為水主催官，遇旺水秀峰，官居極品也。武貴，當軍警會顯貴，事事如意，吉利。	2.家人愚鈍，血光之災。 5.眼部疾病、血光之災。 1.中爻得配水火相交，主喜慶順利。 51.膀胱病、五黃到位；煞中之煞主災禍連連，阻礙百般，化解安忍水、六帝錢。	4.腸胃病、是非纏繞。 3.主官災、是非、腸胃病、足病。 8.利地產，旺財。 38.不利小童，三歲前會有心漏病、哮喘，甚至跌死、小產、破財、男同性戀。
●東・乙卯甲	●宅中央	●西・辛酉庚
5.容易腳傷，因財招禍。 2.主官災、是非、足患、腸胃病。 7.血光之災，受人拖累破財，宜放風水輪來化解。 27.土生金，七赤是七運的財星旺有財化官複，因桃花破財，桃花劫，對九紫命有利，二七合先天火乘殺氣遇凶山水，鳥焚其巢也。	7.是非，官災，容易被金屬所傷。 9.目疾、血光之災、皮膚病。 5.血光之災、瘡瘤。 95.生旺五黃主長病、殘疾、血病、火災、性病、五黃到位；煞中之煞主災禍連連，阻礙百般，化解安忍水、六帝錢。	9.小心火災，家中女性不和。 7.當運主發財，失運主血光之災。 3.主血光之災，受人拖累。 73.大凶、打劫、破財、官非、被刺一刀、盲一眼。
●東北・寅艮丑	●北・癸子壬	●西北・亥乾戌
1.財運佳，利地產置業。 6.發小財，利地產或五金行業。 2.旺財、利地財。 62.腸疾、婦科病。	3.主脾氣暴躁，家人會搬遷或遠行。 4.坎宮為一白星所，主故為一四同宮主讀書聰明。 9.水火既濟，主喜慶順利。 49.合而化金，與本體木火不協、無益而有損，木火通明，聰明俊秀，女同性戀。不正常桃花。	8.發小財，利地產或五金行業。 4.不利女性，驛馬位，有遠行或搬遷。 84.木剋土，離婚、嫁杏無期、姑婆屋、無仔生、不利幼兒、服毒、吊頸、自殺、腰痛、膽石。

説明:旺山旺向，形巒合局，主大旺財丁。經曰：「會有旺星到穴，富積千鐘。」主出人威武、傑出群倫、機謀深遠、富貴明達；南宮51，主瘡毒、中毒、血光、意外、損主、腎病、耳鳴、水厄；東北宮62，主腹疾、產厄、邪病、項疾、官訟、頭痛或主鬼神入室。

16 6	51 2	38 4
27 5	95 7	73 9
62 1	49 3	84 8

陽宅運勢

辛山乙向

[七赤運]　　　　　　　　　　　　　　　　[起星]

座西西北朝東東南

二百八十五度→一百零五度

●東南・辰巽巳	●南・丙午丁	●西南・未坤申
6.不利女性，奔波勞碌。 1.經云，四一同宮準發科名。 16.合為水主催官，遇旺水秀峰，官居極品也。武貴，當軍警會顯貴，事事如意，吉利。	2.家人愚鈍，血光之災。 5.眼部疾病，血光之災。 1.中爻得配水火相交，主喜慶順利。 51.膀胱病，五黃到位；煞中之煞主災禍連連，阻礙百般，化解安忍水、六帝錢。	4.腸胃病、是非纏繞。 3.主官災、是非、腸胃病、足病。 8.利地產，旺財。 38.不利小童，三歲前會有心漏病、哮喘，甚至跌死、小產、破財、男同性戀。
●東・乙卯甲	●宅中央	●西・辛酉庚
5.容易腳傷，因財招禍。 2.主官災、是非、足患、腸胃病。 7.血光之災，受人拖累破財，宜放風水輪來化解。 27.土生金，七赤是七運的財星旺有財化官複，因桃花破財，桃花劫，對九紫命有利，二七合先天火乘殺氣遇凶山水，鳥焚其巢也。	7.是非，官災，容易被金屬所傷。 9.目疾、血光之災、皮膚病。 5.血光之災、瘡瘤。 95.生旺五黃主長病、殘疾、血病、火災、性病，五黃到位；煞中之煞主災禍連連，阻礙百般，化解安忍水、六帝錢。	9.小心火災，家中女性不和。 7.當運主發財，失運主血光之災。 3.主血光之災，受人拖累。 73.大凶、打劫、破財、官非、被刺一刀、盲一眼。
●東北・寅艮丑	●北・癸子壬	●西北・亥乾戌
1.財運佳，利地產置業。 6.發小財，利地產或五金行業。 2.旺財，利地財。 62.腸疾、婦科病。	3.主脾氣暴躁，家人會搬遷或遠行。 4.坎宮為一白星所，主故為一四同宮主讀書聰明。 9.水火既濟，主喜慶順利。 49.合而化金，與本體木火不協、無益有損，木火通明，聰明俊秀，女同性戀。不正常桃花。	8.發小財，利地產或五金行業。 4.不利女性，驛馬位，有遠行或搬遷。 84.木剋土，離婚、嫁杏無期、姑婆屋、無仔生、不利幼兒、服毒、吊頸、自殺、腰痛、膽石。

説明:旺山旺向，形巒合局，主大旺財丁。經曰：「會有旺星到穴，富積千鐘。」主出人威武、傑出群倫、機謀深遠、富貴明達；南宮51，主瘡毒、中毒、血光、意外、損主、腎病、耳鳴、水厄；東北宮62，主腹疾、產厄、邪病、項病、官訟、頭痛或主鬼神入室。

16 6	51 2	38 4
27 5	95 7	73 9
62 1	49 3	84 8

陽 宅 運 勢

辛山乙向

[七赤運]　　　　　　　　　　　　　　　　[下卦]

座西西北朝東東南

二百八十五度→一百零五度

●東南・辰巽巳	●南・丙午丁	●西南・未坤申
6.不利女性，奔波勞碌。 1.經云，四一同宮準發科名。 16.合為水主催官，遇旺水秀峰，官居極品也。武貴，當軍警會顯貴，事事如意，吉利。	2.家人愚鈍，血光之災。 5.眼部疾病，血光之災。 1.中爻得配水火相交，主喜慶順利。 51.膀胱病，五黃到位；煞中之煞主災禍連連，阻礙百般，化解安忍水、六帝錢。	4.腸胃病、是非纏繞。 3.主官災、是非、腸胃病、足病。 8.利地產，旺財。 38.不利小童，三歲前會有心漏病、哮喘，甚至跌死、小產、破財、男同性戀。
●東・乙卯甲	●宅中央	●西・辛酉庚
5.容易腳傷，因財招禍。 2.主官災、是非、足患、腸胃病。 7.血光之災，受人拖累破財，宜放風水輪來化解。 27.土生金，七赤是七運的財星旺有財化官複，因桃花破財，桃花劫，對九紫命有利，二七合先天火乘殺氣遇凶山水，鳥焚其巢也。	7.是非，官災，容易被金屬所傷。 9.目疾、血光之災、皮膚病。 5.血光之災、瘡瘤。 95.生旺五黃主長病、殘疾、血病、火災、性病、五黃到位；煞中之煞主災禍連連，阻礙百般，化解安忍水、六帝錢。	9.小心火災，家中女性不和。 7.當運主發財，失運主血光之災。 3.主血光之災，受人拖累。 73.大凶、打劫、破財、官非、被刺一刀、盲一眼。
●東北・寅艮丑	●北・癸子壬	●西北・亥乾戌
1.財運佳，利地產置業。 6.發小財，利地產或五金行業。 2.旺財，利地財。 62.腸疾、婦科病。	3.主脾氣暴躁，家人會搬遷或遠行。 4.坎宮為一白星所，主故為一四同宮主讀書聰明。 9.水火既濟，主喜慶順利。 49.合而化金，與本體木火不協、無益而有損，木火通明，聰明俊秀，女同性戀。不正常桃花。	8.發小財，利地產或五金行業。 4.不利女性，驛馬位，有遠行或搬遷。 84.木剋土，離婚、嫁杏無期、姑婆屋、無仔生、不利幼兒、服毒、吊頸、自殺、腰痛、膽石。

説明:旺山旺向，形巒合局，主大旺財丁。經曰：「會有旺星到穴，富積千鐘。」主出人威武、傑出群倫、機謀深遠、富貴明達；南宮51，主瘡毒、中毒、血光、意外、損主、腎病、耳鳴、水厄；東北宮62，主腹疾、產厄、邪病、項病、官訟、頭痛或主鬼神入室。

87 6	32 2	19 4
98 5	76 7	54 9
43 1	21 3	65 8

陽 宅 運 勢

戌山辰向

[七赤運]　　　　　　　　　　　　　　　　　　　　　　　　[起星]

座西北西朝東南東

三百度→一百二十度

●東南・辰巽巳	●南・丙午丁	●西南・未坤申
6.不利女性，奔波勞碌。	2.家人愚鈍，血光之災。	4.腸胃病、是非纏繞。
8.兒童多病，成績退步，鼻敏感。	3.主家人頭腦靈活聰明。	1.主女性當權，家人易罹腸胃病。
7.容易被金屬所傷，易惹桃花劫。	32.鬥牛煞、爭吵、激氣、官非、破財。	9.家人愚鈍，子女成績退步。
87.吉，財利。		19.水火不容、性病、皮膚病、小產。
●東・乙卯甲	**●宅中央**	**●西・辛酉庚**
5.容易腳傷，因財招禍。	7.是非，官災，容易被金屬所傷。	9.小心火災，家中女性不和。
9.家人頭腦靈活，子女讀書聰明。	6.遠行多阻滯，頭部疾病。	5.是非官災，容易被金屬所傷。
8.主不利，兒童成績退步。	76.凶交劍煞、合作不和、拆夥、籠裡雞部屬造反、官非、男女不和、手腳受傷、皮膚病，化解使用陰陽水。	4.容易被金屬所傷，易惹桃花劫。
98.吐血。		54.五黃最忌三碧四綠木剋土，博弈好飲，破財。田園廢盡，大凶五黃到位；煞中之煞主災禍連連，阻礙百般，化解安忍水、六帝錢。
●東北・寅艮丑	**●北・癸子壬**	**●西北・亥乾戌**
1.財運佳，利地產置業。	3.主脾氣暴躁，家人會搬遷或遠行。	8.發小財，利地產或五金行業。
4.兒童多病，成績退步，鼻敏感。	2.主家人易罹腸胃病，女性當權掌握財政。	6.驛馬位，有遠行，失運主官非或交通意外。
3.經云，三八逢損小口，主不利小童。	1.經云，一白官星之應主掌文章讀書聰明。	5.頭部疾病，遠行多阻滯，身體多病。
43.少女發瘋，男星飛臨是男姦女之象。	21.女性婦科病、腸胃病。	65.頭痛，口腔多病，五黃到位；煞中之煞主災禍連連，阻礙百般，化解安忍水、六帝錢。

說明:令星到向，山星入囚，主旺財不旺丁。經曰：「會有旺星到穴，富積千鐘。」西宮54，主瘡毒、中毒、血光、意外、中風、淫亂；南宮32，主腹疾、產厄、邪病、肝病、足患、暴戾、官非、口舌、刑妻；西南宮19，主腎病、耳鳴、水厄、心目之疾。

97 6	42 2	29 4
18 5	86 7	64 9
53 1	31 3	75 8

陽 宅 運 勢

戌山辰向

[七赤運]　　　　　　　　　　　　　　　　　　　　[下卦]

座西北西朝東南東

三百度→一百二十度

●東南‧辰巽巳	●南‧丙午丁	●西南‧未坤申
6.不利女性，奔波勞碌。	2.家人愚鈍，血光之災。	4.腸胃病、是非纏繞。
9.讀書聰明，利文職，家有喜慶事。	4.讀書聰明，利文職，有喜慶，失運則財帛不聚。	2.二黑又名病符，回宮復位主身體多病。
7.容易被金屬所傷，易惹桃花劫。	42.婆媳不和。	9.家人愚鈍，子女成績退步。
97.回祿之災、心臟病。		29.火生土，主女人多，桃花重，桃花屋。
●東‧乙卯甲	**●宅中央**	**●西‧辛酉庚**
5.容易腳傷，因財招禍。	7.是非，官災，容易被金屬所傷。	9.小心火災，家中女性不和。
1.主家人搬遷或有遠行，脾氣較為暴躁。	8.主腸胃病、運氣蹇滯。	6.提防被金屬所傷。
8.主不利，兒童成績退步。	6.遠行多阻滯，頭部疾病。	4.容易被金屬所傷，易惹桃花劫。
18.土剋水，耳疾，被狗咬傷或被動物抓傷。咎輕，受剋而奇偶相敵。	86.吉，財利。	64.先合後散，女性多病
●東北‧寅艮丑	**●北‧癸子壬**	**●西北‧亥乾戌**
1.財運佳，利地產置業。	3.主脾氣暴躁，家人會搬遷或遠行。	8.發小財，利地產或五金行業。
5.主腸胃病、運氣蹇滯。	1.經云，一白官星之應主掌文章讀書聰明。	7.提防被金屬所傷，主官非，爭執，交通意外。
3.經云，三八逢損小口，主不利小童。	31.爭吵、激氣、官非、破財。	5.頭部疾病，遠行多阻滯，身體多病。
53.破財、傷身，窮途困病再遭殃，五黃到位；煞中之煞主災禍連連，阻礙百般，化解安忍水、六帝錢。		75.肺病，口腔病，口舌，五黃到位；煞中之煞主災禍連連阻礙百般，化解安忍水、六帝錢。。

說明:旺山旺向，形巒合局，主大旺財丁。經日：「會有旺星到穴，富積千鐘。」主出人威武、傑出群倫、機謀深遠、富貴明達；東北宮53，主瘡毒、中毒、血光、意外、肝病、足患、暴戾、官非；南宮42，主腹疾、產厄、邪病、中風、淫亂之事。

65 6	21 2	43 4
54 5	76 7	98 9
19 1	32 3	87 8

陽 宅 運 勢

乾山巽向

[七赤運]　　　　　　　　　　　　　　　　　　[起星]

座西北朝東南

三百一十五度 → 一百三十五度

●東南・辰巽巳	●南・丙午丁	●西南・未坤申
6.不利女性，奔波勞碌。	2.家人愚鈍，血光之災。	4.腸胃病、是非纏繞。
5.主皮膚病、瘡毒。	1.中爻得配水火相交，主喜	3.主官災、是非、腸胃病、足
65.頭痛、口腔多病、五黃到	慶順利。	病。
位；煞中之煞主災禍連連	21.女性婦科病，腸胃病。	43.少女發瘋，男星飛臨是男
，阻礙百般，化解安忍水		姦女之象。
、六帝錢。		
●東・乙卯甲	**●宅中央**	**●西・辛酉庚**
5.容易腳傷，因財招禍。	7.是非，官災，容易被金屬	9.小心火災，家中女性不和。
4.運氣反覆，情緒起伏。	所傷。	8.財帛可得，但容易破耗。
54.五黃最忌三碧四綠木剋土	6.遠行多阻滯，頭部疾病。	98.吐血。
，博弈好飲，破財。田園	76.凶交劍煞、合作不和、拆	
廢盡，大凶五黃到位；煞	夥、籠裡雞部屬造反、官	
中之煞主災禍連連，阻礙	非、男女不和、手腳受傷	
百般，化解安忍水、六帝	、皮膚病，化解使用陰陽	
錢。	水。	
●東北・寅艮丑	**●北・癸子壬**	**●西北・亥乾戌**
1.財運佳，利地產置業。	3.主脾氣暴躁，家人會搬遷	8.發小財，利地產或五金行業
9.家有令人愉快事情發生，	或遠行。	。
如喜事、橫財。	2.主家人易罹腸胃病，女性	7.提防被金屬所傷，主官非，
19.水火不容，性病，皮膚病	當權掌握財政。	爭執，交通意外。
，小產。	32.鬥牛煞、爭吵、激氣、官	87.吉，財利。
	非、破財。	

說明：令星到座，水神上山，主破財損丁。經曰：「苟無生氣入門，家無隔宿之糧。」主出
　　　人缺唇疏齒、聲高性淫；北宮32，主肝病、足患、暴戾、官非、刑妻、腹病、產厄、邪
　　　病之事；東宮54，主瘡毒、中毒、血光、意外、中風、淫亂之應。

75 6	31 2	53 4
64 5	86 7	18 9
29 1	42 3	97 8

陽宅運勢

乾山巽向

座西北朝東南

三百一十五度→一百三十五度

[下卦]

●東南・辰巽巳	●南・丙午丁	●西南・未坤申
6.不利女性，奔波勞碌。	2.家人愚鈍，血光之災。	4.腸胃病、是非纏繞。
7.容易被金屬所傷，易惹桃花劫。	3.主家人頭腦靈活聰明。	5.主急性病，血光之災。
5.主皮膚病、瘡毒。	1.中爻得配水火相交，主喜慶順利。	3.主官災、是非、腸胃病、足病。
75.肺病、口腔病、口舌、五黃到位；煞中之煞主災禍連連，阻礙百般，化解安忍水、六帝錢。	31.爭吵、激氣、官非、破財。	53.破財、傷身，窮途困病再遭殃，五黃到位；煞中之煞主災禍連連，阻礙百般，化解安忍水、六帝錢。
●東・乙卯甲	●宅中央	●西・辛酉庚
5.容易腳傷，因財招禍。	7.是非，官災，容易被金屬所傷。	9.小心火災，家中女性不和。
6.主足疾，小人多。	8.主腸胃病、運氣蹇滯。	1.家人好動，多異性緣，一白當運為桃花運，失運破財。
4.運氣反覆，情緒起伏。	6.遠行多阻滯，頭部疾病。	8.財帛可得，但容易破耗。
64.先合後散，女性多病。	86.吉，財利。	18.土剋水，耳疾，被狗咬傷或被動物抓傷。咎輕，受剋而奇偶相敵。
●東北・寅艮丑	●北・癸子壬	●西北・亥乾戌
1.財運佳，利地產置業。	3.主脾氣暴躁，家人會搬遷或遠行。	8.發小財，利地產或五金行業。
2.旺財，利地財。	4.坎宮為一白星所，主故為一四同宮主讀書聰明。	9.子女容易與自己爭執，提防呼吸系統疾病。
9.家有令人愉快事情發生，如喜事、橫財。	2.主家人易罹腸胃病，女性當權掌握財政。	7.提防被金屬所傷，主官非、爭執，交通意外。
29.火生土，主女人多，桃花重，桃花屋。	42.婆媳不和。	97.回祿之災、心臟病。

說明:上山下水，形巒不合，損丁破財。經曰：「苟無生氣入門，家無隔宿之糧。」主出人缺唇疏齒，聲高性淫；西南宮53，主瘡毒、中毒、血光、意外、肝病、足患、暴戾、官非、口舌、刑妻；東宮64，主中風、損手、淫亂、官訟；東北宮29，主腹疾、產厄、邪病、心目之疾。

85	41	63
6	2	4
74	96	28
5	7	9
39	52	17
1	3	8

陽 宅 運 勢

亥山巳向

[七赤運]　　　　　　　　　　　　　　　　[起星]

座西北北朝東南南

三百三十度→一百五十度

●東南・辰巽巳	●南・丙午丁	●西南・未坤申
6.不利女性，奔波勞碌	2.家人愚鈍，血光之災。	4.腸胃病，是非纏繞。
8.兒童多病，成績退步，鼻敏感	4.讀書聰明，利文職，有喜慶，失運則財帛不聚。	6.胡思亂想，神經衰弱，當運則發財。
5.主皮膚病、瘡毒。	1.中爻得配水火相交，主喜慶順利。	3.主官災、是非、腸胃病、足病。
85.暗滯，胃病，胸疼痛，五黃到位；煞中之煞主災禍連連，阻礙百般，化解安忍水、六帝錢。	41.利讀書，出門，遠走他方。	63.手腳受傷。
●東・乙卯甲	●宅中央	●西・辛酉庚
5.容易腳傷，因財招禍。	7.是非，官災，容易被金屬所傷。	9.小心火災，家中女性不和。
7.血光之災，受人拖累破財，宜放風水輪來化解。	9.目疾、血光之災、皮膚病。	2.肚痛，提防火災，血光之災。
4.運氣反覆，情緒起伏。	6.遠行多阻滯，頭部疾病。	8.財帛可得，但容易破耗。
74.桃花，出門。	96.腦病。	28.合十主吉，有進田置業之喜，利遷移。
●東北・寅艮丑	●北・癸子壬	●西北・亥乾戌
1.財運佳，利地產置業。	3.主脾氣暴躁，家人會搬遷或遠行。	8.發小財，利地產或五金行業
3.經云，三八逢損小口，主不利小童。	5.主傷病，提防泌尿疾病，女性提防婦科病。	1.主聰明、才智、發小財。
9.家有令人愉快事情發生，如喜事、橫財。	2.主家人易罹腸胃病，女性當權掌握財政。	7.提防被金屬所傷，主官非、爭執，交通意外。
39.聰明而吝嗇。	52.腸病、手腳受傷，黃遇黑時出寡婦。主孤寡五黃到位；煞中之煞主災禍連連，阻礙百般，化解安忍水、六帝錢。	17.桃花，出門有利，吉利

說明：今星到座，水神上山，主破財損丁。經日：「苟無生氣入門，家無隔宿之糧。」主出
　　　人缺唇疏齒，聲高性淫；北宮32，主病毒、中毒、血光、意外、刑妻、腹病、產厄、邪
　　　病之事；東宮74，主官非、口舌、血光、意外、中風、淫亂之應。

75 6	31 2	53 4
64 5	86 7	18 9
29 1	42 3	97 8

陽 宅 運 勢

亥山巳向

[七赤運]　座西北北朝東南南　[下卦]

三百三十度→一百五十度

●東南·辰巽巳	●南·丙午丁	●西南·未坤申
6.不利女性，奔波勞碌。	2.家人愚鈍，血光之災。	4.腸胃病，是非纏繞。
7.提防被金屬所傷，易惹桃花劫。	3.主家人頭腦靈活聰明。	5.主急性病，血光之災。
5.主皮膚病、瘡毒。	1.中爻得配水火相交，主喜慶順利。	3.主官災、是非、腸胃病、足病。
75.肺病，口腔病，口舌，五黃到位；煞中之煞主災禍連連，阻礙百般，化解安忍水、六帝錢。	31.爭吵、激氣、官非、破財。	53.破財、傷身，窮途困病再遭殃，五黃到位；煞中之煞主災禍連連，阻礙百般，化解安忍水、六帝錢。

●東·乙卯甲	●宅中央	●西·辛酉庚
5.容易腳傷，因財招禍。	7.是非，官災，容易被金屬所傷。	9.小心火災，家中女性不和。
6.主足疾，小人多。	8.主腸胃病，運氣蹇滯。	1.家人好動，多異性緣，一白當運為桃花運，失運破財。
4.運氣反覆，情緒起伏。	6.遠行多阻滯，頭部疾病。	8.財帛可得，但容易破耗。
64.先合後散，女性多病。	86.吉，財利。	18.土剋水，耳疾，被狗咬傷或被動物抓傷。咎輕，受剋而奇偶相敵。

●東北·寅艮丑	●北·癸子壬	●西北·亥乾戌
1.財運佳，利地產置業。	3.主脾氣暴躁，家人會搬遷或遠行。	8.發小財，利地產或五金行業。
2.旺財，利地財。	4.坎宮為一白星所，主故為一四同宮主讀書聰明。	9.子女容易與自己爭執，提防呼吸系統疾病。
9.家有令人愉快事情發生，如喜事、橫財。	2.主家人易罹腸胃病，女性當權掌握財政。	7.提防被金屬所傷，主官非、爭執，交通意外。
29.火生土，主女人多，桃花重，桃花屋。	42.婆媳不和。	97.回祿之災、心臟病。

說明：上山下水，形巒不合，損丁破財。經曰：「苟無生氣入門，家無隔宿之糧。」主出人缺唇疏齒，聲高性淫；西南宮53，主瘡毒、中毒、血光、意外、肝病、足患、暴戾、官非、口舌、刑妻；東宮64，主中風、損手、淫亂、官訟；東北宮29，主腹疾、產厄、邪病、心目之疾。

17 6	62 2	89 4
98 5	26 7	44 9
53 1	71 3	35 8

[七赤運]

陽 宅 運 勢

丑山未向

座東北北朝西南南

三十度→二百一十度

[起星]

●東南・辰巽巳	●南・丙午丁	●西南・未坤申
6.不利女性，奔波勞碌。	2.家人愚鈍，血光之災。	4.腸胃病，是非纏繞。
1.經云，四一同宮準發科名。	6.子女容易與自己發生爭執，提防呼吸系統疾病。	8.利地產，旺財。
7.容易被金屬所傷，易惹桃花劫。	62.腸疾、婦科病。	9.家人愚鈍，子女成績退步。
17.桃花，出門有利，吉利。		89.火生土，吉，旺丁，旺財，輔弼相輝，田園富盛，而子孫繁衍也。
●東・乙卯甲	**●宅中央**	**●西・辛酉庚**
5.容易腳傷，因財招禍。	7.是非，官災，容易被金屬所傷。	9.小心火災，家中女性不和。
9.家人頭腦靈活，子女讀書聰明。	2.血光之災，慢性病。	4.容易被金屬所傷，易惹桃花劫。
8.主不利，兒童成績退步。	6.遠行多阻滯，頭部疾病。	44.出門，桃花。
98.吐血。	26.進田莊之喜，買地買樓但是各嗇孤寒。	
●東北・寅艮丑	**●北・癸子壬**	**●西北・亥乾戌**
1.財運佳，利地產置業。	3.主脾氣暴躁，家人會搬遷或遠行。	8.發小財，利地產或五金行業。
5.主腸胃病，運氣蹇滯。	7.家人好動，桃花運。	3.經云，足以金而蹣跚，主足傷，家人容易發生。
3.經云，三八逢損小口，主不利小童。	1.經云，一白官星之應主掌文章讀書聰明。	5.頭部疾病，遠行多阻滯，身體多病。
53.破財，傷身，窮途困病再遭殃，五黃到位；煞中之煞主災禍連連，阻礙百般，化解安忍水、六帝錢。	71.出門遠行，桃花。	35.多主不吉，木剋土貧窮，傷足，生疾，五黃到位；煞中之煞主災禍連連，阻礙百般，化解安忍水、六帝錢。

説明：山星向星失令，形巒不合，主損丁破財。經曰：「苟無生氣入門，糧艱一宿。」座山53，主肝病、足患、官非、暴戾、盜賊、瘡毒、中毒、血光、意外；向上89，主眼痛、心臟病、火災、神經病、損男童之應；南宮62，主腹疾、產厄、邪病、頭痛、項疾。

95	59	77
6	2	4
86	14	32
5	7	9
41	68	23
1	3	8

陽 宅 運 勢

[七赤運]　　　　　　　　　　　　　　[下卦]

丑山未向

座東北北朝西南南

三十度→二百一十度

●東南・辰巽巳	●南・丙午丁	●西南・未坤申
6.不利女性，奔波勞碌。 9.讀書聰明，利文職，家有喜慶事。 5.主皮膚病、瘡毒。 95.生旺五黃主病、殘疾、血病、火災、性病、五黃到位；煞中之煞主災禍連連，阻礙百般，化解安忍水、六帝錢。	2.家人愚鈍，血光之災。 5.眼部疾病，血光之災。 9.當運主財運與事業順利，失運主血光之災。 59.凶，火生土，生旺災瘟星五黃，主不吉五黃到位；煞中之煞主災禍連連，阻礙百般，化解安忍水、六帝錢。	4.腸胃病，是非纏繞。 7.主痢疾，提防火災，血光之災。 77.七運，當旺大吉，財利大旺。
●東・乙卯甲	●宅中央	●西・辛酉庚
5.容易腳傷，因財招禍。 8.主不利、兒童成績退步。 6.主足疾、小人多。 86.吉，財利。	7.是非，官災，容易被金屬所傷。 1.經云，一加二五傷及壯丁，主傷病。 4.風濕病、皮膚病。 14.讀書有成、被讚賞、出門有利、升職、加薪、主科名，號青雲得路，有文筆硯池水，鼎元之兆也。	9.小心火災，家中女性不和。 3.主血光之災，受人拖累。 2.肚痛，提防火災，血光之災。 32.鬥牛煞、爭吵、激氣、官非、破財。
●東北・寅艮丑	●北・癸子壬	●西北・亥乾戌
1.財運佳，利地產置業。 4.兒童多病，成績退步，鼻敏感。 41.利讀書，出門，遠走他方。	3.主脾氣暴躁，家人會搬遷或遠行。 6.主聰明才智發小財。 8.主財運佳，利地產置業。 68.吉，進財，利田宅，武庫，亦主財帛，利武庫及異路功名。	8.發小財，利地產或五金行業。 2.失運神經衰弱，胡思亂想，當運旺財。 3.經云，足以金而蹣跚，主足傷，家人容易發生。 23.鬥牛煞、官非、是非、口舌、不和、博弈好飲、田園廢盡。

説明：雙星到向，山星下水，形巒不合，主損丁破財。經曰：「會有旺星到穴，富積千鐘。」南宮59，主瘡毒、中毒、血光之災；西宮32，主肝病、足患、官非、暴戾、盜賊、腹疾、產厄、邪病之事；座山41，山形凶者。經曰：「當知四蕩一淫。」

25 6	61 2	43 4
34 5	16 7	88 9
79 1	52 3	97 8

陽 宅 運 勢

艮山坤向

座東北朝西南

四十五度→二百二十度

[七赤運]　　　　　　　　　　　　　　　　　　　[起星]

●東南·辰巽巳	●南·丙午丁	●西南·未坤申
6.不利女性，奔波勞碌。 2.主是非、健康差、呼吸系統疾病。 5.主皮膚病、瘡毒。 25.二五交加必損主孤寡二主，宅 多病黑逢五至出鰥夫，五黃到位；煞中煞主災禍連連，阻礙百般，化解安忍水、六帝錢。	2.家人愚鈍，血光之災。 6.子女容易與自己發生爭執，提防呼吸系統疾病。 1.中爻得配水火相交，主喜慶順利。 61.金生水，桃花旺。	4.腸胃病，是非纏繞。 3.主官災、是非、腸胃病、足病。 43.少女發瘋，男星飛臨是男姦女之象。
●東·乙卯甲	●宅中央	●西·辛酉庚
5.容易腳傷，因財招禍。 3.經云，蚩尤碧色好勇鬥狠之神，三碧為蚩尤星，主官災、是非、爭執。 4.運氣反覆，情緒起伏。 34.三是男，四是女，女來就男移船就礮貼，大床利男性的桃花。	7.是非，官災，容易被金屬所傷。 1.經云，一加二五傷及壯丁，主傷病。 6.遠行多阻滯，頭部疾病。 16.合為水主催官，遇旺水秀峰，官居極品也。武貴，當軍警會顯貴，事事如意，吉利。	9.小心火災，家中女性不和。 8.財帛可得，但容易破耗。 88.吉，財利。
●東北·寅艮丑	●北·癸子壬	●西北·亥乾戌
1.財運佳，利地產置業。 7.財帛可得但容易破耗。 9.家有令人愉快事情發生，如喜事、橫財。 79.回祿之災，心臟病。	3.主脾氣暴躁，家人會搬遷或遠行。 5.主傷病，提防泌尿疾病，女性提防婦科病。 2.主家人易罹腸胃病，女性當權掌握財政。 52.腸病，手腳受傷，黃遇黑時出寡婦。主孤寡五黃到位；煞中之煞主災禍連連，阻礙百般，化解安忍水、六帝錢。	8.發小財，利地產或五金行業。 9.子女容易與自己爭執，提防呼吸系統疾病。 7.提防被金屬所傷，主官非、爭執、交通意外。 97.回祿之災，心臟病。

說明：令星失位，山星旺氣到座，主旺丁不旺財。經曰：：「苟無生氣入門，糧艱一宿。」向首43，主肝病、足患、官非、口舌、暴戾、刑妻、膽疾、中風或主昧事無常；東南宮25，主瘡毒、中毒、血光、意外、腹痛、產厄、邪病。經曰：「二五交加必損主。」南宮61，主腎病、耳鳴、水厄、頭疾、項病。

[七赤運]

23 6	68 2	41 4
32 5	14 7	86 9
77 1	59 3	95 8

陽 宅 運 勢

艮山坤向

座東北朝西南

四十五度→二百二十度

[下卦]

●東南・辰巽巳	●南・丙午丁	●西南・未坤申
6.不利女性，奔波勞碌。 2.主是非、健康差、呼吸系統疾病。 3.運氣反覆，時好時壞。 23.鬥牛煞、官非、是非、口舌、不和、博弈好飲、田園廢盡。	2.家人愚鈍，血光之災。 6.子女容易與自己發生爭執，提防呼吸系統疾病。 8.主喜慶，有令人愉快事情發生。 68.吉，進財，利田宅，武庫，亦主財帛，利武庫及異路功名。	4.腸胃病，是非纏繞。 1.主女性當權，家人易罹腸胃病。 41.利讀書，出門，遠走他方。
●東・乙卯甲	**●宅中央**	**●西・辛酉庚**
5.容易腳傷，因財招禍。 3.經云，蚩尤碧色好勇鬥狠之神，三碧為蚩尤星，主官災、是非、爭執。 2.主官災、是非、足患、腸胃病。 32.鬥牛煞、爭吵、激氣、官非、破財。	7.是非，官災，容易被金屬所傷。 1.經云，一加二五傷及壯丁，主傷病。 4.風濕病、皮膚病。 14.讀書有成、被讚賞、出門有利、升職、加薪、主科名，號青雲得路，有文筆硯池水，鼎元之兆也。	9.小心火災，家中女性不和。 8.財帛可得，但容易破耗。 6.提防被金屬所傷。 86.吉，財利。
●東北・寅艮丑	**●北・癸子壬**	**●西北・亥乾戌**
1.財運佳，利地產置業。 7.財帛可得但容易破耗。 77.七運，當旺大吉，財利大旺。	3.主脾氣暴躁，家人會搬遷或遠行。 5.主傷病，提防泌尿疾病，女性提防婦科病。 9.水火既濟，主喜慶順利。 59.凶，火生土，生旺災瘟星五黃，主不吉五黃到位；煞中之煞主災禍連連，阻礙百般，化解安忍水、六帝錢。	8.發小財，利地產或五金行業。 9.子女容易與自己爭執，提防呼吸系統疾病。 5.頭部疾病，遠行多阻滯，身體多病。 95.生旺五黃主長病，殘疾，血病，火災，性病，五黃到位；煞中之煞主災禍連連，阻礙百般，化解安忍水、六帝錢。

説明：雙星到座，水神上山，主旺丁不旺財。經曰：「會有旺星到穴，富積千鐘。」向上41，主腎病、耳鳴、水厄、中風、淫亂；西北宮95，主瘡毒、中毒、血光、意外、眼痛、心臟病或主頑鈍愚夫；東宮83，主肝病、足患、官非、暴戾、盜賊、腹疾、產厄、邪病之應。

25	61	43
6	2	4
34	16	88
5	7	9
79	52	97
1	3	8

陽 宅 運 勢

寅山申向

[七赤運]　　　　　　　　　　　　　　　　　[起星]

座東北東朝西南西

六十度→二百四十度

●東南・辰巽巳	●南・丙午丁	●西南・未坤申
6.不利女性，奔波勞碌。	2.家人愚鈍，血光之災。	4.腸胃病，是非纏繞。
2.主是非、健康差、呼吸系統疾病。	6.子女容易與自己發生爭執，提防呼吸系統疾病。	3.主官災、是非、腸胃病、足病。
5.主皮膚病、瘡毒。	1.中交得配水火相交，主喜慶順利。	43.少女發瘋，男星飛臨是男姦女之象。
25.二五交加必損主孤寡二主，宅母多病黑逢五至出鰥夫，五黃到位；煞中煞主災禍連連，阻礙百般，化解安忍水、六帝錢。	61.金生水，桃花旺。	

●東・乙卯甲	●宅中央	●西・辛酉庚
5.容易腳傷，因財招禍。	7.是非，官災，容易被金屬所傷。	9.小心火災，家中女性不和。
3.經云，蚩尤碧色好勇鬥狠之神，三碧為蚩尤星，主官災、是非、爭執。	1.經云，一加二五傷及壯丁，主傷病。	8.財帛可得，但容易破耗。
4.運氣反覆，情緒起伏。	6.遠行多阻滯，頭部疾病。	88.吉，財利。
34.三是男，四是女，女來就男移船就磡貼，大床利男性的桃花。	16.合為水主催官，遇旺水秀峰，官居極品也。武貴，當軍警會顯貴，事事如意，吉利。	

●東北・寅艮丑	●北・癸子壬	●西北・亥乾戌
1.財運佳，利地產置業。	3.主脾氣暴躁，家人會搬遷或遠行。	8.發小財，利地產或五金行業。
7.財帛可得但容易破耗。	5.主傷病，提防泌尿疾病，女性提防婦科病。	9.子女容易與自己爭執，提防呼吸系統疾病。
9.家有令人愉快事情發生，如喜事、橫財。	2.主家人易罹腸胃病，女性當權掌握財政。	7.提防被金屬所傷，主官非、爭執、交通意外。
79.回祿之災，心臟病。	52.腸病，手腳受傷，黃遇黑時出寡婦。主孤寡五黃到位；煞中之煞主災禍連連，阻礙百般，化解安忍水、六帝錢。	97.回祿之災，心臟病。

説明：令星失位，山星旺氣到座，主旺丁不旺財。經曰：「苟無生氣入門，糧艱一宿。」向首43，主肝病、足患、官非、口舌、暴戾、刑妻、膽疾、中風或主昧事無常；東南宮25，主瘡毒、中毒、血光、意外、腹痛、產厄、邪病。經曰：「二五交加必損主。」南宮61，主腎病、耳鳴、水厄、頭疾、項病、官訟。

23 6	68 2	41 4
32 5	14 7	86 9
77 1	59 3	95 8

陽 宅 運 勢

[七赤運]

[下卦]

寅山申向
座東北東朝西南西
六十度→二百四十度

●東南·辰巽巳	●南·丙午丁	●西南·未坤申
6.不利女性，奔波勞碌。 2.主是非、健康差、呼吸系統疾病。 3.運氣反覆，時好時壞。 23.鬥牛煞、官非、是非、口舌、不和、博弈好飲、田園廢盡。	2.家人愚鈍，血光之災。 6.子女容易與自己發生爭執，提防呼吸系統疾病。 8.主喜慶，有令人愉快事情發生。 68.吉，進財，利田宅，武庫，亦主財帛，利武庫及異路功名。	4.腸胃病，是非纏繞。 1.主女性當權，家人易罹腸胃病。 41.利讀書，出門，遠走他方。
●東·乙卯甲	●宅中央	●西·辛酉庚
5.容易腳傷，因財招禍。 3.經云，蚩尤碧色好勇鬥狠之神，三碧為蚩尤星，主官災、是非、爭執。 2.主官災、是非、足患、腸胃病。 32.鬥牛煞、爭吵、激氣、官非、破財。	7.是非，官災，容易被金屬所傷。 1.經云，一加二五傷及壯丁，主傷病。 4.風濕病、皮膚病。 14.讀書有成、被讚賞、出門有利、升職、加薪、主科名、號青雲得路，有文筆硯池水，鼎元之兆也。	9.小心火災，家中女性不和。 8.財帛可得，但容易破耗。 6.提防被金屬所傷。 86.吉，財利。
●東北·寅艮丑	●北·癸子壬	●西北·亥乾戌
1.財運佳，利地產置業。 7.財帛可得但容易破耗。 77.七運，當旺大吉，財利大旺。	3.主脾氣暴躁，家人會搬遷或遠行。 5.主傷病，提防泌尿疾病，女性提防婦科病。 9.水火既濟，主喜慶順利。 59.凶，火生土，生旺災瘟星五黃，主不吉五黃到位；煞中之煞主災禍連連，阻礙百般，化解安忍水、六帝錢。	8.發小財，利地產或五金行業。 9.子女容易與自己爭執，提防呼吸系統疾病。 5.頭部疾病，遠行多阻滯，身體多病。 95.生旺五黃主長病，殘疾，血病，火災，性病，五黃到位；煞中之煞主災禍連連，阻礙百般，化解安忍水、六帝錢。

説明：雙星到座，水神上山，主旺丁不旺財。經曰：「會有旺星到穴，富積千鐘。」向上41，
主腎病、耳鳴、水厄、中風、淫亂；西北宮95，主瘡毒、中毒、血光、意外、眼痛、心臟
病或主頑鈍愚夫；東宮83，主肝病、足患、官非、暴戾、盜賊、腹疾、產厄、邪病之應。

71	26	98
6	2	4
89	62	44
5	7	9
35	17	53
1	3	8

[七赤運]

陽 宅 運 勢

未山丑向

座西南南朝東北北

二百一十度→三十度

[起星]

●東南・辰巽巳	●南・丙午丁	●西南・未坤申
6.不利女性，奔波勞碌。	2.家人愚鈍，血光之災。	4.腸胃病，是非纏繞。
7.容易被金屬所傷，易惹桃花劫。	6.子女容易與自己發生爭執，提防呼吸系統疾病。	9.家人愚鈍，子女成績退步。
1.經云，四一同宮準發科名。	26.進田莊之喜，買地買樓但是各薔孤寒。	8.利地產，旺財。
71.出門遠行，桃花。		98.吐血。
●東・乙卯甲	●宅中央	●西・辛酉庚
5.容易腳傷，因財招禍。	7.是非，官災，容易被金屬所傷。	9.小心火災，家中女性不和。
8.主不利，兒童成績退步。	6.遠行多阻滯，頭部疾病。	4.容易被金屬所傷，易惹桃花劫。
9.家人頭腦靈活，子女讀書聰明。	2.血光之災、慢性病。	44.出門，桃花。
89.火生土，吉，旺丁，旺財，輔弼相輝，田園富盛，而子孫繁衍也。	62.腸病、婦科病。	
●東北・寅艮丑	●北・癸子壬	●西北・亥乾戌
1.財運佳，利地產置業。	3.主脾氣暴躁，家人會搬遷或遠行。	8.發小財，利地產或五金行業。
3.經云，三八逢損小口，主不利小童。	1.經云，一白官星之應主掌文章讀書聰明。	5.頭部疾病，遠行多阻滯，身體多病。
5.主腸胃病、運氣蹇滯。	7.家人好動，桃花運。	3.經云，足以金而蹒跚，主足傷，家人容易發生。
35.多主不吉，木剋土貧窮、傷足、生疾、五黃到位；煞中之煞主災禍連連，阻礙百般，化解安忍水、六帝錢。	17.桃花，出門有利，吉利	53.破財、傷身，窮途困病再遭殃，五黃到位；煞中之煞主災禍連連，阻礙百般，化解安忍水、六帝錢。

說明：令星失位，形巒不合，主損丁破財。經曰：「苟無生氣入門，糧艱一宿。」向上35，主瘡毒、血光、意外、中毒、肝病、足患、刑妻、暴戾；南宮26，主腹疾、產厄、邪病、頭痛；西宮44，主中風、淫亂之事。

[七赤運]

59 6	95 2	77 4
68 5	41 7	23 9
14 1	86 3	32 8

陽 宅 運 勢

未山丑向

座西南南朝東北北

二百一十度→三十度

[下卦]

●東南・辰巽巳	●南・丙午丁	●西南・未坤申
6.不利女性，奔波勞碌。	2.家人愚鈍，血光之災。	4.腸胃病，是非纏繞。
5.主皮膚病，瘡毒。	9.當運主財運與事業順利，	7.主痢疾，提防火災，血光之
9.讀書聰明，利文職，家有	失運主血光之災。	災。
喜慶事。	5.眼部疾病，血光之災。	77.七運，當旺大吉，財利大
59.凶，火生土，生旺災瘟星	95.生旺五黃主長病、殘疾、	旺。
五黃，主不吉五黃到位；	血病、火災、性病、五黃	
煞中之煞主災禍連連，阻	到位；煞中之煞主災禍連	
礙百般，化解安忍水、六	連，阻礙百般，化解安忍	
帝錢。	水、六帝錢。	
●東・乙卯甲	●宅中央	●西・辛酉庚
5.容易腳傷，因財招禍。	7.是非，官災，容易被金屬	9.小心火災，家中女性不和。
6.主足疾，小人多。	所傷。	2.肚痛，提防火災，血光之災
8.主不利，兒童成績退步。	4.風濕病、皮膚病。	。
68.吉，進財，利田宅，武庫	1.經云，一加二五傷及壯丁	3.主血光之災，受人拖累。
，亦主財帛，利武庫及異	，主傷病。	23.鬥牛煞、官非、是非、口
路功名。	41.利讀書，出門，遠走他方	舌、不和、博弈好飲、田園
	。	廢盡。
●東北・寅艮丑	●北・癸子壬	●西北・亥乾戌
1.財運佳，利地產置業。	3.主脾氣暴躁，家人會搬遷	8.發小財，利地產或五金行業
4.兒童多病，成績退步，鼻	或遠行。	。
敏感。	8.主財運佳，利地產置業。	3.經云，足以金而蹣跚，主足
14.讀書有成、被讚賞、出門	6.主聰明才智發小財。	傷，家人容易發生。
有利、升職、加薪、主科	86.吉，財利。	2.失運神經衰弱，胡思亂想，
名，號青雲得路，有文筆		當運旺財。
硯池水，鼎元之兆也。		32.鬥牛煞、爭吵、激氣、官
		非、破財。

説明：雙星到座，水神上山，主旺不旺財。經曰：「苟無生氣入門，糧艱一宿。」座山77，
　　　巒頭凶者，主出人缺唇疏齒、聲高性淫；南宮95，主瘡毒、血光、意外、中毒、損主、
　　　眼痛、心臟病；西宮23，主肝病、足患、官非、口舌、刑妻、暴戾。

52 6	16 2	34 4
43 5	61 7	88 9
97 1	25 3	79 8

陽 宅 運 勢

坤山艮向

[七赤運]　　　　　　　　　　　　　　　　　　　[起星]

座西南朝東北

二百二十五度→四十五度

●東南・辰巽巳	●南・丙午丁	●西南・未坤申
6.不利女性，奔波勞碌。 5.主皮膚病、瘡毒。 2.主是非、健康差、呼吸系統疾病。 52.腸病，手腳受傷，黃遇黑時出寡婦。主孤寡五黃到位；煞中之煞主災禍連連，阻礙百般，化解安忍水、六帝錢。	2.家人愚鈍，血光之災。 1.中交得配水火相交，主喜慶順利。 6.子女容易與自己發生爭執，提防呼吸系統疾病。 16.合為水主催官，遇旺水秀峰，官居極品也。武貴，當軍警會顯貴，事事如意，吉利。	4.腸胃病，是非纏繞。 3.主官災、是非、腸胃病、足病。 34.三是男，四是女，女來就男移船就磡貼，大床利男性的桃花。
●東・乙卯甲	●宅中央	●西・辛酉庚
5.容易腳傷，因財招禍。 4.運氣反覆，情緒起伏。 3.經云，蚩尤碧色好勇鬥狠之神，三碧為蚩尤星，主官災、是非、爭執。 43.少女發瘋，男星飛臨是男姦女之象。	7.是非，官災，容易被金屬所傷。 6.遠行多阻滯，頭部疾病。 1.經云，一加二五傷及壯丁，主傷病。 61.金生水，桃花旺。	9.小心火災，家中女性不和。 8.財帛可得，但容易破耗。 88.吉，財利。
●東北・寅艮丑	●北・癸子壬	●西北・亥乾戌
1.財運佳，利地產置業。 9.家有令人愉快事情發生，如喜事、橫財。 7.財帛可得但容易破耗。 97.回祿之災，心臟病。	3.主脾氣暴躁，家人會搬遷或遠行。 2.主家人易罹腸胃病，女性當權掌握財政。 5.主傷病，提防泌尿疾病，女性提防婦科病。 25.二五交加必損主孤寡二主，宅母多病黑逢五至出鰥夫，五黃到位；煞中煞主災禍連連，阻礙百般，化解安忍水、六帝錢。	8.發小財，利地產或五金行業。 7.提防被金屬所傷，主官非、爭執、交通意外。 9.子女容易與自己爭執，提防呼吸系統疾病。 79.回祿之災，心臟病。

說明：令星到向，山星失位，主旺財不旺丁。經曰：「會有旺星到穴，富積千鐘。」座山34，主肝病、足患、官非、刑妻、暴戾、中風或主昧事無常；東南宮52・北宮25，主腹疾、產厄、邪病、血光、意外、損主；南宮16，主腎病、耳鳴、水厄、頭痛、項疾、官訟之事。

32	86	14
6	2	4
23	41	68
5	7	9
77	95	59
1	3	8

陽 宅 運 勢

坤山艮向

[七赤運]　　　　　　　　　　　　　　　　　　　[下卦]

座西南朝東北

二百二十五度→四十五度

●東南・辰巽巳	●南・丙午丁	●西南・未坤申
6.不利女性，奔波勞碌。 3.運氣反覆，時好時壞。 2.主是非、健康差、呼吸系統疾病。 32.鬥牛煞、爭吵、激氣、官非、破財。	2.家人愚鈍，血光之災。 8.主喜慶，有令人愉快事情發生。 6.子女容易與自己發生爭執，提防呼吸系統疾病。 86.吉，財利。	4.腸胃病，是非纏繞。 1.主女性當權，家人易罹腸胃病。 14.讀書有成、被讚賞、出門有利、升職、加薪、主科名，號青雲得路，有文筆硯池水，鼎元之兆也。
●東・乙卯甲	●宅中央	●西・辛酉庚
5.容易腳傷，因財招禍。 2.主官災、是非、足患、腸胃病。 3.經云，蚩尤碧色好勇鬥狠之神，三碧為蚩尤星，主官災、是非、爭執。 23.鬥牛煞、官非、是非、口舌、不和、博弈好飲、田園廢盡。	7.是非，官災，容易被金屬所傷。 4.風濕病，皮膚病。 1.經云，一加二五傷及壯丁，主傷病。 41.利讀書，出門，遠走他方。	9.小心火災，家中女性不和。 6.提防被金屬所傷。 8.財帛可得，但容易破耗。 68.吉，進財，利田宅，武庫，亦主財帛，利武庫及異路功名。
●東北・寅艮丑	●北・癸子壬	●西北・亥乾戌
1.財運佳，利地產置業。 7.財帛可得但容易破耗。 77.七運，當旺大吉，財利大旺。	3.主脾氣暴躁，家人會搬遷或遠行。 9.水火既濟，主喜慶順利。 5.主傷病，提防泌尿疾病，女性提防婦科病。 95.生旺五黃主長病、殘疾、血病、火災、性病、五黃到位；煞中之煞主災禍連連，阻礙百般，化解安忍水、六帝錢。	8.發小財，利地產或五金行業。 5.頭部疾病，遠行多阻滯，身體多病。 9.子女容易與自己爭執，提防呼吸系統疾病。 59.凶，火生土，生旺災瘟星五黃，主不吉五黃到位；煞中之煞主災禍連連，阻礙百般，化解安忍水、六帝錢。

說明：雙星到向，山星下水，主旺財不旺丁。經曰：「會有旺星到穴，富積千鐘。」主出人威武、傑出群倫、機謀深遠、富貴明達；西北宮59，主瘡毒、中毒、血光、意外、眼痛、心病、火災；東宮23，主腹疾、產厄、邪病、損主、意外、肝病、足患、官非、刑妻、暴戾。

52 6	16 2	34 4
43 5	61 7	88 9
97 1	25 3	79 8

陽宅運勢

申山寅向

座西南西朝東北東

二百四十度→六十度

[七赤運]　　　　　　　　　　　　　　　　　　　　[起星]

●東南・辰巽巳	●南・丙午丁	●西南・未坤申
6.不利女性，奔波勞碌。	2.家人愚鈍，血光之災。	4.腸胃病，是非纏繞。
5.主皮膚病、瘡毒。	1.中爻得配水火相交，主喜慶順利。	3.主官災、是非、腸胃病、足病。
2.主是非、健康差、呼吸系統疾病。疾病。	6.子女容易與自己發生爭執，提防呼吸系統疾病。	34.三是男，四是女，女來就男移船就磡貼，大床利男性的桃花。
52.腸病，手腳受傷，黃遇黑時出寡婦。主孤寡五黃到位；煞中之煞主災禍連連，阻礙百般，化解安忍水、六帝錢。	16.合為水主催官，遇旺水秀峰，官居極品也。武貴，當軍警會顯貴，事事如意，吉利。	
●東・乙卯甲	●宅中央	●西・辛酉庚
5.容易腳傷，因財招禍。	7.是非，官災，容易被金屬所傷。	9.小心火災，家中女性不和。
4.運氣反覆，情緒起伏。	6.遠行多阻滯，頭部疾病。	8.財帛可得，但容易破耗。
3.經云，蚩尤碧色好勇鬥狠之神，三碧為蚩尤星主官災是非爭執。	1.經云，一加二五傷及壯丁，主傷病。	88.吉，財利。
43.少女發瘋，男星飛臨是男姦女之象。	61.金生水，桃花旺。	
●東北・寅艮丑	●北・癸子壬	●西北・亥乾戌
1.財運佳，利地產置業。	3.主脾氣暴躁，家人會搬遷或遠行。	8.發小財，利地產或五金行業。
9.家有令人愉快事情發生，如喜事、橫財。	2.主家人易罹腸胃病，女性當權掌握財政。	7.提防被金屬所傷，主官非、爭執、交通意外。
7.財帛可得但容易破耗。	5.主傷病，提防泌尿疾病，女性提防婦科病。	9.子女容易與自己爭執，提防呼吸系統疾病。
97.回祿之災、心臟病。	25.二五交加必損主孤寡二主，宅母多病黑逢五至出鰥夫，五黃到位；煞中煞主災禍連連，阻礙百般，化解安忍水、六帝錢。	79.回祿之災，心臟病。

説明：令星到向，山星失位，主旺財不旺丁。經曰：「會有旺星到穴，富積千鐘。」座山34，主肝病、足患、官非、刑妻、暴戾、中風或主昧事無常；東南宮52．北宮25，主腹疾、產厄、邪病、血光、意外、損主；南宮16，主腎病、耳鳴、水厄、頭痛、項疾、官訟之事。

32	86	14
6	2	4
23	41	68
5	7	9
77	95	59
1	3	8

陽 宅 運 勢

申山寅向

[七赤運]　　　　　　　　　　　　　　　　　　[下卦]

座西南西朝東北東

二百四十度→六十度

●東南・辰巽巳	●南・丙午丁	●西南・未坤申
6.不利女性，奔波勞碌。 3.運氣反覆，時好時壞。 2.主是非、健康差、呼吸系統疾病。 32.鬥牛煞、爭吵、激氣、官非、破財。	2.家人愚鈍，血光之災。 8.主喜慶，有令人愉快事情發生。 6.子女容易與自己發生爭執，提防呼吸系統疾病。 86.吉，財利。	4.腸胃病，是非纏繞。 1.主女性當權，家人易罹腸胃病。 14.讀書有成、被讚賞、出門有利、升職、加薪、主科名，號青雲得路，有文筆硯池水，鼎元之兆也。
●東・乙卯甲	●宅中央	●西・辛酉庚
5.容易腳傷，因財招禍。 2.主官災、是非、足患、腸胃病。 3.經云，蚩尤碧色好勇鬥狠之神，三碧為蚩尤星，主官災、是非、爭執。 23.鬥牛煞、官非、是非、口舌、不和、博弈好飲、田園廢盡。	7.是非，官災，容易被金屬所傷。 4.風濕病、皮膚病。 1.經云，一加二五傷及壯丁，主傷病。 41.利讀書，出門，遠走他方。	9.小心火災，家中女性不和。 6.提防被金屬所傷。 8.財帛可得，但容易破耗。 68.吉，進財，利田宅，武庫，亦主財帛，利武庫及異路功名。
●東北・寅艮丑	●北・癸子壬	●西北・亥乾戌
1.財運佳，利地產置業。 7.財帛可得但容易破耗。 77.七運，當旺大吉，財利大旺。	3.主脾氣暴躁，家人會搬遷或遠行。 9.水火既濟，主喜慶順利。 5.主傷病，提防泌尿疾病，女性提防婦科病。 95.生旺五黃主長病、殘疾、血病、火災、性病、五黃到位；煞中之煞主災禍連連，阻礙百般，化解安忍水、六帝錢。	8.發小財，利地產或五金行業。 5.頭部疾病，遠行多阻滯，身體多病。 9.子女容易與自己爭執，提防呼吸系統疾病。 59.凶，火生土，生旺災瘟星五黃，主不吉五黃到位；煞中之煞主災禍連連，阻礙百般，化解安忍水、六帝錢。

説明：雙星到向，山星下水，主旺財不旺丁。經曰：「會有旺星到穴，富積千鐘。」主出人威武，傑出群倫，機謀深遠，富貴明達；西北宮59，主瘡毒、中毒、血光、意外、眼痛、心病、火災；東宮23，主腹疾、產厄、邪病、損主、意外、肝病、足患、官非、刑妻、暴戾。

86	42	64
7	3	5
75	97	29
6	8	1
31	53	18
2	4	9

陽 宅 運 勢

辰山戌向

座東南東朝西北西

一百二十度→三百度

[八白運]　　　　　　　　　　　　　　　　　　　[起星]

●東南·辰巽巳	●南·丙午丁	●西南·未坤申
7.容易被金屬所傷，易惹桃花劫。 8.兒童多病，成績退步，鼻敏感。 6.不利女性，奔波勞碌。 86.吉，財利。	3.主家人頭腦靈活聰明。 4.讀書聰明，利文職，有喜慶，失運則財帛不聚。 2.家人愚鈍，血光之災。 42.婆媳不和。	5.主急性病，血光之災。 6.胡思亂想，神經衰弱，當運則發財。 4.腸胃病，是非纏繞。 64.先合後散，女性多病。
●東·乙卯甲	●宅中央	●西·辛酉庚
6.主足疾，小人多。 7.血光之災，受人拖累破財，宜放風水輪來化解。 5.容易腳傷，因財招禍。 75.肺病，口腔病，口舌，五黃到位；煞中之煞主災禍連連，阻礙百般，化解安忍水、六帝錢。	8.主腸胃病，運氣蹇滯。 9.目疾、血光之災、皮膚病。 7.是非，官災，容易被金屬所傷。 97.回祿之災、心臟病。	1.家人好動，多異性緣，一白當運為桃花運，失運破財。 2.肚痛，提防火災，血光之災。 9.小心火災，家中女性不和。 29.火生土，主女人多，桃花重，桃花屋。
●東北·寅艮丑	●北·癸子壬	●西北·亥乾戌
2.旺財，利地財。 3.經云，三八逢損小口，主不利小童。 1.財運佳，利地產置業。 31.爭吵、激氣、官非、破財。	4.坎宮為一白星所，主故為一四同宮主讀書聰明。 5.主傷病，提防泌尿疾病，女性提防婦科病。 3.主脾氣暴躁，家人會搬遷或遠行。 53.破財、傷身，窮途困病再遭殃，五黃到位；煞中之煞主災禍連連，阻礙百般，化解安忍水、六帝錢。	9.子女容易與自己爭執，提防呼吸系統疾病。 1.主聰明、才智、發小財。 8.發小財，利地產或五金行業。 18.土剋水，耳疾，被狗咬傷或被動物抓傷。咎輕，受剋而奇偶相敵。

説明：旺山旺向，形巒合局，主大旺財丁。經曰：「會有旺星到穴，富積千鐘。」中宮97，次運丁星入囚，防損丁之事；西南宮64，主膽病、頭痛、肺疾之應；北宮53，主癌毒、足病、官非、口舌、暴戾之應。

68 7	24 3	46 5
57 6	79 8	92 1
13 2	35 4	81 9

陽 宅 運 勢

辰山戌向

[八白運]　　　　　　　　　　　　　　　　[下卦]

座東南東朝西北西

一百二十度→三百度

●東南·辰巽巳	●南·丙午丁	●西南·未坤申
7.容易被金屬所傷,易惹桃花劫。 6.不利女性,奔波勞碌。 8.兒童多病,成績退步,鼻敏感。 68.吉,進財,利田宅,武庫,亦主財帛,利武庫及異路功名。	3.主家人頭腦靈活聰明。 2.家人愚鈍,血光之災。 4.讀書聰明,利文職,有喜慶,失運則財帛不聚。 24.婆媳不和,咎當主母。	5.主急性病,血光之災 4.腸胃病,是非纏繞。 6.胡思亂想,神經衰弱,當運則發財。 46.煩惱事先合後散。肝病,輕或痼疾,重且夭折。
●東·乙卯甲	●宅中央	●西·辛酉庚
6.主足疾,小人多。 5.容易腳傷,因財招禍。 7.血光之災,受人拖累破財,宜放風水輪來化解。 57.吉七赤金星化五黃,土生金生旺七運吉星五黃到位;煞中之煞主災禍連連,阻礙百般,化解安忍水、六帝錢。	8.主腸胃病、運氣蹇滯。 7.是非,官災,容易被金屬所傷。 9.目疾、血光之災、皮膚病。 79.回祿之災、心臟病。	1.家人好動,多異性緣,一白當運為桃花運,失運破財。 9.小心火災,家中女性不和。 2.肚痛,提防火災,血光之災。 92.婦科病。
●東北·寅艮丑	●北·癸子壬	●西北·亥乾戌
2.旺財,利地財。 1.財運佳,利地產置業。 3.經云,三八逢損小口,主不利小童。 13.爭執、吵鬧、勞氣、官非、盜劫、破財。	4.坎宮為一白星所,主故為一四同宮主讀書聰明。 3.主脾氣暴躁,家人會搬遷或遠行。 5.主傷病,提防泌尿疾病,女性提防婦科病。 35.多主不吉,木剋土貧窮,傷足,生疾,五黃到位;煞中之煞主災禍連連,阻礙百般,化解安忍水、六帝錢。	9.子女容易與自己爭執,提防呼吸系統疾病。 8.發小財,利地產或五金行業。 1.主聰明、才智、發小財。 81.土剋水,膀胱疾,耳病。

說明:上山下水,形巒不合,主損丁破財。經曰:「苟無生氣入門,糧艱一宿。」若水纏玄武,座空朝滿,則此局用;南宮24,主腹痛、墮胎、瘋疾、體虛或主欺姑之婦;東北宮13,主耳病、水險、肝病、官非、口舌、暴戾。

81 7	35 3	13 5
92 6	79 8	57 1
46 2	24 4	68 9

陽 宅 運 勢

巽山乾向

[八白運]　　　　　　　　　　　　　　　　　　　　[起星]

座東南朝西北

一百三十五度→三百一十五度

●東南・辰巽巳	●南・丙午丁	●西南・未坤申
7.容易被金屬所傷，易惹桃花劫。	3.主家人頭腦靈活聰明。	5.主急性病，血光之災。
8.兒童多病，成績退步，鼻敏感。	5.眼部疾病，血光之災。	1.主女性當權，家人易罹腸胃病。
1.經云，四一同宮準發科名。	35.多主不吉，木剋土貧窮，傷足，生疾，五黃到位；煞中之煞主災禍連連，阻礙百般，化解安忍水、六帝錢。	3.主官災、是非、腸胃病、足病。
81.土剋水，膀胱疾，耳病。		13.爭執、吵鬧、勞氣、官非、盜劫、破財。
●東・乙卯甲	**●宅中央**	**●西・辛酉庚**
6.主足疾，小人多。	8.主腸胃病、運氣蹇滯。	1.家人好動，多異性緣，一白當運為桃花運，失運破財。
9.家人頭腦靈活，子女讀書聰明。	7.是非，官災，容易被金屬所傷。	5.是非，官災，容易被金屬所傷。
2.主官災、是非、足患、腸胃病。	9.目疾、血光之災、皮膚病。	7.當運主發財，失運主血光之災。
92.婦科病。	79.回祿之災、心臟病。	57.吉七赤金星化五黃，土生金生旺七運吉星五黃到位；煞中之煞主災禍連連，阻礙百般，化解安忍水、六帝錢。
●東北・寅艮丑	**●北・癸子壬**	**●西北・亥乾戌**
2.旺財，利地財。	4.坎宮為一白星所，主故為一四同宮主讀書聰明。	9.子女容易與自己爭執，提防呼吸系統疾病。
4.兒童多病，成績退步，鼻敏感。	2.主家人易罹腸胃病，女性當權掌握財政。	6.驛馬位，有遠行，失運主官非或交通意外。
6.發小財，利地產或五金行業。	24.婆媳不和，咎當主母。	8.發小財，利地產或五金行業。
46.煩惱事先合後散。肝病，輕或痼疾，重且夭折。		68.吉，進財，利田宅，武庫，亦主財帛，利武庫及異路功名。

説明：令星到山到向，形巒合局，主大旺財丁。經曰：「會有旺星到穴，富積千鐘。」向首68，主發財。經曰：「文士參軍或主異途擢用。」西宮57，主瘡毒、血光、意外、官非、口舌、盜賊之應；北宮24，主腹痛、產厄、瘋疾或主欺姑之婦。

81	35	13
7	3	5
92	79	57
6	8	1
46	24	68
2	4	9

[八白運]

陽 宅 運 勢

巽山乾向
座東南朝西北
一百三十五度→三百一十五度

[下卦]

●東南・辰巽巳	●南・丙午丁	●西南・未坤申
7.容易被金屬所傷，易惹桃花劫。 8.兒童多病、成績退步、鼻敏感。 1.經云，四一同宮準發科名。 81.土剋水，膀胱疾，耳病。	3.主家人頭腦靈活聰明。 5.眼部疾病，血光之災。 35.多主不吉，木剋土貧窮，傷足，生疾，五黃到位；煞中之煞主災禍連連，阻礙百般，化解安忍水、六帝錢。	5.主急性病，血光之災。 1.主女性當權，家人易罹腸胃病。 3.主官災、是非、腸胃病、足病。 13.爭執、吵鬧、勞氣、官非、盜劫、破財。
●東・乙卯甲	●宅中央	●西・辛酉庚
6.主足疾，小人多。 9.家人頭腦靈活，子女讀書聰明。 2.主官災、是非、足患、腸胃病。 92.婦科病。	8.主腸胃病，運氣蹇滯。 7.是非，官災，容易被金屬所傷。 9.目疾、血光之災、皮膚病。 79.回祿之災、心臟病。	1.家人好動，多異性緣，一白當運為桃花運，失運破財。 5.是非，官災，容易被金屬所傷。 7.當運主發財，失運主血光之災。 57.吉七赤金星化五黃，土生金生旺七運吉星五黃到位；煞中之煞主災禍連連，阻礙百般，化解安忍水、六帝錢。
●東北・寅艮丑	●北・癸子壬	●西北・亥乾戌
2.旺財，利地財。 4.兒童多病，成績退步，鼻敏感。 6.發小財，利地產或五金行業。 46.煩惱事先合後散。肝病，輕或痼疾，重且夭折。	4.坎宮為一白星所，主故為一四同宮主讀書聰明。 2.主家人易罹腸胃病，女性當權掌握財政。 24.婆媳不和。咎當主母。	9.子女容易與自己爭執，提防呼吸系統疾病。 6.驛馬位，有遠行，失運主官非或交通意外。 8.發小財，利地產或五金行業。 68.吉，進財，利田宅，武庫，亦主財帛，利武庫及異路功名。

説明:令星到山到向，形巒合局，主大旺財丁。經曰:「會有旺星到穴，富積千鐘。」向首68，主發財。經曰:「文士參軍或主異途擢用。」西宮57，主瘡毒、血光、意外、官非、口舌、盜賊之應；北宮24，主腹痛、產厄、瘋疾或主欺姑之婦。

81	35	13
7	3	5
92	79	57
6	8	1
46	24	68
2	4	9

陽 宅 運 勢

巳山亥向

[八白運]　　　　　　　　　　　　　　　　　　　　　[起星]

座東南南朝西北北

一百五十度→三百三十度

●東南・辰巽巳	●南・丙午丁	●西南・未坤申
7.容易被金屬所傷，易惹桃花劫。	3.主家人頭腦靈活聰明。	5.主急性病，血光之災。
8.兒童多病，成績退步，鼻敏感。	5.眼部疾病，血光之災。	1.主女性當權，家人易罹腸胃病。
1.經云，四一同宮準發科名。	35.多主不吉，木剋土貧窮，傷足，生疾，五黃到位；煞中之煞主災禍連連，阻礙百般，化解安忍水、六帝錢。	3.主官災、是非、腸胃病、足病。
81.土剋水，膀胱疾，耳病。		13.爭執、吵鬧、勞氣、官非、盜劫、破財。

●東・乙卯甲	●宅中央	●西・辛酉庚
6.主足疾，小人多。	8.主腸胃病，運氣蹇滯。	1.家人好動，多異性緣，一白當運為桃花運，失運破財。
9.家人頭腦靈活，子女讀書聰明。	7.是非，官災，容易被金屬所傷。	5.是非，官災，容易被金屬所傷。
2.主官災、是非、足患、腸胃病。	9.目疾、血光之災、皮膚病。	7.當運主發財，失運主血光之災。
92.婦科病。	79.回祿之災、心臟病。	57.吉七赤金星化五黃，土生金生旺七運吉星五黃到位；煞中之煞主災禍連連，阻礙百般，化解安忍水、六帝錢。

●東北・寅艮丑	●北・癸子壬	●西北・亥乾戌
2.旺財，利地財。	4.坎宮為一白星所，主故為一四同宮主讀書聰明。	9.子女容易與自己爭執，提防呼吸系統疾病。
4.兒童多病，成績退步，鼻敏感。	2.主家人易罹腸胃病，女性當權掌握財政。	6.驛馬位，有遠行，失運主官非或交通意外。
6.發小財，利地產或五金行業。	24.婆媳不和，咎當主母。	8.發小財，利地產或五金行業。
46.煩惱事先合後散。肝病，輕或痼疾，重且夭折。		68.吉，進財，利田宅，武庫，亦主財帛，利武庫及異路功名。

說明：令星到山到向，形巒合局，主大旺財丁。經曰：「會有旺星到穴，富積千鐘。」向首68，主發財。經曰：「文士參軍或主異途擢用。」西宮57，主瘡毒、血光、意外、官非、口舌、盜賊之應；北宮24，主腹痛、產厄、瘋疾或主欺姑之婦。

81 7	35 3	13 5
92 6	79 8	57 1
46 2	24 4	68 9

陽 宅 運 勢

巳山亥向

[八白運]　　　　　　　　　　　　　　　　　　　[下卦]

座東南南朝西北北

一百五十度→三百三十度

●東南·辰巽巳	●南·丙午丁	●西南·未坤申
7.容易被金屬所傷，易惹桃花劫。	3.主家人頭腦靈活聰明。	5.主急性病，血光之災。
8.兒童多病，成績退步，鼻敏感。	5.眼部疾病，血光之災。	1.主女性當權，家人易罹腸胃病。
1.經云，四一同宮準發科名。	35.多主不吉，木剋土貧窮，傷足，生疾，五黃到位；煞中之煞主災禍連連，阻礙百般，化解安忍水、六帝錢。	3.主官災、是非、腸胃病、足病。
81.土剋水，膀胱疾，耳病。		13.爭執、吵鬧、勞氣、官非、盜劫、破財。

●東·乙卯甲	●宅中央	●西·辛酉庚
6.主足疾，小人多。	8.主腸胃病、運氣蹇滯。	1.家人好動，多異性緣，一白當運為桃花運，失運破財。
9.家人頭腦靈活，子女讀書聰明。	7.是非，官災，容易被金屬所傷。	5.是非，官災，容易被金屬所傷。
2.主官災、是非、足患、腸胃病。	9.目疾、血光之災、皮膚病。	7.當運主發財，失運主血光之災。
92.婦科病。	79.回祿之災、心臟病。	57.吉七赤金星化五黃，土生金生旺七運吉星五黃到位；煞中之煞主災禍連連，阻礙百般，化解安忍水、六帝錢。

●東北·寅艮丑	●北·癸子壬	●西北·亥乾戌
2.旺財，利地財。	4.坎宮為一白星所，主故為一四同宮主讀書聰明。	9.子女容易與自己爭執，提防呼吸系統疾病。
4.兒童多病，成績退步，鼻敏感。	2.主家人易罹腸胃病，女性當權掌握財政。	6.驛馬位，有遠行，失運主官非或交通意外。
6.發小財，利地產或五金行業。	24.婆媳不和，咎當主母。	8.發小財，利地產或五金行業。
46.煩惱事先合後散。肝病，輕或痼疾，重且夭折。		68.吉，進財，利田宅，武庫，亦主財帛，利武庫及異路功名。

說明:令星到山到向，形巒合局，主大旺財丁。經曰：「會有旺星到穴，富積千鐘。」向首
　　68，主發財。經曰：「文士參軍或主異途擢用。」西宮57，主瘡毒、血光、意外、官非
　　、口舌、盜賊之應；北宮24，主腹痛、產厄、瘋疾或主欺姑之婦。

79	25	97
7	3	5
88	61	43
6	8	1
34	16	52
2	4	9

陽 宅 運 勢

壬山丙向

[八白運]　　　　　　　　　　　　　　　　[起星]

座北西北朝南東南

三百四十五度→一百六十五度

●東南・辰巽巳	●南・丙午丁	●西南・未坤申
7.容易被金屬所傷，易惹桃花劫。 9.讀書聰明，利文職，家有喜慶事。 79.回祿之災、心臟病。	3.主家人頭腦靈活聰明。 2.家人愚鈍、血光之災。 5.眼部疾病、血光之災。 25.二五交加必損主孤寡二主，宅母多病黑逢五至出鰥夫，五黃到位；煞中煞主災禍連連，阻礙百般，化解安忍水、六帝錢。	5.主急性病，血光之災。 9.家人愚鈍，子女成績退步。 7.主痢疾，提防火災，血光之災。 97.回祿之災，心臟病。
●東・乙卯甲	●宅中央	●西・辛酉庚
6.主足疾，小人多。 8.主不利，兒童成績退步。 88.吉，財利。	8.主腸胃病、運氣蹇滯。 6.遠行多阻滯，頭部疾病。 1.經云，一加二五傷及壯丁，主傷病。 61.金生水，桃花旺。	1.家人好動，多異性緣，一白當運為桃花運，失運破財。 4.容易被金屬所傷，易惹桃花劫。 3.主血光之災，受人拖累。 43.少女發瘋，男星飛臨是男姦女之象。
●東北・寅艮丑	●北・癸子壬	●西北・亥乾戌
2.旺財，利地財。 3.經云，三八逢損小口，主不利小童。 4.兒童多病，成績退步，鼻敏感。 34.三是男，四是女，女來就男移船就磡貼，大床利男性的桃花。	4.坎宮為一白星所，主故為一四同宮主讀書聰明。 1.經云，一白官星之應主掌文章讀書聰明。 6.主聰明才智發小財。 16.合為水主催官，遇旺水秀峰，官居極品也。武貴，當軍警會顯貴，事事如意，吉利。	9.子女容易與自己爭執，提防呼吸系統疾病。 5.頭部疾病，遠行多阻滯，身體多病。 2.失運神經衰弱，胡思亂想，當運旺財。 52.腸病，手腳受傷，黃遇黑時出寡婦。主孤寡五黃到位；煞中之煞主災禍連連，阻礙百般，化解安忍水、六帝錢。

説明:令星失位，形巒不合，主損丁破財。經曰：「苟無生氣入門，糧艱一宿。」向首25，有水者不可為用，主瘡毒、腹痛、損主之應；東宮88，有水者主進財帛；東南宮79，有水者次運進財；西南宮97，主回祿、火災、官非、口舌。

52	97	79
7	3	5
61	43	25
6	8	1
16	88	34
2	4	9

陽 宅 運 勢

壬山丙向

[八白運]　　　　　　　　　　　　　　　　　　　　　　[下卦]

座北西北朝南東南

三百四十五度→一百六十五度

●東南·辰巽巳	●南·丙午丁	●西南·未坤申
7.容易被金屬所傷，易惹桃花劫。 5.主皮膚病，瘡毒。 2.主是非、健康差、呼吸系統疾病。 52.腸病，手腳受傷，黃遇黑時出寡婦。主孤寡五黃到位；煞中之煞主災禍連連，阻礙百般，化解安忍水、六帝錢。	3.主家人頭腦靈活聰明。 9.當運主財運與事業順利，失運主血光之災。 7.小心火災，家中女性不和。 97.回祿之災、心臟病。	5.主急性病，血光之災。 7.主痢疾，提防火災，血光之災。 9.家人愚鈍，子女成績退步。 79.回祿之災、心臟病。

●東·乙卯甲	●宅中央	●西·辛酉庚
6.主足疾，小人多。 1.主家人搬遷或有遠行，脾氣較為暴躁。 61.金生水，桃花旺。	8.主腸胃病、運氣蹇滯。 4.風濕病，皮膚病。 3.因財致禍，腳傷。 43.少女發瘋，男星飛臨是男姦女之象。	1.家人好動，多異性緣，一白當運為桃花運，失運破財。 2.肚痛，提防火災，血光之災。 5.是非，官災，容易被金屬所傷。 25.二五交加必損主孤寡二主，宅母多病黑逢五至出鰥夫，五黃到位；煞中煞主災禍連連，阻礙百般，化解安忍水、六帝錢。

●東北·寅艮丑	●北·癸子壬	●西北·亥乾戌
2.旺財，利地財。 1.財運佳，利地產置業。 6.發小財，利地產或五金行業。 16.合為水主催官，遇旺水秀峰，官居極品也。武貴，當軍警會顯貴，事事如意，吉利。	4.坎宮為一白星所，主故為一四同宮主讀書聰明。 8.主財運佳，利地產置業。 88.吉，財利。	9.子女容易與自己爭執，提防呼吸系統疾病。 3.經云，足以金而蹣跚，主足傷，家人容易發生。 4.不利女性，驛馬位，有遠行或搬遷。 34.三是男，四是女，女來就男移船就磡貼，大床利男性的桃花。

説明:雙星到座，水神上山，困頓之局，主旺丁不旺財。經曰：「苟無生氣入門，糧艱一宿。」向首97，煞氣、主破敗不堪。經曰：「兌缺陷而唇亡齒寒。」西南宮79，生氣、有水者次運進財；東南宮52，主瘡毒、腹痛、損主之應。

53 7	17 3	35 5
44 6	62 8	89 1
98 2	26 4	71 9

[八白運]

陽 宅 運 勢

子山午向
座北朝南
零度→一百八十度

[起星]

●東南・辰巽巳	●南・丙午丁	●西南・未坤申
7.容易被金屬所傷，易惹桃花劫。	3.主家人頭腦靈活聰明。	5.主急性病，血光之災。
5.主皮膚病、瘡毒。	1.中爻得配水火相交，主喜慶順利。	3.主官災、是非、腸胃病、足病。
3.運氣反覆，時好時壞	7.小心火災，家中女性不和。	35.多主不吉，木剋土貧窮，傷足，生疾，五黃到位；煞中之煞主災禍連連，阻礙百般，化解安忍水、六帝錢。
53.破財、傷身，窮途困病再遭殃，五黃到位；煞中之煞主災禍連連，阻礙百般，化解安忍水、六帝錢。	17.桃花，出門有利，吉利。	
●東・乙卯甲	**●宅中央**	**●西・辛酉庚**
6.主足疾，小人多。	8.主腸胃病、運氣蹇滯。	1.家人好動，多異性緣，一白當運為桃花運，失運破財。
4.運氣反覆，情緒起伏。	6.遠行多阻滯、頭部疾病。	8.財帛可得，但容易破耗。
44.出門，桃花。	2.血光之災、慢性病。	9.小心火災，家中女性不和。
	62.腸疾，婦科病	89.火生土，吉，旺丁，旺財，輔弼相輝，田園富盛，而子孫繁衍也。
●東北・寅艮丑	**●北・癸子壬**	**●西北・亥乾戌**
2.旺財，利地財。	4.坎宮為一白星所，主故為一四同宮主讀書聰明。	9.子女容易與自己爭執，提防呼吸系統疾病。
9.家有令人愉快事情發生，如喜事、橫財。	2.主家人易罹腸胃病，女性當權掌握財政。	7.容易被金屬所傷，主官非，爭執，交通意外。
8.當運發財，利地產，失運破財。	6.主聰明才智發小財。	1.主聰明、才智、發小財。
98.吐血。	26.進田莊之喜，買地買樓但是各嗇孤寒。	71.出門遠行，桃花。

說明：令星失位，形巒不合，主損丁破財。經曰：「苟無生氣入門，糧艱一宿。」座山26，
失令主腹痛、頭疾、鬼神入室之應，向首17煞氣，主破敗不堪，又主出人貪花戀酒之事
。東北方為當元旺水，東北方可用城門訣。

[八白運]

34 7	88 3	16 5
25 6	43 8	61 1
79 2	97 4	52 9

陽宅運勢

子山午向
座北朝南
零度→一百八十度

[下卦]

●東南·辰巽巳	●南·丙午丁	●西南·未坤申
7.容易被金屬所傷，易惹桃花劫。 3.運氣反覆，時好時壞。 4.經云，蓋四綠為文昌之神主聰明。 34.三是男，四是女，女來就男移船就磡貼，大床利男性的桃花。	3.主家人頭腦靈活聰明。 8.主喜慶，有令人愉快事情發生。 88.吉，財利。	5.主急性病，血光之災。 1.主女性當權，家人易罹腸胃病。 6.胡思亂想，神經衰弱，當運則發財。 16.合為水主催官，遇旺水秀峰，官居極品也。武貴，當軍警會顯貴，事事如意，吉利。
●東·乙卯甲	●宅中央	●西·辛酉庚
6.主足疾，小人多 2.主官災、是非、足患、腸胃病。 5.容易腳傷，因財招禍。 25.二五交加必損主孤寡二主，宅母多病黑逢五至出鰥夫，五黃到位；煞中煞主災禍連連，阻礙百般，化解安忍水、六帝錢。	8.主腸胃病、運氣蹇滯。 4.風濕病、皮膚病。 3.因財致禍、腳傷。 43.少女發瘋，男星飛臨是男姦女之象。	1.家人好動，多異性緣，一白當運為桃花運，失運破財。 6.容易被金屬所傷。 61.金生水，桃花旺。
●東北·寅艮丑	●北·癸子壬	●西北·亥乾戌
2.旺財，利地財。 7.財帛可得但容易破耗。 9.家有令人愉快事情發生，如喜事、橫財。 79.回祿之災、心臟病。	4.坎宮為一白星所，主故為一四同宮主讀書聰明。 9.水火既濟，主喜慶順利。 7.家人好動，桃花運。 97.回祿之災、心臟病。	9.子女容易與自己爭執，提防呼吸系統疾病。 5.頭部疾病，遠行多阻滯，身體多病。 2.失運神經衰弱，胡思亂想，當運旺財。 52.腸病、手腳受傷，黃遇黑時出寡婦。主孤寡五黃到位；煞中之煞主災禍連連，阻礙百般，化解安忍水、六帝錢。

說明：雙星到向，山星下水局，主旺財不旺丁。經曰：「會有旺星到穴，富積千鐘。」座山97，形巒惡者，主破敗不堪。經曰：「兌缺陷而唇亡齒寒。」東宮25，西北宮52，主瘡毒、腹痛血光、損主之應；東南宮34，失令主昧事無常之應。

53 7	17 3	35 5
44 6	62 8	89 1
98 2	26 4	71 9

陽 宅 運 勢

癸山丁向

[八白運]　　　　　　　　　　　　　　　　　　　[起星]

座北東北朝南西南

十五度→一百九十五度

●南・丙午丁	●西南・未坤申	
7.容易被金屬所傷，易惹桃花劫。 5.主皮膚病、瘡毒。 3.運氣反覆，時好時壞。 53.破財、傷身，窮途困病再遭殃，五黃到位；煞中之煞主災禍連連，阻礙百般，化解安忍水、六帝錢。	3.主家人頭腦靈活聰明。 1.中爻得配水火相交，主喜慶順利。 7.小心火災，家中女性不和。 17.桃花，出門有利，吉利。	5.主急性病，血光之災。 3.主官災、是非、腸胃病、足病。 35.多主不吉，木剋土貧窮，傷足，生疾，五黃到位；煞中之煞主災禍連連，阻礙百般，化解安忍水、六帝錢。
●東・乙卯甲	**●宅中央**	**●西・辛酉庚**
6.主足疾，小人多。 4.運氣反覆，情緒起伏。 44.出門，桃花。	8.主腸胃病，運氣蹇滯。 6.遠行多阻滯，頭部疾病。 2.血光之災，慢性病。 62.腸疾，婦科病。	1.家人好動，多異性緣，一白當運為桃花運，失運破財。 8.財帛可得，但容易破耗。 9.小心火災，家中女性不和。 89.火生土，吉，旺丁，旺財，輔弼相輝，田園富盛，而子孫繁衍也。
●東北・寅艮丑	**●北・癸子壬**	**●西北・亥乾戌**
2.旺財，利地財 9.家有令人愉快事情發生，如喜事、橫財。 8.當運發財，利地產，失運破財。 98.吐血。	4.坎宮為一白星所，主故為一四同宮主讀書聰明。 2.主家人易罹腸胃病，女性當權掌握財政。 6.主聰明才智發小財。 26.進田莊之喜，買地買樓但是各嗇孤寒。	9.子女容易與自己爭執，提防呼吸系統疾病。 7.容易被金屬所傷，主官非、爭執，交通意外。 1.主聰明、才智、發小財。 71.出門遠行，桃花。

説明:令星失位，形巒不合，主損丁破財。經曰：「苟無生氣入門，糧艱一宿。」座山26，失令主腹痛、頭疾、鬼神入室之應，向首17煞氣，主破敗不堪，又主出人貪花戀酒之事。東北方為當元旺水，東南方可用城門訣。

34 7	88 3	16 5
25 6	43 8	61 1
79 2	97 4	52 9

陽宅運勢

癸山丁向

座北東北朝南西南

十五度→一百九十五度

[八白運]　　　　　　　　　　　　　　　[下卦]

●東南・辰巽巳	●南・丙午丁	●西南・未坤申
7.容易被金屬所傷，易惹桃花劫。 3.運氣反覆，時好時壞。 4.經云，蓋四綠為文昌之神主聰明。 34.三是男，四是女，女來就男移船就磡貼，大床利男性的桃花。	3.主家人頭腦靈活聰明。 8.主喜慶，有令人愉快事情發生。 88.吉，財利。	5.主急性病，血光之災。 1.主女性當權，家人易罹腸胃病。 6.胡思亂想，神經衰弱，當運則發財。 16.合為水主催官，遇旺水秀峰，官居極品也。武貴，當軍警會顯貴，事事如意，吉利。
●東・乙卯甲	●宅中央	●西・辛酉庚
6.主足疾，小人多。 2.主官災、是非、足患、腸胃病。 5.容易腳傷，因財招禍。 25.二五交加必損主孤寡二主，宅母多病黑逢五至出鰥夫，五黃到位；煞中煞主災禍連連，阻礙百般，化解安忍水、六帝錢。	8.主腸胃病，運氣蹇滯。 4.風濕病，皮膚病。 3.因財致禍，腳傷。 43.少女發瘋，男星飛臨是男姦女之象。	1.家人好動，多異性緣，一白當運為桃花運，失運破財。 6.容易被金屬所傷。 61.金生水，桃花旺。
●東北・寅艮丑	●北・癸子壬	●西北・亥乾戌
2.旺財，利地財。 7.財帛可得但容易破耗。 9.家有令人愉快事情發生，如喜事、橫財。 79.回祿之災、心臟病。	4.坎宮為一白星所，主故為一四同宮主讀書聰明。 9.水火既濟，主喜慶順利。 7.家人好動，桃花運。 97.回祿之災，心臟病。	9.子女容易與自己爭執，提防呼吸系統疾病。 5.頭部疾病，遠行多阻滯，身體多病。 2.失運神經衰弱，胡思亂想，當運旺財。 52.腸病，手腳受傷，黃遇黑時出寡婦。主孤寡五黃到位；煞中之煞主災禍連連，阻礙百般，化解安忍水、六帝錢。

説明:雙星到向，山星下水，主旺財不旺丁。經曰:「會有旺星到穴，富積千鐘。」座山97，形巒惡者，主破敗不堪。經曰:「兌缺陷而唇亡齒寒。」東宮25，西北宮52，主瘡毒、腹痛、血光之災、損主之應；東南宮34，失令主昧事無常。

71 7	26 3	98 5
89 6	62 8	44 1
35 2	17 4	53 9

陽 宅 運 勢

甲山庚向

[八白運]　　　　　　　　　　　[起星]

座東東北朝西西南

七十五度→二百五十五度

●東南・辰巽巳	●南・丙午丁	●西南・未坤申
7.容易被金屬所傷，易惹桃花劫。 1.經云，四一同宮準發科名。 71.出門遠行，桃花。	3.主家人頭腦靈活聰明。 2.家人愚鈍，血光之災。 6.子女容易與自己發生爭執，提防呼吸系統疾病。 26.進田莊之喜，買地買樓但是各嗇孤寒。	5.主急性病，血光之災。 9.家人愚鈍，子女成績退步。 8.利地產，旺財。 98.吐血。
●東・乙卯甲	●宅中央	●西・辛酉庚
6.主足疾，小人多。 8.主不利，兒童成績退步。 9.家人頭腦靈活，子女讀書聰明。 89.火生土，吉，旺丁，旺財，輔弼相輝，田園富盛，而子孫繁衍也。	8.主腸胃病，運氣蹇滯。 6.遠行多阻滯，頭部疾病。 2.血光之災，慢性病。 62.腸疾，婦科病。	1.家人好動，多異性緣，一白當運為桃花運，失運破財。 4.容易被金屬所傷，易惹桃花劫。 44.出門，桃花。
●東北・寅艮丑	●北・癸子壬	●西北・亥乾戌
2.旺財，利地財。 3.經云，三八逢損小口，主不利小童。 5.主腸胃病、運氣蹇滯。 35.多主不吉，木剋土貧窮、傷足、生疾、五黃到位；煞中之煞主災禍連連，阻礙百般，化解安忍水、六帝錢。	4.坎宮為一白星所，主故為一四同宮主讀書聰明。 1.經云，一白官星之應主掌文章讀書聰明。 7.家人好動，桃花運。 17.桃花，出門有利，吉利。	9.子女容易與自己爭執，提防呼吸系統疾病。 5.頭部疾病，遠行多阻滯，身體多病。 3.經云，足以金而蹒跚，主足傷，家人容易發生。 53.破財、傷身，窮途困病再遭殃，五黃到位；煞中之煞主災禍連連，阻礙百般，化解安忍水、六帝錢。

説明:令星失位，形巒不合，主大破財帛。經曰：「苟無生氣入門，糧艱一宿。」西南方為當元旺水，座後有山當元旺丁；向首44，主體虛、膽病、瘋疾；西北宮54，主瘡毒、血光、官非、口舌、暴戾；南宮26，主腹痛、頭疾、鬼神入室之應。

[八白運]

79	25	97
7	3	5
88	61	43
6	8	1
34	16	52
2	4	9

陽 宅 運 勢

甲山庚向

座東東北朝西西南

七十五度→二百五十五度

[下卦]

●東南・辰巽巳	●南・丙午丁	●西南・未坤申
7.容易被金屬所傷，易惹桃花劫。 9.讀書聰明，利文職，家有喜慶事。 79.回祿之災、心臟病。	3.主家人頭腦靈活聰明。 2.家人愚鈍，血光之災。 5.眼部疾病，血光之災。 25.二五交加必損主孤寡二主，宅母多病黑逢五至出鰥夫，五黃到位；煞中煞主災禍連連，阻礙百般，化解安忍水、六帝錢。	5.主急性病，血光之災。 9.家人愚鈍，子女成績退步。 7.主痢疾，提防火災，血光之災。 97.回祿之災，心臟病。
●東・乙卯甲	●宅中央	●西・辛酉庚
6.主足疾，小人多。 8.主不利，兒童成績退步。 88.吉，財利。	8.主腸胃病、運氣蹇滯。 6.遠行多阻滯，頭部疾病。 1.經云，一加二五傷及壯丁，主傷病。 61.金生水，桃花旺。	1.家人好動，多異性緣，一白當運為桃花運，失運破財。 4.容易被金屬所傷，易惹桃花劫。 3.主血光之災，受人拖累。 43.少女發瘋，男星飛臨是男姦女之象。
●東北・寅艮丑	●北・癸子壬	●西北・亥乾戌
2.旺財，利地財。 3.經云，三八逢損小口，主不利小童。 4.兒童多病、成績退步、鼻敏感。 34.三是男，四是女，女來就男移船就磡貼，大床利男性的桃花。	4.坎宮為一白星所，主故為一四同宮主讀書聰明。 1.經云，一白官星之應主掌文章讀書聰明。 6.主聰明才智發小財。 16.合為水主催官，遇旺水秀峰，官居極品也。武貴，當軍警會顯貴，事事如意，吉利。	9.子女容易與自己爭執，提防呼吸系統疾病。 5.頭部疾病，遠行多阻滯，身體多病。 2.失運神經衰弱，胡思亂想，當運旺財。 52.腸病、手腳受傷，黃遇黑時出寡婦。主孤寡五黃到位；煞中之煞主災禍連連，阻礙百般，化解安忍水、六帝錢。

説明:令星到座，水神上山形巒不合，主旺丁不旺財。經曰：「苟無生氣入門，糧艱一宿。」西南宮97，主瘡毒、血光、意外或主頑鈍愚夫；西北宮52・南宮25，主損丁破財，防損主之事；東北宮34失令，須知眛事無常；東南宮79，主回祿、破家之事。

52 7	16 3	34 5
43 6	61 8	88 1
97 2	25 4	79 9

陽宅運勢

卯山酉向
座東朝西

[八白運]　　　　　　　　　　　　　　　　　　　　[起星]

九十度→二百七十度

●東南・辰巽巳	●南・丙午丁	●西南・未坤申
7.容易被金屬所傷，易惹桃花劫。 5.主皮膚病、瘡毒。 2.主是非、健康差、呼吸系統疾病。 52.腸病，手腳受傷，黃遇黑時出寡婦。主孤寡五黃到位；煞中之煞主災禍連連，阻礙百般，化解安忍水、六帝錢。	3.主家人頭腦靈活聰明。 1.中爻得配水火相交，主喜慶順利。 6.子女容易與自己發生爭執，提防呼吸系統疾病。 16.合為水主催官，遇旺水秀峰，官居極品也。武貴，當軍警會顯貴，事事如意，吉利。	5.主急性病，血光之災。 3.主官災、是非、腸胃病、足病。 4.腸胃病、是非纏繞。 34.三是男，四是女，女來就男移船就磡貼，大床利男性的桃花。
●東・乙卯甲	●宅中央	●西・辛酉庚
6.主足疾，小人多。 4.運氣反覆，情緒起伏。 3.經云，蚩尤碧色好勇鬥狠之神，三碧為蚩尤星主官災是非爭執。 43.少女發瘋，男星飛臨是男姦女之象。	8.主腸胃病、運氣蹇滯。 6.遠行多阻滯，頭部疾病。 1.經云，一加二五傷及壯丁，主傷病。 61.金生水，桃花旺。	1.家人好動，多異性緣，一白當運為桃花運，失運破財。 8.財帛可得，但容易破耗。 88.吉，財利。
●東北・寅艮丑	●北・癸子壬	●西北・亥乾戌
2.旺財，利地財。 9.家有令人愉快事情發生，如喜事、橫財。 7.財帛可得但容易破耗。 97.回祿之災、心臟病。	4.坎宮為一白星所，主故為一四同宮主讀書聰明。 2.主家人易罹腸胃病，女性當權掌握財政。 5.主傷病，提防泌尿疾病，女性提防婦科病。 25.二五交加必損主孤寡二主，宅母多病黑逢五至出鰥夫，五黃到位；煞中煞主災禍連連，阻礙百般，化解安忍水、六帝錢。	9.子女容易與自己爭執，提防呼吸系統疾病。 7.容易被金屬所傷，主官非，爭執，交通意外。 79.回祿之災，心臟病。

說明:令星到向，山星下水，主旺財不旺丁。經曰：「會有旺星到穴，富積千鐘。」座山43，失令主眛事無常之應；北宮25，東南宮52，主瘡毒、腹痛、血光、意外、損主之事；南宮16，主腎病、水險、頭疾之應。

52 7	16 3	34 5
43 6	61 8	88 1
97 2	25 4	79 9

陽 宅 運 勢

卯山酉向
座東朝西
九十度→二百七十度

[八白運]　　　　　　　　　　　　　　　　　　　[下卦]

●東南・辰巽巳	●南・丙午丁	●西南・未坤申
7.容易被金屬所傷，易惹桃花劫。 5.主皮膚病、瘡毒。 2.主是非、健康差、呼吸系統疾病疾病。 52.腸病，手腳受傷，黃遇黑時出寡婦。主孤寡五黃到位；煞中之煞主災禍連連，阻礙百般，化解安忍水、六帝錢。	3.主家人頭腦靈活聰明。 1.中爻得配水火相交，主喜慶順利。 6.子女容易與自己發生爭執，提防呼吸系統疾病。 16.合為水主催官，遇旺水秀峰，官居極品也。武貴，當軍警會顯貴，事事如意，吉利。	5.主急性病，血光之災。 3.主官災、是非、腸胃病、足病。 4.腸胃病、是非纏繞。 34.三是男，四是女，女來就男移船就礴貼，大床利男性的桃花。
●東・乙卯甲	●宅中央	●西・辛酉庚
6.主足疾，小人多。 4.運氣反覆，情緒起伏。 3.經云，蚩尤碧色好勇鬥狠之神，三碧為蚩尤星主官災是非爭執。 43.少女發瘋，男星飛臨是男姦女之象。	8.主腸胃病，運氣蹇滯。 6.遠行多阻滯，頭部疾病。 1.經云，一加二五傷及壯丁，主傷病。 61.金生水，桃花旺。	1.家人好動，多異性緣，一白當運為桃花運，失運破財。 8.財帛可得，但容易破耗。 88.吉，財利。
●東北・寅艮丑	●北・癸子壬	●西北・亥乾戌
2.旺財，利地財。 9.家有令人愉快事情發生，如喜事、橫財。 7.財帛可得但容易破耗。 97.回祿之災，心臟病。	4.坎宮為一白星所，主故為一四同宮主讀書聰明。 2.主家人易罹腸胃病，女性當權掌握財政。 5.主傷病，提防泌尿疾病，女性提防婦科病。 25.二五交加必損主孤寡二主，宅母多病黑逢五至出鰥夫，五黃到位；煞中煞主災禍連連，阻礙百般，化解安忍水、六帝錢。	9.子女容易與自己爭執，提防呼吸系統疾病。 7.容易被金屬所傷，主官非、爭執、交通意外。 79.回祿之災，心臟病。

説明:令星到向，山星下水，主旺財不旺丁。經曰：「會有旺星到穴，富積千鐘。」座山43，失令主昧事無常之應；北宮25．東南宮52，主瘡毒、腹痛、血光、意外、損主之事；南宮16，主腎病、水險、頭疾之應。

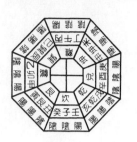

52	16	34
7	3	5
43	61	88
6	8	1
97	25	79
2	4	9

陽 宅 運 勢

乙山辛向

[八白運]　　　　　　　　　　　　　　　　　　　　　[起星]

座東東南朝西西北

一百零五度→二百八十五度

●東南・辰巽巳	●南・丙午丁	●西南・未坤申
7.容易被金屬所傷，易惹桃花劫。 5.主皮膚病、瘡毒。 2.主是非、健康差、呼吸系統疾病。 52.腸病，手腳受傷，黃遇黑時出寡婦。主孤寡五黃到位；煞中之煞主災禍連連，阻礙百般，化解安忍水、六帝錢。	3.主家人頭腦靈活聰明。 1.中爻得配水火相交，主喜慶順利。 6.子女容易與自己發生爭執，提防呼吸系統疾病。 16.合為水主催官，遇旺水秀峰，官居極品也。武貴，當軍警會顯貴，事事如意，吉利。	5.主急性病，血光之災。 3.主官災、是非、腸胃病、足病。 4.腸胃病、是非纏繞。 34.三是男，四是女，女來就男移船就磡貼，大床利男性的桃花。
●東・乙卯甲	●宅中央	●西・辛酉庚
6.主足疾，小人多。 4.運氣反覆，情緒起伏。 3.經云，蚩尤碧色好勇鬥狠之神，三碧為蚩尤星主官災是非爭執。 43.少女發瘋，男星飛臨是男姦女之象。	8.主腸胃病，運氣蹇滯。 6.遠行多阻滯，頭部疾病。 1.經云，一加二五傷及壯丁，主傷病。 61.金生水，桃花旺。	1.家人好動，多異性緣，一白當運為桃花運，失運破財。 8.財帛可得，但容易破耗。 88.吉，財利。
●東北・寅艮丑	●北・癸子壬	●西北・亥乾戌
2.旺財，利地財。 9.家有令人愉快事情發生，如喜事、橫財。 7.財帛可得但容易破耗。 97.回祿之災，心臟病。	4.坎宮為一白星所，主故為一四同宮主讀書聰明。 2.主家人易罹腸胃病，女性當權掌握財政。 5.主傷病，提防泌尿疾病，女性提防婦科病。 25.二五交加必損主孤寡二主，宅母多病黑逢五至出鰥夫，五黃到位；煞中煞主災禍連連，阻礙百般，化解安忍水、六帝錢。	9.子女容易與自己爭執，提防呼吸系統疾病。 7.容易被金屬所傷，主官非、爭執，交通意外。 79.回祿之災，心臟病。

説明:令星到向，山星下水，主旺財不旺丁。經曰：「會有旺星到穴，富積千鐘。」座山43，失令主昧事無常之應；北宮25、東南宮52，主瘡毒、腹痛、血光、意外、損主之事；南宮16，主腎病、水險、頭疾之應。

52 7	16 3	34 5
43 6	61 8	88 1
97 2	25 4	79 9

[八白運]

陽 宅 運 勢

乙山辛向

座東東南朝西西北

一百零五度 → 二百八十五度

[下卦]

●東南·辰巽巳	●南·丙午丁	●西南·未坤申
7.容易被金屬所傷，易惹桃花劫。 5.主皮膚病、瘡毒。 2.主是非、健康差、呼吸系統疾病。 52.腸病，手腳受傷，黃遇黑時出寡婦。主孤寡五黃到位；煞中之煞主災禍連連，阻礙百般，化解安忍水、六帝錢。	3.主家人頭腦靈活聰明。 1.中爻得配水火相交，主喜慶順利。 6.子女容易與自己發生爭執，提防呼吸系統疾病。 16.合為水主催官，遇旺水秀峰，官居極品也。武貴，當軍警會顯貴，事事如意，吉利。	5.主急性病，血光之災。 3.主官災、是非、腸胃病、足病。 4.腸胃病、是非纏繞。 34.三是男，四是女，女來就男移船就磡貼，大床利男性的桃花。
●東·乙卯甲	●宅中央	●西·辛酉庚
6.主足疾，小人多。 4.運氣反覆，情緒起伏。 3.經云，蚩尤碧色好勇鬥狠之神，三碧為蚩尤星主官災是非爭執。 43.少女發瘋，男星飛臨是男姦女之象。	8.主腸胃病，運氣蹇滯。 6.遠行多阻滯，頭部疾病。 1.經云，一加二五傷及壯丁，主傷病。 61.金生水，桃花旺。	1.家人好動，多異性緣，一白當運為桃花運，失運破財。 8.財帛可得，但容易破耗。 88.吉，財利。
●東北·寅艮丑	●北·癸子壬	●西北·亥乾戌
2.旺財，利地財。 9.家有令人愉快事情發生，如喜事、橫財。 7.財帛可得但容易破耗。 97.回祿之災，心臟病。	4.坎宮為一白星所，主故為一四同宮主讀書聰明。 2.主家人易罹腸胃病，女性當權掌握財政。 5.主傷病，提防泌尿疾病，女性提防婦科病。 25.二五交加必損主孤寡二主，宅母多病黑逢五至出鰥夫，五黃到位；煞中煞主災禍連連，阻礙百般，化解安忍水、六帝錢。	9.子女容易與自己爭執，提防呼吸系統疾病。 7.容易被金屬所傷，主官非，爭執，交通意外。 79.回祿之災，心臟病。

說明:令星到向，山星下水，主旺財不旺丁。經曰：「會有旺星到穴，富積千鐘。」座山43，失令主昧事無常之應；北宮25·東南宮52，主瘡毒、腹痛、血光、意外、損主之事；南宮16，主腎病、水險、頭疾之應。

97 7	52 3	79 5
88 6	16 8	34 1
43 2	61 4	25 9

陽 宅 運 勢

丙山壬向

座南東南朝北西北

一百六十五度→三百四十五度

[八白運]　　　　　　　　　　　　　　　　　　　　　　　　　　[起星]

●東南・辰巽巳	●南・丙午丁	●西南・未坤申
7.容易被金屬所傷，易惹桃花劫。 9.讀書聰明，利文職，家有喜慶事。 97.回祿之災，心臟病。	3.主家人頭腦靈活聰明。 5.眼部疾病，血光之災。 2.家人愚鈍，血光之災。 52.腸病，手腳受傷，黃遇黑時出寡婦。主孤寡五黃到位；煞中之煞主災禍連連，阻礙百般，化解安忍水、六帝錢。	5.主急性病，血光之災。 7.主痢疾，提防火災，血光之災。 9.家人愚鈍，子女成績退步。 79.回祿之災，心臟病。
●東・乙卯甲	●宅中央	●西・辛酉庚
6.主足疾，小人多。 8.主不利，兒童成績退步。 88.吉，財利。	8.主腸胃病、運氣蹇滯。 1.經云，一加二五傷及壯丁，主傷病。 6.遠行多阻滯，頭部疾病。 16.合為水主催官，遇旺水秀峰，官居極品也。武貴，當軍警會顯貴，事事如意，吉利。	1.家人好動，多異性緣，一白當運為桃花運，失運破財。 3.主血光之災，受人拖累。 4.容易被金屬所傷，易惹桃花劫。 34.三是男，四是女，女來就男移船就礀貼，大床利男性的桃花。
●東北・寅艮丑	●北・癸子壬	●西北・亥乾戌
2.旺財，利地財。 4.兒童多病，成績退步，鼻敏感。 3.經云，三八逢損小口，主不利小童。 43.少女發瘋，男星飛臨是男姦女之象。	4.坎宮為一白星所，主故為一四同宮主讀書聰明。 6.主聰明才智發小財。 1.經云，一白官星之應主掌文章讀書聰明。 61.金生水，桃花旺。	9.子女容易與自己爭執，提防呼吸系統疾病。 2.失運神經衰弱，胡思亂想，當運旺財。 5.頭部疾病，遠行多阻滯，身體多病。 25.二五交加必損主孤寡二主，宅母多病黑逢五至出鰥夫，五黃到位；煞中煞主災禍連連，阻礙百般，化解安忍水、六帝錢。

説明:令星失位，形巒不合，主損丁破財。經曰：「苟無生氣入門，糧艱一宿。」甲方為當元旺水，丑方可用城門訣；座山52，主瘡毒、腹痛、血光意外之事；向首61，失令主腎病、耳鳴、頭疾、官訟之事；東北宮43，主肝膽病、足患、暴戾，亦主昧事無常。

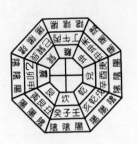

25 7	79 3	97 5
16 6	34 8	52 1
61 2	88 4	43 9

陽宅運勢

丙山壬向

[八白運]   [下卦]

座南東南朝北西北

一百六十五度→三百四十五度

●東南・辰巽巳	●南・丙午丁	●西南・未坤申
7.容易被金屬所傷，易惹桃花劫。 2.主是非、健康差、呼吸系統疾病。 5.主皮膚病、瘡毒。 25.二五交加必損主孤寡二主，宅母多病黑逢五至出鰥夫，五黃到位；煞中煞主災禍連連，阻礙百般，化解安忍水、六帝錢。	3.主家人頭腦靈活聰明。 7.小心火災，家中女性不和。 9.當運主財運與事業順利，失運主血光之災。 79.回祿之災，心臟病。	5.主急性病，血光之災。 9.家人愚鈍，子女成績退步。 7.主痢疾，提防火災，血光之災。 97.回祿之災，心臟病。
●東・乙卯甲	●宅中央	●西・辛酉庚
6.主足疾，小人多。 1.主家人搬遷或有遠行，脾氣較為暴躁。 16.合為水主催官，遇旺水秀峰，官居極品也。武貴，當軍警會顯貴，事事如意，吉利。	8.主腸胃病，運氣蹇滯。 3.因財致禍，腳傷。 4.風濕病，皮膚病。 34.三是男，四是女，女來就男移船就磡貼，大床利男性的桃花。	1.家人好動，多異性緣，一白當運為桃花運，失運破財。 5.是非、官災，容易被金屬所傷。 2.肚痛、提防火災、血光之災。 52.腸病，手腳受傷，黃遇黑時出寡婦。主孤寡五黃到位；煞中之煞主災禍連連，阻礙百般，化解安忍水、六帝錢。
●東北・寅艮丑	●北・癸子壬	●西北・亥乾戌
2.旺財，利地財。 6.發小財，利地產或五金行業。 1.財運佳，利地產置業。 61.金生水，桃花旺。	4.坎宮為一白星所，主故為一四同宮主讀書聰明。 8.主財運佳，利地產置業。 88.吉，財利。	9.子女容易與自己爭執，提防呼吸系統疾病。 4.不利女性，驛馬位，有遠行或搬遷。 3.經云，足以金而蹣跚，主足傷，家人容易發生。 43.少女發瘋，男星飛臨是男姦女之象。

說明:雙星到向，山星下水，主財旺丁弱。經曰：「會有旺星到穴，富積千鐘。」丑方可用城門訣，惟必須水城合局；東南宮25．西宮52，主瘡毒、腹痛、血光、意外之事；西北宮43，主體弱、肝膽、病足、患官、非口舌之事；東宮16．東北宮61，主腎病、頭疾、官訟之事。

[八白運]

35 7	71 3	53 5
44 6	26 8	98 1
89 2	62 4	17 9

陽 宅 運 勢

午山子向

座南朝北

一百八十度 → 零度

[起星]

●東南·辰巽巳	●南·丙午丁	●西南·未坤申
7.容易被金屬所傷，易惹桃花劫。 3.運氣反覆，時好時壞。 5.主皮膚病、瘡毒。 35.多主不吉，木剋土貧窮，傷足，生疾，五黃到位；煞中之煞主災禍連連，阻礙百般，化解安忍水、六帝錢。	3.主家人頭腦靈活聰明。 7.小心火災，家中女性不和。 1.中爻得配水火相交，主喜慶順利。 71.出門遠行，桃花。	5.主急性病，血光之災。 3.主官災、是非、腸胃病、足病。 53.破財、傷身，窮途困病再遭殃，五黃到位；煞中之煞主災禍連連，阻礙百般，化解安忍水、六帝錢。
●東·乙卯甲	●宅中央	●西·辛酉庚
6.主足疾，小人多。 4.運氣反覆，情緒起伏。 44.出門，桃花。	8.主腸胃病，運氣蹇滯。 2.血光之災，慢性病。 6.遠行多阻滯，頭部疾病。 26.進田莊之喜，買地買樓但是吝嗇孤寒。	1.家人好動，多異性緣，一白當運為桃花運，失運破財。 9.小心火災，家中女性不和。 8.財帛可得，但容易破耗。 98.吐血。
●東北·寅艮丑	●北·癸子壬	●西北·亥乾戌
2.旺財，利地財。 8.當運發財，利地產，失運破財。 9.家有令人愉快事情發生，如喜事、橫財。 89.火生土，吉，旺丁，旺財，輔弼相輝，田園富盛，而子孫繁衍也。	4.坎宮為一白星所，主故為一四同宮主讀書聰明。 6.主聰明才智發小財。 2.主家人易罹腸胃病，女性當權掌握財政。 62.腸疾，婦科病。	9.子女容易與自己爭執，提防呼吸系統疾病。 1.主聰明、才智、發小財。 7.容易被金屬所傷，主官非，爭執，交通意外。 17.桃花，出門有利，吉利。

説明：令星失位，形巒不合，主損丁破財。經曰：「苟無生氣入門，糧艱一宿。」向上62，主腹痛、頭疾、官訟之應；座山71，西北宮17，主腎病、產厄、官非、口舌；東宮44，主膽病、體弱、婦女不安、桃色；東南宮35，主瘡毒、血光、意外、口舌、官非、暴戾。

43 7	88 3	61 5
52 6	34 8	16 1
97 2	79 4	25 9

陽 宅 運 勢

午山子向

座南朝北

一百八十度→零度

[八白運]　　　　　　　　　　　　　　　　[下卦]

●東南・辰巽巳	●南・丙午丁	●西南・未坤申
7.容易被金屬所傷，易惹桃花劫。 4.經云，蓋四綠為文昌之神主聰明。 3.運氣反覆，時好時壞。 43.少女發瘋，男星飛臨是男姦女之象。	3.主家人頭腦靈活聰明。 8.主喜慶，有令人愉快事情發生。 88.吉，財利。	5.主急性病，血光之災。 6.胡思亂想，神經衰弱，當運則發財。 1.主女性當權，家人易罹腸胃病。 61.金生水，桃花旺。
●東・乙卯甲	●宅中央	●西・辛酉庚
6.主足疾，小人多。 5.容易腳傷，因財招禍。 2.主官災、是非、足患、腸胃病。 52.腸病，手腳受傷，黃遇黑時出寡婦。主孤寡五黃到位；煞中之煞主災禍連連，阻礙百般，化解安忍水、六帝錢。	8.主腸胃病、運氣蹇滯。 3.因財致禍，腳傷。 4.風濕病，皮膚病。 34.三是男，四是女，女來就男移船就磡貼，大床利男性的桃花。	1.家人好動，多異性緣，一白當運為桃花運，失運破財。 6.容易被金屬所傷。 16.合為水主催官，遇旺水秀峰，官居極品也。武貴，當軍警會顯貴，事事如意，吉利。
●東北・寅艮丑	●北・癸子壬	●西北・亥乾戌
2.旺財，利地財。 9.家有令人愉快事情發生，如喜事、橫財。 7.財帛可得但容易破耗。 97.回祿之災，心臟病。	4.坎宮為一白星所，主故為一四同宮主讀書聰明。 7.家人好動，桃花運。 9.水火既濟，主喜慶順利。 79.回祿之災、心臟病。	9.子女容易與自己爭執，提防呼吸系統疾病。 2.失運神經衰弱，胡思亂想，當運旺財。 5.頭部疾病，遠行多阻滯，身體多病。 25.二五交加必損主孤寡二主，宅母多病黑逢五至出鰥夫，五黃到位；煞中煞主災禍連連，阻礙百般，化解安忍水、六帝錢。

説明：令星到座，水神上山，主旺丁不旺財。經曰：「苟無生氣入門，糧艱一宿。」向上大水，慎防損丁，水外有山，形巒合局則可保平安；東宮52，西北宮25，主瘡毒、腹痛、血光、意外；西宮16，西南宮61，失令主腎病、耳鳴、頭疾、官訟；東南宮43，主肝膽病、足患、暴戾，亦主昧事無常。

35 7	71 3	53 5
44 6	26 8	98 1
89 2	62 4	17 9

陽 宅 運 勢

[八白運]

丁山癸向

[起星]

座南西南朝北東北

一百九十五度→十五度

●東南・辰巽巳	●南・丙午丁	●西南・未坤申
7.容易被金屬所傷，易惹桃花劫。 3.運氣反覆，時好時壞。 5.主皮膚病、瘡毒。 35.多主不吉，木剋土貧窮，傷足，生疾，五黃到位；煞中之煞主災禍連連，阻礙百般，化解安忍水、六帝錢。	3.主家人頭腦靈活聰明。 7.小心火災，家中女性不和。 1.中爻得配水火相交，主喜慶順利。 71.出門遠行，桃花。	5.主急性病，血光之災。 3.主官災、是非、腸胃病、足病。 53.破財、傷身，窮途困病再遭殃，五黃到位；煞中之煞主災禍連連，阻礙百般，化解安忍水、六帝錢。
●東・乙卯甲	●宅中央	●西・辛酉庚
6.主足疾，小人多。 4.運氣反覆，情緒起伏。 44.出門，桃花。	8.主腸胃病，運氣蹇滯。 2.血光之災，慢性病。 6.遠行多阻滯，頭部疾病。 26.進田莊之喜，買地買樓但是各薔孤寒。	1.家人好動，多異性緣，一白當運為桃花運，失運破財。 9.小心火災，家中女性不和。 8.財帛可得，但容易破耗。 98.吐血。
●東北・寅艮丑	●北・癸子壬	●西北・亥乾戌
2.旺財，利地財。 8.當運發財，利地產，失運破財。 9.家有令人愉快事情發生，如喜事、橫財。 89.火生土，吉，旺丁，旺財，輔弼相輝，田園富盛，而子孫繁衍也。	4.坎宮為一白星所，主故為一四同宮主讀書聰明。 6.主聰明才智發小財。 2.主家人易罹腸胃病，女性當權掌握財政。 62.腸疾、婦科病。	9.子女容易與自己爭執，提防呼吸系統疾病。 1.主聰明、才智、發小財。 7.容易被金屬所傷，主官非、爭執，交通意外。 17.桃花，出門有利，吉利

說明：令星失位，形巒不合，主損丁破財。經曰：「苟無生氣入門，糧艱一宿。」向上62，主腹痛、頭疾、官訟；座山71，西北宮17，主腎病、產厄、官非、口舌；東宮44，主膽體弱、婦女不安、桃色之事；東南宮35，主瘡毒、血光、意外、口舌、官非、暴戾。

43 7	88 3	61 5
52 6	34 8	16 1
97 2	79 4	25 9

陽 宅 運 勢

丁山癸向

[八白運]　　　　　　　　　　　　　　　　　　[下卦]

座南西南朝北東北

一百九十五度→十五度

●東南・辰巽巳	●南・丙午丁	●西南・未坤申
7.容易被金屬所傷，易惹桃花劫。 4.經云，蓋四綠為文昌之神主聰明。 3.運氣反覆，時好時壞。 43.少女發瘋，男星飛臨是男姦女之象。	3.主家人頭腦靈活聰明。 8.主喜慶，有令人愉快事情發生。 88.吉，財利。	5.主急性病，血光之災。 6.胡思亂想，神經衰弱，當運則發財。 1.主女性當權，家人易罹腸胃病。 61.金生水，桃花旺。
●東・乙卯甲	●宅中央	●西・辛酉庚
6.主足疾，小人多。 5.容易腳傷，因財招禍。 2.主官災、是非、足患、腸胃病。 52.腸病，手腳受傷，黃遇黑時出寡婦。主孤寡五黃到位；煞中之煞主災禍連連，阻礙百般，化解安忍水、六帝錢。	8.主腸胃病、運氣蹇滯。 3.因財致禍，腳傷。 4.風濕病，皮膚病。 34.三是男，四是女，女來就男移船就礅貼，大床利男性的桃花。	1.家人好動，多異性緣，一白當運為桃花運，失運破財。 6.容易被金屬所傷。 16.合為水主催官，遇旺水秀峰，官居極品也。武貴，當軍警會顯貴，事事如意，吉利。
●東北・寅艮丑	●北・癸子壬	●西北・亥乾戌
2.旺財，利地財。 9.家有令人愉快事情發生，如喜事、橫財。 7.財帛可得但容易破耗。 97.回祿之災、心臟病。	4.坎宮為一白星所，主故為一四同宮主讀書聰明。 7.家人好動，桃花運。 9.水火既濟，主喜慶順利。 79.回祿之災，心臟病。	9.子女容易與自己爭執，提防呼吸系統疾病。 2.失運神經衰弱，胡思亂想，當運旺財。 5.頭部疾病，遠行多阻滯，身體多病。 25.二五交加必損主孤寡二主，宅母多病黑逢五至出鰥夫，五黃到位；煞中煞主災禍連連，阻礙百般，化解安忍水、六帝錢。

說明：令星到座，水神上山，主旺丁不旺財。經曰：「苟無生氣入門，糧艱一宿。」向上大水，慎防損丁，
水外有山，形巒合局，則可保平安；東宮52，西北宮25，主瘡毒、腹痛、血光、意外；西宮16，西南宮
61，失令主腎病、耳鳴、頭疾、官訟；東南宮43，主肝膽病、足患、暴戾，亦主眛事無常。

17 7	62 3	89 5
98 6	26 8	44 1
53 2	71 4	35 9

陽 宅 運 勢

庚山甲向

[八白運]　　　　　　　　　　　　　　　　　　　　　　　[起星]

座西西南朝東東北

二百五十五度→七十五度

●東南‧辰巽巳	●南‧丙午丁	●西南‧未坤申
7.容易被金屬所傷，易惹桃花劫。	3.主家人頭腦靈活聰明。	5.主急性病，血光之災。
1.經云，四一同宮準發科名。	6.子女容易與自己發生爭執，提防呼吸系統疾病。	8.利地產，旺財。
17.桃花，出門有利，吉利。	2.家人愚鈍，血光之災。	9.家人愚鈍，子女成績退步。
	62.腸疾，婦科病。	89.火生土，吉，旺丁，旺財，輔弼相輝，田園富盛，而子孫繁衍也。
●東‧乙卯甲	**●宅中央**	**●西‧辛酉庚**
6.主足疾，小人多。	8.主腸胃病、運氣蹇滯。	1.家人好動，多異性緣，一白當運為桃花運，失運破財。
9.家人頭腦靈活，子女讀書聰明。	2.血光之災、慢性病。	4.容易被金屬所傷，易惹桃花劫。
8.主不利，兒童成績退步。	6.遠行多阻滯，頭部疾病。	44.出門，桃花。
98.吐血。	26.進田莊之喜，買地買樓但是各嗇孤寒。	
●東北‧寅艮丑	**●北‧癸子壬**	**●西北‧亥乾戌**
2.旺財，利地財。	4.坎宮為一白星所，主故為一四同宮主讀書聰明。	9.子女容易與自己爭執，提防呼吸系統疾病。
5.主腸胃病、運氣蹇滯。	7.家人好動，桃花運。	3.經云，足以金而蹣跚，主足傷，家人容易發生。
3.經云，三八逢損小口，主不利小童。	1.經云，一白官星之應主掌文章讀書聰明。	5.頭部疾病，遠行多阻滯，身體多病。
53.破財、傷身，窮途困病再遭殃，五黃到位；煞中之煞主災禍連連，阻礙百般，化解安忍水、六帝錢。	71.出門遠行，桃花。	35.多主不吉，木剋土貧窮，傷足，生疾，五黃到位；煞中之煞主災禍連連，阻礙百般，化解安忍水、六帝錢。

説明：令星到向，形巒合局，主旺財不旺丁。經曰：「會有旺星到穴，富積千鐘。」座山44，主股病、體弱、膽病、淫蕩；西北宮35，東北宮53，主瘡毒、皮膚病、血光、肝病、足患、官非、口舌；南宮62，主腹痛、產厄、頭痛、官訟或主鬼神入室。

97	52	79
7	3	5
88	16	34
6	8	1
43	61	25
2	4	9

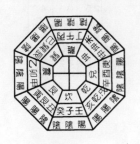

陽 宅 運 勢

庚山甲向

[八白運]　　　　　　　　　　　　[下卦]

座西西南朝東東北

二百五十五度→七十五度

●東南・辰巽巳	●南・丙午丁	●西南・未坤申
7.容易被金屬所傷，易惹桃花劫。 9.讀書聰明，利文職，家有喜慶事。 97.回祿之災，心臟病。	3.主家人頭腦靈活聰明。 5.眼部疾病、血光之災。 2.家人愚鈍、血光之災。 52.腸病，手腳受傷，黃遇黑時出寡婦。主孤寡五黃到位；煞中之煞主災禍連連，阻礙百般，化解安忍水、六帝錢。	5.主急性病，血光之災。 7.主痢疾，提防火災，血光之災。 9.家人愚鈍，子女成績退步。 79.回祿之災，心臟病。
●東・乙卯甲	●宅中央	●西・辛酉庚
6.主足疾，小人多。 8.主不利，兒童成績退步。 88.吉，財利。	8.主腸胃病、運氣蹇滯。 1.經云，一加二五傷及壯丁，主傷病。 6.遠行多阻滯，頭部疾病。 16.合為水主催官，遇旺水秀峰，官居極品也。武貴，當軍警會顯貴，事事如意，吉利。	1.家人好動，多異性緣，一白當運為桃花運，失運破財。 3.主血光之災，受人拖累。 4.容易被金屬所傷，易惹桃花劫。 34.三是男，四是女，女來就男移船就磡貼，大床利男性的桃花。
●東北・寅艮丑	●北・癸子壬	●西北・亥乾戌
2.旺財，利地財。 4.兒童多病，成績退步，鼻敏感。 3.經云，三八逢損小口，主不利小童。 43.少女發瘋，男星飛臨是男姦女之象。	4.坎宮為一白星所，主故為一四同宮主讀書聰明。 6.主聰明才智發小財。 1.經云，一白官星之應主掌文章讀書聰明。 61.金生水，桃花旺。	9.子女容易與自己爭執，提防呼吸系統疾病。 2.失運神經衰弱，胡思亂想，當運旺財。 5.頭部疾病，遠行多阻滯，身體多病。 25.二五交加必損主孤寡二主，宅母多病黑逢五至出鰥夫，五黃到位；煞中煞主災禍連連，阻礙百般，化解安忍水、六帝錢。

説明:雙星到向，山星下水局，主旺財不旺丁。經曰：「會有旺星到穴，富積千鐘。」向上88，山水配合，水外有山，丁口平安；南宮52，西北宮25，主瘡毒、血光、意外、重病、損主；東北宮43，西宮34，主肝病、膽疾、足患，亦主昧事無常；北宮61，主腎病、體弱、耳鳴、頭疾、官訟。

25	61	43
7	3	5
34	16	88
6	8	1
79	52	97
2	4	9

陽 宅 運 勢

酉山卯向

[八白運]

座西朝東

[起星]

二百七十度→九十度

●東南‧辰巽巳	●南‧丙午丁	●西南‧未坤申
7.容易被金屬所傷，易惹桃花劫。	3.主家人頭腦靈活聰明。	5.主急性病，血光之災。
2.主是非、健康差、呼吸系統疾病。	6.子女容易與自己發生爭執，提防呼吸系統疾病。	4.腸胃病、是非纏繞。
5.主皮膚病、瘡毒。	1.中爻得配水火相交，主喜慶順利。	3.主官災、是非、腸胃病、足病。
25.二五交加必損主孤寡二主，宅母多病黑逢五至出鰥夫，五黃到位；煞中煞主災禍連連，阻礙百般，化解安忍水、六帝錢。	61.金生水，桃花旺。	43.少女發瘋，男星飛臨是男姦女之象。
●東‧乙卯甲	●宅中央	●西‧辛酉庚
6.主足疾，小人多。	8.主腸胃病、運氣蹇滯。	1.家人好動，多異性緣，一白當運為桃花運，失運破財。
3.經云，蚩尤碧色好勇鬥狠之神，三碧為蚩尤星主官災是非爭執。	1.經云，一加二五傷及壯丁，主傷病。	8.財帛可得，但容易破耗。
4.運氣反覆，情緒起伏。	6.遠行多阻滯，頭部疾病。	88.吉，財利。
34.三是男，四是女，女來就男移船就礖貼，大床利男性的桃花。	16.合為水主催官，遇旺水秀峰，官居極品也。武貴，當軍警會顯貴，事事如意，吉利。	
●東北‧寅艮丑	●北‧癸子壬	●西北‧亥乾戌
2.旺財，利地財。	4.坎宮為一白星所，主故為一四同宮主讀書聰明。	9.子女容易與自己爭執，提防呼吸系統疾病。
7.財帛可得但容易破耗。	5.主傷病，提防泌尿疾病，女性提防婦科病。	7.容易被金屬所傷，主官非，爭執，交通意外。
9.家有令人愉快事情發生，如喜事、橫財。	2.主家人易罹腸胃病，女性當權掌握財政。	97.回祿之災、心臟病。
79.回祿之災，心臟病。	52.腸病，手腳受傷，黃遇黑時出寡婦。主孤寡五黃到位；煞中之煞主災禍連連，阻礙百般，化解安忍水、六帝錢。	

說明:雙星到座，水神上山，主旺丁不旺財。經曰：「苟無生氣入門，糧艱一宿。」向首34，失令主官、口舌、暴戾、肝膽疾、體弱、股病或主昧事無常；北宮52，東南宮25，主瘡毒、血光、意外、腹痛、產厄或有損主之應；南宮61，主水厄、腎病、耳鳴、官訟之應。

25 7	61 3	43 5
34 6	16 8	88 1
79 2	52 4	97 9

陽 宅 運 勢

酉山卯向

[八白運] [下卦]

座西朝東

二百七十度→九十度

●東南‧辰巽巳	●南‧丙午丁	●西南‧未坤申
7.容易被金屬所傷，易惹桃花劫。 2.主是非、健康差、呼吸系統疾病。 5.主皮膚病、瘡毒。 25.二五交加必損主孤寡二主，宅母多病黑逢五至出鰥夫，五黃到位；煞中煞主災禍連連，阻礙百般，化解安忍水、六帝錢。	3.主家人頭腦靈活聰明。 6.子女容易與自己發生爭執，提防呼吸系統疾病。 1.中爻得配水火相交，主喜慶順利。 61.金生水，桃花旺。	5.主急性病，血光之災。 4.腸胃病、是非纏繞。 3.主官災、是非、腸胃病、足病。 43.少女發瘋，男星飛臨是男姦女之象。
●東‧乙卯甲	●宅中央	●西‧辛酉庚
6.主足疾，小人多。 3.經云，蚩尤碧色好勇鬥狠之神，三碧為蚩尤星主官災是非爭執。 4.運氣反覆，情緒起伏。 34.三是男，四是女，女來就男移船就磡貼，大床利男性的桃花。	8.主腸胃病，運氣蹇滯。 1.經云，一加二五傷及壯丁，主傷病。 6.遠行多阻滯，頭部疾病。 16.合為水主催官，遇旺水秀峰，官居極品也。武貴，當軍警會顯貴，事事如意，吉利。	1.家人好動，多異性緣，一白當運為桃花運，失運破財。 8.財帛可得，但容易破耗。 88.吉，財利。
●東北‧寅艮丑	●北‧癸子壬	●西北‧亥乾戌
2.旺財，利地財。 7.財帛可得但容易破耗。 9.家有令人愉快事情發生，如喜事、橫財。 79.回祿之災，心臟病。	4.坎宮為一白星所，主故為一四同宮主讀書聰明。 5.主傷病，提防泌尿疾病，女性提防婦科病。 2.主家人易罹腸胃病，女性當權掌握財政。 52.腸病，手腳受傷，黃遇黑時出寡婦。主孤寡五黃到位；煞中之煞主災禍連連，阻礙百般，化解安忍水、六帝錢。	9.子女容易與自己爭執，提防呼吸系統疾病。 7.容易被金屬所傷，主官非，爭執，交通意外。 97.回祿之災、心臟病。

説明：雙星到座，水神上山，主旺丁不旺財。經曰：「苟無生氣入門，糧艱一宿。」向首34，失令主官非、口舌、暴戾、肝膽疾、體弱、股病或主昧事無常；北宮52‧東南宮25，主瘡毒、血光、意外、腹痛、產厄或有損主之應；南宮61，主水厄、腎病、耳鳴、官訟之應。

25	61	43
7	3	5
34	16	88
6	8	1
79	52	97
2	4	9

陽 宅 運 勢

辛山乙向

[八白運]　　　　　　　　　　　　　　　　　　[起星]

座西西北朝東東南

二百八十五度→一百零五度

●東南・辰巽巳	●南・丙午丁	●西南・未坤申
7.容易被金屬所傷，易惹桃花劫。 2.主是非、健康差、呼吸系統疾病。 5.主皮膚病、瘡毒。 25.二五交加必損主孤寡二主，宅母多病黑逢五至出鰥夫，五黃到位；煞中煞主災禍連連，阻礙百般，化解安忍水、六帝錢。	3.主家人頭腦靈活聰明。 6.子女容易與自己發生爭執，提防呼吸系統疾病。 1.中爻得配水火相交，主喜慶順利。 61.金生水，桃花旺。	5.主急性病，血光之災。 4.腸胃病、是非纏繞。 3.主官災、是非、腸胃病、足病。 43.少女發瘋，男星飛臨是男姦女之象。
●東・乙卯甲	●宅中央	●西・辛酉庚
6.主足疾，小人多。 3.經云，蚩尤碧色好勇鬥狠之神，三碧為蚩尤星主官災是非爭執。 4.運氣反覆，情緒起伏。 34.三是男，四是女，女來就男移船就磡貼，大床利男性的桃花。	8.主腸胃病、運氣蹇滯。 1.經云，一加二五傷及壯丁，主傷病。 6.遠行多阻滯，頭部疾病。 16.合為水主催官，遇旺水秀峰，官居極品也。武貴，當軍警會顯貴，事事如意，吉利。	1.家人好動，多異性緣，一白當運為桃花運，失運破財。 8.財帛可得，但容易破耗。 88.吉，財利。
●東北・寅艮丑	●北・癸子壬	●西北・亥乾戌
2.旺財，利地財。 7.財帛可得但容易破耗。 9.家有令人愉快事情發生，如喜事、橫財。 79.回祿之災、心臟病。	4.坎宮為一白星所，主故為一四同宮主讀書聰明。 5.主傷病，提防泌尿疾病，女性提防婦科病。 2.主家人易罹腸胃病，女性當權掌握財政。 52.腸病，手腳受傷，黃遇黑時出寡婦。主孤寡五黃到位；煞中之煞主災禍連連，阻礙百般，化解安忍水、六帝錢。	9.子女容易與自己爭執，提防呼吸系統疾病。 7.容易被金屬所傷，主官非、爭執、交通意外。 97.回祿之災、心臟病。

説明:雙星到座，水神上山，主旺丁不旺財。經曰：「苟無生氣入門，糧艱一宿。」向首34，失令主官非、口舌、暴戾、肝膽疾、體弱、股病或主昧事無常；北宮52，東南宮25，主瘡毒、血光、意外、腹痛、產厄或有損主之應；南宮61，主水厄、腎病、耳鳴、官訟之應。

25 7	61 3	43 5
34 6	16 8	88 1
79 2	52 4	97 9

陽 宅 運 勢

辛山乙向

[八白運]

[下卦]

座西西北朝東東南

二百八十五度→一百零五度

●東南・辰巽巳	●南・丙午丁	●西南・未坤申
7.容易被金屬所傷，易惹桃花劫。 2.主是非、健康差、呼吸系統疾病。 5.主皮膚病、瘡毒。 25.二五交加必損主孤寡二主，宅母多病黑逢五至出鰥夫，五黃到位；煞中煞主災禍連連，阻礙百般，化解安忍水、六帝錢。	3.主家人頭腦靈活聰明。 6.子女容易與自己發生爭執，提防呼吸系統疾病。 1.中爻得配水火相交，主喜慶順利。 61.金生水，桃花旺。	5.主急性病，血光之災。 4.腸胃病、是非纏繞。 3.主官災、是非、腸胃病、足病。 43.少女發瘋，男星飛臨是男姦女之象。
●東・乙卯甲	●宅中央	●西・辛酉庚
6.主足疾，小人多。 3.經云，蚩尤碧色好勇鬥狠之神，三碧為蚩尤星主官災是非爭執。 4.運氣反覆，情緒起伏。 34.三是男，四是女，女來就男移船就磡貼，大床利男性的桃花。	8.主腸胃病、運氣蹇滯。 1.經云，一加二五傷及壯丁，主傷病。 6.遠行多阻滯，頭部疾病。 16.合為水主催官，遇旺水秀峰，官居極品也。武貴，當軍警會顯貴，事事如意，吉利。	1.家人好動，多異性緣，一白當運為桃花運，失運破財。 8.財帛可得，但容易破耗。 88.吉，財利。
●東北・寅艮丑	●北・癸子壬	●西北・亥乾戌
2.旺財，利地財。 7.財帛可得但容易破耗。 9.家有令人愉快事情發生，如喜事、橫財。 79.回祿之災、心臟病。	4.坎宮為一白星所，主故為一四同宮主讀書聰明。 5.主傷病，提防泌尿疾病，女性提防婦科病。 2.主家人易罹腸胃病，女性當權掌握財政。 52.腸病，手腳受傷，黃遇黑時出寡婦。主孤寡五黃到位；煞中之煞主災禍連連，阻礙百般，化解安忍水、六帝錢。	9.子女容易與自己爭執，提防呼吸系統疾病。 7.容易被金屬所傷，主官非、爭執、交通意外。 97.回祿之災、心臟病。

說明：雙星到座，水神上山，主旺丁不旺財。經曰：「苟無生氣入門，糧艱一宿。」向首34，失令主官非、口舌、暴戾、肝膽疾、體弱、股病或主昧事無常；北宮52，東南宮25，主瘡毒、血光、意外、腹痛、產厄或有損主之應；南宮61，主水厄、腎病、耳鳴、官訟之應。

[八白運]

68	24	64
7	3	5
57	79	92
6	8	1
13	35	81
2	4	9

陽 宅 運 勢

戌山辰向

座西北西朝東南東

三百度→一百二十度

[起星]

●東南・辰巽巳	●南・丙午丁	●西南・未坤申
7.容易被金屬所傷，易惹桃花劫。	3.主家人頭腦靈活聰明。	5.主急性病，血光之災。
6.不利女性，奔波勞碌。	2.家人愚鈍，血光之災。	6.胡思亂想，神經衰弱，當運則發財。
8.兒童多病、成績退步、鼻敏感。	4.讀書聰明，利文職，有喜慶，失運則財帛不聚。	4.腸胃病、是非纏繞。
68.吉，進財，利田宅，武庫，亦主財帛，利武庫及異路功名。	24.婆媳不和，咎當主母。	64.先合後散，女性多病。
●東・乙卯甲	●宅中央	●西・辛酉庚
6.主足疾，小人多。	8.主腸胃病、運氣蹇滯。	1.家人好動，多異性緣，一白當運為桃花運，失運破財。
5.容易腳傷，因財招禍。	7.是非、官災，容易被金屬所傷。	9.小心火災，家中女性不和。
7.血光之災，受人拖累破財，宜放風水輪來化解。	9.目疾、血光之災、皮膚病。	2.肚痛，提防火災，血光之災。
57.吉七赤金星化五黃，土生金生旺七運吉星五黃到位；煞中之煞主災禍連連，阻礙百般，化解安忍水、六帝錢。	79.回祿之災、心臟病。	92.婦科病。
●東北・寅艮丑	●北・癸子壬	●西北・亥乾戌
2.旺財，利地財。	4.坎宮為一白星所，主故為一四同宮主讀書聰明。	9.子女容易與自己爭執，提防呼吸系統疾病。
1.財運佳，利地產置業。	3.主脾氣暴躁，家人會搬遷或遠行。	8.發小財，利地產或五金行業。
3.經云，三八逢損小口，主不利小童。	5.主傷病，提防泌尿疾病，女性提防婦科病。	1.主聰明，才智，發小財。
13.爭執、吵鬧、勞氣、官非、盜劫、破財。	35.多主不吉，木剋土貧窮、傷足、生疾、五黃到位；煞中之煞主災禍連連，阻礙百般，化解安忍水、六帝錢。	81.土剋水，膀胱疾，耳病。

説明:到山到向，形巒合局，主大旺財丁。經日:「會有旺星到穴，富積千鐘。」南宮24，主腹疾、產厄、慢性病、膽疾或主欺姑之婦；北宮35，主瘡毒、血光、意外、官非、口舌；西南宮64，主頭疾、官訟、膽疾、淫蕩之事。

86	42	64
7	3	5
75	97	29
6	8	1
31	53	18
2	4	9

陽 宅 運 勢

戌山辰向

[八白運]　　　　　　　　　　　　　　　　　　　　[下卦]

座西北西朝東南東

三百度→一百二十度

●東南・辰巽巳	●南・丙午丁	●西南・未坤申
7.容易被金屬所傷，易惹桃花劫。	3.主家人頭腦靈活聰明。	5.主急性病，血光之災。
8.兒童多病，成績退步，鼻敏感。	4.讀書聰明，利文職，有喜慶，失運則財帛不聚。	6.胡思亂想，神經衰弱，當運則發財。
6.不利女性，奔波勞碌。	2.家人愚鈍，血光之災。	4.腸胃病，是非纏繞。
86.吉，財利。	42.婆媳不和。	64.先合後散，女性多病。
●東・乙卯甲	●宅中央	●西・辛酉庚
6.主足疾，小人多。	8.主腸胃病、運氣蹇滯。	1.家人好動，多異性緣，一白當運為桃花運，失運破財。
7.血光之災，受人拖累破財，宜放風水輪來化解。	9.目疾、血光之災、皮膚病。	2.肚痛，提防火災，血光之災。
5.容易腳傷，因財招禍。	7.是非、官災，容易被金屬所傷。	9.小心火災，家中女性不和。
75.肺病、口腔病、口舌、五黃到位；煞中之煞主災禍連連，阻礙百般，化解安忍水、六帝錢。	97.回祿之災、心臟病。	29.火生土，主女人多，桃花重，桃花屋。
●東北・寅艮丑	●北・癸子壬	●西北・亥乾戌
2.旺財，利地財。	4.坎宮為一白星所，主故為一四同宮主讀書聰明。	9.子女容易與自己爭執，提防呼吸系統疾病。
3.經云，三八逢損小口，主不利小童。	5.主傷病，提防泌尿疾病，女性提防婦科病。	1.主聰明、才智、發小財。
1.財運佳，利地產置業。	3.主脾氣暴躁，家人會搬遷或遠行。	8.發小財，利地產或五金行業。
31.爭吵、激氣、官非、破財。	53.破財、傷身，窮途困病再遭殃，五黃到位；煞中之煞主災禍連連，阻礙百般，化解安忍水、六帝錢。	18.土剋水，耳疾，被狗咬傷或被動物抓傷。咎輕，受剋而奇偶相敵。

說明：上山下水，形巒不合，主損丁破財。經曰：「苟無生氣入門，糧艱一宿。」南宮42，主腹疾、產厄、慢性病、膽疾或主欺姑之婦；北宮53，主瘡毒、血光、意外、官非、口舌；西南宮64，主頭疾、官訟、膽疾、淫蕩之事。

18 7	53 3	31 5
29 6	97 8	75 1
64 2	42 4	86 9

陽 宅 運 勢

乾山巽向

座西北朝東南

[起星]

三百一十五度→一百三十五度

●東南‧辰巽巳	●南‧丙午丁	●西南‧未坤申
7.容易被金屬所傷，易惹桃花劫。	3.主家人頭腦靈活聰明。	5.主急性病，血光之災。
1.經云，四一同宮準發科名。	5.眼部疾病，血光之災。	3.主官災、是非、腸胃病、足病。
8.兒童多病，成績退步，鼻敏感。	53.破財，傷身，窮途困病再遭殃，五黃到位；煞中之煞主災禍連連，阻礙百般，化解安忍水、六帝錢。	1.主女性當權，家人易罹腸胃病。
18.土剋水，耳疾，被狗咬傷或被動物抓傷。咎輕，受剋而奇偶相敵。		31.爭吵、激氣、官非、破財。
●東‧乙卯甲	●宅中央	●西‧辛酉庚
6.主足疾，小人多。	8.主腸胃病、運氣蹇滯。	1.家人好動，多異性緣，一白當運為桃花運，失運破財。
2.主官災、是非、足患、腸胃病。	9.目疾、血光之災、皮膚病。	7.當運主發財，失運主血光之災。
9.家人頭腦靈活，子女讀書聰明。	7.是非、官災，容易被金屬所傷。	5.是非，官災，容易被金屬所傷。
29.火生土，主女人多，桃花重，桃花屋。	97.回祿之災，心臟病。	75.肺病、口腔病、口舌、五黃到位；煞中之煞主災禍連連，阻礙百般，化解安忍水、六帝錢。
●東北‧寅艮丑	●北‧癸子壬	●西北‧亥乾戌
2.旺財，利地財。	4.坎宮為一白星所，主故為一四同宮主讀書聰明。	9.子女容易與自己爭執，提防呼吸系統疾病。
6.發小財，利地產或五金行業。	2.主家人易罹腸胃病，女性當權掌握財政。	8.發小財，利地產或五金行業。
4.兒童多病，成績退步，鼻敏感。	42.婆媳不和。	6.驛馬位，有遠行，失運主官非或交通意外。
64.先合後散，女性多病。		86.吉，財利。

說明:到山到向，形巒合局，主大旺財丁。經曰：「會有旺星到穴，富積千鐘。」北宮42，主腹痛、產厄、慢性疾病，或主欺姑之婦；西南宮31，主腎病、耳鳴、官非、口舌、暴戾之應；西宮75，主瘡毒、血光、意外、官非、口舌、桃花之事。

18	53	31
7	3	5
29	97	75
6	8	1
64	42	86
2	4	9

陽 宅 運 勢

乾山巽向

[八白運]

[下卦]

座西北朝東南

三百一十五度→一百三十五度

●東南・辰巽巳	●南・丙午丁	●西南・未坤申
7.容易被金屬所傷，易惹桃花劫。	3.主家人頭腦靈活聰明。	5.主急性病，血光之災。
1.經云，四一同宮準發科名。	5.眼部疾病，血光之災。	3.主官災，是非，腸胃病，足病。
8.兒童多病，成績退步，鼻敏感。	53.破財，傷身，窮途困病再遭殃，五黃到位；煞中之煞主災禍連連，阻礙百般，化解安忍水、六帝錢。	1.主女性當權，家人易罹腸胃病。
18.土剋水，耳疾，被狗咬傷或被動物抓傷。咎輕，受剋而奇偶相敵。		31.爭吵、激氣、官非、破財。

●東・乙卯甲	●宅中央	●西・辛酉庚
6.主足疾，小人多。	8.主腸胃病、運氣蹇滯。	1.家人好動，多異性緣，一白當運為桃花運，失運破財。
2.主官災、是非、足患、腸胃病。	9.目疾、血光之災、皮膚病。	7.當運主發財，失運主血光之災。
9.家人頭腦靈活，子女讀書聰明。	7.是非，官災，容易被金屬所傷。	5.是非，官災，容易被金屬所傷。
29.火生土，主女人多，桃花重，桃花屋。	97.回祿之災，心臟病。	75.肺病、腔病、口舌、五黃到位；煞中之煞主災禍連連阻礙百般，化解安忍水、六帝錢。

●東北・寅艮丑	●北・癸子壬	●西北・亥乾戌
2.旺財，利地財。	4.坎宮為一白星所，主故為一四同宮主讀書聰明。	9.子女容易與自己爭執，提防呼吸系統疾病。
6.發小財，利地產或五金行業。	2.主家人罹腸胃病，女性當權掌握財政。	8.發小財，利地產或五金行業。
4.兒童多病，成績退步，鼻敏感。	42.婆媳不和。	6.驛馬位，有遠行，失運主官非或交通意外。
64.先合後散，女性多病。		86.吉，財利。

說明:到山到向，形巒合局，主大旺財丁。經曰：「會有旺星到穴，富積千鐘。」北宮42，主腹痛、產厄、慢性疾病，或主欺姑之婦；西南宮31，主腎病、耳鳴、官非、口舌、暴戾之應；西宮75，主瘡毒、血光、意外、官非、口舌、桃花之事。

18	53	31
7	3	5
29	97	75
6	8	1
64	42	86
2	4	9

陽 宅 運 勢

亥山巳向

[八白運]　　　　　　　　　　　　　　　　[起星]

座西北北朝東南南

三百三十度→一百五十度

●東南・辰巽巳	●南・丙午丁	●西南・未坤申
7.容易被金屬所傷，易惹桃花劫。	3.主家人頭腦靈活聰明。	5.主急性病，血光之災。
1.經云，四一同宮準發科名。	5.眼部疾病，血光之災。	3.主官災、是非、腸胃病、足病。
8.兒童多病，成績退步，鼻敏感。	53.破財、傷身，窮途困病再遭殃，五黃到位；煞中之煞主災禍連連，阻礙百般，化解安忍水、六帝錢。	1.主女性當權，家人易罹腸胃病。
18.土剋水，耳疾，被狗咬傷或被動物抓傷。咎輕，受剋而奇偶相敵。		31.爭吵、激氣、官非、破財。

●東・乙卯甲	●宅中央	●西・辛酉庚
6.主足疾，小人多。	8.主腸胃病、運氣蹇滯。	1.家人好動，多異性緣，一白當運為桃花運，失運破財。
2.主官災、是非、足患、腸胃病。	9.目疾、血光之災、皮膚病。	7.當運主發財，失運主血光之災。
9.家人頭腦靈活，子女讀書聰明。	7.是非，官災，容易被金屬所傷。	5.是非、官災，容易被金屬所傷。
29.火生土，主女人多，桃花重，桃花屋。	97.回祿之災，心臟病。	75.肺病、口腔病、口舌、五黃到位；煞中之煞主災禍連連，阻礙百般，化解安忍水、六帝錢。

●東北・寅艮丑	●北・癸子壬	●西北・亥乾戌
2.旺財，利地財。	4.坎宮為一白星所，主故為一四同宮主讀書聰明。	9.子女容易與自己爭執，提防呼吸系統疾病。
6.發小財，利地產或五金行業。	2.主家人易罹腸胃病，女性當權掌握財政。	8.發小財，利地產或五金行業。
4.兒童多病、成績退步、鼻敏感。	42.婆媳不和。	6.驛馬位，有遠行，失運主官非或交通意外。
64.先合後散，女性多病。		86.吉，財利。

説明：到山到向，形巒合局，主大旺財丁。經曰：「會有旺星到穴，富積千鐘。」北宮42，主腹痛、產厄、慢性疾病，或主欺姑之婦；西南宮31，主腎病、耳鳴、官非、口舌、暴戾之應；西宮75，主瘡毒、血光、意外、官非、口舌、桃花之事。

18 7	53 3	31 5
29 6	97 8	75 1
64 2	42 4	86 9

陽 宅 運 勢

亥山巳向

座西北北朝東南南

三百三十度→一百五十度

[八白運]　　　　　　　　　　　　　　　　　　　　　　　[下卦]

●東南‧辰巽巳	●南‧丙午丁	●西南‧未坤申
7.容易被金屬所傷，易惹桃花劫。	3.主家人頭腦靈活聰明。	5.主急性病，血光之災。
1.經云，四一同宮準發科名。	5.眼部疾病，血光之災。	3.主官災，是非，腸胃病，足病。
8.兒童多病、成績退步、鼻敏感。	53.破財，傷身，窮途困病再遭殃，五黃到位；煞中之煞主災禍連連，阻礙百般，化解安忍水、六帝錢。	1.主女性當權，家人易罹腸胃病。
18.土剋水，耳疾，被狗咬傷或被動物抓傷。咎輕，受剋而奇偶相敵。		31.爭吵，激氣，官非，破財。
●東‧乙卯甲	●宅中央	●西‧辛酉庚
6.主足疾，小人多。	8.主腸胃病、運氣蹇滯。	1.家人好動，多異性緣，一白當運為桃花運，失運破財。
2.主官災、是非、足患、腸胃病。	9.目疾、血光之災、皮膚病。	7.當運主發財，失運主血光之災。
9.家人頭腦靈活，子女讀書聰明。	7.是非，官災，容易被金屬所傷。	5.是非，官災，容易被金屬所傷。
29.火生土，主女人多，桃花重，桃花屋。	97.回祿之災，心臟病。	75.肺病、口腔病、口舌、五黃到位；煞中之煞主災禍連連，阻礙百般，化解安忍水、六帝錢。
●東北‧寅艮丑	●北‧癸子壬	●西北‧亥乾戌
2.旺財，利地財。	4.坎宮為一白星所，主故為一四同宮主讀書聰明。	9.子女容易與自己爭執，提防呼吸系統疾病。
6.發小財，利地產或五金行業。	2.主家人易罹腸胃病，女性當權掌握財政。	8.發小財，利地產或五金行業。
4.兒童多病、成績退步、鼻敏感。	42.婆媳不和。	6.驛馬位，有遠行，失運主官非或交通意外。
64.先合後散，女性多病。		86.吉，財利。

説明:到山到向，形巒合局，主大旺財丁。經曰：「會有旺星到穴，富積千鐘。」北宮42，
　　　主腹痛、產厄、慢性疾病，或主欺姑之婦；西南宮31，主腎病、耳鳴、官非、口舌、暴
　　　戾之應；西宮75，主瘡毒、血光、意外、官非、口舌、桃花之事。

36	71	58
7	3	5
47	25	93
6	8	1
82	69	14
2	4	9

陽 宅 運 勢

丑山未向

座東北北朝西南南

三十度→二百一十度

[八白運]　　　　　　　　　　　　　　　　　　　　　　　[起星]

●東南‧辰巽巳	●南‧丙午丁	●西南‧未坤申
7.容易被金屬所傷，易惹桃花劫。	3.主家人頭腦靈活聰明。	5.主急性病，血光之災。
3.運氣反覆，時好時壞。	7.小心火災，家中女性不和。	8.利地產，旺財。
6.不利女性，奔波勞碌。	1.中爻得配水火相交，主喜慶順利。	58.吉，五黃到位；煞中之煞主災禍連連，阻礙百般，化解安忍水、六帝錢。
36.官非，手腳受損，患在長男。	71.出門遠行，桃花。	
●東‧乙卯甲	●宅中央	●西‧辛酉庚
6.主足疾，小人多。	8.主腸胃病、運氣蹇滯。	1.家人好動，多異性緣，一白當運為桃花運，失運破財。
4.運氣反覆，情緒起伏。	2.血光之災、慢性病。	9.小心火災，家中女性不和。
7.血光之災，受人拖累破財，宜放風水輪來化解。	5.血光之災、瘡瘤。	3.主血光之災，受人拖累。
47.桃花當時得令七運財色兼收。文章不顯，嘔血而早夭。	25.二五交加必損主孤寡二主，宅母多病黑逢五至出鰥夫，五黃到位；煞中煞主災禍連連，阻礙百般，化解安忍水、六帝錢。	93.官非。
●東北‧寅艮丑	●北‧癸子壬	●西北‧亥乾戌
2.旺財，利地財。	4.坎宮為一白星所，主故為一四同宮主讀書聰明	9.子女容易與自己爭執，提防呼吸系統疾病。
8.當運發財，利地產，失運破財。	6.主聰明才智發小財。	1.主聰明、才智、發小財。
82.疾病。	9.水火既濟，主喜慶順利。	4.不利女性，驛馬位，有遠行或搬遷。
	69.火燒天門、家生忤逆之兒、生牙瘡、腦病、生疿腮、流牙血、肺疾、衰則血症、盛必火災。	14.讀書有成，被讚賞，出門有利、升職、加薪、主名，號青雲得路，有文筆硯池水，鼎元之兆也。

說明：旺山旺向，形巒合局，主大旺財丁。經曰：「會有旺星到穴，富積千鐘。」座山82，
　　　得令主出富貴之人；東宮47，主肺疾、官非、口舌、瘋疾；西北宮14，形巒不合者，出
　　　淫蕩之人；東南宮36，主頭疾足患、官非、口舌之事。

36	71	58
7	3	5
47	25	93
6	8	1
82	69	14
2	4	9

陽 宅 運 勢

[八白運]

丑山未向

座東北北朝西南南

三十度→二百一十度

[下卦]

●東南・辰巽巳	●南・丙午丁	●西南・未坤申
7.容易被金屬所傷，易惹桃花劫。 3.運氣反覆，時好時壞。 6.不利女性，奔波勞碌。 36.官非、手腳受損，患在長男。	3.主家人頭腦靈活聰明。 7.小心火災，家中女性不和。 1.中爻得配水火相交，主喜慶順利。 71.出門遠行，桃花。	5.主急性病，血光之災。 8.利地產，旺財。 58.吉，五黃到位；煞中之煞主災禍連連，阻礙百般，化解安忍水、六帝錢。
●東・乙卯甲	●宅中央	●西・辛酉庚
6.主足疾，小人多。 4.運氣反覆，情緒起伏。 7.血光之災，受人拖累破財，宜放風水輪來化解。 47.桃花當時得令七運財色兼收，文章不顯，嘔血而早夭。	8.主腸胃病、運氣蹇滯。 2.血光之災、慢性病。 5.血光之災、瘡瘤。 25.二五交加必損主孤寡二主，宅母多病黑逢五至出鰥夫，五黃到位；煞中煞主災禍連連，阻礙百般，化解安忍水、六帝錢。	1.家人好動，多異性緣，一白當運為桃花運，失運破財。 9.小心火災，家中女性不和。 3.主血光之災，受人拖累。 93.官非。
●東北・寅艮丑	●北・癸子壬	●西北・亥乾戌
2.旺財，利地財。 8.當運發財，利地產，失運破財。 82.疾病。	4.坎宮為一白星所，主故為一四同宮主讀書聰明。 6.主聰明才智發小財。 9.水火既濟，主喜慶順利。 69.火燒天門、家生忤逆之兒、生牙瘡、腦病、生痄腮、流牙血、肺疾、衰則血症、盛必火災。	9.子女容易與自己爭執，提防呼吸系統疾病。 1.主聰明、才智、發小財。 4.不利女性，驛馬位，有遠行或搬遷。 14.讀書有成，被讚賞，出門有利、升職、加薪、主科名，號青雲得路，有文筆硯池水，鼎元之兆也。

説明:旺山旺向，形巒合局，主大旺財丁。經曰：「會有旺星到穴，富積千鐘。」座山82，得令主出富貴之人；東宮47，主肺疾、官非、口舌、瘋疾；西北宮14，形巒不合者出淫蕩之人；東南宮36，主頭疾、足患、官非、口舌之事。

14 7	69 3	85 5
93 6	25 8	47 1
58 2	71 4	36 9

陽宅運勢

艮山坤向

座東北朝西南

四十五度→二百二十度

[八白運]　　　　　　　　　　　　　　　　　　　[起星]

●東南・辰巽巳	●南・丙午丁	●西南・未坤申
7.容易被金屬所傷，易惹桃花劫。 1.經云，四一同宮準發科名。 4.經云，蓋四綠為文昌之神主聰明。 14.讀書有成，被讚賞，出門有利、升職、加薪、主科名，號青雲得路，有文筆硯池水，鼎元之兆也。	3.主家人頭腦靈活聰明。 6.子女容易與自己發生爭執，提防呼吸系統疾病。 9.當運主財運與事業順利，失運主血光之災。 69.火燒天門、家生忤逆之兒、生牙瘡、腦病、生疿腮、流牙血、肺疾、衰則血症、盛必火災。	5.主急性病，血光之災。 8.利地產，旺財。 85.暗滯、胃病、胸疼痛、五黃到位；煞中之煞主災禍連連，阻礙百般，化解安忍水、六帝錢。。
●東・乙卯甲	●宅中央	●西・辛酉庚
6.主足疾，小人多。 9.家人頭腦靈活，子女讀書聰明。 3.經云，蚩尤碧色好勇鬥狠之神，三碧為蚩尤星主官災是非爭執。 93.官非。	8.主腸胃病，運氣蹇滯。 2.血光之災，慢性病。 5.血光之災，瘡瘤。 25.二五交加必損主孤寡二主，宅母多病黑逢五至出鰥夫，五黃到位；煞中煞主災禍連連，阻礙百般，化解安忍水、六帝錢。	1.家人好動，多異性緣，一白當運為桃花運，失運破財。 4.容易被金屬所傷，易惹桃花劫。 7.當運主發財，失運主血光之災。 47.桃花當時得令七運財色兼收。文章不顯，嘔血而早夭。
●東北・寅艮丑	●北・癸子壬	●西北・亥乾戌
2.旺財，利地財。 5.主腸胃病、運氣蹇滯。 8.當運發財，利地產，失運破財。 58.吉，五黃到位；煞中之煞主災禍連連，阻礙百般，化解安忍水、六帝錢。	4.坎宮為一白星所，主故為一四同宮主讀書聰明。 7.家人好動，桃花運。 1.經云，一白官星之應主掌文章讀書聰明。 71.出門遠行，桃花。	9.子女容易與自己爭執，提防呼吸系統疾病。 3.經云，足以金而蹣跚，主足傷，家人容易發生。 6.驛馬位，有遠行，失運主官非或交通意外。 36.官非，手腳受損‧患在長男。

説明：上山下水，令星失位，困頓之局，主損丁破財。經曰：「苟無生氣入門，糧艱一宿。」座山58，向首82，主瘡毒、百病叢生、神經病、血光、意外；西宮47，金剋木失令，主足患、官非、口舌之事；西北宮36，主頭痛、暴戾、盜賊。

14 7	69 3	82 5
93 6	25 8	47 1
58 2	71 4	36 9

陽 宅 運 勢

艮山坤向

[八白運]　　　　　　　　　　　　　　　　[下卦]

座東北朝西南

四十五度→二百二十度

●東南·辰巽巳	●南·丙午丁	●西南·未坤申
7.容易被金屬所傷，易惹桃花劫。 1.經云，四一同宮準發科名。 4.經云，蓋四綠為文昌之神主聰明。 14.讀書有成，被讚賞，出門有利、升職、加薪、主科名，號青雲得路，有文筆硯池水，鼎元之兆也。	3.主家人頭腦靈活聰明。 6.子女容易與自己發生爭執，提防呼吸系統疾病。 9.當運主財運與事業順利，失運主血光之災。 69.火燒天門、家生忤逆之兒、生牙瘡、腦病、生痄腮、流牙血、肺疾、衰則血症、盛必火災。	5.主急性病，血光之災。 8.利地產，旺財。 2.二黑又名病符，回宮復位主身體多病。 82.疾病。
●東·乙卯甲	●宅中央	●西·辛酉庚
6.主足疾，小人多。 9.家人頭腦靈活，子女讀書聰明。 3.經云，蚩尤碧色好勇鬥狠之神，三碧為蚩尤星主官災是非爭執。 93.官非。	8.主腸胃病，運氣蹇滯。 2.血光之災，慢性病。 5.血光之災，瘡瘤。 25.二五交加必損主孤寡二主，宅母多病黑逢五至出鰥夫，五黃到位；煞中煞主災禍連連，阻礙百般，化解安忍水、六帝錢。	1.家人好動，多異性緣，一白當運為桃花運，失運破財。 4.容易被金屬所傷，易惹桃花劫。 7.當運主發財，失運主血光之災。 47.桃花當時得令七運財色兼收。文章不顯，嘔血而早夭。
●東北·寅艮丑	●北·癸子壬	●西北·亥乾戌
2.旺財，利地財。 5.主腸胃病、運氣蹇滯。 8.當運發財，利地產，失運破財。 58.吉，五黃到位；煞中之煞主災禍連連，阻礙百般，化解安忍水、六帝錢。	4.坎宮為一白星所，主故為一四同宮主讀書聰明。 7.家人好動，桃花運。 1.經云，一白官星之應主掌文章讀書聰明。 71.出門遠行，桃花。	9.子女容易與自己爭執，提防呼吸系統疾病。 3.經云，足以金而蹣跚，主足傷，家人容易發生。 6.驛馬位，有遠行，失運主官非或交通意外。 36.官非，手腳受損·患在長男。

説明:上山下水，令星失位，困頓之局，主損丁破財。經曰：「苟無生氣入門，糧艱一宿。」座山58，向首82，主瘡毒、百病叢生、神經病、血光、意外；西宮47，金剋木失令，主足患、官非、口舌之事；西北宮36，主頭痛、暴戾、盜賊。

94	59	72
7	3	5
83	15	37
6	8	1
48	61	26
2	4	9

陽 宅 運 勢

寅山申向

[八白運]　　　　　　　　　　　　　　　　　　[起星]

座東北東朝西南西

六十度→二百四十度

●東南·辰巽巳
7.容易被金屬所傷，易惹桃花劫。

9.讀書聰明，利文職，家有喜慶事。

4.經云，蓋四綠為文昌之神主聰明。

94.不正常桃花，女同性戀。合化金。

●南·丙午丁
3.主家人頭腦靈活聰明。

5.眼部疾病，血光之災。

9.當運主財運與事業順利，失運主血光之災。

59.凶，火生土，生旺災瘟星五黃，主不吉五黃到位；煞中之煞主災禍連連，阻礙百般，化解安忍水、六帝錢。

●西南·未坤申
5.主急性病，血光之災。

7.主痢疾，提防火災，血光之災。

2.二黑又名病符，回宮復位主身體多病。

72.合先天火，利二黑，五黃，八白命。

●東·乙卯甲
6.主足疾，小人多。

8.主不利，兒童成績退步。

3.經云，蚩尤碧色好勇鬥狠之神，三碧為蚩尤星主官災是非爭執。

83.木剋土、不利幼兒，離婚、無仔生，嫁否無期、姑婆屋、腰痛、自殺、吊頸，咎輕，受剋而奇偶相敵。

●宅中央
8.主腸胃病、運氣蹇滯。

1.經云，一加二五傷及壯丁，主傷病。

5.血光之災、瘡瘤。

15.五是變卦以中宮的向星代之婦科病耳疾。五黃到位；煞中之煞主災禍連連，阻礙百般，化解安忍水、六帝錢。

●西·辛酉庚
1.家人好動，多異性緣，一白當運為桃花運，失運破財。

3.主血光之災，受人拖累。

7.當運主發財，失運主血光之災。

37.破財，官非，七運時七當旺仍有財，盜賊相侵，訟凶而病厄，咎重。

●東北·寅艮丑
2.旺財，利地財。

4.兒童多病、成績退步、鼻敏感。

8.當運發財，利地產，失運破財。

48.進田莊之喜，女同性戀。

●北·癸子壬
4.坎宮為一白星所，主故為一四同宮主讀書聰明。

6.主聰明才智發小財。

1.經云，一白官星之應主掌文章讀書聰明。

61.金生水，桃花旺。

●西北·亥乾戌
9.子女容易與自己爭執，提防呼吸系統疾病。

2.失運神經衰弱，胡思亂想，當運旺財。

6.驛馬位，有遠行，失運主官非或交通意外。

26.進田莊之喜，買地買樓但是各嗇孤寒。

説明:令星到座，水神上山，困頓之局，主破財帛。經曰：「苟無生氣入門，糧艱一宿。」若水纏玄武，形巒合局，則可以一用；向首72，病符、煞氣、主百病叢生、官非、口舌之事；南宮59，主瘡毒、皮膚病、出頑鈍愚夫；西北宮26，主腹疾、頭痛、鬼神入室之事。

14 7	69 3	82 5
93 6	25 8	47 1
58 2	71 4	36 9

陽 宅 運 勢

寅山申向

[八白運]   [下卦]

座東北東朝西南西

六十度→二百四十度

●東南・辰巽巳	●南・丙午丁	●西南・未坤申
7.容易被金屬所傷，易惹桃花劫。 1.經云，四一同宮準發科名。 4.經云，蓋四綠為文昌之神主聰明。 14.讀書有成，被讚賞，出門有利、升職、加薪、主科名，號青雲得路，有文筆硯池水，鼎元之兆也。	3.主家人頭腦靈活聰明。 6.子女容易與自己發生爭執，提防呼吸系統疾病。 9.當運主財運與事業順利，失運主血光之災。 69.火燒天門、家生忤逆之兒、生牙瘡、腦病、生疖腮、流牙血、肺疾、衰則血症、盛必火災。	5.主急性病，血光之災。 8.利地產，旺財。 2.二黑又名病符，回宮復位主身體多病。 82.疾病。
●東・乙卯甲	●宅中央	●西・辛酉庚
6.主足疾，小人多。 9.家人頭腦靈活，子女讀書聰明。 3.經云，蚩尤碧色好勇鬥狠之神，三碧為蚩尤星主官災是非爭執。 93.官非。	8.主腸胃病，運氣蹇滯。 2.血光之災，慢性病。 5.血光之災，瘡瘤。 25.二五交加必損主孤寡二主，宅母多病黑逢五至出鰥夫，五黃到位；煞中煞主災禍連連，阻礙百般，化解安忍水、六帝錢。	1.家人好動，多異性緣，一白當運為桃花運，失運破財。 4.容易被金屬所傷，易惹桃花劫。 7.當運主發財，失運主血光之災。 47.桃花當時得令七運財色兼收。文章不顯，嘔血而早夭。
●東北・寅艮丑	●北・癸子壬	●西北・亥乾戌
2.旺財，利地財。 5.主腸胃病，運氣蹇滯。 8.當運發財，利地產，失運破財。 58.吉，五黃到位；煞中之煞主災禍連連，阻礙百般，化解安忍水、六帝錢。	4.坎宮為一白星所，主故為一四同宮主讀書聰明。 7.家人好動，桃花運。 1.經云，一白官星之應主掌文章讀書聰明。 71.出門遠行，桃花。	9.子女容易與自己爭執，提防呼吸系統疾病。 3.經云，足以金而躕跚，主足傷，家人容易發生。 6.驛馬位，有遠行，失運主官非或交通意外。 36.官非，手腳受損，患在長男。

説明:上山下水，令星失位，困頓之局，主損丁破財。經曰：「苟無生氣入門，糧艱一宿。」座山58，向首82，主瘡毒、百病叢生、神經病、血光、意外；西宮47，金剋木失令，主足患、官非、口舌；西北宮36，主頭痛、暴戾、盜賊。

63	17	85
7	3	5
74	52	39
6	8	1
28	96	41
2	4	9

陽宅運勢

未山丑向

[八白運]　　　　　　　　　　　　　　　　　　[起星]

座西南南朝東北北

二百一十度→三十度

●東南・辰巽巳	●南・丙午丁	●西南・未坤申
7.容易被金屬所傷，易惹桃花劫。	3.主家人頭腦靈活聰明。	5.主急性病，血光之災。
6.不利女性，奔波勞碌。	1.中爻得配水火相交，主喜慶順利。	8.利地產，旺財。
3.運氣反覆，時好時壞。	7.小心火災，家中女性不和。	85.暗滯、胃病、胸疼痛、五黃到位；煞中之煞主災禍連連，阻礙百般，化解安忍水、六帝錢。
63.手腳受傷。	17.桃花，出門有利，吉利。	

●東・乙卯甲	●宅中央	●西・辛酉庚
6.主足疾，小人多。	8.主腸胃病，運氣蹇滯。	1.家人好動，多異性緣，一白當運為桃花運，失運破財。
7.血光之災，受人拖累破財，宜放風水輪來化解。	5.血光之災，瘡瘤。	3.主血光之災，受人拖累。
4.運氣反覆，情緒起伏。	2.血光之災，慢性病。	9.小心火災，家中女性不和。
74.桃花、出門。	52.腸病，手腳受傷，黃遇黑時出寡婦。主孤寡五黃到位；煞中之煞主災禍連連，阻礙百般，化解安忍水、六帝錢。	39.聰明而吝嗇。

●東北・寅艮丑	●北・癸子壬	●西北・亥乾戌
2.旺財，利地財。	4.坎宮為一白星所，主故為一四同宮主讀書聰明。	9.子女容易與自己爭執，提防呼吸系統疾病。
8.當運發財，利地產，失運破財。	9.水火既濟，主喜慶順利。	4.不利女性，驛馬位，有遠行或搬遷
28.合十主吉，有進田置業之喜，利遷移。	6.主聰明才智發小財。	1.主聰明、才智、發小財。
	96.腦病。	41.利讀書，出門，遠走他方。

說明：旺山旺向，形巒合局，主大旺財丁。經日：「會有旺星到穴，富積千鐘。」東宮74，主口舌、官非、肺疾、膽病、桃色；東南宮63，主官訟、暴戾、肝病、頭疾；西宮39，有水者，次運進財，失令者主肝病、足患、官訟之事。

63 7	17 3	85 5
74 6	52 8	39 1
28 2	96 4	41 9

陽 宅 運 勢

未山丑向

座西南南朝東北北

二百一十度→三十度

[八白運]　　　　　　　　　　　　　　　　　　　　　　[下卦]

●東南・辰巽巳	●南・丙午丁	●西南・未坤申
7.容易被金屬所傷，易惹桃花劫。 6.不利女性，奔波勞碌。 3.運氣反覆，時好時壞。 63.手腳受傷。	3.主家人頭腦靈活聰明。 1.中爻得配水火相交，主喜慶順利。 7.小心火災，家中女性不和。 17.桃花，出門有利，吉利。	5.主急性病，血光之災。 8.利地產，旺財。 85.暗滯，胃病，胸疼痛，五黃到位；煞中之煞主災禍連連，阻礙百般，化解安忍水、六帝錢。。
●東・乙卯甲	●宅中央	●西・辛酉庚
6.主足疾，小人多。 7.血光之災，受人拖累破財，宜放風水輪來化解。 4.運氣反覆，情緒起伏。 74.桃花，出門。	8.主腸胃病，運氣蹇滯。 5.血光之災，瘡瘤。 2.血光之災，慢性病。 52.腸病，手腳受傷，黃遇黑時出寡婦。主孤寡五黃到位；煞中之煞主災禍連連，阻礙百般，化解安忍水、六帝錢。	1.家人好動，多異性緣，一白當運為桃花運，失運破財。 3.主血光之災，受人拖累。 9.小心火災，家中女性不和。 39.聰明而吝嗇。
●東北・寅艮丑	●北・癸子壬	●西北・亥乾戌
2.旺財，利地財。 8.當運發財，利地產，失運破財。 28.合十主吉，有進田置業之喜，利遷移。	4.坎宮為一白星所，主故為一四同宮主讀書聰明。 9.水火既濟，主喜慶順利。 6.主聰明才智發小財。 96.腦病。	9.子女容易與自己爭執，提防呼吸系統疾病。 4.不利女性，驛馬位，有遠行或搬遷。 1.主聰明、才智、發小財。 41.利讀書，出門，遠走他方。

説明:旺山旺向，形巒合局，主大旺財丁。經曰：「會有旺星到穴，富積千鐘。」東宮74，
　　主口舌、官非、肺疾、膽病、桃色；東南宮63，主官訟、暴戾、肝病、頭疾；西宮39，
　　有水者，次運進財，失令者主肝病、足患、官訟之事。

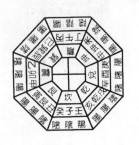

41 7	96 3	28 5
39 6	52 8	74 1
85 2	17 4	63 9

陽 宅 運 勢

坤山艮向

[八白運]　　　　　　　　　　　　　　　　　　[起星]

座西南朝東北

二百二十五度→四十五度

●東南・辰巽巳	●南・丙午丁	●西南・未坤申
7.容易被金屬所傷，易惹桃花劫。 4.經云，蓋四綠為文昌之神主聰明。 1.經云，四一同宮準發科名。 41.利讀書，出門，遠走他方。	3.主家人頭腦靈活聰明。 9.當運主財運與事業順利，失運主血光之災。 6.子女容易與自己發生爭執，提防呼吸系統疾病。 96.腦病。	5.主急性病，血光之災。 2.二黑又名病符，回宮復位主身體多病。 8.利地產，旺財。 28.合十主吉，有進田置業之喜，利遷移。
●東・乙卯甲	●宅中央	●西・辛酉庚
6.主足疾，小人多。 3.經云，蚩尤碧色好勇鬥狠之神，三碧為蚩尤星主官災是非爭執。 9.家人頭腦靈活，子女讀書聰明。 39.聰明而吝嗇。	8.主腸胃病，運氣蹇滯。 5.血光之災，瘡瘤。 2.血光之災，慢性病。 52.腸病，手腳受傷，黃遇黑時出寡婦。主孤寡五黃到位；煞中之煞主災禍連連，阻礙百般，化解安忍水、六帝錢。	1.家人好動，多異性緣，一白當運為桃花運，失運破財。 7.當運主發財，失運主血光之災。 4.容易被金屬所傷，易惹桃花劫。 74.桃花，出門。
●東北・寅艮丑	●北・癸子壬	●西北・亥乾戌
2.旺財，利地財。 8.當運發財，利地產，失運破財。 5.主腸胃病、運氣蹇滯。 85.暗滯，胃病，胸疼痛，五黃到位；煞中之煞主災禍連連，阻礙百般，化解安忍水、六帝錢。	4.坎宮為一白星所，主故為一四同宮主讀書聰明。 1.經云，一白官星之應主掌文章讀書聰明。 9.家人好動，桃花運。 17.桃花，出門有利，吉利。	9.子女容易與自己爭執，提防呼吸系統疾病。 6.驛馬位，有遠行，失運主官非或交通意外。 3.經云，足以金而蹣跚，主足傷，家人容易發生。 63.手腳受傷。

説明：上山下水，形巒不合，主大破財丁。經曰：「苟無生氣入門，糧艱一宿。」向首85，座山28，主百病叢生、瘡毒、血光、意外；東南宮41，失令主淫蕩、體弱、膽病、膀胱病、耳鳴；西官74，主官非、口舌、肺病、膽病、桃色之應；東宮39，有水為佳失令，主肝病、足患。

41	96	28
7	3	5
39	52	74
6	8	1
85	17	63
2	4	9

陽宅運勢

坤山艮向

[八白運]   [下卦]

座西南朝東北

二百二十五度→四十五度

●東南・辰巽巳	●南・丙午丁	●西南・未坤申
7.容易被金屬所傷，易惹桃花劫。 4.經云，蓋四綠為文昌之神主聰明。 1.經云，四一同宮準發科名。 41.利讀書，出門，遠走他方。	3.主家人頭腦靈活聰明。 9.當運主財運與事業順利，失運主血光之災。 6.子女容易與自己發生爭執，提防呼吸系統疾病。 96.腦病。	5.主急性病，血光之災。 2.二黑又名病符，回宮復位主身體多病。 8.利地產，旺財。 28.合十主吉，有進田置業之喜，利遷移。
●東・乙卯甲	●宅中央	●西・辛酉庚
6.主足疾，小人多。 3.經云，蚩尤碧色好勇鬥狠之神，三碧為蚩尤星主官災是非爭執。 9.家人頭腦靈活，子女讀書聰明。 39.聰明而吝嗇。	8.主腸胃病，運氣蹇滯。 5.血光之災，瘡瘤。 2.血光之災，慢性病。 52.腸病，手腳受傷，黃遇黑時出寡婦。主孤寡五黃到位；煞中之煞主災禍連連，阻礙百般，化解安忍水、六帝錢。	1.家人好動，多異性緣，一白當運為桃花運，失運破財。 7.當運主發財，失運主血光之災。 4.容易被金屬所傷，易惹桃花劫。 74.桃花，出門。
●東北・寅艮丑	●北・癸子壬	●西北・亥乾戌
2.旺財，利地財。 8.當運發財，利地產，失運破財。 5.主腸胃病、運氣蹇滯。 85.暗滯，胃病，胸疼痛，五黃到位；煞中之煞主災禍連連阻礙百般，化解安忍水、六帝錢。	4.坎宮為一白星所，主故為一四同宮主讀書聰明。 1.經云，一白官星之應主掌文章讀書聰明。 7.家人好動，桃花運。 17.桃花，出門有利，吉利。	9.子女容易與自己爭執，提防呼吸系統疾病。 6.驛馬位，有遠行，失運主官非或交通意外。 3.經云，足以金而蹣跚，主足傷，家人容易發生。 63.手腳受傷。

説明：上山下水，形巒不合，主大破財丁。經曰：「苟無生氣入門，糧艱一宿。」向首85，座山28，主百病叢生、瘡毒、血光、意外；東南宮41失令，主淫蕩、體弱、膽病、膀胱病、耳鳴；西宮74，主官非、口舌、肺病、膽病、桃色；東宮39，有水為佳，失令主肝病、足患。

49	95	27
7	3	5
38	51	73
6	8	1
84	16	62
2	4	9

陽 宅 運 勢

申山寅向

[八白運]　　　　　　　　　　　　　　　　　　　　[起星]

座西南西朝東北東

二百四十度→六十度

●東南・辰巽巳	●南・丙午丁	●西南・未坤申
7.容易被金屬所傷，易惹桃花劫。 4.經云，蓋四綠為文昌之神主聰明。 9.讀書聰明，利文職，家有喜慶事。 49.合而化金，與本體木火不協、無益而有損，木火通明，聰明俊秀，女同性戀。不正常桃花。	3.主家人頭腦靈活聰明。 9.當運主財運與事業順利，失運主血光之災。 5.眼部疾病，血光之災。 95.生旺五黃主長病、殘疾、血病、火災、性病、五黃到位；煞中之煞主災禍連連，阻礙百般，化解安忍水、六帝錢。	5.主急性病，血光之災。 2.二黑又名病符，回宮復位主身體多病。 7.主痢疾，提防火災，血光之災。 27.土生金，七赤是七運的財星旺有財化官複，因桃花破財。，桃花劫，對九紫命有利，二七合先天火乘殺氣遇凶山水，鳥焚其巢也。
●東・乙卯甲	●宅中央	●西・辛酉庚
6.主足疾，小人多。 3.經云，蚩尤碧色好勇鬥狠之神，三碧為蚩尤星主官災是非爭執。 8.主不利，兒童成績退步。 38.不利小童，三歲前會有心漏病、哮喘、甚至跌死、小產、破財、男同性戀。	8.主腸胃病、運氣蹇滯。 5.血光之災、瘡瘤。 1.經云，一加二五傷及壯丁，主傷病。 51.膀胱病，五黃到位；煞中之煞主災禍連連，阻礙百般，化解安忍水、六帝錢。	1.家人好動，多異性緣，一白當運為桃花運，失運破財。 7.當運主發財，失運主血光之災。 3.主血光之災，受人拖累。 73.大凶、打劫、破財、官非、被刺一刀、盲一眼。
●東北・寅艮丑	●北・癸子壬	●西北・亥乾戌
2.旺財，利地財。 8.當運發財，利地產，失運破財。 4.兒童多病，成績退步，鼻敏感。 84.木剋土，離婚、嫁杏無期、姑婆屋、無仔生、不利幼兒、服毒、吊頸、自殺、腰痛、膽石。	4.坎宮為一白星所，主故為一四同宮主讀書聰明。 1.經云，一白官星之應主掌文章讀書聰明。 6.主聰明才智發小財。 16.合為水主催官，遇旺水秀峰，官居極品也。武貴，當軍警會顯貴，事事如意，吉利。	9.子女容易與自己爭執，提防呼吸系統疾病。 6.驛馬位，有遠行，失運主官非或交通意外。 2.失運神經衰弱，胡思亂想，當運旺財。 62.腸疾、婦科病。

説明：令星失位，山星下水，形巒不合，主破財損丁。經曰：「苟無生氣入門，糧艱一宿。」座山27，主腹痛、產厄、官非、口舌、桃色；西北宮62，主體弱、慢性病、頭痛、官訟、鬼神入室；東宮38，有水為佳主大旺財帛；北宮16，主腎病、耳鳴、官訟之應。

41 7	96 3	28 5
39 6	52 8	74 1
85 2	17 4	63 9

陽宅運勢

申山寅向
座西南西朝東北東
二百四十度→六十度

[八白運]　　　　　　　　　　　　　　　　　　　[下卦]

●東南・辰巽巳	●南・丙午丁	●西南・未坤申
7.容易被金屬所傷，易惹桃花劫。 4.經云，蓋四綠為文昌之神主聰明。 1.經云，四一同宮準發科名。 41.利讀書，出門，遠走他方。	3.主家人頭腦靈活聰明。 9.當運主財運與事業順利，失運主血光之災。 6.子女容易與自己發生爭執，提防呼吸系統疾病。 96.腦病。	5.主急性病，血光之災。 2.二黑又名病符，回宮復位主身體多病。 8.利地產，旺財。 28.合十主吉，有進田置業之喜，利遷移。
●東・乙卯甲	●宅中央	●西・辛酉庚
6.主足疾，小人多。 3.經云，蚩尤碧色好勇鬥狠之神，三碧為蚩尤星主官災是非爭執。 9.家人頭腦靈活，子女讀書聰明。 39.聰明而吝嗇。	8.主腸胃病、運氣蹇滯。 5.血光之災、瘡瘤。 2.血光之災、慢性病。 52.腸病，手腳受傷，黃遇黑時出寡婦。主孤寡五黃到位；煞中之煞主災禍連連，阻礙百般，化解安忍水、六帝錢。	1.家人好動，多異性緣，一白當運為桃花運，失運破財。 7.當運主發財，失運主血光之災。 4.容易被金屬所傷，易惹桃花劫。 74.桃花，出門。
●東北・寅艮丑	●北・癸子壬	●西北・亥乾戌
2.旺財，利地財。 8.當運發財，利地產，失運破財。 5.主腸胃病、運氣蹇滯。 85.暗滯、胃病、胸疼痛、五黃到位；煞中之煞主災禍連連，阻礙百般，化解安忍水、六帝錢。	4.坎宮為一白星所，主故為一四同宮主讀書聰明。 1.經云，一白官星之應主掌文章讀書聰明。 7.家人好動，桃花運。 17.桃花，出門有利，吉利。	9.子女容易與自己爭執，提防呼吸系統疾病。 6.驛馬位，有遠行，失運主官非或交通意外。 3.經云，足以金而蹣跚，主足傷，家人容易發生。 63.手腳受傷。

説明:上山下水，形巒不合，主大破財。丁。經曰：「苟無生氣入門，糧艱一宿。」向首85，座山28，主百病叢生、瘡毒、血光、意外；東南宮41，失令主淫蕩、體弱、膽病、膀胱病、耳鳴；西宮74，主官非、口舌、肺病、膽病、桃色之應；東宮39，有水為佳，失令主肝病、足患。

[九紫運]

81	36	18
8	4	6
99	72	54
7	9	2
45	27	63
3	5	1

陽 宅 運 勢

辰山戌向

[起星]

座東南東朝西北西

一百二十度→三百度

●東南・辰巽巳	●南・丙午丁	●西南・未坤申
8.兒童多病，成績退步，鼻敏感。	4.讀書聰明，利文職，有喜慶，失運則財帛不聚。	6.胡思亂想，神經衰弱，當運則發財。
1.經云，四一同宮準發科名。	3.主家人頭腦靈活聰明。	1.主女性當權，家人易罹腸胃病。
81.土剋水，膀胱疾、耳病。	6.子女容易與自己發生爭執，提防呼吸系統疾病。	8.利地產，旺財。
	36.官非，手腳受損，患在長男。	18.土剋水，耳疾，被狗咬傷或被動物抓傷。咎輕，受剋而奇偶相敵。
●東・乙卯甲	●宅中央	●西・辛酉庚
7.血光之災，受人拖累破財，宜放風水輪來化解。	9.目疾、血光之災、皮膚病。	2.肚痛，提防火災，血光之災。
9.家人頭腦靈活，子女讀書聰明。	7.是非，官災，容易被金屬所傷。	5.是非，官災，容易被金屬所傷。
99.目疾。	2.血光之災，慢性病。	4.容易被金屬所傷，易惹桃花劫。
	72.合先天火，利二黑，五黃，八白命。	54.五黃最忌三碧四綠木剋土，博弈好飲，破財田園廢盡，大凶五黃到位；煞中之煞主災禍連連，阻礙百般，化解安忍水、六帝錢。
●東北・寅艮丑	●北・癸子壬	●西北・亥乾戌
3.經云，三八逢損小口，主不利小童。	5.主傷病，提防泌尿疾病，女性提防婦科病。	1.主聰明、才智、發小財。
4.兒童多病，成績退步，鼻敏感。	2.主家人易罹腸胃病，女性當權掌握財政。	6.驛馬位，有遠行，失運主官非或交通意外。
5.主腸胃病、運氣蹇滯。	7.家人好動，桃花運。	3.經云，足以金而蹣跚，主足傷，家人容易發生。
45.遊蕩廢業，手足傷，病重重五黃到位；煞中之煞主災禍連連，阻礙百般，化解安忍水、六帝錢。	27.土生金，七赤是七運的財星旺有財化官複，因桃花破財，桃花劫，對九紫命有利，二七合先天火乘殺氣遇凶山水，鳥焚其巢也。	63.手腳受傷。

說明：令星到震，向星失位，主旺丁不旺財。經曰：「苟無生氣入門，糧艱一宿。」西宮54，主瘡毒、中毒、脾胃病、癌症、黃腫病、膽疾、中風、淫亂之應；南宮36，主肝病、足患、暴戾、頭疾、刑妻、項病、官訟之應；東南宮81，西南宮18，主腎病、耳鳴、水厄、神經病、損男童。

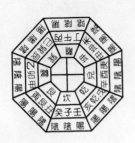

[九紫運]

99 8	45 4	27 6
18 7	81 9	63 2
54 3	36 5	72 1

陽 宅 運 勢

辰山戌向

座東南東朝西北西

一百二十度→三百度

[下卦]

●東南・辰巽巳	●南・丙午丁	●西南・未坤申
8.兒童多病，成績退步，鼻敏感。 9.讀書聰明，利文職，家有喜慶事。 99.目疾。	4.讀書聰明，利文職，有喜慶，失運則財帛不聚。 5.眼部疾病，血光之災。 45.遊蕩廢業，手足傷，病重重五黃到位；煞中之煞主災禍連連，阻礙百般，化解安忍水、六帝錢。	6.胡思亂想，神經衰弱，當運則發財。 2.二黑又名病符，回宮復位主身體多病。 7.主痢疾，提防火災，血光之災。 27.土生金，七赤是七運的財星旺有財化官複，因桃花破財，桃花劫，對九紫命有利，二七合先天火乘殺氣遇凶山水，鳥焚其巢也。
●東・乙卯甲	●宅中央	●西・辛酉庚
7.血光之災，受人拖累破財，宜放風水輪來化解。 1.主家人搬遷或有遠行，脾氣較為暴躁。 8.主不利，兒童成績退步。 18.土剋水，耳疾，被狗咬傷或被動物抓傷。咎輕，受剋而奇偶相敵。	9.目疾，血光之災，皮膚病。 8.主腸胃病，運氣塞滯。 1.經云，一加二五傷及壯丁，主傷病。 81.土剋水，膀胱疾，耳病。	2.肚痛，提防火災，血光之災。 6.提防被金屬所傷。 3.主血光之災，受人拖累。 63.手腳受傷。
●東北・寅艮丑	●北・癸子壬	●西北・亥乾戌
3.經云，三八逢損小口，主不利小童。 5.主腸胃病、運氣塞滯。 4.兒童多病、成績退步、鼻敏感。 54.五黃最忌三碧四綠木剋土，博弈好飲，破財田園廢盡，大凶五黃到位；煞中之煞主災禍連連，阻礙百般，化解安忍水、六帝錢。	5.主傷病，提防泌尿疾病，女性提防婦科病。 3.主脾氣暴躁，家人會搬遷或遠行。 6.主聰明才智發小財。 36.官非、手腳受損，患在長男。	1.主聰明、才智、發小財。 7.提防金屬所傷，主官非、爭執、交通意外。 2.失運神經衰弱，胡思亂想，當運旺財。 72.合先天火，利二黑，五黃，八白命。

說明：雙星到座，向星失位，主旺丁不旺財。經曰：「苟無生氣入門，糧艱一宿。」南宮45，主瘡毒、中毒、脾胃病、癌症、黃腫病、膽疾、中風、淫亂之應；西宮63，主肝病、足患、暴戾、頭疾、刑妻、項病、官訟之應；東宮18，主腎病、耳鳴、水厄、神經病、損男童。

62	26	44
8	4	6
53	71	98
7	9	2
17	35	89
3	5	1

陽 宅 運 勢

[九紫運]

[起星]

巽山乾向

座東南朝西北

一百三十五度→三百一十五度

●東南·辰巽巳	●南·丙午丁	●西南·未坤申
8.兒童多病、成績退步、鼻敏感。 6.不利女性，奔波勞碌。 2.主是非，健康差，呼吸系統疾病。 62.腸疾，婦科病。	4.讀書聰明，利文職，有喜慶，失運則財帛不聚。 2.家人愚鈍，血光之災。 6.子女容易與自己發生爭執，提防呼吸系統疾病。 26.進田莊之喜，買地買樓但是各嗇孤寒。	6.胡思亂想，神經衰弱，當運則發財。 4.腸胃病、是非纏繞。 44.出門，桃花。
●東·乙卯甲	●宅中央	●西·辛酉庚
7.血光之災，受人拖累破財，宜放風水輪來化解。 5.容易腳傷，因財招禍。 3.經云，蚩尤碧色好勇鬥狠之神，三碧為蚩尤星主官災是非爭執。 53.破財，傷身，窮途困病再遭殃，五黃到位；煞中之煞主災禍連連，阻礙百般，化解安忍水、六帝錢。	9.目疾、血光之災、皮膚病。 7.是非，官災，容易被金屬所傷。 1.經云，一加二五傷及壯丁，主傷病。 71.出門遠行，桃花。	2.肚痛、提防火災、血光之災。 9.小心火災，家中女性不和。 8.財帛可得，但容易破耗。 98.吐血。
●東北·寅艮丑	●北·癸子壬	●西北·亥乾戌
3.經云，三八逢損小口，主不利小童。 1.財運佳，利地產置業。 7.財帛可得但容易破耗。 17.桃花、出門有利、吉利。	5.主傷病，提防泌尿疾病，女性提防婦科病。 3.主脾氣暴躁，家人會搬遷或遠行。 35.多主不吉，木剋土貧窮，傷足，生疾，五黃到位；煞中之煞主災禍連連，阻礙百般，化解安忍水、六帝錢。	1.主聰明，才智，發小財。 8.發小財，利地產或五金行業。 9.子女容易與自己爭執，提防呼吸系統疾病。 89.火生土，吉，旺丁，旺財，輔弼相輝，田園富盛，而子孫繁衍也。

説明:令星到向，山星失位，主旺財不旺丁。經曰：「會有旺星到穴，富積千鐘。」座山62，主腹疾、產厄、邪病、官訟、項病、頭疾之應；北宮35，東宮53，主瘡毒、中毒、癌症、膽疾、中風、淫亂之應；東北宮17，主腎病、耳鳴、水厄、牢獄之災、口舌。

72 8	36 4	54 6
63 7	81 9	18 2
27 3	45 5	99 1

陽 宅 運 勢

巽山乾向
座東南朝西北
一百三十五度→三百一十五度

[九紫運]　　　　　　　　　　　　[下卦]

●東南·辰巽巳	●南·丙午丁	●西南·未坤申
8.兒童多病，成績退步，鼻敏感。 7.容易被金屬所傷，易惹桃花劫。 2.主是非、健康差、呼吸系統疾病。 72.合先天火，利二黑，五黃，八白命。	4.讀書聰明，利文職，有喜慶，失運則財帛不聚。 3.主家人頭腦靈活聰明。 6.子女容易與自己發生爭執，提防呼吸系統疾病。 36.官非、手腳受損，患在長男。	6.胡思亂想，神經衰弱，當運則發財。 5.主急性病、血光之災。 4.腸胃病、是非纏繞。 54.五黃最忌三碧四綠木剋土，博弈好飲，破財田園廢盡，大凶五黃到位；煞中之煞主災禍連連，阻礙百般，化解安忍水、六帝錢。
●東·乙卯甲	●宅中央	●西·辛酉庚
7.血光之災，受人拖累破財，宜放風水輪來化解。 6.主足疾，小人多。 3.經云，蚩尤碧色好勇鬥狠之神，三碧為蚩尤星主官災是非爭執。 63.手腳受傷。	9.目疾、血光之災、皮膚病。 8.主腸胃病、運氣塞滯。 1.經云，一加二五傷及壯丁，主傷病。 81.土剋水，膀胱疾，耳病	2.肚痛，提防火災，血光之災。 1.家人好動，多異性緣，一白當運為桃花運，失運破財。 8.財帛可得，但容易破耗。 18.土剋水，耳疾，被狗咬傷或被動物抓傷。咎輕，受剋而奇偶相敵。
●東北·寅艮丑	●北·癸子壬	●西北·亥乾戌
3.經云，三八逢損小口，主不利小童。 2.旺財，利地財。 7.財帛可得但容易破耗。 27.土生金，七赤是七運的財星旺有財化官複，因桃花破財，桃花劫，對九紫命有利，二七合先天火乘殺氣遇凶山水，鳥焚其巢也。	5.主傷病，提防泌尿疾病，女性提防婦科病。 4.坎宮為一白星所，主故為一四同宮主讀書聰明。 45.遊蕩廢業，手足傷，病重重五黃到位；煞中之煞主災禍連連，阻礙百般，化解安忍水、六帝錢。	1.主聰明、才智、發小財。 9.子女容易與自己爭執，提防呼吸系統疾病。 99.目疾。

説明:雙星到向，山星失位，主旺財不旺丁。經曰:「會有旺星到穴，富積千鐘。」座山72，主官非、口舌、牢獄之災、腹疾、產厄、邪病；南宮36，東宮63，主肝病、足患、官非、暴戾、刑妻之事；西南宮54，北宮45，主瘡毒、中毒、癌症、膽疾、中風、淫亂之應。

82 8	46 4	64 6
73 7	91 9	28 2
37 3	55 5	19 1

陽 宅 運 勢

巳山亥向

[九紫運]

[起星]

座東南南朝西北北

一百五十度→三百三十度

●東南·辰巽巳	●南·丙午丁	●西南·未坤申
8.兒童多病，成績退步，鼻敏感。	4.讀書聰明，利文職，有喜慶，失運則財帛不聚。	6.胡思亂想，神經衰弱，當運則發財。
2.主是非、健康差、呼吸系統疾病。	6.子女容易與自己發生爭執，提防呼吸系統疾病。	4.腸胃病，是非纏繞。
82.疾病。	46.煩惱事先合後散，肝病，輕或痼疾，重且夭折。	64.先合後散，女性多病。
●東·乙卯甲	●宅中央	●西·辛酉庚
7.血光之災，受人拖累破財，宜放風水輪來化解。	9.目疾、血光之災、皮膚病。	2.肚痛，提防火災，血光之災。
3.經云，蚩尤碧色好勇鬥狠之神，三碧為蚩尤星主官災是非爭執。	1.經云，一加二五傷及壯丁，主傷病。	8.財帛可得，但容易破耗。
73.大凶、打劫、破財、官非、被刺一刀、盲一眼。	91.桃花，讀書人，性病。	28.合十主吉，有進田置業之喜，利遷移。
●東北·寅艮丑	●北·癸子壬	●西北·亥乾戌
3.經云，三八逢損小口，主不利小童。	5.主傷病，提防泌尿疾病，女性提防婦科病。	1.主聰明，才智，發小財。
7.財帛可得但容易破耗。	55.兩重災病星，五黃到位；煞中之煞主災禍連連，阻礙百般，化解安忍水、六帝錢。	9.子女容易與自己爭執，提防呼吸系統疾病。
37.破財、官非，七運時七當旺仍有財，盜賊相侵，訟凶而病厄，咎重。		19.水火不容、性病、皮膚病、小產。

說明:令星到向，山星失位，主旺財不旺丁。經曰：「會有旺星到穴，富積千鐘。」座山82，主腹疾、產厄、邪病、神經病、鼻病、損男童；東宮73，東北宮37，主牢獄之災、官非、肝病、口舌、肺病、足患、暴戾、刑妻之應；南宮46，主官訟、頭疾、膽疾、中風、淫亂。

72	36	54
8	4	6
63	81	18
7	9	2
27	45	99
3	5	1

陽 宅 運 勢

[九紫運]

巳山亥向

[下卦]

座東南南朝西北北

一百五十度→三百三十度

●東南・辰巽巳	●南・丙午丁	●西南・未坤申
8.兒童多病、成績退步、鼻敏感。 7.容易被金屬所傷、易惹桃花劫。 2.主是非、健康差、呼吸系統疾病。 72.合先天火，利二黑、五黃，八白命。	4.讀書聰明，利文職，有喜慶，失運則財帛不聚。 3.主家人頭腦靈活聰明。 6.子女容易與自己發生爭執，提防呼吸系統疾病。 36.官非，手腳受損，患在長男。	6.胡思亂想，神經衰弱，當運則發財。 5.主急性病，血光之災。 4.腸胃病、是非纏繞。 54.五黃最忌三碧四綠木剋土，博弈好飲，破財田園廢盡，大凶五黃到位；煞中之煞主災禍連連，阻礙百般，化解安忍水、六帝錢。
●東・乙卯甲	●宅中央	●西・辛酉庚
7.血光之災，受人拖累破財，宜放風水輪來化解。 6.主足疾，小人多。 3.經云，蚩尤碧色好勇鬥狠之神，三碧為蚩尤星主官災是非爭執。 63.手腳受傷。	9.目疾、血光之災、皮膚病。 8.主腸胃病、運氣塞滯。 1.經云，一加二五傷及壯丁，主傷病。 81.土剋水，膀胱疾，耳病。	2.肚痛、提防火災、血光之災。 1.家人好動，多異性緣，一白當運為桃花運，失運破財。 8.財帛可得，但容易破耗。 18.土剋水，耳疾，被狗咬傷或被動物抓傷。咎輕，受剋而奇偶相敵。
●東北・寅艮丑	●北・癸子壬	●西北・亥乾戌
3.經云，三八逢損小口，主不利小童。 2.旺財，利地財。 7.財帛可得但容易破耗。 27.土生金，七赤是七運的財星旺有財化官複，因桃花破財，桃花劫，對九紫命有利，二七合先天火乘殺氣遇凶山水，鳥焚其巢也。	5.主傷病，提防泌尿疾病，女性提防婦科病。 4.坎宮為一白星所，主故為一四同宮主讀書聰明。 45.遊蕩廢業，手足傷，病重重五黃到位；煞中之煞主災禍連連，阻礙百般，化解安忍水、六帝錢。	1.主聰明、才智、發小財。 9.子女容易與自己爭執，提防呼吸系統疾病。 99.目疾。

説明:雙星到向，山星失位，主旺財不旺丁。經曰：「會有旺星到穴，富積千鐘。」座山72，主官非、口舌、牢獄之災、腹疾、產厄、邪病之應；南宮36，東宮63，主肝病、足患、官非、暴戾、刑妻之事；西南宮54、北宮45，主瘡毒、中毒、癌症、膽疾、中風、淫亂之應。

47	92	29
8	4	6
38	56	74
7	9	2
83	11	65
3	5	1

陽 宅 運 勢

[九紫運]

[起星]

壬山丙向

座北西北朝南東南

三百四十五度→一百六十五度

●東南‧辰巽巳	●南‧丙午丁	●西南‧未坤申
8.兒童多病、成績退步、鼻敏感。 4.經云，蓋四綠為文昌之神主聰明。 7.容易被金屬傷，易惹桃花劫。 47.桃花當時得令七運財色兼收。文章不顯，嘔血而早夭。	4.讀書聰明，利文職，有喜慶，失運財帛不聚。 9.當運主財運與事業順利，失運主血光之災。 2.家人愚鈍，血光之災。 92.婦科病。	6.胡思亂想，神經衰弱，當運則發財。 2.二黑又名病符，回宮復位主身體多病。 9.家人愚鈍，子女成績退步。 29.火生土，主女人多，桃花重，桃花屋。
●東‧乙卯甲	●宅中央	●西‧辛酉庚
7.血光之災，受人拖累破財，宜放風水輪來化解。 3.經云，蚩尤碧色好勇鬥狠之神，三碧為蚩尤星主官災是非爭執。 8.主不利，兒童成績退步。 38.不利小童，三歲前會有心漏病、哮喘，甚至跌死、小產、破財、男同性戀。	9.目疾、血光之災、皮膚病。 5.血光之災、瘡瘤。 6.遠行多阻滯，頭部疾病。 56.吉六白金星化五黃。五黃到位；煞中之煞主災禍連連，阻礙百般，化解安忍水、六帝錢。	2.肚痛，提防火災，血光之災。 7.當運主發財，失運主血光之災。 4.容易被金屬所傷，易惹桃花劫。 74.桃花，出門。
●東北‧寅艮丑	●北‧癸子壬	●西北‧亥乾戌
3.經云，三八逢損小口，主不利小童。 8.當運發財，利地產，失運破財。 83.木剋土，不利幼兒、離婚、無仔生、嫁杏無期、姑婆屋、腰痛、自殺、吊頸、咎輕，受剋而奇偶相敵。	5.主傷病，提防泌尿疾病，女性提防婦科病。 1.經云，一白官星之應主掌文章讀書聰明。 11.桃花，煙花地，出門旅遊，犯賊險，江湖中人，對三碧，四綠有利，因為水生木。	1.主聰明、才智、發小財。 6.驛馬位，有遠行，失運主官非或交通意外。 5.頭部疾病，遠行多阻滯，身體多病。 65.頭痛，口腔多病，五黃到位；煞中之煞主災禍連連，阻礙百般，化解安忍水、六帝錢。

說明:令星失位，山星下水，形巒不合，主破財損丁。經曰：「苟無生氣入門，糧艱一宿。」向上92，主腹痛、產厄、火災、心目之疾；東宮38，東北宮83，主官非、口舌、神經病、暴戾、損男童之事；西北宮65，主瘡毒、中毒、血光、意外、頭痛、官訟之事。

45	99	27
8	4	6
36	54	72
7	9	2
81	18	63
3	5	1

陽 宅 運 勢

壬山丙向

[九紫運]　　　　　　　　　　　　　　　　　　　　[下卦]

座北西北朝南東南

三百四十五度→一百六十五度

●東南・辰巽巳	●南・丙午丁	●西南・未坤申
8.兒童多病、成績退步、鼻敏感。 4.經云，蓋四綠為文昌之神主聰明。 5.主皮膚病、瘡毒。 45.遊蕩廢業，手足傷，病重重五黃到位；煞中之煞主災禍連連，阻礙百般，化解安忍水、六帝錢。	4.讀書聰明，利文職，有喜慶，失運財帛不聚。 9.當運主財運與事業順利，失運主血光之災。 99.目疾。	6.胡思亂想，神經衰弱，當運則發財。 2.二黑又名病符，回宮復位主身體多病。 7.主痢疾、提防火災、血光之災。 27.土生金，七赤是七運的財星旺有財化官複，因桃花破財，桃花劫，對九紫命有利，二七合先天火乘殺氣遇凶山水，鳥焚其巢也。
●東・乙卯甲	●宅中央	●西・辛酉庚
7.血光之災，受人拖累破財，宜放風水輪來化解。 3.經云，蚩尤碧色好勇鬥狠之神，三碧為蚩尤星主官災是非爭執。 6.主足疾，小人多。 36.官非、手腳受損，患在長男。	9.目疾、血光之災、皮膚病。 5.血光之災、瘡瘤。 4.風濕病、皮膚病。 54.五黃最忌三碧四綠木剋土，博奕好飲，破財田園廢盡，大凶五黃到位；煞中之煞主災禍連連，阻礙百般，化解安忍水、六帝錢。	2.肚痛，提防火災，血光之災。 7.當運主發財，失運主血光之災。 72.合先天火，利二黑，五黃，八白命。
●東北・寅艮丑	●北・癸子壬	●西北・亥乾戌
3.經云，三八逢損小口，主不利小童。 8.當運發財，利地產，失運破財。 1.財運佳，利地產置業。 81.土剋水，膀胱疾，耳病。	5.主傷病，提防泌尿疾病，女性提防婦科病。 1.經云，一白官星之應主掌文章讀書聰明。 8.主財運佳，利地產置業。 18.土剋水，耳疾，被狗咬傷或被動物抓傷，咎輕，受剋而奇偶相敵。	1.主聰明、才智、發小財。 6.驛馬位，有遠行，失運主官非或交通意外。 3.經云，足以金而蹣跚，主足傷，家人容易發生。 63.手腳受傷。

説明：雙星到向，山星下水，旺財不旺丁。經曰：「會有旺星到穴，富積千鐘。」丑方為生氣，有水者次運發財，全局犯伏吟，主運滯向上大水，令星到向，尚可為用西南宮27，西宮72，腹疾、產厄、官非、口舌、桃色之事；東南宮45，膽病、股疾、瘡毒、中毒、血光、意外。

65	11	83
8	4	6
74	56	38
7	9	2
29	92	47
3	5	1

陽 宅 運 勢

子山午向
座北朝南
零度→一百八十度

[九紫運]　　　　　　　　　　　　　　　　　　　[起星]

●東南・辰巽巳

8. 兒童多病，成績退步，鼻敏感。
6. 不利女性，奔波勞碌。
5. 主皮膚病，瘡毒。
65. 頭痛，口腔多病，五黃到位；煞中之煞主災禍連連，阻礙百般，化解安忍水、六帝錢。

●南・丙午丁

4. 讀書聰明，利文職，有喜慶，失運則財帛不聚。
1. 中爻得配水火相交，主喜慶順利。
11. 桃花，煙花地，出門旅遊，犯賊險，江湖中人，對三碧，四綠有利，因為水生木。

●西南・未坤申

6. 胡思亂想，神經衰弱，當運則發財。
8. 利地產，旺財。
3. 主官災、是非、腸胃病、足病。
83. 木剋土，不利幼兒、離婚、無仔生、嫁杏無期、姑婆屋、腰痛、自殺、吊頸、咎輕，受剋而奇偶相敵。

●東・乙卯甲

7. 血光之災，受人拖累破財，宜放風水輪來化解。
4. 運氣反覆，情緒起伏。
74. 桃花，出門。

●宅中央

9. 目疾、血光之災、皮膚病。
5. 血光之災、瘡瘤。
6. 遠行多阻滯，頭部疾病。
56. 吉六白金星化五黃。五黃到位；煞中之煞主災禍連連，阻礙百般，化解安忍水、六帝錢。

●西・辛酉庚

2. 肚痛，提防火災，血光之災。
3. 主血光之災，受人拖累。
8. 財帛可得，但容易破耗。
38. 不利小童，三歲前會有心漏病、哮喘，甚至跌死、小產、破財、男同性戀。

●東北・寅艮丑

3. 經云，三八逢損小口，主不利小童。
2. 旺財，利地財。
9. 家有令人愉快事情發生，如喜事、橫財。
29. 火生土，主女人多，桃花重，桃花屋。

●北・癸子壬

5. 主傷病，提防泌尿疾病，女性提防婦科病。
9. 水火既濟，主喜慶順利。
2. 主家人易罹腸胃病，女性當權掌握財政。
92. 婦科病。

●西北・亥乾戌

1. 主聰明、才智、發小財。
4. 不利女性，驛馬位，有遠行或搬遷。
7. 提防金屬所傷，主官非、爭執，交通意外。
47. 桃花當時得令七運財色兼收。文章不顯，嘔血而早夭。

說明:令星失位，形巒不合，主旺丁不旺財。經曰：「苟無生氣入門，糧艱一宿。」向上11，主腎病、耳鳴、水厄；西南宮83，西宮38，主官非、口舌、暴戾、神經病、損男童之事；東74、西北47，主宮非、口舌、盜賊、膽病、瘋疾。

[九紫運]

63	18	81
8	4	6
72	54	36
7	9	2
27	99	45
3	5	1

陽 宅 運 勢

子山午向

座北朝南

零度→一百八十度

[下卦]

●東南・辰巽巳	●南・丙午丁	●西南・未坤申
8.兒童多病、成績退步、鼻敏感。 6.不利女性，奔波勞碌。 3.運氣反覆，時好時壞。 63.手腳受傷。	4.讀書聰明，利文職，有喜慶，失運則財帛不聚。 1.中爻得配水火相交，主喜慶順利。 8.主喜慶，有令人愉快事情發生。 18.土剋水，耳疾，被狗咬傷或被動物抓傷。咎輕，受剋而奇偶相敵。	6.胡思亂想，神經衰弱，當運則發財。 8.利地產，旺財。 1.主女性當權，家人易罹腸胃病。 81.土剋水，膀胱疾、耳病。
●東・乙卯甲	●宅中央	●西・辛酉庚
7.血光之災，受人拖累破財，宜放風水輪來化解。 2.主官災、是非、足患、腸胃病。 72.合先天火，利二黑，五黃，八白命。	9.目疾、血光之災、皮膚病。 5.血光之災、瘡瘤。 4.風濕病、皮膚病。 54.五黃最忌三碧四綠木剋土，博弈好飲，破財田園廢盡，大凶五黃到位；煞中之煞主災禍連連，阻礙百般，化解安忍水、六帝錢。	2.肚痛，提防火災，血光之災。 3.主血光之災，受人拖累。 6.提防被金屬所傷。 36.官非，手腳受損，患在長男。
●東北・寅艮丑	●北・癸子壬	●西北・亥乾戌
3.經云，三八逢損小口，主不利小童。 2.旺財，利地財。 7.財帛可得但容易破耗。 27.土生金，七赤是七運的財星旺有財化官複，因桃花破財，桃花劫，對九紫命有利，二七合先天火乘殺氣遇凶山水，鳥焚其巢也。	5.主傷病，提防泌尿疾病，女性提防婦科病。 9.水火既濟，主喜慶順利。 99.目疾。	1.主聰明、才智、發小財。 4.不利女性，驛馬位，有遠行或搬遷。 5.頭部疾病，遠行多阻滯，身體多病。 45.遊蕩廢業，手足傷，病重重五黃到位；煞中之煞主災禍連連，阻礙百般，化解安忍水、六帝錢。

説明：雙星到座，水神上山，旺丁不旺財。經曰：「苟無生氣入門，糧艱一宿。」東宮72，東北宮27，主腹疾、產厄、肺疾、官非、口舌、桃色；西北宮45，主瘡毒、中毒、血光、意外、膽病；西36，東南63；主肝病、足患、官非、口舌、頭疾之事。

65	11	83
8	4	6
74	56	38
7	9	2
29	92	47
3	5	1

陽 宅 運 勢

癸山丁向

座北東北朝南西南

十五度→一百九十五度

[九紫運]　　　　　　　　　　　　　　　　　　　[起星]

●東南・辰巽巳

8.兒童多病，成績退步，鼻敏感。

6.不利女性，奔波勞碌。

5.主皮膚病，瘡毒。

65.頭痛，口腔多病，五黃到位；煞中之煞主災禍連連，阻礙百般，化解安忍水、六帝錢。

●南・丙午丁

4.讀書聰明，利文職，有喜慶，失運則財帛不聚。

1.中爻得配水火相交，主喜慶順利。

11.桃花，煙花地，出門旅遊，犯賊險，江湖中人，對三碧，四綠有利，因為水生木。

●西南・未坤申

6.胡思亂想，神經衰弱，當運則發財。

8.利地產，旺財。

3.主官災、是非、腸胃病、足病。

83.木剋土，不利幼兒、離婚、無仔生、嫁杏無期、姑婆屋、腰痛、自殺、吊頸、咎輕，受剋而奇偶相敵。

●東・乙卯甲

7.血光之災，受人拖累破財，宜放風水輪來化解。

4.運氣反覆，情緒起伏。

74.桃花，出門。

●宅中央

9.目疾、血光之災、皮膚病。

5.血光之災、瘡瘤。

6.遠行多阻滯，頭部疾病。

56.吉六白金星化五黃。五黃到位；煞中之煞主災禍連連，阻礙百般，化解安忍水、六帝錢。

●西・辛酉庚

2.肚痛、提防火災、血光之災。

3.主血光之災，受人拖累。

8.財帛可得，但容易破耗。

38.不利小童，三歲前會有心漏病、哮喘、甚至跌死、小產、破財、男同性戀。

●東北・寅艮丑

3.經云，三八逢損小口，主不利小童。

2.旺財，利地財。

9.家有令人愉快事情發生，如喜事、橫財。

29.火生土，主女人多，桃花重，桃花屋。

●北・癸子壬

5.主傷病，提防泌尿疾病，女性提防婦科病。

9.水火既濟，主喜慶順利。

2.主家人易罹腸胃病，女性當權掌握財政。

92.婦科病。

●西北・亥乾戌

1.主聰明，才智，發小財。

4.不利女性，驛馬位，有遠行或搬遷。

7.提防金屬所傷，主官非、爭執、交通意外。

47.桃花當時得令七運財色兼收。文章不顯，嘔血而早夭。

說明：令星失位，形巒不合，主旺丁不旺財，經曰：「苟無生氣入門，糧艱一宿。」向上11，主腎病、耳鳴、水厄；西南宮83，西宮38，主官非、口舌、暴戾、神經病、損男童之事；東宮74、西北宮47，主宮非、口舌、盜賊、膽病、瘋疾。

63 8	18 4	81 6
72 7	54 9	36 2
27 3	99 5	45 1

陽宅運勢

癸山丁向

[九紫運]　　　　　　　　　　　　　　　　　[下卦]

座北東北朝南西南

十五度→一百九十五度

●東南‧辰巽巳	●南‧丙午丁	●西南‧未坤申
8.兒童多病，成績退步，鼻敏感。 6.不利女性，奔波勞碌。 3.運氣反覆，時好時壞。 63.手腳受傷。	4.讀書聰明，利文職，有喜慶，失運則財帛不聚。 1.中爻得配水火相交，主喜慶順利。 8.主喜慶，有令人愉快事情發生。 18.土剋水，耳疾，被狗咬傷或被動物抓傷。咎輕，受剋而奇偶相敵。	6.胡思亂想，神經衰弱，當運則發財。 8.利地產，旺財。 1.主女性當權，家人易罹腸胃病。 81.土剋水，膀胱疾，耳病。
●東‧乙卯甲	●宅中央	●西‧辛酉庚
7.血光之災，受人拖累破財，宜放風水輪來化解。 2.主官災、是非、足患、腸胃病。 72.合先天火，利二黑，五黃，八白命。	9.目疾、血光之災、皮膚病。 5.血光之災、瘡瘤。 4.風濕病、皮膚病。 54.五黃最忌三碧四綠木剋土，博弈好飲，破財田園廢盡，大凶五黃到位；煞中之煞主災禍連連，阻礙百般，化解安忍水、六帝錢。	2.肚痛、提防火災，血光之災。 3.主血光之災，受人拖累。 6.提防被金屬所傷。 36.官非，手腳受損，患在長男。
●東北‧寅艮丑	●北‧癸子壬	●西北‧亥乾戌
3.經云，三八逢損小口，主不利小童。 2.旺財，利地財。 7.財帛可得但容易破耗。 27.土生金，七赤是七運的財星旺有財化官複，因桃花破財，桃花劫，對九紫命有利，二七合先天火乘殺氣遇凶山水，鳥焚其巢也。	5.主傷病，提防泌尿疾病，女性提防婦科病。 9.水火既濟，主喜慶順利。 99.目疾。	1.主聰明、才智、發小財。 4.不利女性，驛馬位，有遠行或搬遷。 5.頭部疾病，遠行多阻滯，身體多病。 45.遊蕩廢業，手足傷，病重重五黃到位；煞中之煞主災禍連連，阻礙百般，化解安忍水、六帝錢。

說明：雙星到座，水神上山，旺丁不旺財。經曰：「苟無生氣入門，糧艱一宿。」東宮72、東北宮27，主腹疾、產厄、肺疾、官非、口舌、桃色。西北宮45，主瘡毒、中毒、血光、意外、膽病；西宮36、東南宮63，主肝病、足患、官非、口舌、頭疾之事。

83	47	65
8	4	6
74	92	29
7	9	2
38	56	11
3	5	1

陽 宅 運 勢

甲山庚向

[九紫運]　　　　　　　　　　　　　　　[起星]

座東東北朝西西南

七十五度→二百五十五度

●東南・辰巽巳	●南・丙午丁	●西南・未坤申
8.兒童多病，成績退步，鼻敏感。 3.運氣反覆，時好時壞。 83.木剋土，不利幼兒、離婚、無仔生、嫁杏無期、姑婆屋、腰痛、自殺、吊頸、咎輕，受剋而奇偶相敵。	4.讀書聰明，利文職，有喜慶，失運則財帛不聚。 7.小心火災，家中女性不和。 47.桃花當時得令七運財色兼收。文章不顯，嘔血而早夭。	6.胡思亂想，神經衰弱，當運則發財。 5.主急性病，血光之災。 65.頭痛，口腔多病，五黃到位；煞中之煞主災禍連連，阻礙百般，化解安忍水、六帝錢。
●東・乙卯甲	●宅中央	●西・辛酉庚
7.血光之災，受人拖累破財，宜放風水輪來化解。 4.運氣反覆，情緒起伏。 74.桃花，出門。	9.目疾、血光之災、皮膚病。 2.血光之災，慢性病。 92.婦科病。	2.肚痛、提防火災、血光之災。 9.小心火災，家中女性不和。 29.火生土，主女人多，桃花重，桃花屋。
●東北・寅艮丑	●北・癸子壬	●西北・亥乾戌
3.經云，三八逢損小口，主不利小童。 8.當運發財，利地產，失運破財。 38.不利小童，三歲前會有心漏病、哮喘，甚至跌死、小產、破財、男同性戀。	5.主傷病，提防泌尿疾病，女性提防婦科病。 6.主聰明才智發小財。 56.吉六白金星化五黃，五黃到位；煞中之煞主災禍連連，阻礙百般，化解安忍水、六帝錢。	1.主聰明、才智、發小財。 11.桃花，煙花地，出門旅遊，犯賊險，江湖中人，對三碧，四綠有利，因為水生木。

說明:令星到向，山星失位，主旺財不旺丁。經曰:「會有旺星到穴，富積千鐘。」座山74，主官非、口舌、牢獄之災、膽疾、中風；東南宮83，東北宮38，主肝病、足患、暴戾、刑妻、脾胃病、神經病、損男童；西南宮65，主瘡毒、中毒、脾胃病、癌症、頭疾、項病、官訟之應。

63	27	45
8	4	6
54	72	99
7	9	2
18	36	81
3	5	1

陽 宅 運 勢

甲山庚向

[九紫運]　　　　　　　　　　　　　　　　[下卦]

座東東北朝西西南

七十五度→二百五十五度

●東南·辰巽巳	●南·丙午丁	●西南·未坤申
8.兒童多病、成績退步、鼻敏感。 6.不利女性，奔波勞碌。 3.運氣反覆，時好時壞。 63.手腳受傷。	4.讀書聰明，利文職，有喜慶，失運則財帛不聚。 2.家人愚鈍，血光之災。 7.小心火災，家中女性不和。 27.土生金，七赤是七運的財星旺有財化官複，因桃花破財，桃花劫，對九紫命有利，二七合先天火乘殺氣遇凶山水，鳥焚其巢也。	6.胡思亂想，神經衰弱，當運則發財。 4.腸胃病，是非纏繞。 5.主急性病、血光之災。 45.遊蕩廢業，手足傷，病重重五黃到位；煞中之煞主災禍連連，阻礙百般，化解安忍水、六帝錢。
●東·乙卯甲	●宅中央	●西·辛酉庚
7.血光之災，受人拖累破財，宜放風水輪來化解。 5.容易腳傷，因財招禍。 4.運氣反覆，情緒起伏。 54.五黃最忌三碧四綠木剋土，博弈好飲，破財田園廢盡，大凶五黃到位；煞中之煞主災禍連連，阻礙百般，化解安忍水、六帝錢。	9.目疾、血光之災、皮膚病。 7.是非，官災，容易被金屬所傷。 2.血光之災、慢性病。 72.合先天火，利二黑，五黃，八白命。	2.肚痛，提防火災，血光之災。 9.小心火災，家中女性不和。 99.目疾。
●東北·寅艮丑	●北·癸子壬	●西北·亥乾戌
3.經云，三八逢損小口，主不利小童。 1.財運佳，利地產置業。 8.當運發財，利地產，失運破財。 18.土剋水，耳疾，被狗咬傷或被動物抓傷。咎輕，受剋而奇偶相敵。	5.主傷病，提防泌尿疾病，女性提防婦科病。 3.主脾氣暴躁，家人會搬遷或遠行。 6.主聰明才智發小財。 36.官非，手腳受損·患在長男。	1.主聰明、才智、發小財。 8.發小財，利地產或五金行業。 81.土剋水、膀胱疾、耳病。

説明:雙星到向，山星下水，主旺財不旺丁。經曰：「會有旺星到穴，富積千鐘。」座山54；主瘡毒、中毒、血光、意外、膽疾、股病；東南宮63，主肝病、足患、官非、口舌、暴戾、頭痛、跌傷之應；南宮27，主腹痛、胃病、產厄、邪病、肺病、牢獄之災、桃色之應。

81 8	36 4	18 6
99 7	72 9	54 2
45 3	27 5	63 1

陽 宅 運 勢

[九紫運]

卯山酉向

座東朝西

[起星]

九十度→二百七十度

●東南・辰巽巳	●南・丙午丁	●西南・未坤申
8.兒童多病、成績退步、鼻敏感。 1.經云，四一同宮準發科名。 81.土剋水、膀胱疾、耳病。	4.讀書聰明，利文職，有喜慶，失運則財帛不聚。 3.主家人頭腦靈活聰明。 6.子女容易與自己發生爭執，提防呼吸系統疾病。 36.官非，手腳受損，患在長男。	6.胡思亂想，神經衰弱，當運則發財。 1.主女性當權，家人易罹腸胃病。 8.利地產，旺財。 18.土剋水，耳疾，被狗咬傷或被動物抓傷。咎輕，受剋而奇偶相敵。
●東・乙卯甲	**●宅中央**	**●西・辛酉庚**
7.血光之災，受人拖累破財，宜放風水輪來化解。 9.家人頭腦靈活，子女讀書聰明。 99.目疾。	9.目疾、血光之災、皮膚病。 7.是非，官災，容易被金屬所傷。 2.血光之災、慢性病。 72.合先天火，利二黑，五黃，八白命。	2.肚痛，提防火災，血光之災。 5.是非，官災，容易被金屬所傷。 4.提防被金屬所傷，易惹桃花劫。 54.五黃最忌三碧四綠木剋土，博弈好飲，破財田園廢盡，大凶五黃到位；煞中之煞主災禍連連，阻礙百般，化解安忍水、六帝錢。
●東北・寅艮丑	**●北・癸子壬**	**●西北・亥乾戌**
3.經云，三八逢損小口，主不利小童。 4.兒童多病，成績退步，鼻敏感。 5.主腸胃病，運氣蹇滯。 45.遊蕩廢業，手足傷，病重重五黃到位；煞中之煞主災禍連連，阻礙百般，化解安忍水、六帝錢。	5.主傷病，提防泌尿疾病，女性提防婦科病。 2.主家人易罹腸胃病，女性當權掌握財政。 7.家人好動，桃花運。 27.土生金，七赤是七運的財星旺有財化官複，因桃花破財，桃花劫，對九紫命有利，二七合先天火乘殺氣遇凶山水，鳥焚其巢也。	1.主聰明，才智，發小財。 6.驛馬位，有遠行，失運主官非或交通意外。 3.經云，足以金而蹣跚，主足傷，家人容易發生。 63.手腳受傷。

說明：雙星到座，向星失位，主旺丁不旺財。經曰：「苟無生氣入門，糧艱一宿。」向上54，主瘡毒、中毒、脾胃病、癌症、膽疾、中風、淫亂；南宮36，主肝病、足患、暴戾、頭疾、刑妻、項病、官訟之應；東南宮81，西南宮18，主腎病、耳鳴、水厄、神經病、損男童。

81 8	36 4	18 6
99 7	72 9	54 2
45 3	27 5	63 1

陽 宅 運 勢

[九紫運]

卯山酉向

座東朝西

九十度→二百七十度

[下卦]

●東南・辰巽巳	●南・丙午丁	●西南・未坤申
8.兒童多病，成績退步，鼻敏感。 1.經云，四一同宮準發科名。 81.土剋水、膀胱疾、耳病。	4.讀書聰明，利文職，有喜慶，失運則財帛不聚。 3.主家人頭腦靈活聰明。 6.子女容易與自己發生爭執，提防呼吸系統疾病。 36.官非，手腳受損·患在長男。	6.胡思亂想，神經衰弱，當運則發財。 1.主女性當權，家人易罹腸胃病。 8.利地產，旺財。 18.土剋水，耳疾，被狗咬傷或被動物抓傷。咎輕，受剋而奇偶相敵。
●東・乙卯甲	**●宅中央**	**●西・辛酉庚**
7.血光之災，受人拖累破財，宜放風水輪來化解。 9.家人頭腦靈活，子女讀書聰明。 99.目疾。	9.目疾、血光之災、皮膚病。 7.是非，官災，容易被金屬所傷。 2.血光之災，慢性病。 72.合先天火，利二黑，五黃，八白命。	2.肚痛，提防火災，血光之災。 5.是非，官災，容易被金屬所傷。 4.容易被金屬所傷，易惹桃花劫。 54.五黃最忌三碧四綠木剋土，博弈好飲，破財田園廢盡，大凶五黃到位；煞中之煞主災禍連連，阻礙百般，化解安忍水、六帝錢。
●東北・寅艮丑	**●北・癸子壬**	**●西北・亥乾戌**
3.經云，三八逢損小口，主不利小童。 4.兒童多病，成績退步，鼻敏感。 5.主腸胃病、運氣蹇滯。 45.遊蕩廢業，手足傷，病重重五黃到位；煞中之煞主災禍連連，阻礙百般，化解安忍水、六帝錢。	5.主傷病，提防泌尿疾病，女性提防婦科病。 2.主家人罹腸胃病，女性當權掌握財政。 7.家人好動，桃花運。 27.土生金，七赤是七運的財星旺有財化官複，因桃花破財，桃花劫，對九紫命有利，二七合先天火乘殺氣遇凶山水，鳥焚其巢也。	1.主聰明，才智，發小財。 6.驛馬位，有遠行，失運主官非或交通意外。 3.經云，足以金而蹣跚，主足傷，家人容易發生。 63.手腳受傷。

説明:雙星到座，向星失位，主旺丁不旺財。經日：「苟無生氣入門，糧艱一宿。」向上54，主瘡毒、中毒、脾胃病、癌症、膽疾、中風、淫亂之應；南宮36，主肝病、足患、暴戾、頭疾、刑妻、項病、官訟之應；東南宮81，西南宮18，主腎病、耳鳴、水厄、神經病、損男童。

89	35	17
8	4	6
98	71	53
7	9	2
44	26	62
3	5	1

陽 宅 運 勢

乙山辛向

[九紫運]　　　　　　　　　　　　　　　　　　　[起星]

座東東南朝西西北

一百零五度→二百八十五度

●東南・辰巽巳	●南・丙午丁	●西南・未坤申
8.兒童多病、成績退步、鼻敏感。 9.讀書聰明，利文職，家有喜慶事。 89.火生土，吉，旺丁，旺財，輔弼相輝，田園富盛，而子孫繁衍也。	4.讀書聰明，利文職，有喜慶，失運則財帛不聚。 3.主家人頭腦靈活聰明。 5.眼部疾病、血光之災。 35.多主不吉，木剋土貧窮、傷足、生疾、五黃到位；煞中之煞主災禍連連，阻礙百般，化解安忍水、六帝錢。	6.胡思亂想，神經衰弱，當運則發財。 1.主女性當權，家人易罹腸胃病。 7.主痢疾，提防火災，血光之災。 17.桃花，出門有利，吉利。
●東・乙卯甲	●宅中央	●西・辛酉庚
7.血光之災，受人拖累破財，宜放風水輪來化解。 9.家人頭腦靈活，子女讀書聰明。 8.主不利，兒童成績退步。 98.吐血。	9.目疾、血光之災、皮膚病。 7.是非，官災，容易被金屬所傷。 1.經云，一加二五傷及壯丁，主傷病。 71.出門遠行，桃花。	2.肚痛，提防火災，血光之災。 5.是非，官災，容易被金屬所傷。 3.主血光之災，受人拖累。 53.破財、傷身，窮途困病再遭殃，五黃到位；煞中之煞主災禍連連，阻礙百般，化解安忍水、六帝錢。
●東北・寅艮丑	●北・癸子壬	●西北・亥乾戌
3.經云，三八逢損小口，主不利小童。 4.兒童多病，成績退步，鼻敏感。 44.出門，桃花。	5.主傷病，提防泌尿疾病，女性提防婦科病。 2.主家人易罹腸胃病，女性當權掌握財政。 6.主聰明才智發小財。 26.進田莊之喜，買地買樓但是各嗇孤寒。	1.主聰明，才智，發小財。 6.驛馬位，有遠行，失運主官非或交通意外。 2.失運神經衰弱，胡思亂想，當運旺財。 62.腸疾，婦科病。

說明：雙星到座，向星失位，主旺丁不旺財。經曰：「苟無生氣入門，糧艱一宿。」向上53，主瘡毒、中毒、脾胃病、癌症、肝病、足患、官非、口舌、暴戾、刑妻；北宮26，主腹疾、產厄、胃痛、官訟、頭病，或主鬼神入堂；西南宮17，主肺疾、官非、口舌、牢獄之災、桃色之應。

81	36	18
8	4	6
99	72	54
7	9	2
45	27	63
3	5	1

陽 宅 運 勢

乙山辛向

[九紫運]　　　　　　　　　　　　　　　　[下卦]

座東東南朝西西北

一百零五度→二百八十五度

●東南‧辰巽巳	●南‧丙午丁	●西南‧未坤申
8.兒童多病，成績退步，鼻敏感。	4.讀書聰明，利文職，有喜慶，失運則財帛不聚。	6.胡思亂想，神經衰弱，當運則發財。
1.經云，四一同宮準發科名。	3.主家人頭腦靈活聰明。	1.主女性當權，家人易罹腸胃病。
81.土剋水，膀胱疾，耳病。	6.子女容易與自己發生爭執，提防呼吸系統疾病。	8.利地產，旺財。
	36.官非，手腳受損‧患在長男。	18.土剋水，耳疾，被狗咬傷或被動物抓傷。咎輕，受剋而奇偶相敵。
●東‧乙卯甲	●宅中央	●西‧辛酉庚
7.血光之災，受人拖累破財，宜放風水輪來化解。	9.目疾、血光之災、皮膚病。	2.肚痛，提防火災，血光之災。
9.家人頭腦靈活，子女讀書聰明。	7.是非，官災，容易被金屬所傷。	5.是非，官災，容易被金屬所傷。
99.目疾。	2.血光之災，慢性病。	4.容易被金屬所傷，易惹桃花劫。
	72.合先天火，利二黑，五黃，八白命。	54.五黃最忌三碧四綠木剋土，博弈好飲，破財田園廢盡，大凶五黃到位；煞中之煞主災禍連連，阻礙百般，化解安忍水、六帝錢。
●東北‧寅艮丑	●北‧癸子壬	●西北‧亥乾戌
3.經云，三八逢損小口，主不利小童。	5.主傷病，提防泌尿疾病，女性提防婦科病。	1.主聰明，才智，發小財。
4.兒童多病，成績退步，鼻敏感。	2.主家人易罹腸胃病，女性當權掌握財政。	6.驛馬位，有遠行，失運主官非或交通意外。
5.主腸胃病、運氣蹇滯。	7.家人好動，桃花運。	3.經云，足以金而蹣跚，主足傷，家人容易發生。
45.遊蕩廢業，手足傷，病重重五黃到位；煞中之煞主災禍連連，阻礙百般，化解安忍水、六帝錢。	27.土生金，七赤是七運的財星旺有財化官複，因桃花破財，桃花劫，對九紫命有利，二七合先天火乘殺氣遇凶山水，鳥焚其巢也。	63.手腳受傷。

説明:雙星到向，向星失位，主旺丁不旺財。經曰：「苟無生氣入門，糧艱一宿。」向上54，主瘡毒、中毒、脾胃病、癌症、膽疾、中風、淫亂之應；南宮36，主肝病、足患、暴戾、頭疾、刑妻、項病、官訟之應；東南宮81，西南宮18，主腎病、耳鳴、水厄、神經病、損男童。

74 8	29 4	92 6
83 7	65 9	47 2
38 3	11 5	56 1

陽 宅 運 勢

丙山壬向

座南東南朝北西北

一百六十五度→三百四十五度

[九紫運]　　　　　　　　　　　　　　　　　　[起星]

●東南・辰巽巳	●南・丙午丁	●西南・未坤申
8.兒童多病、成績退步、鼻敏感。 7.容易被金屬傷，易惹桃花劫。 4.經云，蓋四綠為文昌之神主聰明。 74.桃花，出門。	4.讀書聰明，利文職，有喜慶，失運則財帛不聚。 2.家人愚鈍，血光之災。 9.當運主財運與事業順利，失運主血光之災。 29.火生土，主女人多，桃花重，桃花屋。	6.胡思亂想，神經衰弱，當運則發財。 9.家人愚鈍，子女成績退步。 2.二黑又名病符，回宮復位主身體多病。 92.婦科病。
●東・乙卯甲	●宅中央	●西・辛酉庚
7.血光之災，受人拖累破財，宜放風水輪來化解。 8.主不利，兒童成績退步。 3.經云，蚩尤碧色好勇鬥狠之神，三碧為蚩尤星主官災是非爭執。 83.木剋土，不利幼兒、離婚、無仔生、嫁杏無期、姑婆屋、腰痛、自殺、吊頸、咎輕，受剋而奇偶相敵。	9.目疾、血光之災、皮膚病。 6.遠行多阻滯，頭部疾病。 5.血光之災、瘡瘤。 65.頭痛，口腔多病，五黃到位；煞中之煞主災禍連連，阻礙百般，化解安忍水、六帝錢。	2.肚痛、提防火災、血光之災。 4.容易被金屬所傷，易惹桃花劫。 7.當運主發財，失運主血光之災。 47.桃花當時得令七運財色兼收。文章不顯，嘔血而早夭。
●東北・寅艮丑	●北・癸子壬	●西北・亥乾戌
3.經云，三八逢損小口，主不利小童。 8.當運發財、利地產、失運破財。 38.不利小童，三歲前會有心漏病、哮喘、甚至跌死、小產、破財、男同性戀。	5.主傷病，提防泌尿疾病，女性提防婦科病。 1.經云，一白官星之應主掌文章讀書聰明。 11.桃花，煙花地，出門旅遊，犯賊險，江湖中人，對三碧，四綠有利，因為水生木。	1.主聰明、才智、發小財。 5.頭部疾病，遠行多阻滯，身體多病。 6.驛馬位，有遠行，失運主官非或交通意外。 56.吉六白金星化五黃。五黃到位；煞中之煞主災禍連連，阻礙百般，化解安忍水、六帝錢。

說明:令星到座，山星失位，主損丁破財。經曰：「會有旺星到穴，富積千鐘。」向上11，有水者次運進財；座山29，主腹疾、產厄、邪病、心目之疾、火災；西宮47，主官非、口舌、桃色、牢獄之災、膽疾、中風、淫亂之應；西北宮56，主瘡毒、中毒、血光意外、官訟、頭疾。

[九紫運]

54 8	99 4	72 6
63 7	45 9	27 2
18 3	81 5	36 1

陽 宅 運 勢

丙山壬向

座南東南朝北西北

一百六十五度→三百四十五度

[下卦]

●東南・辰巽巳	●南・丙午丁	●西南・未坤申
8.兒童多病，成績退步，鼻敏感。 5.主皮膚病、瘡毒。 4.經云，蓋四綠為文昌之神主聰明。 54.五黃最忌三碧四綠木剋土，博弈好飲，破財田園廢盡，大凶五黃到位；煞中之煞主災禍連連，阻礙百般，化解安忍水、六帝錢。	4.讀書聰明，利文職，有喜慶，失運則財帛不聚。 9.當運主財運與事業順利，失運主血光之災。 99.目疾。	6.胡思亂想，神經衰弱，當運則發財。 7.主痢疾，提防火災，血光之災。 2.二黑又名病符，回宮復位主身體多病。 72.合先天火，利二黑，五黃，八白命。
●東・乙卯甲	●宅中央	●西・辛酉庚
7.血光之災，受人拖累破財，宜放風水輪來化解。 6.主足疾，小人多。 3.經云，蚩尤碧色好勇鬥狠之神，三碧為蚩尤星主官災是非爭執。 63.手腳受傷。	9.目疾、血光之災、皮膚病。 4.風濕病、皮膚病。 5.血光之災、瘡瘤。 45.遊蕩廢業，手足傷，病重重五黃到位；煞中之煞主災禍連連，阻礙百般，化解安忍水、六帝錢。	2.肚痛、提防火災、血光之災。 7.當運主發財，失運主血光之災。 27.土生金，七赤是七運的財星旺有財化官複，因桃花破財，桃花劫，對九紫命有利，二七合先天火乘殺氣遇凶山水，鳥焚其巢也
●東北・寅艮丑	●北・癸子壬	●西北・亥乾戌
3.經云，三八逢損小口，主不利小童。 1.財運佳，利地產置業。 8.當運發財，利地產，失運破財。 18.土剋水，耳疾，被狗咬傷或被動物抓傷。各輕，受剋而奇偶相敵。	5.主傷病，提防泌尿疾病，女性提防婦科病。 8.主財運佳，利地產置業。 1.經云，一白星之應主掌文章讀書聰明。 81.土剋水，膀胱疾、耳病。	1.主聰明、才智、發小財。 3.經云，足以金而蹣跚，主足傷，家人容易發生。 6.驛馬位，有遠行，失運主官非或交通意外。 36.官非、手腳受損，患在長男。

説明:雙星到座，水神上山，旺丁不旺財。經曰：「苟無生氣入門，糧艱一宿。」東南宮54，主瘡毒、中毒、血光意外、膽疾、中風、淫亂；西宮27，主腹疾、產厄、邪病、官非、口舌、桃色；東宮63，主肝、病足、患暴戾、刑妻、官訟、頭疾。

[九紫運]

56 8	11 4	38 6
47 7	65 9	83 2
92 3	29 5	74 1

陽 宅 運 勢

午山子向
座南朝北
一百八十度→零度

[起星]

●東南・辰巽巳	●南・丙午丁	●西南・未坤申
8.兒童多病、成績退步、鼻敏感。 5.主皮膚病、瘡毒。 6.不利女性，奔波勞碌。 56.吉六白金星化五黃。五黃到位；煞中之煞主災禍連連，阻礙百般，化解安忍水、六帝錢。	4.讀書聰明，利文職，有喜慶，失運財帛不聚。 1.中爻得配水火相交，主喜慶順利。 11.桃花，煙花地，出門旅遊，犯賊險，江湖中人，對三碧，四綠有利，因為水生木。	6.胡思亂想，神經衰弱，當運則發財。 3.主官災、是非、腸胃病，足病。 8.利地產，旺財。 38.不利小童，三歲前會有心漏病、哮喘，甚至跌死、小產、破財、男同性戀。
●東・乙卯甲	●宅中央	●西・辛酉庚
7.血光之災，受人拖累破財，宜放風水輪來化解。 4.運氣反覆，情緒起伏。 47.桃花當時得令七運財色兼收。文章不顯，嘔血而早夭。	9.目疾、血光之災、皮膚病。 6.遠行多阻滯、頭部疾病。 5.血光之災、瘡瘤。 65.頭痛、口腔多病，五黃到位；煞中之煞主災禍連連，阻礙百般，化解安忍水、六帝錢。	2.肚痛、提防火災、血光之災。 8.財帛可得，但容易破耗。 3.主血光之災，受人拖累。 83.木剋土，不利幼兒、離婚、無仔生、嫁杏無期、姑婆屋、腰痛、自殺、吊頸、咎輕，受剋而奇偶相敵。
●東北・寅艮丑	●北・癸子壬	●西北・亥乾戌
3.經云，三八逢損小口，主不利小童。 9.家有令人愉快事情發生，如喜事、橫財。 2.旺財，利地財。 92.婦科病。	5.主傷病，提防泌尿疾病，女性提防婦科病。 2.主家人易罹腸胃病，女性當權掌握財政。 9.水火既濟，主喜慶順利。 29.火生土，主女人多，桃花重，桃花屋。	1.主聰明、才智、發小財。 7.提防金屬傷、主官非、爭執、交通意外。 4.不利女性，驛馬位，有遠行或搬遷。 74.桃花，出門。

說明:令星到向，山星失位，主旺財不旺丁。經曰：「會有旺星到穴，富積千鐘。」西南宮38，西宮83，主肝病、足患、暴戾、刑妻、神經病、鼻病、損男童；東南宮56，主瘡毒、中毒、血光、意外、官訟、頭疾、項病；東宮47，主官非、口舌、桃色、風疾、膽病。

36	81	18
8	4	6
27	45	63
7	9	2
72	99	54
3	5	1

[九紫運]

陽 宅 運 勢

午山子向

座南朝北

[下卦]

一百八十度 → 零度

●東南・辰巽巳	●南・丙午丁	●西南・未坤申
8.兒童多病，成績退步，鼻敏感。 3.運氣反覆，時好時壞。 6.不利女性，奔波勞碌。 36.官非，手腳受損，患在長男。	4.讀書聰明，利文職，有喜慶，失運則財帛不聚。 8.主喜慶，有令人愉快事情發生。 1.中爻得配水火相交，主喜慶順利。 81.土剋水，膀胱疾，耳病。	6.胡思亂想，神經衰弱，當運則發財。 1.主女性當權，家人易罹腸胃病。 8.利地產，旺財。 18.土剋水，耳疾，被狗咬傷或被動物抓傷。咎輕，受剋而奇偶相敵。
●東・乙卯甲	●宅中央	●西・辛酉庚
7.血光之災，受人拖累破財，宜放風水輪來化解。 2.主官災、是非、足患、腸胃病。 27.土生金，七赤是七運的財星旺有財化官複，因桃花破財，桃花劫，對九紫命有利，二七合先天火乘殺氣遇凶山水，鳥焚其巢也。	9.目疾、血光之災、皮膚病。 4.風濕病、皮膚病。 5.血光之災、瘡瘤。 45.遊蕩廢業，手足傷，病重重五黃到位；煞中之煞主災禍連連，阻礙百般，化解安忍水、六帝錢。	2.肚痛，提防火災，血光之災。 6.提防被金屬所傷。 3.主血光之災，受人拖累。 63.手腳受傷。
●東北・寅艮丑	●北・癸子壬	●西北・亥乾戌
3.經云，三八逢損小口，主不利小童。 7.財帛可得但容易破耗。 2.旺財，利地財。 72.合先天火，利二黑，五黃，八白命。	5.主傷病，提防泌尿疾病，女性提防婦科病。 9.水火既濟，主喜慶順利。 99.目疾。	1.主聰明、才智、發小財。 5.頭部疾病，遠行多阻滯，身體多病。 4.不利女性，驛馬位，有遠行或搬遷。 54.五黃最忌三碧四綠木剋土，博弈好飲，破財田園廢盡，大凶五黃到位；煞中之煞主災禍連連，阻礙百般，化解安忍水、六帝錢。

説明：雙星到向，山下水，主旺財不旺丁。經曰：「會有旺星到穴，富積千鐘。」座山81，主腎病、耳鳴、水厄、脾胃病、鼻病、損男童；東宮27；東北宮72，主腹疾、產厄、邪病、官非、口舌、牢獄之災、桃色之應；西北宮54，主瘡毒、中毒、血光、風疾、膽病。

56	11	38
8	4	6
47	65	83
7	9	2
92	29	74
3	5	1

陽 宅 運 勢

丁山癸向

[九紫運]　　　　　　　　　　　　　　　　　　[起星]

座南西南朝北東北

一百九十五度→十五度

●東南・辰巽巳	●南・丙午丁	●西南・未坤申
8.兒童多病、成績退步、鼻敏感。	4.讀書聰明，利文職，有喜慶，失運財帛不聚。	6.胡思亂想，神經衰弱，當運則發財。
5.主皮膚病、瘡毒。	1.中爻得配水火相交，主喜慶順利。	3.主官災、是非、腸胃病、足病。
6.不利女性，奔波勞碌。	11.桃花，煙花地，出門旅遊，犯賊險，江湖中人，對三碧，四綠有利，因為水生木。	8.利地產，旺財。
56.吉六白金星化五黃。五黃到位；煞中之煞主災禍連連，阻礙百般，化解安忍水、六帝錢。		38.不利小童，三歲前會有心漏病、哮喘，甚至跌死、小產、破財、男同性戀。
●東・乙卯甲	●宅中央	●西・辛酉庚
7.血光之災，受人拖累破財，宜放風水輪來化解。	9.目疾、血光之災、皮膚病。	2.肚痛、提防火災、血光之災。
4.運氣反覆，情緒起伏。	6.遠行多阻滯，頭部疾病。	8.財帛可得，但容易破耗。
47.桃花當時得令七運財色兼收。文章不顯，嘔血而早夭。	5.血光之災、瘡瘤。	3.主血光之災，受人拖累。
	65.頭痛，口腔多病，五黃到位；煞中之煞主災禍連連，阻礙百般，化解安忍水、六帝錢。	83.木剋土，不利幼兒、離婚、無仔生、嫁杏無期、姑婆屋、腰痛、自殺、吊頸、咎輕，受剋而奇偶相敵。
●東北・寅艮丑	●北・癸子壬	●西北・亥乾戌
3.經云，三八逢損小口，主不利小童。	5.主傷病，提防泌尿疾病，女性提防婦科病。	1.主聰明、才智、發小財。
9.家有令人愉快事情發生，如喜事、橫財。	2.主家人易罹腸胃病，女性當權掌握財政。	7.提防金屬傷，主官非、爭執、交通意外。
2.旺財，利地財。	9.水火既濟，主喜慶順利。	4.不利女性，驛馬位，有遠行或搬遷。
92.婦科病。	29.火生土，主女人多，桃花重，桃花屋。	74.桃花，出門。

説明:令星到向，山星失位，主旺財不旺丁。經曰：「會有旺星到穴，富積千鐘。」西南宮38，西宮83，主肝病、足患、暴戾、刑妻、神經病、鼻病、損男童；東南宮56，主瘡毒、中毒、血光、意外、官訟、頭疾、項病；東宮47，主官非、口舌、桃色、風疾、膽病。

[九紫運]

36	81	18
8	4	6
27	45	63
7	9	2
72	99	54
3	5	1

陽 宅 運 勢

丁山癸向

[下卦]

座南西南朝北東北

一百九十五度→十五度

●東南·辰巽巳	●南·丙午丁	●西南·未坤申
8.兒童多病、成績退步、鼻敏感。	4.讀書聰明，利文職，有喜慶，失運則財帛不聚。	6.胡思亂想，神經衰弱，當運則發財。
3.運氣反覆，時好時壞。	8.主喜慶，有令人愉快事情發生。	1.主女性當權，家人易罹腸胃病。
6.不利女性，奔波勞碌。	1.中爻得配水火相交，主喜慶順利。	8.利地產，旺財。
36.官非，手腳受損·患在長男。	81.土剋水，膀胱疾，耳病。	18.土剋水，耳疾，被狗咬傷或被動物抓傷，咎輕，受剋而奇偶相敵。
●東·乙卯甲	●宅中央	●西·辛酉庚
7.血光之災，受人拖累破財，宜放風水輪來化解。	9.目疾、血光之災、皮膚病。	2.肚痛、提防火災、血光之災。
2.主官災、是非、足患、腸胃病。	4.風濕病、皮膚病。	6.提防被金屬所傷。
27.土生金，七赤是七運的財星旺有財化官複，因桃花破財，桃花劫，對九紫命有利，二七合先天火乘殺氣遇凶山水，鳥焚其巢也。	5.血光之災、瘡瘤。	3.主血光之災，受人拖累。
	45.遊蕩廢業，手足傷，病重重五黃到位；煞中之煞主災禍連連，阻礙百般，化解安忍水、六帝錢。	63.手腳受傷。
●東北·寅艮丑	●北·癸子壬	●西北·亥乾戌
3.經云，三八逢損小口，主不利小童。	5.主傷病，提防泌尿疾病，女性提防婦科病。	1.主聰明、才智、發小財。
7.財帛可得但容易破耗。	9.水火既濟，主喜慶順利。	5.頭部疾病，遠行多阻滯，身體多病。
2.旺財，利地財。	99.目疾。	4.不利女性，驛馬位，有遠行或搬遷。
72.合先天火，利二黑，五黃，八白命。		54.五黃最忌三碧四綠木剋土，博弈好飲，破財田園廢盡，大凶五黃到位；煞中之煞主災禍連連，阻礙百般，化解安忍水、六帝錢。

説明:雙星到向，山下水，主旺財不旺丁。經曰：「會有旺星到穴，富積千鐘。」座山81，主腎病、耳鳴、水厄、脾胃病、鼻病、損男童；東宮27，東北宮72，主腹疾、產厄、邪病、官非、口舌、牢獄之災、桃色；西北宮54，主瘡毒、中毒、血光、風疾、膽病。

38 8	74 4	56 6
47 7	29 9	92 2
83 3	65 5	11 1

陽 宅 運 勢

庚山甲向

[九紫運]　　　　　　　　　　　　　　　　　　　[起星]

座西西南朝東東北

二百五十五度→七十五度

●東南・辰巽巳	●南・丙午丁	●西南・未坤申
8.兒童多病、成績退步、鼻敏感。 3.運氣反覆，時好時壞。 38.不利小童，三歲前會有心漏病、哮喘，甚至跌死、小產、破財、男同性戀。	4.讀書聰明，利文職，有喜慶，失運則財帛不聚。 7.小心火災，家中女性不和。 74.桃花，出門。	6.胡思亂想，神經衰弱，當運則發財。 5.主急性病，血光之災。 56.吉六白金星化五黃。五黃到位；煞中之煞主災禍連連，阻礙百般，化解安忍水、六帝錢。
●東・乙卯甲	**●宅中央**	**●西・辛酉庚**
7.血光之災，受人拖累破財，宜放風水輪來化解。 4.運氣反覆，情緒起伏。 47.桃花當時得令七運財色兼收。文章不顯，嘔血而早夭。	9.目疾、血光之災、皮膚病。 2.血光之災、慢性病。 29.火生土，主女人多，桃花重，桃花屋。	2.肚痛、提防火災、血光之災。 9.小心火災，家中女性不和。 92.婦科病。
●東北・寅艮丑	**●北・癸子壬**	**●西北・亥乾戌**
3.經云，三八逢損小口，主不利小童。 8.當運發財，利地產，失運破財。 83.木剋土，不利幼兒、離婚、無仔生、嫁杏無期、姑婆屋、腰痛、自殺、吊頸、咎輕，受剋而奇偶相敵。	5.主傷病，提防泌尿疾病，女性提防婦科病。 6.主聰明才智發小財。 65.頭痛、口腔多病、五黃到位；煞中之煞主災禍連連，阻礙百般，化解安忍水、六帝錢。	1.主聰明、才智、發小財。 11.桃花，煙花地，出門旅遊，犯賊險，江湖中人，對三碧，四綠有利，因為水生木。

説明:山星到座，令星入囚，主破財損丁。經曰：「苟無生氣入門，糧艱一宿。」向上47，主官非、肺疾、口舌、牢獄之災、膽病、中風、淫亂；西南宮56，主瘡毒、中毒、血光、意外、頭疾、項病、腸疾、官訟；東南宮38，主肝病、足患、官非、口舌、暴戾、神經病。

36	72	54
8	4	6
45	27	99
7	9	2
81	63	18
3	5	1

陽 宅 運 勢

[九紫運]

庚山甲向

座西西南朝東東北

二百五十五度→七十五度

[下卦]

●東南・辰巽巳	●南・丙午丁	●西南・未坤申
8.兒童多病、成績退步、鼻敏感。 3.運氣反覆，時好時壞。 6.不利女性，奔波勞碌。 36.官非，手腳受損，患在長男。	4.讀書聰明，利文職，有喜慶，失運則財帛不聚。 7.小心火災，家中女性不和。 2.家人愚鈍，血光之災。 72.合先天火，利二黑，五黃，八白命。	6.胡思亂想，神經衰弱，當運則發財。 5.主急性病，血光之災。 4.腸胃病，是非纏繞。 54.五黃最忌三碧四綠木剋土，博弈好飲，破財田園廢盡，大凶五黃到位；煞中之煞主災禍連連，阻礙百般，化解安忍水、六帝錢。
●東・乙卯甲	●宅中央	●西・辛酉庚
7.血光之災，受人拖累破財，宜放風水輪來化解。 4.運氣反覆，情緒起伏。 5.容易腳傷，因財招禍。 45.遊蕩廢業，手足傷，病重重五黃到位；煞中之煞主災禍連連，阻礙百般，化解安忍水、六帝錢。	9.目疾、血光之災、皮膚病。 2.血光之災、慢性病。 7.是非、官災，容易被金屬所傷。 27.土生金，七赤是七運的財星旺有財化官複，因桃花破財，桃花劫，對九紫命有利，二七合先天火乘殺氣遇凶山水，鳥焚其巢也。	2.肚痛，提防火災，血光之災。 9.小心火災，家中女性不和。 99.目疾。
●東北・寅艮丑	●北・癸子壬	●西北・亥乾戌
3.經云，三八逢損小口，主不利小童。 8.當運發財，利地產，失運破財。 1.財運佳，利地產置業。 81.土剋水，膀胱疾，耳病	5.主傷病，提防泌尿疾病，女性提防婦科病。 6.主聰明才智發小財。 3.主脾氣暴躁，家人會搬遷或遠行。 63.手腳受傷。	1.主聰明、才智、發小財。 8.發小財，利地產或五金行業。 18.土剋水，耳疾，被狗咬傷或被動物抓傷。咎輕，受剋而奇偶相敵。

說明:雙星到座，水神上山，主旺丁不旺財。經曰：「苟無生氣入門，糧艱一宿。」向上45，主瘡毒、中毒、血光、意外、膽疾、風疾、淫亂；東南宮36，主肝病、足患、官非、口舌、暴戾、刑妻、頭疾、項病、官訟；南宮72，主腹疾、產厄、邪病、官非、口舌、桃色。

[九紫運]

18	63	81
8	4	6
99	27	45
7	9	2
54	72	36
3	5	1

陽 宅 運 勢

酉山卯向

[起星]

座西朝東

二百七十度→九十度

●東南・辰巽巳	●南・丙午丁	●西南・未坤申
8.兒童多病，成績退步，鼻敏感。 1.經云，四一同宮準發科名。 18.土剋水，耳疾，被狗咬傷或被動物抓傷。咎輕，受剋而奇偶相敵。	4.讀書聰明，利文職，有喜慶，失運則財帛不聚。 6.子女容易與自己發生爭執，提防呼吸系統疾病。 3.主家人頭腦靈活聰明。 63.手腳受傷。	6.胡思亂想，神經衰弱，當運則發財。 8.利地產，旺財。 1.主女性當權，家人易罹腸胃病。 81.土剋水，膀胱疾，耳病。
●東・乙卯甲	●宅中央	●西・辛酉庚
7.血光之災，受人拖累破財，宜放風水輪來化解。 9.家人頭腦靈活，子女讀書聰明。 99.目疾。	9.目疾、血光之災、皮膚病。 2.血光之災，慢性病。 7.是非，官災，容易被金屬所傷。 27.土生金，七赤是七運的財星旺有財化官複，因桃花破財，桃花劫，對九紫命有利，二七合先天火乘殺氣遇凶山水，鳥焚其巢也。	2.肚痛、提防火災、血光之災。 4.容易被金屬所傷，易惹桃花劫。 5.是非，官災，容易被金屬所傷。 45.遊蕩廢業，手足傷，病重重五黃到位；煞中之煞主災禍連連，阻礙百般，化解安忍水、六帝錢。
●東北・寅艮丑	●北・癸子壬	●西北・亥乾戌
3.經云，三八逢損小口，主不利小童。 5.主腸胃病，運氣蹇滯。 4.兒童多病，成績退步，鼻敏感。 54.五黃最忌三碧四綠木剋土，博弈好飲，破財田園廢盡，大凶五黃到位；煞中之煞主災禍連連，阻礙百般，化解安忍水、六帝錢。	5.主傷病，提防泌尿疾病，女性提防婦科病。 7.家人好動，桃花運。 2.主家人易罹腸胃病，女性當權掌握財政。 72.合先天火，利二黑，五黃，八白命。	1.主聰明、才智、發小財。 3.經云，足以金而蹣跚，主足傷，家人容易發生。 6.驛馬位，有遠行，失運主官非或交通意外。 36.官非、手腳受損，患在長男。

説明：雙星到向，山星下水，主旺財不旺丁。經曰：「會有旺星到穴，富積千鐘。」座山45，主瘡毒、中毒、血光、意外、膽疾、中風、淫亂；南宮63，主肝病、足患、官非、口舌、暴戾、刑妻、頭疾、項病、官訟；北宮72，主腹疾、產厄、邪病、桃色、肺疾、牢獄之災。

[九紫運]

18	63	81
8	4	6
99	27	45
7	9	2
54	72	36
3	5	1

陽 宅 運 勢

酉山卯向

座西朝東

二百七十度→九十度

[下卦]

●東南・辰巽巳	●南・丙午丁	●西南・未坤申
8.兒童多病、成績退步、鼻敏感。 1.經云，四一同宮準發科名。 18.土剋水，耳疾，被狗咬傷或被動物抓傷，咎輕，受剋而奇偶相敵。	4.讀書聰明，利文職，有喜慶，失運則財帛不聚。 6.子女容易與自己發生爭執，提防呼吸系統疾病。 3.主家人頭腦靈活聰明。 63.手腳受傷。	6.胡思亂想，神經衰弱，當運則發財。 8.利地產，旺財。 1.主女性當權，家人易罹腸胃病。 81.土剋水，膀胱疾，耳病。
●東・乙卯甲	●宅中央	●西・辛酉庚
7.血光之災，受人拖累破財，宜放風水輪來化解。 9.家人頭腦靈活，子女讀書聰明。 99.目疾。	9.目疾、血光之災、皮膚病。 2.血光之災、慢性病。 7.是非、官災，容易被金屬所傷。 27.土生金，七赤是七運的財星旺有財化官複，因桃花破財，對九紫命有利，二七合先天火乘殺氣遇凶山水，鳥焚其巢也。	2.肚痛，提防火災，血光之災。 4.容易被金屬所傷，易惹桃花劫。 5.是非，官災，容易被金屬所。 45.遊蕩廢業，手足傷，病重重五黃到位；煞中之煞主災禍連連，阻礙百般，化解安忍水、六帝錢。
●東北・寅艮丑	●北・癸子壬	●西北・亥乾戌
3.經云，三八逢損小口，主不利小童。 5.主腸胃病，運氣蹇滯。 4.兒童多病、成績退步、鼻敏感。 54.五黃最忌三碧四綠木剋土，博弈好飲，破財田園廢盡，大凶五黃到位；煞中之煞主災禍連連，阻礙百般，化解安忍水、六帝錢。	5.主傷病，提防泌尿疾病，女性提防婦科病。 7.家人好動、桃花運。 2.主家人易罹腸胃病，女性當權掌握財政。 72.合先天火，利二黑，五黃，八白命	1.主聰明、才智、發小財。 3.經云，足以金而蹣跚，主足傷，家人容易發生。 6.驛馬位，有遠行，失運主官非或交通意外。 36.官非、手腳受損，患在長男。

説明：雙星到向，山星下水，主旺財不旺丁。經日：「會有旺星到穴，富積千鐘。」座山45主瘡毒、中毒、血光、意外、膽疾、中風、淫亂；南宮63，主肝病、足患、官非、口舌、暴戾、刑妻、頭疾、項病、官訟；北宮72，主腹疾、產厄、邪病、桃色、肺疾、牢獄之災。

98	53	71
8	4	6
89	17	35
7	9	2
44	62	26
3	5	1

陽 宅 運 勢

辛山乙向

座西西北朝東東南

二百八十五度→一百零五度

[九紫運]　　　　　　　　　　　　　　　　[起星]

●東南・辰巽巳	●南・丙午丁	●西南・未坤申
8.兒童多病、成績退步、鼻敏感。 9.讀書聰明，利文職，家有喜慶事。 98.吐血。	4.讀書聰明，利文職，有喜慶，失運則財帛不聚。 5.眼部疾病，血光之災。 3.主家人頭腦靈活聰明。 53.破財，傷身，窮途困病再遭殃，五黃到位；煞中之煞主災禍連連，阻礙百般，化解安忍水，六帝錢。	6.胡思亂想，神經衰弱，當運則發財。 7.主痢疾，提防火災，血光之災。 1.主女性當權，家人易罹腸胃病。 71.出門遠行，桃花。
●東・乙卯甲	●宅中央	●西・辛酉庚
7.血光之災，受人拖累破財，宜放風水輪來化解。 8.主不利，兒童成績退步。 9.家人頭腦靈活，子女讀書聰明。 89.火生土，吉，旺丁，旺財，輔弼相輝，田園富盛，而子孫繁衍也。	9.目疾、血光之災、皮膚病。 1.經云，一加二五傷及壯丁，主傷病。 7.是非，官災，容易被金屬所傷。 17.桃花，出門有利，吉利。	2.肚痛，提防火災，血光之災。 3.主血光之災，受人拖累。 5.是非，官災，容易被金屬所傷。 35.多主不吉，木剋土貧窮，傷足，生疾，五黃到位；煞中之煞主災禍連連，阻礙百般，化解安忍水、六帝錢。
●東北・寅艮丑	●北・癸子壬	●西北・亥乾戌
3.經云，三八逢損小口，主不利小童。 4.兒童多病、成績退步、鼻敏感。 44.出門，桃花。	5.主傷病，提防泌尿疾病，女性提防婦科病。 6.主聰明才智發小財。 2.主家人易罹腸胃病，女性當權掌握財政。 62.腸疾，婦科病	1.主聰明、才智、發小財。 2.失運神經衰弱，胡思亂想，當運旺財。 6.驛馬位，有遠行，失運主官非或交通意外。 26.進田莊之喜，買地買樓但是吝嗇孤寒。

說明:令星到向，山星失位，主旺財不旺丁。經曰：「會有旺星到穴，富積千鐘。」座山35，主瘡毒、中毒、血光、意外、官非、口舌、暴戾、刑妻、盜賊；西北宮26，主腹疾、產厄、邪病、頭疾、項病、官訟；西南宮71，主病耳鳴、水厄、官非、口舌、肺疾、牢獄之災。

18 8	63 4	81 6
99 7	27 9	45 2
54 3	72 5	36 1

陽 宅 運 勢

辛山乙向

[九紫運]　　　　　　　　　　　　　　[下卦]

座西西北朝東東南

二百八十五度→一百零五度

●東南・辰巽巳	●南・丙午丁	●西南・未坤申
8.兒童多病，成績退步，鼻敏感。 1.經云，四一同宮準發科名。 18.土剋水，耳疾，被狗咬傷或被動物抓傷，咎輕，受剋而奇偶相敵。	4.讀書聰明，利文職，有喜慶，失運則財帛不聚。 6.子女容易與自己發生爭執，提防呼吸系統疾病。 3.主家人頭腦靈活聰明。 63.手腳受傷	6.胡思亂想，神經衰弱，當運則發財。 8.利地產，旺財。 1.主女性當權，家人易罹腸胃病。 81.土剋水，膀胱疾，耳病
●東・乙卯甲	●宅中央	●西・辛酉庚
7.血光之災，受人拖累破財，宜放風水輪來化解。 9.家人頭腦靈活，子女讀書聰明。 99.目疾。	9.目疾、血光之災、皮膚病。 2.血光之災，慢性病。 7.是非、官災，容易被金屬所傷。 27.土生金，七赤是七運的財星旺有財化官複，因桃花破財，桃花劫，對九紫命有利，二七合先天火乘殺氣遇凶山水，鳥焚其巢也。	2.肚痛、提防火災、血光之災。 4.容易被金屬所傷，易惹桃花劫。 5.是非，官災，容易被金屬所傷。 45.遊蕩廢業，手足傷，病重重五黃到位；煞中之煞主災禍連連，阻礙百般，化解安忍水、六帝錢。
●東北・寅艮丑	●北・癸子壬	●西北・亥乾戌
3.經云，三八逢損小口，主不利小童。 5.主腸胃病、運氣蹇滯。 4.兒童多病、成績退步、鼻敏感。 54.五黃最忌三碧四綠木剋土，博弈好飲，破財田園廢盡，大凶五黃到位；煞中之煞主災禍連連，阻礙百般，化解安忍水、六帝錢。	5.主傷病，提防泌尿疾病，女性提防婦科病。 7.家人好動，桃花運。 2.主家人易罹腸胃病，女性當權掌握財政。 72.合先天火，利二黑，五黃，八白命。	1.主聰明，才智，發小財。 3.經云，足以金而蹣跚，主足傷，家人容易發生。 6.驛馬位，有遠行，失運主官非或交通意外。 36.官非，手腳受損・患在長男。

説明：雙星到向，山星下水，主旺財不旺丁。經曰：「會有旺星到穴，富積千鐘。」座山45，主瘡毒、中毒、血光、意外、膽疾、中風、淫亂；南宮63，主肝病、足患、官非、口舌、暴戾、刑妻、頭疾、項病、官訟；北宮72，主腹疾、產厄、邪病、桃色、肺疾、牢獄之災。

18	63	81
8	4	6
99	27	45
7	9	2
54	72	36
3	5	1

陽 宅 運 勢

戌山辰向

[九紫運]　　　　　　　　　　　　　　　　　　[起星]

座西北西朝東南東

三百度→一百二十度

●東南·辰巽巳

8.兒童多病、成績退步、鼻敏感。

1.經云,四一同宮準發科名。

18.土剋水,耳疾,被狗咬傷或被動物抓傷。咎輕,受剋而奇偶相敵。

●南·丙午丁

4.讀書聰明,利文職,有喜慶,失運則財帛不聚。

6.子女容易與自己發生爭執,提防呼吸系統疾病。

3.主家人頭腦靈活聰明。

63.手腳受傷。

●西南·未坤申

6.胡思亂想,神經衰弱,當運則發財。

8.利地產,旺財。

1.主女性當權,家人易罹腸胃病。

81.土剋水,膀胱疾,耳病。

●東·乙卯甲

7.血光之災,受人拖累破財,宜放風水輪來化解。

9.家人頭腦靈活,子女讀書聰明。

99.目疾。

●宅中央

9.目疾、血光之災、皮膚病。

2.血光之災、慢性病。

7.是非、官災,容易被金屬所傷。

27.土生金,七赤是七運的財星旺有財化官禍,因桃花破財,桃花劫,對九紫命有利,二七合先天火乘殺氣遇凶山水,鳥焚其巢也。

●西·辛酉庚

2.肚痛,提防火災,血光之災。

4.容易被金屬所傷,易惹桃花劫。

5.是非,官災,容易被金屬所傷。

45.遊蕩廢業,手足傷,病重重五黃到位;煞中之煞主災禍連連,阻礙百般,化解安忍水、六帝錢。

●東北·寅艮丑

3.經云,三八逢損小口,主不利小童。

5.主腸胃病、運氣蹇滯。

4.兒童多病、成績退步、鼻敏感。

54.五黃最忌三碧四綠木剋土,博弈好飲,破財田園廢盡,大凶五黃到位;煞中之煞主災禍連連,阻礙百般,化解安忍水、六帝錢。

●北·癸子壬

5.主傷病,提防泌尿疾病,女性提防婦科病。

7.家人好動,桃花運。

2.主家人易罹腸胃病,女性當權掌握財政。

72.合先天火,利二黑,五黃,八白命。

●西北·亥乾戌

1.主聰明、才智、發小財。

3.經云,足以金而蹣跚,主足傷,家人容易發生。

6.驛馬位,有遠行,失運主官非或交通意外。

36.官非,手腳受損·患在長男。

說明:令星失位,形巒不合,主損丁破財。經曰:「苟無生氣入門,糧艱一宿。」東宮99,遇有佳美山水,則可以一用;西宮45,主瘡毒、中毒、血光、意外、膽疾、中風、淫亂;南宮63,主肺病、足患、暴戾、刑妻、頭痛、項病、官訟之應。

99	54	72
8	4	6
81	18	36
7	9	2
45	63	27
3	5	1

陽 宅 運 勢

戌山辰向

[九紫運]　　　　　　　　　　　　　　　　　　[下卦]

座西北西朝東南東

三百度→一百二十度

●東南・辰巽巳	●南・丙午丁	●西南・未坤申
8.兒童多病、成績退步、鼻敏感。 9.讀書聰明，利文職，家有喜慶事。 99.目疾。	4.讀書聰明，利文職，有喜慶，失運則財帛不聚。 5.眼部疾病，血光之災。 54.五黃最忌三碧四綠木剋土，博奕好飲，破財田園廢盡，大凶五黃到位；煞中之煞主災禍連連，阻礙百般，化解安忍水、六帝錢。	6.胡思亂想，神經衰弱，當運則發財。 7.主痢疾、提防火災、血光之災。 2.二黑又名病符，回宮復位主身體多病。 72.合先天火，利二黑，五黃，八白命。
●東・乙卯甲	●宅中央	●西・辛酉庚
7.血光之災，受人拖累破財，宜放風水輪來化解。 8.主不利，兒童成績退步。 1.主家人搬遷或有遠行，脾氣較為暴躁。 81.土剋水，膀胱疾、耳病。	9.目疾、血光之災、皮膚病。 1.經云，一加二五傷及壯丁，主傷病。 8.主腸胃病、運氣蹇滯。 18.土剋水，耳疾，被狗咬傷或被動物抓傷，咎輕，受剋而奇偶相敵。	2.肚痛，提防火災，血光之災。 3.主血光之災，受人拖累。 6.提防被金屬所傷。 36.官非、手腳受損，患在長男。
●東北・寅艮丑	●北・癸子壬	●西北・亥乾戌
3.經云，三八逢損小口，主不利小童。 4.兒童多病，成績退步，鼻敏感。 5.主腸胃病、運氣蹇滯。 45.遊蕩廢業，手足傷，病重重五黃到位；煞中之煞主災禍連連，阻礙百般，化解安忍水、六帝錢。	5.主傷病，提防泌尿疾病，女性提防婦科病。 6.主聰明才智發小財。 3.主脾氣暴躁，家人會搬遷或遠行。 63.手腳受傷。	1.主聰明、才智、發小財。 2.失運神經衰弱，胡思亂想，當運旺財。 7.提防金屬傷，主官非、爭執、交通意外。 27.土生金，七赤是七運的財星旺有財化官複，因桃花破財，桃花劫，對九紫命有利，二七合先天火乘殺氣遇凶山水，鳥焚其巢也。

説明：雙星到向，山星下水，主旺財不旺丁。經曰：「會有旺星到穴，富積千鐘」南宮54，主瘡毒、中毒、血光、意外、膽疾、中風、淫亂；西南宮72，主腹疾、產厄、邪病、官非、口舌、肺疾、牢獄之災；西宮36，主肝病、足患、暴戾、刑妻、頭痛、項病、官訟之應。

26 8	62 4	44 6
35 7	17 9	89 2
71 3	53 5	98 1

陽 宅 運 勢

乾山巽向

[九紫運]

[起星]

座西北朝東南

三百一十五度→一百三十五度

●東南・辰巽巳	●南・丙午丁	●西南・未坤申
8.兒童多病、成績退步、鼻敏感。 2.主是非、健康差、呼吸系統疾病。 6.不利女性，奔波勞碌。 26.進田莊之喜，買地買樓但是各嗇孤寒。	4.讀書聰明，利文職，有喜慶，失運則財帛不聚。 6.子女容易與自己發生爭執，提防呼吸系統疾病。 2.家人愚鈍、血光之災。 62.腸疾、婦科病。	6.胡思亂想，神經衰弱，當運則發財。 4.腸胃病，是非纏繞。 44.出門，桃花。
●東・乙卯甲	**●宅中央**	**●西・辛酉庚**
7.血光之災，受人拖累破財，宜放風水輪來化解。 3.經云，蚩尤碧色好勇鬥狠之神，三碧為蚩尤星主官災是非爭執。 5.容易腳傷，因財招禍。 35.多主不吉，木剋土貧窮、傷足、生疾、五黃到位；煞中之煞主災禍連連，阻礙百般，化解安忍水、六帝錢。	9.目疾、血光之災、皮膚病。 1.經云，一加二五傷及壯丁，主傷病。 7.是非、官災，容易被金屬所傷。 17.桃花、出門有利、吉利。	2.肚痛，提防火災，血光之災。 8.財帛可得，但容易破耗。 9.小心火災，家中女性不和。 89.火生土，吉，旺丁，旺財，輔弼相輝，田園富盛，而子孫繁衍也。
●東北・寅艮丑	**●北・癸子壬**	**●西北・亥乾戌**
3.經云，三八逢損小口，主不利小童。 7.財帛可得但容易破耗。 1.財運佳，利地產置業。 71.出門遠行，桃花。	5.主傷病，提防泌尿疾病，女性提防婦科病。 3.主脾氣暴躁，家人會搬遷或遠行。 53.破財，傷身，窮途困病再遭殃，五黃到位；煞中之煞主災禍連連，阻礙百般，化解安忍水，六帝錢。	1.主聰明、才智、發小財。 9.子女容易與自己爭執，提防呼吸系統疾病。 8.發小財，利地產或五金行業。 98.吐血。

説明:向星失位，山星到座，主旺丁不旺財。經曰：「苟無生氣入門，糧艱一宿。」向上主腹痛、產厄、邪病、官非、頭疾；東宮35.北宮主瘡毒、中毒、血光、意外、肝病、足患、暴戾、刑妻之應；東北宮71，主腎病、耳鳴、水厄、官非、桃色、牢獄之災。

27	63	45
8	4	6
36	18	81
7	9	2
72	54	99
3	5	1

陽 宅 運 勢

乾山巽向

座西北朝東南

三百一十五度→一百三十五度

[九紫運]　　　　　　　　　　　　　　　　　　　[下卦]

●東南・辰巽巳	●南・丙午丁	●西南・未坤申
8.兒童多病、成績退步、鼻敏感。 2.主是非、健康差、呼吸系統疾病。 7.容易被金屬傷，易惹桃花劫。 27.土生金，七赤是七運的財星旺有財化官複，因桃花破財，桃花劫，對九紫命有利，二七合先天火乘殺氣遇凶	4.讀書聰明，利文職，有喜慶，失運則財帛不聚。 6.子女容易與自己發生爭執，提防呼吸系統疾病。 3.主家人頭腦靈活聰明。 63.手腳受傷。	6.胡思亂想，神經衰弱，當運則發財。 4.腸胃病、是非纏繞。 5.主急性病、血光之災。 45.遊蕩廢業，手足傷，病重重五黃到位；煞中之煞主災禍連連，阻礙百般，化解安忍水、六帝錢。
●東・乙卯甲	●宅中央	●西・辛酉庚
7.血光之災，受人拖累破財，宜放風水輪來化解。 3.經云，蚩尤碧色好勇鬥狠之神，三碧為蚩尤星主官災是非爭執。 6.主足疾，小人多。 36.官非，手腳受損・患在長男。	9.目疾、血光之災、皮膚病 1.經云，一加二五傷及壯丁，主傷病。 8.主腸胃病、運氣塞滯。 18.土剋水，耳疾，被狗咬傷或被動物抓傷，咎輕，受剋而奇偶相敵。	2.肚痛、提防火災、血光之災。 8.財帛可得，但容易破耗。 1.家人好動，多異性緣，一白當運為桃花運，失運破財。 81.土剋水，膀胱疾、耳病。
●東北・寅艮丑	●北・癸子壬	●西北・亥乾戌
3.經云，三八逢損小口，主不利小童。 7.財帛可得但容易破耗。 2.旺財，利地財。 72.合先天火，利二黑，五黃，八白命。	5.主傷病，提防泌尿疾病，女性提防婦科病。 4.坎宮為一白星所，主故為一四同宮主讀書聰明。 54.五黃最忌三碧四綠木剋土，博弈好飲，破財田園廢盡，大凶五黃到位；煞中之煞主災禍連連，阻礙百般，化解安忍水、六帝錢。	1.主聰明、才智、發小財。 9.子女容易與自己爭執，提防呼吸系統疾病。 99.目疾。

説明:雙星到座，水神上山，主旺丁不旺財。經曰：「苟無生氣入門，糧艱一宿。」向上27，主腹痛、產厄、邪病、桃色、官非、口舌，若水纏武者可以一用，主發財旺丁；南宮63，主肝病、足患、官非、口舌、暴戾、頭疾、項病、官訟；北宮54，主瘡毒、中毒、血光、意外、膽疾、中風之事。

28	64	46
8	4	6
37	19	82
7	9	2
73	55	91
3	5	1

陽 宅 運 勢

亥山巳向

[九紫運] 　　　　　　　　　　　　　　　　　　[起星]

座西北北朝東南南

三百三十度→一百五十度

●東南・辰巽巳	●南・丙午丁	●西南・未坤申
8.兒童多病、成績退步、鼻敏感。 2.主是非、健康差、呼吸系統疾病。 28.合十主吉，有進田置業之喜，利遷移。	4.讀書聰明，利文職，有喜慶，失運則財帛不聚。 6.子女容易與自己發生爭執，提防呼吸系統疾病。 64.先合後散，女性多病。	6.胡思亂想，神經衰弱，當運則發財。 4.腸胃病，是非纏繞。 46.煩惱事先合後散。肝病，輕或痼疾，重且夭折。
●東・乙卯甲	●宅中央	●西・辛酉庚
7.血光之災，受人拖累破財，宜放風水輪來化解。 3.經云，蚩尤碧色好勇鬥狠之神，三碧為蚩尤星主官災是非爭執。 37.破財，官非，七運時七當旺仍有財，盜賊相侵，訟凶而病厄，咎重。	9.目疾、血光之災、皮膚病。 1.經云，一加二五傷及壯丁，主傷病。 19.水火不容、性病、皮膚病、小產。	2.肚痛、提防火災、血光之災 8.財帛可得，但容易破耗。 82.疾病。
●東北・寅艮丑	●北・癸子壬	●西北・亥乾戌
3.經云，三八逢損小口，主不利小童。 7.財帛可得但容易破耗。 73.大凶、打劫、破財、官非、被刺一刀、盲一眼。	5.主傷病，提防泌尿疾病，女性提防婦科病。 55.兩重災病星五黃到位；煞中之煞主災禍連連，阻礙百般，化解安忍水、六帝錢。	1.主聰明、才智、發小財。 9.子女容易與自己爭執，提防呼吸系統疾病。 91.桃花、讀書人、性病。

說明:令星入囚，山星到座，主旺丁不旺財。經曰：「苟無生氣入門，糧艱一宿。」南宮64，主膽疾、中風、淫亂、頭疾、官訟、項病之應；東宮37，主肝病、足患、官非、口舌、暴戾、刑妻、肺疾、桃色；北宮55，主瘡毒、中毒、血光、意外損主。

27	63	45
8	4	6
36	18	81
7	9	2
72	54	99
3	5	1

陽 宅 運 勢

亥山巳向

[九紫運]　　　　　　　　　　　　　　　[下卦]

座西北北朝東南南

三百三十度→一百五十度

●東南・辰巽巳	●南・丙午丁	●南・未坤申
8.兒童多病、成績退步、鼻敏感。 2.主是非、健康差、呼吸系統疾病。 7.容易被金屬傷，易惹桃花劫。 27.土生金，七赤是七運的財星旺有財化官複，因桃花破財，桃花劫，對九紫命有利，二七合先天火乘殺氣遇凶山水，鳥焚其巢也。	4.讀書聰明，利文職，有喜慶，失運則財帛不聚。 6.子女容易與自己發生爭執，提防呼吸系統疾病。 3.主家人頭腦靈活聰明。 63.手腳受傷。	6.胡思亂想，神經衰弱，當運則發財。 4.腸胃病，是非纏繞。 5.主急性病，血光之災。 45.遊蕩廢業，手足傷，病重重五黃到位；煞中之煞主災禍連連，阻礙百般，化解安忍水、六帝錢。
●東・乙卯甲	●宅中央	●西・辛酉庚
7.血光之災，受人拖累破財，宜放風水輪來化解。 3.經云，蚩尤碧色好勇鬥狠之神，三碧為蚩尤星主官災是非爭執。 6.主足疾，小人多。 36.官非，手腳受損，患在長男。	9.目疾，血光之災，皮膚病。 1.經云，一加二五傷及壯丁，主傷病。 8.主腸胃病，運氣蹇滯。 18.土剋水，耳疾，被狗咬傷或被動物抓傷。咎輕，受剋而奇偶相敵。	2.肚痛、提防火災、血光之災。 8.財帛可得，但容易破耗。 1.家人好動，多異性緣，一白當運為桃花運，失運破財。 81.土剋水，膀胱疾，耳病。
●東北・寅艮丑	●北・癸子壬	●西北・亥乾戌
3.經云，三八逢損小口，主不利小童。 7.財帛可得但容易破耗。 2.旺財，利地財。 72.合先天火，利二黑，五黃，八白命。	5.主傷病，提防泌尿疾病，女性提防婦科病。 4.坎宮為一白星所，主故為一四同宮主讀書聰明。 54.五黃最忌三碧四綠木剋土，博弈好飲，破財田園廢盡，大凶五黃到位；煞中之煞主災禍連連，阻礙百般，化解安忍水、六帝錢。	1.主聰明、才智、發小財。 9.子女容易與自己爭執，提防呼吸系統疾病。 99.目疾。

説明:雙星到座，水神上山，主旺丁不旺財。經曰：「苟無生氣入門，糧艱一宿。」向上27，主腹痛、產厄、邪病、桃色、官非、口舌，若水纏武者可以一用，主發財旺丁；南宮63，主肝病、足患、官非、口舌、暴戾、頭疾、項病、官訟；北宮54，主瘡毒、中毒、血光、膽疾、中風之事。

97	52	79
8	4	6
88	16	34
7	9	2
43	61	25
3	5	1

陽 宅 運 勢

丑山未向

座東北北朝西南南

三十度→二百一十度

[九紫運]　　　　　　　　　　　　　　　[起星]

●東南‧辰巽巳	●南‧丙午丁	●西南‧未坤申
8.兒童多病，成績退步，鼻敏感。 9.讀書聰明，利文職，家有喜慶事。 7.容易被金屬所傷，易惹桃花劫。 97.回祿之災、心臟病。	4.讀書聰明，利文職，有喜慶，失運則財帛不聚。 5.眼部疾病、血光之災。 2.家人愚鈍、血光之災。 52.腸病、手腳受傷，黃遇黑時出寡婦。主孤寡五黃到位；煞中之煞主災禍連連，阻礙百般，化解安忍水、六帝錢。	6.胡思亂想，神經衰弱，當運則發財。 7.主痢疾，提防火災，血光之災。 9.家人愚鈍，子女成績退步。 79.回祿之災、心臟病。
●東‧乙卯甲	●宅中央	●西‧辛酉庚
7.血光之災，受人拖累破財，宜放風水輪來化解。 8.主不利，兒童成績退步。 88.吉，財利。	9.目疾、血光之災、皮膚病。 1.經云，一加二五傷及壯丁，主傷病。 6.遠行多阻滯，頭部疾病。 16.合為水主催官，遇旺水秀峰，官居極品也。武貴，當軍警會顯貴，事事如意，吉利。	2.肚痛，提防火災，血光之災。 3.主血光之災，受人拖累。 4.提防被金屬所傷，易惹桃花劫。 34.三是男，四是女，女來就男移船就磡貼，大床利男性的桃花。
●東北‧寅艮丑	●北‧癸子壬	●西北‧亥乾戌
3.經云，三八逢損小口，主不利小童。 4.兒童多病，成績退步、鼻敏感。 43.少女發瘋，男星飛臨是男姦女之象。	5.主傷病，提防泌尿疾病，女性提防婦科病。 6.主聰明才智發小財。 1.經云，一白官星之應主掌文章讀書聰明。 61.金生水，桃花旺。	1.主聰明，才智，發小財。 2.失運神經衰弱，胡思亂想，當運旺財。 5.頭部疾病，遠行多阻滯，身體多病。 25.二五交加必損主孤寡二主，宅母多病黑逢五至出鰥夫，五黃到位；煞中煞主災禍連連，阻礙百般，化解安忍水、六帝錢。

説明:雙星到向，山星失位，主旺財不旺丁。經曰:「會有旺星到穴，富積千鐘。」座山43，主肝病、足患、官非、口舌、暴戾、瘋疾、膽病；南宮52，主瘡毒、中毒、血光、意外、腹痛、產厄之事；北宮61，腎病、耳鳴、頭痛、官訟之事。

27 8	72 4	99 6
18 7	36 9	54 2
63 3	81 5	45 1

陽 宅 運 勢

丑山未向

[九紫運]　　　　　　　　　　[下卦]

座東北北朝西南南

三十度→二百一十度

●東南・辰巽巳	●南・丙午丁	●西南・未坤申
8.兒童多病，成績退步，鼻敏感。	4.讀書聰明，利文職，有喜慶，失運則財帛不聚。	6.胡思亂想，神經衰弱，當運則發財。
2.主是非、健康差、呼吸系統疾病。	7.小心火災，家中女性不和。	9.家人愚鈍，子女成績退步。
7.容易被金屬所傷，易惹桃花劫。	2.家人愚鈍，血光之災。	99.目疾。
27.土生金，七赤是七運的財星旺有財化官複，因桃花破財，桃花劫，對九紫命有利，二七合先天火乘殺氣遇凶。	72.合先天火，利二黑，五黃，八白命。	
●東・乙卯甲	●宅中央	●西・辛酉庚
7.血光之災，受人拖累破財，宜放風水輪來化解。	9.目疾、血光之災、皮膚病	2.肚痛，提防火災，血光之災。
1.主家人搬遷或有遠行，脾氣較為暴躁。	3.因財致禍，腳傷。	5.是非，官災，容易被金屬所傷。
8.主不利，兒童成績退步。	6.遠行多阻滯，頭部疾病。	4.容易被金屬所傷，易惹桃花劫
18.土剋水、耳疾、被狗咬傷或被動物抓傷。咎輕，受剋而奇偶相敵。	36.官非，手腳受損，患在長男。	54.五黃最忌三碧四綠木剋土，博弈好飲，破財田園廢盡，大凶五黃到位；煞中之煞主災禍連連，阻礙百般，化解安忍水、六帝錢。
●東北・寅艮丑	●北・癸子壬	●西北・亥乾戌
3.經云，三八逢損小口，主不利小童。	5.主傷病，提防泌尿疾病，女性提防婦科病。	1.主聰明，才智，發小財。
6.發小財，利地產或五金行業。	8.主財運佳，利地產置業。	4.不利女性，驛馬位，有遠行或搬遷。
63.手腳受傷。	1.經云，一白官星之應主掌文章讀書聰明。	5.頭部疾病，遠行多阻滯，身體多病。
	81.土剋水、膀胱疾、耳病。	45.遊蕩廢業，手足傷，病重重五黃到位；煞中之煞主災禍連連，阻礙百般，化解安忍水、六帝錢。

説明:雙星到向，山星下水，旺財不旺丁。經曰：「會有旺星到穴，富積千鐘。」座山63，主肝病、足病、官非、口舌、暴戾、肺疾、頭痛；西宮54，西北宮45，主瘡毒、中毒、血光、意外、膽病、股疾之事；南宮72，東南宮27，主桃色、喉疾、口舌、腹痛、產厄之事。

35 8	71 4	53 6
44 7	26 9	98 2
89 3	62 5	17 1

[九紫運]

陽 宅 運 勢

艮山坤向

座東北朝西南

四十五度→二百二十度

[起星]

●東南・辰巽巳	●南・丙午丁	●西南・未坤申
8.兒童多病，成績退步，鼻敏感。 3.運氣反覆，時好時壞。 5.主皮膚病，瘡毒。 35.多主不吉，木剋土貧窮、傷足、生疾、五黃到位；煞中之煞主災禍連連，阻礙百般，化解安忍水、六帝錢。	4.讀書聰明，利文職，有喜慶，失運則財帛不聚。 7.小心火災，家中女性不和。 1.中爻得配水火相交，主喜慶順利。 71.出門遠行，桃花。	6.胡思亂想，神經衰弱，當運則發財。 5.主急性病，血光之災。 3.主官災、是非、腸胃病、足病。 53.破財，傷身，窮途困病再遭殃，五黃到位；煞中之煞主災禍連連，阻礙百般，化解安忍水、六帝錢。
●東・乙卯甲	**●宅中央**	**●西・辛酉庚**
7.血光之災，受人拖累破財，宜放風水輪來化解。 4.運氣反覆，情緒起伏。 44.出門，桃花。	9.目疾、血光之災、皮膚病。 2.血光之災，慢性病。 6.遠行多阻滯，頭部疾病。 26.進田莊之喜，買地買樓但是各薔孤寒。	2.肚痛，提防火災，血光之災。 9.小心火災，家中女性不和。 8.財帛可得，但容易破耗。 98.吐血。
●東北・寅艮丑	**●北・癸子壬**	**●西北・亥乾戌**
3.經云，三八逢損小口，主不利小童。 8.當運發財，利地產，失運破財。 9.家有令人愉快事情發生，如喜事、橫財。 89.火生土，吉，旺丁，旺財，輔弼相輝，田園富盛，而子孫繁衍也。	5.主傷病，提防泌尿疾病，女性提防婦科病。 6.主聰明才智發小財。 2.主家人易罹腸胃病，女性當權掌握財政。 62.腸疾、婦科病。	1.主聰明、才智、發小財。 7.提防金屬所傷，主官非、爭執、交通意外。 17.桃花，出門有利，吉利。

説明：令星到座，水神上山，破財損丁。經曰：「苟無生氣入門，糧艱一宿。」向首53，主瘡毒、中毒、血光之災、意外、肝病、足患、官非、口舌之事；北宮62，主腹痛、產厄、頭疾、官訟之應；南宮71，主腎病、耳鳴、淫蕩、喉疾、肺疾。

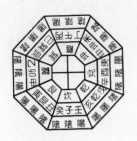

45	81	63
8	4	6
54	36	18
7	9	2
99	72	27
3	5	1

陽 宅 運 勢

[九紫運]

艮山坤向

座東北朝西南

四十五度→二百二十度

[下卦]

●東南・辰巽巳	●南・丙午丁	●西南・未坤申
8.兒童多病，成績退步，鼻敏感。 4.經云，蓋四綠為文昌之神主聰明。 5.主皮膚病、瘡毒。 45.遊蕩廢業，手足傷，病重重五黃到位；煞中之煞主災禍連連，阻礙百般，化解安忍水、六帝錢。	4.讀書聰明，利文職，有喜慶，失運則財帛不聚。 8.主喜慶，有令人愉快事情發生。 1.中爻得配水火相交，主喜慶順利。 81.土剋水、膀胱疾、耳病。	6.胡思亂想，神經衰弱，當運則發財。 3.主官災、是非、腸胃病、足病。 63.手腳受傷。
●東・乙卯甲	●宅中央	●西・辛酉庚
7.血光之災，受人拖累破財，宜放風水輪來化解。 5.容易腳傷，因財招禍。 4.運氣反覆，情緒起伏。 54.五黃最忌三碧四綠木剋土，博弈好飲，破財田園廢盡，大凶五黃到位；煞中之煞主災禍連連，阻礙百般，化解安忍水、六帝錢。	9.目疾、血光之災、皮膚病。 3.因財致禍，腳傷。 6.遠行多阻滯，頭部疾病。 36.官非、手腳受損、患在長男。	2.肚痛，提防火災，血光之災。 1.家人好動，多異性緣，一白當運為桃花運，失運破財。 8.財帛可得，但容易破耗。 18.土剋水，耳疾，被狗咬傷或被動物抓傷。咎輕，受剋而奇偶相敵。
●東北・寅艮丑	●北・癸子壬	●西北・亥乾戌
3.經云，三八逢損小口，主不利小童。 9.家有令人愉快事情發生，如喜事、橫財。 99.目疾。	5.主傷病，提防泌尿疾病，女性提防婦科病。 7.家人好動，桃花運。 2.主家人易罹腸胃病，女性當權掌握財政。 72.合先天火，利二黑、五黃，八白命。	1.主聰明、才智、發小財。 2.失運神經衰弱，胡思亂想，當運旺財。 7.提防金屬所傷，主官非，爭執，交通意外。 27.土生金，七赤是七運的財星旺有財化官複，因桃花破財，桃花劫，對九紫命有利，二七合先天火乘殺氣遇凶山水，鳥焚其巢也。

説明：雙星到座，水神上山，主旺丁不旺財。經曰：「苟無生氣入門，糧艱一宿。」向首63，主官非、口舌、暴戾、頭痛、肺疾；東南宮45，東宮54，主瘡毒、中毒、血光、意外、膽疾；西北宮27，北宮72，主腹疾、產厄、胃痛、淫蕩、口舌、喉疾。

35	71	53
8	4	6
44	26	98
7	9	2
89	62	17
3	5	1

陽 宅 運 勢

寅山申向

[九紫運]　　　　　　　　　　　　　　　[起星]

座東北東朝西南西

六十度→二百四十度

●東南・辰巽巳	●南・丙午丁	●西南・未坤申
8.兒童多病，成績退步，鼻敏感。 3.運氣反覆，時好時壞。 5.主皮膚病、瘡毒。 35.多主不吉，木剋土貧窮、傷足、生疾、五黃到位；煞中之煞主災禍連連，阻礙百般，化解安忍水、六帝錢。	4.讀書聰明，利文職，有喜慶，失運則財帛不聚。 7.小心火災，家中女性不和。 1.中爻得配水火相交，主喜慶順利。 71.出門遠行，桃花。	6.胡思亂想，神經衰弱，當運則發財。 5.主急性病，血光之災。 3.主官災、是非、腸胃病、足病。 53.破財，傷身，窮途困病再遭殃，五黃到位；煞中之煞主災禍連連，阻礙百般，化解安忍水、六帝錢。
●東・乙卯甲	●宅中央	●西・辛酉庚
7.血光之災，受人拖累破財，宜放風水輪來化解。 4.運氣反覆，情緒起伏。 44.出門，桃花。	9.目疾、血光之災、皮膚病。 2.血光之災、慢性病。 6.遠行多阻滯、頭部疾病。 26.進田莊之喜，買地買樓但是吝嗇孤寒。	2.肚痛，提防火災，血光之災。 9.小心火災，家中女性不和。 8.財帛可得，但容易破耗。 98.吐血。
●東北・寅艮丑	●北・癸子壬	●西北・亥乾戌
3.經云，三八逢損小口，主不利小童。 8.當運發財，利地產，失運破財。 9.家有令人愉快事情發生，如喜事、橫財。 89.火生土，吉，旺丁、旺財，輔弼相輝，田園富盛，而子孫繁衍也。	5.主傷病，提防泌尿疾病，女性提防婦科病。 6.主聰明才智發小財。 2.主家人易罹腸胃病，女性當權掌握財政。 62.腸疾、婦科病。	1.主聰明、才智、發小財。 7.提防金屬所傷，主官非，爭執，交通意外。 17.桃花，出門有利，吉利。

說明:令星到座，水神上山，破財損丁。經曰：「苟無生氣入門，糧艱一宿。」向首53，主瘡毒、中毒、血光之災、意外、肝病、足患、官非、口舌；北宮62，主腹痛、產厄、頭疾、官訟；南宮71，主腎病耳鳴、淫蕩、喉疾、肺疾。

45	81	63
8	4	6
54	36	18
7	9	2
99	72	27
3	5	1

陽 宅 運 勢

寅山申向

[九紫運]

[下卦]

座東北東朝西南西

六十度→二百四十度

●東南・辰巽巳	●南・丙午丁	●西南・未坤申
8.兒童多病、成績退步、鼻敏感。	4.讀書聰明，利文職，有喜慶，失運則財帛不聚。	6.胡思亂想，神經衰弱，當運則發財。
4.經云，蓋四綠為文昌之神主聰明。	8.主喜慶，有令人愉快事情發生。	3.主官災、是非、腸胃病、足病。
5.主皮膚病、瘡毒。	1.中爻得配水火相交，主喜慶順利。	63.手腳受傷。
45.遊蕩廢業，手足傷，病重重五黃到位；煞中之煞主災禍連連，阻礙百般，化解安忍水、六帝錢。	81.土剋水、膀胱疾、耳病。	
●東・乙卯甲	●宅中央	●西・辛酉庚
7.血光之災，受人拖累破財，宜放風水輪來化解。	9.目疾、血光之災、皮膚病。	2.肚痛，提防火災，血光之災。
5.容易腳傷，因財招禍。	3.因財致禍，腳傷。	1.家人好動，多異性緣，一白當運為桃花運，失運破財。
4.運氣反覆，情緒起伏。	6.遠行多阻滯，頭部疾病。	8.財帛可得，但容易破耗。
54.五黃最忌三碧四綠木剋土，博弈好飲，破財田園廢盡，大凶五黃到位；煞中之煞主災禍連連，阻礙百般，化解安忍水、六帝錢。	36.官非，手腳受損，患在長男。	18.土剋水，耳疾，被狗咬傷或被動物抓傷。咎輕，受剋而奇偶相敵。
●東北・寅艮丑	●北・癸子壬	●西北・亥乾戌
3.經云，三八逢損小口，主不利小童。	5.主傷病，提防泌尿疾病，女性提防婦科病。	1.主聰明、才智、發小財。
9.家有令人愉快事情發生，如喜事、橫財。	7.家人好動，桃花運。	2.失運神經衰弱，胡思亂想，當運旺財。
99.目疾。	2.主家人易罹腸胃病，女性當權掌握財政。	7.提防金屬所傷，主官非、爭執、交通意外。
	72.合先天火，利二黑，五黃，八白命。	27.土生金，七赤是七運的財星旺有財化官複，因桃花破財，桃花劫，對九紫命有利，二七合先天火乘殺氣遇凶山水，鳥焚其巢也。

説明：雙星到座，水神上山，主旺丁不旺財。經曰：「苟無生氣入門，糧艱一宿。」向首63，主官非、口舌、暴戾、頭痛、肺疾；東南宮45，東宮54，主瘡毒、中毒、血光、意外、膽疾之應；西北宮27，北宮72，主腹疾、產厄、胃痛、淫蕩、口舌、喉疾。

79	25	97
8	4	6
88	61	43
7	9	2
34	16	52
3	5	1

陽 宅 運 勢

未山丑向

座西南南朝東北北

二百一十度→三十度

[九紫運]　　　　　　　　　　　　　　　　　[起星]

●東南・辰巽巳	●南・丙午丁	●西南・未坤申
8.兒童多病、成績退步、鼻敏感。 7.容易被金屬傷、易惹桃花劫。 9.讀書聰明，利文職，家有喜慶事。 79.回祿之災、心臟病。	4.讀書聰明，利文職，有喜慶，失運則財帛不聚。 2.家人愚鈍、血光之災。 5.眼部疾病、血光之災。 25.二五交加必損主孤寡二主，宅母多病黑逢五至出鰥夫，五黃到位；煞中煞主災禍連連，阻礙百般，化解安忍水、六帝錢。	6.胡思亂想，神經衰弱，當運則發財。 9.家人愚鈍，子女成績退步。 7.主痢疾、提防火災、血光之災。 97.回祿之災、心臟病。
●東・乙卯甲	●宅中央	●西・辛酉庚
7.血光之災，受人拖累破財，宜放風水輪來化解。 8.主不利、兒童成績退步。 88.吉・財利。	9.目疾、血光之災、皮膚病。 6.遠行多阻滯，頭部疾病。 1.經云，一加二五傷及壯丁，主傷病。 61.金生水，桃花旺。	2.肚痛、提防火災、血光之災。 4.容易被金屬所傷，易惹桃花劫。 3.主血光之災，受人拖累。 43.少女發瘋，男星飛臨是男姦女之象。
●東北・寅艮丑	●北・癸子壬	●西北・亥乾戌
3.經云，三八逢損小口，主不利小童。 4.兒童多病、成績退步、鼻敏感。 34.三是男，四是女，女來就男移船就磡貼，大床利男性的桃花。	5.主傷病，提防泌尿疾病，女性提防婦科病。 1.經云，一白官星之應主掌文章讀書聰明。 6.主聰明才智發小財。 16.合為水主催官，遇旺水秀峰，官居極品也。武貴，當軍警會顯貴，事事如意，吉利。	1.主聰明、才智、發小財。 5.頭部疾病，遠行多阻滯，身體多病。 2.失運神經衰弱，胡思亂想，當運旺財。 52.腸病，手腳受傷，黃遇黑時出寡婦。主孤寡五黃到位；煞中之煞主災禍連連，阻礙百般，化解安忍水、六帝錢。

說明：山星到座得令，向星失位，主旺丁不旺財。經曰：「苟無生氣入門，糧艱一宿。」向34，主肝病、足患、刑妻、暴戾、膽疾、中風淫亂；南宮25，主腹疾、產厄、邪病、瘡毒、中毒、血光、意外；北宮16，主腎病、耳鳴、水厄、官訟、頭疾、項病之應。

72	27	99
8	4	6
81	63	45
7	9	2
36	18	54
3	5	1

陽 宅 運 勢

[九紫運]

未山丑向
座西南南朝東北北
二百一十度→三十度

[下卦]

●東南・辰巽巳	●南・丙午丁	●西南・未坤申
8.兒童多病、成績退步、鼻敏感。 7.容易被金屬傷，易惹桃花劫。 2.主是非、健康差、呼吸系統疾病。 72.合先天火，利二黑，五黃，八白命。	4.讀書聰明，利文職，有喜慶，失運則財帛不聚。 2.家人愚鈍、血光之災。 7.小心火災、家中女性不和。 27.土生金，七赤是七運的財星旺有財化官複，因桃花破財，桃花劫，對九紫命有利，二七合先天火乘殺氣遇凶山水，鳥焚其巢也。	6.胡思亂想，神經衰弱，當運則發財。 9.家人愚鈍，子女成績退步。 99.目疾。
●東・乙卯甲	●宅中央	●西・辛酉庚
7.血光之災，受人拖累破財，宜放風水輪來化解。 8.主不利，兒童成績退步。 1.主家人搬遷或有遠行，脾氣較為暴躁。 81.土剋水、膀胱疾、耳病。	9.目疾、血光之災、皮膚病 6.遠行多阻滯，頭部疾病。 3.因財致禍，腳傷。 63.手腳受傷。	2.肚痛，提防火災，血光之災。 4.容易被金屬所傷，易惹桃花劫。 5.是非、官災，提防被金屬所傷。 45.遊蕩廢業，手足傷，病重重五黃到位；煞中之煞主災禍連連，阻礙百般，化解安忍水、六帝錢。
●東北・寅艮丑	●北・癸子壬	●西北・亥乾戌
3.經云，三八逢損小口，主不利小童。 6.發小財，利地產或五金行業。 36.官非，手腳受損．患在長男。	5.主傷病，提防泌尿疾病，女性提防婦科病。 1.經云，一白官星之應主掌文章讀書聰明。 8.主財運佳，利地產置業。 18.土剋水，耳疾，被狗咬傷或被動物抓傷。咎輕，受剋而奇偶相敵。	1.主聰明、才智、發小財。 5.頭部疾病，遠行多阻滯，身體多病。 4.不利女性，驛馬位，有遠行或搬遷。 54.五黃最忌三碧四綠木剋土，博弈好飲，破財田園廢盡，大凶五黃到位；煞中之煞主災禍連連，阻礙百般，化解安忍水、六帝錢。

說明:雙星到座，水神上山，主旺丁不旺財。經曰：「苟無生氣入門，糧艱一宿。」向上36，主肝病、足患、刑妻、暴戾、官訟、頭疾、項病、肺病；西北宮54，主瘡毒、中毒、血光、意外、中風、膽疾、淫亂之應；東南宮72，主腹疾、產厄、邪病、官非、口舌、桃色之應。

53 8	17 4	35 6
44 7	62 9	89 2
98 3	26 5	71 1

陽 宅 運 勢

坤山艮向

座西南朝東北

二百二十五度 → 四十五度

[九紫運]　　　　　　　　　　　　　　　　　　　[起星]

●東南・辰巽巳	●南・丙午丁	●西南・未坤申
8.兒童多病、成績退步、鼻敏感。	4.讀書聰明，利文職，有喜慶，失運則財帛不聚。	6.胡思亂想，神經衰弱，當運則發財。
5.主皮膚病、瘡毒。	1.中爻得配水火相交，主喜慶順利。	3.主官災、是非、腸胃病、足病。
3.運氣反覆，時好時壞。	7.小心火災，家中女性不和。	5.主急性病，血光之災。
53.破財，傷身，窮途困病再遭殃，五黃到位；煞中之煞主災禍連連，阻礙百般，化解安忍水、六帝錢。	17.桃花、出門有利、吉利。	35.多主不吉，木剋土貧窮、傷足、生疾、五黃到位；煞中之煞主災禍連連，阻礙百般，化解安忍水、六帝錢。
●東・乙卯甲	●宅中央	●西・辛酉庚
7.血光之災，受人拖累破財，宜放風水輪來化解。	9.目疾、血光之災、皮膚病。	2.肚痛，提防火災，血光之災。
4.運氣反覆，情緒起伏。	6.遠行多阻滯，頭部疾病。	8.財帛可得，但容易破耗。
44.出門，桃花。	2.血光之災、慢性病。	9.小心火災，家中女性不和。
	62.腸疾、婦科病	89.火生土，吉，旺丁，旺財，輔弼相輝，田園富盛，而子孫繁衍也。
●東北・寅艮丑	●北・癸子壬	●西北・亥乾戌
3.經云，三八逢損小口，主不利小童。	5.主傷病，提防泌尿疾病，女性提防婦科病。	1.主聰明、才智、發小財。
9.家有令人愉快事情發生，如喜事、橫財。	2.主家人易罹腸胃病，女性當權掌握財政。	7.提防金屬傷，主官非、爭執、交通意外。
8.當運發財，利地產，失運破財。	6.主聰明才智發小財。	71.出門遠行，桃花。
98.吐血。	26.進田莊之喜，買地買樓但是各嗇孤寒。	

説明：令星失位，山星下水，主破財損丁。經曰：「苟無生氣入門，糧艱一宿。」座山35，主瘡毒、中毒、血光、意外、官非、口舌、暴戾、刑妻之應；北宮26，主腹疾、產厄、邪病、頭痛、項疾、官訟；西北宮71，主腎病、耳鳴、水厄、官非、口舌、牢獄之災、桃色之應。

54	18	36
8	4	6
45	63	81
7	9	2
99	27	72
3	5	1

陽 宅 運 勢

坤山艮向

[九紫運]　　　　　　　　　　　　　　　　　　[下卦]

座西南朝東北

二百二十五度→四十五度

●東南・辰巽巳	●南・丙午丁	●西南・未坤申
8.兒童多病、成績退步、鼻敏感。 5.主皮膚病、瘡毒。 4.經云，蓋四綠為文昌之神主聰明。 54.五黃最忌三碧四綠木剋土，博弈好飲，破財田園廢盡，大凶五黃到位；煞中之煞主災禍連連，阻礙百般，化解安忍水、六帝錢。	4.讀書聰明，利文職，有喜慶，失運則財帛不聚。 1.中爻得配水火相交，主喜慶順利。 8.主喜慶，有令人愉快事情發生。 18.土剋水，耳疾，被狗咬傷或被動物抓傷。咎輕，受剋而奇偶相敵。	6.胡思亂想，神經衰弱，當運則發財。 3.主官災、是非、腸胃病、足病。 36.官非，手腳受損。患在長男。
●東・乙卯甲	●宅中央	●西・辛酉庚
7.血光之災，受人拖累破財，宜放風水輪來化解。 4.運氣反覆，情緒起伏。 5.容易腳傷，因財招禍。 45.遊蕩廢業，手足傷，病重重五黃到位；煞中之煞主災禍連連，阻礙百般，化解安忍水、六帝錢。	9.目疾、血光之災、皮膚病。 6.遠行多阻滯，頭部疾病。 3.因財致禍、腳傷。 63.手腳受傷。	2.肚痛、提防火災、血光之災。 8.財帛可得，但容易破耗。 1.家人好動，多異性緣，一白當運為桃花運，失運破財。 81.土剋水，膀胱疾、耳病。
●東北・寅艮丑	●北・癸子壬	●西北・亥乾戌
3.經云，三八逢損小口，主不利小童。 9.家有令人愉快事情發生，如喜事、橫財。 99.目疾。	5.主傷病，提防泌尿疾病，女性提防婦科病。 2.主家人易罹腸胃病，女性當權掌握財政。 7.家人好動，桃花運。 27.土生金，七赤是七運的財星旺有財化官褄，因桃花破財，桃花劫，對九紫命有利，二七合先天火乘殺氣遇凶山水，鳥焚其巢也。	1.主聰明、才智、發小財。 7.提防金屬傷，主官非、爭執、交通意外。 2.失運神經衰弱，胡思亂想，當運旺財。 72.合先天火，利二黑，五黃，八白命。

說明:雙星到向，山星下水，主旺丁不旺財。經曰：「會有旺星到穴，富積千鐘。」座山36，主肝病、足患、官非、口舌、刑妻、暴戾、頭疾、項病、腸疾；東南宮54，主瘡毒、中毒、血光、意外、膽疾、中風、淫亂之事；北宮27，主腹疾、產厄、邪病、口舌、牢獄之災。

53 8	17 4	35 6
44 7	62 9	89 2
98 3	26 5	71 1

陽 宅 運 勢

申山寅向

[九紫運]　　　　　　　　　　　　　　　　　　[起星]

座西南西朝東北東

二百四十度→六十度

●東南・辰巽巳	●南・丙午丁	●西南・未坤申
8.兒童多病、成績退步、鼻敏感。	4.讀書聰明，利文職，有喜慶，失運則財帛不聚。	6.胡思亂想，神經衰弱，當運則發財。
5.主皮膚病、瘡毒。	1.中爻得配水火相交，主喜慶順利。	3.主官災、是非、腸胃病、足病。
3.運氣反覆，時好時壞。	7.小心火災，家中女性不和。	5.主急性病，血光之災。
53.破財，傷身，窮途困病再遭殃，五黃到位；煞中之煞主災禍連連，阻礙百般，化解安忍水、六帝錢。	17.桃花，出門有利，吉利。	35.多主不吉，木剋土貧窮、傷足、生疾、五黃到位；煞中之煞主災禍連連，阻礙百般，化解安忍水、六帝錢。

●東・乙卯甲	●宅中央	西・辛酉庚
7.血光之災，受人拖累破財，宜放風水輪來化解。	9.目疾、血光之災、皮膚病。	2.肚痛，提防火災，血光之災。
4.運氣反覆，情緒起伏。	6.遠行多阻滯、頭部疾病。	8.財帛可得，但容易破耗。
44.出門，桃花。	2.血光之災、慢性病。	9.小心火災，家中女性不和。
	62.腸疾、婦科病。	89.火生土，吉，旺丁，旺財，輔弼相輝，田園富盛，而子孫繁衍也。

●東北・寅艮丑	●北・癸子壬	●西北・亥乾戌
3.經云，三八逢損小口，主不利小童。	5.主傷病，提防泌尿疾病，女性提防婦科病。	1.主聰明，才智，發小財。
9.家有令人愉快事情發生，如喜事、橫財。	2.主家人易罹腸胃病，女性當權掌握財政。	7.提防金屬傷，主官非，爭執，交通意外。
8.當運發財，利地產，失運破財。	6.主聰明才智發小財。	71.出門遠行，桃花。
98.吐血。	26.進田莊之喜，買地買樓但是各嗇孤寒。	

說明:令星失位，山星下水，主破財損丁。經曰：「苟無生氣入門，糧艱一宿。」座山35，主瘡毒、中毒、血光、意外、官非、口舌、暴戾、刑妻；北宮26，主腹疾、產厄、邪病、頭痛、項疾、官訟之應；西北宮71，主腎病、耳鳴、水厄、官非、口舌、牢獄之災、桃色之應。

54 8	18 4	36 6
45 7	63 9	81 2
99 3	27 5	72 1

陽 宅 運 勢

申山寅向

座西南西朝東北東

二百四十度→六十度

[九紫運]　　　　　　　　　　　　　　　　　　　　[下卦]

●東南・辰巽巳	●南・丙午丁	●西南・未坤申
8.兒童多病、成績退步、鼻敏感。 5.主皮膚病、瘡毒。 4.經云，蓋四綠為文昌之神主聰明。 54.五黃最忌三碧四綠木剋土，博弈好飲，破財田園廢盡，大凶五黃到位；煞中之煞主災禍連連，阻礙百般，化解安忍水、六帝錢。	4.讀書聰明，利文職，有喜慶，失運則財帛不聚。 1.中爻得配水火相交，主喜慶順利。 8.主喜慶，有令人愉快事情發生。 18.土剋水，耳疾，被狗咬傷或被動物抓傷，咎輕，受剋而奇偶相敵。	6.胡思亂想，神經衰弱，當運則發財。 3.主官災、是非、腸胃病、足病。 36.官非，手腳受損，患在長男。
●東・乙卯甲	**●宅中央**	**●西・辛酉庚**
7.血光之災，受人拖累破財，宜放風水輪來化解。 4.運氣反覆，情緒起伏。 5.容易腳傷，因財招禍。 45.遊蕩廢業，手足傷，病重重五黃到位；煞中之煞主災禍連連，阻礙百般，化解安忍水、六帝錢。	9.目疾、血光之災、皮膚病。 6.遠行多阻滯，頭部疾病。 3.因財致禍，腳傷。 63.手腳受傷。	2.肚痛，提防火災，血光之災。 8.財帛可得，但容易破耗。 1.家人好動，多異性緣，一白當運為桃花運，失運破財。 81.土剋水、膀胱疾、耳病。
●東北・寅艮丑	**●北・癸子壬**	**●西北・亥乾戌**
3.經云，三八逢損小口，主不利小童。 9.家有令人愉快事情發生，如喜事、橫財。 99.目疾。	5.主傷病，提防泌尿疾病，女性提防婦科病。 2.主家人罹腸胃病，女性當權掌握財政。 7.家人好動，桃花運。 27.土生金，七赤是七運的財星旺有財化官複，因桃花破財，桃花劫，對九紫命有利，二七合先天火乘殺氣遇凶山水，鳥焚其巢也。	1.主聰明、才智、發小財。 7.提防金屬傷，主官非，爭執，交通意外。 2.失運神經衰弱，胡思亂想，當運旺財。 72.合先天火，利二黑，五黃，八白命。

説明：雙星到向，山星下水，主旺財不旺丁。經曰：「會有旺星到穴，富積千鐘。」座山36，主肝病、足患、官非、口舌、刑妻、暴戾、頭疾、項病、腸疾；東南宮54，主瘡毒、中毒、血光、意外、膽疾、中風、淫亂；北宮27，主腹疾、產厄、邪病、口舌、牢獄之災。

六十四卦上卦下卦位速配表

下卦 \ 上卦	天 ☰	澤 ☱	火 ☲	雷 ☳	風 ☴	水 ☵	山 ☶	地 ☷
天	乾為天6-6	澤天夬7-6	火天大有9-6	雷天大壯3-6	風天小畜4-6	水天需1-6	山天大畜8-6	地天泰2-6
澤	天澤履6-7	兌為澤7-7	火澤暌9-7	雷澤歸妹3-7	風澤中孚4-7	水澤節1-7	山澤損8-7	地澤臨2-7
火	天火同人6-9	澤火革7-9	離為火9-9	雷火豐3-9	風火家人4-9	水火既濟1-9	山火賁8-7	地火明夷2-9
雷	天雷無妄6-3	澤雷隨7-3	火雷噬嗑9-3	震為雷3-3	風雷益4-3	水雷屯1-3	山雷頤8-3	地雷復2-3
風	天風姤6-4	澤風大過7-4	火風鼎9-4	雷風恆3-4	巽為風4-4	水風井1-4	山風蠱8-4	地風升2-4
水	天水訟6-1	澤水困7-1	火水未濟9-1	雷水解3-1	風水渙4-1	坎為水1-1	山水蒙8-1	地水師2-1
山	天山遯6-8	澤山咸7-8	火山旅9-8	雷山小過3-8	風山漸4-8	水山蹇1-8	艮為山8-8	地山謙2-8
地	天地否6-2	澤地萃7-2	火地晉9-2	雷地豫3-2	風地觀4-2	水地比1-2	山地剝8-2	坤為地2-2

八卦的物象、人倫、事象

八卦	乾	坤	震	巽	坎	離	艮	兌
物象	天	地	雷.地震	風.木	水.雨雲	火.太陽	山	澤
人倫	父	母	長男	長女	中男	中女	少男	少女
事象	剛強.亨通.高上.霸氣	包容.謙虛.平順	活動.搖動.驚動.急動.決斷	輕率.優柔寡斷.柔順.配合	陷入.受困.障礙.煩惱.墜流	睿智.光輝.目標.熱心	靜止.停止.障礙.固執.獨立	喜悅.調笑.天真.開口

先天八卦代表數

八數 ☷	七數 ☶	六數 ☵	五數 ☴	四數 ☳	三數 ☲	二數 ☱	一數 ☰
坤六斷	艮覆碗	坎中滿	巽下斷	震仰盂	離中虛	兌上缺	乾三連
簡稱坤卦	簡稱艮卦	簡稱坎卦	簡稱巽卦	簡稱震卦	簡稱離卦	簡稱兌卦	簡稱乾卦
西南方	東北方	正北方	東南方	正東方	正南方	正西方	西北方
屬土	屬土	屬水	屬木	屬木	屬火	屬金	屬金

十二地支代表數

玄	戌	酉	申	未	午	巳	辰	卯	寅	丑	子
豬	狗	雞	猴	羊	馬	蛇	龍	兔	虎	牛	鼠
21-23	19-21	17-19	15-17	13-15	11-13	09-11	07-09	05-7	03-05	01-03	11-01
代數12	代數11	代數10	代數9	代數8	代數7	代數6	代數5	代數4	代數3	代數2	代數1

雙星配卦目錄

一、一　坎爲水　　重重艱難一盛運已逝，險難在即

◎ 艱難之象　◎四大難卦之一　◎猶遇急流中的旋渦

上卦代表對方（或事象），「坎」有困難之象；下卦代表自己，「坎」有陷入困難之象。此卦上下卦都是「坎」，重重困難。猶如急流中的旋渦，前途可嘆。

運	勢	危機四伏之象。貧病交加，此卦為四大難卦之一，故一劫均應小心。
願	望	陷入泥沼中，打消念頭吧！
財	運	捉襟見肘。
週	轉	四處遭到拒絕。
投	資	碰了一鼻子灰。
生	意	會血本無歸。
謀	職	會血本無歸。
跳	槽	安份點，跳槽就等於失業。
考	試	考壞了，落第。
訴	訟	敗訴。若對方有意和解最好，否則請善加利用對方心軟時予以求情。
事	態	處處充滿危險與艱辛。
外	出	禁足，外出逢災。
交	涉	這是一場翻臉的談判。
等	人	不會來。
戀	情	吹定了。
婚	姻	彼此怨懟，不如暫時冷靜下來以渡過難關。
相	親	甭提了。
尋	人	找不到，有生命危險，一切要小心。
尋	物	放棄吧！被盜匪竊佔了，不會歸還。
股	票	會崩盤。
卦	解	29黑流，財豐土茂，日久少嗣。

一、二　水地比　併肩相親－努力維持現狀

◎ 親親之象　◎一片和樂　◎努力維持現狀

　　上卦代表對方（或事象），「坎」有水之象；下卦代表自己，「坤」有地，包容之象。此卦表示水依附在地上流，親親愛愛，一片和樂。自己有包容力，得到的助力自然也不言而喻，和對方和睦相親，但太沒有距離容易造成判斷混淆，故亦須小心。

運　勢	和氣中處處逢貴，但因助力良莠不齊，須知避惡親善，才會大吉。
願　望	願望可遂，若能善用助力則更騰達。
財　運	大賺錢，錢財得來不易，不妨存起來。
週　轉	資助力頗雄厚。
投　資	會自動還你。
生　意	是一項相輔相成之事業，可為。
謀　職	因借重他人力量而成功，和氣生財之象。
跳　槽	不宜跳槽，留在原位會獲得意想不到的好處。
考　試	金榜題名。
訴　訟	以和解收場吧！
事　態	和氣中順利進行。
外　出	成行，在外能交到好朋友。
交　涉	容易被對方說服。
等　人	對方提早來臨，並且帶來同伴。
戀　情	男性享齊人之福，女性則因有強力情敵而苦惱。
婚　姻	已婚者幸福，未婚者無法如願以償。
相　親	男追女可成，女追男不成。
尋　人	會在意外的場合邂逅。
尋　物	在不經意中找到。
股　票	此股人氣聚集，但短線為宜。
卦　解	08沃田，功名顯赫，泌尿系統多病。

一、三　水雷屯　　雪覆萌芽─充滿了艱辛

◎ 艱難之象　◎四大難卦之一　◎艱難的成長

　　上卦代表對方（或事象），「坎」有困難之象，下卦代表自己；「震」有急躁驚動之象。表示自己在困難重重下急急欲動，由於充滿了難辛。辛苦努力後仍離萌芽期有一段距離。

運	勢	艱難的運勢，辛苦努力之後可獲得小成果。
願	望	近期無法如願。
財	運	沒有希望，這是一段埋沒期。
週	轉	對方不可能週轉給自己，拮据的路還很長。
投	資	對方不見蹤影，無處可討。
生	意	投資環境不理想，投資下去久久沒有下文。
謀	職	目前倍感艱辛，若能長期忍耐將會見到曙光。
跳	槽	自己很想跳槽，但跳不成，保持現有工作暫渡此時期。
考	試	落第。
訴	訟	快敗訴了，找對方談和也不得回應。
事	態	事態不明朗，時間會拖延。
外	出	這次的外出計劃，在波折與狀況百出中不了了之。
交	涉	對方沒有誠意，再三刁難，放棄算了吧！
等	人	沒指望。
戀	情	這是一場悲哀的戀曲！
婚	姻	配偶有外遇，打打鬧鬧，糾紛不斷。
相	親	相親的事情，提都不用提了！
尋	人	在遠方，近期不會有消息。
尋	物	在家中某處藏著，不必往外找。
股	票	不可進場，將有一段為時頗長的埋沒期。
卦	解	03將出末，出之新芽，富貴昌盛，厄禍重重，日久少嗣。

一、四　水風井

不易獲償－困窘中要振弊起衰

◎ 付出之象　◎不容易得到報償，保平安即可

　　上卦代表對方（或事象），「坎」有陷，困難之象；下卦代表自己，「巽」有行動之象。此卦表示對方處入困境中，因此就像一口井一樣供他人取求。

運　勢	運氣平平，守住現狀則佳，請享受這段平凡的幸福吧！
願　望	雖然現在不是很如意，但假以時日則會改觀。
財　運	為他人而勞，沒什麼財運，不如去做義工。
週　轉	小錢調得到，大錢則無，對方也在困難中。
投　資	對方的能力只能分期攤還，本金討回就好，利息免了吧！
生　意	目前不宜。
謀　職	為求維持也只好接受賒賬生意，可考慮改行。
跳　槽	不宜，快停止行動。不如先做個小差事或再深造吧！
考　試	跌破他人眼鏡，平日功課這麼爛居然上榜了。
訴　訟	為免夜長夢多，早點與對方和談吧！
事　態	借助他人的力量乃上上之策。
外　出	送往迎來，只是為他人而忙。
交　涉	為了得到對方的認同而使出渾身解數，十分吃力！
等　人	姍姍來遲。
戀　情	兩人唇齒相依，孟不離焦，焦不離孟。
婚　姻	婚後會有段拮据期，但感情美滿，生活也會改善。
相　親	雙方年齡都不小了，心底均急著結婚。
尋　人	對方因某種原因而未露面。
尋　物	找不到。
股　票	為大戶抬轎子，小心為妙。
卦　解	48息息相關，田產豐盛，大發功名，富貴榮華。

一、五　水戊己卦　白坎五行屬水

飛星賦云：子癸歲，廉貞飛到，陰處生瘍。

　　主男：五黃屬土，土剋水之象。秘本云：一加二五，傷及壯丁。五黃廉貞主災病。

運　勢	五黃到位，進門煞中之煞，主災禍連連，阻礙百般。
願　望	五黃到位，進門煞中之煞，主災禍連連，阻礙百般。
財　運	五黃到位，進門煞中之煞，主災禍連連，阻礙百般。
週　轉	五黃到位，進門煞中之煞，主災禍連連，阻礙百般。
投　資	五黃到位，進門煞中之煞，主災禍連連，阻礙百般。
生　意	五黃到位，進門煞中之煞，主災禍連連，阻礙百般。
謀　職	五黃到位，進門煞中之煞，主災禍連連，阻礙百般。
跳　槽	五黃到位，進門煞中之煞，主災禍連連，阻礙百般。
考　試	五黃到位，進門煞中之煞，主災禍連連，阻礙百般。
訴　訟	五黃到位，進門煞中之煞，主災禍連連，阻礙百般。
事　態	五黃到位，進門煞中之煞，主災禍連連，阻礙百般。
外　出	五黃到位，進門煞中之煞，主災禍連連，阻礙百般。
交　涉	五黃到位，進門煞中之煞，主災禍連連，阻礙百般。
等　人	五黃到位，進門煞中之煞，主災禍連連，阻礙百般。
戀　情	五黃到位，進門煞中之煞，主災禍連連，阻礙百般。
婚　姻	五黃到位，進門煞中之煞，主災禍連連，阻礙百般。
相　親	五黃到位，進門煞中之煞，主災禍連連，阻礙百般。
尋　人	五黃到位，進門煞中之煞，主災禍連連，阻礙百般。
尋　物	五黃到位，進門煞中之煞，主災禍連連，阻礙百般。
股　票	五黃到位，進門煞中之煞，主災禍連連，阻礙百般。
卦　解	五黃到位，進門煞中之煞，主災禍連連，阻礙百般。

一、六 水天需

蹒躕等待－忍耐中靜候佳音

◎ 等待之象 ◎忍耐中靜候佳音，唐突前進必定一敗塗地

上卦代表對方（或事象），「坎」有陷險之象；下卦代表自己，「乾」有剛強之象。此卦表示自己雖然剛強，但前景有險阻不可前進，所以要等待。此卦最需耐心，前景看似無望，但卻不可著急，屆時會峰迴路轉，氣象萬新。若唐突前進，必定一敗塗地

運 勢	實力不弱，但時機未到，不妨潛心修學，到時會有貴人大力鼎助。
願 望	暫時順逆隨緣吧！有朝一日，有志者事竟成。
財 運	晚發，初期蹇滯。
週 轉	對方有困難，不用勉強對方。
投 資	對方手頭不方便，不要咄咄逼人，逼太緊，對方會一走了之。
生 意	投資的環境或條件太差，等些時候吧！
謀 職	等待時機好轉，目前不宜。
跳 槽	不可跳槽，應耐心在目前崗位上求取突破，後會得到賞識。
考 試	考上不是理想中的志願。
訴 訟	勝訴。但要懂得虛懷若谷的美德。
事 態	目前諸多不利，再過一段時間才會解決。
外 出	等待時日再出發。
交 涉	成功在望，稍安勿躁。
等 人	對方有事情耽擱了，遲來一會兒。
戀 情	愛情長跑，有心但缺乏熱勁。
婚 姻	對方與自己程度相差頗遠，這種婚姻太冒險了。
相 親	相親的結果，對方不適合自己，
尋 人	自己會回來。
尋 物	往可能遺忘處去找。
股 票	只可小額投資，獲利困難。
卦 解	05等待，合時宜則吉，行淫放蕩。

一、七　水澤節

循序前進─行動必須有所節制

◎ 節制之象　◎凡事三思即能順利

上卦代表對方（或事象），「坎」有陷、受困之意；下卦代表自己，「兌」有口、笑、少女之象，此卦表示對方事象有困難，但自己卻像天真的少女不管對方的困難予取予求。因此告誡自己凡事要三思，有了節制才能得以平安順利。

運	勢	凡事應量力而為，處世宜多三思，行止有分寸，進退有據，方不致有悔
願	望	非份之想不宜，知足才能常樂。
財	運	耐心等待，不久後會發大財。
週	轉	最好帶禮物去，先施惠再開口，行止須穩重。
投	資	過一段時間才會討到。
生	意	觀望一陣子再做決定。
謀	職	目前看似不佳，其實熬過以後會有一番成就。
跳	槽	不可！著落，充實自己再做努力則會找到好差事。
考	試	沒有僥倖，只有用功者才能過關。
訴	訟	按步就班是唯一解決之道。
事	態	守住本份，不貪婪的話即能解決。
外	出	最好取消，若執意非上路不可，則小心節制飲食與行為。
交	涉	暫停吧！重新計劃後再做逐步交涉。
等	人	對方會來，但自己不要遲到。
戀	情	男歡女愛，宜儘速進行婚商。
婚	姻	天造一對，地設一雙。恭禧！恭禧！
相	親	雙方均是教養良好的人，門當戶對。
尋	人	不可用逼迫的，待對方解除心理壓力後即會回來。
尋	物	是不是自己忘在什麼地方了？先靜下來想想就會明白。
股	票	不可一次多購，分次買賣為宜。
卦	解	60水中竹，子孫敗退，事事皆通，大富大貴。

一、八　水山蹇　<small>滯礙難行－困難重重</small>

◎ 艱難之象　◎四大難卦之一　◎跛腳躊躇，寸步難行

　　上卦代表對方（或事象），「坎」有陷入困難之象；下卦代表自己，「艮」有膠著之象。此卦表示有涉水之困，山之險阻。因之寸步難行，遇上此卦，自己只有停止等待，不可盲目的前進，唯有得到極大的助力才可成行。

運	勢	谷底歹運，一切滯礙難行，但若自暴自棄又會惹禍患上身。
願	望	失望，一籌莫展。
財	運	經濟拮据，阮囊羞澀。失財。
週	轉	不但沒借到而且碰了一鼻子灰。
投	資	沒有指望，討不到的。
生	意	根本行不通。
謀	職	一敗塗地。
跳	槽	跳槽不成，就算跳槽成功也是一場艱辛等著你。
考	試	成績差太遠，連門都沒叩到。
訴	訟	敗訴。會有牢獄之災。
事	態	四面楚歌，處處碰壁，卻又放棄不了。
外	出	途中發生災變，行不得。
交	涉	不能成功。
等	人	耽誤了，不會來。
戀	情	明知山有虎，偏向虎山行，慧劍斬情絲吧！
婚	姻	有三角關係，對方心中另有其人。
相	親	困難重重。
尋	人	找不到。
尋	物	尋不著，不知去向。
股	票	不可進場，此股乃跛腳股。
卦	解	39寒足，邪魔侵身，妻離子散，逆境生存。

一、九　水火既濟　功成名就－－切圓滿

◎維持安定之象　◎保持實力　◎平衡現狀

　　上卦代表對方（或事象），「坎」有水之象；下卦代表自己，「離」有火之象。水上火下，水沸能飲，所求皆遂也。

運	勢	所求皆遂，長久以來的計劃，願望得以如願實現。
願	望	小心願可成，大目標則尚須努力。
財	運	短期之內會賺錢，但也只是曇花一現。
週	轉	週轉順利。
投	資	對方雖有困難，但會償還。
生	意	是一項不可多得投資機會，未必賺錢，但會獲得其他益處。
謀	職	眼前有一陣子的好生意，但不長久。
跳	槽	現在工作安定，不宜跳槽，跳槽之後會發現不如想像中那麼如意。
考	試	僥倖錄取。
訴	訟	宜快刀斬亂麻。
事	態	化繁為簡即能解決。
外	出	不要做無法負荷的旅行。
交	涉	順利達成。
等	人	會來。但雙方弄錯地點而未謀面。
戀	情	戀情如同老夫老妻般。
婚	姻	琴瑟和鳴，婚姻生活安定。
相	親	會繼續約會，但也只是來往一陣子而已，
尋	人	對方樂不思蜀，目前不會回來。
尋	物	被他人據為己有。
股	票	可購進，不可買多獲小利。
卦	解	63名成利就，人財皆旺，大富大貴，名聲大振。

二、一　地水師　移師作戰一經過辛苦，但會告捷

◎出征之象　◎歷經週折　◎結果慶幸

　　上卦代表對方（或事象），「坤」有包容、柔順之象；下卦代表自己，「坎」有勞苦塞難之象。此卦表示自己雖勞苦，卻因對方有包容之量，而得以在週折之後順利告捷。

運　勢	有出征之象，雖然過程辛苦但因善用人才而獲益。另外有移居之兆。
願　望	努力後必能有成就。
財　運	開源大耗氣力，宜節流，小心赤字
週　轉	因受同情而得到對方的資助。
投　資	須移樽就駕，至對方公司或家中，才會討回。
生　意	因投資而忙於該事業。
謀　職	在一番大刀闊斧後方見到好轉。另外，可能拓展新的副業。
跳　槽	請參考長輩或資歷較深之人的意見。
考　試	臨場失常而僅及格而已。
訴　訟	此次訴訟高潮迭起，但會告捷。
事　態	處理的每一步驟都要謹慎，以免引起後遺症。
外　出	因生意工作外出，會有嶄獲。
交　涉	周邊的關係十分蹊蹺，在不明輕重之前應懂得左右逢源。
等　人	會遲到。
戀　情	女性有佔上風之勢，宜善加收歛。男性則有濫情之嫌，最好擇一而終
婚　姻	不甚樂觀，就算對方答應結婚，也是因你的逼迫而勉強點頭。
相　親	此卦有利女性，男性則會碰壁。
尋　人	不容易找到，等風聲過後才會回來，
尋　物	被盜賊竊為己有，不會歸還。
股　票	會為小道消息或他人利誘而進場。
卦　解	07艱辛領導者，功名顯赫，傷人破財，官訟不止。

二、二 坤爲地

有容乃大－繼續下去，馬上有成果

◎ 保守之象　◎但化被動爲主動會有成果

上卦代表對方（或事象），「坤」有寬容大量之象；下卦代表自己，「坤」亦有寬容大量之象。此卦表示彼此均有寬厚包容之心，如此一來，自己謙遜及努力的成果終會被肯定的。

運 勢	運勢強，但凡事不可急進，看似別人在帶領你，實際上獲利的是自己。
願 望	情急會誤事，小心錯覺！大致而言，結果如意。
財 運	耐心靜候佳音。可買不動產，會因之獲利。
週 轉	借得到。
投 資	因寬厚而感動對方，財物順利歸還。
生 意	以中長期投資為佳，可獲利。
謀 職	這是一段低迷期，堅持下去會有一番氣象。
跳 槽	跳不成，仍會留在現今職位上有所肯定。
考 試	儘管向既定目標努力，試題在你掌握中。
訴 訟	不必爭，一切均有利自己。
事 態	似乎膠著，實際上已暗藏順利的因素，一旦貴人出現即迎刃而解。
外 出	以鄉村的旅遊為宜。
交 涉	協議時間會延拖，久久無法獲得結論。
等 人	不會來。來了也沒突破性發展。
戀 情	彼此都深愛對方，但不能成為良緣。此情可待成追憶。
婚 姻	會有波折，一旦結婚，配偶是一位好伴侶。
相 親	會是良緣，值得考慮。
尋 人	還在遠方。
尋 物	藏在某物品之中。
股 票	以中長期投資獲利較高。
卦 解	02女之徵，產茂財豐，多寡少嗣。

二、三　地雷復

春回大地－可以立訂新的計劃

◎ 復甦之象　◎好運終於降身

　　上卦代表對方（或事象），「坤」有地、順之象；下卦代表自己，「震」有雷、動之象。春天來臨萬物復甦，陰霾已經過去，不妨訂立新的計劃再做出發；對方也會順著自己的計劃，所以前途無礙。

運	勢	千載難逢的盛運，若不知善加把握，會造成日後的懊悔。
願	望	儘速行動，能償多日以來的心願。
財	運	財運轉佳。趁此佳運重整計劃，努力賺錢。
週	轉	向長輩求資可如願。
投	資	呆帳得以收回。
生	意	把握投資機會，並參與營運，能得大發展。
謀	職	一反往常的寂寥，生意大有起色。
跳	槽	跳槽的絕佳時機，新公司會配合自己所訂立的計劃。獲上司的心。
考	試	重考，努力後才會金榜題名。
訴	訟	山窮水盡疑無路，柳暗花明又一村。
事	態	原先以為無法達成的事，現又復萌契機。
外	出	原旅遊計劃泡湯，重新擬定可以成行。
交	涉	之前談不妥，現在可以達成協議。
等	人	原本有事不能來，結果突然能赴約，驚喜。
戀	情	舊日情人重新點燃愛情的火花。
婚	姻	晚婚者會點燃喜悅的希望，離婚或分居者有破鏡重圓之兆。
相	親	會有發展。
尋	人	會出現。
尋	物	物歸原主。
股	票	景氣復甦，指數上升。
卦	解	24大地春回，好賭貪花戀酒，神志不清。

二、四 地風升

萌芽茁長─成長順利，可施展抱負

◎上昇之象 ◎柔能克剛 ◎過程順利

上卦代表對方（或事象），「坤」有包容之象；下卦代表自己，「巽」有依順之象。此卦表示對方具包容之量，自行也柔順的行進。本卦雙方均是柔者之姿，故過程一定順利。

運	勢	儘量發揮自己的能力吧！這是一個晉升的好機會！
願	望	雖不是立竿見影，但時機已漸漸成熟。
財	運	小財可發，大財無。
週	轉	可以週轉得到。
投	資	終於見到債務人了，可向他索回，討債成功。
生	意	餘錢不妨，可獲小利。
謀	職	夜間的生意十分順遂。
跳	槽	目前不可，留在原位會有意料之外的陞遷。
考	試	會考上。
訴	訟	不要猶豫！速戰速決絕對有利。
事	態	拖了許久的事情，終於有了答案。
外	出	許久不能成行的計劃得以付諸實現。
交	涉	自己不須作主，循序前進自然能達成協議。
等	人	會來。但遲到了。
戀	情	愛情更濃，兩人理想均得以實現。
婚	姻	良緣，一切順利，早生貴子。
相	親	對方雖看似被動，但心中早已首肯。
尋	人	最近就有消息，但行蹤卻捉摸不定。
尋	物	找回來了，但沒有多久又會失去。
股	票	找回來了，但沒有多久又會失去。
卦	解	46地下種子發芽，得人扶助，時來運到，賊劫破財擋災。

二、五　地戊己卦

秘本云：二五交加必損主，黃黑交錯，家長凶，主災病，主損人口。

紫白訣云：二五交加，罹死亡並生疾病。

二黑爲病符，五黃爲廉貞，故主死亡、疾病。飛星賦云：黑黃兮釀疾堪傷。原註：二黑在一，二運爲天醫，餘運爲病符，若與五黃同到，疾病損人。

運　勢	五黃到位，進門煞中之煞，主災禍連連，阻礙百般。	
願　望	五黃到位，進門煞中之煞，主災禍連連，阻礙百般。	
財　運	五黃到位，進門煞中之煞，主災禍連連，阻礙百般。	
週　轉	五黃到位，進門煞中之煞，主災禍連連，阻礙百般。	
投　資	五黃到位，進門煞中之煞，主災禍連連，阻礙百般。	
生　意	五黃到位，進門煞中之煞，主災禍連連，阻礙百般。	
謀　職	五黃到位，進門煞中之煞，主災禍連連，阻礙百般。	
跳　槽	五黃到位，進門煞中之煞，主災禍連連，阻礙百般。	
考　試	五黃到位，進門煞中之煞，主災禍連連，阻礙百般。	
訴　訟	五黃到位，進門煞中之煞，主災禍連連，阻礙百般。	
事　態	五黃到位，進門煞中之煞，主災禍連連，阻礙百般。	
外　出	五黃到位，進門煞中之煞，主災禍連連，阻礙百般。	
交　涉	五黃到位，進門煞中之煞，主災禍連連，阻礙百般。	
等　人	五黃到位，進門煞中之煞，主災禍連連，阻礙百般。	
戀　情	五黃到位，進門煞中之煞，主災禍連連，阻礙百般。	
婚　姻	五黃到位，進門煞中之煞，主災禍連連，阻礙百般。	
相　親	五黃到位，進門煞中之煞，主災禍連連，阻礙百般。	
尋　人	五黃到位，進門煞中之煞，主災禍連連，阻礙百般。	
尋　物	五黃到位，進門煞中之煞，主災禍連連，阻礙百般。	
股　票	五黃到位，進門煞中之煞，主災禍連連，阻礙百般。	
卦　解	五黃到位，進門煞中之煞，主災禍連連，阻礙百般。	

二、六　地天泰　　－切順遂－萬事如意

◎ 安泰之象　◎一切順利，萬事如意

　　上卦代表對方（或事象），「坤」有地，包容之象，下卦代表自己，「乾」有天、剛強之象。此卦表示天願降身俯就，地肯上升親和，因此有陰陽交合的安泰之象，卜得此卦將會給自己萬事順利進展的訊息。

運	勢	運氣極佳，保持現狀即可，在順利興隆中別忘了積穀防飢。
願	望	可遂，小心由於太順利而造成疏忽，以致功敗垂成。
財	運	遍地黃金，俯拾即得。
週	轉	過程十分順利，可週轉到滿意的數字。
投	資	對方還債還得心服口服。
生	意	可多方面投資，會有斬獲。
謀	職	在生意興隆中宜更加善待屬下。
跳	槽	難得佳機，可以跳槽。
考	試	金榜題名。
訴	訟	情勢極為有利，會勝訴。
事	態	一切均會使你滿意。
外	出	春風得意。
交	涉	洽談順利，協議成功。
等	人	準時到。
戀	情	兩情相悅，情投意合。可以考慮結婚
婚	姻	是良緣。無論戀愛結婚或是相親，配偶很稱職。
相	親	雙方印象頗佳，也可說是月下老人安排的良緣。
尋	人	對方很快就會回來。
尋	物	找得到，失物就在身邊。
股	票	連連翻紅。
卦	解	11順理成章，丁財貴壽，晉官加祿。

二、七 地澤臨

春滿大地－期待之事馬上實現

◎臨時之象 ◎大好機會來臨，必須把握

　　上卦代表對方（或事象），「坤」有包容之象；下卦代表自己，「兌」有喜悅之象。在寬容包庇之下喜悅的進行，大好美景在前，但時機稍縱即逝，須善加把握。

運	勢	期盼之事降臨，在這段期間內心想事成。
願	望	就要聽到好消息了，做最後衝刺吧！。
財	運	近期會有橫財。
週	轉	在對方毫無需索的條件中獲得資助。
投	資	順利完成，但務必即刻行動。
生	意	可獲利，以短期投資為佳。
謀	職	生意興隆，放膽大筆地經營吧！
跳	槽	要跳槽就必需當機立斷，不然機會稍縱即逝。
考	試	把握時機，可金榜題名。
訴	訟	毫髮未損地大獲全勝。
事	態	即見分曉。
外	出	是趟愉快的行程。
交	涉	速戰速決，情勢對自己有利。
等	人	晚幾分鐘出現。
戀	情	浸浴愛河，甜蜜的戀情有發展成聯姻之兆。
婚	姻	未婚者有喜訊，已婚者有共同理想，同心圓滿。
相	親	對方對自己的印象不錯，自己也很喜歡，要當機立斷，不然會產生變化。
尋	人	微笑地等人到家吧！
尋	物	在殷望中回到手中。
股	票	大好機會，善加把握，可大膽買賣。
卦	解	19四季推移，財進家發，日久損丁。

二、八　地山謙　稻熟穗垂－保持謙虛

◎ 謙虛之象　◎有實力客氣是謙虛　◎沒實力謙虛是卑下

　　上卦代表對方（或事象），「坤」有地、包容之象；下卦代表自己，「辰」有山、傲、實力之象。大山肯屈就在地底下，謙虛可人，但要有實力，否則將被大地所掩，成爲消極的退讓。

運　勢	運勢平平，沒有重大收獲，在平安中無爲而治，謙遜者則能奠定日後成功的基礎。
願　望	沒有突破性發展，在吃虧即佔便宜的行進中獲益頗多。
財　運	小錢不斷，大財無望。可有小儲蓄。
週　轉	向能力、財力原比你弱的人求助並無不妥。
投　資	債務人會因心裏過意不去，或良心不安而還債。
生　意	收益不如理想，小投資無妨，大投資切忌。
謀　職	狀況一如營業之初，不好也不壞。
跳　槽	還是留在原來職位上吧！託貴人幫忙而獲得良職。
考　試	考出比自己原來水準差的成績。
訴　訟	因仁厚而放過對方，日後會得對方感激。
事　態	因謙遜待人而獲得解決。
外　出	外出平安，和朋友共餐飲時費用要平均分攤。
交　涉	以靜制動，採柔和姿態爲佳。
等　人	遲到了。
戀　情	一男多女之爭，男性有利，女性不利。
婚　姻	男性占者會因多頭馬車而不知如何選擇，女性則淪爲被選擇的委曲角色。
相　親	緣份不錯，但有拖泥帶水的現象。
尋　人	在家附近，安全。
尋　物	雖在眼前，但卻遍尋不著。
股　票	不會有漲停板的旺氣，但可有小獲利。
卦　解	15被信任的人，進財添產，人和萬事興，謙虛有禮。

二、九　地火明夷　日落隱晦－收斂光芒避免受傷

◎晦暗之象　◎前進必有危險　◎危險必有傷亡

　　上卦代表對方（或事象），「坤」有大地之象；下卦代表自己，「離」有太陽之象。此卦表示太陽落至地面下，光芒頓失，可見傷害甚鉅，有能力的自己同被妒嫉而受打擊，隱藏自己的光芒乃保身之道，前進必有危險，危險必有傷亡。

運　勢	日有落時，一切都在走下坡。
願　望	不理想，不過不用失望，再過一陣子會有所改觀。
財　運	收入減少。
週　轉	換個對象試試。
投　資	對方無力償還。
生　意	目前不可。
謀　職	這段時間嚴防虧損。
跳　槽	打消這個念頭，不是好職位。
考　試	落第。
訴　訟	敗訴，不用爭了，白費力氣。
事　態	好運不再，要開始小心了。
外　出	有傷，快打消念頭。
交　涉	對方不重視這場協談。
等　人	短時間內等不到。
戀　情	因熬不過長時間的考驗而破裂。
婚　姻	雙方冷靜一陣子，將會提升婚姻穩固性。
相　親	沒指望，等下次機會吧！
尋　人	換季後再找吧！
尋　物	過一陣子再找找看。
股　票	會暴跌。
卦　解	36下落之太陽，男丁受損，事業受損，潦倒不堪。

三、一　雷水解　雪溶成水─困難已解除了

◎解困之象　◎解決困難　◎重新出發

上卦代表對方（或事象），「震」乃動、解除之象；下卦代表自己，「坎」有受困之象。長期受困的自己終得對方解救，重新出發的時刻來臨了。

運　勢	一掃過去的陰霾。一切都好轉了，把握良機締造佳績吧！
願　望	願望終可達成。小心要付諸以毅力，否則可能突然輟敗。
財　運	赤字與貸款終獲償還，有短期利益要把握。
週　轉	有人伸出援手。
投　資	長久爛帳可收回來。
生　意	小投資會因之獲利。
謀　職	全心投入吧！會有成就。
跳　槽	快快行動，趁早展開新的人生吧！
考　試	重考者終能上榜。
訴　訟	在雙方愉快下和解。
事　態	成功在望，已到關鍵時刻，好好把握，千萬不可功虧一簣。
外　出	一路順風。
交　涉	雙方問題的癥結有了解決之道。
等　人	終於姍姍而來。
戀　情	雙方誤會冰釋，是合是分立見分曉。
婚　姻	已婚者有分居之兆，愛情長跑者則可結婚。
相　親	晚婚者終得良人，會有肌膚之親，
尋　人	久尋不著的人終於要露面了。
尋　物	焦急找尋的失物終於找到了。
股　票	跌幅已深，有反彈的實力。
卦　解	40春日冰解，財盛產茂，子嗣漸少。

三、二　雷地豫

春雷響了－生機盎然

◎喜悅之象　◎春天來臨　◎到處充滿朝氣

上卦代表對方（或事象），「震」有雷、生動之象；下卦代表自己，「坤」有地、包容、柔順之象。春雷動，萬物復甦，到處都是生機，春神帶給人們無限的喜悅。對充滿生機的蠢動，自己僅需順勢進行，前景充滿了喜悅的生機。

運	勢	開始忙碌。運氣好轉，把握每一個機會開創成功，千萬不可怠惰懶散
願	望	能如願。須懂得維持，否則後來會破滅。
財	運	初期財運興旺，末期有突然失財之劫，勿參與賭博性活動。
週	轉	沒問題。
投	資	進行順利，收得到錢。
生	意	這項投資有前瞻性。
謀	職	若生意進行中，近期會有新投資金投入或被人有意併購。
跳	槽	不利跳槽，機會雖好卻不見得較目前工作有發展。
考	試	考前盡力就能金榜題名。
訴	訟	進入宣判期。
事	態	把握良機，計劃快快付諸施行。
外	出	是一趟有計劃的旅遊。旅途愉快，但不可太放縱。
交	涉	事情有周詳計劃，交涉即能成功。
等	人	突臨蒞臨。
戀	情	紅鸞星動，喜事將近。
婚	姻	彼此瞭若指掌，可以步入禮堂。
相	親	彼此都留下好印象，準備彼此往來吧！
尋	人	這一、二天內即會尋獲。
尋	物	失物還主。
股	票	終於反彈，獲利收場。
卦	解	16春雷乍響，破財退產，招惹官非。

三、三　震為雷

雷聲隆隆－受到震驚，小心警覺即可

◎震驚之象　◎沈著應付可迎刃而解

　　上卦代表對方（或事象），「震」有動、雷之象；下卦代表自己，「震」有急驚之動象。在急躁的氣氛中，自己因沈不住氣而遭之影響；要沈著進行，小心應付才能迎刃而解。

運	勢	處於變動期，由於氣勢干雲，動機突然，故因行動而發生大變化。
願	望	可能會有意想不到的結果。
財	運	一切似乎轟轟烈烈，最後卻是空歡喜一場。
週	轉	須密切與之交際才會借到。
投	資	以為對方打算脫逃，急壞了。跑了很多趟才討回來。
生	意	不很適合，請三思而後行。
謀	職	若不善加充實內部會導致關門大吉。
跳	槽	不可，會跳入火坑裏。
考	試	若能處變不驚，如失落考試工具則成績會不錯。
訴	訟	提早與對方面談，情況會較為有利。
事	態	或虛驚一場，或空歡喜一場，請提高警覺。
外	出	外出後須與家中密切保持聯絡，小心驚嚇之事。
交	涉	中途變卦，最後又恢復原意。
等	人	遲到，與對方保持電話通訊。
戀	情	忽冷忽熱，不能只怪對方，自己個性須加檢討。
婚	姻	小心因缺乏主見而受人左右。保持冷靜多加觀察。
相	親	有人陪往相親，結果沒成功。
尋	人	沈著行事，積善默禱吧！會回來的。
尋	物	在遠方，須受費一番功夫才能找到。
股	票	股市因政經消息而有漲跌，且注意消息是好還是壞。
卦	解	51雷動，功名顯赫，人旺財進，日久少嗣。

三、四　雷風恒

恒久平穩－平穩中也要能通權達變

◎ 恆恆之象　◎維持現狀，不會有災難

　　上卦代表對方（或事象），「震」有動、長男之象、下卦代表自己，「巽」有順、長女之象。此卦表示在下位的柔順自己，順著上位的動作而進行，由於雙元成熟而穩重因此亨通。又下卦「巽」為順，上卦「震」為動。順著行動不會有災難降身的道理。

運	勢	好運。安定良久後蠢動的念頭，需予以消除。
願	望	可以如願，只是需要一些耐心。
財	運	有小筆橫財。
週	轉	小錢借得到，大錢則無。
投	資	讓對方多說話，你會得到自動開口還債的消息。
生	意	是一次長期投資的穩定事業。
謀	職	生意興隆，忙得不可開交。
跳	槽	不可。將面對一個長期的工作，待聘者則需等一段時日才有消息。
考	試	平時用了功，當然會上榜。
訴	訟	等對方先採取行動，再伺機而動，否則會受害。
事	態	持之以現狀就是智舉。
外	出	二人成行。
交	涉	維持原意，無進展。堅持己見乃無可厚非。
等	人	會來。
戀	情	成熟的愛情，彼此處於穩定狀態。
婚	姻	雙方都有責任感，經得起任何考驗。
相	親	對方主導，完全處於被動之勢。
尋	人	最多是電話消息，不會回來。
尋	物	想幫你忙的人只是嘴巴說說而已，沒真的去找。
股	票	隨指數上下而小有漲跌，並無特別表現。
卦	解	32家常便飯，功名顯赫，家事和諧。

三、五　雷戊己卦

飛星賦云：碧綠風魔，他處廉貞莫見。

五黃最忌三碧四綠，木剋土，激發戾性災病。

　　玄空秘旨云：我剋彼而遭其辱，因財帛以喪身。木剋土本爲財，惜五黃大煞不能剋動，剋而反遭其害，因財惹禍，甚至出人命。寒戶遭瘟，緣自三廉夾綠。原註：震爲蟲，中五性毒，巽風夾之，故瘟又風疹。

運	勢	五黃到位，進門煞中之煞，主災禍連連，阻礙百般。
願	望	五黃到位，進門煞中之煞，主災禍連連，阻礙百般。
財	運	五黃到位，進門煞中之煞，主災禍連連，阻礙百般。
週	轉	五黃到位，進門煞中之煞，主災禍連連，阻礙百般。
投	資	五黃到位，進門煞中之煞，主災禍連連，阻礙百般。
生	意	五黃到位，進門煞中之煞，主災禍連連，阻礙百般。
謀	職	五黃到位，進門煞中之煞，主災禍連連，阻礙百般。
跳	槽	五黃到位，進門煞中之煞，主災禍連連，阻礙百般。
考	試	五黃到位，進門煞中之煞，主災禍連連，阻礙百般。
訴	訟	五黃到位，進門煞中之煞，主災禍連連，阻礙百般。
事	態	五黃到位，進門煞中之煞，主災禍連連，阻礙百般。
外	出	五黃到位，進門煞中之煞，主災禍連連，阻礙百般。
交	涉	五黃到位，進門煞中之煞，主災禍連連，阻礙百般。
等	人	五黃到位，進門煞中之煞，主災禍連連，阻礙百般。
戀	情	五黃到位，進門煞中之煞，主災禍連連，阻礙百般。
婚	姻	五黃到位，進門煞中之煞，主災禍連連，阻礙百般。
相	親	五黃到位，進門煞中之煞，主災禍連連，阻礙百般。
尋	人	五黃到位，進門煞中之煞，主災禍連連，阻礙百般。
尋	物	五黃到位，進門煞中之煞，主災禍連連，阻礙百般。
股	票	五黃到位，進門煞中之煞，主災禍連連，阻礙百般。
卦	解	五黃到位，進門煞中之煞，主災禍連連，阻礙百般。

三、六　雷天大壯　雷聲大作－雷大雨小，要充實內容

◎ 壯大之象　◎聲勢險赫

　　上卦代表對方（或事象），「震」有雷，有著急動之象；下卦代表自己，「乾」爲天，有亨通之象。此卦表示雷打在天上而聲勢大壯，但是雷聲大，雨點小。自己雖然坦盪，但是受對方的急動而影響了自己，故需善加利用判斷力。

運	勢	隆運。但風頭太健，反遭不測。
願	望	本有九分把握，卻突慘遭滑鐵盧。
財	運	看上去會賺很多錢，實際上並不盡然。
週	轉	對方說得天花亂墜，讓自己無法招架借不到。就算借到也有副加條件。
投	資	本以爲可以要到債，但卻被巧妙的婉拒了。
生	意	似乎是一個難遇的機會，不料卻不了了之。
謀	職	起初忙得很，最後卻以關門大吉收場。
跳	槽	緊守現在的崗位吧！
考	試	代錯公式，成績不理想。
訴	訟	小心不利的把柄在對方手上，有敗訴的危險。
事	態	雷聲大，雨點小。
外	出	觀光最好，一路風光熱鬧。
交	涉	大餅畫得大，但實際成效不如理想。
等	人	途中生變，落空。
戀	情	表面轟轟烈烈，卻是外強中乾。
婚	姻	說了幾百次要結婚都沒結成。
相	親	準備功夫花了不少，但對方卻臨時變卦。
尋	人	別相信有了不得的人會替你找到。尋無。
尋	物	空忙一場，找不到。
股	票	別支股都漲，只有這支不動。
卦	解	34疾走之馬，合作則事業有成，訴訟是非連連。

三、七　雷澤歸妹

婚嫁歸宿－關係不正常，得另謀出路

◎注意進退之象　◎找錯路子　◎宜予修正

　　上卦代表對方（或事象），「震」有已婚男子，急躁、不滿之象，下卦代表自己，「兌」有少女喜悅、多舌之象。因自己的一意孤行，招致一場勉強的敷衍，結果與理想有天壤之別。

運　勢	會為不正當的慾念而焦急煩惱，就算勉強為之亦要落空，小心異性問題。
願　望	先要檢討自己動機是否純正，全盤看來是要失望了。
財　運	與自己預料中的數字相去甚遠，財運不佳。
週　轉	找錯人了。
投　資	由於自己的立場不穩而討不到。
生　意	因貪心而蝕本。
謀　職	地點不對，營業項目也有問題，另謀出路為妙。
跳　槽	會因動機及關係曖昧而橫生枝節。
考　試	考到不理想的志願。
訴　訟	斷斷續續，拖泥帶水，不如早點解決吧！
事　態	似乎有利可圖，可惜功虧一簣。
外　出	因公或因異性而外出，目的不單純。
交　涉	因太過勉強對方而不受理睬。
等　人	對方若是女性則會來，反之則要空等。
戀　情	對方早有配偶或意中人，關係的不正常只會使自己痛苦。
婚　姻	強求來的婚姻不會幸福。
相　親	不是良緣，不會有下文。
尋　人	方向錯誤，宜另謀管道。
尋　物	找不到，已為別人佔去。
股　票	此股會突然跳空下跌。。
卦　解	54御婢，回門之女，人財兩失，多孤寡事不成。

三、八　雷山小過　兩人相背－雙方都得收歛姿勢

◎ 過度之象　◎宜以退爲進的態度進行

上卦代表對方（或事象），「震」有驚躁之象；下卦代表自己，「艮」有靜止之象。在驚躁中小心受傷，因此需以消極、低調，甚至於以退爲進的態度進行。

運	勢	多參考他人建議，小心糾紛與過失，若出風頭會招來災禍。
願	望	這是一段不如意的時期。
財	運	守住現有的一切，先渡過眼前的難關再說。
週	轉	週轉不到。
投	資	以低調的態度進行，就算討不到也不致破壞感情。
生	意	蝕本。
謀	職	一敗塗地，快快停業吧！
跳	槽	跳槽後的環境並不理想，暫緩行動。
考	試	試題很難，考不好。
訴	訟	對方勝訴機會大，不妨以退爲進。
事	態	對自己很不利。
外	出	不宜外出，會遇上災難或遭劫財色。
交	涉	根本談不攏。
等	人	不會來。
戀	情	熱度過頭，有口角，現在是降溫時刻，不可給愛情沖昏頭。
婚	姻	彼此反目，要冷靜、低姿勢的化解。
相	親	互相都不對眼，相親不成。
尋	人	對方無意回來。
尋	物	找不到。
股	票	當日下跌，跌勢頗深，不可買賣,
卦	解	62貼錯門神，負荷飽和，愚昧淫亂，軟弱無能。

三、九　雷火豐　　富裕充足－財富不要用光以備不時之需

◎豐富之象　◎雖如日中天，但需小心太陽也有西沉

上卦代表對方（或事象），「震」有雷、動之象；下卦代表自己，「離」有火、明智之象。此卦表示自己手腕明智，以致對方爲你所心動，因此有豐富的結果。但此卦象也隱藏著危機，維持豐富的果實即可。

運 勢	運氣已達到巔峰狀態,收獲豐富,但在豐收之際小心引人妒嫉而遭暗算。	
願 望	會如願。	
財 運	財運極差。	
週 轉	會借到。	
投 資	速戰速決可以免除對方突然改變心意。	
生 意	短期之內可獲大利。	
謀 職	門庭若市。	
跳 槽	跳槽後會有大收獲，留在現今職位上也會有大發展。	
考 試	考取自己能力不及的高志願，因此而造成日後的吃力。	
訴 訟	目前是最有利的時候，請快把握！。	
事 態	因誠懇而獲得好結果。	
外 出	在外精神與物質兩相受益。	
交 涉	可以扮演主導角色，情況對你有利。	
等 人	會來，而且會帶來驚喜或禮物。	
戀 情	成熟的愛情，因雙方都經得起考驗而自成良緣。	
婚 姻	是人人羡慕的一對，麵包與愛情兩相得意。	
相 親	在對方心目中留下了美好的印象，等待受邀吧！	
尋 人	焦急誤事，找不到。	
尋 物	難尋。	
股 票	此股將有直線上漲之勢，把握時刻，時機一過不再回頭。	
卦 解	55豐滿，田茂財多人清秀，大富大貴成大事。	

四、一　風水渙

漣漪渙散－不再同心，團結遭到瓦解

◎ 解散之象　◎唯有改變自己，圖加努力才可挽回

　　上卦代表對方（或事象），「巽」有動、不專注之象；下卦代表自己，「坎」有陷困、沒落之象。因自己的無意無力振作，而導致事態渙散。唯有改變自己，力挽狂瀾才可起死回生。

運	勢	好運會轉為壞運，壞運會轉為好運。轉運之卦。
願	望	心裏想的事情和事實恰巧相反。
財	運	財運順利者失運。財運艱困者則有貴人相助轉危為安。
週	轉	還沒有見到對方就退縮了，信心不足。
投	資	（一）立足點不夠紮實。（二）過了時候不易討回。
生	意	說說而已，投資之事不了了之。
謀	職	有鬆懈、懶散的現象，需重振士氣
跳	槽	已是勢在必行，現有職位已有逐人之意。
考	試	考出意料之外的成績。
訴	訟	若是多年纏訟可獲結論，否則有拖延之象。
事	態	有人插手才能解決。
外	出	出遠門以水土工具為宜。
交	涉	原先交涉的結果變卦了，成者敗，敗者成。
等	人	不會來了。
戀	情	雙方都很忙碌，過一段時間就會好轉。
婚	姻	婚期有變，延期有利。若意見不和託媒人幫忙解決。
相	親	（一）在相親途中就已吹了（二）雙方均心不在焉。
尋	人	行蹤飄忽不定。
尋	物	沒有指望。
股	票	人氣渙散，支撐不住，跳空下跌
卦	解	59離港之船散，長命富貴，潦倒窮困。

四、二 風地觀　　枯木逢風－不要輕率行動

◎靜觀之象　◎不可草率行動，靜觀其變

上卦代表對方（或事象），「巽」有風、動、輕率之象；下卦代表自己，「坤」有地、包容之象。由於事象不穩定，實質獲利困難，而自己以包容之心對待，以精神面的角度視之，自己能獲啓示進而有新發展。

運	勢	在諸多頭緒中需以冷靜的智慧予以抽絲剝繭，待日後運氣轉好後才展抱負。
願	望	觀察期，近期沒有結果。
財	運	赤字，事倍功半。
週	轉	不要隨便開口，十之八九會拒絕。
投	資	過一段時間再去討。
生	意	再觀察一陣子，目前不是好時機。
謀	職	累得半死賺點小錢。
跳	槽	以學習的態度可跳槽，以待遇為出發點則日後會失望。
考	試	學校考試會勉強上榜，工作考試則落第。
訴	訟	愈拖愈不利，但又不可操之過急，不如以引誘方式等待對方主動。
事	態	尚未明朗化，拖久了會有麻煩。
外	出	做一次心靈洗禮的旅行吧！
交	涉	靜觀其變，近期無法達成共識。
等	人	半途變卦，莫可奈何，會來的話也會遲到許久。
戀	情	理性多於感性，經濟狀況不良是延遲進一步結婚的原因。
婚	姻	貧賤夫妻百事哀，因物質問題引起勃隙。
相	親	對方很不穩定，進一步交往，要多考慮，
尋	人	在遠方，還未回來。
尋	物	仍在他人手中。
股	票	須再作觀察才好作決定。
卦	解	20觀風臨大地，口舌傷身，人財兩失，貴人相助。

四、三 風雷益

受益增多－積極行動吧

◎順益之象　◎順著風而行，可以積極作爲

　　上卦代表對方（或事象），「巽」有配合、順風之象；下卦代表自己，「震」有動之象。此卦表示自己的行動得到對方順風般的配合，因該動而動故一帆風順，可以積極的作爲。

運　勢	運勢鼎盛，一切處於順境，處處逢貴之象。
願　望	有貴人幫忙而達成願望。
財　運	財源滾滾。
週　轉	借到理想的數目。
投　資	會歸還，事情輕而易舉。
生　意	是一項聰明的投資，會因而獲益。
謀　職	用心經營，時機不錯。
跳　槽	保持現狀不錯，轉業也十分愉快。
考　試	考取第一志願，題目都是唸過的。
訴　訟	不必耽心。勝訴！
事　態	因貴人而獲得解決。
外　出	收獲豐富。
交　涉	氣勢強過對方！能談妥。
等　人	再催一下就來了。
戀　情	想結婚的條件都齊備了！
婚　姻	對方是生命中的陽光，你們的婚姻令人羨慕。
相　親	會很快的就陷入熱戀。
尋　人	加把勁就找到了。
尋　物	會找到。
股　票	可進場，今天就會上漲，連漲三天。
卦　解	42公眾利益，人財兩發，富貴連綿。

四、四　巽爲風

風性至柔－在不安定中必需謙遜

◎ 順從之象　◎隨風飄逐，不可妄加做主

上卦代表對方（或事象），「巽」有風、動之象；下卦代表自己，「巽」有順從之象。自己順著對方擺曳，對方也十分客氣，但因互相太尊重容易造成指令不明才採取行動。。

運　勢	此乃隨他人左右之運，應慎選領導人。	
願　望	需審慎執行才能如願。	
財　運	好像在幫別人賺錢，但自己也有獲利。	
週　轉	更全視對方心情決定。	
投　資	拖泥帶水，不如把話說清楚，雙方談妥清償方法與日期。	
生　意	玩票性質可為，獲利少。	
謀　職	不如理想。	
跳　槽	不是非跳槽不可，跳與不跳無啥差別。	
考　試	差一點落榜。	
訴　訟	愈拖愈不利，快找出解決辦法。	
事　態	拖泥帶水，意向不明，卻又無可奈何。	
外　出	計劃週全可以很愉快。	
交　涉	決定權在對方，完全由對方主導。	
等　人	不會來，到對方處所去找對方吧！	
戀　情	詭譎多變。彼此必需謙遜對待對方。	
婚　姻	若先生勤勞負責則家運不錯，否則太太也會跟著懶散，家庭運自然不佳。	
相　親	雙方都是優柔寡斷被動的人。	
尋　人	對方像風一樣無法掌握，需多拉線索。	
尋　物	壓埋在某物下面。	
股　票	追漲可購，尚有漲幅，追跌不可，尚未到谷底。	
卦　解	57重重風雨，人和事業興，日久損丁。	

四、五 巽戊己卦

飛星賦云：碧綠風魔，他處廉貞莫見。

五黃最忌三碧四綠，木剋土，激發戾性災病。

　　玄空秘旨云：我剋彼而遭其辱，因財帛以喪身。木剋土本爲財，惜五黃大煞不能剋動，剋而反遭其害，因財惹禍，甚至出人命。寒戶遭瘟，緣自三廉夾綠。原註：震爲蟲，中五性毒，巽風夾之，故瘟又風疹。

運　勢	五黃到位，進門煞中之煞，主災禍連連，阻礙百般。
願　望	五黃到位，進門煞中之煞，主災禍連連，阻礙百般。
財　運	五黃到位，進門煞中之煞，主災禍連連，阻礙百般。
週　轉	五黃到位，進門煞中之煞，主災禍連連，阻礙百般。
投　資	五黃到位，進門煞中之煞，主災禍連連，阻礙百般。
生　意	五黃到位，進門煞中之煞，主災禍連連，阻礙百般。
謀　職	五黃到位，進門煞中之煞，主災禍連連，阻礙百般。
跳　槽	五黃到位，進門煞中之煞，主災禍連連，阻礙百般。
考　試	五黃到位，進門煞中之煞，主災禍連連，阻礙百般。
訴　訟	五黃到位，進門煞中之煞，主災禍連連，阻礙百般。
事　態	五黃到位，進門煞中之煞，主災禍連連，阻礙百般。
外　出	五黃到位，進門煞中之煞，主災禍連連，阻礙百般。
交　涉	五黃到位，進門煞中之煞，主災禍連連，阻礙百般。
等　人	五黃到位，進門煞中之煞，主災禍連連，阻礙百般。
戀　情	五黃到位，進門煞中之煞，主災禍連連，阻礙百般。
婚　姻	五黃到位，進門煞中之煞，主災禍連連，阻礙百般。
相　親	五黃到位，進門煞中之煞，主災禍連連，阻礙百般。
尋　人	五黃到位，進門煞中之煞，主災禍連連，阻礙百般。
尋　物	五黃到位，進門煞中之煞，主災禍連連，阻礙百般。
股　票	五黃到位，進門煞中之煞，主災禍連連，阻礙百般。
卦　解	五黃到位，進門煞中之煞，主災禍連連，阻礙百般。

四、六　風天小畜　蓄積期待－不要衝動，曙光在即

◎養精蓄銳之象　◎蓄力期待佳運降臨

上卦代表對方（或事象），「巽」有風、順從之象；下卦代表自己，「乾」有天、剛強之象。此卦表示峰湧的雲層，厚度不夠無法下雨。自己也只有靜觀以待吧！卜得此卦表示運氣還不錯，但現在處於「只聞樓梯響未見人下來」的境地。但等候一陣就見分曉，曙光在即。

運	勢	常常努力了半天卻差臨門一腳，不如放慢腳步，小心進行計劃。
願	望	半途而廢。
財	運	看來快賺到手，卻有一大半落到口袋外去了。
週	轉	對方只是敷衍罷了，要借雖會借得到，但就算借不到自己也會過關。
投	資	對方的行蹤無法掌握，等完全掌握才進行催討吧！
生	意	投資環境生疏得令自己無法掌握，有實力的自己需再作觀察才高明。
謀	職	在動盪中獲利。
跳	槽	跳槽後的境遇連自己都無法掌握，還是三思吧！但也只有等待。
考	試	僥倖及格。
訴	訟	會拖一段時間才有結果。
事	態	目前無法解決，在事情尚未完全明朗化之前，不妨靜心等待。
外	出	注意旅途中會與人不快。
交	涉	因對方的不在乎，不易達成共識。
等	人	對方不想來，就算來了也會鬧脾氣。
戀	情	女性有許多人追求，男性則有情敵。
婚	姻	因女方能力過強，男性需要多考慮，小心牝雞司晨！但女性卜得此卦則佳。
相	親	男性得此卦不成，女性得此卦則成。
尋	人	眼看快找到了，卻又斷了消息，需再耐心熬上一陣子。
尋	物	已有線索，繼續努力！
股	票	稍待一段時間可以更漂亮的價錢成交，獲利頗佳。
卦	解	09密雲不雨，人財受損，官訟特多，流離失所。

四、七　風澤中孚　虛心誠信－積極行動中要有原則

◎互信之象　◎互信可以克服危機，完成目標

上卦代表對方（或事象），「巽」有順、願意之象；下卦代表自己，「兌」有愉悅之象。彼此雙方心悅誠服，以誠意達成互信，而互信可克服危機，完成目標。

運	勢	命中逢貴，萬事亨通。
願	望	雖不致馬上見分曉，但會有貴人伸出援手幫助達成。
財	運	口袋中麥克麥克，小錢有，大財無。
週	轉	過程順利，要記得日後要履行借資許下的諾言。
投	資	溫和的態度會獲得全額償還。
生	意	雙方都樂意，此乃一友誼親善之舉。
謀	職	和氣生財！微笑與誠懇有助於營業額的提升。
跳	槽	有貴人提拔者可為，否則留在原來崗位上將有長足的發展。
考	試	鯉魚躍龍門，可能是榜首。
訴	訟	相爭受傷，客氣則獲體諒。
事	態	因誠懇而獲得解散。
外	出	與水有緣，可能是搭船吧！在外會結交好友。
交	涉	一拍即合。
等	人	雙方都急於見面，只會提早不會遲到。
戀	情	雙方感情堅貞，是難得一見令人艷羨的情侶。
婚	姻	白頭偕老的良緣。
相	親	一見鍾情。
尋	人	有眉目了，對方就快露面。
尋	物	再堅持找下去，對方說不定只是借用或惡作劇而已，馬上就會歸還。
股	票	長期獲利之象，忌短線操作。
卦	解	61孚蛋之母難，損丁，狂性大發，意志崩潰。

四、八　風山漸　漸漸前進－不可超前，循序前進

◎ 前進之象　◎徐徐前進，不可操之過急

　　上卦代表對方（或事象），「巽」有風、柔之象；下卦代表自己，「艮」有山之象。風輕拂過山頭，漸漸帶動草木的曳搖，卜得此卦需徐徐前進，不可操之過急。

運　勢	運氣逐漸好轉，近期會被擢陞、提拔。
願　望	期待的願望就快實現。
財　運	謀財順利，數字與預料中相仿。
週　轉	向對方開一次口即可，靜候佳音。
投　資	會歸還，不必急。
生　意	剛開始沒什麼報酬，後來則可獲利。
謀　職	先苦後甜，漸入佳境。
跳　槽	留在現在的崗位會有一番發展，所以不必跳槽。
考　試	上榜了。
訴　訟	長久纏訟終於有了解決之策。
事　態	會獲得解決，請耐心靜候佳音。
外　出	成行，而且離家甚遠。
交　涉	循序進展，安心吧！
等　人	快來了，別急。
戀　情	愛情運上升，很可能近期就會懷孕或結婚。
婚　姻	彼此條件相當是天作之合，婚姻幸福，有生子之兆。
相　親	雙方會繼續發展下去，靜待對方行動。
尋　人	快回來了。
尋　物	不必焦急，有人會替你找到。
股　票	可購進，此股有回升之勢。
卦　解	53來去之季鳥，循序漸進，多賊劫官司。

四、九　風火家人　　主掃持炊—加強誠信與威嚴

◎ 倫理之象　◎明智的整頓，前景自然平穩安泰

　　上卦代表對方（或事象），「巽」有擺動、輕率之象；下卦代表自己，「離」有磊落、智慧之象。此卦表示對方雖動，但幸虧自己有磊落的智慧予以應對整頓，整頓後建立規矩倫理，有了倫理自然前景安泰。

運　勢	人際關係獲得信賴，平穩無事，雖無突破性發展但家門安泰。
願　望	請參考親友意見予以修正。
財　運	有進帳，因貴人而獲利。
週　轉	向親近之人借貸者可如願。
投　資	很容易討到，本來就等你來取回。
生　意	可行，平穩中安定發展。
謀　職	會有一番成果。
跳　槽	不可未獲得良職。
考　試	考上離家近的學校。
訴　訟	不需要費口舌就能解決。
事　態	若平常做人有信用，事情就好辦了。
外　出	獨行不成，夥同家人或親友則不錯。
交　涉	不必急，對方已心底同意你了。
等　人	會來。
戀　情	是結婚前的熱戀。
婚　姻	模範夫妻，幸福家庭。
相　親	對方會是你未來的另一半。
尋　人	就在眼前。
尋　物	就在身邊。
股　票	長期投資可獲大利。
卦　解	37守灶之主婦，財豐產茂，家庭和氣，日久絕嗣。

五、一　戊己水卦

飛星賦云：子癸歲，廉貞飛到，陰處生瘍。

原註：一爲腎，故云陰處，五主膿血，故有生瘍之象。

土剋水之象。秘本云：一加二五，傷及壯丁，五黃廉貞主災病。

運	勢	五黃到位，進門煞中之煞，主災禍連連，阻礙百般。
願	望	五黃到位，進門煞中之煞，主災禍連連，阻礙百般。
財	運	五黃到位，進門煞中之煞，主災禍連連，阻礙百般。
週	轉	五黃到位，進門煞中之煞，主災禍連連，阻礙百般。
投	資	五黃到位，進門煞中之煞，主災禍連連，阻礙百般。
生	意	五黃到位，進門煞中之煞，主災禍連連，阻礙百般。
謀	職	五黃到位，進門煞中之煞，主災禍連連，阻礙百般。
跳	槽	五黃到位，進門煞中之煞，主災禍連連，阻礙百般。
考	試	五黃到位，進門煞中之煞，主災禍連連，阻礙百般。
訴	訟	五黃到位，進門煞中之煞，主災禍連連，阻礙百般。
事	態	五黃到位，進門煞中之煞，主災禍連連，阻礙百般。
外	出	五黃到位，進門煞中之煞，主災禍連連，阻礙百般。
交	涉	五黃到位，進門煞中之煞，主災禍連連，阻礙百般。
等	人	五黃到位，進門煞中之煞，主災禍連連，阻礙百般。
戀	情	五黃到位，進門煞中之煞，主災禍連連，阻礙百般。
婚	姻	五黃到位，進門煞中之煞，主災禍連連，阻礙百般。
相	親	五黃到位，進門煞中之煞，主災禍連連，阻礙百般。
尋	人	五黃到位，進門煞中之煞，主災禍連連，阻礙百般。
尋	物	五黃到位，進門煞中之煞，主災禍連連，阻礙百般。
股	票	五黃到位，進門煞中之煞，主災禍連連，阻礙百般。
卦	解	五黃到位，進門煞中之煞，主災禍連連，阻礙百般。

五、二　戊己地卦　秘本云：二五交加必損主。

紫白訣云：五主孕婦受災，黃遇黑時出寡婦。

飛星賦云：黑黃兮，釀疾病堪傷。原註：二黑在一，二運爲天醫，餘運爲病符，若與五黃同到，疾病損人。

運　勢	五黃到位，進門煞中之煞，主災禍連連，阻礙百般。
願　望	五黃到位，進門煞中之煞，主災禍連連，阻礙百般。
財　運	五黃到位，進門煞中之煞，主災禍連連，阻礙百般。
週　轉	五黃到位，進門煞中之煞，主災禍連連，阻礙百般。
投　資	五黃到位，進門煞中之煞，主災禍連連，阻礙百般。
生　意	五黃到位，進門煞中之煞，主災禍連連，阻礙百般。
謀　職	五黃到位，進門煞中之煞，主災禍連連，阻礙百般。
跳　槽	五黃到位，進門煞中之煞，主災禍連連，阻礙百般。
考　試	五黃到位，進門煞中之煞，主災禍連連，阻礙百般。
訴　訟	五黃到位，進門煞中之煞，主災禍連連，阻礙百般。
事　態	五黃到位，進門煞中之煞，主災禍連連，阻礙百般。
外　出	五黃到位，進門煞中之煞，主災禍連連，阻礙百般。
交　涉	五黃到位，進門煞中之煞，主災禍連連，阻礙百般。
等　人	五黃到位，進門煞中之煞，主災禍連連，阻礙百般。
戀　情	五黃到位，進門煞中之煞，主災禍連連，阻礙百般。
婚　姻	五黃到位，進門煞中之煞，主災禍連連，阻礙百般。
相　親	五黃到位，進門煞中之煞，主災禍連連，阻礙百般。
尋　人	五黃到位，進門煞中之煞，主災禍連連，阻礙百般。
尋　物	五黃到位，進門煞中之煞，主災禍連連，阻礙百般。
股　票	五黃到位，進門煞中之煞，主災禍連連，阻礙百般。
卦　解	五黃到位，進門煞中之煞，主災禍連連，阻礙百般。

五、三 戊己雷卦

飛星云：寒戶遭瘟，緣自三廉夾綠。

五黃最忌三碧四綠，木剋土，激發戾性災病。

玄空秘旨云：我剋彼而遭其辱，因財帛以喪身。木剋土本爲財，惜五黃大煞不能剋動，剋而反遭其害，因財惹禍甚至出人命。寒戶遭瘟，緣自三廉夾綠。原註：震爲蟲，中五性毒，巽風夾之，故瘟又風疹。

運 勢	五黃到位，進門煞中之煞，主災禍連連，阻礙百般。
願 望	五黃到位，進門煞中之煞，主災禍連連，阻礙百般。
財 運	五黃到位，進門煞中之煞，主災禍連連，阻礙百般。
週 轉	五黃到位，進門煞中之煞，主災禍連連，阻礙百般。
投 資	五黃到位，進門煞中之煞，主災禍連連，阻礙百般。
生 意	五黃到位，進門煞中之煞，主災禍連連，阻礙百般。
謀 職	五黃到位，進門煞中之煞，主災禍連連，阻礙百般。
跳 槽	五黃到位，進門煞中之煞，主災禍連連，阻礙百般。
考 試	五黃到位，進門煞中之煞，主災禍連連，阻礙百般。
訴 訟	五黃到位，進門煞中之煞，主災禍連連，阻礙百般。
事 態	五黃到位，進門煞中之煞，主災禍連連，阻礙百般。
外 出	五黃到位，進門煞中之煞，主災禍連連，阻礙百般。
交 涉	五黃到位，進門煞中之煞，主災禍連連，阻礙百般。
等 人	五黃到位，進門煞中之煞，主災禍連連，阻礙百般。
戀 情	五黃到位，進門煞中之煞，主災禍連連，阻礙百般。
婚 姻	五黃到位，進門煞中之煞，主災禍連連，阻礙百般。
相 親	五黃到位，進門煞中之煞，主災禍連連，阻礙百般。
尋 人	五黃到位，進門煞中之煞，主災禍連連，阻礙百般。
尋 物	五黃到位，進門煞中之煞，主災禍連連，阻礙百般。
股 票	五黃到位，進門煞中之煞，主災禍連連，阻礙百般。
卦 解	五黃到位，進門煞中之煞，主災禍連連，阻礙百般。

五、四　戊己風卦　飛星賦云：乳癰兮，四五。

飛星云：寒戸遭瘟，緣自三廉夾綠。

秘本云：二妨三，而五妨四，博弈好飲，田園廢盡。

運　勢	五黃到位，進門煞中之煞，主災禍連連，阻礙百般。
願　望	五黃到位，進門煞中之煞，主災禍連連，阻礙百般。
財　運	五黃到位，進門煞中之煞，主災禍連連，阻礙百般。
週　轉	五黃到位，進門煞中之煞，主災禍連連，阻礙百般。
投　資	五黃到位，進門煞中之煞，主災禍連連，阻礙百般。
生　意	五黃到位，進門煞中之煞，主災禍連連，阻礙百般。
謀　職	五黃到位，進門煞中之煞，主災禍連連，阻礙百般。
跳　槽	五黃到位，進門煞中之煞，主災禍連連，阻礙百般。
考　試	五黃到位，進門煞中之煞，主災禍連連，阻礙百般。
訴　訟	五黃到位，進門煞中之煞，主災禍連連，阻礙百般。
事　態	五黃到位，進門煞中之煞，主災禍連連，阻礙百般。
外　出	五黃到位，進門煞中之煞，主災禍連連，阻礙百般。
交　涉	五黃到位，進門煞中之煞，主災禍連連，阻礙百般。
等　人	五黃到位，進門煞中之煞，主災禍連連，阻礙百般。
戀　情	五黃到位，進門煞中之煞，主災禍連連，阻礙百般。
婚　姻	五黃到位，進門煞中之煞，主災禍連連，阻礙百般。
相　親	五黃到位，進門煞中之煞，主災禍連連，阻礙百般。
尋　人	五黃到位，進門煞中之煞，主災禍連連，阻礙百般。
尋　物	五黃到位，進門煞中之煞，主災禍連連，阻礙百般。
股　票	五黃到位，進門煞中之煞，主災禍連連，阻礙百般。
卦　解	五黃到位，進門煞中之煞，主災禍連連，阻礙百般。

五、五　戊己戊己卦

紫白云：運如己退，廉貞飛處眚不一，總以避爲良

正煞爲五黃，不拘臨方到間，人口常損。

運	勢	五黃到位，進門進門煞中之煞，主災禍連連，阻礙百般。
願	望	五黃到位，進門煞中之煞，主災禍連連，阻礙百般。
財	運	五黃到位，進門煞中之煞，主災禍連連，阻礙百般。
週	轉	五黃到位，進門煞中之煞，主災禍連連，阻礙百般。
投	資	五黃到位，進門煞中之煞，主災禍連連，阻礙百般。
生	意	五黃到位，進門煞中之煞，主災禍連連，阻礙百般。
謀	職	五黃到位，進門煞中之煞，主災禍連連，阻礙百般。
跳	槽	五黃到位，進門煞中之煞，主災禍連連，阻礙百般。
考	試	五黃到位，進門煞中之煞，主災禍連連，阻礙百般。
訴	訟	五黃到位，進門煞中之煞，主災禍連連，阻礙百般。
事	態	五黃到位，進門煞中之煞，主災禍連連，阻礙百般。
外	出	五黃到位，進門煞中之煞，主災禍連連，阻礙百般。
交	涉	五黃到位，進門煞中之煞，主災禍連連，阻礙百般。
等	人	五黃到位，進門煞中之煞，主災禍連連，阻礙百般。
戀	情	五黃到位，進門煞中之煞，主災禍連連，阻礙百般。
婚	姻	五黃到位，進門煞中之煞，主災禍連連，阻礙百般。
相	親	五黃到位，進門煞中之煞，主災禍連連，阻礙百般。
尋	人	五黃到位，進門煞中之煞，主災禍連連，阻礙百般。
尋	物	五黃到位，進門煞中之煞，主災禍連連，阻礙百般。
股	票	五黃到位，進門煞中之煞，主災禍連連，阻礙百般。
卦	解	五黃到位，進門煞中之煞，主災禍連連，阻礙百般。

五、六　戊己天卦　五黃土生六白乾金

玄空秘旨云：富並陶朱，斷是堅金遇土。

飛星賦云：須識乾爻門向，長子癡迷。原註乾爻，戊也，乾爲知，爲健，失時則癡迷矣。玄空秘旨云：庭無耄耋，多因栽破父母爻。原註：生我者爲父母，若父母卦位破碎，則家無耆老，或中元乾位損者亦如是。

運　勢	五黃到位，進門煞中之煞，主災禍連連，阻礙百般。
願　望	五黃到位，進門煞中之煞，主災禍連連，阻礙百般。
財　運	五黃到位，進門煞中之煞，主災禍連連，阻礙百般。
週　轉	五黃到位，進門煞中之煞，主災禍連連，阻礙百般。
投　資	五黃到位，進門煞中之煞，主災禍連連，阻礙百般。
生　意	五黃到位，進門煞中之煞，主災禍連連，阻礙百般。
謀　職	五黃到位，進門煞中之煞，主災禍連連，阻礙百般。
跳　槽	五黃到位，進門煞中之煞，主災禍連連，阻礙百般。
考　試	五黃到位，進門煞中之煞，主災禍連連，阻礙百般。
訴　訟	五黃到位，進門煞中之煞，主災禍連連，阻礙百般。
事　態	五黃到位，進門煞中之煞，主災禍連連，阻礙百般。
外　出	五黃到位，進門煞中之煞，主災禍連連，阻礙百般。
交　涉	五黃到位，進門煞中之煞，主災禍連連，阻礙百般。
等　人	五黃到位，進門煞中之煞，主災禍連連，阻礙百般。
戀　情	五黃到位，進門煞中之煞，主災禍連連，阻礙百般。
婚　姻	五黃到位，進門煞中之煞，主災禍連連，阻礙百般。
相　親	五黃到位，進門煞中之煞，主災禍連連，阻礙百般。
尋　人	五黃到位，進門煞中之煞，主災禍連連，阻礙百般。
尋　物	五黃到位，進門煞中之煞，主災禍連連，阻礙百般。
股　票	五黃到位，進門煞中之煞，主災禍連連，阻礙百般。
卦　解	五黃到位，進門煞中之煞，主災禍連連，阻礙百般。

五、七　戊己澤卦

飛星賦云：紫黃毒藥，鄰宮兌口休嘗。

飛星賦云：酉辛年，戊己弔來，喉間有疾。

原註：火味苦，五性毒，故爲毒藥，若兌金貪五土之生，則毒藥入口矣，嗜煙者如之。兌爲喉舌逢五黃必生喉症。飛星賦云：青樓染疾，只因七弼同黃。原註：兌爲少女，爲賊妾，離爲心，爲目，心悅少女，淫象也。五黃性毒，故主患楊梅瘡毒。玄機賦云：兌不利歟，唇亡齒寒。兌主唇齒，受五黃大煞，有唇亡齒寒之應。

運	勢	五黃到位，進門煞中之煞，主災禍連連，阻礙百般。
願	望	五黃到位，進門煞中之煞，主災禍連連，阻礙百般。
財	運	五黃到位，進門煞中之煞，主災禍連連，阻礙百般。
週	轉	五黃到位，進門煞中之煞，主災禍連連，阻礙百般。
投	資	五黃到位，進門煞中之煞，主災禍連連，阻礙百般。
生	意	五黃到位，進門煞中之煞，主災禍連連，阻礙百般。
謀	職	五黃到位，進門煞中之煞，主災禍連連，阻礙百般。
跳	槽	五黃到位，進門煞中之煞，主災禍連連，阻礙百般。
考	試	五黃到位，進門煞中之煞，主災禍連連，阻礙百般。
訴	訟	五黃到位，進門煞中之煞，主災禍連連，阻礙百般。
事	態	五黃到位，進門煞中之煞，主災禍連連，阻礙百般。
外	出	五黃到位，進門煞中之煞，主災禍連連，阻礙百般。
交	涉	五黃到位，進門煞中之煞，主災禍連連，阻礙百般。
等	人	五黃到位，進門煞中之煞，主災禍連連，阻礙百般。
戀	情	五黃到位，進門煞中之煞，主災禍連連，阻礙百般。
婚	姻	五黃到位，進門煞中之煞，主災禍連連，阻礙百般。
相	親	五黃到位，進門煞中之煞，主災禍連連，阻礙百般。
尋	人	五黃到位，進門煞中之煞，主災禍連連，阻礙百般。
尋	物	五黃到位，進門煞中之煞，主災禍連連，阻礙百般。
股	票	五黃到位，進門煞中之煞，主災禍連連，阻礙百般。
卦	解	五黃到位，進門煞中之煞，主災禍連連，阻礙百般。

五、八　戊己山卦　八白主少男

玄空秘旨：家有少亡，只爲沖殘子息卦。

　　玄機賦云：艮非宜也，筋傷股折。艮主股肱筋格，受煞有傷折。

運　勢	五黃到位，進門煞中之煞，主災禍連連，阻礙百般。
願　望	五黃到位，進門煞中之煞，主災禍連連，阻礙百般。
財　運	五黃到位，進門煞中之煞，主災禍連連，阻礙百般。
週　轉	五黃到位，進門煞中之煞，主災禍連連，阻礙百般。
投　資	五黃到位，進門煞中之煞，主災禍連連，阻礙百般。
生　意	五黃到位，進門煞中之煞，主災禍連連，阻礙百般。
謀　職	五黃到位，進門煞中之煞，主災禍連連，阻礙百般。
跳　槽	五黃到位，進門煞中之煞，主災禍連連，阻礙百般。
考　試	五黃到位，進門煞中之煞，主災禍連連，阻礙百般。
訴　訟	五黃到位，進門煞中之煞，主災禍連連，阻礙百般。
事　態	五黃到位，進門煞中之煞，主災禍連連，阻礙百般。
外　出	五黃到位，進門煞中之煞，主災禍連連，阻礙百般。
交　涉	五黃到位，進門煞中之煞，主災禍連連，阻礙百般。
等　人	五黃到位，進門煞中之煞，主災禍連連，阻礙百般。
戀　情	五黃到位，進門煞中之煞，主災禍連連，阻礙百般。
婚　姻	五黃到位，進門煞中之煞，主災禍連連，阻礙百般。
相　親	五黃到位，進門煞中之煞，主災禍連連，阻礙百般。
尋　人	五黃到位，進門煞中之煞，主災禍連連，阻礙百般。
尋　物	五黃到位，進門煞中之煞，主災禍連連，阻礙百般。
股　票	五黃到位，進門煞中之煞，主災禍連連，阻礙百般。
卦　解	五黃到位，進門煞中之煞，主災禍連連，阻礙百般。

五、九　戊己火卦　九紫離火生旺五黃大煞

玄空秘旨云：我生之而反被其災，爲難產以致死。

飛星賦云：青樓染疾，只因七弼同黃。又云：火暗而神智難清。

運　勢	五黃到位，進門煞中之煞，主災禍連連，阻礙百般。
願　望	五黃到位，進門煞中之煞，主災禍連連，阻礙百般。
財　運	五黃到位，進門煞中之煞，主災禍連連，阻礙百般。
週　轉	五黃到位，進門煞中之煞，主災禍連連，阻礙百般。
投　資	五黃到位，進門煞中之煞，主災禍連連，阻礙百般。
生　意	五黃到位，進門煞中之煞，主災禍連連，阻礙百般。
謀　職	五黃到位，進門煞中之煞，主災禍連連，阻礙百般。
跳　槽	五黃到位，進門煞中之煞，主災禍連連，阻礙百般。
考　試	五黃到位，進門煞中之煞，主災禍連連，阻礙百般。
訴　訟	五黃到位，進門煞中之煞，主災禍連連，阻礙百般。
事　態	五黃到位，進門煞中之煞，主災禍連連，阻礙百般。
外　出	五黃到位，進門煞中之煞，主災禍連連，阻礙百般。
交　涉	五黃到位，進門煞中之煞，主災禍連連，阻礙百般。
等　人	五黃到位，進門煞中之煞，主災禍連連，阻礙百般。
戀　情	五黃到位，進門煞中之煞，主災禍連連，阻礙百般。
婚　姻	五黃到位，進門煞中之煞，主災禍連連，阻礙百般。
相　親	五黃到位，進門煞中之煞，主災禍連連，阻礙百般。
尋　人	五黃到位，進門煞中之煞，主災禍連連，阻礙百般。
尋　物	五黃到位，進門煞中之煞，主災禍連連，阻礙百般。
股　票	五黃到位，進門煞中之煞，主災禍連連，阻礙百般。
卦　解	五黃到位，進門煞中之煞，主災禍連連，阻礙百般。

六、一 天水訟

爭議訴訟－兩虎相爭必有一傷

◎ 相爭之象　◎爭訟的結果吃虧是自己

　　上卦代表對方（或事象），「乾」有天、高上、霸氣之象；下卦代表自己，「坎」有水、低落受屈之象。天在上，水在下、兩者無法交流，因無法交流產生不滿，因此爭訟。由於對方，或事象高上而霸氣，自己陷入險境，爭訟結果吃虧的是自己。

運	勢	小心！有爭訟之象，避免為人作保，更不可作任何投資計劃。
願	望	手段錯誤而希望落空，有修正目標的必要。
財	運	開支會因與人別苗頭而透支，就算佔了上風也是吃虧。
週	轉	會因借不到而翻臉。
投	資	不是討債的時刻，吃閉門羹，甚至引申出其他糾紛。
生	意	日後會發生嚴重糾紛。
謀	職	人事不和，帳務不清。
跳	槽	不是跳槽的時機，若執意非跳不可，吃虧必定就在眼前被解雇。
考	試	不要好高騖遠，切忌作弊，就算千方百計考上，日後也會支持不了。
訴	訟	敗訴。若對方有意和解最好，否則請善加利用對方心軟時予以求情。
事	態	謠言滿天飛，事情複雜，不如早早從中脫身。
外	出	在外惹了一堆麻煩。
交	涉	談不攏，自己理由不充份。
等	人	會因等得火大而想與對方吵架，若對方來了，必也是一場口角嘔氣。
戀	情	彼此相愛，但家長有意見會分散這段愛情。
婚	姻	結婚十分勉強，有離婚打算的人會因條件談不攏而發生爭訟。
相	親	（一）會因親事不成而事後滿腹牢騷。（二）小心受騙。
尋	人	若與對方妥協則會尋回。
尋	物	盜賊竊走，找不回來了。
股	票	不可買賣，否則會後悔。
卦	解	06訴訟：糾紛訴訟不息，淫狂迷亂。

六、二　天地否

阻塞滯礙－你的城堡築在沙上

◎封閉，一籌莫展之象　◎處處碰壁，運勢暗滯

　　上卦代表對方（或事象），「乾」有天、高、霸氣之象，下卦代表自己，「坤」有地、柔順之象。由於天在上，地在下，天地無法交融，一切處於不孕、不生之死寂狀態，前景因而黑暗、封閉。此卦帶給自己凡事碰壁的訊息。

運	勢	現在開始是一段谷底期，不妨多充實自己以待佳運來臨時能夠發揮。
願	望	在一連串失望下，不如修身養性。
財	運	毫無財運可言，手頭拮据，捉襟見肘。
週	轉	處處碰壁。
投	資	對方根本已脫產逃遁。
生	意	肉包子打狗，有去無回。
謀	職	任何方法都無法逆轉情勢，倒店了之。
跳	槽	凡事碰壁，只有忍耐。
考	試	落第。
訴	訟	敗訴。
事	態	困難重重，不樂觀。
外	出	最好取消行程。
交	涉	南轅北轍，無法溝通。
等	人	等不到！
戀	情	分離之際。戀情才剛開始，即不了了之。
婚	姻	分居、離婚的可能性很大，兩人的心都不在對方身上了。
相	親	不是良緣，沒有下一次的見面。
尋	人	找不到。
尋	物	被人竊佔了！
股	票	不可進場，小心崩盤。
卦	解	12關閉之門，否定，井然有序，產豐人盛，一蹶不振。

六、三 天雷無妄

天賦試煉－且讓自己接受磨鍊

◎無望之象　◎天將降大任於斯人，順其自然吧

　　上卦代表對方（或事象），「乾」有天、霸氣之象，下卦代表自己，「震」有妄動之象。蠢動的自己遇到霸氣強悍的對手而遭「修理」，前景堪慮。由於碰到出乎意料的狀況，不妨順其自然的進行。

運	勢	運氣平平，沒有大作為，注意意外的災害。
願	望	還不見效果，順乎自然吧！
財	運	目前財運不佳，守住荷包會亂花錢。
週	轉	借不到。
投	資	沒指望。會發生意外的狀況，順其自然，不可跟對方抗衡。
生	意	天、時、地均不佳，打消念頭。
謀	職	勉強維持，若能頂讓則是上策。
跳	槽	跳槽無望，老老實實的服務老東家吧！
考	試	差少許分數而落第。
訴	訟	情況不妙，儘早與對方和談。
事	態	要有逆來順受的精神，屆時會有所改觀。
外	出	遇到層出不窮的磨難。
交	涉	不順利。
等	人	不會來。
戀	情	這是一段沒結果的戀情，小心由愛生恨遭到報應。
婚	姻	無指望的婚姻不結也罷！已婚者會遇到料想不到的事。
相	親	無指望，不去也罷！
尋	人	沒希望。
尋	物	忘了這件物品吧！
股	票	不可買賣。
卦	解	25宇宙運行，損人傷畜，妄動生禍。

六、四　天風姤

邂逅異性－遇善則善，遇惡則惡

◎ 邂逅之象　◎不正常的交往導致沒有結果

上卦代表對方（或事象），「乾」有高上之象；下卦代表自己，「巽」有動、輕心之象。沒有心機，靜極思動的自己一旦碰上高手而演變成「願者上鉤」之態，若女性卜得此卦，表示有所進展但沒有結果，男性則小心上當之類的意外。

運	勢	特別要注意與異性之間的關係，會因桃色關係而惹來麻煩。
願	望	因無法預料的事情而遭破壞。
財	運	女性可獲異性金錢幫助，男性則有做火山孝子之嫌。
週	轉	偶發性獲小額資助。
投	資	關係複雜，對方覺得曾經對你付出不少財或物力而不肯還債。
生	意	短時間可以回收資金者尚可獲小利，否則請打消念頭。
謀	職	因會與他人關係曖昧而失敗。
跳	槽	不宜。不是時候。
考	試	吊火車尾！勉強上榜。
訴	訟	先採取行動者受損。
事	態	須費一段時間才能解決。
外	出	會結交異性。
交	涉	被對方牽著鼻子走。
等	人	在約會目的地以外的處所巧遇。
戀	情	男追女，女性能拿捏男性於股掌之間。
婚	姻	不是正常的緣份，結婚慎思。
相	親	短時間內即打得火熱，但一開始就把關係弄複雜了！不妙。
尋	人	不期而遇。
尋	物	在女人的手上，不易尋獲。
股	票	此股乃一日行情，速買速賣。
卦	解	44戰場邂逅，得人扶持，成就大事，退財減產。

六、五 天戊己卦 五黃土生六白乾金

玄空秘旨云：富並陶朱，斷是堅金遇土。

飛星賦云：須識乾爻門向，長子癡迷，原註乾爻，戊也，乾爲知，爲健，失時則癡迷矣。玄空秘旨云：庭無耋耄，多因裁破父母爻。原註：生我者爲父母，若父母卦位破碎，則家無耆老，或中元乾位損者亦如是。

運 勢	五黃到位，進門煞中之煞，主災禍連連，阻礙百般。
願 望	五黃到位，進門煞中之煞，主災禍連連，阻礙百般。
財 運	五黃到位，進門煞中之煞，主災禍連連，阻礙百般。
週 轉	五黃到位，進門煞中之煞，主災禍連連，阻礙百般。
投 資	五黃到位，進門煞中之煞，主災禍連連，阻礙百般。
生 意	五黃到位，進門煞中之煞，主災禍連連，阻礙百般。
謀 職	五黃到位，進門煞中之煞，主災禍連連，阻礙百般。
跳 槽	五黃到位，進門煞中之煞，主災禍連連，阻礙百般。
考 試	五黃到位，進門煞中之煞，主災禍連連，阻礙百般。
訴 訟	五黃到位，進門煞中之煞，主災禍連連，阻礙百般。
事 態	五黃到位，進門煞中之煞，主災禍連連，阻礙百般。
外 出	五黃到位，進門煞中之煞，主災禍連連，阻礙百般。
交 涉	五黃到位，進門煞中之煞，主災禍連連，阻礙百般。
等 人	五黃到位，進門煞中之煞，主災禍連連，阻礙百般。
戀 情	五黃到位，進門煞中之煞，主災禍連連，阻礙百般。
婚 姻	五黃到位，進門煞中之煞，主災禍連連，阻礙百般。
相 親	五黃到位，進門煞中之煞，主災禍連連，阻礙百般。
尋 人	五黃到位，進門煞中之煞，主災禍連連，阻礙百般。
尋 物	五黃到位，進門煞中之煞，主災禍連連，阻礙百般。
股 票	五黃到位，進門煞中之煞，主災禍連連，阻礙百般。
卦 解	五黃到位，進門煞中之煞，主災禍連連，阻礙百般。

六、六　乾為天

飛龍在天－爬得極高，但小心墜地

◎ 巔峰之象　◎唯小心盛極轉衰

　　上卦代表對方（或事象），「乾」有亨通之象；下卦代表自己，「乾」亦有亨通之象。此卦表示事象呈暢行無阻之態，自己信心十足，實力雄厚，但小心盛極轉衰，凡事應有見好就收的智慧。

運 勢	朝既定目標前進吧！運勢非常旺盛，但得見好就收。	
願 望	不必急，會水到渠成，小心吃快打翻碗。	
財 運	財源滾滾，付出與收入相等。	
週 轉	向人借助財力可遂。	
投 資	行動要乾淨俐落，不致撲空。	
生 意	可行，積極參與。	
謀 職	未來極有發展。	
跳 槽	已有確定目標者可立即跳槽，否則留於現位亦會有一番新氣象。	
考 試	金榜題名。	
訴 訟	拖延未果。	
事 態	努力者必得報償。	
外 出	會因公出差，在外十分忙碌。	
交 涉	順利，不驕者如願以償，打鐵趁熱吧！	
等 人	被耽誤了。	
戀 情	雙方均有惺惺相惜之意。	
婚 姻	夫妻能力與條件相當，婚後須理性持家。	
相 親	雙方看對了眼，唯小心架子不可過高。	
尋 人	還在遠方，正往回途趕。	
尋 物	快出現了。	
股 票	可進場，承購此股會獲利，但忌貪。	
卦 解	01高龍，發財添產，刑子剋妻。	

六、七　天澤履　　實踐履行－小心踩到「老虎尾巴」

◎履行之象　◎前景充滿危機　◎以和悅及小心進行

上卦代表對方（或事象），「乾」有高、霸氣之象；下卦代表自己，「兌」有和悅之象。此卦表示雖伴隨著霸氣的老虎，但自己的和悅使得自己踩到對方尾巴，也能因柔遜而化險為夷。此卦說明前景充滿危機，所以要以小心翼翼的態度去進行！

運	勢	伴虎而眠之運，行動要特別謹慎，若和氣處世將一切平安。
願	望	沒有問題，難關會渡過的。
財	運	不可借予他人錢財！財運平平。
週	轉	週轉得到，但要注意利息的負擔。
投	資	對方立場堅硬，在催討的過程中以柔克剛，才不致演變成翻臉的局面。
生	意	不會賺錢，差一點賠錢，但幸好保住老本。
謀	職	多加注意口舌，切忌惹是生非。
跳	槽	不適合跳槽，跳槽之事不可太囂張，跳不成還算事小，小心現職都會保不住。
考	試	聽從師長的建議而應試者會及格。
訴	訟	可能敗訴，最好和解。
事	態	每一個環節均須謹慎小心，別越弄越糟。
外	出	外出危機重重，要慎重行動。
交	涉	對方太難應付，改以柔克剛的方式交涉。
等	人	會來，但遲到了。
戀	情	對方表現令自己很心儀，但要理智行事才不致受傷。
婚	姻	注意第三者介入，多作考慮，考慮清楚才有好的結局。
相	親	不要被對方的儀表所迷惑，要仔細觀察。
尋	人	曙光乍現，可以尋回。
尋	物	找得到，失物就在身邊。
股	票	找成交量大的股跟進，可享受大戶的餘蔭。
卦	解	10正涉艱境，財富物盈，少女受困擾。

六、八　天山遯　　隱避忍耐－應退則退

◎隱遁之象　◎等待機會，重新出發

　　上卦代表對方（或事象），「乾」有天、高上之象；下卦代表自己，「艮」有山、靜止之象。天在上而山在下，永遠無法接近。所以不妨隱遁一段時間，等待機會，以期東山再起。

運　勢	時不我予，還是去隱居吧！持之以耐心終有出人頭地的一天。
願　望	無法如願，被阻礙了。
財　運	錢途無亮，節流為妙。
週　轉	碰了一鼻子灰。
投　資	吃了閉門羹。
生　意	打消念頭吧！這是個捨本的生意。
謀　職	這段時間不佳，過一段時間會好一些。
跳　槽	快點煞車！會遭受傷害。。
考　試	白費功夫。
訴　訟	敗訴。
事　態	無法突破瓶頸，還是暫時忍耐一下吧！
外　出	有跑路逃亡之象。
交　涉	連談都不必談了，沒指望。
等　人	不會來。
戀　情	吹了就吹了吧！不久後會出現更好的對象。
婚　姻	居無定所，三餐不濟，想清楚再談婚姻。
相　親	沒結果。
尋　人	找不到，在遠方，處於不利的情況。
尋　物	找不到。
股　票	敗市，近期只跌不漲。
卦　解	33天將塌，產茂財豐，功名顯赫。

六、九　天火同人　協力前進－可以採納異己

◎同心之象　◎並肩作戰，阻力會變成助力

　　上卦代表對方（或事象），「乾」有天、高上之象；下卦代表自己，「離」有太陽、明智之象。太陽高懸天上而與浩天相得益彰，也許開始並不會很順遂，但是向強勢靠近，阻力可望轉成助力，屆時一切一定大放異彩。

運	勢	因得他人信賴而獲助力，不妨趁勢東山再起，闖出一番局面。
願	望	因貴人提拔而名利雙收。
財	運	稱心如意，財運極佳。
週	轉	週轉順利，如果是向親人週轉則會得到對方的其他幫助。
投	資	催討時要結伴同行，開始時對方姿態頗高，但慢慢會軟化，求償有門。
生	意	可行，會獲益。
謀	職	獨資不可，合夥不利，門庭若市會有親友前往捧場消費。
跳	槽	跳槽後能一展抱負。上任後會得到同事們的幫助。
考	試	初試者差強人意。重考者金榜題名。
訴	訟	相爭無益，不如開誠佈公進行和談。
事	態	集思廣益能促成此事迎刃而解。
外	出	可成行，並能結交到好友。
交	涉	協邀朋友一同去談，可以如願以償。
等	人	準時赴約，而且帶來驚喜。
戀	情	雙方均外向好動，理性進行可稱大吉。
婚	姻	夫妻同心，點石成金。良緣。
相	親	開始時並不順遂，須主動邀約對方，最後可成為良緣，
尋	人	自己難尋，委託別人吧！
尋	物	別人會替自己尋獲。
股	票	可進場，此股長紅無阻。
卦	解	13混離不清，家人人和萬事興，官非盜劫。

七、一　澤水困

乾涸困頓－滯礙不通，不要浮躁

◎窮困之象　◎四大難卦之一　◎前途乖舛

上卦代表對方（或事象），「兌」有少女、開口取討之象；下卦代表自己，「坎」有乃陷、受困。此卦事象表示自己已身陷困境，而不知天高地厚的天真少女仍舊予取予求。在茫然無助之下，前途一片乖舛拮据。

運　勢	困難重重，與其前進碰壁，不如靜待這段苦難期過去。
願　望	事與願違，恐怕低潮期要持續一段長時間。
財　運	困苦，暫停一切計劃，否則會陷自己於泥沼中。
週　轉	處處碰壁，不如不要開口。
投　資	討不到，過一段時間再說吧！
生　意	不可！大不利！
謀　職	一籌莫展，不如頂讓給別人。不可！大不利！
跳　槽	跳不成，順逆隨緣吧！反正也不比目前的工作好多少。
考　試	努力不夠，全軍覆沒。
訴　訟	訴訟終結！膠著之後因敗訴而大傷元氣。
事　態	目前處於進退維谷時期，急也沒有用。
外　出	動彈不得！勉強而行會有災禍。
交　涉	窮途末路，暫停交涉。
等　人	因中途發生事故而不會來了。窮途末路，暫停交涉。
戀　情	逢場作戲，不必認真。
婚　姻	配偶是個不負責之人，自己則有為異性而苦的現象。
相　親	不了了之。
尋　人	找不到。
尋　物	找不到被掩埋了。
股　票	純粹抬轎子，在最高點買進，長期無法解套。
卦　解	47長時圍困，家人多病，家境衰落，為人所害，潦倒不堪。

七、二 澤地萃　　精華匯集－金榜得名

◎ 聚集之象　◎志同道合可獲大利

上卦代表對方（或事象），「兌」乃喜悅之象；下卦代表自己，「坤」有包容、柔順之象。此卦事象因自己溫柔敦厚，造成愉悅的結果。由於彼此心心相印，偕手之下可創造一番美好的前景。

運	勢	信譽與助力均盛。幸運、忙碌，年輕人有結婚的可能。
願	望	因貴人的助力而遂願。
財	運	財運亨通，繁華中生財。
週	轉	對方十分樂意資助，甚至還鼎力幫忙。
投	資	在雙方言歡下得回。
生	意	收獲十分豐富，可行。
謀	職	忙碌中大賺其錢。
跳	槽	跳槽後會鴻圖大展，人緣佳而且忙碌。
考	試	金榜題名，光耀門祖。
訴	訟	每一步都走對了，一切吉祥。
事	態	拖了許久的事情終於有了答案。
外	出	許久不能成行的計劃得以付諸實現。
交	涉	自己不須作主，循序前進自然能達成協議。
等	人	會來，但遲到了。
戀	情	愛情更濃郁，兩人理想均得以實現。
婚	姻	良緣，一切順利。早生貴子。
相	親	對方雖看似被動，但心中早已首肯。
尋	人	最近就有消息，只是行蹤捉摸不定。
尋	物	找回來了，但沒多久又會失去。
股	票	大舉進場，此股人氣薈萃，獲大利。
卦	解	45熱鬧祭禮，財多功名顯赫，日久少嗣，女權高漲。

七、三　澤雷隨

追隨他人－聽聽他人的意見

◎ 跟隨之象　◎過了節氣的雷　◎跟隨著時機而動吧

　　上卦代表對方（或事象），「兌」有喜悅、少女之象；下卦代表自己，「震」有動、年長男子之象。年長男子追求喜悅的少女，動機需純正，否則會遭戲耍。另外，自己雖較對方成熟但因過了氣，不妨順應年少的對方。

運	勢	因身邊的善惡因緣而交善，惡運，故須慎選親近的對象。
願	望	不宜擅做主張，應以智慧採納忠言才會有利。
財	運	須從節流著手，會因與友交際而花費不貲。
週	轉	會向較自己年輕或實力弱之人週轉。數目不大可遂，否則要吃閉門羹
投	資	這次討不到，下次再來。
生	意	投資小生意可，大買賣則不佳。
謀	職	合夥事業吉。順利賺小錢。
跳	槽	經人引誘而想跳槽，但動機很重要，倘若動機不純正還是多加考慮。
考	試	聽取師長的指導可考取。
訴	訟	會有貴人出現，因其幫忙才能有結果。
事	態	藉他人之手予以解決。
外	出	有移居、出國之兆。
交	涉	接受對方的良性建議會對自己有利。
等	人	因磨菇而遲到。
戀	情	追對方追得不亦樂乎，何不乾脆開口求婚。
婚	姻	以相親或媒妁之言結婚較好，已婚者配偶可能有外遇。
相	親	被對方攫去整顆心。
尋	人	在外與友人結伴不歸，可與該友人聯絡，促其返家。
尋	物	藏在某物品之中。
股	票	完全受景氣及大盤所控，指數上漲即賺，跌則賠。藏在某物品之中。
卦	解	17時後之雷，人財兩失，加官進爵。

七、四　澤風大過　危險超載－實力壯大才能過關

◎ 過渡之象　◎超過自己的負擔，充足實力才能渡過難關

　　上卦代表對方（或事象），「兌」有天真、喜悅、少女；下卦代表自己，「巽」乃動、風、長女。自己即那長女，在天真少女的脅下活動而渾身不自在，像背著沈重包袱一樣的辛苦，「大過」是過度的責任，而自己因氣弱，不勝負荷。

運	勢	處處充斥危險與磨難，艱辛中只能求取平安。切勿負擔超過能力以外的事。
願	望	徹底的失望，無補救之道。
財	運	小心劫財的風暴襲向自己，囊空如洗。
週	轉	四面楚歌的運氣，不但借不到尚且會受到打擊。
投	資	因討債而引發事端。
生	意	千萬不可，會因超過自己的負擔而導致身敗名裂。
謀	職	到新任的公司（空殼子，快倒閉）做代罪羔羊。
跳	槽	安份點，跳槽就等於失業。
考	試	考壞了，落第。
訴	訟	敗訴。若對方有意和解最好，否則請善加利用對方心軟時予以求情。
事	態	處處充滿危險與艱辛。
外	出	禁足，外出逢災。
交	涉	這是一場翻臉的談判。
等	人	不會來。
戀	情	吹定了。
婚	姻	彼此怨懟，不如暫時冷靜下來以渡過難關。
相	親	甭提了！
尋	人	找不到，有生命危險，一切要小心。
尋	物	放棄吧！被盜匪竊佔了，不會歸還。
股	票	大跌，頹勢不可挽。
卦	解	28負之太過，血光重至，日久少嗣，流落異鄉。

七、五　澤戌己卦

飛星賦云：紫、黃毒藥，鄰宮兌口休嘗。

飛星賦云：青樓染疾，只因七弼同黃。

飛星賦云：酉辛年，戌己弔來，喉間有疾。七赤兌爲庚酉辛，兌主口，喉。戌己五黃大煞也。玄空秘旨云：庭無耄耋，多因裁破父母爻。

運　勢	五黃到位，進門煞中之煞，主災禍連連，阻礙百般。
願　望	五黃到位，進門煞中之煞，主災禍連連，阻礙百般。
財　運	五黃到位，進門煞中之煞，主災禍連連，阻礙百般。
週　轉	五黃到位，進門煞中之煞，主災禍連連，阻礙百般。
投　資	五黃到位，進門煞中之煞，主災禍連連，阻礙百般。
生　意	五黃到位，進門煞中之煞，主災禍連連，阻礙百般。
謀　職	五黃到位，進門煞中之煞，主災禍連連，阻礙百般。
跳　槽	五黃到位，進門煞中之煞，主災禍連連，阻礙百般。
考　試	五黃到位，進門煞中之煞，主災禍連連，阻礙百般。
訴　訟	五黃到位，進門煞中之煞，主災禍連連，阻礙百般。
事　態	五黃到位，進門煞中之煞，主災禍連連，阻礙百般。
外　出	五黃到位，進門煞中之煞，主災禍連連，阻礙百般。
交　涉	五黃到位，進門煞中之煞，主災禍連連，阻礙百般。
等　人	五黃到位，進門煞中之煞，主災禍連連，阻礙百般。
戀　情	五黃到位，進門煞中之煞，主災禍連連，阻礙百般。
婚　姻	五黃到位，進門煞中之煞，主災禍連連，阻礙百般。
相　親	五黃到位，進門煞中之煞，主災禍連連，阻礙百般。
尋　人	五黃到位，進門煞中之煞，主災禍連連，阻礙百般。
尋　物	五黃到位，進門煞中之煞，主災禍連連，阻礙百般。
股　票	五黃到位，進門煞中之煞，主災禍連連，阻礙百般。
卦　解	五黃到位，進門煞中之煞，主災禍連連，阻礙百般。

七、六　澤天夬

決斷決裂－盛極而衰，高處不勝寒

◎決斷之象　◎把握時機，一舉成功以免再次沈淪

　　上卦代表對方（或事象），「兌」有予取予求的少女之象；下卦「乾」「天」代表自己，此卦表示自己像王一樣強勢，但遇到予取予求的少女而把持不住，所以成為上剋下的局面，必需決斷以免受傷。但面對天真的少女卻不能不小心，要壯士斷腕，一舉成功，一免一再沈淪。

運	勢	運勢轉寰期，好壞端賴行動是否果斷，若感情用事將陷自己於泥沼中
願	望	願望不易達成，須有智慧的覺悟及超人的果決意志才有轉機。
財	運	錢財遭人覬覦，切記財不可露白。
週	轉	借得到，但日後會變成還了錢，卻有還不清的人情債。
投	資	對方千方百計想賴帳，須施以殺手鐧才能要回。
生	意	不可！日後有糾紛。
謀	職	正處於不景氣時期，千萬不可大意。
跳	槽	很徬惶，但最後還是跳槽了！
考	試	成績不理想。
訴	訟	會輸，早點找對方談談吧！
事	態	已經到了關鍵時候，就要見分曉了。
外	出	計劃很緊湊，小心出錯。
交	涉	交涉的場所須周詳設計。難取得共識。
等	人	不會來。
戀	情	對方不喜歡你的主動，雙方之間有觀念上的差異。
婚	姻	不利，暫時出外一陣子，待雙方冷靜後再回來談吧！。
相	親	不要存指望，等下一次吧！
尋	人	行蹤不明。
尋	物	不知去向。
股	票	可進場，此股會反彈。
卦	解	43殘月，家和萬事興，月缺再圓，大富貴之象，則凶。

七、七　兌爲澤

少女情懷－取悅他人，人際和諧

◎ 喜悅之象　◎注意禍從口出

　　上卦代表對方（或事象），「兌」有喜悅、開口，少女之象，下卦代表自己，「兌」亦有喜悅少女之象。二位心情喜悅的天眞少女談笑風生，空氣中充滿了歡樂的氣氛，但要注意禍從口出。

運　勢	歡喜聲不斷，人緣佳，但要注意禍從口出。
願　望	若能持之以恆即可順遂。
財　運	大船入港。
週　轉	在高高興興，杯觥交錯中達成目的。
投　資	順利，但要注意自己的言詞。
生　意	可行，投資後必需經常噓寒問暖，免得脫節了。
謀　職	順利，但容易半途掉以輕心，切記有恆者事竟成。
跳　槽	會獲得好職位。
考　試	一次愉快的測試。
訴　訟	以和解收場。
事　態	彼此兩情相悅，但要注意禍從口出。
外　出	喜悅之旅。
交　涉	交涉過程愉快。
等　人	遲到了。
戀　情	熱戀中注意禍從口出，小心自己的言詞。
婚　姻	結婚快樂的氣氛濃郁，婚後因實際的參與生活而發現與想像有些出入。
相　親	相互看對眼，
尋　人	動口的時間多過實際行動的時間。
尋　物	不易找到。
股　票	買氣旺盛，可跟進，人人喜不自禁。
卦　解	58狂笑少女，少嗣家境昌盛，萬事順利，揚名海外。

七、八　澤山咸

男女喜悅－有情人終成眷屬

◎ 男女感應之象　◎愛情綿綿

　　上卦代表對方（或事象），「兌」有少女之象；下卦代表自己，「艮」有少男之象。此卦爲少男追求少女之卦。自己「艮」是止，對方事象「兌」是悅。若自己停止對外花心，對方會因感動而喜悅，有情人終成眷屬。

運　勢	人緣佳，人逢喜事精神爽。
願　望	儘量借重熟人，會有結果。
財　運	桃花耗財，幸有出有進，。
週　轉	需花一筆交際費才借得到手。
投　資	討來的財物，一部份落入第三者的口袋或吃喝花了不少。
生　意	被熱情邀股，自己也動心，開銷會比預料中大。
謀　職	向他人多請教則能成功。
跳　槽	需請教先進，切勿自己下決定，而任意跳槽。
考　試	因異性問題耽誤了考試，成績不理想。
訴　訟	幾經出庭終得和解。
事　態	彼此有誠意，一定會暢行無阻。
外　出	出外能獲異性青睞。
交　涉	對方早已首肯。
等　人	馬上到。
戀　情	惺惺相惜，甚或為數人所追求。
婚　姻	生米已成熟飯，只差補行婚禮而已，良緣。
相　親	一見鍾情。
尋　人	心有靈犀一點通，會回來。
尋　物	快找到了。
股　票	以被報知而跟進，獲小利。
卦　解	31虛情感應，大富大貴，人財兩全，幸福快樂。

七、九　澤火革　新舊交替－要予以魄力的革新

◎ 革新之象　◎明智的變革，可避免後悔

　　上卦代表對方（或事象），「兌」有喜悅、天眞少女之象；下卦代表自己，「離」有明智之象。因爲自己有鬥智的變革之舉，致使一位倔強的少女悅服，因此也得到助力，改革可避免一些後悔事情。

運　勢	遇上大變革 新舊交替期，可以靠向強勢的一方。
願　望	此事需藉助大刀闊斧才能如願。
財　運	錢財不可露白，小心招惹賊人打主意。
週　轉	需有擔保品才週轉得到。
投　資	對方顧左右而言他，不可因之失去原旨。
生　意	需自己參與營運才可投資，否則大忌。
謀　職	對新事業有利，但對舊事業則需要大加改革才行。
跳　槽	現在就是跳槽的最佳時刻。
考　試	努力振作才會考取。
訴　訟	與律師做最後的深入研究方能獲勝，可以使出殺手鐧。
事　態	修正計劃，快刀斬亂麻乃上上之策。
外　出	（一）有移居之兆，（二）偷閒出去觀光是不錯的主意。
交　涉	推翻先前的結論，重新交涉。
等　人	來人途中變卦，不來了。
戀　情	舊人已去，新歡即來。
婚　姻	分久必合，合久必分，最利再婚之人。
相　親	緣份還不錯。
尋　人	即使找回來也已人事全非。
尋　物	找回來也已經破損。
股　票	宜懸崖勒馬，或另選他股。
卦　解	49善意改革，散財損人，發憤可圖強，決心可退賊。

八、一　山水蒙

濃霧的山谷－聽從貴人引領

◎啟蒙之象　◎小孩在啟蒙學習，所以要有人帶領

上卦代表對方（或事象），「艮」有山、止之象；下卦代表自己，「坎」有水、陷之象。此卦有霧中失向，停頓不前之兆，由於前景未明，在未明中前進，就像小孩子接受啟蒙一樣，所以要有人帶領。

運	勢	適合潛心修學，若要有所作為最好請教高人，另外，小心被人欺矇。
願	望	目前沒有眉目，宜靜心以待或改變初衷。
財	運	財務混亂，開銷失去控制。
週	轉	週轉不到，宜好自為之，小心行事為妙。
投	資	要不到債，前往時要有朋友同行才宜成行。
生	意	急不得，這是一則費時費力的投資項目，可能忙一陣子後又告流產。
謀	職	生意清淡，需要熬一段長時間才能好轉。
跳	槽	前途不明，暫時放棄，等待下一次機會吧！。
考	試	埋頭苦讀，待重考會成績斐然。
訴	訟	需要一位好律師才能勝訴。
事	態	暫時解決不了，不妨多參考他人建議。
外	出	需要一位好的領隊，如果沒有，就等下次吧！
交	涉	自己沒有把握，找出問題癥結再談吧！
等	人	對方不想來，或被某事絆住了，不再等。
戀	情	像小孩子扮家家酒，所以不必勉強對方。
婚	姻	迷糊的婚姻，無法掌握對方的心在想什麼？
相	親	草草率率的相親，彼此沒有給對方留下深刻的印象，此時媒人的角色太重要了。
尋	人	對方被他人絆住了。
尋	物	壓在某物之下。
股	票	多聽前輩進言，尚在學習熟悉階段，暫時不要買賣。
卦	解	4不見天日，忤逆官訟，易被蒙蔽。

八、二　山地剝

侵蝕剝落－悄悄來臨的危機

◎剝削之象　◎層層剝落　◎崩壞前，順應時勢停止行動

　　上卦代表對方（或事象），「艮」有山、阻止之象；下卦代表自己，「坤」有大地、柔順之象。此卦表示山無聲無息的層層剝落在大地上。這現象也告訴自己危機阻礙，無聲息的落在自己身上，可見危機四伏，自己要順應時勢，停止行動。

運　勢	勞苦與困難重重的艱辛期，在這段時間內遭誤解、排擠，故凡事得小心應付。
願　望	苦煩自嘆，遭人敲詐，願望降低才能免除不快。
財　運	苦煩自嘆，遭人敲詐，願望降低才能免除不快。
週　轉	遭高利貸層層剝削，能不借則不要借。
投　資	（一）收到這筆債已是打折後的數字。（二）要不到債反又遭再借
生　意	被騙，血本無歸。
謀　職	大賠本，趕快結束營業。
跳　槽	跳槽不成反為其害，結果沒下文，或在這家公司上班，受到孤立。
考　試	落第。
訴　訟	全盤皆輸，一步錯導致步步錯。
事　態	充滿被壓榨的勞苦。
外　出	旅途會遭到意外與困難，在山區則有可能發生山難。
交　涉	交涉過程中對方百般刁難，自己則遭節節逼退。
等　人	不會來，不必等了。
戀　情	對異性迷戀，最後床頭金盡。
婚　姻	有被騙婚的可能，以金錢為出發點的婚姻。
相　親	相親花一筆費用，卻沒發展。
尋　人	有生命危險，找不到。
尋　物	已遭人破壞，無法尋回。
股　票	接了最後一棒，回本無望。
卦　解	23崩潰，家產初時豐盛，日久多病，事業阻滯，小人加害。

八、三　山雷頤　　韜光養晦－注意言辭，善用智慧

◎ 開口之象　◎注意禍從口出，病從口入

　　上卦代表對方（或事象），「艮」有山、靜止之象；下卦代表自己，「震」有雷、動之象。此卦表示春雷降山，草木生長，養育萬物，「養」之意，「頤」是指下巴，所以也有動口之意，故需禍從口出，當然，在養的過程中也要注意病從口入。

運　勢	注意口舌，病患，與其外華內虛，不如韜光養光晦充實內在以求應變
願　望	事與願達，不妨與親人及知己談談，也許有別的出路。
財　運	四處粥討，財運不濟，吆喝中討生話，僅能糊口。
週　轉	目前借不到，甚至找不到對方的人。
投　資	開口要債，措辭小心。
生　意	需注意與口有關的行業，慎重行事。
謀　職	獨資事業不吉，合夥事業佳，但需防人多意見雜。
跳　槽	跳槽之後運氣不會轉好，反而因之而惹來一場是非。
考　試	錄取，若有口試要注意口試的表現。
訴　訟	勢均力敵，是一場吃力的纏訟。
事　態	因事請託他人被敲竹槓。
外　出	與口有關的旅行，演講、教學、買賣、洽商……等。
交　涉	在飯局、酒場中談比較好，但要注意自己的言辭。
等　人	只是電話來往，對方不會赴約。
戀　情	是一場同居的戀情，注意禍從口出。
婚　姻	結婚後食指浩繁，需要雙方共同負擔才能熬過。
相　親	相親時注意禍從口出和吃的禮節。
尋　人	經別人報信而四處搜尋，沒有找到。
尋　物	會因失物而引起錯怪他人的是非，找不回來。
股　票	食品股可獲利。
卦　解	27上下顎動，否極泰來，日久少嗣。

八、四　山風蠱　　侵蝕腐壞——切重新來過吧！

◎蠱生之象　◎唯有快速徹底剷除蟲蠱才能重生

　　上卦代表對方（或事象），「艮」有山、止、中年女子之象，下卦代表自己，「巽」有風、順、少男之象；少男受到中年女子的蠱惑，關係複雜，唯下決心徹底結束蠱生般的關係才能重生。

運	勢	混亂複雜，非常勞苦。但若能大刀闊斧，則混亂一過即可重生。
願	望	會因種種障礙而無法明亮。
財	運	毫無財運可言，財政上亦一片混亂。
週	轉	無處可借，不用開口了！
投	資	倒債之象。
生	意	千萬不可，會變成一場爛仗，被人作假帳坑了本錢。
謀	職	一敗塗地，不如早作歇業打算。
跳	槽	現在工作環境有問題，是跳槽的時刻了。
考	試	勢必重考。
訴	訟	爭不得，在大敗之前多多蒐集證據以減低挫敗程度。
事	態	在拖延未果之下不了了之。
外	出	混亂的旅程。
交	涉	無法達成共識。
等	人	不會出現。
戀	情	不相配，是曇花一現的愛情。
婚	姻	不是良緣，已婚者需要注意第三者介入，會經過一場風暴之後才能穩定。
相	親	對方心不在焉，自己也漫不經心。
尋	人	找不到。
尋	物	失物不可能尋獲。
股	票	牛皮股或被套牢。
卦	解	18盤上之蛆，多出孤寡，苦惱無神。

八、五　山戊己卦　五黃煞破八白艮，艮主少男

玄空秘旨：家有少亡，只爲沖殘子息卦。

　　玄空秘旨：艮傷殘而筋枯臂折。原註：艮爲脾、爲背、爲手、爲足、爲鼻，下元艮位傷殘，故有臂折筋枯之應。

運　勢	五黃到位，進門煞中之煞，主災禍連連，阻礙百般。
願　望	五黃到位，進門煞中之煞，主災禍連連，阻礙百般。
財　運	五黃到位，進門煞中之煞，主災禍連連，阻礙百般。
週　轉	五黃到位，進門煞中之煞，主災禍連連，阻礙百般。
投　資	五黃到位，進門煞中之煞，主災禍連連，阻礙百般。
生　意	五黃到位，進門煞中之煞，主災禍連連，阻礙百般。
謀　職	五黃到位，進門煞中之煞，主災禍連連，阻礙百般。
跳　槽	五黃到位，進門煞中之煞，主災禍連連，阻礙百般。
考　試	五黃到位，進門煞中之煞，主災禍連連，阻礙百般。
訴　訟	五黃到位，進門煞中之煞，主災禍連連，阻礙百般。
事　態	五黃到位，進門煞中之煞，主災禍連連，阻礙百般。
外　出	五黃到位，進門煞中之煞，主災禍連連，阻礙百般。
交　涉	五黃到位，進門煞中之煞，主災禍連連，阻礙百般。
等　人	五黃到位，進門煞中之煞，主災禍連連，阻礙百般。
戀　情	五黃到位，進門煞中之煞，主災禍連連，阻礙百般。
婚　姻	五黃到位，進門煞中之煞，主災禍連連，阻礙百般。
相　親	五黃到位，進門煞中之煞，主災禍連連，阻礙百般。
尋　人	五黃到位，進門煞中之煞，主災禍連連，阻礙百般。
尋　物	五黃到位，進門煞中之煞，主災禍連連，阻礙百般。
股　票	五黃到位，進門煞中之煞，主災禍連連，阻礙百般。
卦　解	五黃到位，進門煞中之煞，主災禍連連，阻礙百般。

八、六　山天大畜　倉庫盈滿－儘管積極行動吧

◎大富之象　◎前景隆盛　◎一切準備充分

上卦代表對方（或事象），「艮」有山、高之象；下卦代表自己，「乾」有天，霸氣之象。此卦表示氣勢十足，氣勢蓄積，前景可隆盛，一切也準備充分，是衝刺的時候了。

運	勢	運氣大吉，蓄積實力時期，現在的勤奮在不久之後即會得到十足的報償。
願	望	努力之餘理想不久後可以實現。
財	運	倒吃甘蔗，越來越甜，可儲蓄大財以便日後進行更大的計劃。
週	轉	如果是將週轉來的財物做投資用，能得以順利。
投	資	放出消息後，等對方自動本利奉還。
生	意	可置產，可併購其他事業。
謀	職	因基礎打得紮實而生意興隆。
跳	槽	稍安勿躁，目前不可採取任何行動，在老公司中會有發展。
考	試	實力完全發揮，考取第一志願。
訴	訟	事前與律師做好溝通有助於勝訴。
事	態	情勢大利，速戰速決為妙！
外	出	這是一趟愉快的旅程。
交	涉	馬到成功。
等	人	不會來。
戀	情	因事擔擱了。
婚	姻	雙方家世相當，婚姻幸福美滿，良緣。
相	親	會遇到理想的對象，提早赴相親之約。
尋	人	至今下落不明，受到阻礙而未歸。
尋	物	壓在某物下面。
股	票	可買進，長紅作收。
卦	解	26豐倉滿穀，路路暢通顯貴，久則少嗣。

八、七　山澤損

損後獲益－為排除困難而有所付出

◎減損之象　◎眼前損失，但長期有利

　　上卦代表對方（或事象），「艮」有少男、停止之象；下卦代表自己，「兌」乃開口、少女之象。予取予求的少女，遇到不為所動的少男，眼前欲求無望所以損失，但眼前雖損但長期仍有利。

運	勢	事倍功半，勞苦疲累，是一個付出的時期，但也是未來好運的準備期。
願	望	有施才會有得，有付出才會有報償。願望達成率只有一半。
財	運	短期失財之象。
週	轉	要付出高利貸。
投	資	討不到，對方可能建議你將債金反投資對方（債務人）。
生	意	目前沒有好處。
謀	職	虧損之象，有修正營業項目的必要。
跳	槽	不可轉業，儘量待在原來職位上。
考	試	考不出該有的水準。
訴	訟	對你十分不利，以低姿勢找對方和談吧！
事	態	以靜制動！以不變應萬變！
外	出	單身出外者佳，不要隨便改行程。
交	涉	送回扣，送禮者能助協議早日達成。
等	人	對方姍姍來遲。
戀	情	雙方交往時自己要負擔大部份費用、送禮。對方有任性的傾向。
婚	姻	為了所愛的人降低標準吧！婚後正常平穩。
相	親	自己掏腰包請客，對方眼光很高。
尋	人	找不回來，若要找回來勢必也要蝕些「本兒」。
尋	物	找不回來，就算找到了也殘缺不全。
股	票	不可進場，此股會跌。
卦	解	41慈愛禮物，發功名家聲，困苦艱辛。

八、八　艮爲山　　山橫眼前－適可而止吧！

◎阻止之象　◎沒有助力

　　上卦代表對方（或事象），「艮」有山、阻止之象；下卦代表自己，「艮」有遲疑、不動之象。在多重阻礙之下，自己也要有靜止的胸襟，不要受外力事象所影響。儘管想動卻沒有貴人幫助。

運	勢	前途乖戾，請懸崖勒馬或準備破斧沉舟的膽識。
願	望	請見風轉舵！否則會失望。
財	運	錢途無亮。
週	轉	一籌莫展。
投	資	討不回來，被倒帳了。
生	意	切忌。
謀	職	不景氣，困難重重，改行也行不通。
跳	槽	千萬不可，困難重重，連擺地攤也會被警察捉去。
考	試	名落孫山。
訴	訟	身敗名裂。
事	態	有阻礙，適可而止吧！
外	出	會有災禍。
交	涉	無法溝通。
等	人	不會來。
戀	情	沒有指望了！瀟洒一點吧！
婚	姻	婚事遭遇阻礙，勢必延期。已婚者有夫妻反目之象。
相	親	還沒見面就取消了，
尋	人	不用找！自己會回來。
尋	物	就在家裏，不用出外找。
股	票	不可進場，此股乃停滯不漲的牛皮股。
卦	解	52連群之山，多病日久少嗣，萬事不如意。

八，九　山火賁

霞下之山－外表美麗，實則不然

◎粉飾之象　◎前景如夕陽炫目，但卻毫無熱度可言

　　上卦代表對方（或事象），「艮」有山、止之象；下卦代表自己，「離」有太陽、光輝、鮮明之象。太陽西沉，夕陽餘暉雖美，但不久就要沒落。不可迷惑如夕陽般的景色。

運　勢	外強中乾，繡花枕頭之運，表面上看起來不錯，實際上苦不堪言。
願　望	小願望，馬馬虎虎，大願望則要落空。
財　運	快要見底了，不要再充面子。
週　轉	借不到，就算借到也是一張空頭支票。
投　資	催討時對方頻頻說沒問題，但到現場時對方卻拿不出手。
生　意	側面消息似乎會獲利，投入後才發現是一項錯誤的投資。
謀　職	看起來彷彿很興隆，實際上卻處於虧損狀態。
跳　槽	被有意跳槽的那家公司所迷惑，跳槽後卻發現與理想不符。
考　試	吊車尾。
訴　訟	情況似乎對自己有利，但實則不然，最好與對方和談，否則會急轉直下。
事　態	表面聽來好像信誓旦旦，其實一點解決的誠意也沒有。
外　出	旅行社給的資訊和事實差不多。
交　涉	彼此氣派十足，但毫無誠意，協議困難。
等　人	會來，來人穿戴華麗，與人談的也是一些冠冕堂皇的表面話，沒意義。
戀　情	只求外表的感覺，不求內心感受的戀情，不要也罷！
婚　姻	兩姓聯姻只顧面子行事，一時風光，但後患無窮。
相　親	第一印象很好，但交往後會發現雙方個性不合。
尋　人	離自己不遠但找不到。
尋　物	在身邊，但無法尋獲。
股　票	空想一場，沒買也沒賣。
卦　解	22秋山紅葉，子孫淫蕩，多災多難，家運日降。

九、一　火水未濟　長期艱苦－目標還很遠呢

◎無法隨心所欲之象　◎成功之路遙遙無期

　　上卦代表對方（或事象），「離」有火、聰明之象；下卦代表自己，「坎」有水、笨之象。火上、水下，水不沸，無所「成就」。在不知應對運疇之下，只有任好運遠離，成功之路遙遙無期。

運　勢	目前處於艱難期，但慢慢即會有好轉，耐心等待曙光的來臨吧！	
願　望	目前乃低潮期，熬過此時期便會撥雲見日。	
財　運	不可借錢給他人，有劫財之相。	
週　轉	注意空頭支票，目前借不到。	
投　資	此時不宜追討，多等上一段時日吧！	
生　意	打消念頭，不利投資。	
謀　職	為了堅持理想而陷入困苦中。	
跳　槽	前途茫茫，不宜蠢動，等些時候吧！	
考　試	落第。	
訴　訟	會繼續膠著下去。	
事　態	尚未明朗化，欠缺助力及解決方法。	
外　出	半途殺出程咬金，一切計劃泡湯。	
交　涉	這是一場翻臉的談判。	
等　人	等不到。	
戀　情	單戀對方，自己陷入苦惱，轉移注意力調適自己吧！	
婚　姻	此時不宜提結婚或離婚之事，情勢對自己不利，等待時機。	
相　親	此時不宜相親，僅是徒增自己的煩惱。	
尋　人	行蹤飄忽，無法掌握。	
尋　物	不知去向，無從找起。	
股　票	掛進或掛出金額不當而未成交。	
卦　解	64水火不容，揚名立萬，顯發家族，做事太久則無法完成。	

九、二 火地晉

上昇前進－晉陞有望

◎晉升之象 ◎順利前進，出人頭地

上卦代表對方（或事象），「離」有太陽之象，下卦代表自己，「坤」有大地之象。此卦表示太陽躍出地面，有晉升、出人頭地之意。在下位的自己能忠於職守被人賞識，因而晉升飛黃騰達。

運	勢	更上一層樓，步步高陞。
願	望	願望可遂。
財	運	收入增加，可滿足長久以來的慾望。
週	轉	借得到。
投	資	討得到。
生	意	可行！會獲利。
謀	職	若不急躁將會有一番大發展。
跳	槽	稍安勿躁！留在原來崗位將會鴻圖大展。
考	試	榜上題名。
訴	訟	剛開始一切均有利於你，速戰速決最好，否則小心生變。
事	態	一掃已往的疑慮，會稱心如意。
外	出	勢在必行！途中大有斬獲。
交	涉	達成協意，雙方盡歡。
等	人	短時間就會出現。
戀	情	與夢中人陷入情網。
婚	姻	男方是標準先生，女方是賢妻良母，天作之合。
相	親	彼此滿意，有結婚的希望。
尋	人	曙光已現，馬上就會回來。
尋	物	就在附近，探手可得。
股	票	一枝獨秀，此股節節上升。
卦	解	35初升之日，平步青雲，男性受損。

九、三 火雷噬嗑 排除障礙－為阻力而勞苦

◎口舌之象 ◎為達目的而遇到意想不到的辛勞

上卦代表對方（或事象），「離」有火、目標之象；下卦代表自己，「震」有雷、動、決斷之象。往目標前進之時有障礙，自己需以決斷的行動排除障礙才能達成目的，然而排除障礙的過程中會有激烈的口角，障礙排除後始能歸於太平。

運 勢	有障礙，不可因情緒不佳而失去理智，若能除去障礙則能反凶歸吉。
願 望	去除障礙才能得以如願。
財 運	辛苦中謀財。
週 轉	週轉的過程中會被對方數落，忍著點吧！
投 資	這次催討的過程會發生障礙或爭執。
生 意	不宜投資，投資的過程中糾紛不斷，不要替自己找麻煩。
謀 職	內部、人事、器物經常出問題，心力交瘁。
跳 槽	高難度的跳槽行動，要除去障礙才能達到目的，別忘了沈默是金。
考 試	考前緊張、失眠或遺忘考具。
訴 訟	小心應對，最後能勝訴。
事 態	兵來將擋，需發揮披荊斬棘的精神。終吉。
外 出	在旅程中和同伴發生口角或遇到障礙。謹言慎行！
交 涉	對方是一位難纏的人物，發揮自己的口才說服對方。
等 人	途中遭阻，會遲到。
戀 情	會面臨強勢的情敵，需理智地排除情敵。
婚 姻	好事多磨，這婚姻更應該珍惜。
相 親	相親的過程中會發生糾紛，稍安勿躁。
尋 人	吵吵鬧鬧，對方怎麼敢回來？
尋 物	為找失物而鬧得滿城風雨。
股 票	選中了唯一不漲的牛皮股。
卦 解	21受爵之物，富貴功名，科甲之才。

九、四　火風鼎

儲才養賢－遇有助力即能成功

◎協九之象　◎共同協力完成大業

　　上卦代表對方（或事象），「離」有光顯、睿智之象；下卦代表自己，「巽」有順從之象。在與睿智的提攜下，自己只要順從前進，便會受到幫助，進而共同協力完成大業。

運　勢	結合多人力量能給你帶來好運，這是一段風光期，多加把握。
願　望	萬事如意，別忘了感謝身邊的貴人。
財　運	極佳，有人鼎力協助謀財，任何行業均吉。
週　轉	對方會借給你，但有其他條件。
投　資	藉助他人一起去討一定能討到。
生　意	貴人牽成，可行。
謀　職	生意鼎盛，門庭若市。
跳　槽	無可無不可，換環境之後是先苦後甘。
考　試	考績甲等，成果滿意。
訴　訟	大勝對方。
事　態	與這件事有關人士共同商討可獲解決。
外　出	與人同行者佳。
交　涉	一拍即合。
等　人	會來。
戀　情	注意三角關係，小心慎重！
婚　姻	三角關係，包括「第三者」，長輩、非婚生之子，三人同住屋簷下。
相　親	媒人功不可沒，從他（她）口中讓你在對方心裏留下極佳印象。
尋　人	自動回來。
尋　物	被歸還。
股　票	選到了漲勢漂亮的股。
卦　解	50三人之會，田產豐盛少嗣，多奇難雜病。

九五 火戊己卦

玄空秘旨云：丁近傷官，人財因之耗乏

玄空秘旨云：火見土而生愚鈍頑夫。

　　火生土而洩，我生者爲傷官，是命學的術語，土由火生，所以土是火的傷官。九紫離火生旺，五黃廉貞大煞而成災。所以玄空秘旨云：我生之而反被其災，爲難產以致死。

運	勢	五黃到位，進門煞中之煞，主災禍連連，阻礙百般。
願	望	五黃到位，進門煞中之煞，主災禍連連，阻礙百般。
財	運	五黃到位，進門煞中之煞，主災禍連連，阻礙百般。
週	轉	五黃到位，進門煞中之煞，主災禍連連，阻礙百般。
投	資	五黃到位，進門煞中之煞，主災禍連連，阻礙百般。
生	意	五黃到位，進門煞中之煞，主災禍連連，阻礙百般。
謀	職	五黃到位，進門煞中之煞，主災禍連連，阻礙百般。
跳	槽	五黃到位，進門煞中之煞，主災禍連連，阻礙百般。
考	試	五黃到位，進門煞中之煞，主災禍連連，阻礙百般。
訴	訟	五黃到位，進門煞中之煞，主災禍連連，阻礙百般。
事	態	五黃到位，進門煞中之煞，主災禍連連，阻礙百般。
外	出	五黃到位，進門煞中之煞，主災禍連連，阻礙百般。
交	涉	五黃到位，進門煞中之煞，主災禍連連，阻礙百般。
等	人	五黃到位，進門煞中之煞，主災禍連連，阻礙百般。
戀	情	五黃到位，進門煞中之煞，主災禍連連，阻礙百般。
婚	姻	五黃到位，進門煞中之煞，主災禍連連，阻礙百般。
相	親	五黃到位，進門煞中之煞，主災禍連連，阻礙百般。
尋	人	五黃到位，進門煞中之煞，主災禍連連，阻礙百般。
尋	物	五黃到位，進門煞中之煞，主災禍連連，阻礙百般。
股	票	五黃到位，進門煞中之煞，主災禍連連，阻礙百般。
卦	解	五黃到位，進門煞中之煞，主災禍連連，阻礙百般。

九、六　火天大有　日正當中－收穫不小

◎ 收穫之象　◎把握現在，充實自己　◎當心太陽西斜時

上卦代表對方（或事象），「離」有太陽、明智之象；下卦代表自己，「乾」有天、高上之象。天在太陽的炫耀下，受到陽光普照，可見前景光明並大有收獲，由於明智的對方主動趨近幫助自己，事象自然能亨通。

運	勢	一掃往日的陰霾，終於撥雲見日，今後的你如日中天，出類拔萃。
願	望	運勢頂盛，但小心因疏忽而功虧一簣。
財	運	有橫財，財運亨通。
週	轉	獲得對方主動資助。
投	資	全數討回本利一文不少。
生	意	小投資，大獲利。
謀	職	門庭若市，但不可擴充營業，以免日後難以收拾。
跳	槽	自己能力出眾，到任何一家公司上班都會被器重。
考	試	成績非凡，金榜題名。
訴	訟	勝訴。
事	態	趁情況有利時趕緊花些費用解決。
外	出	旅程中會有收獲，但花費不小。
交	涉	打鐵趁熱，行動要快。
等	人	晚到，會帶來出乎意料的喜訊。
戀	情	雙方均是眾人追求的人品，不可趾高氣昂。
婚	姻	郎才女貌，天作之合。
相	親	雙方都是上選人品，把握對方。
尋	人	在住家附近。
尋	物	從高處尋獲。
股	票	所選之股會獲大利。
卦	解	14白天之日，退財絕嗣，大富大貴。

九、七　火澤睽

女人反目－雖有人阻礙，但最後會言和

◎不和之象　◎大事不順，小事差強人意

　　上卦代表對方（或事象），「離」有聰明、成熟女人之象；下卦代表自己，「兌」有予取予求的少女之象。此卦表示二位女性的較勁，聰明女人可容忍少女對小事情的挑剔，但大事情吵得比較兇，小事平安，大事兇。

運　勢	諸事不順，越急越壞事，總是遇到與自己意見相左的人、事。
願　望	一連串的失望，不過若野心不大者則平安無事。
財　運	財運衰敗，在爭奪中謀財。
週　轉	借不到。
投　資	討不到。
生　意	千萬不可！偷雞不著蝕把米。
謀　職	會一敗塗地，快懸崖勒馬吧！。
跳　槽	與現在職位差不多，都處於棘手狀態。
考　試	大考落第，但內部升等之類的小考則能吊火車尾。
訴　訟	會敗訴，快找機會與對方和談。
事　態	爭議性頗大，要不計損失快快尋途徑解決。
外　出	會出事，不要去。
交　涉	經過一番口舌爭執後才達成協議。
等　人	不會來了！
戀　情	性格迴異，經常吵嘴，早晚會分手。
婚　姻	吵吵鬧鬧、分分合合，孽緣。
相　親	根本不來電，不要談了！
尋　人	因負氣而不願回來。
尋　物	被人佔為己有了，放棄吧！
股　票	此股大勢不妙，放棄。
卦　解	38背道而馳，財退產耗，傷丁少嗣，多呼吸系統病。

九、八　火山旅　　孤獨旅行－萬全準備後才能行動

◎不安之象　◎過程危險曲折，萬全準備才可出發

上卦代表對方（或事象），「離」有火、智、危機之象；下卦代表自己，「艮」有山、止靜思之象。在對方手腕高妙的處境中，自己要能獨立思考，而由於過程中不安定，需費一番周折才會有答案。古代科技不發達，旅行前途茫茫，心理會產生不安之感，所以需要萬全準備才可出發。

運勢	勞苦多、不安定、孤獨，最好萬全準備後再行動。另外，小心文件上有麻煩。
願　望	要等上一段時日，目前不宜。
財　運	目前財運不佳，可能會改變生財之路。
週　轉	對方並不信任你，為了搏得對方信任而大費氣力。
投　資	不如理想，對方是難纏的角色。
生　意	會變成自己獨自收拾爛攤子的下場。
謀　職	文化事業吉，其餘則是支出多收入少。
跳　槽	看來似乎非轉移陣地不可了，但卻前途多舛。
考　試	求學可取，高官厚祿則落第。
訴　訟	有纏訟跡象。
事　態	不容易解決，可能要耗上一段時間。
外　出	目的地很遠，會成行。
交　涉	是一場拉距戰，對方不是省油的燈。
等　人	會遲到。
戀　情	(1)愛情長跑(2)戀人在異鄉。
婚　姻	婚後生活不安定，居無定所，食無定處，或在外成婚。
相　親	沒緣份。
尋　人	對方經常換處所，或答應對方條件才肯回來。
尋　物	很難找回來。
股　票	此股不安定，且慢進場。
卦　解	56不安之旅，排洩系統多病，受困於他鄉。

九、九　離為火
日正當中－發揮才華的好機會

◎ 明智之象　◎萬物生存，附著的對象必需正確才能亨通

上卦代表對方（或事象），「離」有光明之象；下卦代表自己，「離」亦有明智之象。此卦前景光明，自己也明智的進行。由於「離」有附著之意，日日附著天進行，百穀附於地成長，人附著明智生活。不可離開現實的進行，才不會失敗！

運	勢	如日中天但因表華內虛，故小心遭人嫉妒而受到揭發底牌的尷尬。
願	望	面子十足，裏子不夠。
財	運	賺進一堆應收票款，小心其中有空頭支票。
週	轉	會得到轉帳式的資助。
投	資	討到的可能是公債、抵押品、長期支票（包括客票）。
生	意	目前不宜，小心買空賣空而惹官非。
謀	職	注重外表而忽視內部，結果只賺到一堆面子。
跳	槽	不用急，跳槽後不見得有什麼轉機。發展出惺惺相惜的關係。
考	試	金榜題名。
訴	訟	情況急轉，快與中間人（如律師）商議對策。
事	態	越急越壞事，需冷靜下來才能找出解決之道。
外	出	在旅程中會交桃花運。
交	涉	彼此氣焰都高漲，不易達成。
等	人	途中變卦，轉往別的地方。
戀	情	愛情像一把炎炎炙燒的火，是步入紅毯的時候。
婚	姻	彼此有情愫，無論再婚、晚婚都是良緣。婚後事事如意。
相	親	相中了。
尋	人	在危險發生前尋獲。
尋	物	從遠處各尋回。
股	票	長紅，有二次以上的漲停板。
卦	解	30炎烈之日，家道初時，昌盛後則少嗣，官訟多多。

國家圖書館出版品預行編目資料

陽宅流運圖解／范陽作 --

版. 臺中市：瑞成， 民88

面； 公分

ISBN 957-785-344-7(精裝)

1.相宅

294.1 88008594

陽宅流運圖解

作　　者：范陽居士

住　　址：台中縣烏日鄉光日路27巷11號

電　　話：(04)258-0481

傳　　真：(04)258-0669

發 行 所：瑞成書局

出版部地址：台中市天乙街107號

電　　話：(04)280-8033

傳　　真：(04)280-8035

郵政劃撥：00200373

門市部地址：台中市雙十路一段4之33號

電　　話：(04)2120708

登 記 證：行政院新聞局版台業字第0519號

精裝本訂價：1,200元

中華民國八十八年七月一版一刷

ISBN 957-785-344-7(精裝)